プロの視点で最終チェック ☑

図解 表解

譲渡所得の申告書
記載チェックポイント

天池健治【監修】　木村賢司・田作有司郎・藤沢佳文・松田 淳【著】

第2版

中央経済社

は じ め に

　譲渡所得は、事業所得や不動産所得とは異なり、毎年発生する所得ではないことや税制上の特例が多く、発生する税額も多額になることから、申告には慎重を要します。

　そのため、譲渡所得の計算をしようとする場合、まず最初に考えなければならないのが「譲渡所得の特例（税率特例、特別控除の特例、買換え・交換の特例など）がないか、該当しそうな特例がある場合、その特例の適用要件に該当するか、もっと有利な特例はないのか」といったことです。

　そして、次に考えなければならないのは、「その特例を受けるためには計算書や明細書をどのように作成し、添付書類（登記事項証明書、収用証明書、契約書の写しなど）は何を用意しなければならないのか」といった手続要件に関する問題です。

　そのため、譲渡所得の申告をする方が確認すべき重要な適用要件や手続要件を整理して掲載するとともに、各種特例のチェックポイントや国税庁のホームページに掲載している「質疑応答」のほぼ全てについてQRコードでリンクさせ、調べることができるようにしました。また、譲渡所得の申告書を実際に作成する際に、見本となる記載例があれば便利なのですが、国税庁のホームページには一部の特例の記載例しか掲載がなく、市販の書籍を探しても具体的な申告書や計算書などの記載例を掲載した書籍が少ないことから、本書は紙面の許す限り各種特例を適用した申告書や計算書などの記載例及び記載にあたっての留意事項を掲載しました。

　本書が、譲渡所得を申告される皆様にとりまして、少しでも参考になれば幸いです。

　なお、本文中意見にわたるところは、私見であることをお断り申し上げます。

　最後になりましたが、本書の発刊にあたって何かとお世話になりました中央経済社実務書編集部の牲川健志編集次長にお礼を申し上げます。

令和6年9月10日

税理士　天池　健治

CONTENTS

はじめに

本書の特徴 VI
凡　例 VI

第1章　譲渡所得の概要

1　譲渡所得の意義 1
2　譲渡所得の範囲 1
3　譲渡の時期及び譲渡収入金額 8
4　取得の日及び取得費 11
5　譲渡費用 24
6　譲渡所得の金額の計算 27
7　譲渡所得の計算における消費税の取扱い 29

第2章　総合譲渡所得

1　総合譲渡所得 36

第3章　土地建物等の譲渡所得（分離課税）

1　土地建物等の譲渡所得（分離課税）の概要 48
2　土地建物等の譲渡所得の金額の計算 50
3　分離課税の譲渡所得に対する所得税の計算方法 58
4　分離課税譲渡所得に対する所得税の特例 62

第4章　居住用財産を譲渡した場合の特例

1　居住用財産を譲渡した場合の3,000万円の特別控除 83
2　空き家に係る譲渡所得の特別控除の特例 101
3　特定の居住用財産の買換えの特例 125
4　特定の居住用財産を交換した場合の長期譲渡所得の課税の特例 147
5　居住用財産の買換え等をした場合の譲渡損失の損益通算及び繰越控除の特例 148
6　特定居住用財産の譲渡損失の損益通算及び繰越控除の特例 166
7　居住用財産を譲渡した場合の特例のチェックポイントと各特例要件の比較 176

第5章　特定の事業用資産の買換えの特例等

1　特定の事業用資産の買換えの特例 180
2　買換資産を取得した場合の更正の請求又は修正申告 184
3　買換資産の取得価額の引継ぎ 184
4　特定の事業用資産の交換の特例 185

第6章　収用等により補償金等を取得する場合等の特例

1　特例全体の概要 197
2　補償金の種類、所得区分、課税上の取扱い 198
3　収用等に伴い代替資産を取得した場合の課税の特例 199
4　交換処分等に伴い資産を取得した場合の課税の特例 208
5　換地処分等に伴い資産を取得した場合の課税の特例 210
6　収用交換等の場合の譲渡所得等の特別控除 214
7　収用交換等により代替資産を取得した場合の更正の請求又は修正申告 220

8	収用交換等により取得した代替資産等の取得価額の計算	220

第7章　土地等を譲渡した場合の特別控除

1	特定土地区画整理事業等のために土地等を譲渡した場合の2,000万円の特別控除	238
2	特定住宅地造成事業等のために土地等を譲渡した場合の1,500万円の特別控除	244
3	農地保有の合理化等のために農地等を譲渡した場合の800万円の特別控除	254
4	特定期間に取得をした土地等を譲渡した場合の1,000万円の特別控除	258
5	低未利用土地等を譲渡した場合の長期譲渡所得の100万円の特別控除	262
6	譲渡所得の特別控除額の特例	267

第8章　土地等を譲渡した場合等のその他の特例

1	固定資産の交換をした場合の課税の特例	271
2	収入金額等の回収ができなくなった場合及び保証債務の履行をするために資産を譲渡した場合の課税の特例	282
3	既成市街地等内にある土地等の中高層耐火建築物等の建設のための買換え等の場合の課税の特例	293
4	特定の交換分合により土地等を取得した場合の課税の特例	306
5	特定普通財産とその隣接する土地等の交換の場合の課税の特例	311
6	相続財産に係る譲渡所得の課税の特例	315
7	国外中古建物の譲渡をした場合の取得費の計算の特例	325

第9章　株式等に係る譲渡所得

1	申告分離課税	330
2	NISA（少額投資非課税制度）	368
3	特定権利行使株式に係る各種特例（いわゆるストックオプション税制）	373
4	特定投資株式に係る各種特例（いわゆるエンジェル税制）	378
5	外国株式等の譲渡等	382
6	ファンドラップ口座（ラップ口座）	388
7	分配時調整外国税相当額控除	389
8	暗号資産・NFTを用いた取引の課税	392
9	株式等に係る譲渡所得等のその他の特例	395
10	国外転出時課税（国外転出をする場合の譲渡所得等の特例）	401
11	国外転出時（相続・贈与）課税（贈与等により非居住者に資産が移転した場合の譲渡所得の特例）	405
12	特定の基準所得金額の課税の特例（令和7年分以後）	408

第10章　災害に係る譲渡所得関係の措置

1	収用等に伴い代替資産を取得した場合の課税の特例に関する措置	409
2	換地処分等に伴い資産を取得した場合の課税の特例に関する措置	409
3	買換資産等の取得期限等の延長に関する特例措置	410
4	特定住宅地造成事業等のために土地等を譲渡した場合の1,500万円特別控除に関する措置	411
5	優良住宅地の造成等のために土地等を譲渡した場合の長期譲渡所得の課税の特例に関する措置	411

本 書 の 特 徴

- 譲渡所得の申告書を作成する際に確認すべき特例要件や手続要件を整理（図解・表解）して記載するとともに、誤りやすい事項を「チェックポイント」として掲載し、譲渡所得の申告書作成時の確認用としてお使いいただけるようにしました。

- 譲渡所得の申告書や計算書、明細書など記載方法について、紙面の許す限り、具体的な記載例を掲載して、譲渡所得の申告書や計算書、明細書などの作成の際にお使いいただけるようにしました。

- 国税庁のホームページに掲載されている「質疑応答」のほぼ全てについてQRコードでリンクさせ、調べることができるようにし、適用する特例について国税庁のホームページを探して確認する手間と時間が節約できるようにしました。

- 税務署が申告書の審査時に使用している「特例適用審査表」（著者により令和6年分として使用できるように一部改訂）を情報公開請求により入手して掲載し、申告書の最終チェックに使用できるようにしました。

※令和5年分の特例適用審査表は、本書該当頁でのQRコードの掲載に加えて、右のQRコード からも入手できます。

- 本書は、原則として令和6年4月1日に施行されている法令に基づいて解説しています。
- 確定申告書の様式等は、令和6年10月31日現在に公表（案を含む）されているもので解説しています。
- 本書で掲載している特例適用審査表の網掛け　　　　　は、情報公開法により不開示となった部分です。

凡 例

法 ………………………… 所得税法		基通 ………………………… 所得税基本通達	
令 ………………………… 所得税法施行令		措通 …………… 租税特別措置法関係通達	
規 ………………………… 所得税法施行規則		法法 ………………………………… 法人税法	
措法 ……………………… 租税特別措置法		法令 ……………………… 法人税法施行令	
措令 ……………… 租税特別措置法施行令		相法 ………………………………… 相続税法	
措規 ………… 租税特別措置法施行規則		相基通 ………………… 相続税法基本通達	

第1章 譲渡所得の概要

1 譲渡所得の意義

譲渡所得とは、資産の譲渡（土地に関する一定の権利の設定等のうち特定のものを含みます。）による所得をいいます。ただし、棚卸資産等の譲渡、山林の譲渡などは譲渡所得には含まれません。また、譲渡所得とされる資産の譲渡には、有償無償を問わず、所有資産を移転させる一切の行為をいい、売買のほか交換、競売、公売、収用、代物弁済、財産分与、寄附等を広く含む概念です。

なお、法人に対する贈与、遺贈などについても、譲渡があったものとみなされ譲渡所得となります。

図表1-1-1　譲渡所得の意義

区　分	譲　渡　の　態　様
有償譲渡	売買、交換、競売、公売、収用、換地処分、権利変換、代物弁済、財産分与、物納、現物出資（法人に対するもの）、負担付贈与（贈与者が受益者となるもの）、代償債務の履行、共有物分割、その他
無償譲渡	贈与（負担付贈与を除きます。）、寄附、遺贈

《参考判例》財産分与としての不動産の譲渡と譲渡所得課税

譲渡所得に対する課税は、資産の値上りにより、その資産の所有者に帰属する増加益を所得として、その資産が所有者の支配を離れて他に移転するのを機会に、これを清算して課税する趣旨のものであるから、その課税所得たる譲渡所得の発生には、必ずしも当該資産の譲渡が有償であることを要しない。
したがって、所得税法33条1項にいう「資産の譲渡」とは、有償無償を問わず資産を移転させるいっさいの行為をいうものと解すべきである（最判昭50.5.27）。

2 譲渡所得の範囲

(1) 所得税が課税されない譲渡所得

譲渡所得に該当する所得であっても、担税力への考慮等から所得税を課税しない所得があります。これを非課税所得といいます。

【非課税所得の注意事項】
- その所得は初めからなかったものとして取り扱います。
- 非課税所得の計算上生じた損失はなかったものとします。
- 合計所得金額には含まれません（配偶者控除等の判定の基礎に入りません。）。
- 一部を除き、申請等の手続は不要です。

図表１-２-１ 課税されない譲渡所得（非課税所得）

- 生活用動産の譲渡による所得（法9①九、令25）
  生活用動産とは、家財、衣服などの生活に通常必要な動産（１個又は１組の価額が30万円を超える宝石、貴金属、書画、骨董、美術品などを除きます。）
- 資力を喪失して債務を弁済することが著しく困難な場合における、強制換価手続による所得（法9①十、基通9-12の2）
- 強制換価手続の執行が避けられないと認められる場合における資産の譲渡で、その対価の全部が譲渡の時において有する債務の弁済に充てられた場合の所得（令26、基通9-12の4）
- 国や地方公共団体に対して財産を寄附した場合の譲渡所得（措法40）
- 国等に対して重要文化財等を譲渡した場合の所得（措法40の2）
- 公益法人に対して財産を寄附した場合の譲渡所得で、国税庁長官の承認を受けたもの（措法40）
- 相続財産を物納したことによる譲渡所得（措法40の3）
  （注）　超過物納に伴う精算金は、譲渡所得になります。
- 貸付信託の受益権等の譲渡による所得のうち一定のもの（措法37の15）
- 債務処理計画に基づき資産を贈与した場合の譲渡所得（措法40の3の2）
  （注）　平成25年から令和7年3月31日までの間の贈与に適用があります。

【質疑応答】課税されない譲渡所得

□　**資力喪失者が債務引受けの対価として資産を譲渡した場合**

　　個人Aは、ゴルフ練習場等を経営していましたが、事業等に失敗して債務超過の状態に陥り、回復不能の状態となってしまいました。Aの兄Bは、Aの債務の全部を引き受けるとともに、Aの全財産を譲り受けました。Aは、資力喪失の状態です。

　　Aの財産債務は次のとおりです。

財産　土地建物　15,000万円
債務　21,000万円（銀行・農協借入16,000万円、金融業者5,000万円）

　　上記の場合、Aが兄Bに譲渡した土地建物に係る譲渡所得については、資力喪失状態の下における債務弁済のための任意換価に係るものとして、所得税法第9条第1項第10号を適用することができますか。
⇒ 所得税法9条1項10号に該当するものとして取扱って差し支えありません。

(2)　譲渡所得以外の所得とされる資産の譲渡

　　資産の譲渡による所得であっても、担税力に応じた課税をするという趣旨から、譲渡所得以外の所得として課税されるものもあります。

図表1-2-2　譲渡所得とならない資産の例示その所得区分

譲渡する資産の種類			所得区分
棚卸資産及びこれに準ずる資産	事業所得、不動産所得又は雑所得となる業務に関する棚卸資産		事業所得又は雑所得
	取得価額が10万円未満の少額減価償却資産又は使用可能期間が1年未満の減価償却資産（基通33-1の3）	少額重要資産を除きます（基通33-1の2）。	
	一括償却資産の必要経費算入の適用を受けた減価償却資産		
営利を目的として継続的に譲渡される資産			
山林（法32）	取得した日から5年を超えて譲渡		山林所得
	取得した日から5年以内に譲渡		事業所得又は雑所得
金銭債権（基通33-1）			

（注）　土地に区画形質の変更等をして分譲（譲渡）した場合、棚卸資産又は準棚卸資産の譲渡に該当しますが、その土地が長期間保有（おおむね10年以上）していたものであるときは、その土地の譲渡による所得のうち、区画形質の変更等による利益に対応する部分は、事業所得又は雑所得とし、その他の部分は譲渡所得とすることができます（基通33-4、33-5）。

(3) 譲渡があったとみなされる譲渡所得

「みなす」とは、一定の法律関係につき、ある事柄と他の事柄を同一視して、ある事柄について生ずる法律効果を他の事柄についても生じさせることをいいます。

図表1-2-3　譲渡があったとみなされる譲渡所得

- 法人に対する贈与又は遺贈（法59①一）
- 限定承認に係る相続又は包括遺贈（法59①一）
- 法人に対する著しく低い価額による譲渡（法59①二）
  （注）著しく低い価額＝通常の取引価額（時価額）の2分の1に満たない金額（令169）
- 建物又は構築物の所有を目的とした一定額以上の権利金を収受する地上権若しくは賃借権（借地権）又は地役権の設定（令79）
- 資産が消滅することによる補償金等の受領（令95）
- 1億円以上の有価証券等を所有等している居住者が、国外転出する場合又は国外に居住する親族等に有価証券等の贈与等を行う場合（法60の2、60の3）

【質疑応答】みなし譲渡

□　地方公共団体に寄附するためのみの目的で固定資産である土地に区画形質の変更を加えてその全部を寄附した場合

　　固定資産である雑種地2,000平方メートルを宅地に造成した後、その土地全部をA市に寄附した個人がいます。なお、その個人は、不動産売買を業務とする者ではありません。
　　上記の場合において、その個人が行った土地の区画形質の変更は、土地の販売を目的として行われたものではありませんから、所得税基本通達33-4により固定資産が棚卸資産又はこれに準ずる資産に転化したということはできず、「固定資産の寄附」として租税特別措置法第40条第1項の規定の適用があり、所得税法第59条第1項第1号の規定の適用についてはその寄附（贈与）はなかったものとみなされるものと解してよろしいですか。

⇒　租税特別措置法第40条第1項の規定の適用があります。

☐ 人格のない社団に対する資産の寄附とみなし譲渡課税

譲渡所得の基因となる資産を人格のない社団（同窓会）に寄附した場合、譲渡所得の課税関係が生じますか。

⇒ その同窓会が人格のない社団等に該当する場合には、みなし譲渡課税の適用があり、人格のない社団等を個人とみなして贈与税又は相続税が課されます。
この贈与税又は相続税の額の計算においては、人格のない社団等に課されるべき法人税等相当額が控除されます。
その同窓会が人格のない社団等に該当しない場合でその構成員が個人であるときには、当該個人に対する贈与となり、所得税の課税関係は生じません。

（4）譲渡所得の区分

譲渡所得は、譲渡資産の種類やその取得時期・保有期間などにより区分され、その区分ごとに課税される所得金額の計算や課税方式が定められています（法33、措法31、32）。

譲渡資産の種類別に区分すると、次のようになります。

図表1-2-4　譲渡資産から見た譲渡所得区分

譲渡資産	所得区分		課税方式
書画、骨董、美術品、金地金、ゴルフ会員権、借家権、配偶者居住権等、特許権、営業権等	総合譲渡所得		総合課税
土地（借地権等を含みます。）、建物・構築物等	分離課税の譲渡所得		申告分離課税
株式、出資等	株式等に係る譲渡所得	一般株式等	申告分離課税
上場株式等		上場株式等	申告分離課税※

※　「特定口座（源泉徴収あり）」を選択した場合、その特定口座での上場株式等の譲渡による所得については、申告不要制度があります。

（5）その他資産の譲渡に該当する例示

財産分与による資産の移転（基通33-1の4）	離婚に伴う財産分与として資産の移転があった場合、その分与をした者は、その分与の時の価額（時価）によりその資産を譲渡したことになります。財産分与による資産の移転は財産分与義務の消滅という経済的利益を対価とする譲渡であり、贈与ではありません。
代償分割による資産の移転（基通33-1の5）	遺産の代償分割により負担した債務が資産の移転を要する場合は、その履行としてその資産の移転があったときは、その履行をした者は、その履行をした時においてその時の価額（時価）により、その資産を譲渡したことになります。
遺留分侵害額の請求に基づく金銭の支払に代えて行う資産の移転（基通33-1の6）	遺留分侵害額の請求の規定による遺留分侵害額に相当する金銭の支払請求があった場合において、金銭の支払に代えて、その債務の全部又は一部の履行として資産の移転があったときは、その履行をした者は、その履行があった時においてその履行により消滅した債務の額に相当する価額によりその資産を譲渡したことになります。
共有地の分割（基通33-1の7）	個人が他の者と土地を共有している場合において、その共有に係る一の土地についてその持ち分に応じた現物分割があったときは、その分割による土地の譲渡はなかったものとして取り扱われます。なお、分割されたそれぞれの土地の面積の比と共有持分の割合が異なるときは、原則として土地の譲渡とされます。

譲渡担保に係る資産の移転（基通33-2）	債権者が債務の弁済の担保としてその有する資産を譲渡した場合において、その契約書に次のすべての事項を明らかにしており、かつ、その譲渡が債権担保のみを目的として形式的にされたものである旨の債権者及び債務者の連署に係る申立書を提出したときは、その譲渡はなかったものとします。 ① その担保に係る資産を債務者が従来通り使用収益すること。 ② 通常支払うと認められるその債務に係る利子又はこれに相当する使用料の支払に関する定めがあること。 （注）形式上、買戻条件付譲渡又は再売買の予約とされているものであっても、上記の要件を具備しているものは、「譲渡担保」に該当します。
極めて長期間保有していた不動産の譲渡による所得（基通33-3）	固定資産である不動産の譲渡による所得であっても、その不動産を相当の期間にわたり継続して譲渡している者のその不動産の譲渡による所得は、たな卸資産等の譲渡に該当し、譲渡所得に含まれないが、極めて長期間（おおむね10年以上）引き続き所有していた不動産（販売目的として取得したものを除く）の譲渡による所得は、譲渡所得に該当します。
借家人が受ける立退料（基通33-6）	借家人が立退きに際して受ける立退料のうち、借家権の消滅の対価に相当する部分は、譲渡所得となります。
ゴルフ会員権及びゴルフ場利用権の譲渡に類似する株式等の譲渡による所得（基通33-6の2、33-6の3）	ゴルフクラブの会員権には次の3種類に分類されますが、いずれのゴルフ会員権の譲渡であっても総合課税の譲渡所得になります。 ① ゴルフクラブを経営する会社の株主又は出資者でなければならないもの ② 株主又は出資者であり、かつ、預託金等を預託しなければならないもの ③ 預託金等を預託すれば会員となれるもの なお、退会に伴い預託金の返還を受けるという行為は、単に預託金債権を回収するものであり、ゴルフ会員権を譲渡したことにはなりません。
土石等の譲渡による所得（基通33-6の5）	土地の所有者が、その土地の地表又は地中の土石、砂利等を譲渡したことによる所得は、譲渡所得となります。
配偶者居住権等の消滅による所得（基通33-6の8）	配偶者居住権又はその配偶者居住権の目的となっている建物の敷地の用に供される土地等をその配偶者居住権に基づき使用する権利の消滅につき対価の支払を受ける場合におけるその対価の額は、譲渡所得に係る収入金額になります。
贈与者が受益者となる負担付贈与	負担付贈与は、受贈者が負担することで贈与者に帰属する金銭等その他経済的利益を、贈与した資産の対価として認識することができるので、有償譲渡となります。したがって、贈与者に譲渡所得が課税されることになります。
法人に対する現物出資（法59①）	法人に対して現物出資をした場合、その法人の株式を取得することになるので、例えば、不動産を現物出資した場合の譲渡所得の収入金額は、これにより取得した株式の時価になります。ただし、その価額が出資した不動産の時価の2分の1未満の場合は、出資した不動産の時価が収入金額とみなされます。
借地権等の返還	財産価値のある借地権を返還する場合には、譲渡所得の起因となる資産の移転と取り扱われます。有償の場合は、譲渡所得となり無償の場合は贈与税の課税となります。しかし、次のような場合には、課税関係は生じません（基通59-5）。 ・借地権等の設定に係る契約書において、将来借地を無償で返還することが定められていること。 ・当該土地の使用目的が、単に物品置場、駐車場等として土地を更地のまま使用し、又は仮営業所、仮店舗等の簡易な建物の敷地として使用していたものであること。 ・借地上の建物が著しく老朽化したことその他これに類する事由により、借地権が消滅し、又はこれを存続させることが困難であると認められる事情が生じたこと。

借地権等の設定	建物又は構築物の所有を目的とする借地権等の設定については、権利金等の額がその土地の時価の2分の1を超える場合、地下若しくは空間について上下の範囲を定めた借地権等の設定である場合には、権利金等の額がその土地の時価の4分の1を超える場合には譲渡所得となります（令79①）。権利金等の額が土地の価額の2分の1（4分の1）以下の場合は、不動産所得となります。 なお、借地権等の設定の対価として支払を受ける金額が、その設定により支払を受ける地代の年額の20倍以下である場合には、譲渡所得に該当しないものと推定されます（令79③）。
超過物納	超過物納部分は、過誤納金として金銭で還付され、国に対してその過誤納金に相当する部分の土地の譲渡があったものとして、譲渡所得の課税対象になります。超過物納部分以外の部分の土地については、譲渡がなかったものとされます（措法40の3）。

税理士のアドバイス　借地権の設定の対価としての権利金の所得区分

借地権の設定の対価としての権利金の額がその土地の時価の2分の1以下である場合、地代年額の20倍に相当する金額を超えていたとしても譲渡所得ではなく、不動産所得になります。

【質疑応答】所得区分

□　**不動産取引業廃業後の一定期間経過後において譲渡した土地の所得区分等**

　不動産取引業を営んできた者が、不動産取引業の登録を抹消し、営業を廃業しました。営業廃止時においては、販売用土地（地目山林）を約5ヘクタール所有していましたが、廃業後においてこの土地を処分しました。

　この土地の処分による所得は、事業所得、譲渡所得又は雑所得のうち何所得に該当しますか。また、譲渡所得に該当するものとした場合、長期譲渡所得、短期譲渡所得の区分については、いつを取得の日として判定するのでしょうか。

　⇒　事業の廃業に伴う残務処理が終ると考えられる期間内に処分した土地に係る所得は事業所得とし、その一定期間経過後に処分した土地に係る所得は譲渡所得とします。また、その土地の取得の時期は、譲渡者がその土地を実際に取得した時によります。

□　**新聞販売権の譲渡**

　新聞販売権の譲渡があった場合の所得区分及び計算方法は、次のとおりとなると解してよろしいですか。

　　1　販売権の譲渡に伴い授受される「代償金」は、営業権の譲渡対価として、譲渡所得の収入金額となる。
　　2　譲渡所得の計算は、次のとおり行う。この場合、新聞販売権の減価償却費の累積額は、事業所得の金額の計算上必要経費に算入すべき償却費の額の累積額による。
　　　　収入金額－（新聞販売権の有償取得価額－減価償却費の累積額）－譲渡費用

⇒　照会意見のとおりで差し支えありません。

□　**漁業協同組合から漁業補償金とともに利息相当額の分配を受けた場合の課税**

　A漁業協同組合は、○年4月にB電力から漁業補償金198,000万円の支払を受け、△年4月に組合員に分配しました。この間、A漁業協同組合は、当該補償金を金融機関に預入しておき1,000万円の利子を得ました。A漁業協同組合では、当該利子も組合員に対し補償金にスライドして分配しま

した。組合員が補償金と合わせて分配を受ける利子相当額は、漁業権の譲渡前に係るものであり、補償金と同様に譲渡所得の総収入金額に算入すべきものと考えますがどうでしょうか。

⇒ 当該利子相当額は、補償金の運用によって生じた収益の分配ですから、雑所得とし、当該利子相当額のうち収益補償金に対応する部分は、事業所得として差し支えありません。

□ 区画形質の変更を加えた土地に借地権を設定した場合の所得区分

個人が土地に区画形質の変更を加えて宅地化し、その宅地に他人の建物を建築させるため借地権の設定をしました。この場合において、その設定の対価がその土地の価額の2分の1を超えるときにはその対価は譲渡所得の収入金額としてよいでしょうか。

⇒ その借地権の設定行為が営利を目的として継続的に行われるものである場合を除き、その設定の対価は、譲渡所得の収入金額となります。

□ 造成未了の土地を相続して造成未了のまま譲渡した場合の所得区分

被相続人は、山林27,426平方メートルの宅地造成工事着手後、工事完了前に死亡しました（○年）。その後、相続人が相続によって取得した造成未了の土地を造成未了のまま○＋3年、○＋4年の2年にわたって譲渡しました。その譲渡については、区画形質の変更を加えて譲渡したものとして所得税基本通達33-4により判定すべきか、または、相続人が造成等の加工を加えていないので、相続開始後に販売予定資産から固定資産に転化したとみて、全額譲渡所得として取り扱って差し支えないかいずれでしょうか。

⇒ 相続人は、販売の目的で保有しているものとは考えられないので、全額譲渡所得として差し支えありません。

□ 河川占用権の放棄の対価として取得する金銭の所得区分

A市の居住者20名は、大正初期からB川の河川区域の一部を、河川法第24条の許可を受け占用し、水田として耕作していました。

砂利採取業者から、上記20名に対して、当該占用区域において砂利の採取をしたいため、その占用区域の一部について占用権の放棄をしてほしい旨の申入れがあり、当該業者より占用権の放棄の対価として金銭の支払いが行われました。

この河川の占用権の放棄の対価は、実質的には土地の上に存する権利の消滅の対価に相当するものと考えられますので、当該対価は所得税法施行令第95条の規定に基づき、譲渡所得の収入金額に算入することとして差し支えないでしょうか。

⇒ 照会意見のとおりで差し支えありません。

□ 資産の譲渡に関連して追加的に受ける一時金

1　甲は、○年9月に、高圧架空電線が架設されている土地を乙に譲渡しました。
2　その譲渡の際、その高圧架空電線が売買契約の日から3年以内に撤去された場合には100万円を、5年以内に撤去された場合には50万円を、買主乙が売主甲に支払う旨の念書が取り交わされていました。
3　○＋3年3月に高圧架空電線が撤去されたので、甲は念書に基づき100万円を受け取りました。この100万円に対する課税はどうなりますか。

なお、この土地の譲渡所得については、○年分として申告済です。

⇒ 将来の不確実な事実に基因して支払を受ける追加払的な一時金ですから、その一時金は一時所得となり、金銭の支払が具体的に確定した○＋3年分の一時所得として課税されます。なお、実測面積が公簿面積を上回ることが判明したことにより支払を受ける一時金その他の資産の譲渡の対価であることが明らかな一時金は、譲渡所得として土地を譲渡した年分の譲渡所得に加算されます。

3　譲渡の時期及び譲渡収入金額

(1)　収入時期

譲渡所得の収入を計上すべき時期は、原則として「資産の引渡しがあった日」(原則として譲渡代金の決済を了した日より後にはならないので留意してください。)となりますが、「売買契約の効力発生日」(農地等の場合は、譲渡に関する契約が締結された日)を収入すべき時期として選択することもできます(基通36-12)。

図表1-3-1　譲渡の収入時期

収入時期(譲渡の日)	農地以外	原則	引き渡しがあった日 (基通36-12)
		選択	譲渡に関する契約の効力発生の日 (基通36-12)
	農地	原則	引き渡しがあった日 (基通36-12)
		選択	譲渡に関する契約が締結された日 (基通36-12) (理由)農地については、農地法の制約によって許可があった日又は届出の効力が生じた日までは譲渡に関する契約の効力が生じないからです。

> **税理士のアドバイス**　資産の「取得の日」と「譲渡の日」の判定基準
>
> 資産の「取得の日」と「譲渡の日」の判定基準は異なっても差し支えないこととされています(取得の日は契約日で、譲渡の日は引渡し日とすることも可能です。)。なお、「売買契約の効力発生日」を選択して申告した後、修正申告又は更正の請求等で収入すべき時期を「資産の引渡しがあった日」に変更することはできません。

【質疑応答】収入時期

> □　競売に係る譲渡資産の課税時期
> 　　競売された資産の譲渡所得の課税時期は、いつとすべきですか。
> ⇒　競売された資産が競落人に引渡された時によります。ただし、納税者が競落許可決定が確定した日を譲渡所得の収入金額の総収入金額に算入すべき時期として申告をした場合には、認められます。

(2)　収入金額

①　一般的な収入金額

譲渡所得の収入金額(譲渡価額)は、資産の譲渡により、その年において収入すべきことが確定した金額をいい(法36)、原則として売買価額となります。

例えば、資産を譲渡してその年に譲渡代金の一部しか受け取っていない場合であっても、未収入金を含めた譲渡代金の全部がその資産の譲渡した年分の収入金額となります。

また、収入すべき金額を金銭以外の物又は権利その他経済的な利益などで受け取った場合には、その金銭以外の物又は権利その他経済的利益などを受け取った時の価額（時価）が収入金額とされます（法36①②）。

| 税理士のアドバイス | 外貨建取引の金額 |

外貨建取引の金額の円換算は、その外貨建取引を行った時における外国為替の売買相場（TTM）により換算した金額となります（法57の3①、基通57の3－2）。

| 税理士のアドバイス | 固定資産税の精算 |

固定資産税の精算があった場合、その精算金は収入金額となります。

【質疑応答】収入金額

☐ 外国通貨で支払が行われる不動産を譲渡した場合における譲渡所得の金額の計算の際の円換算
　甲は外国に所在する不動産を譲渡し、その譲渡代金を外国通貨で受け取っています。また、当該資産の取得費用や譲渡費用についても外国通貨で支払っています。この場合、譲渡所得の金額の計算の際の円換算はどのようになりますか。
⇒ 譲渡価額、取得価額及び譲渡費用については、当該取引日の仲値（T.T.M.）により円換算することとなります。なお、譲渡代金（外貨）を受領をした都度直ちに売却して本邦通貨を受け入れている場合には対顧客直物電信買相場（T.T.B.）により円換算した金額を譲渡価額とし、また、外国通貨を購入し直ちに資産の取得費用や譲渡費用の支払に充てている場合には対顧客直物電信売相場（T.T.S.）により円換算した金額を取得価額及び譲渡費用とすることができます。

☐ 未経過固定資産税等に相当する額の支払を受けた場合

　私は、今年の6月に、所有する土地及び家屋を3,000万円で譲渡する売買契約を締結しました。譲渡した土地及び家屋には本年度分の固定資産税及び都市計画税が課されているところ、その売買契約では、譲渡日から今年の年末までの期間に係る固定資産税等に相当する額を、買主が私に支払うことになっています。この受け取った未経過固定資産税等に相当する額は、譲渡所得の計算上、収入金額に算入することになりますか。
⇒ 支払を受けた未経過固定資産税等に相当する額は、譲渡所得の収入金額に算入されます。

② 資産を贈与した場合などの収入金額

資産の移転事由	収入金額	参考事項
相続の限定承認 限定承認による包括遺贈	時価で譲渡があったとみなされます。	被相続人が譲渡したものとして所得税が課税されます（法59①）。
個人に対する低額譲渡	実際の売買価額が収入金額となります。	買主が時価との差額について、経済的利益を受けたとして、贈与税が課税されます（相法7）。 また、譲渡価額が時価額の2分の1に満たない場合、譲渡損はなかったものとされます（法59②）。

法人に対する贈与、遺贈	時価で譲渡があったとみなされます。	贈与者又は被相続人が譲渡したものとして所得税が課税されます（法59①）。 受贈法人に対しては、受贈益として法人税が課税されます（法法22）。 また、法人が受けた受贈益により株価の増加が生じる場合には、受贈法人の株主に対し贈与税が課税されます（相法9、相基通9-2）。
法人に対する低額譲渡	譲渡価額が時価の2分の1未満の場合は、時価額で譲渡があったとみなされます。	買受法人に対しては、受贈益として法人税が課税されます（法法22）。 また、法人が受けた受贈益により株価の増加が生じる場合には、受贈法人の株主に対し贈与税が課税されます（相法9、相基通9-2）。
	譲渡価額が時価の2分の1以上の場合は、実際の売買価額が収入金額となります。	
借地権、地上権の設定等で譲渡所得とみなされる場合	借地権、地上権の設定の対価として受け取る権利金等が土地の価額の2分の1超の場合には、資産の譲渡があったものとみなされ、その権利金等の額が収入金額となります（令79）。	有利な条件により金銭の貸付けを受けるなど特別の経済的利益を受ける場合には、通常の条件で金銭の貸付けを受けた場合に比して受ける利益その他特別な経済的利益の額を、対価の額に加算します（令80①）。

税理士のアドバイス 収入金額とする時価の定義

　時価とは通常の売買取引で成立すると認められる価額（客観的交換価値）をいい、相続税や贈与税の際に適用される相続税評価額とは異なります（以下同じ）。

③ 資産を交換した場合などの収入金額

資産の移転事由	収入金額	参考事項
交換又は現物出資	交換取得した資産（土地・建物等・株式等）の交換、現物出資時の時価	交換に伴って交換差金などの金銭を受け取った場合には、その金銭と金銭以外の物や権利などの時価の合計額が収入金額となります。
資産の譲渡に伴い債務などが消滅した場合（負担付贈与）	債務などが消滅したことによる経済的利益	金銭等で受け取った額がある場合には、消滅した経済的利益との合計額が収入金額になります。
離婚等による財産分与（基通33-1の4）	財産分与義務を履行した時の資産の時価	財産分与義務の消滅したことによる経済的利益が収入金額となります。財産分与を受けた者には贈与税は課税されません。
遺産の代償分割によって負担した債務の履行として資産の移転があった場合（基通33-1の5）	代償分割債務を履行した時の資産の時価	その履行により消滅する債務の額に相当する経済的利益が収入金額になります。 代償分割とは、現物による遺産の分割に代えて、共同相続人中の一人又は数人に他の共同相続人に対する債務を負担させる方法により行う遺産の分割をいいます。

| 遺留分侵害額の請求に基づく金銭に代えて行う資産の移転があった場合（基通33-1の6） | その履行により消滅した債務の額に相当する価額 | 遺留分侵害額請求は金銭債権であるので、本来なら金銭で支払うものを譲渡所得の対象となる不動産等（相続財産であるものを含む。）で充当した場合には、代物弁済と同様と考え、譲渡所得の対象となります。 |

④　低額譲渡の課税関係

譲渡者	個人				法人	
譲受者	個人		法人		個人	法人
譲渡価額	時価の1/2以上	時価の1/2未満	時価の1/2以上	時価の1/2未満	時価未満	
譲渡者に対する課税関係	通常の譲渡所得の計算※1		通常の譲渡所得の計算	みなし譲渡課税（法59①二、令169）	譲渡価額と時価との差額は益金の額に算入（法法22）、原則として、寄附金に該当、損金の額に不算入（法法37⑦）	
譲渡損の損益通算の可否	分離譲渡は不可、総合譲渡は可	不可（法59②）	分離譲渡は不可、総合譲渡は可		－	
譲受人に対する課税関係	譲受価額と相続税評価額との差額はみなし贈与（相法7）		譲受価額と時価との差額は受贈益（法法22②）		譲受価額と時価との差額は、通常の場合、一時所得役員等の場合は給与所得	譲受価額と時価との差額は受贈益（法法22②）
取得価額等	実際の譲受価額	実際の譲受価額※2	時価		時価	

※1　時価の2分の1未満で譲渡した場合の譲渡損失はないものとされます（法59②）。
※2　譲渡人の譲渡所得が損失の場合は、譲渡人の取得価額・取得時期を引き継ぎます（法60①）。

【質疑応答】収入金額

□　財産分与に伴う譲渡損失の他の土地譲渡益との通算
　　離婚に伴い土地を財産分与した場合、分与者に対し課税関係が生じますか。分与者に対して譲渡所得課税が行われるとした場合、譲渡所得の収入金額はどのように算定するのでしょうか。納税者が分与する土地は、現在、取得価額以下に値下りしています。時価を基にして譲渡所得を計算すると譲渡損失が生じますが、この譲渡損失は、他の土地の譲渡所得と通算できますか。
　⇒ 分与者に対しては、分与した土地の時価（通常の取引価額）を基にして譲渡所得課税が行われ、この譲渡により生じた損失は、他の土地建物等に係る譲渡所得と通算できます。

4　取得の日及び取得費

(1)　取得の日

　　資産の取得の日は、基通36-12を準用しています（基通33-9(1)）ので、原則として資産の引渡しを

受けた日とされますが、納税者の選択により売買契約の効力発生日（農地の場合は、売買契約が締結された日）を取得の日とすることができます。ただし、一度選択した取得の日は、その後において変更することはできません。

　なお、資産の取得原因による取得の日は、図表1-4-1のとおりです。

図表1-4-1　資産の取得日

資産の取得原因		資産の取得日	
他から購入した資産		引渡日又は売買契約の効力発生日、農地の場合は、売買契約の締結日（基通33-9(1)、36-12）	
自ら建設、製作、製造した資産		建設等が完了した日（基通33-9(2)）	
請け負わせて建設した資産		その資産の引渡しを受けた日（基通33-9(3)）	
贈与により取得した資産（負担付贈与を除きます。）		贈与者が取得した日（法60①）	
相続・遺贈により取得した資産	限定承認によるもの及び包括遺贈のうち限定承認によるもの	相続、遺贈により取得した日（法60①）	
	上記以外によるもの	被相続人が取得した日（法60①）	
個人が個人に時価の2分の1未満の金額で資産の譲渡をし、譲渡損が生じた場合のその資産		当該譲渡人の取得の日（法60①） 譲渡損が生じていない場合には、実際の取得の日となります。	
譲渡所得の課税の特例を受けて交換等で取得した資産	固定資産の交換の場合の譲渡所得の特例（法58） 収用等に伴い代替資産を取得した場合の課税の特例（措法33） 交換処分等に伴い資産を取得した場合の課税の特例（措法33の2） 換地処分等に伴い資産を取得した場合の課税の特例（措法33の3） 特定の交換分合により土地等を取得した場合の課税の特例（措法37の6①）	交換、買換えにより譲渡した旧資産の取得の日（令168、措通31・32共-5）	
	特定の居住用財産の買換えの特例（措法36の2） 特定の居住用財産の交換の特例（措法36の5） 特定の事業用資産の買換えの特例（措法37） 既成市街地等内にある土地等の中高層耐火建築物の建設のための買換え及び交換の特例（措法37の5）	交換、買換え等の特例を受けて取得した資産の取得の日（措通31・32共-5）	
財産分与を受けた資産		財産分与を受けた日（基通38-6）	
代償分割に係る資産		代償分割の債務の履行の日（基通38-7(2)）	
土地の交換分合に係る資産		譲渡がなかったものとされる土地の取得の日（基通33-6の6(注)1）	
宅地造成契約に基づく土地の交換等に係る資産		従前の土地（譲渡がなかったものとされる部分に限られます。）の取得の日（基通33-6の7(注)2）	
委託者が受託者となる信託の場合において、その信託財産の譲渡があった場合		委託者がその資産を取得した日（基通33-1の8）	
配偶者居住権		被相続人が取得した日（令82②）	
配偶者敷地利用権		被相続人が取得した日（令82③）	

12

| 税理士のアドバイス | 資本的支出があった場合等の取得日 |

　土地・建物等について改良、改造等の資本的支出があった場合におけるその土地・建物等の取得の日は、その改良、改造等の時期にかかわらず、その土地・建物等の取得の日となります（措通31・32共-6）。

　借地権者がその借地権の設定をされている土地（底地）を取得した場合のその土地の取得の日は、その借地権部分とその借地権の設定されている土地（底地）の部分とに区分してそれぞれ判定します。借地権の設定されている土地（底地）の所有者がその借地権を取得した場合も同様です（基通33-10）。

　他から取得する家屋で、その取得に関する契約時において建設が完了していないものの取得の日は、その建設が完了した日になります（措通36の2-16(注)）。

【質疑応答】取得時期

□　建築完了前の売買契約に基づき取得したマンションの取得時期
　　マンションの建築完了前に、そのマンションの分譲業者と売買契約を締結し、その契約に基づき建築完了後マンションの引渡しを受けた場合のそのマンションの「取得の日」はいつですか。

⇒ 取得の日は、マンションの建築完了の日以後となります。

□　競落した資産の取得時期
　1　○年12月　　競落許可決定の確定
　2　○+1年1月　競落代金支払い
　　上記の経過を経て取得した土地があります。資産の取得時期は所得税基本通達33-9により資産の譲渡の時期の取扱いに準ずるものとされていますが、競落許可決定が確定した日を所得税基本通達36-12に規定する譲渡契約の効力の発生の日に相当するものとして、この土地の取得時期を競落許可決定が確定した日とし、譲渡所得の申告をして差し支えありませんか。

⇒ 競落した資産の取得の日については、売買により他から取得した場合の取扱いに準じて、原則的には、資産の引渡しを受けた日によることになりますが、競落許可決定が確定した日を取得の日として申告することも認められます。

(2) 取得費

　取得費とは、資産を取得するにあたり支出した金額と設備費及び改良費の合計額になります（法38①）。

　資産を取得するにあたり支出した金額とは、資産を取得したときの買入代金や製作原価に取得するために直接要した費用を加えた金額をいいます。

　また、設備費とは、資産を取得した後に加えた設備費用で、改良費とは、資産を取得した後に加えた改良のための費用で通常の修繕費以外のものをいいます。

　ただし、建物等の使用又は期間の経過により減価する資産の取得費は、上記の合計額に相当する金額から減価償却費相当額を控除した金額になります（法38②）。

上記のほか取得費に含まれる主なものは次のとおりです。ただし、事業所得などの必要経費に算入されたものは含まれません。

> - 土地や建物を購入（贈与、相続または遺贈による取得も含みます。）したときに納めた登録免許税（登記費用も含みます。）、不動産取得税、特別土地保有税（取得分）、印紙税
> - 借主がいる土地や建物を購入するときに、借主を立ち退かせるために支払った立退料
> - 土地の埋立てや土盛り、地ならしをするために支払った造成費用
> - 土地の取得に際して支払った土地の測量費
> - 所有権などを確保するために要した訴訟費用
>   これは、例えば所有者について争いのある土地を購入した後、紛争を解決して土地を自分のものにした場合に、それまでにかかった訴訟費用のことをいいます。なお、相続財産である土地を遺産分割するためにかかった訴訟費用等は、取得費になりません。
> - 建物付の土地を購入して、その後おおむね１年以内に建物を取り壊すなど、当初から土地の利用が目的であったと認められる場合の建物の購入代金や取壊しの費用
> - 土地や建物を購入するために借り入れた資金の利子のうち、その土地や建物を実際に使用開始する日までの期間に対応する部分の利子
> - 既に締結されている土地などの購入契約を解除して、他の物件を取得することとした場合に支出する違約金

【取得費の計算式（建物）】

> 資産の取得に要した金額 ＋ 設備費及び改良費 － 減価償却費相当額

　減価償却費相当額は、その建物が事業に使われていた場合とそれ以外の場合では異なっており、それぞれ次に掲げる額となります。

事業に使われていた場合

　建物を取得してから売るまでの毎年の減価償却費の合計額になります。

（注１）　仮に毎年の減価償却費の額を必要経費としていない部分があったとしても、毎年の減価償却費の合計額とすることに変わりはありません。

（注２）　「国外中古建物の不動産所得の損益通算等の特例」の適用を受けた国外中古建物を売った場合には、この建物の毎年の減価償却費の合計額からこの特例により生じなかったものとみなされた損失に相当する部分の金額の合計額を控除した金額となります。

事業に使われていなかった場合

　建物の耐用年数の1.5倍の年数（１年未満の端数は切り捨てます。）に対応する旧定額法の償却率で求めた１年当たりの減価償却費相当額にその建物を取得してから売るまでの経過年数を乗じて計算します。

【建物の減価償却費の計算式（非業務用）】

> 建物の取得価額 × 0.9 × 償却率[※1] × 経過年数[※2] ＝ 減価償却費相当額[※3]

※１　非業務用建物の償却率

区　分	木　　造	木　骨モルタル	（鉄骨）鉄筋コンクリート	金属造①	金属造②
償却率	0.031	0.034	0.015	0.036	0.025

（注1）「金属造①」…軽量鉄骨造のうち骨格材の肉厚が3ミリメートル以下の建物
（注2）「金属造②」…軽量鉄骨造のうち骨格材の肉厚が3ミリメートル超4ミリメートル以下の建物

※2　経過年数の6か月以上の端数は1年とし、6か月未満の端数は切り捨てます。
※3　建物の取得価額の95パーセントを限度とします。

なお、資産の取得原因等による取得費は、図表1-4-2のとおりです。

図表1-4-2　資産の取得費

資産の取得原因等			資産の取得費	
他から購入した資産			購入代金及び仲介手数料等の取得のために要した費用（法38、基通38-9他）	
自ら建設、製作、製造した資産			建設等に要した原材料費及び労務費等の取得に関連して支出した費用（法38、基通38-9他）	
請け負わせて建設した資産			請負工事代金及びその他取得のために要した費用（法38、基通38-9他）	
贈与により取得した資産（負担付贈与を除きます。）			贈与者の取得価額（法60①）	
相続・遺贈により取得した資産	限定承認によるもの及び包括遺贈のうち限定承認によるもの		相続、遺贈により取得した時の時価（法60①）	
	上記以外によるもの		被相続人の取得価額（法60①）	
個人が個人に時価の2分の1未満の金額で資産の譲渡をし、譲渡損が生じた場合のその資産			当該譲渡人の取得価額（法60①）。なお、譲渡損が生じていない場合は、実際の取得価額 法人から取得した場合は、その時の価額（時価）	
譲渡所得の課税の特例を受けて交換等で取得した資産	固定資産の交換の場合の譲渡所得の特例（法58） 収用等に伴い代替資産を取得した場合の課税の特例（措法33） 交換処分等に伴い資産を取得した場合の課税の特例（措法33の2） 換地処分等に伴い資産を取得した場合の課税の特例（措法33の3） 特定の交換分合により土地等を取得した場合の課税の特例（措法37の6①） 特定の居住用財産の買換えの特例（措法36の2） 特定の居住用財産の交換の特例（措法36の5） 特定の事業用資産の買換えの特例（措法37） 既成市街地等内にある土地等の中高層耐火建築物の建設のための買換え及び交換の特例（措法37の5）等			交換、買換えにより譲渡した旧資産の取得価額
財産分与を受けた資産（基通38-6）			財産分与を受けた時の価額（時価）	
代償分割に係る資産（基通38-7(2)）			代償分割の債務の履行のあった時の価額（時価）	
借地権の取得費（基通38-12）			土地の借地契約（これらの契約の更新及び更改を含みます。）時において、借地権の対価として支払った金額 この場合、借地権の対価と認められる部分の金額が、建物等の購入代金のおおむね10%以内であるときは、強いて区分しないで、建物等の取得費に含めることができます。 また、賃借した土地の土盛り、地ならし、埋立等の整地に要した費用、借地契約に当たり支出した手数料、建物等を増改築するに当たりその土地所有者又は借地権者に対して支出した費用が取得費になります。	
治山工事等の費用（基通38-13）			天然林を人工林に転換するために必要な地ごしらえ又は治山の工事のために支出した金額は、構築物の取得費に算入されるものを除き、林地の取得費に算入します。	

土石等の取得費（基通38-13の2、38-16）	土石等の譲渡後のその土地価額がその土地の取得費に相当する金額以上である場合には、土石等の譲渡に係る取得費はありません。 ただし、土石等の譲渡後のその土地価額がその土地の取得費に相当する金額に満たない場合には、その土地の取得費のうち、その満たない部分に相当する金額が、土石等の取得費になります。 なお、概算取得費（譲渡収入金額の5％相当額）の控除はありません。
借家権の取得費（基通38-15、38-16）	権利金を支払って取得した借家権を除き、取得費はないものとされます。 権利金の支払がある場合は、支払った権利金の額から次の算式により計算した金額を控除した金額となります。 権利金の額×借家権を取得した日から譲渡する日までの期間(A)÷権利金の支出の効果の及ぶ期間(B) （注1）　(A)÷(B)が1を超えるときは、1とする。 （注2）　権利金の支出の効果の及ぶ期間については、基通50-3に定める償却期間となります。 なお、概算取得費（譲渡収入金額の5％相当額）の控除はありません。
借入金で取得した資産（基通38-8、38-8の2）	借入金の利子のうちその資産の購入日から「使用開始の日」までの期間に対応する金額は取得費になります。 　取得のために資金を借り入れる際に支出する公正証書作成費用、抵当権設定登記費用、借入れの担保として締結した保険契約に基づき支払う保険料その他の費用で当該資金の借入のために通常必要と認められるものについても取得費になります。 　その借り入れた資金が取得費に算入される費用に充てられた場合には、その充てられた部分の借入金も「固定資産の取得のために借り入れた資金」に該当します。 　なお、「使用開始の日」は次によります。 (1)　土地については、その使用状況により、次に定める日によります。 　　イ　新たに建物、構築物等の敷地の用に供するものは、当該建物、構築物等を居住の用、事業の用に供した日 　　ロ　既に建物、構築物等が存するものは、当該建物、構築物等を居住の用、事業の用に供した日（当該建物、構築物等が当該土地の取得の日前からその者の居住の用、事業の用等に供されており、かつ、引き続きこれらの用に供される場合には、当該土地の取得の日） 　　ハ　建物、構築物等の施設を要しないものは、そのものの本来の目的のための使用を開始した日（その土地がその取得の日前から、その者において使用されている場合は、その土地の取得の日） (2)　建物、構築物等については、そのものの本来の目的のための使用を開始した日（その資産がその取得の日前から、その者において使用されている場合は、その取得の日） (3)　書画、骨董などその資産の性質上取得の時が使用開始の時であると認められる資産については、その取得の日
取得費が不明の場合（取得費が零とされる資産の譲渡を除きます。）（措法31の4、措通31の4-1、基通38-16）	取得費を譲渡収入金額の5％相当額（概算取得費）として計算することができます（土石等、借家権、漁業権等を除きます。）。
一括して購入した一団の土地の一部を譲渡した場合の取得費（基通38-1の2）	原則→譲渡面積が全体面積に占める割合を乗じて計算 例外→譲渡した土地と残りの土地の価額との比により取得価額を按分

遺留分侵害額の請求に基づく金銭の支払に代えて移転を受けた資産の取得費（基通38-7の2）	その移転（代物弁済による債務の履行）を受けた時に消滅した債権の額に相当する価額
価値の減少に対する補償金等の交付を受けた場合の取得費（基通38-5）	$\text{当該価値の減少が生じた直前における当該資産の取得費} \times \dfrac{\text{補償金等の額}}{\text{補償金等の額} + \text{当該価値の減少があった直後における当該資産の価額}}$
ゴルフ会員権の取得費	①ゴルフ倶楽部への入会の場合は、入会に当たって支出した入会金、預託金、株式払込金、②第三者から会員権を取得した場合は、その購入代金、名義書換料、業者への手数料等
優先的施設利用権のみとなったゴルフ会員権を譲渡した場合の取得費	更生手続等により優先的施設利用権のみとなったゴルフ会員権については、更生手続の前後で、その優先的施設利用権が変更なく存続し、同一性を有している場合には、取得価額から切り捨てられた預託金債権部分を控除して、更生手続により優先的施設利用権のみとなったゴルフ会員権の取得費を算出します。
預託金制のゴルフ会員権が分割された場合の取得費	分割前の取得価額を分割後のそれぞれの預託金の額の割合で付け替えた価額となります。 なお、分割の際に預託金の一部が償還された場合には、分割前の取得価額から償還された預託金相当額を控除し、その控除後の金額を基に分割後の会員権のそれぞれの預託金の額の割合で付け替えた価額となります。
土地収用法74条の規定による残地補償金の交付を受けた場合の取得費（措通33-16）	$\text{当該土地の取得価額} \times \dfrac{\text{収用直前の当該土地の価額} - \text{収用等をされた後の残地の価額}}{\text{収用直前の当該土地の価額}}$
時効取得をした資産	土地等の資産を時効の援用により取得した場合には、その時効により取得した時の土地等の価額（時効を援用した時の時価）
委託者が受託者となる信託の場合において、その信託財産の譲渡があった場合	委託者が引き続き所有していたものとします（基通33-1の8）。
特別縁故者に対する相続財産の分与により取得した資産	民法958条の3第1項の規定による特別縁故者に対する相続財産の分与により取得した資産は、その分与を受けた時の価額（時価）
増築をした建物	建物を取得してから譲渡するまで間に増築した場合の費用は、設備費及び改良費に該当し、既存建物とともに減価償却費相当額を控除した金額が増築後の建物の取得費になります（法38）。 なお、非業務用建物について減価償却費相当額を計算する場合は、既存建物の取得時から増築直前までの期間と増築時から譲渡時までの期間とに区分して計算することになります。
代物弁済により取得した資産	その弁済により消滅した債権の額（法38） ただし、代物弁済によって消滅した債権の額が、その代物弁済によって取得した資産の取得時における時価相当額を著しく超えるときは、その時価相当額
宅地造成契約により取得した土地	宅地造成契約により従前の土地の換地として取得した区画形質の変更後の土地の取得費は、その土地の異動が事業の施行上必要最小限の範囲内である場合には、従前の土地の取得費 なお、従前の土地のうち、譲渡があったものとされる部分があるときは、その取得費に当該部分の譲渡による譲渡所得の収入金額とされた金額に相当する金額を加算した金額となります（基通33-6の7（注）2）。

店舗併用住宅	店舗兼住宅のように、建物が業務用と業務用以外とに併用されていた場合には、業務用部分と非業務用部分とに区分して建物の減価償却額を計算します。 ただし、所有期間を通じて、非業務用部分が建物全体の90％以上を占めていた場合には、その全部を非業務用資産であったものとして建物の減価償却額を計算します。
土地区画整理事業の賦課金	土地区画整理組合員が支払った賦課金のうち、当該組合員が取得する換地に係る整地費等の工事費に充てるために徴収された部分の金額は、その換地の取得費となります。
配偶者居住権（法60②③、令169の2①②）	（配偶者居住権の取得費） $\boxed{\text{居住建物の取得費}^{(注1)}} \times \boxed{\begin{array}{c}\text{配偶者居住権等}\\\text{割合}^{(注2)}\end{array}} - \boxed{\begin{array}{c}\text{設定から消滅までの}\\\text{減価額}^{(注3)}\end{array}}$ （注1）配偶者居住権を設定した日におけるその建物の取得費（被相続人が建物を取得した日から配偶者居住権を設定した日までの期間の減価を控除した金額） （注2）配偶者居住権等割合とは、配偶者居住権を設定した時の配偶者居住権の価額に対する居住建物の価額の割合をいいます。 $$\frac{\text{設定時における配偶者居住権の価額}}{\text{設定時における居住建物の価額（相続税評価額）}}$$ （注3） $$\text{配偶者居住権の取得費} \times \frac{\text{配偶者居住権の取得時から消滅までの年数}^{※1}}{\text{配偶者居住権の存続年数}^{※2}}$$ ※1　6月以上の端数は1年とし、6月に満たない端数は切り捨てます。 ※2　上記年数に係る割合が1を超える場合には1とします。
配偶者敷地利用権（法60②③、令169の2③④）	（配偶者敷地利用権の取得費） $\boxed{\text{居住土地の取得費}^{(注1)}} \times \boxed{\begin{array}{c}\text{配偶者居住権等}\\\text{割合}^{(注2)}\end{array}} - \boxed{\begin{array}{c}\text{設定から消滅までの}\\\text{減価額}^{(注3)}\end{array}}$ （注1）配偶者居住権を設定した日におけるその土地の取得費 （注2）配偶者居住権等割合とは、配偶者居住権を設定した時の配偶者敷地利用権の価額に対する居住建物の敷地の価額の割合をいいます。 $$\frac{\text{設定時における配偶者敷地利用権の価額}}{\text{設定時における居住建物の敷地の価額（相続税評価額）}}$$ （注3） $$\text{配偶者敷地利用権の取得費} \times \frac{\text{配偶者居住権の取得時から消滅までの年数}^{※1}}{\text{配偶者居住権の存続年数}^{※2}}$$ ※1　6月以上の端数は1年とし、6月に満たない端数は切り捨てます。 ※2　上記年数に係る割合が1を超える場合には1とします。
配偶者居住権の目的となっている建物	建物の取得費 － 配偶者居住権の取得費
配偶者敷地利用権に供されている土地等	土地等の取得費 － 配偶者敷地利用権の取得費
過去に配偶者居住権に供されていた建物又は配偶者敷地利用権に供されていた土地等の取得費	被相続人の取得価額 過去に配偶者居住権等の消滅の対価の支払があった場合には、被相続人の取得価額から配偶者居住権等の取得価額を控除します（令169の2⑤⑥）。 なお、配偶者居住権等の消滅につき支払った対価があれば、その建物又は土地等の取得費にその対価を含めることができます（令169の2⑤⑥）。

配偶者居住権等を有する居住者がその配偶者居住権の目的となっている建物及びその建物に係る土地等を取得した場合の取得費	配偶者居住権等を有する居住者が、その後において、その配偶者居住権の目的となっている建物又は配偶者敷地利用権の目的になっている土地等を取得した場合には、その建物又は土地等の取得の時における配偶者居住権等の消滅時の取得費をその建物又は土地等の取得費に加算することができます（令169の2⑦）。
物納を撤回した後に資産を譲渡した場合の取得費	いったん物納をした資産を物納の撤回の承認を受けた後に譲渡した場合には、その者が引き続き所有していたものとされます。
離作料	永小作権、耕作権の目的となっている農地の小作権者又は賃借人に対し、これらの権利を消滅させるために支払った対価の額はその農地の取得費になります。
国外中古建物の不動産所得に係る損益通算等の特例の適用を受けた国外中古建物を譲渡した場合の取得費	取得費から控除することとされる償却費の額の累計額からは、この特例により生じなかったものとみなされた損失の金額に相当する金額の合計額を控除します（措法41の4の3③）。 【質疑】 　甲は、平成28年に国外の中古建物（以下「A建物」という。）を2,500万円で購入し、購入後から賃貸に供していたところ、令和4年12月に2,000万円で売却した。 　令和4年分のA建物に係る不動産所得の金額の内訳は、下記のとおりであり、当該不動産所得以外に給与所得があります。 　この場合、A建物に係る譲渡所得の取得費はいくらになりますか。 (内訳)　賃貸収入300万円 　　　　必要経費700万円 　　　　うち減価償却費※200万円（耐用年数を簡便法で計算） 　　　　減価償却累積額※1,000万円（未償却残高1,500万円） 　　　　※譲渡時点までの価額 【答】A建物に係る取得費は1,700万円となります。 　国外にあるA建物は、中古での取得後に不動産所得の業務の用に供されており、かつ、耐用年数を簡便法により計算していることから、「国外中古建物」に該当します。よって、A建物に係る不動産所得について、損益通算等の制限がされることになります。 　その上で、損益通算等が制限される「国外不動産所得の損失の金額」を計算すると、A建物に係る400万円の損失（賃貸収入300万円－必要経費700万円）が生じており、同金額はA建物の償却費の額200万円を上回るため、国外不動産所得の損失の金額は200万円となります。よって、甲の令和4年分の不動産所得の計算上、A建物の償却費の額200万円に相当する損失は生じなかったものとみなされ、その損失は給与所得と損益通算できないこととなります。 　そしてA建物に係る譲渡所得の計算上、国外不動産所得の損失の金額200万円については、償却費の額の累積額から控除されることとなるため、同累積額は800万円（1,000万円－200万円）となり、A建物の譲渡所得に係る取得費は、購入額2,500万円から同累積額800万円を控除した1,700万円となります。

① 取得費に含まれる経費（取得のためのものに限ります。）

取得費には次の表に記載されている経費を含めて計算します。

- 仲介手数料（法38）
- 売買契約書等に添付した収入印紙（基通38-9）
- 購入に当たって支払った立退料（基通38-11、49-4）
- 石積み費用、防壁工事費（基通38-10）
- 契約解除して他の資産を取得するための違約金（基通38-9の3）
- 所有権移転登記の際の印鑑登録証明書の交付手数料（基通38-9）
- 埋め立て費用、整地費用、造成費用（基通38-10）
- 改良費、設備費（基通38-10）
- ガス工事費用（基通38-10）
- 上下水道工事費用（基通38-10）
- 測量費（基通38-10(注)2）
- 業務委託費（設計監理、立地調査等）
- 共有地の分割費用（基通33-1の7(注)1）
- 地ならし費用、地固め費用、地盤強化費用、切土費用、土盛費用、土留工事費用等（基通38-10）
- 取得に関し争いのある資産につきその所有権等を確保するために直接要した訴訟費用、弁護士費用、和解費用等（基通38-2）
- 土石等の譲渡後の土地についての原状回復費用（基通38-13の2）
- 建築確認申請費用（法38）
- 公共下水道施設の使用のための負担金（基通2-21）
- 購入資金の借入のための公正証書作成費用、抵当権設定登記費用、担保として締結した保険契約に基づき支払う保険料その他の費用で当該資金の借入のために通常必要と認められるもの（基通38-8）
- 交通費、旅費及び宿泊費のうち取得のために必要不可欠なもの。
- 地鎮祭費用（建物等の建設のために行うもの）
- 他から取得した土地又は未利用土地を事業の用に供するに当たり施設する砂利、砕石等の費用
- 土地の価額の増加その他改良費に該当する部分の受益者負担金（基通37-8）
- 上棟式（棟上げ）の費用
- 贈与の際に支出した費用（ゴルフ会員権の名義書換料、不動産登記費用、不動産取得税、株式の名義書換料等）（基通60-2）
- 譲渡日以後の期間に対応する固定資産税の未経過分
- 非業務用の固定資産に係る登録免許税、不動産取得税、特別土地保有税等固定資産の取得に伴い納付する租税公課（基通38-9）
- 建物取壊し費用（基通38-1）
  借地人の建物を取得し、又は土地等と建物を共に取得した直後に建物を取り壊した場合には、その建物の取得に要した金額と取壊しに要した金額を土地等の取得費に算入します。
- 建物等の建設のために行う土地の地質調査費用は建物の取得費に算入します。（基通38-10）
- 土壌汚染地の汚染除去費用（基通38-10）

② 取得費に含まれない経費

- 遺産分割に関する費用
- 飲食代（取得に必要不可欠な場合を除きます。）
- 税理士報酬（コンサルタント料）
- 住所変更手続費用
- 修繕費
- 譲渡担保の受戻し費用
- 相続争いに関する費用
- 代償分割により、代償債務を負担した相続人が取得した相続財産について、その者が負担した債務に相当する金額（基通38-7）
- 相続登記がされていなかった不動産を譲渡する際に他の共同相続人に相続放棄をしてもらうための「はんこ代」
- 所有権の取得後において、その所有権について他から権利侵害等を受けた場合でその完全な所有権を確保するために要した弁護士費用、訴訟費用等

③ 昭和27年以前に取得した資産（土地建物等は除きます。）の取得費

　昭和27年12月31日以前から所有していた土地建物等以外の資産の取得費は、次のとおり計算します。

　この場合、その資産が減価償却資産であるときは、次の算式で計算した金額から、その金額を基礎として計算した昭和28年1月1日から譲渡の日までの期間の償却費相当額を控除して計算します（法61②、令172）。

【昭和27年以前に取得した資産（土地建物等を除きます。）の取得費の計算式】

次の①から③のうちいずれか多い金額　＋　昭和28年以後に支出した設備費・改良費の額

① その資産の昭和28年1月1日現在の相続税評価額

② その資産が資産再評価法に基づいて再評価を行った資産であるときは、その再評価額

③ その資産の取得に要した金額＋昭和27年12月31日までに支出した設備費及び改良費の額（その資産が減価償却資産の場合は、取得の日から昭和27年12月31日までの間の償却費相当額を控除して計算します。）

④　取得費が不明な場合

　取得費を譲渡収入金額の５％相当額（概算取得費）として計算することができます（土石等、借家権、漁業権等を除きます。）。

　しかし、その概算取得費が低額すぎることから、譲渡価額を基礎として、一般財団法人日本不動産研究所が公表する市街地価格指数の割合を乗じて取得価額を算定するなどの事例が散見されますが、算定した金額が実際の取得価額を上回らないことの蓋然性の証明が困難であり、その金額のみをもって、その宅地の取得費と推定することは難しいと考えます。

　こういった場合には、まず取得の経緯を調査し、売買契約書や費用の領収書等の書類に代わる取得当時の記録を探すとか、売主、仲介不動産業者等に問い合わせるなどして、できる限り取得時の資料を把握し、これと当時の公示価格、路線価額等と比較して得られた結果から取得費の近似値を推定することが、基本的スタンスであると考えます。

⑤　建物と土地を一括で購入している場合の建物の取得費

　マンションなどのように建物と土地を一括して購入している場合には、その取得価額を「建物の取得価額」と「土地の取得価額」に区分して計算します。

　その際に、契約書に建物と土地の価額が区分されて記載されていない場合でも、その建物に課税された消費税額が記載されているときは、その時に適用されていた消費税率を用いて、建物の取得価額を計算することができます。

　また、売買代金の総額は判明しているものの建物と土地の価額が区分されていない場合には、①購入時の建物と土地の時価の割合で区分するか、②売買代金の総額のうち「建物の標準的な建築価額表」を基に算出した金額を建物の取得価額とし、残りを土地の取得価額とする方法があります。なお、「建物の標準的な建築価額表」は各年分の「譲渡所得の申告のしかた」に掲載されています。

> **税理士のアドバイス**　「建物の標準的な建築価額表」の使用目的
>
> 　「建物の標準的な建築価額表」は、建物と土地を一括して購入した際に、建物と土地の購入時の売買代金の総額は判明しているが、それぞれの価額が区分されていない場合に、建物の減価償却相当額の基となる建物の取得価額を計算する必要があるときに、これを用いても差し支えないとされているものです。
>
> 　したがって、そもそも建物の建築費用の価額が全く不明である場合に、その額を推算する根拠として用いる目的で作成されたものではありません。

⑥　相続税額の取得費加算の特例

　相続（限定承認に係るものを除きます。）又は遺贈（死因贈与を含み、包括遺贈のうち限定承認に係る
ものを除きます。）により取得した財産を相続税の申告期限から３年以内に譲渡した場合に、相続税
額のうちその譲渡をした財産に対応するものとして計算した部分の金額を譲渡資産の取得費に加算
することができます（措法39）。

【相続税の取得費加算の計算式】

その者の相続税額　×　その者の相続税の課税価格の計算の
基礎とされたその譲渡した財産の価額　＝　取得費に加算する相続税額
（その者の相続税の課税価格　＋　その者の債務控除額）

> **税理士のアドバイス**　相続税額の取得費加算の特例の適用範囲
>
> 　贈与等により非居住者に資産が移転した場合の譲渡所得等の特例（法60の３）の規定の適用
> を受けた資産は、相続税額の取得費加算の特例の適用対象外です（措法39⑦）。
> 　この特例は、相続税法の規定による相続税額がある者について取得費加算を認めるものであ
> り、外国で課税された相続税に相当する税額については、適用対象外です。
> 　代償分割の方法により遺産分割が行われた場合で、その代償分割により代償債務を負担した
> 相続人が代償金を払って取得した相続財産を譲渡し、この特例の適用を受ける場合には、取得
> 費に加算する相続税額は、譲渡資産の相続税評価額を圧縮して計算します（措通39-7）。
> 　計算式は次のとおりです。
>
> 確定相続税額　×　（譲渡をした資産の相続税評価額B　－　支払代償金C　×　B／（A＋C））／その者の相続税の課税価格（債務控除前）A
>
> （注１）　「確定相続税額」とは、譲渡の日の属する年分の所得税の納税義務の成立する時において確定しているものなどの要件を満
> 　　　たす相続税額（措令25の16①一）をいい、相続税の修正申告又は更正があった場合は、その申告又は更正後の相続税額（措
> 　　　令25の16②）をいいます。
> （注２）　支払代償金については、相基通11の２-10《代償財産の価額》に定める金額によります。

⑦　国外中古建物の譲渡をした場合の取得費の計算の特例

　令和３年以降に国外にある特定の中古建物を譲渡した場合には、その取得費について一定額を加
算する特例があります。詳細は「第８章７　国外中古建物の譲渡をした場合の取得費の計算の特例」
325頁を参照してください。

23

【質疑応答】取得費

□ **分譲地の道路用地の取得費等**

一団の宅地を造成し、分譲する場合において、
① 道路の用に供する土地として買い取り、市に寄附したものの取得価額は譲渡費用とすべきか、造成した宅地の取得価額に算入すべきか、いずれですか。
② 市道として市へ寄附する部分と私道となる部分の土地の取得費及び造成費用は、分譲地の取得費に算入してよいでしょうか。
③ 土地の一部分が傾斜しているために行う補強工事の費用は、その工事をした部分の区画の取得価額とすべきか、それとも分譲地全体の土地の取得価額に算入すべきか、いずれですか。

⇒ ① 造成される宅地全体の取得価額（工事原価）に算入します。
② 市道として寄附する部分の土地に係る取得価額及び造成費用は、造成される宅地全体の取得価額に算入します。私道となる部分の土地に係る取得価額及び造成費用は、その私道が宅地とともに分譲されるものである場合には、その私道の譲渡原価を構成し、その私道が分譲の対象とならないものである場合には、その造成される宅地全体の取得価額に算入します。
③ 造成される宅地全体の取得価額に算入します。

□ **特別土地保有税と取得費**

土地の所有者又は取得者に対して課される特別土地保有税のうち、土地の取得に対して課される特別土地保有税は、所得税法第38条第1項に規定する「資産の取得に要した金額」に算入してよろしいですか。

⇒ 照会意見のとおりで差し支えありません。

□ **短期譲渡所得の計算上控除する取得費と概算取得費控除**

中高層耐火建築物等の建設のための買換えの特例（措法37の5）の適用を受けて取得した買換資産を3年後に5,000万円で譲渡しました。この場合の譲渡所得は、取得時期が引き継がれないので短期譲渡所得となりますが、その譲渡所得の計算上控除する取得費は、租税特別措置法第31条の4に規定する概算取得費控除の特例に準じて計算した金額によることとしてよろしいですか。なお、旧譲渡資産の取得価額は40万円です。

⇒ 概算取得費控除の特例は、「長期譲渡所得の金額の計算上収入金額から控除する取得費」に関する規定ですが、短期譲渡所得の金額の計算についても適用して差し支えありません。

□ **相続財産の分与により取得した資産の取得費等**

民法第958条の3第1項の規定による相続財産の分与によって不動産を取得した特別縁故者が、その不動産を譲渡した場合、譲渡所得の計算上、その不動産の取得の時期および取得費は、被相続人から遺贈により取得したものとして、所得税法第60条第1項の規定を適用してよいでしょうか。

⇒ 所得税法上、相続財産の分与として取得した財産については、遺贈により取得したものとみなす規定がありませんので、遺贈により取得したものとみることはできません。
相続財産の分与として取得した財産は、その分与を受けた時に、その時の価額により取得したことになります。

5 譲渡費用

譲渡費用とは、資産を譲渡するために直接要した費用、譲渡資産の譲渡価額を増加させるため当該譲渡に際して支出した費用をいいます（基通33-7）。

譲渡所得に対する課税は、譲渡資産の保有期間中に発生している資産の値上がりによる増加益が、譲渡行為によって実現した時に所得として課税をするものです。

　したがって、譲渡資産の保有期間中に支出した修繕費、固定資産税その他の資産の維持管理に要した費用は、その資産の使用収益によって生ずる所得に対応する費用であって、資産の値上がりによる価値の増加益である譲渡所得に対応する譲渡に要した費用には該当しないことになります。

(1)　譲渡費用と認められるもの（取得費とされるものを除きます。）

- 仲介手数料（基通33-7）
- 運搬費（基通33-7）
- 登記・登録に要する費用（基通33-7）
- 建物を取り壊して土地を譲渡する際に支出する建物滅失登記費用（基通33-7）
- 借家人を立ち退かせる立退料（基通33-7）及び立退料を借入金で支払った場合の利子（その借入金の返済の日又はその譲渡代金により返済可能となった日のいずれか早い日までの期間に対応する利子の額）
- 建物等の取り壊し費用（基通33-7）
- すでに売買契約を締結している資産を更に有利な条件で他に譲渡するため当該契約を解除したことに伴い支出する違約金（基通33-7）
  その違約金に係る借入利子も譲渡費用に該当します。
- 譲渡の際の所有権移転登記における印鑑登録証明書の交付手数料（基通33-7）
- 売買契約書に添付した収入印紙（基通33-7）
- 譲渡に際し行われた植木伐採費用
- 測量費（基通33-7）
- 契約解除に伴い仲介業者に支払う違約金（基通33-7）
- 広告料（譲渡のために広告をし、その費用を負担した場合）
- 交通費、旅費及び宿泊費のうち取得のために必要不可欠なもの
- ゴルフ会員権業者に支払った手数料（基通33-7）
- 資産の譲渡に関連する資産損失の金額（基通33-8）
- 借地権の名義変更料（基通33-7）
- 信託受益権の譲渡に係る信託報酬（基通33-1の8）
- 成年後見人が家庭裁判所に支払った不動産処分許可申立手続費用

(2)　譲渡費用と認められないもの（取得費とされるものを除きます。）

- 代償分割により代償金を負担して取得した土地等を譲渡した場合のその代償金
- 修繕費、リフォーム費用（基通33-7）
- 固定資産税（基通33-7）
- 移築費用（基通33-7）
- 飲食代（取得に必要不可欠な場合を除く。）
- 植木片付け（移転）費用（基通33-7）
- 区画形質の変更等に伴う費用（基通33-5）
- 税理士報酬（コンサルタント料）（基通33-7）
- 住所変更手続費用（基通33-7）
- 譲渡代金による保証債務の弁済（所得税法64条2項に規定する「保証債務を履行するために資産を譲渡した場合の所得計算の特例を検討することになります。）。

- 譲渡担保の受戻し費用（基通33-7）
- 譲渡代金の取り立てに要した弁護士費用（基通33-7）
- 所有権移転承諾料（仮登記であった土地を譲渡するに当たり、登記上の所有者に支払うもの）
- 借入金の返済が遅延した場合に債権者に支払う遅延損害金等
- 資産の引渡しが契約で定めた期限を徒過しために支払う遅延損害金等
- 抵当権抹消登記費用及び根抵当権抹消費用
- 担保提供されている不動産を任意売却する際に配当見込みのない後順位の抵当権者に抵当権の抹消に応じてもらうための「はんこ代」
- 引越費用及び譲渡資産に置かれていた物を片付ける費用（基通33-7）
- 遺産分割、相続争いに関する弁護士費用及び訴訟費用

【質疑応答】譲渡費用

☐　譲渡代金の取立てに要した弁護士費用等と譲渡費用

　　資産の譲渡代金（５億円余）の取立てに関して300万円を弁護士に支払った事例がありますが、この弁護士費用は、譲渡費用として譲渡所得の金額の計算上控除することができますか。

⇒ 譲渡代金の取立て費用であり、譲渡に直接要した費用ではありません。

☐　譲渡費用の範囲（訴訟費用）

　　甲は、乙に土地を賃貸し、乙はその土地上に建物を建てました。しかし、乙がその建物をすぐに丙に転売したため、甲と乙の間で賃貸借契約条項違反があるとして訴訟になりましたが、結局、和解し、甲が乙に底地を譲渡することになりました。

　　甲の当該土地の譲渡所得の計算上、甲が支払う訴訟費用は、譲渡費用に該当しますか。

⇒ 賃貸借に関する紛争解決費用であり、譲渡に直接要した費用とは認められません。

☐　違約金を支払って建築請負契約を破棄し、土地を他に譲渡した場合の譲渡費用

　　甲はA土地上に建物を新築すべく乙と建築請負契約を締結し、手付金を乙に支払いました。しかし、工事着工前に丙からA土地の買申込みを受け、これを丙に売却することとしました。このため甲は、乙に支払った手付金を放棄することになりましたが、この手付金放棄による損失は、A土地に係る譲渡所得金額の計算上、所得税基本通達33-7により譲渡費用に含まれるものと解してよろしいですか。

⇒ 工事着手後であれば、この違約金も譲渡費用に含まれるものと解して差し支えありません。

☐　媒介契約を解除したことに伴い支払う費用償還金等と譲渡費用

　　甲は土地を譲渡するため、仲介業者A社と専任媒介契約を締結しましたが、その後甲自身がこの媒介契約に定めた価額より高い金額で買取りたいとする乙を探し出しました。そこで、甲はA社との専任媒介契約を解除し、契約条項に従いA社が媒介契約履行のために要した費用である200万円を支払い、土地は乙へ譲渡しました。

　　この場合のA社に支払った200万円は譲渡費用になりますか。

⇒ 結果としてA社の媒介により譲渡されなかったとしても、買主を捜すために要した費用であり、譲渡費用に該当します。

☐　借家人を立ち退かせるための立退料を借入金で支払った場合の支払利子と譲渡費用

　　甲は、貸店舗を譲渡するに際して借家人２名を立ち退かせ、立退料2,100万円を支払いましたが、このうち2,000万円は借入金で賄いました。

　　この場合、この借入金に係る利子は、譲渡所得の計算上譲渡費用になりますか。

⇒ 譲渡費用となる立退料と直接関連があると認められるので、譲渡費用になるものとして取り扱って差し支えありません。ただし、この場合の譲渡費用に算入する利子の額は、借入の日から、その借入金の返済の日又はその譲渡代金により返済が可能となった日のいずれか早い日までの期間に対応する利子の額となります。

6　譲渡所得の金額の計算

(1) 譲渡損益の計算

譲渡所得の金額の計算の基礎となる譲渡資産の譲渡損益は、分離短期一般、分離短期軽減、分離長期一般、分離長期特定、分離長期軽課、総合短期及び総合長期の区分ごとに、それぞれ次の算式で計算します。

収入金額　－　（取得費　＋　譲渡費用）　＝　譲渡損益

(2) 分離譲渡所得と総合譲渡所得間での損益の通算

土地建物等の譲渡による分離課税の譲渡所得（居住用財産の譲渡による一定の損失を除きます。）と総合譲渡所得との通算はできません。

図表1-6-1　譲渡所得間の通算の概要

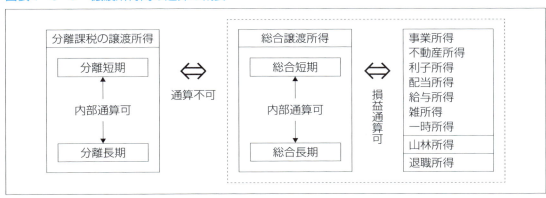

(3) 他の所得と譲渡所得との損益の通算

① 損益通算ができる譲渡損失

総合譲渡所得の金額の計算上生じた損失の金額は、一定の順序で他の所得と合算する段階で損益通算ができます（法69、令198）。

② 損益通算ができない譲渡損失

イ　土地建物等の譲渡による譲渡損失

　土地建物等の譲渡所得の金額の計算上生じた損失の金額は、他の所得との損益通算はできませ

ん（措法31、32）。

ロ　株式等の譲渡による譲渡損失

　　株式等の譲渡所得の金額の計算上生じた損失の金額は、他の所得との損益通算はできません（措法37の10、37の11）。

ハ　譲渡所得が非課税とされる資産の譲渡損失

　　所得税が課税されない所得はその計算上、損失が生じても、その損失はなかったものとされ損益通算はできません（法9②）。

ニ　趣味又は娯楽など生活に通常必要でない資産の譲渡の譲渡損失

　　主として趣味や娯楽などの生活に通常必要でない資産を譲渡して生じた譲渡損失の金額は、原則として他の所得との通算はできません（法69②）。

　　生活に通常必要でない資産とは、主として個人の趣味や娯楽又は保養のために所有している資産で次のようなものをいいます（令178）。

- ・競走馬その他射こう的行為の手段となる動産
- ・貴金属、書画骨董、その他鑑賞の目的となる宝石などの動産
- ・別荘などの趣味、娯楽、保養又は鑑賞などの目的で所有する家屋等の不動産
- ・主として趣味、娯楽、保養又は鑑賞の目的で所有する不動産以外の資産（ゴルフ会員権、リゾート会員権等）

⑷　各種損失の金額の損益通算の順序

①　「居住用財産の譲渡損失の特例」に係る損失以外の損益通算の順序

イ　経常グループの損益通算

　　経常所得（利子所得、配当所得、不動産所得、事業所得、給与所得及び雑所得）の金額のうち不動産所得の金額又は事業所得の金額の計算上生じた損失の金額は、他の経常所得の金額から差し引きます（令198一）。

ロ　総合譲渡所得と一時所得の損益通算

　　総合譲渡所得の金額の計算（譲渡所得内での通算後）上生じた損失の金額は、一時所得の金額（特別控除後で2分の1前）から差し引きます（令198二）。

ハ　経常所得の金額が赤字になった場合

　　経常所得の金額がイの通算後赤字の場合、その赤字の金額を総合譲渡所得の金額（特別控除後で短期、長期（2分の1前）の順）、一時所得の金額（特別控除後で2分の1前）の順で差し引きます（令198三）。

ニ　譲渡所得と一時所得の通算後の金額が赤字となった場合

　　ロの通算後赤字の場合、その赤字の金額を経常所得の金額（イの通算後）から差し引きます（令198四）。

ホ　総所得金額が赤字になった場合

　　ハ又はニによっても引ききれない赤字の金額は、山林所得の金額（特別控除後）、退職所得の金額（2分の1後）から順次差し引きます（令198五）。

ヘ　山林所得の金額が赤字の場合

　　山林所得の金額の計算上生じた損失の金額は、経常所得の金額（イ又はニの通算後）、総合譲渡所得の金額（特別控除後で長期は2分の1前）、一時所得の金額（特別控除後で2分の1前、ロ又はハの通算後）、退職所得の金額（2分の1後、ホの通算後）の順で差し引きます（令198六）。

② 「居住用財産の譲渡損失の特例」に係る損失の金額の損益通算の順序

　　「居住用財産の譲渡損失の特例」に係る損失の金額は、総合短期譲渡所得の金額、総合長期譲渡所得の金額、一時所得の金額、経常所得の金額、山林所得の金額又は退職所得の金額の順で差し引きます（措法41の5①、41の5の2①、措通41の5-1、41の5の2-1）。

③ 上場株式等に係る譲渡損失の損益通算の特例

　　上場株式等に係る譲渡損失の金額（金融商品取引業者等を通じて行った譲渡によるものなど一定のものに限ります。）は、上場株式等に係る配当所得の金額（申告分離課税）と損益通算することができます（措法37の12の2①）。

図表1-6-2　各種損失の金額の損益通算の順序

区　分	各　種　損　失　の　金　額				
	事業所得 不動産所得	総合 譲渡所得	居住用財産 の譲渡所得	山林所得	上場株式等 の譲渡所得
経常所得の金額	❶	❷	❹	❶	×
総合短期譲渡所得の金額	❷	—	❶	❷	×
総合長期譲渡所得の金額	❸	—	❷	❸	×
一時所得の金額	❹	❶	❸	❹	×
山林所得の金額	❺	❸	❺	—	×
退職所得の金額	❻	❹	❻	❺	×
上場株式等に係る配当所得等の金額	×	×	×	×	❶

※丸数字は、損失の金額の区分ごとの損益通算の順番を表します。

7　譲渡所得の計算における消費税の取扱い

(1)　課税事業者の譲渡所得の計算

　　その資産を業務の用に供していた不動産所得、事業所得、山林所得又は雑所得を生ずべき業務に係る経理方式と同一の経理方式によります（直所3-8、直資3-6「消費税法等の施行に伴う所得税の取扱いについて」通達2、3）。

(2)　非事業者及び免税事業者の譲渡所得の計算

　　非事業者及び免税事業者の譲渡所得は、税込価額により計算します。

非事業者及び免税事業者の場合、消費税が課税されていないので、譲渡収入金額には消費税が含まれていませんが、その譲渡資産の取得費又は譲渡費用に消費税が含まれている場合には、譲渡所得の計算は、実際の譲渡価額と消費税を含んだ取得費及び譲渡費用を基に行います（直所3−8、直資3−6「消費税法等の施行に伴う所得税の取扱いについて」通達2、5）。

(3)　概算取得費控除の取扱い

　概算取得費は、譲渡収入金額の100分の5に相当する金額とされていますが、この譲渡収入金額に消費税相当額を含めるかどうかについては、譲渡した資産を業務の用に供していた不動産所得、事業所得、山林所得又は雑所得を生ずべき業務に係る経理方式と同一の経理方式によります（直所3−8、直資3−6「消費税法等の施行に伴う所得税の取扱いについて」通達13）。

譲渡所得（共通）のチェックポイント

【譲渡所得の範囲】

☐　法人に対して資産を贈与又は遺贈した場合、譲渡所得として申告していない。
　☞　法人に対する贈与又は遺贈については、時価で譲渡があったものとみなされます。

☐　生活用の宝石や貴金属を譲渡した場合、申告の要否を検討したか。
　☞　生活に通常必要な宝石、貴金属であっても時価が30万円を超える場合には、生活用動産を譲渡した場合の非課税の適用はありません。

☐　相続の限定承認があった場合、被相続人の準確定申告はしたか。
　☞　譲渡所得に該当する資産が相続財産に含まれていた場合は、被相続人の準確定申告において、時価で譲渡があったものとして申告しなければなりません。

☐　離婚に伴う財産分与で、譲渡所得の対象となる資産を移転した場合、譲渡所得の申告はしたか。
　☞　離婚に伴う財産分与として資産の移転があった場合は、分与を受けた者に贈与税が課されるのではなく、分与した者に財産分与義務の消滅による経済的利益が譲渡収入金額になり、申告の必要があります。なお、自宅を分与した場合は、「居住用財産を譲渡した場合の3,000万円の特別控除の特例」が適用できる場合があります。

【収入時期】

☐　収入時期について、「契約日」と「引渡日」の選択は適切か。
　☞　収入時期の選択により、税制上有利な申告年分を選択できます。例えば、
　　譲渡の日（契約：令和5年、引渡し：令和6年）
　　取得の日（契約：平成30年、引渡し：令和1年）
　　譲渡の日を引渡しのあった令和6年（引渡しベース）としても、取得の日を契約のあった平成30年（契約ベース）とし、分離長期譲渡所得として申告可能です。なお、土地等を譲渡した場合における分離長期譲渡所得及び分離短期譲渡所得の区分は、当該譲渡をした年の1月1日において所有期間が5年を超えるか否かで判定します。

【収入金額】

☐　法人に対し資産を「著しく低い価額（時価の2分の1未満）」で譲渡した場合、その譲渡した金額

で譲渡所得の計算をしている。

☞ 法人に対して著しく低い価額や無償で譲渡した場合、その資産の時価で譲渡したものとされます。

□ 売買契約において、売却後の期間に対応する固定資産税の精算金を収入金額に加算したか。
☞ 買主と未経過固定資産税相当額について精算した場合は、売主においては譲渡所得の収入金額になります（買主は取得費になります。）。

□ 実測精算金があるにもかかわらず、売買契約書の売買価格欄に記載された価額のみをもって譲渡価額としていないか。
☞ 売買契約書の特約条項の内容を確認し、実測精算金等があり、売買価格とは別に受領している場合は、その金額を譲渡価額に加算します。

□ 貸家（店子付き）を売却した場合、預り保証金を持ち回りとしているにもかかわらず、売買契約書の売買価格欄に記載された価額のみをもって譲渡価額としていないか。
（預り保証金の持ち回りとは、売却時に譲渡者と譲受者間で預り保証金を精算せずに譲受者が保証金返還義務を引き継ぐこと。店子が退去した場合は、譲受者が保証金を返還することとなる。）
☞ 売買契約書の特約条項の内容を確認し、持ち回り保証金がある場合は、その金額を譲渡価額に加算します（取得時に持ち回り保証金がある場合は、その額を取得価額に加算します。）。

□ 競売で土地・建物を譲渡した場合、非課税所得としていないか。
☞ 競売であったとしても、法9条に規定する資力喪失状態であることなど、一定の要件を充足していないと非課税所得にはなりません。

【取得の日】
□ 贈与、相続（限定承認を除く。）、遺贈（包括遺贈のうち限定承認を除く。）で取得した資産を譲渡した場合、取得日は適正か。
☞ 贈与者、被相続人の取得した日を引き継ぎます。贈与があった日でもなく、相続があった日でもありません。

□ 負担付贈与で取得した資産を譲渡した際、取得の日を贈与者が取得した日として長期・短期譲渡の判定をしていないか。
☞ 負担付贈与の場合は、一般的な贈与とは異なり、贈与者の取得した日を引き継がず、負担付贈与があった日がその取得の日となります。

□ 交換、買換えの特例により課税を繰り延べた資産を譲渡した場合、取得日は適正か。
☞ 適用を受けた課税の特例により取扱いが異なります。

□ マンションの建築完了前に分譲業者と売買契約を締結し、その翌年に建築が完了した場合、契約締結の日を取得の日（契約ベース）として譲渡所得の計算を行っていないか。
☞ 売買契約の締結時において、取得する予定の建物の建築が完了していない場合、売買契約の効力が発生する建築完了日以後が取得の日となります。

□ 増築をした資産の取得の日を増築のあった日としていないか。
☞ 増築は新たな資産の取得には該当しませんので、その改良、改造等の時期にかかわらず、増築前の建物の取得の日を基準にして長期又は短期譲渡の判定を行います。

□ 時価の2分の1に満たない価額で取得した資産の取得の日については、その取得の時の譲渡損の

1 譲渡所得の概要

2 総合譲渡所得

3 土地建物等の譲渡所得（分離課税）

4 居住用財産を譲渡した場合の特例

5 特定の事業用資産の買換えの特例等

31

有無を確認しているか。

☞ 譲渡損が生じていた場合は、前所有者がその資産を所有していた期間を含め、引き続きその資産を所有していたものとみなされますが、譲渡損が生じていない場合は、その譲渡があった日（実際に取得した日）が取得の日になります。

□ 令和4年5月に夫が死亡し、夫が10年前に購入した自宅に配偶者居住権を設定した。令和6年8月、配偶者居住権の目的となっている建物及び当該建物の敷地を譲渡した場合、配偶者居住権の取得から譲渡までの期間が5年を超えていないので、短期譲渡所得として計算していないか。

☞ 被相続人の取得日以後5年を経過する日以後に生じる配偶者居住権の消滅は、短期譲渡所得から除き、長期譲渡所得として課税されます。

なお、配偶者居住権及び配偶者敷地利用権は、分離課税の対象になる土地等・建物等には該当しないため総合譲渡所得となります。

【取得費】

□ 贈与、相続（限定承認を除く。）で取得した資産を譲渡した場合の取得費は適正か。

☞ 贈与者、被相続人の取得費を引き継ぎます。贈与の時の時価でもなく、相続の時の相続税評価額でもありません。

□ 贈与により取得した土地を売却したが、贈与により取得した時に支払った登記費用、不動産取得税を取得費に含めないで譲渡所得の計算をしていないか。

☞ 相続又は遺贈、贈与により土地等を取得した場合、その取得のために通常必要と認められる費用（登記費用、不動産取得税、印紙税等）を支出しているときは、譲渡所得の計算上取得費として取り扱います。

ただし、概算取得費を適用する場合には、登記費用等を取得費に算入できません。

□ 交換、買換えの特例により課税を繰り延べた資産を譲渡した場合、取得費は適正か。

☞ 適用を受けた課税の特例により取扱いが異なります。

□ 居住用不動産の取得費の計算において、事業用資産の償却率を適用していないか。

☞ 非事業用資産の耐用年数は省令で規定する耐用年数に1.5を乗じて計算した年数を基に、残存価額を10％とする旧定額法に準じて計算します。

なお、耐用年数に1.5を乗じて計算した年数に1年未満の端数が生じたときは、その端数は切り捨て、また、経過年数の6か月以上の端数は1年とし、6か月未満の端数は切り捨てます。

□ 耐用年数を経過した非事業用資産の取得費を、取得価額の10％としていないか。

☞ 非事業用資産に係る減価償却費相当額は、取得価額の95％を限度とすることになっているため、取得価額の5％を取得費として計算します。

□ 所有する土地を売却するために借地人に支払った立退料を、譲渡費用として計算していないか。

☞ 借地権を消滅させた後に、その土地を売却したことは、旧借地権部分と旧底地部分をそれぞれ譲渡したことになります。そして、借地権を消滅させるために借地人に支払った立退料は、旧借地権の取得費となります（譲渡費用とした場合は、概算取得費を適用したときに計算誤りが生じます。）。

□ 概算取得費に改良費等を入れて取得費の計算をしていないか。

☞ 概算取得費控除が適用できるのは、収入金額の5％相当額と取得価額及び改良費等の合計額の

いずれか多い金額となります。

☐ 借家権の取得費について概算取得費を適用していないか。

☞ 借家権の取得費は不明の場合であっても、概算取得費は適用できません。

☐ 入居後又は貸付後の借入金利子を取得費に算入していないか。

☞ 借入金の利子を取得費に算入できるのは、入居前又は貸付前のその資産の使用開始までの期間に相当する借入金利子のみです。

☐ マンションなど土地と建物を一括購入している場合、土地と建物の取得費を適切に区分して計算しているか。

☞ 建物は減価償却費の計算をしなければならないので、購入時の消費税額等により区分した上で取得費の計算をすることになります。

☐ 相続財産を分割するために弁護士に支払った訴訟費用を取得費として譲渡所得の計算をしていないか。

☞ 相続財産を分割するために弁護士に支払った訴訟費用は、資産の所有権確保のための費用ではなく、遺産分割の費用であるため、取得費には算入できません。

☐ 相続により取得した土地・建物を売却した場合、当該土地・建物を相続する際に他の相続人に支払った代償金を取得費に加算していないか。

☞ 相続財産を取得する際に支払った代償金は、取得費に加算することはできません。

☐ 相続税額の取得費加算の特例を適用する際、代償分割の方法で遺産分割が行われた場合に、譲渡資産の相続税評価額を相続税の申告金額そのままで計算していないか。

☞ 代償分割の方法で遺産分割が行われた場合には、譲渡資産の相続税評価額を圧縮して計算します。

☐ 相続税額の取得費加算の特例を適用する際、修正申告等で相続税額等に異動があった場合、適正に計算がされているか。

☞ 修正申告等で相続税額等に異動があった場合には、修正申告等による異動後の相続税額等を基礎として再計算することになります。

【譲渡費用】

☐ 資産の譲渡に直接要しない維持管理費のための費用を計上していないか。

☞ 譲渡費用は譲渡するために直接要した費用に限ります。

☐ 土地等の譲渡に際してその土地等の上にある建物等を取り壊し、又除却した場合、その損失額を譲渡費用に計上したか。

☞ 建物等の未償却残額から発生資材の価額を控除した金額は譲渡費用になります。

☐ 土地・建物を売却する際に支払った抵当権抹消登記費用を譲渡費用にしていないか。

☞ 抵当権を抹消することが、土地・建物を売却する前提として事実上必要であっても、売買を実現するために直接要した費用ではないため譲渡費用に含まれません。

☐ 売買契約を締結した後、さらに有利な条件でその不動産を売却するため、受領した手付金50万円の倍返し（手付金の返還部分50万円と違約金部分50万円の計100万円）により当初の売買契約を解除し、その後、さらに有利な条件でその不動産を売却した場合、その倍返しした金額100万円を譲渡費

用にしていないか。

☞ 譲渡費用になるのは、違約金部分の50万円です。手付金の返還部分の50万円は、先に受領した金員の返還であるため、譲渡費用には含まれません。

□ 資産の譲渡に際し、弁護士に支払った費用は譲渡費用になるか検討したか。

☞ 弁護士費用については、その支払の内容によって譲渡費用になるかどうか様々なので、内容を精査した上で譲渡費用に計上します。

□ 住宅を譲渡した場合の引越費用や住宅に置かれていた物を片付ける費用を譲渡費用としていないか。

☞ 引越費用や住宅に置かれていた物を片付ける費用は、譲渡資産そのものを運ぶ運搬費と異なり、譲渡費用には該当しません。

【譲渡損益の通算】

□ 土地・建物を売却したところ、譲渡損失が発生したため、その譲渡損失と給与所得との損益通算をしている。

☞ 土地・建物の譲渡により生じた損失の金額を他の所得と損益通算をすることは原則としてできません。
居住用財産の譲渡損失の特例（措法41の5、41の5の2）を適用する場合には、他の所得との損益通算及び翌年以降への損失の繰越控除が認められます。

□ 営業用自動車の譲渡損失（総合譲渡）と土地・建物の譲渡益（分離課税）との損益通算をしていないか。

☞ 同じ譲渡所得であっても、総合課税譲渡所得と分離課税譲渡所得との損益通算はできません。

□ 青色申告者であることから、事業用不動産（固定資産）の売却による譲渡損失を事業所得と損益通算している。

☞ 青色申告者であっても、不動産の譲渡により生じた損失の金額と他の所得との損益通算はできません。

□ 上場株式等の譲渡所得等と一般株式等の譲渡所得等の通算をしている。

☞ 平成28年分以降は、通算できないことになっています。

□ 特定公社債に係る利子所得と上場株式等に係る譲渡所得は、損益通算の対象にならないとしている。

☞ 平成28年分以降は、公社債、公社債投資信託の売買や償還に係る損益、利子や分配金が上場株式等の譲渡損益や配当等と損益通算できるようになりました。

□ ゴルフ会員権を譲渡し損失が生じたので損益通算している。

☞ 平成26年4月1日以降、ゴルフ会員権は「生活に通常必要でない資産」に含まれることになったため、これにより生じた譲渡損失は他の所得と損益通算はできません。

□ 所有している別荘とヨットを同年中に売却したところ、共に譲渡損失となったため、給与所得と損益通算している。

☞ 別荘とヨットは、「生活に通常必要でない資産」の損失であるため、他の所得との損益通算はできません。

□ 所有しているキャンピングカーと金地金を同年中に売却した。キャンピングカーについては、譲渡損失が発生したが、その譲渡損失を金地金の譲渡益から差し引いていない。

☞ キャンピングカーと金地金は譲渡所得の計算上差引きすることができます。

ただし、差引きしてもなお損失がある場合、「生活に通常必要でない資産」の損失であるため、他の所得との損益通算はできません。

なお、売却した車両がキャンピングカーではなく、通勤用自動車で譲渡損失がある場合、通勤用自動車は「生活の用に供する資産」として取り扱われるため、譲渡益が生じても課税されない反面、損失についても生じなかったことになり、金地金の譲渡益と差引きすることはできません。

☐ 不動産所得の赤字と総合長期譲渡所得を通算する場合、2分の1にした後の金額から差し引いている。

☞ 総合長期譲渡所得を通算する場合は、50万円の特別控除後で、2分の1をする前の金額と通算します。

☐ 居住用財産の譲渡損失の特例（措法41の5、41の5の2）は、合計所得金額が3,000万円超える場合には損益通算の適用がないとしている。

☞ 繰越控除の特例については、合計所得金額が3,000万円超える年には適用できませんが、損益通算の特例については、所得金額の要件はありませんので、適用することができます。

第2章　総合譲渡所得

1　総合譲渡所得

⑴　総合譲渡所得の概要

　総合譲渡所得とは、総合課税の対象となる譲渡所得で、総合課税とは、譲渡所得を不動産所得、事業所得、給与所得などと合算し、累進税率を適用して税額を算出する課税方法のことをいいます。

　総合課税の対象になる譲渡は、分離課税の対象となる資産以外の資産の譲渡で、具体的には、ゴルフ会員権、自動車、船舶、航空機、金地金などの動産、借家権、特許権、漁業権、著作権、配偶者居住権などの権利等の譲渡となります。

⑵　総合譲渡所得の区分

　所得税法では、譲渡の日までの所有期間が5年以下の「短期所有資産」の譲渡による所得については、その全額を他の所得と合算して課税することとし、所有期間が5年超の「長期所有資産」の譲渡による所得については、その2分の1だけを他の所得と合算して課税することとしています（法22②）。

　総合譲渡所得は、上記のとおり原則として譲渡する資産の取得の日から譲渡した日までの所有期間に応じて「短期譲渡所得」と「長期譲渡所得」に区分されますが、特定の資産については、その資産の所有期間にかかわらず「長期譲渡所得」とされます（法33③、令82）。

図表2-1-1　長期譲渡所得と短期譲渡所得の区分

資産の種類	長期・短期の区分
所有期間が5年超の資産 ※1　自己の研究の成果である特許権、実用新案権その他の工業所有権、自己の育成の成果である育成者権、自己の著作に係る著作権及び自己の採鉱により発見した鉱床に係る採掘権の譲渡については、その所有期間が5年以下であっても長期譲渡所得とされます（法33③、令82一）。 ※2　被相続人の土地等又は建物の取得日以後5年を経過する日後に生じる配偶者居住権又は配偶者敷地利用権の消滅による譲渡については、配偶者居住権等の所有期間が5年以下であっても長期譲渡所得とされます（法33③、令82二・三）。	長期譲渡所得
所有期間が5年以下の資産	短期譲渡所得

⑶　総合譲渡所得以外の所得との区分が取引内容等により異なる場合

　総合譲渡所得の対象となる資産を譲渡した場合であっても、その資産の内容や取引形態によっては譲渡所得以外とされる場合があります。

図表 2 - 1 - 2 　資産内容又は取引形態等による所得区分

区分	資産の内容・取引形態等	分類される所得
ゴルフ会員権	ゴルフ場経営法人の破綻により優先的施設利用権が消滅しているゴルフ会員権の譲渡	雑所得
	上記以外のゴルフ会員権	総合譲渡所得
借家権	一般的な立退料（借家権なし）	一時所得
	借家権の消滅の対価としての立退料	総合譲渡所得
機械・車両等	金融業者が担保権の実行、代物弁済として行う資産の譲渡	事業所得
	上記以外の資産の譲渡	総合譲渡所得

(4)　総合譲渡所得の金額の計算

総合課税の譲渡所得の金額は次のとおり計算します。

譲渡所得金額[1,2]　＝　収入金額　－　（取得費＋譲渡費用）　－　特別控除額50万円[3,4]

- ※ 1　短期譲渡所得の金額は、全額総合課税の対象になりますが、長期譲渡所得の金額は、その2分の1が総合課税の対象になります。
- ※ 2　長期譲渡所得と短期譲渡所得は別に計算し、一方が赤字のときは他方の黒字と通算します。
- ※ 3　譲渡所得の金額が50万円以下である場合、特別控除額は譲渡所得の金額を限度とします。
- ※ 4　特別控除額は短期譲渡所得から先に控除します。

①　収入金額

収入金額は、原則として資産の売買価額となりますが、金銭以外の物又は権利その他経済的な利益の額が収入金額となる場合があります（法36）。その他収入金額に共通する事項は、8頁～をご覧ください。

②　取得費

取得費は、原則として資産の購入代金及び仲介手数料などの購入にかかった費用、設備費、改良費などの追加費用の合計額から減価償却費相当額を控除した金額です。その他取得費に共通する事項は、13頁～をご覧ください。

③　譲渡費用

譲渡費用は、譲渡するために直接かかった費用（仲介手数料、運搬費等）をいいます。その他譲渡費用に共通する事項は、24頁～をご覧ください。

④　特別控除

譲渡所得から控除する特別控除額は50万円で、譲渡所得となる金額が50万円以下である場合には、その金額を限度とします（法33④）。また、特別控除額は、短期譲渡所得から先に控除し、残額がある場合には長期譲渡所得から控除します（法33⑤）。

譲渡所得（総合譲渡）のチェックポイント

【所得区分】

☐ 土地、建物等の譲渡所得を総合課税として50万円の特別控除をしていないか。
　☞ 土地、建物等の譲渡所得は分離課税となるので、50万円の特別控除は適用できません。

☐ ゴルフ会員権の預託金の返還による所得を譲渡所得としている。
　☞ 雑所得となります（損益通算はできません。）。

☐ 入居して5年以内に立退料を受領して引越をした場合、その立退料を総合短期譲渡所得として、計算していないか。
　☞ いわゆる立退料は一時所得となり、2分の1が課税対象になります。

☐ 個人事業者が事業に使用している自動車を売却して売却益があった場合に事業所得としている。
　☞ 総合譲渡所得になります。

☐ 25年前に10万円で購入し、自宅に飾ってあった絵画1点を95万円で売却したが、申告はしていない。
　☞ 1点30万円を超える美術品の譲渡は、総合譲渡所得になります。

☐ 自宅の土地、建物と同時に庭の灯篭及び庭石を含めて売却した場合、土地建物は分離課税、灯篭及び庭石は総合課税の譲渡所得としている。
　☞ 土地建物と灯篭、庭石を売却した場合、それぞれの金額が区分されていても全体を分離課税の対象として計算します。なお、灯篭、庭石を庭から取り外して単独で他に譲渡した場合は、総合譲渡所得になります。

☐ 庭で栽培されている果樹の譲渡を山林所得としている。
　☞ 果樹は山林（立木）ではないので、総合課税の譲渡所得となります。

☐ 被相続人の土地又は建物の取得日以後5年を経過する日後に被相続人が死亡し、その相続により配偶者居住権等を設定し、2年後にその消滅による譲渡があった場合、総合短期譲渡所得としている。
　☞ 配偶者居住権等の所有期間が5年以下であっても、被相続人の土地建物の所有期間が5年を経過していれば、総合長期譲渡所得になります（法33③、令82二・三）。

【取得費】

☐ 実際の取得費が、譲渡収入金額の5％を下回っていないか。
　☞ 実際の取得費が5％以下の場合は概算取得費を適用したほうが有利です。

☐ 借入金で購入したゴルフ会員権の支払利息の計上は適正か。
　☞ ゴルフ場がオープンするまでの期間の借入金の利息しか取得費に算入できません。

☐ ゴルフ会員権の取得費となるものの計上漏れはないか。
　☞ 入会時の入会金、名義変更料、手数料、預託金、株式払込金等は取得費となります。

☐ 相続により取得した資産を譲渡した場合、「相続税の取得費加算」の検討をしたか。
　☞ 相続等により取得した資産を相続税の申告期限から3年以内に譲渡した場合には、「相続税の

取得費加算」の特例があります（措法39）。

□　土石、借家権の譲渡について、概算取得費を適用していないか。

☞　土石、借家権については、概算取得費は適用できません（基通38-13の2、38-15）。

【譲渡費用】

□　ゴルフ場の年会費を譲渡費用としている。

☞　年会費、ロッカー代などは、譲渡費用になりません。

【特別控除】

□　短期譲渡所得と長期譲渡所得の両方で50万円の特別控除をしている。

☞　特別控除は短期譲渡所得と長期譲渡所得あわせて50万円です。

□　長期譲渡所得の計算に当たり、2分の1にしてから50万円の特別控除をしている。

☞　長期譲渡所得は50万円の特別控除後の金額を2分の1にして計算します。

申告書等の記載手順（ゴルフ会員権の譲渡）

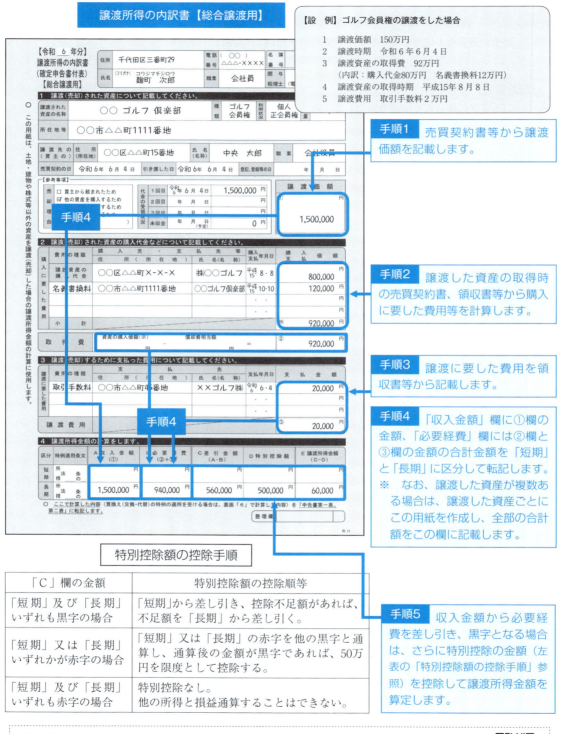

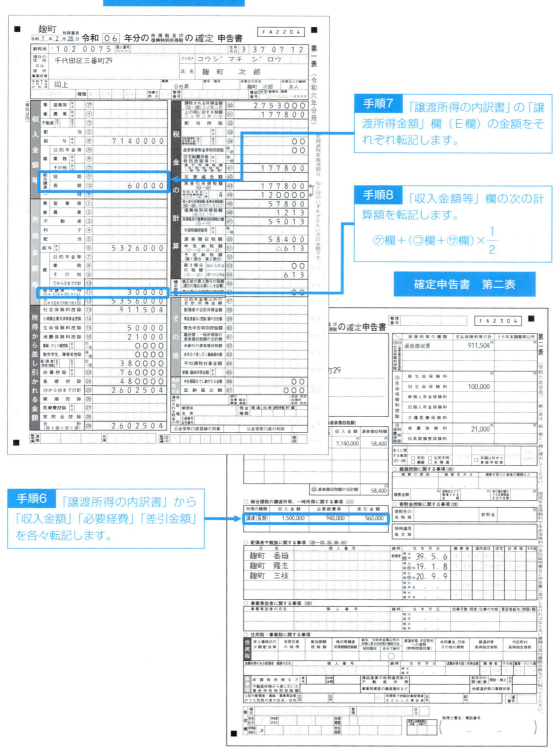

【質疑応答】ゴルフ会員権の譲渡

□ ゴルフ会員権の譲渡に係る長期・短期の判定

個人甲は無記名のゴルフ会員権（平日正会員権ではない。）を有していました（取得価額35万円）が、平日正会員権（記名式）への切替えが認められ、70万円を支払って切替えました。

その直後、その会員権を190万円で売却しましたが、このゴルフ会員権の取得の日はいつとなりますか。

⇒ 切替えの際に支払った70万円は、一種の資本的支出に相当するものであり、新たな資産の取得費とは認められません。

したがって、当初のゴルフ会員権の取得の日をもって、長期譲渡所得か短期譲渡所得かの判定を行うこととなります。

なお、取得費は105万円（35万円＋70万円）となります。

□ ゴルフ会員権を譲渡した場合の取得費及び譲渡費用

ゴルフ会員権の譲渡所得の計算上控除する取得費及び譲渡費用にはどのようなものがありますか。

⇒(1) 取得費
① 入会金、預託金、株式払込金
② 第三者から取得した場合の購入価額、名義書換料、支払手数料
③ 借入金利子のうち使用開始の日までの期間に対応する部分の利子

(2) 譲渡費用
譲渡のために直接要した費用をいい、ゴルフ会員権業者に支払った手数料がこれに該当します（年会費は維持管理費なので該当しません。）。

□ 預託金制のゴルフ会員権が分割された場合の取得価額等

ゴルフ会員権が分割され、分割後の会員権を譲渡した場合の取得価額及び取得時期（所有期間）はどのように判定するのでしょうか。

⇒ 会員権の分割は、既存の契約内容の変更とみるのが相当ですから、分割後の会員権の取得価額は、分割前の会員権の取得価額を分割後の会員権のそれぞれの預託金の額の割合で付け替えた価額となります。

所有期間の判定については、分割後の会員権の取得時期は、分割前の会員権の取得時期を引き継ぐことになります。

□ 預託金制ゴルフクラブを退会し預託金の償還を受けた場合

預託金制ゴルフクラブの会員が、そのゴルフクラブを退会し、預託金の償還を受けましたが、その会員権の取得価額に比べると相当の損失が生じています。この場合の損失は譲渡損失として他の資産の譲渡による譲渡所得と通算をすることができますか。

また、預託金の全額ではなく一部しか償還されなかった場合の償還不足額はどうなりますか。

⇒ 預託金返還請求権の行使は、一定の据置期間経過後にゴルフクラブからの退会を条件に認められます。これにより預託金の償還を受けるという行為は、優先的施設利用権を自ら放棄して、単に貸付金債権を回収する行為であり、ゴルフ会員権を譲渡したものとみることはできません。

したがって、譲渡所得の基因となる資産の譲渡により生じた損失には該当しないため、他の資産の譲渡による譲渡所得と通算することはできません。

また、これにより償還不足額が生じたとしても、その償還不足額は「家事上の損失」として、所得税の計算上考慮されません。

□ 更生手続等により優先的施設利用権のみとなったゴルフ会員権をその後譲渡した場合の譲渡所得に係る取得費の計算

　ゴルフ場経営会社について、会社更生法による更生手続が行われ、預託金債権が全額切り捨てられましたが、優先的施設利用権については、更生手続の前後において変更なく存続し同一性を有するものとされました。この度、この優先的施設利用権のみとなったゴルフ会員権を譲渡しましたが、譲渡所得の取得費は、次の計算でよいでしょうか。

(事例1)

　更生手続前のゴルフ会員権は、次のとおり新規募集に応じて取得したものです。

　　入会金　　500万円
　　預託金　2,000万円

　預託金債権が全額切り捨てられていることから、取得価額から切り捨てられた預託金債権部分を控除して、更生手続により優先的施設利用権のみとなったゴルフ会員権の取得費を算出します。

　（預託金）　　（入会金）（預託金の全額切捨て分）（取得費）
　(2,000万円　＋　500万円)　－　　2,000万円　　　＝　500万円

(事例2)

　更生手続前のゴルフ会員権は、次のとおりゴルフ会員権取引業者から取得したものです。

　　ゴルフ会員権の購入価額　　　250万円
　　購入時に支払った名義書換料　100万円

　なお、このゴルフ会員権の新規募集時の入会金及び預託金は、次のとおりとなっています。

　　入会金　　500万円
　　預託金　2,000万円

① まず、取得価額に含まれる優先的施設利用権に相当する部分の価額を会員募集時の預託金と入会金から按分して算出します。

　なお、この算出した価額（優先的施設利用権に相当する部分の価額）が入会金の額を超える場合には、ゴルフ会員権の購入価額から預託金の額を控除した額となります。

$$\begin{pmatrix}ゴルフ会員権\\の購入価額\end{pmatrix} \times \begin{pmatrix}\dfrac{入会金}{預託金＋入会金}\end{pmatrix} \begin{pmatrix}優先的施設利用権に\\相当する部分の価額\end{pmatrix}$$

$$250万円 \times \dfrac{500万円}{(2,000万円　＋　500万円)} = 50万円$$

② 次に、①により算出された取得価額に含まれる優先的施設利用権に相当する部分の価額と購入時に支払った名義書換料から、更生手続により優先的施設利用権のみとなったゴルフ会員権の取得費を算出します。

$$\begin{pmatrix}優先的施設利用権に\\相当する部分の価額\end{pmatrix}　（名義書換料）　（取得費）$$
$$50万円　＋　100万円　＝　150万円$$

⇒ 照会意見のとおりで差し支えありません。

申告書等の記載手順（配偶者居住権及び敷地利用権の譲渡）

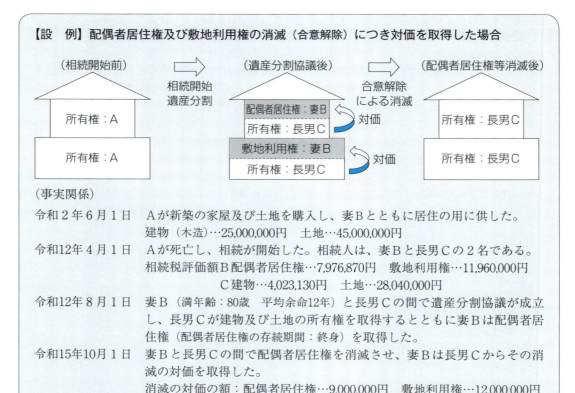

【設例】配偶者居住権及び敷地利用権の消滅（合意解除）につき対価を取得した場合

（事実関係）

令和2年6月1日	Aが新築の家屋及び土地を購入し、妻Bとともに居住の用に供した。 建物（木造）…25,000,000円　土地…45,000,000円
令和12年4月1日	Aが死亡し、相続が開始した。相続人は、妻Bと長男Cの2名である。 相続税評価額 B 配偶者居住権…7,976,870円　敷地利用権…11,960,000円 　　　　　　　C 建物…4,023,130円　土地…28,040,000円
令和12年8月1日	妻B（満年齢：80歳　平均余命12年）と長男Cの間で遺産分割協議が成立し、長男Cが建物及び土地の所有権を取得するとともに妻Bは配偶者居住権（配偶者居住権の存続期間：終身）を取得した。
令和15年10月1日	妻Bと長男Cの間で配偶者居住権を消滅させ、妻Bは長男Cからその消滅の対価を取得した。 消滅の対価の額：配偶者居住権…9,000,000円　敷地利用権…12,000,000円

手順2　配偶者居住権の②欄に **手順1** で計算した減価償却後の建物の金額を記載し、敷地利用権の②欄に土地の金額を記載します。また、③欄、④欄にそれぞれの相続税評価額を記載します。上記の②欄から④欄の金額を基に配偶者居住権、敷地利用権の⑤欄の金額を計算します。なお、配偶者居住権の設定に係る登記費用など、配偶者居住権等を取得するために支出した金額がある場合は、その金額を⑤欄の外書に記載します。

手順1　配偶者居住権の対象となる土地建物の取得費の額を記載しますが、建物については、被相続人が購入した日から配偶者居住権を取得した時（令和12年8月1日）までの減価償却費を計算します。なお、木造（非業務用）の償却率は0.031、経過年数は令和2年6月から令和12年8月の10年2か月（10年）※ となります。
※　6か月以上の端数は1年とし、6か月未満の端数は切り捨てます。

手順3　⑥欄に配偶者居住権等が消滅した日を記載し、⑤欄の金額を⑦欄に転記します。
配偶者居住権を取得してから消滅までの期間（3年2か月☞3年※1）を⑧欄に記載し、⑨欄に配偶者居住権の存続年数※2（配偶者居住権設定時の平均余命12年）を記載します。
上記の⑦欄から⑨欄の算定額を基に配偶者居住権及び敷地利用権の取得費（⑪欄）を計算します。
※1　6か月以上の端数は1年とし、6か月未満の端数は切り捨てます。
※2　配偶者居住権の存続年数が終身の間とされている場合は、その配偶者居住権が設定された時におけるその配偶者の平均余命の年数を記載し、「平均余命」を○で囲みます。遺産分割の協議若しくは審判又は遺言により配偶者居住権の存続年数が定められている場合は、その年数を記載し、「設定期間」を○で囲みます。ただし、その年数が配偶者居住権が設定された時における配偶者の平均余命を超える場合には、平均余命の年数を記載し、「平均余命」を○で囲みます。

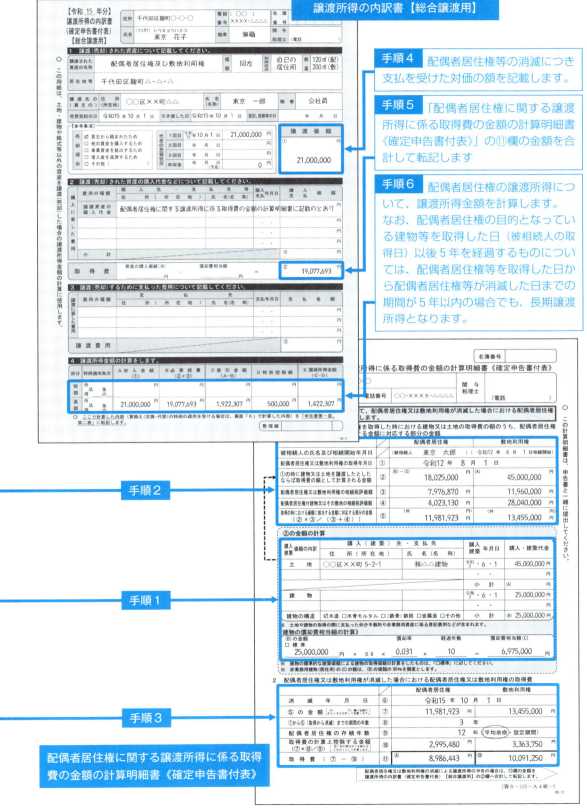

確定申告書　第一表

麹町 税務署長
令和 16 年 3 月 3 日　令和 **15** 年分の 所得税及び復興特別所得税 の 確定 申告書

FA2203

第一表（令和○年分以降用）

納税地	〒 1 0 2 - 0 0 8 3	個人番号（マイナンバー）		生年月日	
現在の住所又は居所事業所等	千代田区麹町○-○-○	フリガナ	トウキョウ　ハナコ		
		氏名	東京　花子		
令和16年1月1日の住所	同上	職業 無職	屋号・雅号	世帯主の氏名 東京 花子	世帯主との続柄 本人

種類　青色　分離　国出　損失　修正　特農の表示　特農　整理番号　電話番号（自宅）勤務先・携帯　○○−××××−△△△△

単位は円

収入金額等

事業	営業等	区分	㋐	
	農業	区分	㋑	
不動産		区分1 区分2	㋒	
配当			㋓	
給与		区分	㋔	
雑	公的年金等		㋕	868513
	業務	区分	㋖	
	その他	区分	㋗	
総合譲渡	短期		㋘	
	長期		㋙	1422307
	一時		㋚	

所得金額等

事業	営業等	①	
	農業	②	
不動産		③	
利子		④	
配当		⑤	
給与	区分	⑥	
雑	公的年金等	⑦	0
	業務	⑧	
	その他	⑨	
	⑦から⑨までの計	⑩	
総合譲渡・一時 ㋙+{(㋚+㋛)×½}		⑪	711153
合計 ①から⑥までの計+⑩+⑪		⑫	711153

所得から差し引かれる金額

社会保険料控除	⑬	89600
小規模企業共済等掛金控除	⑭	
生命保険料控除	⑮	
地震保険料控除	⑯	
寡婦、ひとり親控除	区分	⑰〜⑱	270000
勤労学生、障害者控除	⑲〜⑳	0000
配偶者（特別）控除	区分1 区分2	㉑〜㉒	0000
扶養控除	㉓	0000
基礎控除	㉔	480000
⑬から㉔までの計	㉕	839600
雑損控除	㉖	
医療費控除	区分	㉗	
寄附金控除	㉘	
合計 ㉕+㉖+㉗+㉘	㉙	839600

税金の計算

課税される所得金額 （⑫−㉙）又は第三表	㉚	000
上の㉚に対する税額 又は第三表の㊾	㉛	
配当控除	㉜	
	区分	㉝	
（特定増改築等）住宅借入金等特別控除	区分	㉞	00
政党等寄附金等特別控除	㉟〜㊲	
住宅耐震改修特別控除等	区分	㊳〜㊵	
差引所得税額 （㊱−㉜−㉝−㉞−㊲−㉟−㊵）	㊶	
災害減免額	㊷	
再差引所得税額（基準所得税額） （㊶−㊷）	㊸	
復興特別所得税額 （㊸×2.1%）	㊹	
所得税及び復興特別所得税の額 （㊸＋㊹）	㊺	
外国税額控除等	区分	㊻〜㊼	
源泉徴収税額	㊽	
申告納税額 （㊺−㊻−㊼−㊽）	㊾	
予定納税額 （第1期分・第2期分）	㊿	
第3期分の税額	納める税金	51	00
（㊾−㊿）	還付される税金	52	△

修正申告

| 修正前の第3期分の税額 （還付の場合は頭に△を記載） | 53 | |
| 第3期分の税額の増加額 | 54 | 00 |

その他

公的年金等以外の合計所得金額	55	
配偶者の合計所得金額	56	
専従者給与（控除）額の合計額	57	
青色申告特別控除額	58	
雑所得・一時所得等の源泉徴収税額の合計額	59	
未納付の源泉徴収税額	60	
本年分で差し引く繰越損失額	61	
平均課税対象金額	62	
変動・臨時所得金額	区分	63	

延納の届出

| 申告期限までに納付する金額 | 64 | 00 |
| 延納届出額 | 65 | 000 |

還付される税金の受取場所

銀行 金庫・組合 農協・漁協	本店・支店 出張所 本所・支所
郵便局名等	預金種類　普通　当座　納税準備　貯蓄
口座番号記号番号	

公金受取口座登録の同意　　公金受取口座の利用

整理欄　区分 A B C D E F G H I J K　異動　補完

整理欄　管理　名簿

確認

㊹・㊺・㊾・51又は52の記入をお忘れなく。

確定申告書 第二表

令和 15 年分の所得税及び復興特別所得税の確定申告書

住所: 千代田区麹町○-○-○
フリガナ: トウキョウハナコ
氏名: 東京 花子

○ 所得の内訳（所得税及び復興特別所得税の源泉徴収税額）

所得の種類	種目	給与などの支払者の「名称」及び「法人番号又は所在地」等	収入金額	源泉徴収税額
雑	年金	厚生労働省	868,513	0

㊽ 源泉徴収税額の合計額: 0

○ 総合課税の譲渡所得、一時所得に関する事項（⑪）

所得の種類	収入金額	必要経費等	差引金額
譲渡（長期）	21,000,000円	19,077,693円	1,922,307円

保険料等の種類

保険料等の種類	支払保険料等の計	うち年末調整等以外
⑬⑭ 社会保険料控除 源泉徴収票のとおり	65,000円	円
後期高齢者医療保険	24,600	24,600

⑮ 生命保険料控除: 新生命保険料／旧生命保険料／新個人年金保険料／旧個人年金保険料／介護医療保険料

⑯ 地震保険料控除: 地震保険料／旧長期損害保険料

【参考1】配偶者居住権に関する譲渡所得に係る取得費の金額の計算明細書（確定申告書付表）

【参考2】「配偶者居住権に関する譲渡所得に係る取得費の金額の計算明細書」等の記載例について（情報）

第3章　土地建物等の譲渡所得（分離課税）

1　土地建物等の譲渡所得（分離課税）の概要

⑴　分離課税の譲渡所得の対象となる土地建物等の範囲

土地建物等の譲渡から生じる所得は、原則として、分離課税の譲渡所得とされます。

図表3−1−1　土地建物等の範囲（措通31・32共−1）

区　分	資産の種類	左に含まれるものの例示	左に含まれないものの例示
土地等	土地	土地等と一体として譲渡された庭木、石垣、庭園等	鉱業権（租鉱権及び採石権その他土石を採掘し又は採取する権利を含みます。） 温泉を利用する権利 立木その他独立して取引の対象となる土地の定着物
	土地の上に存する権利	地上権、賃借権、地役権 永小作権及びこれらの転貸に係る権利、転用未許可農地の権利	
	株式及び出資	事業譲渡類似の有価証券の譲渡（措法32条2項に規定する株式等）	左に該当しない一般の有価証券
建物等	建物	建物	借家権 配偶者居住権（当該配偶者居住権の目的となっている建物の敷地の用に供されている土地等を当該配偶者居住権に基づき使用する権利を含みます。） 土石（砂）
	建物附属設備	冷暖房設備、照明設備、通風設備、昇降機その他建物に附随する設備	
	構築物	ドック、橋、岸壁、桟橋、軌道、貯水池、坑道、煙突その他土地に定着する土木設備又は工作物	

①　譲渡した資産が土地建物等であっても他の所得に分類される場合

次に掲げる場合には、譲渡した資産が土地建物等であっても「土地建物等の譲渡所得」とされず、事業所得又は雑所得とされます。

図表3−1−2　土地建物等の譲渡所得に該当しないもの

取引形態等	所得区分
不動産業者が販売のために保有する土地建物の譲渡	事業所得又は雑所得
金融業者が担保権の実行、代物弁済により取得した土地建物の譲渡	事業所得

②　土地建物等の譲渡とみなされる場合

建物等の所有を目的とする地上権若しくは賃借権（以下「借地権」といいます。）の譲渡又は地役権の設定の対価としての権利金等で一定額以上のものは、不動産所得とされず、「土地建物等の譲渡所得」として課税されます（令79）。

図表3-1-3　土地建物等の譲渡所得に該当するもの

設定される権利の種類	該 当 要 件
借地権の設定	権利金の額が土地価額の10分の5超である場合 （地代の年額の20倍以下の場合を除きます。）
地役権の設定、特別高圧架空電線の架設、又は高圧ガス管の敷設等	権利金の額が土地価額の4分の1超である場合 （地代の年額の20倍以下の場合を除きます。）

③　事業譲渡類似の有価証券の譲渡

　株式又は出資金の譲渡により生じる所得でも、特定の要件に該当する場合は、分離課税の短期譲渡所得（「事業譲渡類似の有価証券の譲渡」）として課税されます（措法32②）。

図表3-1-4　「事業譲渡類似の有価証券の譲渡」の要件

	譲渡する株式等が下記のいずれかの要件に該当すること
株式等の要件 （措令21③）	㈠　譲渡された株式等（出資を含みます。以下同じ。）の発行会社の総資産価額の70％以上が譲渡した年の1月1日において所有期間が5年以下の土地等（株式等を譲渡した年においてその法人が取得した土地等を含みます。）である場合のその株式等の譲渡 ㈢　譲渡された株式等が譲渡した年の1月1日において所有期間が5年以下のもの（譲渡のあった年中において取得した株式等を含みます。）で、かつ、その発行法人の総資産価額の70％以上が土地等である場合のその株式等の譲渡
事業譲渡の類似の要件 （措令21④）	・譲渡をした年以前3年内のある時点において、その法人の株式又は出資の30％以上がその法人の特殊関係株主等（株主、社員、会員、組合員、出資者、これらの人の親族、その他これらの人と特殊な関係がある人をいいます。）によって所有されていたこと ・その法人の株式又は出資を譲渡した人がその法人の特殊関係株主等であること ・その年においてその法人の特殊関係株主等の譲渡した株式又は出資がその法人の株式又は出資の5％以上に相当し、かつ、その譲渡をした年以前3年内に譲渡をした株式又は出資と合わせると15％以上に相当すること

④　転用未許可農地の譲渡等

　農地及び採草放牧地の権利移動の制限（農地法3①）若しくは農地又は採草放牧地の転用のための権利移動の制限（農地法5①）の規定による許可を受け又は届出をしなければならない農地若しくは採草放牧地を取得するための契約を締結したものが当該契約に係る権利を譲渡した場合にはその譲渡による譲渡所得は分離課税の適用がある譲渡に該当するものとして取り扱われています（措通31・32共-1の2）。

⑤　受益者等課税信託の信託財産に属する資産の譲渡等

　受益者等課税信託（法13①に規定する受益者等がその信託財産に属する資産及び負債を有するものとみなされる信託をいいます。）の信託財産に属する資産が分離課税とされる譲渡所得の基因となる資産である場合における当該資産の譲渡又は受益者課税信託の受益者等としての権利の目的となっている信託財産に属する資産が分離課税とされる譲渡所得の基因となる資産である場合における当該

権利の譲渡による所得は、原則として分離課税とされる譲渡所得となります（措通31・32共-1の3）。

(2) 分離課税の譲渡所得の区分

　土地建物等の譲渡所得は、譲渡した年の1月1日において、譲渡資産の所有期間が5年を超えるものを「分離課税の長期譲渡所得」、5年以下のものを「分離課税の短期譲渡所得」として区分しています（措法31、32）。

図表3-1-5　分離課税の譲渡所得の区分（令和6年分に係る所得）

区　分		資産の取得日	適用される所得税の税率（住民税の税率）
分離短期譲渡所得	一般分	平成31年1月1日以降に取得した土地建物等	一般的な分離課税の短期譲渡（措法32①） 一律　30%（9%） ※　土地等の譲渡に類似する株式等譲渡を含む。
	軽減分		国や地方公共団体に譲渡したもの又は収用交換等により譲渡したものなど一定の要件に該当するもの（措法32③） 一律　15%（5%）
分離長期譲渡所得	一般分	平成30年12月31日以前に取得した土地建物等	一般的な分離課税の長期譲渡（措法31①） 一律　15%（5%）
	特定分		優良宅地等譲渡の特例（措法31の2） 課税譲渡所得金額≦2,000万円の部分10%（4%） 課税譲渡所得金額＞2,000万円の部分15%（5%）
	軽課分	平成25年12月31日以前に取得した土地建物等	居住用財産譲渡の特例（措法31の3） 課税譲渡所得金額≦6,000万円の部分10%（4%） 課税譲渡所得金額＞6,000万円の部分15%（5%）

　（注）　なお便宜上、「譲渡所得区分」欄の「一般分」、「軽減分」、「特定分」、「軽課分」の表記は、確定申告書の区分表記によりました。

2　土地建物等の譲渡所得の金額の計算

【土地建物等の譲渡所得金額の計算式】

　土地建物等の譲渡所得金額　＝　収入金額　－　（取得費　＋　譲渡費用）　－　特別控除額※

　※　特別控除額は、一定の要件を満たす譲渡の場合に適用があります（図表3-2-6参照）。

(1) 収入金額

　土地建物等の譲渡所得の収入金額に関する事項で、その他の譲渡所得に共通する事項については、「第1章3　譲渡の時期及び譲渡収入金額」をご覧ください。

図表 3 - 2 - 1　　土地建物等の譲渡所得の収入金額で特に留意すべき事項

区　　分	収　入　金　額	
不動産を譲渡した際に受け取る固定資産税の未経過期間に対応する精算がある場合	固定資産税の未経過期間に対応する精算金を加算した金額を収入金額とします。	
土地建物等の資産を譲渡し、その代金を金銭以外のもので受け取った場合	受け取った物や権利などの「時価額」を収入金額とします。	
消費税の課税事業者が店舗等を譲渡した場合	税込経理方式採用者	税込価額で収入金額、取得費、譲渡費用を計算
	税抜経理方式採用者	税抜価額で収入金額、取得費、譲渡費用を計算

(2)　取得費

　土地建物等の譲渡所得の計算上、取得費となるものには購入代金や購入手数料のほか次のようなものがあります。また、取得価額が不明の場合や取得費が譲渡収入金額の５％相当額を下回る場合、譲渡収入金額の５％相当額を取得費とすることができます（措法31の４、措通31の４-１）。その他の譲渡所得に共通する取得費に関する事項については、「第１章４　取得の日及び取得費」をご参照ください。

図表 3 - 2 - 2　　取得費となる費用

- 土地や建物を購入したときに支払った登記費用（登録免許税、司法書士等に支払った報酬）、不動産取得税、印紙税（業務の用に供されている資産を譲渡した場合を除く）（基通38-９）。
- 土地の埋立てや土盛、地ならしをするために支払った造成費用（基通38-10）
- 所有権などを確保するために要した訴訟費用（なお、相続財産である土地を遺産分割するためにかかった訴訟費用などは取得費とはなりません）（基通38-２）。
- 既に締結されている土地等の購入契約を解除して、他の物件を取得することにした場合に支出する違約金（基通38-９の３）。
- 土地等とともに建物等を取得した後、概ね１年以内に建物等を取り壊した場合には、その建物等の取得費及び取壊し費用は、土地等の取得費となります（基通38-１）。
- 贈与又は相続により取得した場合には、贈与又は相続の際の登記費用及び不動産取得税（他の所得の計算上、必要経費となったものを除く）（基通60-２）。
- 固定資産の取得のために借り入れた資金の支払利息のうち、その資金の借入れの日からその固定資産の使用開始の日までの期間に対応する部分の金額※（事業所得等の必要経費に算入されたものを除く。）。また、借入れの際に支出する抵当権設定費用、借入れの担保として締結した保険契約に係る保険料その他の費用で資金の借入れのために通常必要とされるもの（基通38-８）。
- 借主がいる土地や建物等を購入するときに、借主を立ち退かせるために支払った立退料（基通38-11）。
- 相続又は遺贈により取得した土地建物等を相続税の申告期限の翌日以後３年以内に譲渡した場合には、相続税額のうちの一定（52頁の②参照）を取得費に加算できます（措法39）。
- 交換、買換えの特例を受けた資産を譲渡した場合の取得費については、適用を受けた特例により取得費の計算方法が異なります。
- 離婚に伴う財産分与により取得した財産の取得費は、分与を受けた時の時価とされています（基通38-6）。
- 遺留分侵害額の請求に基づく金銭の支払に代えて土地建物等を取得した場合には、その取得の時に消滅した債権の額に相当する価額が取得費となります（基通38-7の２）。

　※　なお、借入金により取得した資産について、いったん使用を開始した場合は、その後使用しない期間（使用の

中断）があっても、その期間の借入金利息は取得費に含めることはできません（基通38-8の3）。

① 減価償却資産の取得費の計算

　譲渡資産が建物、構築物等の減価償却資産の場合は、譲渡時までの減価償却費の累積額を資産の取得価額から差し引いて取得費を計算します。

図表 3-2-3　譲渡資産費の減価償却費の計算方法

業務用資産	譲渡時までの減価償却費の累積額				
非業務用資産	次の式で計算した金額（令85） 取得価額	× 90%	× 譲渡資産の耐用年数の1.5倍の年数に応ずる旧定額法の償却率※1	× 経過年数※2	

※1　耐用年数を1.5倍した年数に1年未満の端数が生じる場合は切り捨てます。
※2　経過年数が6か月未満は端数切捨て、6か月以上は端数切上げにより計算します。
※3　非事業用資産の取得費の計算上控除する減価償却費相当額は100分の95が限度となります（事業用資産として使用されていた期間の償却費の累積額が100分の95を超えている場合はその累積額となります）（基通38-9の2）。

② 相続財産を譲渡した場合の取得費の特例

　相続又は遺贈により取得した土地建物等を相続税の申告期限の翌日以後3年以内に譲渡した場合には相続税額のうち次により計算した金額を、取得費に加算できます（措法39）。

【相続財産を譲渡した場合の取得費の特例の計算式】

$$\text{取得費に加算される相続税額} = \text{相続税額} \times \frac{\text{その譲渡をした土地等の相続税評価額}}{\text{相続税の課税価格}※}$$

※　「相続税の課税価格」は、債務、葬式費用控除前の金額です。

③ 借地権等を譲渡した場合の取得費の計算

　借地権等の設定が譲渡とみなされる場合の取得費は、下記のように計算します。

イ　借地権等の設定を初めて行う場合の取得費（令174、基通38-4）

$$\text{借地権等の取得費} = \text{借地権等の設定をした土地の取得費} \times \frac{\text{借地権等の設定の対価}}{\text{借地権等の設定の対価 ＋ 底地価額}}$$

ロ 借地権等の設定をしている土地に、さらに借地権等の設定をした場合の取得費（令174、基通38-4）

$$
\text{借地権等} = \left(\begin{array}{c} \text{借地権等の設定を} \\ \text{した土地の取得費} \end{array} - \begin{array}{c} \text{上記イの算式によ} \\ \text{り計算された借地} \\ \text{権等の取得費} \end{array} \right) \times \frac{\text{借地権等の設定の対価}}{\text{借地権等の設定の対価 ＋ 底地価額}}
$$

ハ 先に借地権等の設定があった土地で現に借地権等を設定していないものについて借地権等の設定をした場合の取得費（令174、基通38-4）

$$
\text{借地権等} = \text{借地権等の設定を} \times \frac{\text{借地権等の設定の対価}}{\text{借地権等の設定の対価 ＋ 底地価額}} - \begin{array}{c} \text{先に設定された借地権等} \\ \text{につき上記イの算式によ} \\ \text{り計算された取得費} \end{array}
$$

④ 土地と建物の価額が区分されていない場合の取得費の計算

　土地建物を一括で購入し土地と建物の価額が区分されていない場合、建物の取得価額を下記のいずれかの方法により計算し、土地建物の購入価額からその建物の取得価額を差し引いて土地価額を算出します。

図表3-2-4　建物の取得価額の算定方法

A　契約書等の消費税額から建物の取得価額を算定する方法

① 消 費 税 額	② 消費税率※ （3％、5％、8％又は10％）	③ 建物の取得価額
円		建物価額＝①×（1＋②）÷② 円

※　「消費税率」は、原則として平成元年4月1日～平成9年3月31日に取得した建物の場合3％、平成9年4月1日～平成26年3月31日に取得した建物の場合5％、平成26年4月1日～令和元年9月30日に取得した建物の場合8％、令和元年10月1日以降に取得した建物の場合10％となります。

B　建物建築当時の標準的な建築価額を使用して算定する方法

○　新築の建物の場合

① 建物の建築年月日	② ①の年度の建築価額表の建築単価	③ その建物の延べ床面積	④ 建物の取得価額 （② × ③）
年　月　日	円／㎡	㎡	円

○　中古の建物の場合

⑤ 建物の購入年月日	⑥ 中古家屋の償却率※1	⑦ 経過年数	⑧ 購入日までの減価額 （④×0.9×⑥×⑦）	中古建物の場合の取得価額 （④ － ⑧）
年　月　日		年	円	円

【償却率表（非業務用建物）】

区　分	木　造	木骨モルタル	（鉄骨）鉄筋コンクリート	金属造①※2	金属造②※3
償却率	0.031	0.034	0.015	0.036	0.025

※1　その建物の法定耐用年数に1.5を乗じて計算した年数の旧定額法の償却率（上記【償却率表（非業務用建物）】）

※2　軽量鉄骨造のうち骨格材の肉厚が3mm以下の建物

※3　軽量鉄骨造のうち骨格材の肉厚が3mm超4mm以下の建物

建築統計年報

（単位：千円／㎡）

構造＼建築年	木造・木骨モルタル	鉄骨鉄筋コンクリート	鉄筋コンクリート	鉄骨	構造＼建築年	木造・木骨モルタル	鉄骨鉄筋コンクリート	鉄筋コンクリート	鉄骨
昭和41年	18.2	42.4	30.6	17.8	6年	156.6	262.9	212.8	148.4
42年	19.9	43.6	33.7	19.6	7年	158.3	228.8	199.0	143.2
43年	22.2	48.6	36.2	21.7	8年	161.0	229.7	198.0	143.6
44年	24.9	50.9	39.0	23.6	9年	160.5	223.0	201.0	141.0
45年	28.0	54.3	42.9	26.1	10年	158.6	225.6	203.8	138.7
46年	31.2	61.2	47.2	30.3	11年	159.3	220.9	197.9	139.4
47年	34.2	61.6	50.2	32.4	12年	159.0	204.3	182.6	132.3
48年	45.3	77.6	64.3	42.2	13年	157.2	186.1	177.8	136.4
49年	61.8	113.0	90.1	55.7	14年	153.6	195.2	180.5	135.0
50年	67.7	126.4	97.4	60.5	15年	152.7	187.3	179.5	131.4
51年	70.3	114.6	98.2	62.1	16年	152.1	190.1	176.1	130.6
52年	74.1	121.8	102.0	65.3	17年	151.9	185.7	171.5	132.8
53年	77.9	122.4	105.9	70.1	18年	152.9	170.5	178.6	133.7
54年	82.5	128.9	114.3	75.4	19年	153.6	182.5	185.8	135.6
55年	92.5	149.4	129.7	84.1	20年	156.0	229.1	206.1	158.3
56年	98.3	161.8	138.7	91.7	21年	156.6	265.2	219.0	169.5
57年	101.3	170.9	143.0	93.9	22年	156.5	226.4	205.9	163.0
58年	102.2	168.0	143.8	94.3	23年	156.8	238.4	197.0	158.9
59年	102.8	161.2	141.7	95.3	24年	157.6	223.3	193.9	155.6
60年	104.2	172.2	144.5	96.9	25年	159.9	258.5	203.8	164.3
61年	106.2	181.9	149.5	102.6	26年	163.0	276.2	228.0	176.4
62年	110.0	191.8	156.6	108.4	27年	165.4	262.2	240.2	197.3
63年	116.5	203.6	175.0	117.3	28年	165.9	308.3	254.2	204.1
平成元年	123.1	237.3	193.3	128.4	29年	166.7	350.4	265.5	214.6
2年	131.7	286.7	222.9	147.4	30年	168.5	304.2	263.1	214.1
3年	137.6	329.8	246.8	158.7	令和元年	170.1	363.3	285.6	228.8
4年	143.5	333.7	245.6	162.4	2年	172.0	279.2	276.9	230.2
5年	150.9	300.3	227.5	159.2	3年	172.2	338.4	288.2	227.3

（注）　「建築統計年報（国土交通省）」の「構造別：建築物の数、床面積の合計、工事費予定額」表の1㎡当たりの工事費予定額によります。

(3) 譲渡費用

　土地建物等の譲渡費用は、譲渡するために直接支出した費用とされ、その資産の維持管理に要した費用は該当しません（基通33-7）。

　土地建物等の譲渡の際に支出する主な費用は、図表3-2-5のとおり取り扱われます。

図表3-2-5　譲渡費用の範囲

該 当 す る 費 用	該 当 し な い 費 用
• 仲介手数料、収入印紙代 • 測量費、分筆・所有権移転登記費用 • 前契約の解約違約金 • 譲渡のための家屋等の取壊し費用及び取壊しされた家屋等の損失額（未償却残額） • 借家人を立ち退かせるための立退料 • 借地権譲渡時に支払った名義変更料 • 農地転用許可等が停止条件となっている土地改良区内の農地の売買契約において、その転用に伴い法令等の規定に基づき土地改良区に支払った農地転用決済金等	• 譲渡資産に係る固定資産税 • 譲渡資産の遺産分割に関する弁護士費用 • 相続登記費用（取得費になります。） • 自己の引越し費用 • 家屋等の修繕費 • 住所変更登記費用 • 抵当権抹消費用 • 申告のための税理士報酬 • 税金に関する相談費用 • 申告書作成費用

(4) 特別控除額

　主な土地建物等の譲渡所得の特例の特別控除額には、次のようなものがあります。

図表3-2-6　土地建物等の譲渡所得の各種特例の特別控除額

区　　　分	特別控除額
収用交換等により資産を譲渡した場合の特別控除（措法33の4）	5,000万円
居住用財産を譲渡した場合の特別控除（措法35②）	3,000万円
被相続人の居住用財産（空き家）を譲渡した場合（措法35③）	3,000万円
特定土地区画整理事業等のために土地等を譲渡した場合の特別控除（措法34）	2,000万円
特定住宅地造成事業等のために土地等を譲渡した場合の特別控除（措法34の2）	1,500万円
平成21年及び平成22年に取得した土地を譲渡した場合（措法35の2）	1,000万円
農地保有の合理化等のために土地等を譲渡した場合の特別控除（措法34の3）	800万円
低未利用土地等を譲渡した場合（措法35の3）	100万円

(5) 譲渡損失の留意事項

① グループごとの譲渡損益の計算

譲渡損益は、以下の7つのグループ区分ごとに計算します。

分離譲渡所得	総合譲渡所得
① 分離長期譲渡一般分 ② 分離長期譲渡特定分 ③ 分離長期譲渡軽課分 ④ 分離短期譲渡一般分 ⑤ 分離短期譲渡軽減分	⑥ 総合長期譲渡 ⑦ 総合短期譲渡

② グループ相互間の譲渡損益の相殺（通算）

7つのグループ区分ごとの「譲渡損益」の中に、譲渡益と譲渡損がある場合には、分離譲渡所得の①から⑤の相互間で、また総合譲渡所得の⑥及び⑦の相互間で相殺（通算）することができます。なお、分離譲渡所得の各グループと総合譲渡所得の各グループとの間では、相殺（通算）はできません。

- （注1） 土地建物等の譲渡による分離譲渡所得の損失
  他の土地建物等の譲渡に係る譲渡益の金額から控除し、その控除をしてもなお控除しきれない損失の金額は生じなかったものとみなされます。
- （注2） 土地建物等の譲渡による分離譲渡所得以外の所得から生じた損失
  その損失の金額は、土地建物等の譲渡による分離譲渡所得から控除することはできません。
- （注3） 前年から繰り越された純損失の金額
  純損失の金額は、土地建物等の譲渡による分離譲渡所得から控除することはできません。
- （注4） 前年から繰り越された雑損失の金額
  雑損失の金額は、土地建物等の譲渡による分離譲渡所得から控除することができます。
- （注5） 居住用財産の買換え等の場合の譲渡損失又は特定居住用財産の譲渡損失は、総合譲渡所得から控除できます。控除しきれなかった金額は、他の所得との損益通算及び繰越控除をすることができます。

土地建物等に係る分離課税の譲渡所得のチェックポイント

【所得区分】

☐ 所有期間が5年未満の土地、建物等を長期譲渡所得としている。

　☞ 譲渡した年の1月1日における所有期間が5年以下の場合は、短期譲渡所得になります。

☐ 離婚が成立し、元妻にこれまで住んでいたマンションを財産分与したが、特に税金は発生しないと思っている。

　☞ 土地や建物を財産分与した場合は、分与した者に譲渡所得が発生します。財産分与時の土地や建物の時価が譲渡所得の収入金額になります。

☐ 父の相続で長男の私が全財産（8,000万円）を相続したが、次男から遺留分を請求されたので財産の4分の1の2,000万円評価の土地を渡したが税金は発生しないと思っている。

　☞ 遺留分侵害額請求で現金の代わりに土地を渡した場合は譲渡所得が発生します。
　（民法1046①により令和元年7月以降は「遺留分減殺請求」から「遺留分侵害額請求（原則、現金支払）」に改正されています。）

【収入金額】

☐ 実測売買による精算金を収入金額に含めていない。
　☞　実測売買の精算金は、譲渡所得の収入金額となります。

☐ 固定資産税の精算金を収入金額に含めていない。
　☞　固定資産税の精算金は、譲渡所得の収入金額となります。

【取得費】

☐ 相続等により取得した資産の取得費を相続時の相続税評価額としている。
　☞　相続等により取得した資産の取得費は、被相続人の取得費を引き継ぎます。

☐ 相続により取得した資産を譲渡した場合、相続税の取得費加算の検討をしたか。
　☞　申告期限から3年以内に譲渡した場合、相続税額の一部が取得費とされます。

☐ 相続登記のための費用を取得費として計上していない。
　☞　相続登記のための費用は、取得費となります（必要経費に算入したものを除きます）。
　　　ただし、概算取得費との併用はできません。

☐ 交換又は買換えの特例により取得した資産の取得費は適正か。
　☞　交換又は買換えの特例により取得した資産は、旧資産の取得価額を引き継ぎます。

☐ 事業用資産の減価償却費を非業務用として計算している。
　☞　業務用と非業務用では、減価償却費の計算が異なります。譲渡直前まで事業用として使用していた場合は、収支内訳書又は青色決算書の未償却残高が取得費となります。

☐ 概算取得費と造成費用の合計金額を取得費としている。
　☞　造成等の取得費と併せて、概算取得費を適用することはできません。

【譲渡費用】

☐ 土地の譲渡の際、取り壊した建物の未償却残高を譲渡費用としていない。
　☞　譲渡の直前に取り壊した建物等の未償却残額は、譲渡費用に含めることができます。

☐ 引越費用や税務申告のための税理士費用を譲渡費用としている。
　☞　引越費用や税務申告のための税理士費用は、譲渡費用になりません。

3　分離課税の譲渡所得に対する所得税の計算方法

⑴　分離課税の長期譲渡所得に対する所得税

①　分離課税の長期譲渡所得に対する所得税の概要

　個人が所有する土地若しくは土地の上に存する権利（以下「土地等」といいます。）又は建物及びその附属設備若しくは構築物（以下「建物等」といいます。）の譲渡（譲渡所得の基因となる不動産等の貸付けを含みます、以下この章及び次章において同じ。）で、譲渡した年の１月１日において、譲渡資産の所有期間が５年を超えるものを「分離課税の長期譲渡所得」といいます（措法31）。

　分離課税の長期譲渡所得は他の所得と区分して次の図表３−３−１の税率を適用します。

図表３−３−１　分離課税の長期譲渡所得の区分（令和６年分に係る所得）

区　分	資産の取得日	適用される所得税の税率（住民税の税率）
一　般　分	平成30年12月31日以前に取得した土地建物等	一般的な分離課税の長期譲渡（措法31①） 一律　15%（５%）
特　定　分		優良宅地等譲渡の特例（措法31の２） 課税譲渡所得金額≦2,000万円の部分10%（４%） 課税譲渡所得金額＞2,000万円の部分15%（５%）
軽　課　分	平成25年12月31日以前に取得した土地建物等	居住用財産譲渡の特例（措法31の３） 課税譲渡所得金額≦6,000万円の部分10%（４%） 課税譲渡所得金額＞6,000万円の部分15%（５%）

　（注）　なお便宜上、「譲渡所得区分」欄の「一般分」、「特定分」、「軽課分」の表記は、確定申告書の区分表記によりました。

図表３−３−２　取得の日

区　分	概　要
土地等	原則土地等の引渡しがあった日。ただし、譲渡契約の効力の発生の日を取得の日と選択することもできます（確定申告後の変更はできません。）（基通36-12）。
建物等	1　土地等の原則と同一 2　自ら建築した建物等については建築が完了した日 3　他に請負わせて建築した建物等については、引渡しを受けた日（基通33-9）
過去に買換え等の特例の適用を受けた資産	譲渡した旧資産の取得の日を引き継ぐ主な特例 ・固定資産の交換（法58） ・贈与等により取得した資産（法60） ・収用等に伴い取得した代替資産（措法33）
	買換え資産の実際の取得の日となる主な特例 ・相続により取得した居住用財産の買換えの場合の長期譲渡所得の課税の特例（旧措法36の２） ・特定居住用財産の買換えの場合の長期譲渡所得の課税の特例（措法36の２、旧措法36の６） ・特定事業用資産の買換えの場合の譲渡所得の課税の特例（措法37） ・既成市街地等内にある土地等の中高層耐火建築物等の建築のための買換え及び交換の場合の譲渡所得の課税の特例（措法37の５）
配偶者居住権の目的となっている建物又は土地等	配偶者居住権等が消滅した後に譲渡した場合 　→配偶者居住権等の消滅の日にかかわらず、譲渡した土地建物等を取得した日
	配偶者居住権を有する居住者がその目的となっている土地建物等を取得し、譲渡した場合 　→配偶者居住権の取得の日にかかわらず、当該土地建物等を取得した日

② 長期譲渡所得の金額の計算

　長期譲渡所得の金額は、その年中に譲渡した長期譲渡所得となる土地建物等の譲渡による総収入金額から取得費及び譲渡費用を控除した金額とし、措法32条１項に規定する短期譲渡所得の金額の計算上生じた損失の金額があるときは長期譲渡所得の金額から控除します。

図表３-３-３　長期譲渡所得の金額

その年中に譲渡した長期譲渡所得となる土地建物等の譲渡による総収入金額	－	（取得費＋譲渡費用）	－	短期譲渡取得の金額の計算上生じた損失の金額※

　※　軽減税率及び軽課税率対象土地等に係るものとその他の土地建物等に係るものとがある場合には、短期譲渡所得の金額の計算上生じた損失の金額はその他の土地建物等に係るものの譲渡益、優良宅地の造成等のために譲渡した土地等に係る譲渡益又は居住用財産に係る譲渡益から順次控除します。

③ 課税長期譲渡所得金額

　課税長期譲渡所得金額は、長期譲渡所得の金額から各特例の特別控除額、雑損失の繰越控除額及び所得控除額を差し引いた金額となります。

　なお、特例適用がある場合は長期譲渡所得の金額を限度として特別控除額を控除します。

図表３-３-４　課税長期譲渡所得金額

長期譲渡所得の金額	－	各特例の特別控除額※１	－	特定居住用財産等の譲渡損失※２の通算及び繰越控除額	－	雑損失の繰越控除額※３	－	所得控除額※３

　※１　(1)　特例適用のある譲渡が複数ある場合の特別控除額の合計額の限度額は5,000万円です。
　　　　(2)　同一特例控除額の対象となる資産の長期譲渡所得の金額の譲渡益の中に、居住用財産に係るものとその他の土地建物等に係るものがある場合には、まず、居住用財産に係るものから控除し、次にその他の土地建物等に係るものから控除します。
　※２　措法41条の５及び同41条の５の２に該当する譲渡損失です。
　※３　総合所得金額から控除しきれなかった繰越控除額・所得控除額です。
　(注１)　優良宅地の造成等のために譲渡した土地等について特別控除等の適用を受けるときは、措法31条の２の規定の適用はないことに注意してください。
　(注２)　課税長期譲渡所得金額に1,000円未満の端数があるとき、又は全額が1,000円未満のときはその端数金額又は全額を切り捨てます。

(2)　分離課税の短期譲渡所得に対する所得税

① 分離課税の短期譲渡所得に対する所得税の概要

　個人が所有する土地等又は建物等の譲渡で、譲渡した年の１月１日において、譲渡資産の所有期間が５年以下のものを「分離課税の短期譲渡所得」といいます（措法32）。

　分離課税の短期譲渡所得は他の所得と区分して次の図表３-３-５の税率を適用します。

図表３－３－５　分離課税の短期譲渡所得（令和６年分に係る所得）

区　分	資産の取得日	適用される所得税の税率（住民税の税率）
一　般　分	平成31年１月１日以降に取得した土地建物等	一般的な分離課税の短期譲渡（措法32①） 一律　30％（９％） （注）　土地等の譲渡に類似する株式等譲渡を含みます。
軽　減　分		国や地方公共団体に譲渡したもの又は収用交換等により譲渡したものなど一定の要件に該当するもの（措法32③） 一律　15％（５％）

（注）　措法32条３項の対象となる分離課税短期譲渡所得は、土地等の譲渡による所得に限られ、建物等の譲渡による所得は含まれません。

②　短期譲渡所得の金額の計算

　短期譲渡所得の金額は、その年中に譲渡した短期譲渡所得となる①土地建物等の譲渡による総収入金額及び②事業譲渡類似の有価証券の譲渡に該当する総収入金額から取得費及び譲渡費用を控除した金額とし、措法31条１項に規定する長期譲渡所得の金額の計算上生じた損失の金額があるときは短期譲渡所得の金額から控除します。

図表３－３－６　短期譲渡所得の金額

その年中に譲渡した ①短期譲渡所得となる土地建物等の譲渡による総収入金額 ②事業譲渡類似の有価証券の譲渡による総収入金額	－	（取得費＋譲渡費用）	－	長期譲渡所得の金額の計算上生じた損失の金額

③　課税短期譲渡所得金額

　課税短期譲渡所得金額は、短期譲渡所得の金額から各特例の特別控除額、雑損失の繰越控除額及び所得控除額を差し引いた金額となります。

　なお、特例適用がある場合は短期譲渡所得の金額を限度として特別控除額を控除します。

図表３－３－７　課税短期譲渡所得金額

短期譲渡所得の金額	－	各特例の特別控除額※1	－	特定居住用財産等の譲渡損失※2の通算及び繰越控除額	－	雑損失の繰越控除額※3	－	所得控除額※3

※１　(1)　特例適用のある譲渡が複数ある場合の特別控除額の合計額の限度額は5,000万円です。
　　　(2)　軽減税率対象土地等に係るものとその他の土地建物等に係るものとがある場合には、特別控除額は、まず、その他の土地建物等に係る短期譲渡所得の金額から控除します。
※２　措法41条の５及び同41条の５の２に該当する譲渡損失です。
※３　総合所得金額から控除しきれなかった繰越控除額・所得控除額です。
（注）　課税短期譲渡所得金額に1,000円未満の端数があるとき、又は全額が1,000円未満のときはその端数金額又は全額を切り捨てます。

申告書等の記載手順
分離課税の課税譲渡所得金額の税額計算

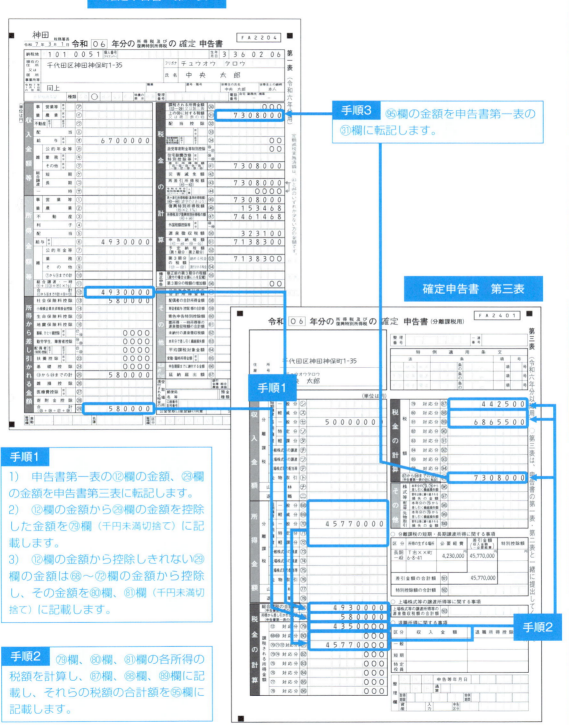

4 分離課税譲渡所得に対する所得税の特例

⑴ 優良住宅地の造成等のために土地等を譲渡した場合の長期譲渡所得の課税の特例

① 特例の概要

個人が、昭和62年10月１日から令和７年12月31日までの間にその有する土地等でその年１月１日において所有期間が５年を超えるものの譲渡をした場合において、その譲渡が優良住宅地等のための譲渡に該当するときは、その譲渡（下記⑵の規定の適用を受けるものを除きます。以下この項において同じ。）による譲渡所得については、その譲渡に係る課税長期譲渡所得金額に対し課する所得税の額は、他の土地建物等の譲渡所得と区分して次のように軽減税率が適用されます（措法31の２①）。

一般の長期譲渡所得金額に対する税率	
一律	所得税15% 住民税５%

軽減税率	
2,000万円以下	所得税10% 住民税４%
2,000万円超	所得税15% 住民税５%

② 適用要件の概要

イ 優良住宅地等のための譲渡の適用要件

この優良住宅地等のための譲渡の特例の適用要件の概要は次のとおりです（措法31の２①④）。

図表３−４−１　優良住宅地等のための譲渡の特例の適用要件

適用要件
①　譲渡した年の１月１日において所有期間が５年を超えるもの
②　措法31条の３、33条〜33条の４、34条〜34条の３、35条〜35条の３、36条の２、36条の５、37条、37条の４、37条の５（同条５項は除かれます。）、37条の６又は37条の８の規定の適用を受けるものでないこと

ロ 優良住宅地等のための譲渡の範囲

優良住宅地等のための譲渡とは、次の①から⑰までに掲げる譲渡です（措法31の２、措令20の２、措規13の３）。

図表３−４−２　優良住宅地等のための譲渡の範囲

① 国、地方公共団体等に対する土地等の譲渡（１号）
② 独立行政法人都市再生機構、土地開発公社その他これらに準ずる法人が行う宅地若しくは住宅の供給又は土地の先行取得の業務の用に供するための土地等の譲渡で、その譲渡に係る土地等が業務を行うために直接必要であると認められるもの（２号）
③ 土地開発公社に対する被災市街地復興推進地域内等にある土地等の譲渡で、その譲渡に係る土地等が独立行政法人都市再生機構が施行する被災市街地復興土地区画整理事業等の業務の用に供されるもの（２号の２）

④ 土地等の譲渡で措法33条の４第１項に規定する収用交換等によるもの（①から③に掲げる譲渡に該当するものを除きます。）（３号）

⑤ 第一種市街地再開発事業の施行者に対する土地等の譲渡で、その譲渡に係る土地等がその事業の用に供されるもの（①から④に掲げる譲渡に該当するものを除きます。）（４号）

⑥ 防災街区整備事業の施行者に対する土地等の譲渡で、その譲渡に係る土地等がその事業の用に供されるもの（①から④までに掲げる譲渡に該当するものを除きます。）（５号）

⑦ 防災再開発促進地区の区域内における認定建替計画（当該認定建替計画に定められた新築する建築物の敷地面積の合計が500m²以上であること等の要件を満たすものに限られます。）に係る建築物の建替えを行う事業の認定事業者に対する土地等の譲渡で、その譲渡に係る土地等がその事業の用に供されるもの（②から⑥までに掲げる譲渡に該当するものを除きます。）（６号）

⑧ 都市再生特別措置法に規定する都市再生事業で一定の要件※1を満たす認定計画に係る認定事業者に対する土地等の譲渡で、その譲渡に係る土地等が都市再生事業の用に供されるもの（②から⑦までに掲げる譲渡に該当するものを除きます。）（７号）

⑨ 国家戦略特別区域法に規定する認定区域計画に定められている特定事業又は特定事業の実施に伴い必要となる施設を整備する事業のうち、産業の国際競争力の強化又は国際的な経済活動の拠点の形成に特に資する事業を行う者に対する土地等の譲渡で、その譲渡に係る土地等がこれらの事業の用に供されるもの（②から⑧までに掲げる譲渡に該当するものを除きます。）（８号）

⑩ 所有者不明土地の利用の円滑化等に関する特別措置法の規定により行われた裁定に係る裁定申請書に記載された事業を行うその裁定申請書に記載された事業者に対する土地等の譲渡で、その譲渡に係る土地等が当該事業の用に供されるもの（①から③まで又は⑤から⑨までに掲げる譲渡に該当するものを除きます。）（９号）

⑪ マンション建替事業の施行者に対する土地等の譲渡で、その譲渡に係る土地等がマンション建替事業の用に供されるもの（⑦から⑩までに掲げる譲渡に該当するものを除きます。）（10号）

⑫ マンション敷地売却事業を実施する者に対する土地等の譲渡で、その譲渡に係る土地等がマンション敷地売却事業の用に供されるもの又はマンション敷地売却事業の認可を受けた分配金取得計画に基づくマンション敷地売却事業を実施する者に対する土地等の譲渡で、これらの譲渡に係る土地等がこれらのマンション敷地売却事業の用に供されるもの（11号）

⑬ 優良な建築物の建築をする事業を行う者に対する土地等の譲渡で、その譲渡に係る土地等が当該事業の用に供されるもの（⑦から⑪まで又は⑭から⑰までに掲げる譲渡に該当するものを除きます。）（12号）

⑭ 都市計画法の開発許可※2を受けて住宅建設の用に供される一団の宅地で次に掲げる要件を満たす造成を行う個人又は法人に対する土地等の譲渡で、その譲渡に係る土地等がその一団の宅地の用に供されるもの（⑦から⑩までに掲げる譲渡に該当するものを除きます。）（13号）

　イ　一団の宅地の面積が1,000m²（開発許可を要する面積が1,000m²未満である区域内の当該一団の宅地の面積にあっては500m²（都道府県が条例を定めている場合には、その条例で定める規模に相当する面積）以上のものであること。

　ロ　一団の宅地の造成が開発許可の内容に適合して行われると認められるものであること。

⑮ 都市計画区域内の宅地の造成につき開発許可を要しない場合において住宅建設の用に供される一団の宅地の造成する面積が1,000m²以上（都市計画法施行令19条２項の規定の適用を受ける区域（既成市街地等）にあっては500m²）を行う個人又は法人に対する土地等の譲渡で、その譲渡に係る土地等がその一団の宅地の用に供されるもの（⑦から⑩までに掲げる譲渡又は区画整理会社の株主又は社員である個人の有する土地等の譲渡に該当するものを除きます。）（14号）

⑯ 都市計画区域内において、優良な住宅の供給に寄与するものであることについて都道府県知事（中高層の耐火共同住宅でその用に供される土地の面積が1,000m²未満のものにあっては市町村長）の認定を受けて行われる25戸以上の一団の住宅又は住居の用途に供する独立部分が15以上（又は延べ床面積が1,000m²以上）の中高層の耐火共同住宅の建設を行う個人又は法人に対する土地等の譲渡で、その譲渡に係る土地等がその一団の住宅又は中高層の耐火共同住宅の用に供されるもの（⑦から⑪まで又は⑭⑮に掲げる譲渡に該当するものを除きます。）（15号）

⑰ 住宅（床面積が200m²以下でかつ50m²以上のもの）又は中高層の耐火共同住宅（上記⑯の要件を満たすもの）で建築基準法等に適合するものであると認められたものの建設を行う個人又は法人に対する土地区画整理事業の施行地区内の仮換地等の指定がされた土地等の譲渡のうち、その譲渡が仮換地等の指定の効力発生の日から３年を経過する日の属する年の12月31日までの間に行われるもので、その譲渡をした土地等につき仮換地等の指定がされた土地等がその住宅又は中高層の耐火

共同住宅の用に供されるもの（⑦から⑪まで又は⑭⑮⑯に掲げる譲渡に該当するものを除きます。）（16号）

※1　⑧の一定の要件とは次の要件です（措令20の2⑦、措規13の3③）。
　　イ　認定計画に定められた建築物（その建築面積が1,500m²以上であるものに限ります。）の建築がされること
　　ロ　その事業の施行される土地の区域の面積が1ha以上（その事業が一定のものであるときは0.5ha）であること
　　ハ　公共施設（道路、公園、広場その他一定の公共の用に供する施設）の整備がされること。
※2　⑭の開発許可とは、都市計画法4条2項に規定する都市計画区域のうち次の区域内において行われる開発行為に係る都市計画法29条1項の許可をいいます。（措法31の2②十三、措令20の2⑮）
　　イ　市街化区域と定められた区域
　　ロ　市街化調整区域内と定められた区域
　　ハ　都市計画が定められていない都市計画区域のうち、用途地域が定められている区域

③　確定優良住宅地等予定地のための譲渡

イ　確定優良住宅地等予定地ための譲渡の概要

　確定優良住宅地等予定地のための譲渡とは、以下の要件に全て該当する譲渡をいいます（措法31の2③）。

図表3-4-3　確定優良住宅地等予定地のための譲渡の適用要件

適用要件
①　譲渡の日から同日以後2年を経過する日の属する年の12月31日までの期間内に上記図表3-4-2の⑭から⑰に掲げる譲渡に該当することとなることが確実であると認められること
②　土地等を買取りする者より上記①に該当する旨の証明がされたもの

（注）　以下この項において、上記図表3-4-2の⑭から⑰に掲げる事業を「確定優良住宅地造成等事業」といいます。

ロ　特例期間の延長が認められる場合

　土地等を買取するものが、確定優良住宅地造成等事業につき、2年を経過する日の属する年の12月31日までの期間内に開発許可、都道府県知事の認定、都道府県知事若しくは市町村長の認定又は住宅若しくは中高層の耐火共同住宅に係る検査済証の交付（以下「開発許可等」といいます。）を受けることが困難であると認められるとして、その事業に係る事務所や事業所等の所在地の所轄税務署長の承認を受けた場合には、2年を経過する日の属する年の12月31日までの期間の末日から同日以後2年（上記図表3-4-2の⑭及び⑮掲げる事業（その造成に係る住宅建設の用に供される一団の宅地の面積が10ha以上であるものに限ります。）にあっては、4年）を経過する日までの期間内の日でその事業につき開発許可等を受けることができると見込まれる日として所轄税務署長が認定した日の属する年の12月31日（以下「当初認定日の属する年の末日」といいます。）まで特例期間の延長が認められます（措法31の2③、措令20の2㉓～㉕）。

ハ　期間延長申請等の手続

　確定優良住宅地造成等事業を行う個人又は法人が所轄税務署長の承認を受けようとする場合には、2年を経過する日の属する年の12月31日（特例期間の延長の承認にあっては、当初認定日の属する年の末日）の翌日から15日を経過する日までに期間延長申請書に必要事項を記載し事業概要書、設計説明書又は各階平面図及び地形図その他の書類を添付して、申請しなければなりません（措令20

の2㉓〜㉕、措規13の3⑩）。

　なお、この特例に係る書類を添付して確定申告書を提出した個人が、確定申告書を提出した後、土地等の買取りをした者からその土地等につき期限の延長に係る所轄税務署長が認定した日の通知に関する文書の写しの交付を受けたときは、その通知に関する文書の写しを、遅滞なく、納税地の所轄税務署長に提出しなければなりません（措規13の3⑨）。

④　申告手続

　この軽減税率の特例の適用を受ける場合には、確定申告書に「措法31条の2」と記載するほか、上記②ロの譲渡であることが証明された書類を添付する必要があります（措法31の2②③、措規13の3、措通31の2-32）。

　添付書類のチェックは次のサイトを参照してください。

1　優良住宅地等のための譲渡（措置法第31条の2第2項関係）

 2　確定優良住宅地等予定地のための譲渡（措置法第31条の2第3項関係）

　国税庁ホームページの質疑応答事例（譲渡所得目次一覧、以下「質疑応答」といいます。）の優良住宅地等のための長期譲渡所得の軽減税率の特例の事例を紹介します（他の特例等についても同様です）。

　回答の詳しい説明等は当該事例のQRコードから確認してください。

【質疑応答】優良住宅地等のための長期譲渡所得の軽減税率の特例に関する事例

☐　市施行の土地区画整理事業における換地不交付の申出に係る清算金と軽減税率の特例（1号）
　　A市が施行する土地区画整理事業の施行地区内に土地を所有する甲は、土地区画整理法第90条の規定による換地不交付の申出を行い清算金を取得しました。
　　この清算金については、収用等の課税の特例の適用がありませんが、地方公共団体に対する土地の譲渡（措法31の2②一該当）として軽減税率の特例を適用することができますか。
　⇒　その清算金の支払いをする当該土地区画整理事業の施行者であるA市は、租税特別措置法第31条の2第2項第1号に規定する「地方公共団体に対する土地等の譲渡」に該当し、軽減税率の適用対象となります。

☐　対償地として土地開発公社に代行買収される土地に係る譲渡所得（2号）
　　M町土地開発公社は、M町の依頼を受けて小学校建設用地（現在農地）を代行買収することとなりましたが、併せて当該小学校建設用地の所有者の対償に充てるための用地についても代行買収することとなりました。このように、M町の小学校建設用地の対償地を同町からの依頼を受けてM町土地開発公社が代行買収した場合の当該対償地買収に係る土地等の譲渡は、租税特別措置法第31条の2第2項第2号に規定する先行取得の業務に直接必要なものに該当するものと解してよいでしょうか。

　⇒　照会意見のとおりで差し支えありません。

☐ 土地開発公社が土地区画整理事業施行地内の土地を公共施設用地として代行買収する場合（2号）

　A市施行の土地区画整理事業の施行地区内の甲所有の土地が公共施設用地として買収されることになりましたが、この土地はA市に代わり土地開発公社が買収します。

　この場合の土地開発公社の土地の買取りは、公有地の拡大の推進に関する法律（以下「公拡法」といいます。）第17条第1項第1号ニに掲げる土地に該当し、軽減税率の特例は適用できないことになるのでしょうか。

⇒ 土地区画整理事業は市街地開発事業ですが、地方公共団体が実施主体となる市街地開発事業の場合には公拡法第17条第1項第1号ハ（公営企業用地）の業務として土地開発公社が行う買取りに該当することとなるため、照会の場合には軽減税率の特例の適用があります。

☐ 「施設建築物の一部を取得する権利」等を施行者へ譲渡した場合（4号）

　第一種市街地再開発事業に係る権利変換により取得した「施設建築物の一部を取得する権利」等をその事業の施行者に譲渡した場合に、その譲渡は、租税特別措置法第31条の2第2項第4号の譲渡に該当するものとして軽減税率の特例を適用することができますか。

⇒ 第一種市街地再開発事業のための土地等の譲渡には該当しませんので適用できません。
　ただし、当該事業の施行者が地方公共団体である場合には、「地方公共団体に対する土地等の譲渡（1号該当）」に該当し、軽減税率の適用対象となります。

☐ 2棟の建築物を建築する場合の建築面積及び施行地区面積の判定（12号）

　一の者が隣接した2棟の建築物の建築をする場合、建築物の建築面積及び施行地区面積の要件判定は、具体的にどのように行うのでしょうか。

⇒ 例えば、甲がA、Bの隣接した2棟の建築物を建築する場合には、原則としてA建築物の建築事業とB建築物の建築事業と二つの別事業からなるものとし、それぞれの事業ごとに建築面積及び施行地区面積の要件判定を行います。

☐ 附属建築物がある場合の建築面積及び施行地区面積の要件判定（12号）

　同一敷地内に附属建築物を建築する場合、施行地区の面積及び建築物の建築面積の要件判定はどのように行うのでしょうか。次のケースの場合、軽減税率の特例を適用することができますか。

（ケース1）

敷地面積　500m²

（ケース2）

敷地面積　500m²

⇒ ケース2は建築面積要件（150平方メートル以上）を満たさないので、軽減税率の特例を適用することはできません。

☐ 優良建築物を2以上の者で共同建築する場合等（12号）

　優良建築物を2以上の者で建築して共有名義とする場合、建築面積及び施行地区の面積の判定はどのように行うのでしょうか。

　また、次のようなケースは、優良建築物の建築事業を行う者に対する譲渡に該当するものとして軽減税率の特例を適用することができますか。

（ケース１）共同建築者Ａ及びＢに対する譲渡（建築物の所有割合が土地の所有割合に対応している）

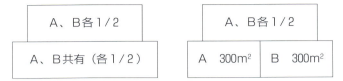

（ケース２）次のＡに対する譲渡又はＡ及びＢに対する譲渡（親族関係につき使用貸借している）

（ケース３）隣接地の地主と共同建築する者（Ａ）に対する譲渡（建築物の所有割合が土地の所有割合に対応している）

⇒ 建築面積及び施行地区の面積の判定は、建築物の１棟ごとに行います。
　また、上記の各ケースについての軽減税率の特例の適用関係は次のとおりとなります。
　ケース１……Ａ、Ｂいずれに対する譲渡も特例の対象となります。
　ケース２……Ａに対する譲渡は特例の対象となりますが、Ｂに対する譲渡は特例の対象となりません。
　ケース３……特例の対象となります。

☐ 既存建築物の増築のための譲渡に係る軽減税率の適用（12号）
　　甲は、次のような増築を行う乙にその敷地としてＢ地を譲渡しました。この場合、甲の譲渡は優良建築物の建築事業のための譲渡（措法31の2②十二）として軽減税率の特例の適用対象となりますか。
　　なお、建築基準法上は、増築も建築に含まれることとされています。

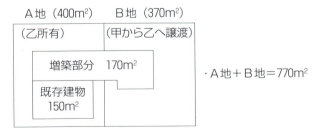

⇒ 照会の場合には、建築面積の要件（150平方メートル以上）は満たしますが、建築事業の施行区域面積の要件（500平方メートル以上）は満たさない（770平方メートル×170平方メートル/320平方メートル＝409平方メートル）ため、特例の適用対象とはなりません。

67

☐ 自ら開発許可を受けた上で土地を譲渡する場合（13号）

次の場合、軽減税率の特例の適用が受けられますか。

① 甲は、自ら所有する土地について開発許可を受けた後、当該土地をAに譲渡するとともに、Aは、都市計画法第45条の規定により開発許可に基づく地位の承継を受けて宅地の造成を行う。

② 甲、乙及び丙が所有する土地について、甲が乙及び丙の同意を得て開発許可を受け、その後、甲、乙及び丙が当該土地をAに譲渡するとともに、Aが開発許可に基づく地位の承継を受けて宅地造成する。

⇒ ①及び②のいずれの場合も甲については特例の適用はありません。しかし、②の自ら開発許可を受けていない乙及び丙については適用することができます。

☐ 「宅地の造成」の意義（13号）

現況はすでに宅地ですが、マンションを建築するには都市計画法第29条の開発行為の許可が必要です。租税特別措置法第31条の2第2項第13号に規定する「宅地の造成」とは開発行為と同様のものと考えてよいでしょうか。

⇒ 「宅地の造成」とは開発許可を要するものとされる「開発行為」すなわち「土地の区画形質の変更」をいうものと解されます。

したがって、「宅地の造成」とは「開発行為」と同様のもの、すなわち、「土地の区画形質の変更」を伴う行為をいい、「土地の区画形質の変更」を伴わないものは、「宅地の造成」には該当しないこととなります。

☐ 土地を取得した者以外の者が優良住宅等を建築した場合（15号）

甲から土地を取得したAが、その土地をBに転売し、Bが優良住宅等を建築する場合に、甲は、優良住宅等建設事業のための譲渡として軽減税率の特例を適用することができますか。

⇒ 土地を買い受けたAが優良住宅等の建設を行わずに転売した照会の場合には、軽減税率の特例は適用できません。

☐ 所有地の一部を譲渡しその譲受人と共同してマンションを建築する場合（15号）

甲が所有する土地の2分の1の持分を乙へ譲渡し、その土地の上に甲・乙共同でマンションを建設し、当該建物を甲・乙がそれぞれ2分の1の割合で区分所有することとしています。このマンションは租税特別措置法第31条の2第2項第15号に規定する優良な住宅の供給に寄与するものであることについての都道府県知事の認定を受けることができるものです。

この場合、甲が持分譲渡した土地の上に建設されるマンションが土地の譲受人である乙のみが建設するものでないため同号の「中高層の耐火共同住宅の建設を行う個人又は法人」に対する土地等の譲渡に該当しないことになりますか。

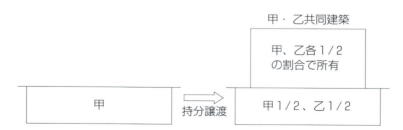

⇒ 照会の場合には、「中高層の耐火共同住宅の建設を行う個人又は法人」に対する土地等の譲渡に該当します。

□ 優良住宅等の建設敷地の判定（15号）

　優良住宅等の建設用地として買い取った土地のうちに、都市計画事業が施行される区域として都市計画決定された区域がありました。この区域の土地については、将来、道路用地として買収されることとなりますが、このような場合であっても、その買い取った土地の全部について軽減税率の特例の適用がありますか。

⇒ 優良住宅等の建設用地として買い取った土地の全部について、軽減税率の特例の適用があります。

□ 仮換地指定の変更があった場合の「仮換地指定があった日」の判定（16号）

　土地区画整理事業の施行により仮換地の指定がされた土地について、仮換地指定の変更があった場合、租税特別措置法第31条の2第2項第16号に規定する「仮換地の指定の効力発生の日」とはいつの日をいいますか。

⇒ 当初の仮換地指定と変更後の仮換地指定の異同・差異の程度にその位置・地積に同一性がないほどの差があり、かつ、その仮換地指定の変更に「公益上の必要性」があると認められる場合には、仮換地の変更の日を仮換地の指定があった日として取り扱って差し支えありません。それ以外の場合には、当初の仮換地指定の効力発生の日となります。

□ 保留地の譲渡（16号）

　甲は、土地区画整理事業の施行者から取得した保留地を譲渡しましたが、この譲渡は、租税特別措置法第31条の2第2項第16号に規定する譲渡として軽減税率の特例を適用することができますか。

⇒ 甲が施行者から取得した保留地は、仮換地の指定がされた土地等には該当しないため、軽減税率の特例は適用できません。

□ 売建て方式により住宅を建設した場合（16号）

　住宅建設事業を営む建築業者Aは、甲から取得した仮換地を5区画に分割し、3区画については住宅を建設して分譲しましたが、他の2区画はB及びCに転売し、買主の注文に応じて（売建て方式により）住宅を建設します。この場合、甲の譲渡に係る軽減税率の特例の適用はどうなりますか。

⇒ 建築業者Aが売建ての方式により住宅を建設する2区画の部分については軽減税率の特例は適用できません。建築業者Aが3区画に建設した建物とその敷地が、それぞれ床面積要件及び敷地面積要件を満たす場合には、当該3区画の部分についてのみ特例の適用があります。

□ 確定優良住宅地等予定地のための譲渡の特例期間の末日

　一の確定優良住宅地造成等事業に係る確定優良住宅地等予定地のための譲渡の特例期間の末日は、土地等の譲渡者ごとに異なることになるのでしょうか、それとも確定優良住宅地造成等事業ごとに一の日となるのでしょうか。

⇒ 特例期間の末日は、延長又は再延長がされていない場合には譲渡者ごとに異なる日となりますが、延長又は再延長があった場合は確定優良住宅地造成等事業ごとに税務署長が認定した日の属する年の12月31日に統一されることとなります。

□ 国土利用計画法の勧告に従って契約内容を変更した場合の確定優良住宅地等予定地のための譲渡の特例

　租税特別措置法第31条の2第3項（確定優良住宅地等予定地のための譲渡の特例）の適用を受けようとする場合において、租税特別措置法施行規則第13条の3第8項第1号イ(2)に規定する場合に該当するときは、国土利用計画法第27条の5第1項又は第27条の8第1項の勧告がなかった旨の証明書を添付しなければ、その適用が受けられないことになっています。この場合に勧告を受けた者が、その勧告に従って契約内容を変更し、土地の譲渡を行ったときには、その土地の譲渡者は、租税特別措置法第31条の2第3項の適用が受けられますか。

⇒ 勧告の対象となった届出に係る土地の譲渡については、租税特別措置法第31条の2第3項の規定は適用できません。

☐ 特定の民間宅地造成事業に係る1,500万円控除と租税特別措置法第31条の2との適用関係

　一の特定の民間宅地造成事業（措法34の2該当）につき、当該事業を行う者に当該事業地内の土地を2年にわたって譲渡した場合において、最初の年の譲渡については1,500万円控除（措法34の2）の適用を受け、翌年分の譲渡について軽減税率の特例（措法31の2）の適用を受けることができますか。

⇒ 一の特定の民間宅地造成事業について2以上の年にわたって土地等が買い取られた場合の1,500万円控除の特例は、最初の年の買取りについてのみ適用することとされており（措法34の2④）、照会の翌年分の譲渡については1,500万円控除の特例の適用対象とはなり得ないため、軽減税率の特例の適用を受けることができます。

☐ 租税特別措置法第31条の2と租税特別措置法第33条の4との適用関係

　甲は、同一年中にA土地とB土地をそれぞれ別々の収用事業のために譲渡しました。これらの土地の譲渡は、いずれも収用等の場合の課税の特例の適用要件を満たしており、また、租税特別措置法第31条の2に規定する優良住宅地の造成等のために土地等を譲渡した場合の軽減税率の特例の適用要件も満たしています。

　A土地の譲渡益は6,000万円、B土地の譲渡益は3,000万円である場合に、A土地については租税特別措置法第33条の4を適用し、B土地については租税特別措置法第31条の2を適用することができるのでしょうか。

⇒ A土地のみに租税特別措置法第33条の4の規定を適用し、B土地には同規定を適用していない場合は、B土地の譲渡について、租税特別措置法第31条の2の規定を適用して差し支えありません。

☐ 租税特別措置法第31条の2と租税特別措置法第34条の2との適用関係

　乙の所有する土地（以下「事業用地」といいます。）の収用による譲渡（譲渡価額1,200万円）に伴い、甲の所有する土地（以下「代替地」という。）が収用の対償に充てられることとなり、地方公共団体に譲渡されることとなりました（譲渡価額1,500万円）。

　甲は、代替地の譲渡価額1,500万円のうち、事業用地の譲渡価額相当額（1,200万円）について、租税特別措置法第34条の2の適用を受けます。

　この場合、代替地の譲渡価額1,500万円のうち、事業用地の譲渡価額相当額（1,200万円）を超える部分（300万円）について、租税特別措置法第31条の2の適用はあるのでしょうか。

　なお、収用対償地の買取りに係る契約方式は、一括契約方式（措通34の2-5⑴）です。

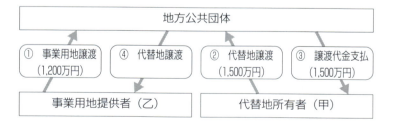

⇒ 事業用地の譲渡価額相当額を超える部分（300万円）を含め、代替地の譲渡価額の全部について同法第31条の2第1項の適用はありません。

【令和6年分用】

特例適用審査表(措法31の2②13号:【開発許可を要する住宅地造成事業のための譲渡】)

名簿番号 ☐

1	共通審査項目	適	否
A	平成30年12月31日以前の取得か? ⇒ 長期譲渡所得に限る!　(取得年月日____年___月___日)		
B	土地等の譲渡所得のみを特例の対象としているか? ⇒ 建物等には適用なし!		
C	措法33〜33の4、34〜35の3、36の2、36の5、37、37の4〜37の6、37の8と重複適用していないか? ⇒ 重複適用している場合 ⇒ 適用なし!		
D	各添付書類に記載の申請者は買取者と同一か? ⇒ 買取者 = 造成事業者 ☆例外:都市計画法44条・45条(開発許可に基づく地位の承継)による場合		

※ 「優良住宅地等」と「確定優良住宅地等予定地」の相違は?
　①「優良住宅地等」 ⇒ 確定申告時において、優良住宅地等の認定があるもの
　②「確定優良住宅地等予定地」 ⇒ 確定申告時に優良住宅地等の認定がないもの
　　⇒ 原則、譲渡の日以後2年を経過する年の12月31日までに認定がある予定で特例の適用 ⇒ ☐認定があった ⇒ 追加の書類の提出!
　　　　(税務署長の承認がある場合 　　　　税務署長が認定した日の属する年の末日まで)　☐認定がなかった ⇒ 修正申告書の提出!
※ 令和5年4月1日以後に行う譲渡については、次に掲げる区域内において行われる開発行為に係るものに限定された(措法31の2②十三、措令20の2⑯)。
　①市街化区域と定められた区域、②市街化調整区域と定められた区域、③区域区分に関する都市計画が定められていない都市計画区域のうち、用途地域が定められている区域

2	優良住宅地等の添付書類審査(措法31の2②十三、措令20の2⑯、措規13の3①十三、措通31の2-32「別表1」1⑬)	適	否
①	開発許可を要する住宅地の造成を行う者への譲渡か? 《面積要件》 　・都市計画区域内 1,000㎡以上　・都市計画法施行令19条2項に定める区域(三大都市圏の既成市街地等) 500㎡以上 　(都市計画法施行令19条1項ただし書により都道府県が条例を定めている場合は、条例で定める面積(最低300㎡以上)) 《添付書類》 　a) 開発許可申請書の写し　　　　　　　　添付　有☐　無☐ 　b) 事業概要書　　　　　　　　　　　　　添付　有☐　無☐ 　c) 設計説明書　　　　　　　　　　　　　添付　有☐　無☐ 　d) 地形図　　　　　　　　　　　　　　　添付　有☐　無☐ 　e) 開発許可通知書の写し　　　　　　　　添付　有☐　無☐		
②	買取者からの土地等の所在及び事業の用に供する旨の証明書　(添付　有☐　無☐)		

3	確定優良住宅地等予定地の添付書類審査(申告時)(措法31の2③、措規13の3⑨、措通31の2-32「別表1」2(1)①)	適	否
①	次のいずれかの書類の写し　(添付　有☐　無☐) 　a) 国土利用計画法14条1項の許可に係る通知書 　b) 国土利用計画法27条の4第1項の届出につき、都道府県知事等が勧告しなかった旨を証する書類 　c) 国土交通大臣による確定優良住宅地等予定地の認定書		
②	事業概要書及び地形図　(添付　有☐　無☐)		
③	買取者からの「一団の宅地等の用に供する旨の確約書」(添付　有☐　無☐)		

判　　定
適 ／ 要解明 ／ 否

【確定優良住宅地等予定地で判定が「適」の場合は、確認調査対象事案へ】

(参考) 優良住宅地等のための譲渡に該当することとなった場合の提出書類
　a) 優良住宅地等のための譲渡に該当することとなった旨の届出書
　b) 上記2①②に掲げる書類(既に提出しているものを除く。)

特例適用審査表は、情報公開請求により入手した令和5年版(右のQRコードからダウンロードすることができます)を基に令和6年分として使用できるように改訂しています。

【令和6年分用】

特例適用審査表（措法31の2②14号：【開発許可を要しない住宅地造成事業のための譲渡】）

名簿番号 _____

1	共通審査項目	適	否
A	平成30年12月31日以前の取得か？ ⇒ 長期譲渡所得に限る！ （取得年月日___年___月___日）		
B	土地等の譲渡所得のみを特例の対象としているか？ ⇒ 建物等には適用なし！		
C	措法33〜33の4、34〜35の3、36の2、36の5、37、37の4〜37の6、37の8と重複適用していないか？ ⇒ 重複適用している場合 ⇒ 適用なし！		
D	各添付書類に記載の申請者は買取者と同一か？ ⇒ 買取者 ＝ 造成事業者 ☆例外：個人の相続又は法人の合併・分割による場合		
※	「優良住宅地等」と「確定優良住宅地等予定地」の相違は？ ①「優良住宅地等」⇒ 確定申告時において、優良住宅地等の認定があるもの ②「確定優良住宅地等予定地」⇒ 確定申告時に優良住宅地等の認定がないもの ⇒ 原則、譲渡の日以後2年を経過する年の12月31日までに認定がある予定で特例の適用⇒ □認定があった ⇒ 追加の書類の提出！ （税務署長の承認がある場合 ⇒ 税務署長が認定した日の属する年の末日まで）　□認定がなかった ⇒ 修正申告書の提出！		

2	優良住宅地等の添付書類審査 （措法31の2②十四、令20の2⑰⑱⑲、措規13の3①十四②、措通31の2-32「別表1」1⑭⑭㉑）	適	否
①	開発許可を要しない住宅地の造成を行う者への譲渡か？ 《面積要件》 ・都市計画区域内　1,000㎡以上　・都市計画法施行令19条2項に定める区域（三大都市圏の既成市街地等）　500㎡以上 《添付書類》 a）優良宅地認定申請書の写し　　　　　　　添付　有□　無□ b）事業概要書　　　　　　　　　　　　　　添付　有□　無□ c）設計説明書　　　　　　　　　　　　　　添付　有□　無□ d）地形図　　　　　　　　　　　　　　　　添付　有□　無□ e）優良宅地認定書の写し（※1）　　　　　　添付　有□　無□ f）優良宅地証明書の写し（※1、※2）　　　添付　有□　無□（土地区画整理事業として行われる場合は不要） g）土地区画整理事業認可書の写し（※1）　　添付　有□　無□（土地区画整理事業として行われる場合は必要） ※1　認定・証明・認可する者は、都道府県知事 ※2　優良宅地証明書の添付がない ⇒ 「優良住宅地造成等事業に係る確約書」の写し　添付　有□　無□ ☆「優良住宅地造成等事業に係る確約書」とは？ 　事業者が優良宅地証明書の交付を受けたときは、遅滞なく、その写しを提出することを約した書類で、当該事業者の所在地の所轄税務署長に提出したもの		
②	買取者からの土地等の所在及び事業の用に供する旨の証明書（添付　有□　無□）		

3	確定優良住宅地等予定地の添付書類審査（申告時）（措法31の2③、措規13の3⑨、措通31の2-32「別表1」2(1)①②）	適	否
①	次のいずれかの書類の写し　（添付　有□　無□） a）国土利用計画法14条1項の許可に係る通知書 b）国土利用計画法27条の4第1項の届出につき、都道府県知事等が勧告しなかった旨を証する書類 c）国土交通大臣による確定優良住宅地等予定地の認定書		
②	事業概要書及び地形図　（添付　有□　無□）		
③	買取者からの「一団の宅地等の用に供する旨の確約書」（添付　有□　無□）		

【確定優良住宅地等予定地で判定が「適」の場合は、確認調査対象事案へ】

判　定
適　要解明　否

（参考）優良住宅地等のための譲渡に該当することとなった場合の提出書類
　a）優良住宅地等のための譲渡に該当することとなった旨の届出書
　b）上記2①②に掲げる書類（既に提出しているものを除く。）

特例適用審査表は、情報公開請求により入手した令和5年版（右のQRコードからダウンロードすることができます）を基に令和6年分として使用できるように改訂しています。

【令和6年分用】

特例適用審査表（措法31の2②15号：【優良住宅等建設事業のための譲渡】）

名簿番号 _____

1 共通審査項目		適	否
A	平成30年12月31日以前の取得か？ ⇒ 長期譲渡所得に限る！（取得年月日___年___月___日）		
B	土地等の譲渡所得のみを特例の対象としているか？ ⇒ 建物等には適用なし！		
C	措法33～33の4、34～35の3、36の2、36の5、37、37の4～37の6、37の8と重複適用していないか？ ⇒ 重複適用している場合 ⇒ 適用なし！		
D	各添付書類に記載の申請者は買取者と同一か？ ⇒ 買取者 ＝ 建設を行う者 ☆例外：個人の相続又は法人の合併・分割による場合		
※	「優良住宅地等」と「確定優良住宅地等予定地」の相違は？ ①「優良住宅地等」 ⇒ 確定申告時において、優良住宅地等の認定のあるもの ②「確定優良住宅地等予定地」 ⇒ 確定申告時に優良住宅地等の認定がないもの ⇒ 原則、譲渡の日以後2年を経過する年の12月31日までに認定がある予定で特例の適用 □認定があった ⇒ 追加の書類の提出！ 　（税務署長の承認がある場合 ⇒ 税務署長が認定した日の属する年の末日まで） □認定がなかった ⇒ 修正申告書の提出！		
2 優良住宅地等の添付書類審査（措法31の2②十五、措令20の2㉑㉒、措規13の3①十五②⑧、措通31の2-32「別表1」1⑮）		適	否
①	一団の住宅又は中高層の耐火共同住宅の建設を行う者への譲渡か？ 《建築物の要件》 　一団の住宅の場合 ⇒ 25戸以上 　中高層耐火共同住宅の場合 ⇒ 15戸以上又は総床面積1,000㎡以上、耐火又は準耐火建築物、地上階数3階以上、 　　　　　　　　　　　　　　　　全体の床面積の3/4以上が居住用、1戸の床面積が50㎡（寄宿舎は18㎡）以上200㎡以下 《添付書類》 　a) 優良住宅認定申請書の写し　　　　　　添付　有□　無□ 　b) 事業概要書　　　　　　　　　　　　　添付　有□　無□ 　c) 各階平面図（中高層耐火共同住宅の場合）　添付　有□　無□ 　d) 地形図　　　　　　　　　　　　　　　添付　有□　無□ 　e) 優良住宅認定書の写し（※1）　　　　　添付　有□　無□ 　f) 検査済証の写し（※2）　　　　　　　　添付　有□　無□ ※1　認定する者は次のとおり 　　　一団の住宅・・・都道府県知事 　　　中高層の耐火共同住宅・・・敷地面積1,000㎡以上 ⇒ 都道府県知事　1,000㎡未満 ⇒ 市町村長 ※2　検査済証の写しの添付がない ⇒ 「優良住宅地造成等事業に係る確約書」の写し　添付　有□　無□ 　☆「優良住宅地造成等事業に係る確約書」とは？ 　　事業者が検査済証の交付を受けたときは、遅滞なく、その写しを提出することを約した書類で、当該事業者の所在 　　地の所轄税務署長に提出したもの		
②	買取者からの土地等の所在及び事業の用に供する旨の証明書（添付　有□　無□）		
3 確定優良住宅地等予定地の添付書類審査（申告時）（措法31の2③、措規13の3⑨、措通31の2-32「別表1」2(1)①）		適	否
①	次のいずれかの書類の写し　（添付　有□　無□） 　a) 国土利用計画法14条1項の許可に係る通知書 　b) 国土利用計画法27条の4第1項の届出につき、都道府県知事等が勧告しなかった旨を証する書類 　c) 国土交通大臣による確定優良住宅地等予定地の認定書		
②	事業概要書及び地形図　（添付　有□　無□）		
③	買取者からの「一団の宅地等の用に供する旨の確約書」（添付　有□　無□）		

判　定
適 / 要解明 / 否

【確定優良住宅地等予定地で判定が「適」の場合は、確認調査対象事案へ】

（参考）優良住宅地等のための譲渡に該当することとなった場合の提出書類
　a) 優良住宅地等のための譲渡に該当することとなった旨の届出書
　b) 上記2①②に掲げる書類（既に提出しているものを除く。）

特例適用審査表は、情報公開請求により入手した令和5年版（右のQRコードからダウンロードすることができます）を基に令和6年分として使用できるように改訂しています。

(2) 居住用財産を譲渡した場合の譲渡所得の課税の特例

① 特例の概要

　個人が、その有する土地等又は建物等でその年1月1日において所有期間が10年を超えるもののうち居住用財産を譲渡した場合については、その長期譲渡所得に係る課税長期譲渡所得金額に対し課税される所得税の額は、他の土地建物等の譲渡所得と区分して次のように軽減税率が適用されます（措法31の3①）。

一般の長期譲渡所得金額に対する税率	
一　律	所得税15% 住民税5%

⇒

軽減税率		
6,000万円以下	所得税10%
	住民税4%
6,000万円超	所得税15%
	住民税5%

② 適用要件の概要

　この軽減税率の特例の適用要件の概要は次のとおりです（措法31の3①）。

図表3-4-4　軽減税率の特例の適用要件

適用要件
① 譲渡した年の1月1日において所有期間が10年を超えるもの
② 居住用財産に該当するもの
③ 譲受者が個人の配偶者その他特別な関係のある者でないこと
④ 法58条の規定の適用を受けるものでないこと
⑤ 措法31条の2、33条〜33条の3、35条の3、36条の2、36条の5、37条、37条の4、37条の5（同条6項は除かれます。）、37条の6又は37条の8の規定の適用を受けるものでないこと
⑥ 譲渡した年の前年又は前々年において既にこの軽減税率の特例の適用を受けていないこと

③ 居住用財産とは

　この軽減税率の特例で規定する「居住用財産」とは、第4章1の「居住用財産を譲渡した場合の3,000万円の特別控除（措法35）」の居住用財産の要件以外に次の要件に該当する家屋又は土地等をいいます（措法31の3②、措令20の3②）。

○　個人が居住用に供している家屋で国内にあるもの及びその敷地の用に供されている土地等であること。

【質疑応答】家屋の所有期間が異なる場合における居住用財産の軽減税率の特例の適用

> □　**家屋の所有期間が異なる場合における居住用財産の軽減税率の特例の適用範囲**
> 　　甲が居住の用に供している家屋は、15年前に甲の所有する土地に妻と共同で建築したものですが、事情があって5年前に妻からその持分（2分の1）を買い受けて所有しています。
> 　　この家屋とその敷地を譲渡した場合、家屋の2分の1と土地の全部について、居住用財産の軽減

税率の特例を適用することができると考えますがそれでよろしいですか。

⇒　照会意見のとおりで差し支えありません。

　国税庁ホームページの文書回答事例（法令等/文書回答事例/譲渡・山林所得、以下「文書回答事例」といいます。）の居住用財産の譲渡所得の課税の特例の事例を紹介します（他の特例等についても同様です）。
　事前照会に係る取引等の事実関係及び事実関係に対して事前照会者の求める見解となること等の理由の詳しい説明等は当該事例のQRコードから確認してください。

【文書回答事例】譲渡した土地に居住用部分と非居住用部分がある場合の措法第31条の２と措法第31条の３の適用関係

□　譲渡した土地に居住用部分と非居住用部分がある場合の措置法第31条の２と居住用財産の譲渡所得の特例の適用関係について
　　個人甲は、隣接する宅地A及び宅地B（以下、宅地Aと宅地Bを併せて「本件宅地」といいます。）を所有し、その半分を甲の居住用家屋の敷地（以下「居住用部分」といいます。）、残り半分を月極駐車場の敷地（以下「非居住用部分」といいます。）として利用していましたが、平成22年に、甲は、本件宅地を法人乙に１億円で譲渡しました。乙は、本件宅地上に、租税特別措置法（以下「措置法」といいます。）第31条の２《優良住宅地の造成等のために土地等を譲渡した場合の長期譲渡所得の課税の特例》（以下「措置法第31条の２の特例」といいます。）第２項第10号に規定する建築物を建築します。
　　この場合、甲は、本件宅地のうち居住用部分については、措置法第31条の３《居住用財産を譲渡した場合の長期譲渡所得の課税の特例》（以下「措置法第31条の３の特例」といいます。）第１項及び措置法第35条《居住用財産の譲渡所得の特別控除》（以下「措置法第35条の特例」といい、措置法第31条の３の特例と併せて「居住用財産の譲渡所得の特例」といいます。）、非居住用部分については、措置法第31条の２の特例の適用を受けることができると解してよろしいかお伺いします。
　　なお、その他の措置法第31条の２の特例及び居住用財産の譲渡所得の特例の適用要件を満たしています。

⇒ 居住用部分について居住用財産の譲渡所得の特例の適用、非
　 居住用部分について措置法第31条の２の特例の適用を受けることができるものと考えます。

④　申告手続

　この軽減税率の特例の適用を受ける場合には、確定申告書に「措法31条の3」と記載するほか、次の書類を添付する必要があります（措法31の3③、措規13の4、措通31の3-26）。

> 1　譲渡した土地建物等の登記事項証明書等で、所有期間が10年を超えるものであることを明らかにする書類
> 2　譲渡契約締結日の前日において、この特例を受けようとする者の住民票に記載されている住所とその譲渡した資産の所在地が異なる場合には次の書類
> 　(1)　戸籍の附票の写し（譲渡をした日から2か月を経過した日後に交付されたもの）又は消除された戸籍の附票の写し
> 　(2)　住民基本台帳に登載された住所が譲渡した資産の所在地と異なっていた事情を記載した書類
> 　(3)　その者がその資産に居住していた事実を明らかにする書類

税理士のアドバイス　買換資産を取得できなかった場合の軽減税率の適用について

　特定の居住用財産の買換えの特例（措法36の2）の規定の適用を受け買換資産を取得する見込みで見積額で特例を適用して申告手続をした者が、災害その他その者の責めに帰せられないやむを得ない事情により取得期限までに買換資産を取得できなかったため、特定の居住用財産の買換えの特例の適用を受けられないこととなった場合には、取得期限の属する年の翌年4月30日までに特例の適用を受けられないことによる修正申告の提出をするときに限り、その資産の譲渡については軽減税率の適用をすることができます（措通31の3-27）。

税理士のアドバイス　譲渡所得の特例の適用を受ける場合の登記事項証明書の写しの添付の省略

　譲渡所得の特例の適用を受ける場合において、その特例の適用を受ける譲渡した不動産又は買換え等により取得した不動産に係る不動産番号等を申告書に記入することにより、登記事項証明書の添付を省略することができます。また、申告書に不動産番号等を書ききれないときは「譲渡所得の特例の適用を受ける場合の不動産に係る不動産番号等の明細書」に記載して提出することができます。

　なお、この明細書は左のQRコードから出力してください。
（注1）　登記事項証明書の写しなど不動産番号等の記載があるものを提出いただくことで、登記事項証明書の添付（提出）を省略することもできます（その場合、この明細書の提出は不要です。）。
（注2）　この明細書が使用できるのは登記事項証明書に、土地等に係る権利の移転が公告によるものであることを明らかにする表示がある場合に限ります。

⑤　他の居住用財産を譲渡した場合の課税の特例との相違点

　居住用財産を譲渡した場合の課税の特例で軽減税率の特例と第4章の「1　居住用財産を譲渡した場合の3,000万円の特別控除」及び「3　特定の居住用財産の買換えの特例」の適用要件との主な相違点については次のとおりです。

図表３－４－５　居住用財産を譲渡した場合の課税の特例の相違点

区　分	居住用財産の軽減税率の特例 （措法31の３）	居住用財産の3,000万円の特別控除		特定の居住用財産の買換えの特例 （措法36の２）
		自己の居住用財産の譲渡をした場合 （措法35①）	被相続人の居住用財産の譲渡をした場合 （措法35③）	
国外資産	適用なし	適用あり	適用なし（確認書の添付ができないため）	適用なし
所有期間及び居住期間	所有期間が10年超（措法37条の５第６項に規定する資産は10年以下でも適用あり）	制限なし	制限なし	①所有期間10年超 ②居住期間10年以上
家屋の要件	要件なし	要件なし	①昭和56年５月31日以前に建築されたこと ②区分所有建物である旨の登記がされている建物でないこと	要件なし
譲渡の原因	制限なし	制限なし	制限なし	贈与、交換、出資又は代物弁済による譲渡は適用なし
譲渡金額	制限なし	制限なし	１億円以下	１億円以下
連年適用及び他の居住用財産の譲渡の特例の適用	①譲渡年の前年及び前々年に適用を受けている場合は連年適用なし ②措法35条１項との併用適用可	①譲渡年の前年又は前々年にすでに本特例及び措法36条の２、36条の５、41条の５、41条の５の２の適用を受けている場合は適用なし ②措法31条の３との併用適用可	①当該相続等に係る対象譲渡について本特例を受けている場合は適用なし ②自己の居住用財産に係る譲渡についての措法35条１項、36条の２、41条の５、41条の５の２の適用と併用可 （原則として特別控除限度額3,000万円）	譲渡年又は譲渡年の前年若しくは前々年において措法31条の３、35条（同条３項により適用する場合を除きます。）、41条の５、41条の５の２の適用を受けた場合適用不可
買換資産	適用規定なし	適用規定なし	適用規定なし	①国内にあるもの ②家屋50㎡以上 ③土地等500㎡以下 ④取得期限、居住期限あり

土地建物等に係る分離課税の譲渡所得の税額の特例のチェックポイント

【優良住宅地の造成等のために土地等を譲渡した場合の長期譲渡所得の課税の特例（措法31の２）】

☐　所有期間が５年未満の土地等の譲渡について優良宅地の軽減税率で計算している。

☞　譲渡した年の１月１日における所有期間が５年以下の場合は、適用できません。

☐　建物の譲渡所得についても、優良宅地の軽減税率で計算している。

☞　優良住宅地の軽減税率の特例は、建物等の譲渡益には適用できません。

【居住用財産を譲渡した場合の譲渡所得の課税の特例（措法31の３）】

☐　譲渡先（買受人）が親族等の特定の者でないか。

☞　買受人が、配偶者や直系血族、これら以外の生計を一にする親族、内縁関係にある人などの、特別な関係者である場合は、居住用財産の特例の適用がありません。

☐　譲渡資産が店舗等併用住宅の場合、居住用以外の部分についても適用している。

☞　居住用以外の部分にはこの特例の適用がありません。ただし、居住用部分の割合がおおむね90％以上であれば、全体についてこの特例の適用があります。

☐　居住用家屋の敷地の一部を譲渡した場合に、特例の適用を受けている。

☞　居住用に供している家屋とともに譲渡した場合に、この特例の適用があります。

☐　居住しなくなってから３年以上経過した後に譲渡しているのに、特例を受けている。

☞　居住しなくなってから３年を経過する年の12月31日までに譲渡しなければ、この特例の適用がありません。

☐　譲渡の年の前年又は前々年に居住用財産の譲渡の特例を受けていないか。

☞　譲渡の年の前年又は前々年に居住用財産の譲渡の特例を受けている場合には適用がありません。

☐　居住用財産の譲渡において、特別控除の特例（措法35）と軽減税率の特例（措法31の３）は併用できないとしていた。

☞　それぞれの要件を満たしていれば併用できます。

☐　譲渡した建物の所有期間は10年超か。

☞　建物を建て替えているときは建て替え後の建物の所有期間が、譲渡の年の１月１日現在で10年以下の場合、土地の所有期間が10年超であっても特例の適用がありません。

☐　土地を買増ししている場合、所有期間が10年未満の部分がないか。

☞　土地の所有期間の要件を満たしていない部分の譲渡については、この特例の適用がありません。

☐　相続又は贈与により取得した資産の場合、保有期間の判定は適正か。

☞　相続又は贈与により取得した建物、土地の所有期間の判定は、被相続人又は贈与者の取得時期に基づいて行います。

☐　譲渡物件は国外に所在するものではないか。

☞　譲渡資産は国内にあるものに限ります。

(3) 短期譲渡所得の税率の特例

① 特例の概要

　個人が、その有する土地等で、その年１月１日において所有期間が５年以下であるものの譲渡をした場合、その譲渡が措法28条の４第３項１号から３号までに掲げる土地等の譲渡に該当する場合については、短期譲渡所得に係る税額が軽減されます（措法32③、28の４③）。

② 特例適用要件

　次に掲げる土地等の譲渡に該当する場合に、税額の軽減の特例が適用されます（措法32③、28の４③一～三・四イ、措令19⑧～⑩⑫）。

図表３−４−６　短期譲渡所得の税額軽減の譲渡要件等

譲渡要件		適用条件	
①	国、地方公共団体に対する土地等の譲渡（賃借権の設定等を含みます。）		−
②	イ　独立行政法人都市再生機構、土地開発公社 ロ　成田国際空港株式会社、独立行政法人中小企業基盤整備機構、地方住宅供給公社及び日本勤労者住宅協会 ハ　公益社団法人（その社員総会における議決権の全部が地方公共団体により保有されているものに限られます。）又は公益財団法人（その拠出をされた金額の全額が地方公共団体により拠出をされているもの）に対する宅地若しくは住宅の供給又は土地の先行取得の業務を行うことを目的とする土地等の譲渡で、譲渡に係る土地等が業務を行うために直接必要であると認められるもの	イ　土地開発公社への公有地の拡大の推進に関する法律17条１項１号ニに掲げる土地の譲渡を除きます。 ロ　左記ハに対する土地等の譲渡で譲渡に係る土地等の面積が1,000㎡以上である場合には、譲渡に係る対価の額が適正な対価の額（予定対価の額等）以下である譲渡に限ります。	
③	措法33条の４第１項に規定する収用交換等による土地等の譲渡	ハ　収用交換等のうち契約により行われる土地等の譲渡で、譲渡に係る土地等の面積が1,000㎡以上である場合には、譲渡に係る対価の額が適正な対価の額（予定対価の額等）以下である譲渡に限るものとし、①及び②に掲げる譲渡に該当するものを除きます。	

　（注）　措法32条３項の規定の対象となる分離短期譲渡所得（以下この項において「軽減税率対象所得」といいます。）は、土地又は土地の上に存する権利の譲渡による所得に限られ、建物及びその附属設備又は構築物の譲渡による所得はこれに含まれません（措通32-7）。

③ 軽減税率対象所得の税額計算

　短期譲渡所得に対する税額計算は次のとおりです（措法32③）。

> 軽減税率対象所得　×　15％　＝　税額

　（注）　課税短期譲渡所得金額のうち、軽減税率対象所得に係る部分の金額とその他の部分の金額とがあるときは、これらの金額を区分してそのそれぞれにつき計算を行います（措令21②）。

④　申告手続

　この軽減税率の特例の適用を受ける場合には、確定申告書に「措法32条３項」と記載するほか、図表３-４-６の譲渡要件に該当することを証明する添付書類を添付する必要があります（措規13の５①、11①一～三）。

　なお、図表３-４-６の適用条件のロ及びハに該当する場合、「予定対価の額に関する明細書」及び譲渡に係る対価の額が適正な対価の額（予定対価の額等）以下であることを証する書類を添付しなければなりません。

　ただし、個人が平成11年１月１日から令和８年３月31日までの間にした土地等の譲渡については、適用されません（措規13の５③）。

【令和6年分用】

特例適用審査表（措法31の3：居住用財産を譲渡した場合の軽減税率の特例）

名簿番号	

1 整理・点検

	あり	なし
(1) 確定申告書への特例適用の記載	☐	☐
(2) 譲渡所得の内訳書(確定申告書付表兼計算明細書)の記載・提出	☐	☐
(3) 添付書類 **(法定添付書類)**		
イ 建物の登記事項証明書又は閉鎖事項証明書	☐	☐
ロ 土地の登記事項証明書又はその他これに類する書類(借地契約書等)	☐	☐
ハ 譲渡契約締結日の前日において譲渡者の住民票の住所と土地建物の所在地とが異なる場合　戸籍の附票の写し又は消除された戸籍の附票の写しその他の書類で譲渡資産が居住用財産に該当することを明らかにする書類	☐	☐

※ 不動産番号等の提供がある場合は、上記イ及びロの登記事項証明書は添付不要

(4) ▨▨▨▨ (添付書類の契約書等で土地と建物の所有者が異なることを把握した場合)

	あり	なし
	☐	☐
	☐	☐

根拠条文等	措法31の3・措令20の3・措規13の4・措通31の3-1～27

2 審　査

A　譲渡物件は譲渡の年の1月1日でその所有期間が土地・建物ともに10年を超えているか

審　査　項　目	適	否	審　査　上　の　留　意　事　項・審　査　事　績
建物は平成25年12月31日以前取得の国内物件か？			建物を増築した場合 ⇒ 増築の時期にかかわらず、その建物の取得の日で判定！⇨措通31・32共-6
土地は平成25年12月31日以前取得の国内物件か？			敷地のうちに所有期間の異なる部分がある場合⇒ その敷地のうち、所有期間が10年超の部分のみ該当！⇨措通31の3-4

B　譲渡物件が居住用財産であるか否かの確認（⇒ ▨▨▨▨▨▨▨▨▨▨▨ ）

① 本人が居住していたか？			◆ ▨▨▨▨▨▨▨▨

A：現在の住所　（
B：売却物件の住所（　　　　　　　　　　　）・B⇒A転居年月日（　・　・　）
C：Bの直前の住所（　　　　　　　　　　　）・C⇒B転居年月日（　・　・　）
◆ 居住用財産に該当しない家屋 ⇒ ・特例適用を目的とした入居家屋（一時的な入居家屋）
　(措通31の3-2(2))　　　　　　・主として趣味・娯楽・保養目的の家屋
◆ 居住用家屋が2か所以上ある場合（措令20の3②）⇒ 主として居住の用に供している一の家屋のみ適用あり
◆ 判定時期（措通31の3-9）　⇒　譲渡時まで居住→譲渡時、転居後譲渡→転居時

(例外)本人非居住	② 配偶者や子が居住か？			本人の転勤等の事情解消後、配偶者等と同居すると認められる ⇒ 該当 (措通31の3-2(1))
	③ 生計一の親族が居住か？			【添付】 (措通31の3-6(注)2) ☐本人の戸籍の附票の写し ☐生計一の親族が居住の用に供していることを明らかにする書類 ☐売却物件と本人居住物件の家屋の登記事項証明書

【実態面】次のいずれも満たすこと（措通31の3-6）
☐本人が所有者として居住していたこと　☐本人転居後、引き続き生計一親族が居住していたこと
☐本人転居後、措法31の3・35①(35③における適用を除く)・36の2・36の5・41の5・41の5の2を適用していないこと
☐本人が居住する家屋は本人所有の家屋でないこと（例：社宅、賃借アパート）
☐生計一の親族が居住しなくなった又は生計別になってから1年以内の譲渡であること

④ 転居は令和3年1月2日以後か？			
⑤ 同特例を前年、前々年に適用していないか？			◆ ▨▨▨▨▨▨ ◆ ▨▨▨▨▨▨

C　買主と譲渡者の関係確認

⑥ 直系血族でないか？			◆ ▨▨▨▨▨▨▨
⑦ 配偶者でないか？ (財産分与は措通31の3-23)			▨▨▨▨▨▨▨
⑧ 生計一親族及び譲渡物件で同居する親族でないか？			※ 左記の他いわゆる特殊関係者への譲渡にも注意！(措令20の3①三四) ◆ ▨▨▨▨▨▨
⑨ 自己又は親族等の経営する同族会社でないか？			▨▨▨▨▨▨

【令和6年分用】

D 譲渡物件の利用状況の判定

審査項目	適	否	審査上の留意事項・審査事績
⑩ 居住用以外の部分はないか？			☐ ▓▓▓▓▓▓▓▓▓▓▓▓ ☐ ※ 居住割合は⇒Eで計算

E 譲渡物件が店舗兼住宅等である場合の居住割合の計算（措通31の3-7）（収支内訳書等（不動産所得用又は一般用）、建物見取図等添付書類で確認）

イ 建物
※ 居住割合がおおむね90%以上⇒全部を居住用としても差し支えない！（措通31の3-8）

a 居住部分	㎡	b その他部分	㎡	c 併用部分	㎡	d 合計	㎡

$a(\quad) + c(\quad) \times \dfrac{a(\quad)}{a(\quad) + b(\quad)} = $ 特例適用部分(e) $\quad$ ㎡

特例適用部分 e( ) ÷ d( ) ＝ 居住割合 ％

ロ 建物の敷地
※ 居住割合がおおむね90%以上⇒全部を居住用としても差し支えない！（措通31の3-8）

f 居住部分	㎡	g その他部分	㎡	h 併用部分	㎡	i 合計	㎡

$f(\quad) + h(\quad) \times \dfrac{e(\quad)}{d(\quad)} = $ 特例適用部分 $\quad$ ㎡

特例適用部分( ) ÷ i( ) ＝ 居住割合 ％

F 土地等のみの譲渡

審査項目	適	否	審査上の留意事項・審査事績
⑪ 家屋を取り壊していないか？			◆ 次のいずれの要件も満たす必要あり（措通31の3-5） ☐ 家屋の取壊し後1年以内の契約、かつ、居住の用に供さなくなった日以後3年を経過する日の属する年の12月31日までに譲渡 ☐ 契約締結日まで他の用途に供していないこと ☐ 取壊しの日の属する年の1月1日で土地所有期間10年超
⑫ 土地所有者と家屋所有者が異なっていないか？			◆ 次のいずれの要件も満たす必要あり（措通31の3-19） ☐ 土地は家屋とともに譲渡されている必要あり ☐ 両者の関係⇒親族関係 and 生計一 and 同居（判定時期⇒譲渡時） ※ 転居している場合の判定時期 ⇒親族関係と生計一（転居～譲渡時）、同居（転居直前）
◆ 家屋所有者が特例を適用しない場合（譲渡損及び特別控除後0の場合を除く。）⇒ 敷地所有者適用不可（措通31の3-19(注)2） ◆ 敷地所有者が特例を適用している場合 ⇒ 家屋の譲渡損につき措法41の5、41の5の2の適用不可 （措通31の3-19(注)3）				
⑬ 庭先の譲渡でないか？			※ 建物取壊し跡地 ⇒ ⑪で判定
⑭ 建物の一部を取壊していないか？			残存した部分が機能的に見て独立した居住用家屋と認められるような場合は適用不可（措通31の3-10） ⇒ ▓▓▓▓
⑮ 建物を引き家していないか？			引き家 ⇒ 適用不可（措通31の3-5）

G その他

審査項目	適	否	審査上の留意事項・審査事績
⑯ 家屋を共有とするための譲渡でないか？（措通31の3-11）			他の者と共有にするための譲渡、共有持分の一部の譲渡⇒ 適用不可 ▓▓▓▓▓▓▓▓▓▓▓▓▓▓▓▓▓

H 他の特例との関係

審査項目	適	否	審査上の留意事項・審査事績
⑰ 次の特例と重複適用してないか？ 所法58・措法31の2・33～33の3・35の3・36の2・36の5・37・37の4・37の5（⑥を除く）・37の6・37の8			譲渡資産が居住用部分と非居住用部分とから成る家屋の場合 ⇒ 非居住用部分につき措法33、33の2①、37又は37の4の規定の適用を受けても居住用部分については本特例の適用可（措通31の3-1） ※ 措法41（住宅借入金等特別控除）及び措法41の19の4（認定住宅新築等特別税額控除）との重複適用は不可！（措法41㉔㉕、措法41の19の4⑪⑫）

判　　定
適　要解明　否

特例適用審査表は、情報公開請求により入手した令和5年版（右のQRコードからダウンロードすることができます）を基に令和6年分として使用できるように改訂しています。▓▓▓▓▓▓は、情報公開法により不開示となった部分です。

第4章　居住用財産を譲渡した場合の特例

1　居住用財産を譲渡した場合の3,000万円の特別控除

(1)　居住用財産を譲渡した場合の特別控除の特例の概要

　個人が自己の居住していた土地建物を譲渡し、一定の要件に該当する場合には、譲渡益から最高3,000万円を限度として控除できます。この特例を受けるには、次の全ての要件を満たすことが必要です（措法35、措令23、20の3）。

図表4-1-1　居住用財産を譲渡した場合の3,000万円控除の特例要件

① 譲渡資産
　(イ)　自己の居住用財産であること
　(ロ)　家屋又は家屋とともにその敷地に供されている土地等を譲渡していること
　(ハ)　住まなくなった日から3年目の年の12月31日までに譲渡していること
② 譲受人が次の特別な関係にある者でないこと
　(イ)　配偶者や直系血族
　(ロ)　親族（(イ)の者を除きます。）で生計を一にしているもの[1]及び親族である譲受人が譲渡した個人とその居住用家屋に同居する者[2]でないこと
　(ハ)　その他譲渡した個人と特別な関係者[3]でないこと
③ 他の特例との関係
　(イ)　譲渡の年の前年又は前々年にすでに本特例及び措法36条の2、36条の5、41条の5、41条の5の2の適用を受けていないこと（空き家に係る譲渡所得の特別控除の特例（措法35③）及び居住用財産を譲渡した場合の軽減税率の特例（措法31の3）は、重ねて受けることができます。下記(2)及び第3章**4**(2)参照）
　(ロ)　その居住用財産の譲渡について法58条又は措法33条から33条の4、36条の5、37条、37条の4、37条の5、37条の6若しくは37条の8の特例を受けている場合は措法35条の適用はありません[4]。

[1]　「生計を一にしているもの」とは、基通2-47《生計を一にするの意義》に定めるところによります（措通31の3-21）。

[2]　「親族である譲受人が譲渡した個人とその居住用家屋に同居する者」とは、居住用家屋の譲渡がされた後において、その家屋の譲渡者である個人及びその家屋の譲受者であるその個人の親族（その個人の配偶者及び直系血族並びにその譲渡の時においてその個人と生計を一にしている親族を除きます。）が共にその家屋に居住する場合におけるその譲受者をいいます（措通31の3-22）。

[3]　特別な関係者とは次のような者をいいます（措令23②、20の3①三～五）。
　A　その個人と婚姻の届出をしていないが事実上婚姻関係と同様の事情にある者及びその者と生計を一にしている者
　B　上記②の(イ)、(ロ)及び上記Aに掲げる者及びその個人の使用人以外の者でその個人から受ける金銭その他の財産によって生計を維持しているもの[a]及びその者の親族でその者と生計を一にしているもの
　C　その個人、上記②の(イ)及び(ロ)に掲げる親族、その個人の使用人若しくはその使用人と生計を一にするもの又はその個人に係る上記A及びBに掲げるものを判定の基礎となる法2条1項8号の2に規定する株主等[b]とした場合に法令4条2項に規定する特殊な関係その他これに準ずる関係のあることとなる会社その他の法人[c]
　[a]　「個人から受ける金銭その他の財産によって生計を維持しているもの」とは、その個人から給付を受ける金銭その他の財産又は給付を受けた金銭その他の財産の運用によって生ずる収入を日常生活の資の主要部分としている者をいうのであるが、その個人から離婚に伴う財産分与、損害賠償その他これに類するものとして受ける金銭その他の財産によって生計を維持している者は含まれないものとして取り扱われています（措通31の3-23）。

※b　「株主等」とは、株主名簿又は社員名簿に記載されている株主等をいうのであるが、株主名簿又は社員名簿に記載されている株主等が単なる名義人であって、その名義人以外の者が実際の権利者である場合には、その実際の権利者のことをいいます（措通31の3-24）。
　　※c　「会社その他の法人」には、例えば、出資持分の定めのある医療法人のようなものがあります（措通31の3-25）。
※4　A　措法37条の5については、同法において適用除外規定が設けられています。
　　B　譲渡した資産が居住用部分と非居住用部分からなる家屋等又はその家屋の敷地の用に供されている土地等がある場合において、非居住用部分に相当するものの譲渡についてのみ措法33条、33条の2第1項、37条、37条の4の規定を受けることができるときは、居住用部分に相当するものの譲渡については、非居住用部分に相当するものの譲渡につきこれらの規定の適用を受ける場合であっても、居住用部分に相当するものの譲渡が措法35条2項の規定による要件を満たしているものである限り、同条1項の適用があります（措通35-1）。
　　C　居住の用に供されなくなった後において譲渡した家屋又は土地等に係る居住用部分及び非居住用部分の判定は、その者の居住の用に供されなくなった時の直前における家屋及び土地等の利用状況に基づいて行い、その者の居住の用に供されなくなった後における利用状況は、この判定には関係ありません（措通35-1（注）1）。
　　D　居住の用に供されなくなった後において居住用部分の全部又は一部を他の用途に転用した家屋又は土地を譲渡し、その譲渡につき転用後の用途に基づき措法33条、33条の2第1項、37条、37条の4の規定を受ける場合には、その居住用部分の譲渡については措法35条1項の規定の適用はありません（措通35-1（注）2）。

《参考》

所得税法2条1項8号の2
　株主等　株主又は合名会社、合資会社若しくは合同会社の社員その他の法人の出資者をいう。

法人税法施行令4条2項
　法第2条第10号に規定する政令で定める特殊の関係のある法人は次に掲げる会社とする。
一　同族会社であるかどうかを判定しようとする会社（投資法人を含む。以下この条において同じ。）の株主等（当該会社が自己の株式（投資信託及び投資法人に関する法律（昭和26年法律第198号）第2条第14項（定義）に規定する投資口を含む。以下同じ。）又は出資を有する場合の当該会社を除く。以下この項及び第4項において「判定会社株主等」という。）の1人（個人である判定会社株主等については、その1人及びこれと前項に規定する特殊な関係のある個人。以下この項において同じ。）が他の会社を支配している場合における当該他の会社
二　判定会社株主等の1人及びこれと前号に規定する特殊の関係のある会社が他の会社を支配している場合における当該他の会社
三　判定会社株主等の1人及びこれと前2号に規定する特殊の関係にある会社が他の会社を支配している場合における当該他の会社

所得税基本通達2-47《生計を一にするの意義》
　法に規定する「生計を一にする」とは、必ずしも同一の家屋に起居していることをいうものではないから、次のような場合には、それぞれ次による。
(1)　勤務、修学、療養等の都合上他の親族と日常を共にしていない親族がいる場合であっても、次に掲げる場合に該当するときは、これらの親族は生計を一にするものとする。
　イ　当該他の親族と日常の起居を共にしていない親族が、勤務、修学等の余暇には当該他の親族のもとで起居を共にすることを常例としている場合
　ロ　これらの親族間において、常に生活費、学資金、療養費等の送金が行われている場合
(2)　親族が同一の家屋に起居している場合には、明らかに互いに独立した生活を営んでいると認められる場合を除き、これらの親族は生計を一にするものとする。

【質疑応答】同一年中の居住用財産の2回譲渡

☐ 同一年中に居住用財産を2回譲渡した場合
　甲は、現に居住しているA住宅を売却し（長期譲渡所得）、同年中にB住宅を取得して直ちに居住の用に供しました。しかし、同年中にそのB住宅を売却しました（短期譲渡所得）。
　A・B双方の譲渡所得を居住用財産の譲渡として、居住用財産の譲渡所得の特別控除の特例を適用してよろしいですか。
⇒ A・B双方が居住用財産といえるものであれば、照合意見のとおりで差し支えありません。

(2) 用語の意義

① 居住用財産を譲渡した場合

居住用財産を譲渡した場合とは次のものを譲渡した場合をいいます（措法35②、措令23①、20の3②）。

図表4-1-2　居住用財産

適用要件		注意事項
個人がその居住の用に供している家屋※1	① 居住の用に供している家屋	㋑ 居住用以外の用に供されている部分があるときは、その居住の用に供されている部分に限ります。
		㋺ 居住の用に供している家屋を2以上有している場合には、これらの家屋のうち、その者が主として居住の用に供していると認められる一の家屋※2に限られます。
	② 居住の用に供されなくなった家屋	㋩ 居住の用に供されなくなった日から同日以後3年を経過する日の属する年の12月31日までに譲渡されたものに限ります。
家屋の敷地の用に供されていた土地等		

※1　措法35条の要件には「国外にあるもの」も含まれます。
※2　「主として居住の用に供していると認められる一の家屋」の判定の時期（措通31-3-9）
　　「主として居住の用に供していると認められる一の家屋」に該当するかどうかの判定は図表4-1-3を参照。

図表4-1-3　主として居住の用に供していると認められる一の家屋

区　分	判定の時期	注意事項
① 譲渡の時においてその者が居住の用に供している家屋	譲渡の時	譲渡した家屋が②において「主として居住の用に供していると認められる一の家屋」に該当すると判定された場合には、その譲渡の時においてその者が他にその居住の用に供している家屋を有している場合であっても、その譲渡した家屋は「主として居住の用に供していると認められる一の家屋」に該当します。
② 譲渡の時においてその者の居住の用に供されていない家屋	家屋がその者の居住の用に供されなくなった時	

85

【質疑応答】居住用財産の譲渡

> ☐ **イギリスから帰国した居住者がイギリス国内で居住の用に供していた資産を譲渡した場合**
>
> イギリスから帰国したことにより日本の居住者となった甲は、帰国前のイギリスに居住した際に、居住用財産の売買契約を締結し（○年9月）、帰国後（同年10月）に引渡しをしているので、引渡しベースにより譲渡所得の申告をする予定です。
>
> この場合、この譲渡は租税特別措置法第35条第2項に規定する居住用財産に該当するものとして、3,000万円の特別控除の適用はありますか。
>
> ⇒ 同項の適用要件を満たすものである限り適用があります。
>
>
>
> ☐ **居住の用に供している家屋を2以上有する場合**
>
> ○年2月に居住用の家屋が焼失したので、同年6月に別の土地建物（建売住宅）を取得して、居住の用に供していましたが、家屋が焼失してから3年を経過する日の属する年の12月31日までの間に、焼失した家屋の敷地の用に供されていた土地と現在居住の用に供している土地建物を同時に譲渡します。
>
>
>
> この場合、いずれの譲渡所得についても、居住用財産の譲渡所得の特別控除の特例の適用がありますか。それとも、現在居住の用に供している土地建物についてのみ適用があるのでしょうか。
>
> ⇒ いずれの譲渡所得についても、特例を適用して差し支えありません。

② 「その居住の用に供している家屋」とは

上記図表4－1－2の「その居住の用に供している家屋」とは、次の家屋をいいます（措通31の3－2）。

図表4－1－4　その居住の用に供している家屋

適用要件	判断基準	注意事項	例示
その者が生活の拠点として利用している家屋	その者及び配偶者等※1の日常生活の状況、その家屋のへ入居目的、その家屋の構造及び設備の状況その他の事情を総合勘案して判断します。	一時的に配偶者等と離れ単身で他に起居している場合であっても、その事情が解消したときはその配偶者等と起居を共にすることとなると認められるときは、その配偶者等が居住の用に供している家屋は、その者にとっても、その居住の用に供している家屋に該当します※2。	転勤、転地療養等

※1　配偶者等とは社会通念に照らしその者と同居することが通常であると認められる配偶者その他の者をいいます。以下この章において同じです。

※2　これにより、その者が、その居住の用に供している家屋が2以上所有することとなる場合には、上記図表4－1－2の①㋺に記載したとおり、その者が主としてその居住の用に供していると認められる一の家屋のみが、居住用の特例の対象となる家屋に該当することとなります。

③　その居住の用に供している家屋に該当しないものの例示と注意点

その居住の用に供している家屋に該当しないものの例示と注意点は、次のとおりです（措通31の3－2）。

図表4-1-5　「その居住の用に供している家屋」に該当しないもの

該当しないもの	例　示	注意事項
一時的な利用を目的とする家屋	イ　居住用の特例の適用を受けるためのみの目的で入居したと認められる家屋	－
	ロ　その居住の用に供するための家屋の新築期間中だけの仮住まいである家屋、その他一時的な目的で入居したと認められる家屋	譲渡した家屋に居住していた期間が短期間であっても、その家屋への入居目的が一時的なものでない場合には、その家屋は一時的な利用を目的とする家屋には該当しません。
	ハ　主として趣味、娯楽又は保養の用に供する目的で有する家屋	－

【質疑応答】被相続人の居住用家屋の譲渡

□　相続人が譲渡する被相続人の居住用財産

　　夫甲は、妻乙とともに居住の用に供していた甲所有の家屋Aを売却するため、新たに取得した家屋Bに乙とともに転居しました。甲は、家屋Aを売却する以前に死亡したため、乙は相続により家屋A、Bを取得し、家屋Bについては引き続き居住の用に供し、家屋Aについては甲が予定していたように空家にした日から租税特別措置法第35条第2項に規定する所定の期間内に譲渡するつもりです。この場合、乙の行う家屋Aの譲渡については、居住用財産の譲渡所得の特別控除の特例は適用できませんか。

⇒ 家屋Aの譲渡については居住用財産の譲渡所得の特別控除の特例を適用することはできません。

④　店舗兼住宅等を譲渡した場合の居住用部分の判定

　居住の用に供している家屋のうち居住用部分以外の用に供されている部分がある家屋を譲渡した場合に、図表4-1-2の①イの居住の用に供している部分及びその家屋の敷地の用に供されている土地等のうち居住の用に供している部分は、次の算式により判定します（措通31の3-7、31の3-8）。

イ　その家屋のうち居住用に供している部分

$$\left(\begin{array}{c}\text{その家屋のうち居住の用}\\\text{に専ら供している部分の}\\\text{床面積　A}\end{array} + \begin{array}{c}\text{その家屋のうち居住の用と居住の用}\\\text{以外の用とに併用されている部分の}\\\text{床面積}\end{array} \right) \times \dfrac{A}{A + \begin{array}{c}\text{居住の用以外の用に専ら}\\\text{供されている床面積}\end{array}}$$

ロ　土地等のうちその居住の用に供している部分

$$\left(\begin{array}{c}\text{その土地等のうち居住の}\\\text{用に専ら供している部分}\\\text{の面積}\end{array} + \begin{array}{c}\text{その土地等のうち居住の用と居住の}\\\text{用以外の用とに併用されている部分}\\\text{の面積}\end{array} \right) \times \dfrac{\begin{array}{c}\text{その家屋の床面積のうちイの算式}\\\text{により計算した床面積}\end{array}}{\text{その家屋の床面積}}$$

（注1）　居住の用に供している家屋のうち居住の用以外の用に供されている部分がある家屋又はその家屋の敷地の用に供されている土地等をその居住の用に供されなくなった後において譲渡した場合におけるその家屋又はその土地等のうちその居住の用に供している部分の判定は、その家屋又はその土地等を居住の用に供されなくなった時の直前における利用状況に基づいて行い、居住の用に供されなくなった後における利用状況は、この判定には関係ありません。

87

（注２）　居住の用に供している家屋又はその家屋の敷地の用に供されている土地等のうち上記イ及びロにより計算したその居住の用に供している部分がそれぞれその家屋又はその土地等のおおむね90％以上である場合は、その家屋又はその土地等の全部が居住の用に供している部分に該当するものとして取り扱って差し支えありません（措通31の３－８）。

⑤　生計を一にする親族の居住の用に供されている家屋を譲渡した場合

　その有する家屋が図表４－１－４の居住の用に供している家屋に該当しない場合であっても、生計を一にする親族の居住の用に供されている家屋を譲渡した場合に、次の図表４－１－６の要件と申告手続の全てを満す場合は特例の適用があります（措通31の３－６）。

図表４－１－６　生計を一にする親族の居住用家屋の譲渡

要　件	申告手続	判定
その家屋は、その所有者が従来その所有者としてその居住の用に供していた家屋であること。 その家屋は、その所有者がその家屋をその居住の用に供さなくなった日以後引き続きその生計を一にする親族の居住の用に供されている家屋であること。 その所有者が、その家屋をその居住の用に供さなくなった日以後において、既に措法31条の３、35条１項（同条３項の規定により適用する場合を除きます。）、36条の２、36条の５、41条の５又は41条の５の２の規定の適用を受けていないこと。 その所有者の居住している家屋は、その所有者の有する家屋でないこと。	譲渡した年分の確定申告に次に掲げる書類の添付がある場合（確定申告書の提出後において提出した場合を含みます。）に限り適用されます。 ㋑　その所有者の戸籍の附票の写し ㋺　その家屋を譲渡した日から２か月を経過した日後に譲渡した家屋の所在地の市区町村長から交付を受けた生計を一にする親族の住民票（除票住民票）の写し ㋩　その家屋及びその所有者の現に居住の用に供している家屋の登記事項証明書	居住の用に供している家屋に該当

（注）　家屋の譲渡、その家屋とともにする敷地の用に供されている土地等の譲渡又は災害により消滅したその家屋の敷地の用に供されていた土地等の譲渡が、生計を一にする親族の居住の用に供されなくなった日又はその家屋に居住している親族が生計を一にする親族に該当しなくなった日のうちいずれか早い日から１年を経過した日以後に行われた場合は、この取扱いの適用はありません。

【質疑応答】扶養親族等の居住用家屋の譲渡

☐　**扶養親族の居住の用に供している相続家屋**

　甲は、妻とともに社宅に入居しており、甲の扶養親族である両親と子は、甲の父所有の家屋に居住しています。今回、父が死亡したことにより、甲はその家屋を相続しましたが、相続後すぐにこの家屋を譲渡しました。

　この家屋は、租税特別措置法関係通達35－６（31の３－６）により、甲の居住の用に供している家屋として居住用財産の譲渡所得の特別控除の特例の適用が認められますか。

⇒ 居住用財産の譲渡所得の特別控除の特例の適用を受けることはできません。

☐　**生計を一にする親族の居住の用に供していた家屋を譲渡した場合の租税特別措置法関係通達31の３－６⑷の取扱い**

　生計を一にする親族の居住の用に供している家屋を譲渡した場合において、租税特別措置法関係

通達31の3-6に掲げる要件の全てを満たすときは、当該家屋は、その所有者にとって租税特別措置法第35条第2項第1号に規定する「その居住の用に供している家屋」に該当するものとして取り扱うこととされています。

ところで、同通達(4)では、その譲渡者が現に居住の用に供している家屋は、当該譲渡者が所有する家屋でないということがこの取扱いの適用要件とされていますが、この要件を判定する場合、譲渡者が現に居住の用に供している家屋の所有者が、その者の配偶者であっても差し支えありませんか。

⇒ 譲渡者が現に居住の用に供している家屋が譲渡者自身の所有に係るものでなければ、その家屋が譲渡者の配偶者の所有に係るものであっても差し支えありません。

⑥ 居住用家屋の一部の譲渡

居住の用に供している家屋（上記②の家屋に限ります。以下「居住用家屋」といいます。）又はその家屋で居住の用に供されなくなったものを区分して所有権の目的としその一部のみを譲渡した場合又は2棟以上の建物から成る一構えの居住の用に供されている家屋（その家屋で居住の用に供されなくなったものを含みます。）のうち一部のみを譲渡した場合には、その譲渡した部分以外の部分が機能的にみて独立した居住用家屋と認められない場合に限り、その譲渡は、居住用の特例の対象となる譲渡に該当するものとします（措通31の3-10）。

⑦ 居住用土地等のみの譲渡

居住用土地等のみの譲渡をした場合の特例適用要件は、図表4-1-7のとおりです（措通35-2）。

図表4-1-7　居住用土地等のみの譲渡

居住用家屋（その家屋で居住の用に供されなくなったものを含みます。）→取壊し→その家屋の敷地の用に供されていた土地等を譲渡した場合	要件（全てを満たすこと）
	土地等の譲渡に関する契約が、その家屋を取り壊した日から1年以内に締結され、かつ、その家屋を居住の用に供されなくなった日以後3年を経過する日の属する年の12月31日までに譲渡されたものであること。
	その家屋を取り壊した後譲渡に関する契約を締結した日まで、貸付けその他の用に供していない土地等の譲渡であること。

（注）その家屋を取壊し後、その土地等の上にその土地等の所有者が建物を建築し、建物とともに譲渡する場合を除きます。

【質疑応答】居住用家屋の跡地に区画形質の変更を加えて譲渡

□ 居住用家屋を取り壊し、跡地に区画形質の変更を加えて譲渡した場合

居住の用に供していた家屋を取壊し、その取壊し跡地840㎡に区画形質の変更（4区画に区画し、道路及び水道施設を設けた。）を加え、家屋の取壊し後1年以内に譲渡します。この場合の譲渡による所得は、所得税基本通達33-4（注）1の取扱いにより譲渡所得となりますが、これについて租税特別措置法第35条第1項（同条第3項の規定により適用する場合を除きます。以下同じです。）（第31条の3）を適用してよろしいですか。

⇒ 当該譲渡所得について租税特別措置法35条1項（31条の3）の規定を適用して差し支えありません。

⑧ 土地区画整理事業等の施行地区内の土地の譲渡

土地区画整理法による土地区画整理事業、新都市基盤整備法による土地区画整理又は大都市地域住宅等供給促進法による住宅街区整備事業（以下「土地区画整理事業等」といいます。）の施行地区内にある従前の宅地等を仮換地の指定又は使用収益の停止があった後に譲渡した場合の適用については、次のとおりです（措通35-3）。

図表4-1-8　土地区画整理事業等の施行地区内の土地の譲渡

前提要件	適用要件			判　定
従前の宅地に係る仮換地に居住用家屋を有している	家屋がその居住の用に供されている			従前の宅地は、居住用家屋の敷地の用に供されているものとして取り扱います。
	家屋がその居住の用に供されなくなった			
居住用家屋が土地区画整理事業等のために移転又は除去された	イ　家屋がその居住の用に供されなくなった日以後3年を経過する日の属する年の12月31日までに譲渡			イとロのいずれか遅い日までの間に譲渡されたものは、上記①の「居住用財産を譲渡した場合」に該当するものとして取り扱います。
	家屋をその居住の用に供されなくなった日から1年以内に仮換地の指定があった場合	⇒	ロ　従前の宅地に係る仮換地につき使用又は収益を開始することができることとなった日以後1年を経過する日までに譲渡	

⑨ 居住用家屋の所有者と土地の所有者が異なる場合の特別控除の取扱い

居住用家屋の所有者以外の者がその家屋の敷地の用に供されている土地等の全部又は一部を有している場合において、その家屋（その家屋の所有者が有するその敷地の用に供されている土地等を含みます。）の上記①の「居住用財産を譲渡した場合」に係る長期譲渡所得の金額又は短期譲渡所得の金額（「長期譲渡所得の金額等」といいます。）が3,000万円の特別控除額に満たないときは、その満たない金額は、次の図表4-1-9にあげる要件の全てに該当する場合に限り、その家屋の所有者以外の者が有するその土地等の譲渡に係る長期譲渡所得の金額等の範囲において、その長期譲渡所得の金額等から控除できます（措通35-4）。

図表4-1-9　居住用家屋の所有者と土地の所有者が異なる場合の取扱い

要　件	判定の時期	
家屋とともにその敷地の用に供されている土地等の譲渡があったこと	－	－
家屋の所有者とその土地等の所有者とが親族関係を有し、かつ、生計を一にしていること	譲渡の時において、家屋の所有者が現にその家屋を居住の用に供している場合	その家屋の譲渡の時の状況
	家屋の所有者がその家屋を居住の用に供していない場合で供されなくなった日から同日以後3年を経過する日の属する12月31日までに譲渡	その家屋が所有者の居住の用に供されなくなった時からその家屋の譲渡の時までの状況

その土地等の所有者は、家屋の所有者とともにその家屋を居住の用に供していること	譲渡の時において、家屋の所有者が現にその家屋を居住の用に供している場合	その家屋の譲渡の時の状況
	家屋の所有者がその家屋を居住の用に供していない場合で供されなくなった日から同日以後3年を経過する日の属する12月31日までに譲渡	家屋がその所有者の居住の用に供されなくなった時の直前の状況

【質疑応答】家屋と土地等の所有者が異なる場合等

□ 3年に1回の適用と租税特別措置法関係通達35-4の取扱い

　子の有する土地の上に父が居住用の家屋を有し、父子共にその家屋に居住していましたが、○年に、その家屋と敷地を譲渡しました。父は2年前に居住用の家屋と敷地を譲渡した際の譲渡所得について、既に租税特別措置法第35条第1項（同条第3項の規定により適用する場合を除きます。以下同じです。）の適用を受けているので、今回の譲渡については、同条第1項の適用はありませんが、子の譲渡所得についても、同様の適用はないと解してよろしいですか。

⇒ その敷地に係る譲渡所得について同項を適用することはできません。

□ 共有で所有している家屋とその敷地を譲渡した場合

　甲が所有する土地の上に、甲と乙が共有で所有する家屋があり、この家屋には、甲は居住していますが、乙は別の家屋に居住しています。この家屋と敷地を譲渡した場合、甲は、家屋の共有持分とその敷地の全部について、居住用財産の譲渡所得の特別控除の特例を適用してよろしいですか。

⇒ 甲所有の家屋（持分2分の1）とその敷地の全部について、居住用財産の譲渡所得の特別控除の特例を適用して差し支えありません。

□ 居住用家屋の所有者とその敷地の所有者が異なる場合

　子Aは、父B（生計を一にしています。）の所有する土地の上に家屋を所有していますが、その家屋には現在父Bが居住しています。Aは現在会社員で、会社の社宅に居住していますが、従来は、同人の所有に係る上記の家屋に居住していました。したがって、当該家屋は、租税特別措置法関係通達31の3-6によりAの居住用家屋に該当しますが、当該家屋とともにその家屋の敷地を譲渡した場合には、租税特別措置法関係通達35-4の取扱いにより、当該家屋の譲渡所得の計算上控除しきれなかった居住用財産の3,000万円の特別控除の控除不足額は、父Bの敷地の譲渡所得の金額の計算上控除してもよろしいでしょうか。

⇒ 照会意見のとおりで差し支えありません。

【文書回答事例】居住用家屋の所有者と土地の所有者が異なる場合において当該家屋を取り壊して土地のみを譲渡した場合の措法35条の特例の適用

□ 居住用家屋の所有者と土地の所有者が異なる場合において当該家屋を取り壊して土地のみを譲渡した場合の居住用財産の譲渡所得の特別控除の特例の適用について（照会）

　個人甲（以下「甲」といいます。）は、妻である個人乙（以下「乙」といいます。）とともに居住の用

に供している乙名義の家屋（以下「本件家屋」といいます。）を取り壊した後、本件家屋の敷地である甲名義の土地（以下「本件土地」といいます。）を売却しました。

　この場合、甲の本件土地の売却に係る譲渡所得に対して、租税特別措置法通達（以下「措置法通達」といいます。）35-2《居住用土地等のみの譲渡》の要件に該当する場合には、同通達35-4《居住用家屋の所有者と土地の所有者が異なる場合の特別控除の取扱い》(1)の「その家屋とともにその敷地の用に供されている土地等の譲渡があったこと」との要件を満たすものとして、同通達の他の要件（(2)及び(3)）も含めて、これらのすべての要件に該当する場合には、租税特別措置法（以下「措置法」といいます。）第35条《居住用財産の譲渡所得の特別控除》第1項（以下「本件特別控除の特例」といいます。）の適用があると解してよろしいか、ご照会申し上げます。

⇒ 居住用家屋の所有者と土地の所有者が異なる場合において当該家屋を取り壊して土地のみを譲渡した場合の譲渡所得に対しての本件特別控除の特例の適用については、措置法通達35-2の要件に該当する場合には、同通達35-4(1)の「その家屋とともにその敷地の用に供されている土地等の譲渡があったこと」との要件を満たすものとして、同通達の他の要件（(2)及び(3)）も含めて、これらのすべての要件に該当する場合には、本件特別控除の特例の適用があると解されます。

⑩　災害により滅失した家屋の敷地の譲渡

　災害により居住用家屋が滅失等した場合、次の図表4-1-10の適用要件に該当し、判定要件の間に譲渡が行われている場合は、居住用財産に該当します（措法35②二）。

図表4-1-10　災害により滅失した家屋の敷地を譲渡した場合の判定

適用要件	判定要件	判定
イ　災害により居住家屋が滅失しその家屋の敷地に供されていた土地等 ロ　居住家屋でその居住の用に供されなくなったもの ハ　ロの家屋とともにするその家屋の敷地の用に供されている土地等	居住用家屋が居住の用に供されなくなった日から同日以後3年を経過する年の12月31日までに譲渡	居住用財産の譲渡

（注1）　「災害」とは、震災、風水害、火災、冷害、雪害、干害、落雷、噴火その他の自然現象の異変による災害及び鉱害、火薬類の爆発その他人為による異常な災害並びに害虫、害獣その他の生物による異常な災害をいいます（法2①二十七、令9、措通31の3-13）。

（注2）　1　災害により滅失したその居住家屋の敷地の譲渡、その居住家屋でその居住の用に供されなくなったものの譲渡又はその家屋の敷地の用に供されている土地等の譲渡が、これらの家屋をその居住の用に供されなくなった日から同日以後3年を経過する日の属する年の12月31日までの間に行われている場合には、その譲渡した資産は、その居住の用に供されなくなった日以後どのような用途に供されている場合であっても、居住用財産に該当します（措通31の3-14）。

　　　　2　基通33-4《固定資産である土地に区画形質の変更等を加えて譲渡した場合の所得》及び33-5《極めて長期間保有していた土地に区画形質の変更等を加えて譲渡した場合の所得》により、その譲渡による所得が事業所得又は雑所得となる場合には、その事業所得又は雑所得となる部分については、特例の適用はありません（措通31の3-14(注)1）。

　　　　3　居住家屋の敷地の用に供されている土地等を譲渡するため、その家屋を取り壊した場合における取扱いについては、上記⑦の「居住用土地等のみの譲渡」の取扱いと同様です（措通31の3-14(注)2）。

（注3）　居住家屋で居住の用に供されなくなったものが災害により滅失した場合において、その居住の用に供されなくなった日から同日以後3年を経過する日の属する年の12月31日までの間に、その家屋の敷地の用に供されていた土地等を譲渡したときは、その譲渡は、居住用財産の譲渡に該当するものとして取り扱われています（措通31の3-15）。

　　　　この場合において、その家屋の所有期間の判定に当たっては、その譲渡の時までその家屋を引き続き所有していたものとします（措通31の3-15）。

⑪ 借地権等の設定されている土地の譲渡についての取扱い

居住用家屋の所有者がその家屋の敷地である借地権等の設定されている土地（以下「居住用底地」といいます。）の全部又は一部を所有している場合において、次の譲渡については以下のとおり取り扱われています（措通35-5）。

図表4-1-11　借地権の設定されている土地の譲渡についての取扱い

		取扱い
イ	居住用家屋を取り壊しその居住用底地を譲渡したとき	上記⑦に準じて取り扱われます。
ロ	居住用底地が居住用家屋とともに譲渡されているとき	居住用財産の譲渡として取り扱います。
ハ	居住用家屋の所有者以外の者が、居住用底地の全部又は一部を所有している場合	上記⑨に準じて取り扱われます。

(3) 居住用財産を譲渡した場合の3,000万円控除の手続要件

この特例を受ける場合には、確定申告書に「措法35条」と記載するほか、次の書類を添付する必要があります（措法35⑫、措規18の2）。

(イ) 譲渡所得の内訳書（確定申告書付表兼計算明細書）［土地・建物用］
(ロ) 戸籍の附票の写し等で、その資産を居住の用に供していたことを明らかにする書類（譲渡契約締結日の前日において、この特例を受けようとする者の住民票に記載されていた住所とその譲渡した資産の所在地が異なる場合等）

上記(イ)「譲渡所得の内訳書（確定申告書付表兼計算明細書）［土地・建物（令和5年分以降用）］」は右のQRコードから出力してください。

【質疑応答】居住用財産の譲渡の特例の適用の可否等

☐ **居住用財産の譲渡所得の特別控除の特例の適用の撤回の可否**

○年に居宅Aを売却し、居住用財産の譲渡所得の特別控除の特例の適用を受けた者が、同年中に取得した居宅Bをその翌年に売却しました。

同人は、翌年の売却分が短期譲渡所得となるため、○年分についてこの特例の適用を受けないこととして修正申告をしたうえ、翌年分について居住用財産の譲渡所得の特別控除の特例の適用を受けたいと考えています。このようなことが認められるのでしょうか。

⇒ いったん、適法に特例の適用を受けたものについては、その撤回は認められません。

☐ **居住用財産の譲渡契約を締結した者が所有権移転登記及び代金決済を行う前に死亡した場合**

母と子による共有のマンション（母のみが居住）について、譲渡契約を締結しましたが、その所有権移転登記手続及び代金決済を行う前に、母が急死しました。

この場合、母の共有持分（10分の3）については、母から子に一旦相続登記をした後に譲渡契約に基づく所有権移転登記をすることになりますが、居住用財産の譲渡所得の特別控除の特例及び軽減税率の特例の適用を受けることはできるのでしょうか。

⇒ 被相続人である母の譲渡所得として申告するときは、居住用財産の譲渡所得の特別控除の特例等の適用を受けることができます。

☐ **家屋と土地の所有者が異なる場合で家屋について譲渡益が算出されないときの居住用財産の譲渡所得の特別控除と住宅借入金等特別控除の関係**

甲（夫）所有の居住用家屋と乙（妻）所有の敷地をともに譲渡した場合において、家屋の譲渡益が算出されなかったために租税特別措置法関係通達35-4の取扱いにより、乙が居住用財産の譲渡所得の特別控除の特例を適用したいと考えています。

この場合、甲は、新たに取得する家屋について、住宅借入金等特別控除を適用することができますか。

⇒ 家屋の所有者は譲渡益がなく、居住用財産の譲渡所得の特別控除の特例の適用を受けることがないため、新たに取得する家屋について住宅借入金等を有する場合には、住宅借入金等特別控除の適用を受けることができます。

【令和6年分用】
一面

居住用の家屋や敷地（居住用財産）を譲渡した場合の特例チェックシート

Ⅰ 3,000万円の特別控除の特例・措法35条1項（2項該当） ⇒ 一面・二面
Ⅱ 所有期間が10年超の居住用財産を譲渡（売却）した場合の軽減税率の特例・措法31条の3 ⇒ 二面

氏 名 _____

☆ 特例の概要等については、「譲渡所得の申告のしかた（記載例）」をご覧ください。
☆ 令和6年分の所得税及び復興特別所得税の申告で「3,000万円の特別控除の特例（措法35条1項（2項該当））」や「所有期間が10年超の居住用財産を譲渡（売却）した場合の軽減税率の特例（措法31条の3）」の適用を受ける場合は、令和7年、令和8年に、借入金により住宅を取得し入居しても、（特定増改築等）住宅借入金等特別控除（いわゆる「ローン控除」）（措法41条）又は認定住宅等新築等特例税額控除（措法41の19の4）の特例の適用を受けることができません。
☆ 「はい」「いいえ」を○で囲みながら進んでください。
☆ 「※」に該当する場合は、職員にお尋ねください。

Ⅰ 3,000万円の特別控除の特例・措法35条1項（2項該当）

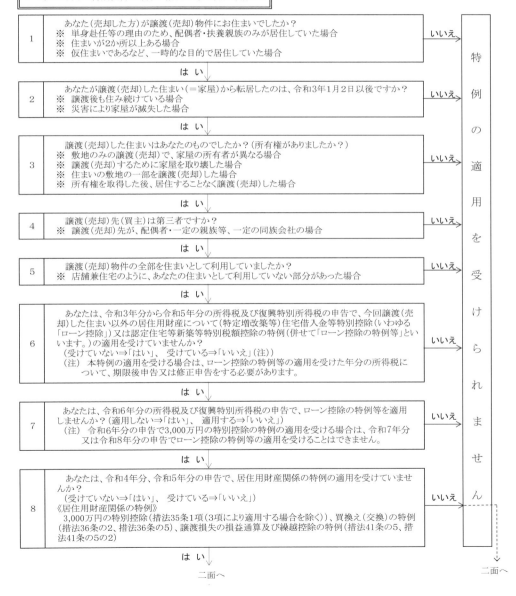

措法35条1項（2項該当）の特例の適用を受けることができます　二面

☆ 長期（短期）譲渡所得が3,000万円に満たない場合には、特別控除額は、その譲渡所得の金額が限度となります。
☆ 3,000万円の特別控除額を差し引いた後においても譲渡所得が算出される場合で、この面（二面）の項目「9」、「10」及び「11」の要件を満たしている場合には、「所有期間が10年超の居住用財産を譲渡した場合の軽減税率の特例」を併用して受けることができます。
この面（二面）の参考欄もお読みの上、項目「9」へお進みください。

☆ 3,000万円の特別控除の特例は、受けられませんが、この面（二面）の項目「9」、「10」及び「11」の要件を満たしていれば、「所有期間が10年超の居住用財産を譲渡した場合の軽減税率の特例」が受けられます。
項目「9」へお進みください。

（参考）
☆ 基礎控除や配偶者特別控除などの所得控除、贈与税の住宅取得等資金の非課税等の適用に当たっての合計所得金額の判定は、3,000万円の特別控除前の譲渡益の金額で判定します。

【留意事項（他の特例との関係について）】
所法第58条、措法第31条の2、第33条～第33条の4、第34条、第34条の2、第35条の2、第35条の3、第36条の2、第36条の5、第37条、第37条の4、第37条の5、第37条の6第1項第2号、第37条の8の特例を適用する譲渡については、本特例の適用を受けることはできません。

Ⅱ　所有期間が10年超の居住用財産を譲渡した場合の軽減税率の特例・措法31条の3

☆ 一面の項目1～7が全て「はい」であることを確認した後に進んでください。

9	譲渡（売却）した住まいは、国内に所在するものですか？	いいえ → 特例の適用を受けられません

はい ↓

10	令和4年分、令和5年分の所得税及び復興特別所得税の申告において軽減税率の特例（措法31条の3）の適用を受けていませんか？（受けていない⇒「はい」、受けている⇒「いいえ」）	いいえ

はい ↓

11	譲渡（売却）した住まいは家屋・敷地ともに平成25年12月31日以前に取得（購入）しましたか？ 相続、遺贈又は贈与により取得した場合には、前所有者が取得した日で判定します。 ※　家屋を増改築した場合 ※　敷地を買い増した場合	いいえ

はい ↓

措法31条の3の特例の適用を受けることができます

【留意事項（他の特例との関係について）】
所法第58条、措法第31条の2、第33条～第33条の3、第35条の3、第36条の2、第36条の5、第37条、第37条の4、第37条の5（第5項を除く）、第37条の6第1項第2号、第37条の8の特例を適用する譲渡については、本特例の適用を受けることはできません。

この「チェックシート」は、次の書類とともに確定申告書に添付して提出してください。

☆ Ⅰ　措法35条1項（2項該当）・Ⅱ　措法31条の3の特例の適用に共通する必要な書類
□　譲渡所得の内訳書（確定申告書付表兼計算明細書）【土地・建物用】
□　譲渡契約締結日の前日において、住民票に記載されていた住所と譲渡資産の所在地が異なる場合には、次に掲げるいずれかの書類
① 戸籍の附票の写し
② 譲渡資産の所在地を管轄する市区町村の住民票に登載されていなかった事情の詳細を明らかにする書類
③ 土地建物に居住していた事実を明らかにする書類で譲渡者が譲渡資産を居住の用に供していたことを明らかにするもの

☆ Ⅱ　措法31条の3の特例の適用に必要な書類
□　譲渡（売却）した家屋の登記事項証明書又は閉鎖に係る登記事項証明書
□　譲渡（売却）した土地の登記事項証明書（借地の場合には、土地賃貸借契約書など）
（注）登記事項証明書については、「譲渡所得の特例の適用を受ける場合の不動産に係る不動産番号等の明細書」を提出することなどにより、その添付を省略することができます。詳しくは国税庁ホームページをご覧ください。

※ このチェックシートは東京国税局ホームページの「相続税、贈与税、財産評価及び譲渡所得関係のチェックシート等」に掲載された令和5年版（右のQRコードからダウンロードすることができます）を基に令和6年分として使用できるように改訂しています。

【令和6年分用】

特例適用審査表（措法35①②：居住用財産を譲渡した場合の3,000万円の特別控除）

名簿番号	

1 整理・点検

あり　なし

(1) 確定申告書への特例適用の記載　☐　☐

(2) 譲渡所得の内訳書（確定申告書付表兼計算明細書）の記載・提出　☐　☐

(3) 添付書類（**法定添付書類**）

　　譲渡契約締結日の前日において譲渡者の住民票の住所と土地建物
の所在地とが異なる場合

　　戸籍の附票の写し又は消除された戸籍の附票の写しその他の書類　☐　☐
で譲渡資産が居住用財産に該当することを明らかにする書類

(4) ████████（添付書類の契約書等で土地と建物の所有者が異なることを把握した場合）

████████████　☐　☐

████████████　☐　☐

根拠条文等	措法35・措令23・措規18の2・措通35−1〜6

2 審査

A 譲渡物件が居住用財産であるか否かの確認（⇒ ████████████ ）

審査項目	適	否	審査上の留意事項・審査事績
① 本人が居住していたか？			◆ ████████████ ████████████
A：現在の住所（　　　　　　　　）			
B：売却物件の住所（　　　　　）・B⇒A転居年月日（　・　・　）			
C：Bの直前の住所（　　　　　）・C⇒B転居年月日（　・　・　）			
◆ 居住用財産に該当しない家屋　⇒　・特例適用を目的とした入居家屋（一時的な入居家屋） 　（措通35−6、31の3−2(2)）　・主として趣味・娯楽・保養目的の家屋			
◆ 居住用家屋が2か所以上ある場合（措令23①、措令20の3②）　⇒　主として居住の用に供している一の家屋のみ適用あり			
◆ 判定時期（措通35−6、31の3−9）　⇒　譲渡時まで居住→譲渡時、転居後譲渡→転居時			

	審査項目	適	否	審査上の留意事項・審査事績
（例外）本人非居住	② 配偶者や子が居住か？			本人の転勤等の事情解消後、配偶者等と同居すると認められる 　　⇒　該当（措通35−6、31の3−2(1)）
	③ 生計一の親族が居住か？			【添付】（措通35−6、31の3−6(注)2） ☐本人の戸籍の附票の写し ☐生計一の親族が居住の用に供していることを明らかにする書類 ☐売却物件と本人居住物件の家屋の登記事項証明書
	【実態面】次のいずれも満たすこと（措通35−6、31の3−6） ☐本人が所有者として居住していたこと　☐本人転居後、引き続き生計一親族が居住していたこと ☐本人転居後、措法31の3・35①（35③における適用を除く）・36の2・36の5・41の5・41の5の2を適用していないこと ☐本人が居住する家屋は本人所有の家屋でないこと（例：社宅、賃借アパート） ☐生計一の親族が居住しなくなった又は生計別になってから1年以内の譲渡であること			

審査項目	適	否	審査上の留意事項・審査事績
④ 転居は令和3年1月2日以後か？			
⑤ 右記の特例を前年、前々年に適用していないか？			◆ ████████████ ◆ 措法35①、36の2、36の5、41の5、41の5の2 ◆ 措法35③は適用があっても可

B 買主と譲渡者の関係確認

審査項目	適	否	審査上の留意事項・審査事績
⑥ 直系血族でないか？			◆ ████████████
⑦ 配偶者でないか？ （財産分与は措通35−6、31の3−23）			※ 左記の他いわゆる特殊関係者への譲渡にも注意！（措令23②、20の3①三四）
⑧ 生計一親族及び譲渡物件で同居する親族でないか？			◆ ████████████
⑨ 自己又は親族の経営する同族会社でないか？			

【令和6年分用】

C 譲渡物件の利用状況の判定

審査項目	適	否	審査上の留意事項・審査事績
⑩ 居住用以外の部分はないか？			□ ＿＿＿＿＿＿＿＿ ※ 居住割合は ⇒ Dで計算

D 譲渡物件が店舗兼住宅等である場合の居住割合の計算（措通35-6、31の3-7）
（収支内訳書等（不動産所得用又は一般用）、建物見取図等添付書類で確認）

イ 建物
※ 居住割合がおおむね90%以上⇒全部を居住用としても差し支えない！（措通35-6、31の3-8）

a 居住部分 ㎡	b その他部分 ㎡	c 併用部分 ㎡	d 合計 ㎡

$a(\ )+c(\ ) \times \dfrac{a(\ )}{a(\ )+b(\ )} = $ 特例適用部分 $e(\ )$ ㎡

特例適用部分 $e(\ ) \div d(\ ) = $ 居住割合 ％

ロ 建物の敷地
※ 居住割合がおおむね90%以上⇒全部を居住用としても差し支えない！（措通35-6、31の3-8）

f 居住部分 ㎡	g その他部分 ㎡	h 併用部分 ㎡	i 合計 ㎡

$f(\ )+h(\ ) \times \dfrac{e(\ )}{d(\ )} = $ 特例適用部分 $(\ )$ ㎡

特例適用部分 $(\ ) \div i(\ ) = $ 居住割合 ％

E 土地等のみの譲渡

審査項目	適	否	審査上の留意事項・審査事績
⑪ 家屋を取り壊していないか？			◆ 次のいずれの要件も満たす必要あり（措通35-2）。 □ 家屋の取壊し後1年以内の契約、かつ、居住の用に供さなくなった日以後3年を経過する日の属する年の12月31日までに譲渡 □ 契約締結日まで他の用途に供していないこと
⑫ 土地所有者と家屋所有者が異なっていないか？			◆ 次のいずれの要件も満たす必要あり（措通35-4） □ 土地は家屋とともに譲渡されている必要あり □ 両者の関係 ⇒ 親族関係and 生計一and 同居（判定時期⇒譲渡時） ※ 転居している場合の判定時期 ⇒ 親族関係と生計一（転居〜譲渡時）、同居（転居直前）
◆ 家屋所有者の控除不足額（3,000万円に満たない金額） ⇒ 3,000万円を限度に土地所有者に適用可（措通35-4（注）2）			
◆ 敷地所有者が特例を適用している場合 ⇒ 家屋の譲渡損につき措法41の5、41の5の2の適用不可（措通35-4（注）3）			
⑬ 庭先の譲渡でないか？			※ 建物取壊し跡地は⑪で判定
⑭ 建物の一部を取り壊していないか？			残存した部分が機能的に見て独立した居住用家屋と認められるような場合は適用不可（措通35-6、31の3-10）⇒ ＿＿＿
⑮ 建物を引き家していないか？			引き家 ⇒ 適用不可（措通35-2）

F その他

⑯ 家屋を共有とするための譲渡でないか？（措通35-6、31の3-11）			他の者と共有にするための譲渡、共有持分の一部の譲渡 ⇒ 適用不可 ＿＿＿＿＿＿＿

G 他の特例との関係

⑰ 次の特例と重複適用してないか？ 所法58・措法31の2・33〜33の4・34・34の2・35の2・35の3・36の2・36の5・37・37の4・37の5・37の6・37の8 ※ 措法35①（35③を除く）、36の2、36の5、41の5、41の5の2の特例を前年、前々年に適用している場合には、適用不可（A⑤）			譲渡資産が居住用部分と非居住用部分とから成る家屋の場合 ⇒ 非居住用部分につき措法33、33の2①、37又は37の4の規定の適用を受けても居住用部分については本特例の適用可（措通35-1） ※ 措法35③の適用もある場合⇒重複適用は可能であるが、特別控除額は1項と3項を通じて3,000万円を限度とする（措通35-7） ※ 以下の控除及び特例の適用判定は3,000万円特別控除前で行う 寡婦・ひとり親・勤労学生・配偶者（特別）・扶養・基礎 住宅取得等資金の贈与税の非課税 ※ 措法41（住宅借入金等特別控除）及び措法41の19の4（認定住宅新築等特別税額控除）との重複適用は不可！（措法41㉔㉕、措法41の19の4⑪⑫）

判　定
適　要解明　否

特例適用審査表は、情報公開請求により入手した令和5年版（右のQRコードからダウンロードすることができます）を基に令和6年分として使用できるように改訂しています。＿＿＿＿＿は、情報公開法により不開示となった部分です。

譲渡所得の内訳書の記載手順
居住用財産の売却：譲渡益あり、軽課税率適用

【設 例】10年以上居住していた居住用財産を売却して譲渡益が算出される場合

1 譲渡した土地建物等の契約内容
　　令和6年8月6日に平成16年8月から令和6年7月末まで居住の用に供していた土地（60.25㎡）、建物（100.23㎡）を8,000万円で売却
2 譲渡した資産の取得（建築）などに関する事項
　　平成15年10月4日に建築条件付土地3,350万円を購入、平成16年8月10日に建物を1,650万円で建築
3 譲渡するための費用に関する事項
　　仲介手数料2,706千円を令和6年8月6日に支払い
　　印紙代3万円を令和6年3月10日に購入

手順1 譲渡した資産の契約内容を「譲渡所得の内訳書」（2面）の1欄に記載し、譲渡価額を（3面）の4欄に転記します。

手順2 譲渡した資産の取得価額、取得日、建物の減価償却費に関する事項を「譲渡所得の内訳書」（3面）の2欄に記載し、取得費を4欄に転記します。

手順3 譲渡のために支出した費用を「譲渡所得の内訳書」（3面）の3欄に記載し、譲渡費用を4欄に転記します。

手順4 譲渡価額①から取得費②及び譲渡費用③を足した必要経費を差し引いて差引金額を算出し、特別控除額を差し引いて譲渡所得金額を計算します（差引金額が3,000万円より少ない場合は譲渡所得金額は0円とします）。

2面

【2面】　名簿番号

1 譲渡（売却）された土地・建物について記載してください。

(1) どこの土地・建物を譲渡（売却）されましたか。

所在地　所在地番　T市××町○○ 6-8-41
（住居表示）　同　上

(2) どのような土地・建物をいつ譲渡（売却）されましたか。

土地：☑宅地 □田 □山林 □畑 □雑種地 □借地権 □その他
（公簿面） 60.25 ㎡

建物：☑居宅 □マンション □店舗 □事務所 □その他
100.23 ㎡

利用状況：☑自己の居住用
居住期間 平成16年8月～令和6年7月
□自己の事業用 □貸付用 □未利用 □その他

売買契約日：令和6年3月10日
引き渡した日：令和6年8月6日

○ 次の欄は、譲渡（売却）された土地・建物が共有の場合に記載してください。

あなたの持分 土地 建物	共有者の住所・氏名	共有者の持分 土地 建物
	（住所）　　　（氏名）	
	（住所）　　　（氏名）	

(3) どなたに譲渡（売却）されましたか。
買主：住所（所在地）T市○○町×× 1-3-5
氏名（名称）○○不動産㈱
職業（業種）

(4) いくらで譲渡（売却）されましたか。
① 譲渡価額　80,000,000 円

【参考事項】
代金の受領状況：1回目・2回目・3回目・未収金

お売りになった理由：□買主から頼まれたため □他の資産を購入するため □事業資金を捻出するため □借入金を返済するため □その他

3面

【3面】

2 譲渡（売却）された土地・建物の購入（建築）代金などについて記載してください。

(1) 購入・建築価額の内訳

購入・建築価額の内訳	購入（建築）先・支払先 住所（所在地） 氏名（名称）	購入・建築年月日	購入・建築代金又は譲渡価額の5%
土地	T市○○町××2-7-6 ○○建設㈱	平成15 10・4	33,500,000円
		・・	円
	小　計（イ）		33,500,000円
建物	T市○○町××2-7-6 ○○建設㈱	平成16 8・10	16,500,000円
建物の構造 ☑木造 □木骨モルタル □(鉄骨)鉄筋 □金属造 □その他	小　計（ロ）		16,500,000円

※ 土地や建物の取得の際に支払った仲介手数料や非業務用資産に係る登記費用などが含まれます。

(2) 建物の償却費相当額を計算します。
建物の購入・建築価額（ロ） □標準
16,500,000円 × 0.9 × 0.031 × 20 = 9,207,000円（ハ）
経過年数 償却費相当額（ハ）

(3) 取得費を計算します。
② 取得費 （イ）＋（ロ）－（ハ）　40,793,000

3 譲渡（売却）するために支払った費用について記載してください。

費用の種類	支払先 住所（所在地） 氏名（名称）	支払年月日	支払金額
仲介手数料	S市○○町△△3-5-2 ㈱△△不動産販売	令和6 8・6	2,706,000円
収入印紙代		令和6 3・10	30,000円
		・・	円
	③ 譲渡費用		2,736,000円

※ 修繕費、固定資産税などは譲渡費用にはなりません。

4 譲渡所得金額の計算をします。

区分	特例適用条文	A 収入金額（①）	B 必要経費（②＋③）	C 差引金額（A－B）	D 特別控除額	E 譲渡所得金額（C－D）
短期 長期	所・措・震 の3	80,000,000円	43,529,000円	36,471,000円	30,000,000円	6,471,000円
短期 長期	所・措・震 条の	円	円	円	円	円
短期 長期	所・措・震 条の	円	円	円	円	円

譲渡所得の申告書第三表の記載手順
居住用財産の売却：譲渡益あり、軽課税率適用

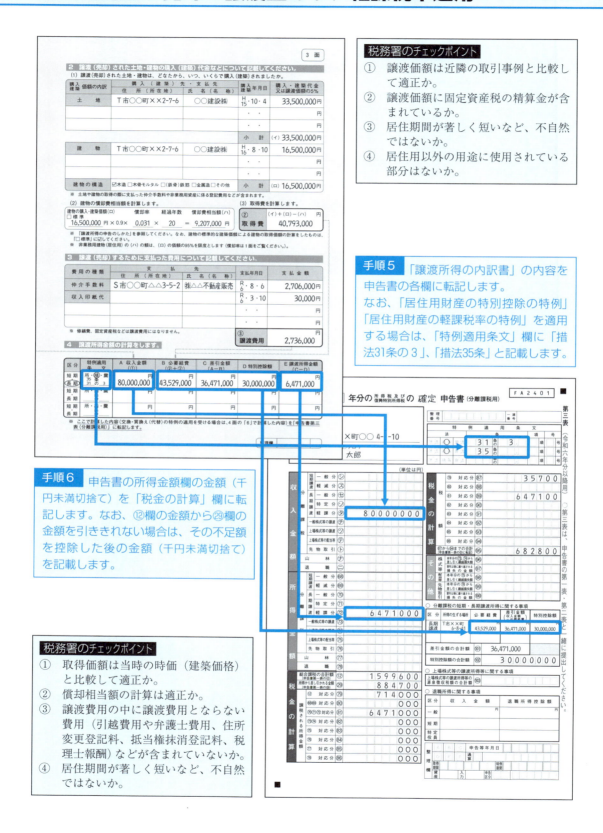

2　空き家に係る譲渡所得の特別控除の特例

　被相続人居住用家屋及びその敷地の用に供していた土地等をその相続又は遺贈により取得した個人が、平成28年4月1日から令和9年12月31日までの間に、一定の要件に該当する譲渡をした場合には、その譲渡益から原則として最高3,000万円を限度として控除できます（措法35①③〜⑧、以下「空き家特例」といいます。）。なお、この特例は、「相続財産に係る譲渡所得の課税の特例（措法39）」等との選択適用となり、居住用財産についての譲渡所得の他の特例（措法36の2、41の5、41の5の2）とは重複して適用をすることができます。

(1)　用語の意義

　この特例の適用に当たって使用される用語の意義については、次のとおりです。

①　被相続人居住用家屋

　被相続人居住用家屋とは、相続開始の直前において、次のすべての要件を満たす家屋をいいます（措法35⑤、措令23⑩、措通35-10、35-11、35-12）。

> イ　相続又は遺贈（贈与者が死亡により効力を生ずる贈与を含みます。）に係る被相続人（包括受贈者を含みます。）の居住用に供されていたこと。
> ロ　昭和56年5月31日以前に建築されたこと。
> ハ　区分所有建物である旨の登記がされている建物でないこと。
> ニ　相続開始直前又は特定事由により被相続人が居住の用に供さなくなる直前において、被相続人以外の居住者[※1]がいなかったこと。
> ホ　被相続人が主としてその居住の用に供していたと認められる一の建築物であること[※2]。

> [※1]　被相続人以外の居住者とは、相続開始の直前（その家屋が対象従前居住の用に供されていた家屋である場合には、特定事由によりその家屋が被相続人の居住の用に供されなくなる直前、以下この章において同じ。）において、被相続人の居住の用に供されていた家屋を生活の拠点として利用していた被相続人以外の者のことをいい、被相続人の親族のほか、賃貸等により被相続人の居住の用に供されていた家屋の一部に居住していた者も含まれます（措通35-12）。
> [※2]　被相続人居住用家屋に該当するかどうかの判定は、相続開始の直前における現況に基づき、前記1(2)②の「その居住の用に供している家屋」に準じて判断します。この場合において、被相続人の居住の用に供されていた家屋が複数の建築物から成る場合であっても、それらの建築物のうち、被相続人が主として居住の用に供していたと認められる一の建築物のみが被相続人居住用家屋に該当し、その一の建築物以外の建築物は、被相続人居住用家屋には該当しません（措通35-10）。

②　特定事由

　特定事由とは、次の事由をいいます（措法35⑤、措令23⑧、措規18の2③、措通35-9の2）。

> 　介護保険法に規定する要介護認定若しくは要支援認定又は障害者支援区分の認定を受けていた被相続人その他介護保険法施行規則140条の62の4第2号に該当していた被相続人が次に掲げる住居又は施設に入居又は入所をしていたこと。
> イ　老人福祉法に規定する認知症対処型老人共同生活援助事業が行われる住居、養護老人ホーム、特別養護老人ホーム、軽費老人ホーム又は有料老人ホーム
> ロ　介護保険法に規定する介護老人保健施設又は介護医療医院
> ハ　高齢者の居住の安定確保に関する法律に規定するサービス付き高齢者向け住宅（イの有料老人ホー

ムを除きます。）

ニ　障害者の日常生活及び社会生活を総合的に支援するための法律に規定する共同生活援助を行う住居に入所又は入居していたこと。

（注1）　上記イ～ニの住居又は施設を本章では老人ホーム等といいます。
（注2）　被相続人が要介護認定若しくは要支援認定又は障害者支援区分の認定を受けていたかどうか又は介護保険法施行規則140条の62の4第2号に該当していたかどうかは、特定事由により被相続人居住用家屋が被相続人の居住の用に供されなくなる直前において、被相続人がこれらの認定を受けていたかにより判定します（措通35-9の2）。

③　対象従前居住の用

　対象従前居住の用とは、平成31年4月1日以後の譲渡で、相続開始の直前において特定事由により被相続人の居住の用に供されていなかった場合※における、特定理由により居住されなくなる直前の当該被相続人の居住の用をいいます（措法35⑤、改正法附則34⑥）。

　※　「特定事由により被相続人の居住の用に供されていなかった場合」とは次の要件を満たしている場合に限られます（措令23⑨）。
　　①　特定事由により被相続人の居住の用に供されなくなった時から相続開始の直前まで引き続き被相続人居住用家屋が被相続人の物品の保管その他の用に供されていたこと。
　　②　特定事由により被相続人の居住の用に供されなくなった時から相続開始の直前まで被相続人居住用家屋が事業の用、貸付けの用又は被相続人以外の者の居住の用に供されていたことがないこと。
　　③　被相続人が老人ホーム等に入居又は入所した時から相続開始の直前までの間において被相続人の居住する家屋が2以上ある場合には、これらの家屋のうち、その老人ホーム等が、被相続人が主として居住の用に供していた一の家屋に該当するものであること。

④　被相続人居住用家屋の敷地

　被相続人居住用家屋の敷地とは、相続開始の直前において被相続人居住用家屋（対象従前居住の用に供されていた被相続人居住用家屋である場合を含みます。）の敷地の用に供されていた土地等をいいます（措法35⑤、措令23⑪、措通35-13、35-14）。

　また、譲渡した土地等が被相続人の居住用家屋の敷地に該当するかどうかは、社会通念に従い、当該土地等が相続開始の直前に被相続人居住用家屋と一体として利用されていたかで判断します。

イ　被相続人居住用家屋の敷地が用途上不可分の関係にある2以上の建築物のある一団の土地であった場合

　　相続開始の直前において、被相続人居住用家屋の敷地が用途上不可分の関係にある2以上の建築物のある一団の土地であった場合における特例の対象となる土地は次の算式により計算した面積に係る部分に限られます。

　　なお、これらの建築物について相続の時後に増築や取壊し等があった場合でも次の算式における床面積は、相続開始の直前における現況によります。

102

【算式】

$$
\left[\begin{array}{c} \text{一団の土地の} \\ \text{面積}^{(※1)} \\ Ⓐ \end{array} \times \dfrac{\text{相続開始の直前における一団の土地にあった被相続人}}{\text{居住用家屋の床面積}\quad Ⓑ}{\text{相続開始の直前における一団の土地にあった被}\atop \text{相続人居住用家屋以外の建築物}^{(※2)}\text{の床面積}} \right] \times \dfrac{\text{譲渡した土地等}}{\text{の面積}^{(※3)}}{Ⓐ}
$$

※1　被相続人以外の者が相続開始の直前において所有していた土地等の面積も含まれます。
※2　被相続人以外の者が所有していた建築物も含まれます。
※3　被相続人から相続又は遺贈により取得した被相続人の居住の用に供されていた家屋の敷地の用に供されていた土地等の面積のうち、譲渡した土地等の面積によります。
(注)　「用途不可分の関係にある2以上の建築物」とは図表4-2-1により判定します。なお、この場合においてこれらの建築物の所有者が同一であるかどうかは問いません(措通35-14)。

図表4-2-1　用途不可分の関係にある2以上の建築物

態様	要件	判定基準	判定時期	例示
用途不可分の関係にある2以上の建築物	一定の共通の用途に供される複数の建築物であって、これを分離するとその用途の実現が困難な関係にあるもの	用途不可分の関係にあるかどうかは社会通念に従い判定する	相続開始の直前	母屋とこれに附属する離れ、倉庫、蔵、車庫

ロ　被相続人居住用家屋が店舗兼住宅等あった場合

　　被相続人居住用家屋又はその敷地のうちに非居住用部分がある場合における被相続人の居住の用に供されていた部分の判定については、相続開始の直前における利用状況に基づき判定するものとします。したがって、譲渡した被相続人居住用家屋又はその敷地の面積が、相続の時後に行われた増築等により増減した場合であっても相続開始の直前の被相続人居住用家屋の床面積を基に判定します。

　　なおこれにより計算した被相続人の居住の用に供されていた部分の面積が被相続人居住用家屋又はその敷地の面積のおおむね90%以上となるときは全て被相続人の居住の用に供されていた部分に該当するとして差し支えありません(措通35-15)。

(2)　空き家特例に係る譲渡所得の3,000万円控除の特例要件

　空き家特例の適用要件は次のとおりです。なお、既に被相続人居住用家屋及びその敷地の譲渡についてこの特例を適用している場合は適用されません。

① 対象者
　　相続又は遺贈(贈与者の死亡により効力を生ずる贈与を含みます。)による被相続人居住用家屋及び被相続人居住用家屋の敷地等の取得をした相続人[※1](包括受遺者を含みます。)
② 譲渡資産
　　被相続人居住用家屋又は被相続人居住用家屋の敷地等で次の要件に該当するもの
イ　被相続人居住用家屋(相続の後に被相続人居住用家屋につき行われた増築、改築(その被相続人居住用家屋の全部の取壊し等をした後にするものを除きます。)、修繕又は模様替に係る部分を含みます。)の譲渡又被相続人居住用家屋とともにする被相続人居住用家屋の敷地等の譲渡の場合
　(イ)　相続の時から譲渡の時まで事業の用、貸付けの用又は居住の用に供されていたことがないこと[※2]
　(ロ)　譲渡の時において被相続人居住用家屋は耐震基準に適合していること(譲渡の時から譲渡の日

103

の属する年の翌年2月15日までの間に、被相続人居住用家屋が耐震基準に適合することとなった場合※3を含みます。）

　　ロ　被相続人居住用家屋の全部の取壊し等※4をした後にその被相続人居住用家屋の敷地等の譲渡の場合（譲渡の時から譲渡の日の属する年の翌年2月15日までの間に、被相続人居住用家屋の全部の取壊し等がされた場合を含みます。）

　　　（イ）　相続の時から取壊し等の時まで事業の用、貸付けの用又は居住の用に供されていたことがないこと※2

　　　（ロ）　相続の時から譲渡の時まで事業の用、貸付けの用又は居住の用に供されていたことがないこと※2

　　　（ハ）　取壊し等の時から譲渡の時まで建物又は構築物の敷地の用に供されていたことがないこと

③　譲渡要件

　　イ　相続開始があった日から3年を経過する日の属する年の12月31日までに譲渡していること

　　ロ　配偶者その他個人と特別の関係がある者に対してする譲渡でないこと

④　特別控除額制限

　　被相続人居住用家屋及び被相続人居住用家屋の敷地等の取得をした相続人の数が3人以上であるときは特別控除の金額が2,000万円に引下げとなります※5※6。

⑤　譲渡価額制限

　　譲渡の対価の額※7が1億円を超えないこと

⑥　特例適用制限

　　イ　所法58、措法31の2、33〜33の4、34、35の2、35の3、37、37の4、37の6①二、37の8、39の規定の適用を受けていないこと

　　ロ　上記①の相続人が既にその相続又は遺贈に係る被相続人居住用家屋又は当該被相続人居住用家屋の敷地等の対象譲渡について空き家特例の適用を受けていないこと

⑦　適用期間

　　平成28年4月1日から令和9年12月31日までの間の譲渡であること

（注）　上記②から⑥の要件に該当する譲渡を「対象譲渡」といいます。

※1　「被相続人居住用家屋及び被相続人居住用家屋の敷地等を取得した相続人」とは、被相続人居住用家屋及び被相続人居住用家屋の敷地等の両方を取得した相続人に限られ、被相続人居住用家屋のみ又は被相続人居住用家屋の敷地等のみを相続した相続人は含まれません（措通35-9）。

※2　「事業の用、貸付けの用又は被相続人以外の者の居住の用に供されていないこと（以下「事業の用等」といいます。）」の要件の判定に当たっては、次の点に注意が必要です。
　　（1）　特定事由により被相続人居住用家屋が被相続人の居住の用に供されなくなった時から相続開始の直前までの間に、被相続人居住用家屋が事業の用、貸付けの用又は被相続人以外の者の居住の用として一時的に利用されていたこととなる場合であっても、事業の用等に供されたこととなります。また、貸付けの用には、無償による貸付けも含まれます（措通35-9の3）。
　　（2）　相続の時から譲渡の時までの間に、被相続人居住用家屋又は被相続人居住用家屋の敷地等が事業の用、貸付けの用又は居住の用として一時的に利用されていたこととなる場合であっても、事業の用等に供されたこととなります。また、貸付けの用には、無償による貸付けも含まれます（措通35-16）。

※3　「被相続人居住用家屋が耐震基準に適合することとなった場合」とは、被相続人居住用家屋の譲渡の日から同日の属する年の翌年2月15日までの間にその家屋を建築基準法施行令3章及び5章の4の規定又は国土交通大臣が財務大臣と協議して定める地震に対する安全性に係る基準（「耐震基準」といいます。）に適合させるための工事が完了した場合をいいますが、空き家特例を適用する場合は、その工事の完了の日から譲渡の日の属する年分の確定申告書の提出の日までの間に、その家屋が耐震基準に適合する旨の証明のための家屋の調査が終了し、又は平成13年国土交通省告示第1346号別表2-1の1-1耐震等級（構造躯体の倒壊等防止）に係る評価がされている必要があります（措通35-9の5）。

※4　「被相続人居住用家屋の全部の取壊し等」とは、被相続人居住用家屋（イ(イ)に掲げる要件を満たすものに限ります。）の全部の取壊し若しくは除却がされ、若しくはその全部が滅失（「取壊し等」といいます。）をした場合をいいます（措法35③）。

※5　相続又は遺贈による被相続人居住用家屋及び被相続人居住用家屋の敷地等の取得をした相続人の数が3人以上である場合における空き家特例の規定の適用により控除される金額は2,000万円となりますが、この場合

において、相続人が同一年中に居住用財産の譲渡所得及び対象譲渡をし、そのいずれの譲渡についても3,000万円控除の適用を受ける場合の特別控除額の金額は、次の金額となります（措令23⑥⑦、措法35-7の2）。

図表4-2-2　相続人の数が3人以上である場合で居住用財産の譲渡と空き家特例がある場合の特別控除額の計算

	①　居住用財産の譲渡の特例特別控除額	②　空き家特例の特別控除額		③　特別控除限度額
長期譲渡所得の金額	居住用財産の譲渡をした場合の3,000万円の特別控除の対象となる資産の譲渡に係る部分の金額	㋑　2,000万円 （2,000万円から短期譲渡所得の金額より控除される金額を控除した金額） ㋺　空き家特例の対象となる資産の譲渡に係る部分の金額	㋑と㋺のいずれか低い金額 （控除される金額が㋑に掲げる金額である場合には、被相続人の居住用財産の譲渡に係る長期譲渡所得の金額から控除される金額は、㋑に掲げる金額が限度となります。）	3,000万円と①と②の合計額のいずれか低い金額
短期譲渡所得の金額	居住用財産の譲渡をした場合の3,000万円の特別控除の対象となる資産の譲渡に係る部分の金額	㋩　2,000万円 ㋥　空き家特例の対象となる資産の譲渡に係る部分の金額	㋩と㋥のいずれか低い金額 （控除される金額が2,000万円である場合には、特例の対象となる資産の譲渡に係る部分の金額から控除される金額は2,000万円が限度となります。）	3,000万円と①と②の合計額のいずれか低い金額

（注）　長期譲渡所得の金額から控除する特別控除額は短期譲渡所得の金額のうちそれぞれの特例の対象となる資産の譲渡に係る部分の金額から上記図表4-2-2で計算した金額を控除した金額となります（③の長期譲渡所得の金額と短期譲渡所得の金額の特別控除額の合計額は3,000万円を限度とします）。

※6　被相続人居住用家屋及び被相続人居住用家屋の敷地等（以下「被相続人居住用財産」といいます。）の取得をした相続人の数が3人以上である場合に適用されるのですから、相続の時からその相続に係る一の相続人がする対象譲渡の時までの間に、その相続に係る他の相続人が被相続人居住用財産の共有持分につき譲渡、贈与又は他の相続人の死亡による相続若しくは遺贈があったことにより被相続人居住用財産を所有する相続人の数に異動が生じた場合であっても、相続又は遺贈による被相続人居住用財産の取得をした相続人の数の判定には影響を及ぼしません（措通35-9の6）。

※7　「譲渡の対価の額」とは、例えば譲渡協力金、移転料等のような名義のいかんを問わず、その実質においてその譲渡をした被相続人居住用家屋又は被相続人居住用家屋の敷地等の譲渡の対価たる金額をいいます（措通35-19）。

（3）　特例要件のチェックポイント

①　相続財産に係る譲渡所得の課税の特例等との関係

措法35条3項に規定する譲渡につき、措法39条《相続財産に係る譲渡所得の課税の特例》の規定の適用を受ける場合には、その譲渡について同項の規定の適用はありません。

この場合において、その譲渡した資産が居住部分（対象従前居住の用に供されていた資産である場合には、特定事由によりその資産が被相続人の居住の用に供されなくなる直前において被相続人の居住の用に供されていた部分をいいます。以下この項において同じ。）と非居住用部分（相続開始の直前において被相続人の居住の用以外に供されていた部分をいいます。以下この項において同じ。）とから成る被相続人居住家屋又は被相続人居住用家屋の敷地等である場合において、その非居住用部分に相当するものの譲渡についてのみ措法39条の規定の適用を受けるときは、その居住用部分に相当するものの

105

譲渡については、その非居住用部分に相当するものの譲渡が同条の規定の適用を受ける場合であっても、その居住用部分に相当するものの譲渡が措法35条3項の規定による要件を満たすものである限り、同項の規定の適用があります（措通35-8）。

② 被相続人居住用家屋の敷地等の一部の譲渡

　相続人が、相続又は遺贈により取得をした被相続人居住用家屋の敷地等の一部を区分して譲渡をした場合には、次の点に注意が必要です（措通35-17）。

イ　譲渡が対象譲渡に該当するときであっても、その相続人がその被相続人居住用家屋の敷地等の一部の譲渡について既にこの特例の規定の適用を受けているときは、この特例の適用を受けることはできません。

ロ　現に存する被相続人居住用家屋に係る被相続人居住用家屋の敷地等の一部の譲渡である場合

図表4-2-3　被相続人居住用家屋の敷地等の判定

判定要件	被相続人居住用家屋の敷地等に該当の有無
被相続人居住用家屋の譲渡とともに行われるものであるとき	該当します。
被相続人居住用家屋の譲渡とともに行われるものでないとき	該当しません。

ハ　被相続人居住用家屋の全部を取壊し、除去又は滅失をした後における被相続人居住用家屋の敷地等の一部の譲渡である場合

　(イ)　被相続人居住用家屋の敷地等を単独で取得した相続人がその取得した敷地等の一部を譲渡したとき

　　　譲渡した部分及び譲渡していない部分について次の要件を満たさない限り、被相続人居住用家屋の敷地等に該当しません。なお、被相続人居住用家屋の敷地等のうち他の相続人が単独で相続した部分があるときは、その部分の利用状況にかかわらず、その相続人が取得した被相続人居住用家屋の敷地等の全部について次の要件を満たしている限り、被相続人居住用家屋の敷地等に該当します。

図表4-2-4　被相続人居住用家屋の敷地等の要件

区　分	要　件
家屋要件	相続の時から取壊し、除去又は滅失の時まで事業の用等に供されたことがないこと。
土地要件	相続の時から譲渡の時まで事業の用等に供されたことがないこと。
	家屋の取壊し、除去又は滅失の時から譲渡の時まで事業の用等に供されたことがないこと。

　(ロ)　被相続人居住用家屋の敷地等を複数の相続人の共有で取得した相続人がその共有に係る一の敷地について、共有のまま分筆した上で一部を譲渡したとき

　　　上記(イ)の要件は相続人が共有で取得した分筆前の被相続人居住用家屋の敷地等の全部につい

て満たしておく必要があることから、譲渡していない部分についても上記(イ)の要件を満たさない限り、被相続人居住用家屋の敷地等に該当しません。

③ 対象譲渡の対価の額と適用前譲渡及び適用後譲渡の対価の額の合計額が1億円を超える場合の特例不適用（措法35⑥⑦）

イ　概　要

　　居住用家屋取得相続人が、相続の時から対象譲渡をした日の属する年の12月31日までの間に、その対象譲渡をした資産と適用前譲渡をしている場合において、適用前譲渡に係る対価の額と対象譲渡に係る対価の額との合計額が1億円を超えるときは特例を適用しないこととされています。

　　また、居住用家屋取得相続人が適用後譲渡をした場合において、適用後譲渡に係る対価の額と対象譲渡に係る対価の額（適用前譲渡がある場合は加算した合計額）との合計額が1億円を超えることとなったときは特例を適用しないこととされています。

ロ　用語の意義（措法35⑥）

(イ)　居住用家屋取得相続人

　　被相続人居住用家屋又は被相続人居住用家屋の敷地等の取得をした相続人（包括受遺者を含みます。）をいいます。

　　居住用家屋取得相続人には、被相続人居住用家屋のみ又は被相続人居住用家屋の敷地等のみを取得した相続人も含まれます（措通35-21）。

(ロ)　対象譲渡資産一体家屋等

　　対象譲渡した資産と相続開始の直前において一体として被相続人の居住用に供されていた家屋又はその敷地の用に供されていた土地等をいいます。

(ハ)　適用前譲渡

　　対象譲渡資産一体家屋等の譲渡（譲渡所得の基因となる不動産等の貸付けを含み、措法33条の4第1項に規定する収用交換等による譲渡及び措法34条1項又は34条の2の適用を受ける譲渡（以下「収用交換等による譲渡」といいます。）を除きます。）をいいます。

(ニ)　適用後譲渡

　　対象譲渡をした日の属する年の翌年1月1日から3年を経過する年の12月31日までの間に、対象譲渡資産一体家屋等の譲渡（譲渡所得の基因となる不動産等の貸付けを含み、収用交換等による譲渡を除きます。）をいいます。

　　なお、居住用家屋取得相続人が行った譲渡が適用後譲渡に該当するかどうかの判定は空き家特例の適用を受ける相続人が複数いるときは、各人の対象譲渡ごとに行います（措通35-23）。

(ホ)　譲渡の対価の額

　　例えば譲渡協力金、移転料等のような名義いかんを問わず、実質において譲渡した被相続人居住用家屋又は被相続人居住用家屋の敷地等の譲渡の対価たる金額をいいます（措通35-19）。

ハ　判定基準

(イ)　譲渡の対価の額が１億円を超えるかどうかの判定（措通35-20）

　　　居住家屋取得相続人が譲渡した譲渡資産の譲渡対価の額が１億円を超えるかどうかの判定は次頁の図表４-２-４によります。

図表４-２-５　譲渡の対価の額が１億円を超えるかどうかの判定

区　分	判定要件	注意事項
譲渡資産が共有である場合	被相続人から相続又は遺贈により取得した共有持分に係る譲渡対価の額により判定	他の共有持分のうち居住用家屋取得相続人の共有持分については、適用前譲渡に係る対価の額に該当する。
譲渡資産が相続開始の直前において店舗兼住宅等及びその敷地の用に供されていた土地等である場合	被相続人の居住の用に供されていた部分に対応する譲渡対価の額により判定	譲渡対価の額の計算については、次の計算により行います。

　　a　家屋のうち相続開始の直前において被相続人の居住の用に供されていた部分の譲渡対価の額の計算

$$家屋の譲渡価額　\times　\frac{87頁の１(2)④イに準じて計算した被相続人の居住の用に供されていた部分の床面積}{相続開始の直前における家屋の床面積}$$

　　b　土地等のうち相続開始の直前において被相続人の居住の用に供されていた部分の譲渡対価の額の計算

$$土地等の譲渡価額　\times　\frac{87頁の１(2)④ロに準じて計算した被相続人の居住の用に供されていた部分の面積}{相続開始の直前における家屋の面積}$$

　　ただし、これにより計算した被相続人の居住の用に供されていた部分がそれぞれその家屋又は土地のおおむね90％以上である場合において、その家屋又は土地等の全部を居住の用に供している部分に該当するものとして取り扱うときは、その家屋又は土地等の全体の譲渡価額により判定します。

(ロ)　「対象譲渡資産一体家屋等」の判定（措通35-22）

　　　居住用家屋取得相続人が相続の時から対象譲渡をした日以後３年を経過する日の属する年の12月31日までに譲渡資産（以下この項において「譲渡資産」といいます。）が「対象譲渡資産一体家屋等」に該当するかどうかは、社会通念に従い、対象譲渡をした資産と一体として被相続人の居住の用に供されていたものであったかどうかを、相続開始の直前の利用状況により判定します。またこの判定に当たっては次の点に留意する必要があります。

　ⓐ　居住用家屋取得相続人が相続開始の直前において所有していた譲渡資産もこの判定の対象に含まれること。

　ⓑ　譲渡資産の相続の時後における利用状況はこの判定には影響しないこと。

　ⓒ　空き家特例の適用を受けるためのみの目的で相続開始の直前に一時的に居住の用以外の用

に供したと認められる部分については、「対象譲渡資産一体家屋等」に該当すること。

ⓓ 譲渡資産が対象譲渡をした資産と相続開始の直前において一体として利用されていた家屋の敷地の用に供されていた土地等であっても、その土地が用途不可分の関係にある2以上の建築物のある一団の土地であった場合は、次の算式により計算した面積に係る土地等の部分のみが「対象譲渡資産一体家屋等」に該当すること。

【算式】

$$土地の面積 \times \frac{相続開始の直前における当該土地等にあった被相続人の居住用家屋の床面積 \quad A}{A \quad + \quad \substack{相続開始の直前における当該土地等にあった \\ 被相続人の居住用家屋以外の建築物の床面積}}$$

(注) 対象譲渡をした資産と相続開始の直前において一体として利用されていた家屋は、相続開始の直前（その家屋が対象従前居住の用に供されていた家屋である場合には、特定事由によりその家屋が被相続人の居住の用に供されなくなる直前）において被相続人が主として居住の用に供していた一の家屋に限られます。

ⓔ 譲渡資産が相続開始の直前において被相続人の店舗兼住宅等又はその敷地の用に供されていた土地等であった場合における非居住用部分に相当するものもこの判定に含まれること。

(ハ) 被相続人の居住用財産の一部を贈与している場合（措令23⑮、措規18の2④）

居住用家屋取得相続人が対象譲渡資産一体家屋等を適用前譲渡又は適用後譲渡した場合において、適用前譲渡又は適用後譲渡が贈与（著しく低い価額の対価による譲渡を含みます。）によるものである場合における措法35条6項及び7項の規定（上記③イ）の適用については、その贈与の時における価額※に相当する金額をもってこれらに規定する適用前譲渡及び適用後譲渡に係る対価とします。

※ 「贈与（著しく低い価額の対価による譲渡を含みます。）の時における価額」とは、その贈与の時又はその著しく低い価額の対価による譲渡の時における通常の取引価額をいいます。
なお、その譲渡が、著しく低い価額の対価による譲渡に該当するかどうかは、その譲渡の時における通常の取引価額の2分の1に相当する金額に満たない金額による譲渡かどうかで判定します（措通35-24）。

税理士のアドバイス　譲渡後に被相続人居住用家屋の耐震補修や取壊し等をする場合の留意事項

被相続人居住用家屋が耐震基準を満たしていない場合において、譲渡後に本件特例を適用するための条件を満たすためには、売買契約書の特約事項に次のような事項を明記して、買主に確実に実行してもらう必要があります。
① 売主は空き家特例の適用を受けることができることを条件として、本件売買契約を締結したこと
② 土地建物の所有権移転登記後、買主の責任と負担において家屋の耐震基準に適合する補修工事をするか、その家屋全部の取壊し若しくは除却をすること
③ 買主は売買契約又は所有権移転登記の属する年の翌年の2月15日までに上記②の工事を完了し、買主の責任と負担において空き家特例の適用を受けるための証明書等必要書類を売主

の譲渡所得の確定申告に間に合うよう売主に交付すること
④ 買主の責めにより、売主が空き家特例の適用を受けることができなかった場合、売主は売主が空き家特例の適用を受けることにより減額されるべき税額相当額等の損害賠償額を買主に請求することができること
　なお、買主の責めに帰すことができない事由が生じた場合はその限りではないこと

【質疑応答】空き家特例の適用の可否等

□ 被相続人居住用家屋の敷地を分筆後、同年中に全てを譲渡した場合
　甲は、昨年に死亡した乙から乙の自宅であった家屋とその敷地を相続により取得しました。
　甲は、当該家屋を取り壊した後、当該敷地であった土地を２筆に分筆（Ａ土地・Ｂ土地）し、本年５月にＡ土地を2,000万円で譲渡し、同年11月にＢ土地を1,800万円で譲渡しました。
　この場合、甲は、Ａ土地及びＢ土地の譲渡について被相続人の居住用財産に係る譲渡所得の特別控除の特例の適用を受けることができますか。
　⇒ 甲は、同一年中にＡ土地及びＢ土地を譲渡していることから、被相続人の居住用財産に係る譲渡所得の特別控除の特例の適用を受けることができます。

□ 被相続人居住用家屋以外の建物等を取り壊さない場合
　甲は、昨年に死亡した乙から乙の自宅であったＡ家屋とその敷地のほか、乙が死亡する半年前に完成した車庫と倉庫を相続により取得しました。甲は、これらの全てを取り壊した後、当該敷地を譲渡することを考えていたところ、売買契約の締結に当たり、買主から車庫と倉庫については取り壊さずに譲渡してほしい、との申出がありました。
　そのため、甲は、Ａ家屋を取り壊した後、当該敷地と車庫及び倉庫の売買契約を締結しました。
　甲は、被相続人の居住用財産に係る譲渡所得の特別控除の特例の適用を受けることができますか。

　⇒ 甲は、Ａ家屋、車庫及び倉庫の床面積の合計のうちにＡ家屋の床面積の占める割合に相当する部分について、被相続人の居住用財産に係る譲渡所得の特別控除の特例の適用を受けることができます。

□ 相続時に地震に対する安全性に係る規定等を満たしている場合
　甲は、昨年に死亡した乙から乙の自宅であった家屋とその敷地を相続により取得しました。
　本年に甲は、当該家屋が相続の時において地震に対する安全性に係る規定又は基準に適合する家屋であったため、耐震リフォームの改築等を行わずに、そのまま家屋及びその敷地を譲渡しました。
　この場合、甲は、被相続人の居住用財産に係る譲渡所得の特別控除の特例の適用を受けることができますか。
　⇒ 甲は、被相続人の居住用財産に係る譲渡所得の特別控除の特例の適用を受けることができます。

□ 売買契約後に被相続人居住用家屋が取り壊される場合（引渡し日ベースで申告する場合）
　甲は、昨年に死亡した乙から相続した乙の自宅であったＡ家屋とその敷地を譲渡するため、本年６月に売買契約を締結しました。
　なお、売買契約の締結に当たり、買主から更地にしてほしい、との要望があったため、「当該土地上の建物を７月までに売主において取り壊し、更地にして引き渡す。」旨の特約条項を売買契約書に記載しました。
　甲は、被相続人の居住用財産に係る譲渡所得の特別控除の特例の適用を受けることができます

か。
⇒ 甲がA家屋を取り壊した場合、甲は、被相続人の居住用財産に係る譲渡所得の特別控除の特例の適用を受けることができます。

☐ 売買契約後に被相続人居住用家屋が取り壊される場合（契約日ベースで申告する場合）

甲は、昨年に死亡した乙から相続した乙の自宅であったA家屋の敷地を譲渡するため、本年12月に売買契約を締結しました。

また、売買契約の締結に当たり、「当該土地上の建物を来年2月26日までに売主において取り壊し、更地にして引き渡す。」旨の特約条項を売買契約書に記載しました。

甲は、契約日ベースで本年分において確定申告を行った場合、被相続人の居住用財産に係る譲渡所得の特別控除の特例の適用を受けることができますか。

なお、A家屋は地震に対する安全基準等に適合している家屋ではありません。

⇒ 甲は、被相続人の居住用財産に係る譲渡所得の特別控除の特例の適用を受けることはできません。ただし、令和6年1月1日以後に行う譲渡については、被相続人居住用家屋がその譲渡の時からその譲渡の日の属する年の翌年2月15日までの間にその全部の取壊し若しくは除却がされ、又はその全部が滅失をした場合は、特例の適用を受けることができます。

☐ 被相続人居住用家屋の敷地等の判定をする場合

甲は、昨年に死亡した乙から相続した乙の自宅であったA家屋（母屋）、B家屋（離れ）及びC車庫を本年5月に取り壊した後、これらの敷地（D土地）を7,500万円で譲渡しました。

なお、A家屋とD土地については登記をしていたが、B家屋及びC車庫は未登記でした。

被相続人居住用家屋の敷地等の判定に当たって、被相続人居住用家屋の床面積と被相続人居住用家屋以外の建築物の床面積が必要となりますが、A家屋については登記事項証明書の床面積により、B家屋及びC車庫については固定資産台帳の床面積により計算することができますか。

⇒ 照会意見のとおりで差し支えありません。

【文書回答事例】信託契約における残余財産の帰属権利者として取得した土地等の譲渡

☐ 信託契約における残余財産の帰属権利者として取得した土地等の譲渡に係る空き家特例の適用可否について

照会者（受託者）は、照会者の母（委託者兼受益者。以下「母甲」といいます。）との間で母甲の居住用家屋及びその敷地（以下「本件物件」といいます。）を信託財産とする信託契約（以下、「本件信託契約」といい、本件信託契約に係る信託を「本件信託」といいます。）を締結していたところ、本件信託は受益者の死亡を信託終了事由としていたことから、母甲の相続開始により本件信託は終了し、残余財産となった本件物件は、残余財産の帰属権利者である照会者及びその弟（以下「照会者ら」といいます。）に帰属することとなりました。

照会者らは、母甲の相続開始日が属する年の翌年に本件物件を譲渡しましたが、その譲渡に係る譲渡所得の計算上、租税特別措置法第35条第3項《居住用財産の譲渡所得の特別控除》に規定する特例（以下「本件特例」といいます。）を適用するに当たり、本件物件が本件信託の残余財産として照会者らに帰属したこと（以下「本件帰属」といいます。）は、同項に規定する取得（相続又は遺贈（贈与者の死亡により効力を生ずる贈与を含みます。以下同じです。）による被相続人居住用家屋及び被相続人居住用家屋の敷地等（以下「被相続人居住用家屋等」といいます。）の取得。）に該当すると解し、その他の要件を満たす限りにおいて、本件特例の適用を受けることができると解してよいか照会します。

⇒ 当該信託に係る残余財産を帰属権利者が取得したことは、本件特例に規定する相続人による「相続又は遺

贈による被相続人居住用家屋等の取得」に該当するとは認められず、また、死因贈与契約に基づき当該残余財産を取得したとする事情も認められませんので、当該残余財産の譲渡に係る譲渡所得の計算上、本件特例の適用を受けることはできません。

(4) 空き家特例に係る譲渡所得の3,000万円控除の手続要件

この特例を受ける場合には、確定申告書に「措法35条3項」と記載するほか、次の書類を添付する必要があります（措規18の2②二）。

1　共通
(1)　譲渡所得の内訳書（確定申告書付表兼計算明細書）［土地・建物用］1面〜5面（【参考事項】を含みます。）
(2)　被相続人居住用家屋及び被相続人居住用家屋の敷地等の登記事項証明書※その他の書類で次の事項を明らかにするもの
　①　対象譲渡をした者が被相続人居住用家屋及び被相続人居住用家屋の敷地等を被相続人から相続等により取得したこと
　②　被相続人居住用家屋が昭和56年5月31日以前に建築されたこと
　③　被相続人居住用家屋が区分所有建物でないこと

2　耐震基準に適合する被相続人居住用家屋と被相続人居住用家屋の敷地を共に譲渡した場合
(1)　対象譲渡をした被相続人居住用家屋又は被相続人居住用家屋及び被相続人居住用家屋の敷地等の所在地の市町村長又は特別区の区長の次の事項（対象従前居住の用以外の居住の用である場合には、①、②及び⑦の事項）を確認した旨を記載した確認書
　①　相続の開始の直前（その被相続人居住用家屋が対象従前居住の用に供されていた被相続人居住用家屋である場合には特定事由により被相続人居住用家屋が被相続人の居住の用に供されなくなる直前）において、被相続人がその被相続人居住用家屋を居住の用に供しており、かつ、その被相続人居住用家屋に被相続人以外に居住をしていた者がいなかったこと
　②　被相続人居住用家屋又は被相続人居住用家屋及び被相続人居住用家屋の敷地等が相続の時から対象譲渡の時まで事業の用、貸付けの用又は居住の用に供されていたことがないこと
　③　被相続人居住用家屋が特定事由により相続の開始の直前において被相続人の居住の用に供されていなかったこと
　④　特定事由により被相続人居住用家屋が被相続人の居住の用に供されなくなった時から相続の開始の直前まで引き続き被相続人居住用家屋が被相続人の物品の保管その他の用に供されていたこと
　⑤　特定事由により被相続人居住用家屋が被相続人の居住の用に供されなくなった時から相続の開始の直前まで被相続人居住用家屋が事業の用、貸付けの用又は被相続人以外の者の居住の用に供されていたことがないこと
　⑥　被相続人が老人ホーム等に入居又は入所した時から相続の開始の直前までの間において被相続人の居住の用に供する家屋が2以上ある場合には、これらの家屋のうち、その老人ホーム等が、被相続人が主としてその居住の用に供していた一の家屋に該当するものであること
　⑦　相続等による被相続人居住用家屋及び被相続人居住用家屋の敷地等の取得をした相続人の数
(2)　対象譲渡をした被相続人居住用家屋が耐震基準に適合する家屋である旨を証する書類
(3)　対象譲渡をした被相続人居住用家屋又は被相続人居住用家屋及び被相続人居住用家屋の敷地等に係る売買契約書の写しその他の書類で、被相続人居住用家屋又は被相続人居住用家屋及び被相続人居住用家屋の敷地等の譲渡に係る対価の額が1億円（対象譲渡に係る適用前譲渡がある場合には、1億円から適用前譲渡に係る対価の額の合計額を控除した残額）以下であることを明らかにする書類

3　被相続人居住用家屋の敷地等のみを譲渡した場合
(1)　対象譲渡をした被相続人居住用家屋の敷地等の所在地の市町村長又は特別区の区長の次に掲げ

る事項（対象従前居住の用以外の居住の用である場合には、①から④まで及び⑥に掲げる事項）を確認した旨を記載した確認書

① 上記2(1)①の事項
② 被相続人居住用家屋の敷地等に係る被相続人居住用家屋が相続の時からその全部の取壊し、除却又は滅失の時まで事業の用、貸付けの用又は居住の用に供されていたことがないこと
③ 被相続人居住用家屋の敷地等が当該相続の時から対象譲渡の時まで事業の用、貸付けの用又は居住の用に供されていたことがないこと
④ 被相続人居住用家屋の敷地等が上記②の取壊し、除却又は滅失の時から対象譲渡の時まで建物又は構築物の敷地の用に供されていたことがないこと
⑤ 被相続人居住用家屋の敷地等に係る被相続人居住用家屋の上記2(1)③から⑥の事項
⑥ 上記2(1)⑦の事項

(2) 対象譲渡をした被相続人居住用家屋の敷地等に係る売買契約書の写しその他の書類で、被相続人居住用家屋の敷地等の譲渡に係る対価の額が1億円（対象譲渡に係る適用前譲渡がある場合には、上記2(3)と同じです。）以下であることを明らかにする書類

4 上記2以外の被相続人居住用家屋と被相続人居住用家屋の敷地を共に譲渡した場合
(1) 対象譲渡をした被相続人居住用家屋又は被相続人居住用家屋及び被相続人居住用家屋の敷地等の所在地の市町村長又は特別区の区長の次に掲げる事項（対象従前居住の用以外の居住の用である場合には、①及び②に掲げる事項）を確認した旨を記載した確認書

① 上記2(1)①、②及び⑦の事項
② 対象譲渡の時から対象譲渡の日の属する年の翌年2月15日までの期間（(2)において「特定期間」といいます。）内に、被相続人居住用家屋が耐震基準に適合することとなったこと又は被相続人居住用家屋の全部の取壊し若しくは除却がされ、若しくはその全部が滅失をしたこと
③ 上記2(1)③から⑥の事項

(2) 対象譲渡をした被相続人居住用家屋が基準に適合する家屋である旨を証する書類又は対象譲渡をした被相続人居住用家屋の登記事項証明書その他の書類で、特定期間内に被相続人居住用家屋の全部の取壊し若しくは除却がされ、若しくはその全部が滅失をした旨を証する書類
(3) 上記2(3)の書類

※ 登記事項証明書については、申告書に不動産番号等を記入することにより、その添付を省略することができます。詳細は76頁の「税理士のアドバイス」を参照してください。

(注) 譲渡した資産が空き家特例の適用対象となる被相続人の居住用財産の要件に該当することについて、登記事項証明書では証明できない場合には、例えば、次に掲げる書類で空き家特例の要件に該当するものであることが明らかにするものを確定申告書に添付した場合に限り、空き家特例の適用があります。

《例示》
① 被相続人居住用家屋及び被相続人居住用家屋の敷地等を相続等により取得したこと
・遺産分割協議書
② 被相続人居住用家屋が昭和56年5月31日以前に建築されたものであること
・確認済証（昭和56年5月31日以前に交付されたもの）
・検査済証（検査済証に記載された確認済証交付年月日が昭和56年5月31日以前であるもの）
・建築に関する請負契約書
③ 被相続人居住用家屋が区分所有建物でないこと
・固定資産課税台帳の写し

(5) 通知義務（措法35⑧）

① 空き家特例の適用を受けようとする者は、次の図表4-2-5の内容を通知しなければなりません。

図表4-2-5　通知義務

通知先	通知内容	
他の居住用家屋取得相続人	イ	対象譲渡をした旨
	ロ	譲渡した日
	ハ	その他参考となるべき事項

②　上記①の通知を受けた居住用家屋取得相続人で、相続の時から対象譲渡をした日の属する年の12月31日までの間に適用前譲渡をしている者はその通知を受けた後遅滞なく、次の内容を通知しなければなりません。

図表4-2-6　通知内容

通知先	通知内容	
前記①の通知をした居住用家屋取得相続人	イ	対象譲渡をした旨
	ロ	譲渡した日
	ハ	その他参考となるべき事項

③　前記①の通知を受けた居住用家屋取得相続人で、対象譲渡をした日の属する年の翌年1月1日から3年を経過する年の12月31日までの間に適用後譲渡をしたものはその適用後譲渡をした後遅滞なく、次の内容を通知しなければなりません。

図表4-2-7　通知を受けた者の通知義務

通知先	通知内容	
前記①の通知をした居住用家屋取得相続人	イ	対象譲渡をした旨
	ロ	譲渡した日
	ハ	その他参考となるべき事項

（注）　空き家特例の適用を受けようとする者から上記①の通知を受けた居住用家屋取得相続人で適用前譲渡又は適用後譲渡をしている者から、その通知をしたものに対する上記②又は③の通知がなかったとしても、措法35条6項及び7項の規定により、適用前譲渡に係る対価の額と対象譲渡に係る対価の額の合計額又は適用後に係る対価の額と対象譲渡に係る対価の額（適用前譲渡がある場合には、その対象譲渡に係る対価の額と適用前譲渡に係る対価の額）との合計額が1億円を超えることとなったときは、空き家特例の適用はありません（措通35-25）。

(6)　修正申告（措法35⑨⑪）

　空き家特例の適用を受けている者は、対象譲渡をした日の属する年の翌年1月1日から3年を経過する年の12月31日までの間に、対象譲渡資産一体家屋等の譲渡（適用後譲渡）をした場合において、適用後譲渡に係る対価の額と対象譲渡に係る対価の額（適用前譲渡がある場合は加算した合計額）との合計額が1億円を超えることとなった場合には、居住家屋取得相続人はその該当することとなっ

た適用後譲渡をした日から4月を経過する日までに対象譲渡をした日の属する年分の所得税について修正申告書を提出し、かつ、その期限内にその申告書の提出により納付すべき税額を納付しなければなりません。

なお、修正申告書が上記の提出期限内に提出された場合は、その申告書は期限内申告書とみなされ、加算税の賦課及び延滞税の課税はされません。

(7) 空き家特例の主な要件と根拠法令等

			要件及び根拠法令	掲載頁
特例対象者		①	相続人又は包括受遺者であること（措法35③）	103
		②	家屋及びその敷地等を相続又は遺贈により取得したこと（措法35③、措通35-9）	103・104
		③	既に相続又は遺贈により取得した家屋又はその敷地等について空き家特例を適用していないこと（措法35③かっこ書、措通35-8）	104
相続前	下記以外の場合	④	昭和56年5月31日以前に建築された家屋であること（措法35⑤一）	101
		⑤	家屋が相続開始の直前において、区分所有建物でないこと（措法35⑤二）	101
		⑥	相続開始直前において、家屋に居住していたのは被相続人のみであったこと（措法35⑤三、措通35-12）	101
		⑦	被相続人が主としてその居住の用に供していたと認められる一の建築物であること（措令23⑩⑪、措通35-10、35-13〜15）	101
	老人ホーム等に入居又は入所していた場合	⑧	昭和56年5月31日以前に建築された家屋であること（措法35⑤一）	101
		⑨	特定事由により居住の用に供されなくなる直前の当該被相続人の居住の用に供されていた家屋であること（措法35⑤、改正法附則34⑥、措令23⑧、措通35-9の2）	101・102
		⑩	特定事由により供されなくなる直前において、家屋が区分所有建物でないこと（措法35⑤二、措通35-11）	101
		⑪	特定事由により供されなくなる直前において、家屋に居住していたのは被相続人のみであったこと（措法35⑤三かっこ書、措通35-12）	101
		⑫	特定事由により供されなくなる直前において、被相続人が主としてその居住の用に供していたと認められる一の建築物であること（措令23⑩⑪、措通35-10、35-13〜15）	101・102・103
		⑬	特定事由により被相続人の居住の用に供されなくなった時から相続開始の直前まで、引き続き被相続人居住用家屋が被相続人の物品の保管その他の用に供されていたこと（措令23⑨一）	102
		⑭	特定事由により被相続人の居住の用に供されなくなった時から相続開始の直前まで被相続人居住用家屋が事業の用等に供されていたことがないこと（措令23⑨二、措通35-9の3）	102・104
		⑮	被相続人が老人ホーム等に入居又は入所した時から相続開始の直前までの間において被相続人の居住する家屋が2以上ある場合には、これらの家屋のうち、その老人ホーム等が、被相続人が主として居住の用に供していた一の家屋に該当するものであること（措令23⑨三、措通35-10）	101・102
		○	**家屋又は家屋とともにその敷地等を譲渡した場合**	
		⑯	家屋又は家屋とともにその敷地等を譲渡していること（措法35③一、措通35-17）	103
		⑰	相続の時から譲渡の時まで、家屋及びその敷地等を事業の用等に供していないこと（措法35③一イ、措令23⑤、措通35-16）	103・104

115

相続又は遺贈の時から（特定期間を含む）	⑱	譲渡の時において、家屋が地震に対する安全性に係る規定又は基準（耐震基準）に適合していること（措法35③一ロ、措令23③、措通35-9の5）	104
	⑲	譲渡の時までに家屋が⑱に該当しない場合、譲渡の時から譲渡の日の属する年の翌年2月15日までの間（特定期間）に、その家屋が耐震基準に適合することとなっていること又はその家屋の全部の取壊し若しくは除却がされ、若しくはその全部が滅失をしていること（措法35③かっこ書き、措令23③、措通35-9の4・5）	104
	○	**家屋の全部の取壊し、除去又は滅失をした後にその敷地のみを譲渡した場合**	
	⑳	家屋の全部の取壊し、除去又は滅失していること（措法35③二、措令23⑤、措通35-17）	104
	㉑	相続の時から家屋の全部の取壊し、除去又は滅失の時まで事業の用等に供していないこと（措法35③二イ、措通35-16）	104
	㉒	相続の時から譲渡の時まで、敷地等を事業の用等に供していないこと（措法35③二ロ、措通35-16）	104
	㉓	敷地等を、家屋の全部の取壊し、除去又は滅失をした時から、建物又は構築物の敷地の用に供していないこと（措法35③二ハ、措通35-16）	104
譲渡時から	㉔	買主が配偶者や直系血族など特殊な関係がある者でないこと（措法35②、措令23②、20の3①、措通31の3-20）	104・83・84
	㉕	相続開始の日から同日以降3年を経過する日の属する年の12月31日までの間の譲渡であること（措法35③かっこ書）	104
	㉖	対象譲渡の対価の額が1億円を超えていないこと（措法35③かっこ書、措通35-19）	104・105
	㉗	対象譲渡の対価の額と適用前譲渡に係る対価の額及び適用後譲渡の対価の額の合計額が1億円を超えていないこと（措法35⑥⑦、措令⑭⑮、措通35-20）	107～109
	㉘	所法58、措法31の2、33～33の4、34、35の2、35の3、37、37の4、37の6①二、37の8、39の規定の適用を受ける譲渡ではないこと（措法35②一かっこ書、措法35③かっこ書、措通35-1、35-8）	104
申告時	㉙	相続又は遺贈により家屋及び敷地等の取得をした相続人の数が3人以上である場合には特別控除額は2,000万円が限度となること（措法35④、措通35-7・7の2）	104・105

【令和6年分用】

被相続人の居住用財産を譲渡した場合の3,000万円特別控除の特例チェックシート・措法35条3項　　一　面

氏名＿＿＿＿＿＿＿＿＿＿＿＿＿＿＿

☆　「はい」「いいえ」を○で囲みながら進んでください。
☆　「※」に該当する場合は、職員にお尋ねください。

1	あなたは、譲渡（売却）資産の前所有者（被相続人）の相続人又は包括受遺者ですか？	いいえ →
	はい↓	
2	譲渡（売却）した家屋とその敷地は、令和3年1月2日以後にお亡くなりになった方（被相続人）から、相続又は遺贈（死因贈与を含み、以下「相続等」といいます。）により取得したものですか？	いいえ →
	はい↓	
3	その相続等により、被相続人の住まいとして利用されていた家屋（母屋）とその敷地の両方を取得しましたか？ （家屋のみ取得又は家屋の敷地のみ取得⇒「いいえ」） （母屋と別棟となっている、離れ、倉庫、蔵、車庫等のみ取得⇒「いいえ」）	いいえ →
	はい↓	
4	あなたは、その家屋又は敷地の譲渡（売却）について既にこの特例の適用を受けていませんか？	いいえ →
	はい↓	
5	その家屋は昭和56年5月31日以前に建築されたものですか？	いいえ →
	はい↓	
6	その家屋は、区分所有登記がされた建物（マンションなど）以外のものですか？ （区分所有登記がされた家屋（マンションなど）の場合⇒「いいえ」）	いいえ →
	はい↓	
7	被相続人は、相続開始の直前においてその家屋に一人でお住まいでしたか？ （賃借人や同居人がいた場合⇒「いいえ」） ※　店舗兼住宅のように、被相続人の住まいとして利用していない部分があった場合 ※　被相続人が老人ホーム等に入居しており、その家屋が相続開始の直前において被相続人の住まいとして利用されていなかった場合	いいえ →
	はい↓	
8	譲渡先（買主）は第三者ですか？ ※　譲渡先が、配偶者・一定の親族等、一定の同族会社の場合	いいえ →
	はい↓	
9	譲渡（売却）の対価の額（＝譲渡（売却）の対価の総額×母屋のうち被相続人の居住の用に供されていた部分の割合×相続等で取得した持分の割合）は1億円を超えていませんか？ （譲渡（売却）の対価の額が1億円を超える場合⇒「いいえ」） ※　共有者がいる場合又は一部を譲渡した場合で、他の譲渡と合わせて1億円を超えるとき	いいえ →
	はい↓	
10	Ⅰ　家屋又は家屋とともにその敷地を譲渡（売却）した場合⇒項目「11」へ Ⅱ　家屋を全て取り壊した後にその家屋の敷地のみを譲渡（売却）した場合⇒項目「13」へ	

（右側通し：特例の適用を受けられません）

Ⅰ　家屋又は家屋とともにその敷地を譲渡（売却）した場合

☆　項目1～9が全て「はい」であることを確認してください。

11	家屋及びその敷地は、いずれも相続開始の時から譲渡（売却）の時まで、事業の用、貸付けの用又は居住の用に供されていませんでしたか？ （一時的な利用や無償の貸付けの用に供した場合⇒「いいえ」）	いいえ →
	はい↓	
12	その家屋は、譲渡（売却）の時において耐震基準に適合していますか？	いいえ →
	はい↓	

（右側通し：特例の適用を受けられません）

二面へ

↓

措法35条3項の特例の適用を受けることができます（留意事項へ）

Ⅱ 家屋を取り壊した後にその家屋の敷地のみを譲渡（売却）した場合

☆ 項目1～9が全て「はい」であることを確認してください。
☆ 譲渡時に家屋を取り壊していない場合には、上記Ⅰの要件を満たさないと本特例の適用を受けることはできません。

| 13 | その家屋は、相続等の時から取壊しの時まで、事業の用、貸付けの用又は居住の用に供されていませんでしたか？
（一時的な利用や無償の貸付けの用に供した場合⇒「いいえ」） | いいえ→ | 特例の適用を受けられません |

はい↓

| 14 | その家屋の敷地の全てについて、相続開始の時から譲渡（売却）の時まで、事業の用、貸付けの用又は居住の用に供されていませんでしたか？また、家屋の取壊しの時から譲渡（売却）の時まで、建物又は構築物の敷地の用に供されていませんでしたか？
（一時的な利用や無償の貸付けの用に供した場合又は建物などの敷地の用に供した場合⇒「いいえ」）
※ 譲渡（売却）した部分以外の敷地が「いいえ」になる場合 | いいえ→ | |

はい↓

措法35条3項の特例の適用を受けることができます（留意事項へ）

【留意事項】

1 他の特例との関係について
　所法第58条、措法第31条の2、第31条の3、第33条～第33条の4、第34条、第34条の2、第35条の2、第35条の3、第37条、第37条の4、第37条の5、第37条の6第1項第2号、第37条の8、第39条の特例を適用する譲渡については、本特例の適用を受けることはできません。

2 他の相続人等への通知等について（項目「9」の判断に必要な事項です。）
　(1) この特例を受けようとする場合、あなたは、被相続人の住まいとして利用されていた家屋の母屋（被相続人居住用家屋）又はその敷地を取得した他の相続人等に対して、あなたが譲渡（対象譲渡）をした旨、対象譲渡の日、その他参考となる事項を通知しなければなりません（措法第35条第8項）。
　　なお、上記の通知を受けた他の相続人等は、①既に、被相続人居住用家屋又はその敷地を譲渡していた場合、あなたからの通知を受けた後遅滞なく、その譲渡をした旨、その譲渡をした日、その譲渡の対価の額（特例対象外の部分を含みます。）、その他参考となるべき事項を通知しなければならないこととされ、②通知を受けた後に、同様の譲渡をした場合には、その譲渡をした後遅滞なく、同通知をしなければならないこととされています（同項）。
　(2) 相続開始の時から対象譲渡の日以後3年を経過する日の属する年の12月31日までの間に、あなたの対象譲渡に係る対価の額と(1)に記載の譲渡に係る対価の額の合計額が1億円を超えることとなった場合、この特例は適用できません。この場合の取扱いは次のとおりです。（措法第35条第7項及び第9項）
　　A 上記(1)①の通知により、1億円を超える場合
　　　この申告において本特例の適用はありません。
　　B 上記(1)②の通知により、1億円を超える場合
　　　通知をした他の相続人等が、その譲渡の日から4か月以内に、修正申告及び納税をする必要があります。

3 自己取得持分について
　この特例は、譲渡（売却）資産の前所有者（被相続人）からの相続又は遺贈により取得した持分に適用があるため、もともとあなたが所有していた持分については、本特例の適用はありません。

この「チェックシート」は、次の書類とともに確定申告書に添付して提出してください。
☐ 譲渡所得の内訳書（確定申告書付表兼計算明細書）【土地・建物用】
☐ 被相続人居住用家屋及びその敷地の登記事項証明書その他の書類で、(a)譲渡資産を相続等により取得したこと、(b)その家屋が昭和56年5月31日以前に建築されたものであること、(c)その家屋が区分所有建物でないことを明らかにするもの
　（注）登記事項証明書については、「譲渡所得の特例の適用を受ける場合の不動産に係る不動産番号等の明細書」を提出することなどにより、その添付を省略することができます。
☐ 被相続人居住用家屋等確認書（被相続人居住用家屋の所在の市区町村から交付を受けます。）
☐ 譲渡した被相続人居住用家屋の売買契約書の写しその他の書類で譲渡に係る対価が1億円以下であることを明らかにする書類
【家屋の譲渡があった場合（上記Ⅰの場合）には、上記の書類に加えて、以下の書類が必要です。】
☐ 耐震基準適合証明書又は建設住宅性能評価書の写し（被相続人居住用家屋の譲渡の日前2年以内に証明のための調査が終了したもの又は評価されたものに限ります。）

☆ 基礎控除や配偶者特別控除などの所得控除の適用に当たっての合計所得金額の判定は、3,000万円の特別控除前の譲渡益の金額で判定します。

二面

※ このチェックシートは東京国税局ホームページの「相続税、贈与税、財産評価及び譲渡所得関係のチェックシート等」に掲載された令和5年版（右のQRコードからダウンロードすることができます）を基に令和6年分として使用できるように改訂しています。

【令和6年分用】

特例適用審査表 (措法35③：被相続人の居住用財産を譲渡した場合の3,000万円特別控除)

名簿番号

1 整理・点検

	あり	なし
(1) 確定申告書への特例適用の記載	□	□
(2) 譲渡所得の内訳書(確定申告書付表兼計算明細書)の記載・提出	□	□
(3) 添付書類(**法定添付書類**)		
イ 土地及び建物の登記事項証明書その他の書類で以下のことを明らかにするもの	□	□

　　㈠　譲渡資産を相続等により取得したこと
　　㈡　建物が昭和56年5月31日以前に建築されたものであること
　　㈢　建物が区分所有建物でないこと
　　※　不動産番号等の提供がある場合は、上記登記事項証明書は添付不要

| ロ 建物の所在市区町村に申請し、交付を受ける確認書(被相続人居住用家屋等確認書) | □ | □ |
| ハ 建物の耐震基準適合証明書又は建設住宅性能評価書の写し | □ | □ |

　　※　譲渡の日前2年以内に証明のための調査が終了したもの又は評価されたものに限る
　　※　建物を取り壊した後にその家屋の敷地等を譲渡した場合は必要なし

| ニ 売買契約書の写しその他の書類で譲渡対価が1億円以下であることを明らかにする書類 | □ | □ |

根拠条文等	措法35・措令23・措規18の2・措通35－7～27

2 審査

A 譲渡資産等に関する検討 (共通事項)

審査項目	適	否	審査上の留意事項・審査事績
① 家屋及びその家屋の敷地等を相続又は遺贈により取得したか？			◆ 相続人又は包括受遺者以外の者が取得した場合 ⇒ 特例の適用不可！ ◆ 家屋のみ又はその家屋の敷地等のみを取得した場合⇒ 特例の適用不可！(措通35－9)
② 譲渡者が既に相続又は遺贈により取得した被相続人居住用家屋又はその敷地等についてこの特例を適用していないか？			◆ 家屋を取り壊した後の敷地等の一部について特例を適用しようとしている者は、その敷地等の一部の譲渡について既にこの特例を適用している場合には適用不可！ ⇒ 措通35－17(1)
③ 相続開始の直前(特定事由※1により、相続開始の直前において被相続人の居住の用に供されていなかった場合には、当該特定事由により居住の用に供されなくなる直前)において家屋に居住していたのは被相続人のみか？			◆ 被相続人の居住の用に供されていたか否かは、相続開始の直前(特定事由により、相続開始の直前において被相続人の居住の用に供されていなかった場合には、当該特定事由により居住の用に供されなくなる直前)の現況による。(措通35－10、31の3－2) ◆ 家屋の一部に、親族又は賃借人が居住していた場合 ⇒ 特例の適用不可！(措通35－12) ◆ 特定事由により、相続開始の直前において被相続人の居住の用に供されていなかった場合とは、次の要件を満たす必要あり(措法35③) ⇒ 被相続人の居住の用に供されなくなった時から相続開始の直前まで、引き続き被相続人居住用家屋が被相続人の物品の保管その他の用に供されていたこと(措令23⑨一) ⇒ 居住の用に供されなくなった時から相続開始の直前まで、事業の用、貸付けの用又は被相続人以外の者の居住の用に供されていたことがないこと(措令23⑨二) ⇒ 被相続人が老人ホーム等に入居した時から相続開始の直前までにおいて被相続人の居住の用に供する家屋が複数ある場合には、入居した老人ホーム等が、被相続人が主として居住の用に供していたものであること(措令23⑨三)
④ 相続開始の直前(特定事由※1により、相続開始の直前において被相続人の居住の用に供されていなかった場合には、当該特定事由により居住の用に供されなくなる直前)において家屋は区分所有建物ではなく、昭和56年5月31日以前に建築されたものか？			◆ 左記の「区分所有建物」とは、区分所有建物である旨の登記がされている建物をいう。 ⇒ 措通35－11 ◆ 母屋、離れ、倉庫が用途上不可分の関係にあるとしても、**母屋のみ**に特例適用可！ ⇒ 措令23⑩

◆ 相続開始の直前において用途上不可分の関係にある2以上の建築物がある場合※2の主として居住の用に供していた家屋の敷地等の計算⇒ 措通35－13
　(一団の土地の面積(注1)(A)×主として居住の用に供していた一の建築物の床面積/全ての建築物の床面積(注2))×(譲渡した土地等の面積(注3)/A)
　(注)
　　1 被相続人以外の者が相続開始の直前において所有していた土地等の面積も含まれる。
　　2 被相続人以外の者が所有していた建築物も含まれる。
　　3 被相続人から相続又は遺贈により取得した被相続人の居住の用に供されていた家屋の敷地の用に供されていた土地等の面積のうち、譲渡した土地等の面積による。

◆ 相続開始の直前において店舗兼住宅等であった場合※3の居住用部分の判定(措通35－15、措通31の3－7、31の3－8)
　家屋のうち居住の用に専ら供している部分の床面積(B)+(居住の用と居住の用以外の用とに併用されている部分の床面積×B/(B+居住の用以外の用に専ら供されている部分の床面積))

※ 居住用割合がおおむね90%以上 ⇒ 全部を居住用としても差し支えない。ただし、この場合には、譲渡の対価の額が1億円を超えるかどうかの判定でも、全体の譲渡価額により判定する(措通35－20(2)ロ)

※1 「特定事由」とは、①介護保険法に規定する要介護認定又は要支援認定を受けた被相続人若しくは介護保険法施行規則140条の62の4第2号に該当する被相続人、②障害者の日常生活及び社会生活を総合的に支援するための法律に規定する障害支援区分の認定を受けていた被相続人が一定の老人ホーム等に入居又は入所していることをいう。(措令23⑧、措規18の2③)

※2 特定事由により、相続開始の直前において被相続人の居住の用に供されていなかった場合には、当該特定事由により居住の用に供されなくなる直前において用途上不可分の関係にあるか判断する。

※3 特定事由により、相続開始の直前において被相続人の居住の用に供されていなかった場合には、当該特定事由により居住の用に供されなくなる直前において店舗兼住宅等であるか判断する。

【令和6年分用】

B　家屋又は家屋とともにその敷地を譲渡した場合の譲渡資産の検討

審 査 項 目	適	否	審 査 上 の 留 意 事 項 ・ 審 査 事 績
⑤ 相続の時から譲渡の時まで、家屋及びその家屋の敷地等を事業の用、貸付けの用又は居住の用に供していないか？			◆ 事業の用、貸付けの用又は居住の用として一時的に利用されていた場合でも特例の適用不可！（措通35－16） ◆ 無償による貸付けであった場合でも特例の適用不可！（措通35-16）
⑥ 譲渡の時において家屋は地震に対する安全性に係る規定又は基準として一定のものに適合しているか？			(1) 耐震基準適合証明書 (2) 建設住宅性能評価証明書の写し ※ いずれも譲渡の日前2年以内に家屋調査の終了又は評価されたものに限る（平成21年6月26日号外国土交通省告示第685号）。
⑦ 家屋を譲渡しているか？			◆ 「C　家屋を取り壊した後にその敷地のみを譲渡した場合」以外の場合では、敷地のみの譲渡には特例の適用不可！ ⇒ 家屋のみか、家屋とともにされる敷地の譲渡が対象

C　家屋を取り壊した後にその敷地のみを譲渡した場合の譲渡資産の検討

審 査 項 目	適	否	審 査 上 の 留 意 事 項 ・ 審 査 事 績
⑧ 家屋は、相続の時から取壊しの時までに、事業の用、貸付けの用又は居住の用に供されていないか？			
⑨ 相続の時から譲渡の時まで、敷地等を事業の用、貸付けの用又は居住の用に供していないか？			◆ 事業の用、貸付けの用又は居住の用として一時的に利用されていた場合でも特例の適用不可！（措通35－16） ◆ 無償による貸付けであった場合でも特例の適用不可！（措通35－16） ◆ 家屋を取り壊した後その敷地等の一部を譲渡した場合の利用制限に注意！
⑩ 家屋を取り壊した時から譲渡の時まで建物又は構築物の敷地の用に供されていたことがないか？			(1) その敷地等を単独でその譲渡者が取得した場合 　　その者が取得した敷地等の全部について⑨及び⑩を満たしていないとき ⇒ 特例の適用不可！（措通35－17(3)イ） 　　その敷地等のうち譲渡者以外の者が単独で取得した部分がある場合 ⇒ 譲渡者以外の者が取得した部分の利用状況は問われない（措通35－17(3)イ(注)） (2) その敷地等を複数の相続人の共有で取得した場合 　　共有で取得したその敷地等の全部について⑨及び⑩を満たしていないとき ⇒ 特例の適用不可！（措通35－17(3)ロ）
⑪ 被相続人居住用家屋の全部を取り壊しているか？			◆ 用途上不可分の関係にある離れや倉庫については取り壊していなくても適用可（措令23⑩、措通35－10）

D　譲渡に関する検討

審 査 項 目	適	否	審 査 上 の 留 意 事 項 ・ 審 査 事 績
⑫ 買主が右記の者に該当しないか？			◆ 【「否」となる買主】 ⇒ 措令23②、20の3①一～五 　一号　配偶者・直系血族（父母・祖父母・子・孫など） 　二号　生計一親族及び譲渡物件で同居する親族 　五号　自己又は親族等の経営する同族法人 ・その他いわゆる特殊関係者への譲渡にも注意（三、四）
⑬ 右記の期間に譲渡したか？			◆ 相続の開始の日から同日以後3年を経過する日の属する年の12月31日までの間
⑭ 本件の譲渡の対価の額が1億円を超えていないか？			◆ 譲渡の対価の額とは、例えば譲渡協力金、移転料等のような名義のいかんを問わない。⇒ 措通35－19

◆ 譲渡の対価の額の判定において次の点に留意
(1) 譲渡資産が共有である場合は、共有持分ごとに判定する。 ⇒ 措通35－20(1)
(2) 譲渡資産が店舗兼住居等である場合は、居住用部分に対応する譲渡価額により判定する。ただし、居住用部分がおおむね90%以上であるため、全ての床面積を居住用部分として取り扱って特例を適用する場合には、全ての床面積に対応する譲渡価額により判定する。 ⇒ 措通35－20(2)ただし書
※ (1)の他の共有者の持分の譲渡対価及び(2)の店舗部分に対応する譲渡対価は、適用前譲渡（※下記⑮を参照）に係る対価の額に含まれることに留意する。

【令和6年分用】

審査項目	適	否	審査上の留意事項・審査事績
⑮ 譲渡の対価の額と適用前譲渡に係る対価の額及び適用後譲渡に係る対価の額の合計額が1億円を超えていないか？			◆「適用前譲渡」→ 被相続人居住用家屋又はその敷地等を相続等により取得した相続人（以下「居住用家屋取得相続人」という。）がした相続開始の時から特例適用者が譲渡をした日の属する年の12月31日までの間の被相続人居住用家屋又はその敷地等の譲渡（措法35⑥） ◆「適用後譲渡」→ 居住用家屋取得相続人がした特例適用者が譲渡をした日の属する年の翌年1月1日から譲渡日以後3年を経過する日の属する年の12月31日までの間の被相続人居住用家屋又はその敷地等の譲渡（措法35⑦）

◆ 適用前譲渡及び適用後譲渡に係る対価の額の判定において次の点に注意！ ⇒ 措通35-22、35-24
(1) 適用前譲渡及び適用後譲渡に係る対価の額に次の対価を含める。
　イ 居住用家屋取得相続人が相続開始直前に固有で所有していた部分を譲渡した場合のその対価
　ロ この特例を受けるためのみの目的で相続開始直前に一時的に居住用以外の用に供したと認められる部分を譲渡した場合のその対価
　ハ 店舗兼住居用の家屋及びその敷地等を譲渡した場合の店舗部分を譲渡した場合のその対価（上記⑭の※を参照）
　ニ 適用前譲渡又は適用後譲渡が贈与又は低額譲渡（適用前譲渡時又は適用後譲渡時の時価の2分の1未満の対価で行った譲渡）である場合には、贈与時又は譲渡時の時価
(2) 判定は、相続開始の直前の利用状況によるため、相続後に、居住用家屋取得相続人が被相続人の居住用家屋の敷地の一部を貸し付けた場合の当該敷地部分の譲渡対価は、判定に含む。
(3) 適用前譲渡及び適用後譲渡に係る対価の額には、居住の用に供していた母屋と一体として利用されていた離れや倉庫等に対応する譲渡の対価は含まない。

E 他の特例との関係

審査項目	適	否	審査上の留意事項・審査事績
⑯ 右記の特例と重複適用してないか？			◆所法58、措法31の2、33～33の4、34、34の2、35の2、35の3・37、37の4、37の5、37の6①ニ、37の8、39 ※ 譲渡資産が居住用部分と非居住用部分とから成る家屋の場合 　⇒ 非居住用部分につき措法33又は33の2①、37、37の4又は39の規定の適用を受けても居住用部分については本特例の適用可（措通35-1、35-8） ◆ 同一年中に他の譲渡について措法35①の特例の適用を受ける場合における特別控除の額の限度は3,000万円 ⇒ 措通35-7 ※ 住宅借入金等を有する場合の所得税額の特別控除との併用は可能 　⇒ 措法41㉔㉕

【次のいずれにも該当する場合は「一般事務整理簿（被相続人居住用財産の特別控除）」への登載が必要】

☐ 被相続人居住用家屋及びその敷地の用に供されていた土地等の全てを譲渡した場合、その譲渡価額の合計額が1億円を超えると見込まれること
☐ 被相続人居住用家屋及びその敷地の用に供されていた土地等の一部が令和5年分において申告されていないこと

《留意事項》
1　1億円を超えると見込まれるか否かの判定過程については、譲渡所得納税相談・申告審理事績書に確実に記載する。
2　「一般事務整理簿（被相続人居住用財産の特別控除）」に登載した際には、登載した旨を譲渡所得納税相談・申告審理事績書に確実に記載する。
3　「一般事務整理簿（被相続人居住用財産の特別控除）」に登載した事案については、

　※　令和5年7月7日付東局課一資2-56ほか1課合同「資産税事務に係る事務処理要領の制定について」指示の第6章第7節4(1)ホ参照

特例適用審査表は、情報公開請求により入手した令和5年版（右のQRコードからダウンロードすることができます）を基に令和6年分として使用できるように改訂しています。　　　　は、情報公開法により不開示となった部分です。

譲渡所得の内訳書の記載手順1
被相続人居住用家屋の敷地の売却

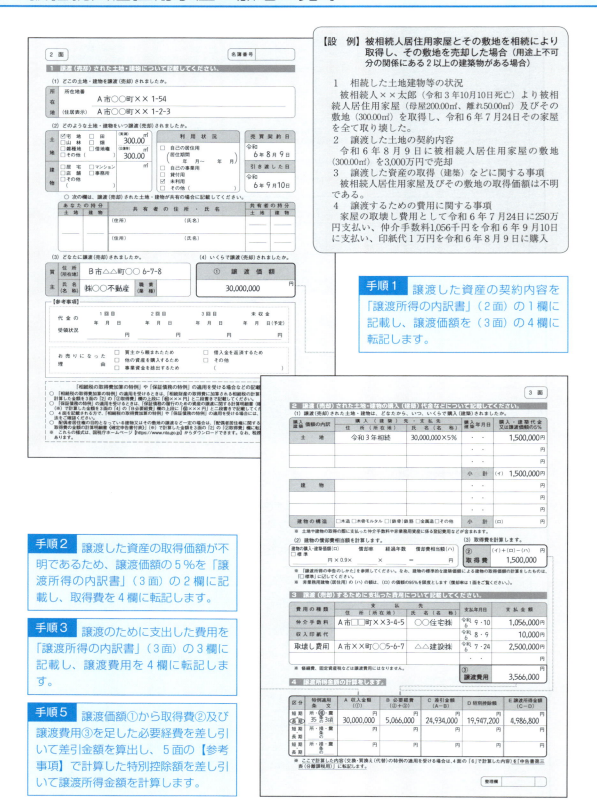

譲渡所得の内訳書の記載手順2
被相続人居住用家屋の敷地の売却

手順4 被相続人の情報及び被相続人から相続した土地建物等の内容を7欄の(1)に記載し、用途上不可分の関係にある2以上の建築物がある場合には(2)にその内容を記載し、被相続人居住用家屋の敷地に該当する部分の面積を計算します。
なお、適用前譲渡等がある場合には(3)に記載します。

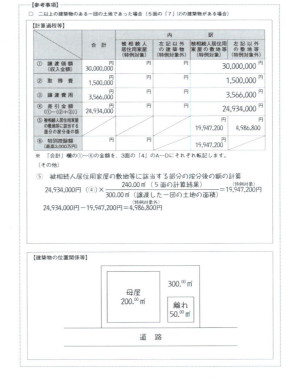

税務署のチェックポイント
① 被相続人から相続した居住用家屋の敷地の譲渡か（自己が所有していた部分はないか）。
② 譲渡は相続してから3年を経過する日の12月31日までにされているか。
③ 譲渡価額が適用前譲渡の金額を加算して1億円を超えていないか。
④ 被相続人の居住用以外の用途に使用されている部分はないか。

税務署のチェックポイント
① 家屋は昭和56年5月31日以前に建築されたものか。
② 償却相当額の計算は適正か。
③ 譲渡費用の中に譲渡費用とならない費用（引越費用や弁護士費用、住所変更登記料、抵当権抹消登記料、税理士報酬）などが含まれていないか。

123

譲渡所得の申告書の記載手順
被相続人居住用家屋の敷地の売却

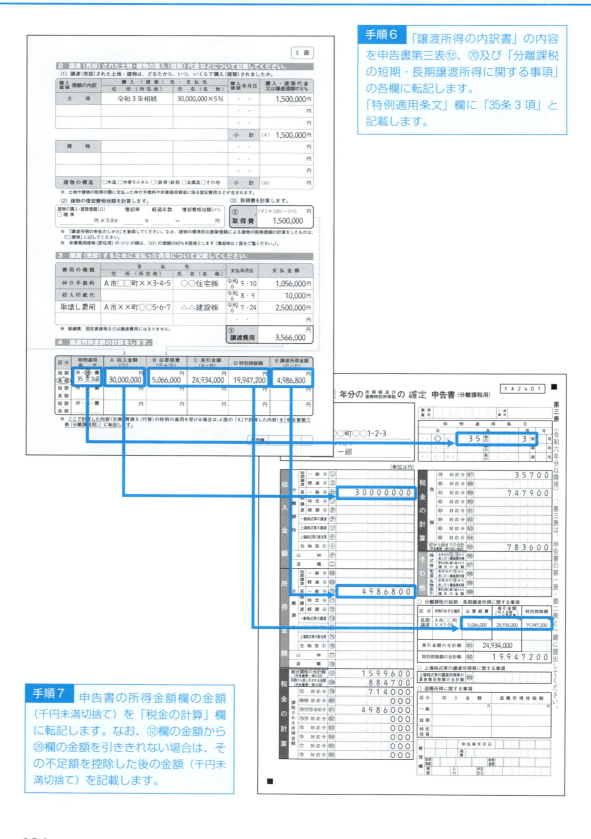

3　特定の居住用財産の買換えの特例

(1)　特定の居住用財産の買換えの特例の概要

　自己が、平成5年4月1日から令和7年12月31日までの間に、居住していた土地建物を譲渡し、自己の居住用土地建物（買換資産）を取得して一定の要件に該当した場合には、譲渡収入金額が買換資産の取得価額を下回る場合にはその譲渡がなかったものとされ、譲渡収入金額が買換資産の取得価額を上回る場合には、その上回る部分についてだけ譲渡があったものとする特例があります（措法36の2）。この特例を受けるには、次のすべての要件を満たすことが必要です。

(2)　特定の居住用財産の買換えの特例要件（措法36の2、措令24の2）

① 譲渡資産
　(イ)　日本国内にある自己の居住用財産であり、その者がその家屋の所在地に10年以上住んでいること[※1]
　(ロ)　家屋又は家屋とともにその敷地の用に供されている土地等を譲渡していること[※2 B]
　(ハ)　(イ)の居住用財産で住まなくなった日から3年目の年の12月31日までに譲渡していること
　(ニ)　譲渡した年の1月1日において、譲渡した家屋及び土地等の所有期間がともに10年を超えていること[※2 C]
　(ホ)　譲渡資産[※2 A]の売却価額が1億円以下であること[※3]
② 譲受人
　譲受人が、配偶者や直系血族、これら以外の生計を一にする親族などの特別な関係者でないこと
③ 買換資産[※4]
　(イ)　自分の住む家屋又は家屋とともにその敷地の用に供されている土地等を取得すること[※5]
　(ロ)　日本国内にある自己の居住用のための資産であること
　(ハ)　譲渡の年の前年から翌年の12月31日までに取得すること[※6]
　(ニ)　買換資産を譲渡年の翌年12月31日（譲渡年の翌年に取得した場合は取得した年の翌年12月31日）までに居住用に供すること
　(ホ)　家屋の床面積が50㎡以上、その土地等は500㎡以下であること[※7]
　(ヘ)　中古の耐火建築物である場合には、25年以内に建築されたもの又は一定の耐震基準に適合する旨の証明がされたものであること
④ 他の特例との関係
　(イ)　譲渡年又は譲渡年の前年若しくは前々年において措法31条の3、35条（3項の規定により適用する場合を除きます。）、41条の5、41条の5の2の適用を受けていないこと
　(ロ)　その居住用財産の譲渡について措法33条〜33条の4、37条、37条の4、37条の8の適用を受けていないこと
　(ハ)　譲渡資産及び買換資産は贈与、交換、出資又は代物弁済により譲渡若しくは取得したものでないこと

《譲渡資産に係る注意事項》
※1　「その者がその家屋の所在地に10年以上住んでいること」とは、譲渡人がその家屋の所在する場所に居住していた期間をいい、居住期間が10年以上であるかどうかは、譲渡人が、譲渡した家屋の所在する場所に居住していなかった期間がある場合には、居住していなかった期間を除きその前後の居住していた期間を合計して判定します（措令24の2⑥、措通36の2-2）。
※2　A　「譲渡資産」とは、上記①の(イ)から(ニ)に該当するものをいいます（措法36の2①）。
　　　B　譲渡には、譲渡所得の基因となる不動産等の貸付けを含み、贈与（著しく低い価額の対価による譲渡を含みます。）、交換、出資又は代物弁済（金銭債務の弁済に代えてするものに限られます。）を除きます（措法36

の2①、措令24の2②)。

C 上記①の(イ)の家屋が災害により滅失した場合において、個人が引き続き所有していたとしたならば、その年の1月1日において措法31条2項に規定する所有期間が10年を超えるその家屋の敷地の用に供されていた土地等（災害があった日から同日以後3年を経過する年の12月31日までの間に譲渡されるものに限ります。）も含みます（措法36の2①四）。

※3 A 譲渡資産の譲渡をした者が、譲渡をした日の属する年又はその年の前年若しくは前々年に、譲渡資産と一体として居住用に供されていた家屋又は土地等※bの譲渡（収用交換等による譲渡※aを除きます。以下「前3年以内の譲渡」といいます。）をしている場合において、前3年以内の譲渡に係る対価の額と譲渡資産に係る譲渡対価の額の合計額が1億円を超えるときは、適用しません（措法36の2③）。

※a 「収用交換等による譲渡」とは、措法33条の4第1項に規定する収用交換等による譲渡及び措法34条1項又は34条の2第1項の規定の適用を受ける譲渡をいいます（措令24の2⑧）。

※b 譲渡資産の譲渡の年の1月1日において所有期間が10年以下である底地や買増しした庭の一部のように、特例の対象とならないものも、「譲渡資産と一体として居住用に供されていた家屋又は土地等」に該当します（措通36の2-6の3）。

B 譲渡資産を譲渡した者が、その譲渡をした日の属する年の翌年又は翌々年に、その譲渡資産と一体として居住用に供されていた家屋又は土地等の譲渡（収用交換等による譲渡を除きます。）をした場合において、その家屋又は土地等の譲渡に係る対価の額と譲渡資産の譲渡に係る対価の額（前3年以内の譲渡がある場合には、Aの合計額）との合計額が1億円を超えるときは、適用しません（措法36の2④）。

C 譲渡資産の譲渡をした者が、譲渡をした日の属する年、その年の前年若しくは前々年又はその年の翌年若しくは翌々年にその譲渡資産と一体として居住用に供されていた家屋又は土地等の譲渡をした場合において、その譲渡が贈与（著しく低い価額の対価（譲渡の時の通常の取引価額の2分の1に満たない金額）による譲渡を含みます。）によるものである場合には、その贈与の時の通常の取引価額に相当する金額をもって譲渡の対価の額とします（措令24の2⑨、措規18の4④、措通36の2-6の4）。

《買換資産に係る注意事項》

※4 「買換資産」とは、上記(2)③(イ)から(ハ)及び(ホ)並びに(ヘ)に該当する資産をいいます（措法36の2①、措令24の2③）。

※5 取得には、建築を含み、贈与、交換又は代物弁済を除きます（措法36の2①、措令24の2④）。

※6 建築後使用されたことのない家屋を令和6年1月1日以後の居住用に供した場合又は供する見込みである場合にあっては、措法41条27項に規定する特定居住用家屋に該当するものは除かれます（措令24の2③一イ）。

※7 区分所有建物の場合には、家屋の床面積は、一棟の家屋のうちその独立部分を区分所有する場合には、その独立部分の床面積のうち自己が居住用に供する部分の床面積が50㎡以上であるもの、土地の面積は、その一棟の家屋の敷地の用に供する土地等の面積にその家屋の床面積のうちその者の区分所有する独立部分の床面積に占める割合を乗じて計算した面積が500㎡以下であるもの（措令24の2③一イ、ニ）。

(3) 譲渡資産に係るチェックポイント

① この特例を適用するに当たっての注意事項

この特例を適用するに当たっては、次の事項について注意してください（措通36の2-1）。

図表4-3-1　特例適用に当たっての注意事項

態　様	注意事項
家屋及び土地等のいずれか一方の資産に係る譲渡所得についてのみ特例を適用	一方のみを適用することはできません。
家屋及び土地等のいずれか一方のその年の1月1日における所有期間が10年以下であるとき	この特例の譲渡資産に該当しないので、適用できません。

② 家屋に居住していた期間の判定

以下の家屋に居住していた期間については、次のように判定します（措通36の2-3～5）。

図表4-3-2 家屋に居住していた期間の判定

居住していた期間	判定結果
譲渡した土地等が土地区画整理事業等の換地処分又は権利変換によって取得したものである場合の従前の家屋の所在地に居住していた期間	居住期間に含まれません。
借家を取得して譲渡した場合の借家だった期間の居住していた期間	居住期間に含まれます。
家屋の建替えのために、一時的に他の場所で居住していた期間	居住期間に含まれます。

③ 譲渡に係る対価の額が1億円を超えるかどうかの判定

譲渡に係る対価の額が1億円を超えるかどうかの判定は、次により行います（措通36の2-6の2）。

図表4-3-3 譲渡対価額が1億円を超えるかの判定

譲渡資産	判定基準
共有である場合	所有者ごとの譲渡対価により判定します。
店舗兼住宅等及びその敷地である場合	居住部分に対応している譲渡対価※により判定します。

※ 店舗兼住宅等及びその敷地である場合の譲渡対価の計算は次の算式のとおりです。

【算式】

イ 家屋のうち居住用部分の譲渡対価の計算

$$
\text{家屋の譲渡価額} \times \frac{\text{家屋のうち居住用に専ら供している部分の床面積 A} + \text{家屋のうち居住用と居住用以外の用とに併用されている部分の床面積}}{\text{家屋の床面積}} \times \frac{A}{A + \text{居住用以外の用に専ら供されている部分の床面積}}
$$

ロ 土地等のうち居住用部分の譲渡対価の計算

$$
\text{土地等の譲渡価額} \times \frac{\text{土地等のうち居住用に専ら供している部分の面積} + \text{土地等のうち居住用と居住用以外の用とに併用されている部分の面積}}{\text{土地等の面積}} \times \frac{\text{家屋の床面積のうちイの計算式により計算した居住用に供している部分の床面積}}{\text{家屋の床面積}}
$$

ただし、これにより計算した居住用に供している部分がそれぞれ家屋又は土地等のおおむね90％以上である場合においては、家屋又は土地等の全部を居住用に供している部分に該当するものとして取り扱うときは、その家屋又は土地等の全部の譲渡価額で判定します。

④ 「譲渡資産と一体として居住用に供されていた家屋又は土地等」の判定

　その譲渡した資産が、上記(2)※３Ａの「譲渡資産と一体として居住用に供されていた家屋又は土地等」に該当するかどうかの判定は、社会通念に従い、譲渡資産と一体として利用されていたものであったかどうかを、以下の利用状況等に応じて次の判定の時期により判定します（措通36の２-６の３）。

図表４-３-４　「譲渡資産と一体として居住用に供されていた家屋又は土地等」の判定

態　　様	その資産の譲渡の時期	判定の時期
譲渡時に居住用に供している	譲渡資産を譲渡する以前	その資産を譲渡した時
	譲渡資産を譲渡した後	譲渡資産を譲渡した時
譲渡時に居住用に供していない	譲渡資産が居住用に供されなくなった後に譲渡	居住用に供されなくなった時の直前

（注１）　この特例を受けるためのみの目的で上記図表の判定の時期前に一時的に居住用以外の用に供したと認められる部分については、「譲渡資産と一体として居住用に供されていた家屋又は土地等」に該当します。
（注２）　譲渡資産の譲渡の年の１月１日において所有期間が10年以下である底地や買増しした庭の一部のように、この特例の適用対象とならないものも、「譲渡資産と一体として居住用に供されていた家屋又は土地等」に該当します。

⑤ 居住用土地等のみの譲渡

　措令24条の２第11項では、「家屋が取り壊された場合において、その取り壊された日の属する年中に同号に該当する土地等の譲渡があったときは、その土地等（同日以後に貸付けその他の業務の用に供しているものを除く。）は、譲渡資産に該当するものとする」と規定されていますが、措通36の２-23で措通31の３-５の取扱いを準用していることから、以下のとおり取扱いが拡大されています（措令24の２⑪、措通36の２-23、31の３-５）。

図表４-３-５　居住用土地等のみの譲渡の場合の特例要件の判定

態　　様			要　　件	判　定
居住用に供されている家屋又は居住用に供さなくなった家屋	⇒取壊し	家屋の敷地の用に供されていた土地等の譲渡	①　土地等は、家屋が取り壊された日の属する年の１月１日において所有期間が10年を超えるものであること	全ての要件を満たすときは特例の適用があります。
			②　土地等の譲渡に関する契約が家屋を取り壊した日から１年以内に締結され、かつ、その家屋を居住用に供さなくなった日以後３年を経過する日の属する年の12月31日までに譲渡したものであること	
			③　土地等は、家屋を取り壊した後譲渡に関する契約を締結した日まで、貸付けその他の用に供していないこと	

（注１）　家屋を取壊し後、土地等の上に土地等の所有者が建物等を建築し、その建物とともに譲渡する場合はこの特例の適用はありません。
（注２）　土地等のみの譲渡であっても、家屋を曳家して土地等を譲渡する場合はこの特例の規定する居住用財産に該当しません。

（注3）　取壊しの日の属する年の１月１日において所有期間が10年を超えない家屋の敷地の用に供されていた土地等については、この特例の適用はありません。

⑥　居住用家屋の所有者とその敷地の所有者が異なる場合の取扱い

　(2)①(イ)又は(ハ)に該当する家屋（以下「譲渡家屋」といいます。）の所有者以外の者が譲渡家屋の敷地の用に供されている土地等でその譲渡の年の１月１日における所有期間が10年を超えているもの（以下「譲渡敷地」といいます。）の全部又は一部を有している場合において、譲渡家屋の所有者と譲渡敷地の所有者の行った譲渡が次の要件の全てを満たすときは、これらの者がともに特例の適用を受ける旨の申告をしたときに限りその申告が認められます（措通36の２-19）。

《前提要件》
　譲渡家屋の所有者と譲渡敷地の所有者は、いずれも特例の規定する譲渡及び取得をしていること

図表４-３-６　居住用家屋の所有者とその敷地の所有者が異なる場合の特例適用要件

		要　件		判　定
譲渡資産	①	譲渡敷地の所有者の譲渡家屋における居住期間が10年以上であること		譲渡家屋の所有者と譲渡敷地の所有者がともに特例の適用を受ける旨の申告をしたときに限りその申告が認められます。
	②	譲渡敷地は、譲渡家屋とともに譲渡されているものであること		
	③	譲渡家屋は、その譲渡の時において家屋の所有者が譲渡敷地の所有者とともに居住用に供している家屋であること		
	④	上記③の家屋がその所有者の居住用に供されなくなった日から同日以後３年を経過する日の属する年の12月31日までの間に譲渡されたものであるとき ⇒	その居住用に供されなくなった時の直前においてこれらの者の居住用の家屋であること	
買換資産	⑤	これらの者が取得した資産は、居住用に供する一の家屋又は家屋とともに取得した家屋の敷地の用に供する一の土地等で国内にあるものであること		
	⑥	⑤の家屋又は土地等は、これらの者のそれぞれが、おおむねその者の譲渡資産に係る譲渡収入金額の割合に応じて、その全部又は一部を取得しているものであること		
	⑦	⑤の家屋の取得価額又は家屋及び土地等の取得価額の合計額が譲渡家屋及び譲渡敷地の譲渡収入金額の合計額を超える場合 ⇒	それぞれの者に係る譲渡収入金額にその超える金額のうちその者が支出した額を加算した金額の割合に応じて、その全部又は一部を取得しているものであること	
	⑧	取得した家屋又は土地等は、買換資産の取得期間内に取得されているものであること		
	⑨	取得した家屋は、買換資産を居住用に供すべき期間内に、譲渡家屋の所有者が譲渡敷地の所有者とともに居住用に供しているものであること		
共通	譲渡家屋の所有者と譲渡敷地の所有者とは、譲渡家屋及び譲渡敷地の譲渡の時（家屋が所有者の居住用に供されなくなった日から同日以後３年を経過する年の12月31日までの間に譲渡されたものであるときは、その居住用に供されなくなった時）から買換資産を居住用に供すべき期間を経過するまでの間、親族関係を有し、かつ、生計を一にしていること			

（注1）　この取扱いは、譲渡家屋の所有者が家屋（譲渡敷地のうちその者が有している部分を含みます。）の譲渡につ

129

き特例の適用を受けない場合（その譲渡に係る長期譲渡所得がない場合を除きます。）には、譲渡敷地の所有者について特例を適用することはできません。
（注2）　この取扱いにより、譲渡敷地の所有者が敷地の譲渡につき特例の適用を受ける場合には、譲渡家屋の所有者に係る家屋の譲渡については措法41条の5第1項又は41条の5の2第1項の規定の適用を受けることはできません。

【質疑応答】共有の居住用土地建物を譲渡した場合の居住用財産の買換えの特例

□　共有の居住用土地建物を譲渡した場合の居住用財産の買換えの特例

甲及び乙は、土地建物ともに甲及び乙の共有である居住用財産を譲渡し、買換資産として家屋を甲が、その敷地を乙が取得しました。甲及び乙は親族関係を有し（親と子）、生計を一にしており、ともに買換家屋に同居します。

乙は、買換家屋を取得していませんが、租税特別措置法関係通達36の2-19（居住用家屋の所有者とその敷地の所有者が異なる場合の取扱い）に準じて、買換えの特例が適用できますか。

なお、譲渡した居住用財産の所有形態が異なることを除いて、他の要件は全て満たしています。

⇒ 租税特別措置法関係通達36の2-19に掲げる要件を満たすのであれば、買換資産として敷地のみを取得した者（乙）についても、特例の適用を認めて差し支えありません。

⑦　借地権等が設定されている土地の譲渡についての取扱い

譲渡家屋の所有者が、その家屋の敷地である借地権等の設定されている土地でその譲渡の年の1月1日における所有期間が10年を超えるもの（以下この項において「居住用底地」といいます。）の全部又は一部を所有している場合において、次の譲渡については以下のとおり取り扱われています（措通36の2-20）。

図表4-3-7　借地権等が設定されている土地の譲渡についての取扱い

態　様	取扱い
居住用家屋を取り壊しその居住用底地を譲渡したとき	措通31の3-5（居住用土地等のみの譲渡）に準じて取り扱われます。
居住用底地が居住用家屋とともに譲渡されているとき	特例の対象となる譲渡として取り扱います。
居住用家屋の所有者以外の者が、居住用底地の全部又は一部を所有している場合	上記⑥に準じて取り扱われます。

(4)　買換資産に係るチェックポイント

①　買換資産の範囲等

買換資産の範囲等については、上記(2)③買換資産に定めるもののほか、次に定めるところによります（措令24の2⑫⑬）。

図表4-3-8　買換資産の範囲等

	態様	適用対象	判定
取得する家屋及びその敷地の用に供する土地等	居住の用以外の用に供されている部分がある場合	居住の用に供されている部分のみ	買換資産に該当
	2以上の家屋の取得をする場合	取得をした家屋のうち一の家屋を主としてその居住の用に供するとき	一の家屋に限り、買換資産に該当
	買換資産の取得をした後、取得の日（当該取得の日が2以上ある場合には、そのいずれか遅い日）の属する年の翌年12月31日までの間に死亡した場合	買換資産を相続により取得した者がその取得をした後居住すべき期限までに買換資産をその居住の用に供しているとき	買換資産は、死亡した譲渡人が居住すべき期限までにその居住の用に供していたものとみなして、同条の規定を適用

（注）取得する家屋及びその敷地の用に供される土地等のうち居住用以外に供する部分がある場合におけるその居住用部分の判定は87頁の「④　店舗兼住宅等を譲渡した場合の居住用部分の判定」の算式に準じて計算します（措通36の2-7、31の3-7）。
　　なお、これにより計算した居住用部分の面積が家屋及びその敷地の用に供されている土地等の面積のおおむね90％以上となるときは、その家屋及び土地等の全部が居住用に供している部分として取り扱って差し支えありません。

【質疑応答】措法36条の2の適用範囲

☐ 租税特別措置法第36条の2第1項に規定する買換資産の範囲

　甲は、下図のように居住用財産の買換えを行いました。新たに取得した宅地を租税特別措置法第36条の2第1項に規定する買換資産とする場合には、その取得した宅地の全部が買換資産となりますか。それとも、取得した宅地のうち当該宅地の上に建築された家屋の甲の持分4分の1に対応する面積に相当する部分のみが買換資産となるのでしょうか。

（注）1　甲と乙は生計を一にしており、ともに買換資産を居住の用に供している。
　　　2　甲と乙の間には地代の授受はない。
　　　3　乙は甲の叔母である。

⇒ 宅地の所有者がその宅地の上に建築されている家屋の全部を居住の用に供しており、かつ、当該家屋の持分を有しているときは、その宅地の所有者は、その宅地の全部を居住の用に供しているものとして取り扱うのが相当です。

☐ 居住用家屋が過去に店舗併用住宅として利用されていたものである場合における租税特別措置法第36条の2の居住期間要件の判定

　甲は、15年前に店舗併用住宅を取得して、その2分の1を居住用とし、2分の1を事業用として利用していましたが、5年前に事業を廃止し、その後は建物の全体を居住の用に供しています。
　今回、この家屋と敷地を譲渡しますが、家屋と敷地の全体について特定の居住用財産の買換えの特例の適用を受けることができますか（従前、事業用として利用していた部分も居住期間要件を満たすものとしてよろしいですか。）。

⇒ 家屋と敷地の全体について特例の適用を受けることができます。

② **買換資産の取得価額**

イ 買換資産を一括取得した場合の取得価額の区分

買換資産に該当する家屋と土地等を一の契約により取得した場合における家屋及び土地等のそ
れぞれの取得価額については、次のとおりです（措通36の2-9）。

図表4-3-9 買換資産の取得価額の区分

区　分	条　件	判　定
① 家屋及び土地等の価額が当事者間の契約において区分されている場合	その区分された価額が家屋及び土地等の取得時の価額としておおむね適正なものであるとき	契約により明らかにされている価額をそれぞれの取得価額とします。
② 家屋及び土地等の価額が当事者間の契約において区分されていない場合	家屋及び土地等のそれぞれの価額が取得先等において確認され、かつ、その区分された価額が家屋及び土地等の取得時の価額としておおむね適正なものであるとき	確認された価額をそれぞれの取得価額とすることができます。
③ ①及び②により区分することが難しい場合		一括して取得した家屋及び土地等の取得時における価額の比であん分した金額をそれぞれの取得価額とします。

ロ 立退料を支払って貸地の返還を受けた場合

土地を他人に使用させていた者が、立退料等を支払って借地人から貸地の返還を受けた場合に
は、その土地の借地権等に相当する部分の取得があったものとし、支払った金額（その金額のう
ちに借地人から取得した建物、構築物等でその土地の上にあるものの対価に相当する部分の金額がある
ときは、その金額を除きます。）を土地の借地権等に相当する部分の取得価額として特例の規定を
適用することができます（措通36の2-10）。

ハ 宅地の造成をした場合

その者の有する土地を居住用に供するために地盛り、切土等して宅地の造成をした場合におい
て、その費用の額が相当の金額に上り、実質的に新たに土地を取得したことと同様の事情がある
ものと認められるときは、その造成については完成の時に新たな土地の取得があったものとし、
その費用の額を取得価額として特例の規定を適用することができます（措通36の2-11）。

ニ 買換資産の改良、改造等をした場合の取扱いは次のとおりです（措通36の2-12）。

(イ) 既に有する家屋又はその敷地の用に供する土地等について居住用に供するために改良、改造
等を行った場合

⇒上記ハに該当するものを除き買換資産の取得に当たりません。

(ロ) 買換資産の取得期間内にされた買換資産に該当する家屋又はその家屋とともにするその敷地
の用に供する土地等の取得に伴って、買換資産の取得期間内に次の改良、改造等が行われた場
合

⇒買換資産の取得に当たるものとして、特例の規定を適用することができます。

《対象となる改良、改造等》

　a　家屋又は土地等についてその者の居住用に供するために改良、改造を行った場合

　b　家屋の取得に伴って次の資産（事業又は事業に準ずる不動産の貸付けの用に供されるものを除きます。）の取得をした場合

　　ⓐ　車庫、物置その他の附属建物（家屋の敷地内にあるものに限ります。）又はその建物に係る建物附属設備

　　ⓑ　石垣、門、塀その他これに類するもの（家屋の敷地内にあるものに限ります。）

③　買換家屋の床面積要件及び買換土地等の面積要件の判定

　取得する家屋又はその敷地の用に供する土地等について家屋の床面積要件又は土地等の面積要件の判定を行う場合には、次により判定します（措通36の2-13）。

図表4-3-10　買換家屋の床面積要件及び買換土地等の面積要件の判定

判定要件			買換家屋の床面積又は買換土地等の面積の判定
家屋の床面積のうち居住用に居する部分が50㎡以上かどうかの判定			家屋と一体として利用されている離れ屋、物置等の附属家屋を含む床面積
家屋又は土地等が共有物である場合			
	家屋	区分所有建物以外の家屋	全体の床面積
		区分所有建物	独立部分の床面積
	土地等	区分所有建物以外の家屋の敷地	土地等全体の面積
		区分所有建物の敷地	$土地等全体の面積 \times \dfrac{独立部分の床面積}{家屋の床面積}$
家屋が店舗兼住宅等である場合			上記(4)①と同じ
取得した土地が仮換地である場合			仮換地の面積
取得した家屋が面積要件を満たさない場合			敷地の用に供する土地等の面積が500㎡以下であっても該当しません。
買換資産の取得期間内に取得した土地等とその他の土地等がある場合			買換資産の取得期間内に取得（相続、遺贈又は贈与による取得を除きます。）した土地等の面積の合計面積
譲渡した家屋の所有者とその敷地の用に供されている土地等の所有者が異なる場合において、ともに特例の適用を受ける旨の申告をするとき			家屋の所有者とその敷地の用に供されている土地等の所有者が取得した家屋全体の床面積及び取得した土地等の面積の合計面積

　（注）イ　家屋の床面積は、各階ごとに壁その他の区画の中心線で囲まれた部分の水平投影面積（登記簿上表示される面積）です。
　　　　ロ　区分所有建物の独立部分の床面積は、壁その他の区画の内側線で囲まれた部分の水平投影面積（登記簿上表示される面積）によります。したがって、その床面積には、数個の独立部分に通ずる階段、エレベーター室等共用部分の面積は含まれません（措通36の2-14）。

④　買換資産の取得期限

イ　特定非常災害に基因するやむを得ない事情により、期限内に取得できない場合

　　買換資産の取得期限は、譲渡の年の前年から翌年の12月31日までに取得することですが、個人が特定非常災害の被害者の権利利益の保全等を図るための特別措置に関する法律２条１項の規定により特定非常災害として指定された非常災害に基因するやむを得ない事情により、譲渡の年の翌年の12月31日までに買換資産の取得をすることが困難となった場合において、同日後２年以内に買換資産の取得をする見込みであり、かつ、納税地の所轄税務署長の承認を受けたときは、同日の属する年の翌々年12月31日となります（措法36の２②かっこ書）。

　（注）　納税地の所轄税務署長の承認を受けようとする者は、取得期限の翌年の３月15日までに申請書の提出をしなければなりません（措規18の４③）。

ロ　相続人が買換資産を取得した場合

　　譲渡資産の譲渡をした者が買換資産を取得しないで死亡した場合であっても、その死亡前に買換資産を取得する売買契約又は請負契約を締結しているなど買換資産が具体的に確定しており、その買換資産を相続人が取得期間内に取得し、かつ、その居住用に供すべき期間内に買換資産を相続人の居住用に供しているときは、譲渡資産の譲渡をした者のその譲渡に係る譲渡所得について特例を適用することができます（措通36の２-21）。

⑤　やむを得ない事情により買換資産の取得が遅れた場合

　この特例の適用を受けた者が、買換資産に該当する家屋（いわゆる建売住宅のように家屋とともにその敷地の用に供する土地等の譲渡がある場合のその土地等を含みます。）を買換資産の取得期間内に取得できなかった場合であっても、次の要件のいずれも満たすときは、その家屋は買換資産の取得期間内に取得されていたものとして取り扱います（措通36の２-16）。

図表４-３-11　やむを得ない事情により買換資産の取得が遅れた場合の要件と判定

	要　件		判　定
取得期間までに取得予定であった者	買換資産に該当する家屋を買換資産の取得期間内に取得する契約を締結していたにもかかわらず、災害その他その者の責めに帰せられないやむを得ない事情によりその契約に係る家屋を取得期間内に取得できなかったこと	左の要件のいずれも満たすとき	その家屋は買換資産の取得期間内に取得されたものとして取り扱います。
	買換資産に該当する家屋を取得期限の属する年の翌年12月31日までに取得し、かつ、同日までに取得した家屋を居住用に供していること		

　なお、「災害その他その者の責めに帰せられないやむを得ない事情」の例としては、次のような事情が考えられます。

(イ)　震災、風水害、火災などの災害

(ロ)　新たな法令などによる規制により買換資産の取得ができなかったこと

(ハ)　買換資産の契約の相手方である建築業者などの倒産

134

【質疑応答】一定期間内に買換資産の一部を贈与した場合

> □ **一定期間内に買換資産の一部を贈与した場合における居住用財産の買換えの特例**
> 　租税特別措置法第36条の2に規定する居住用財産の買換えの特例の適用を受けた者が、譲渡資産の譲渡をした日の属する年の翌年12月31日までの間に買換取得資産の一部（共有持分）を配偶者に贈与しました。
> 　持分の贈与をした後も、配偶者とともに当該買換資産に居住していますが、贈与した部分についても特例の適用を受けることができますか。
> ⇒ 贈与した部分については特例の適用を受けることができません。

(5) 譲渡所得金額の計算

① 譲渡所得金額の計算

この特例の適用を受けた場合の長期譲渡所得の計算は、次のとおりです（措法36の2①）。

図表 4 - 3 -12　買換えの特例を適用した場合の長期譲渡所得の金額

区　分		長期譲渡所得の金額
譲渡資産の譲渡による収入金額	買換資産の取得価額以下である場合	譲渡資産の譲渡がなかったものとします。
	買換資産の取得価額を超える場合	譲渡資産のうちその超える金額に相当する譲渡があったものとして長期譲渡所得の金額※について課税されます。

※　長期譲渡所得の金額の計算（措令24の2⑤）

【算式】
(イ)　収入金額　＝　譲渡資産の譲渡価額　－　買換資産の取得価額

(ロ)　必要経費　＝　（譲渡資産の取得費　＋　譲渡費用）　×　$\dfrac{(イ)}{譲渡資産の譲渡価額}$

(ハ)　(イ) － (ロ)　＝　長期譲渡所得の金額

② 低額譲渡等により譲渡資産の譲渡又は買換資産の取得があった場合

譲渡資産の譲渡が法59条《贈与等の場合の譲渡所得の特例》1項2号の譲渡に該当するものである場合又は買換資産の取得が相続税法7条本文《贈与又は遺贈により取得したものとみなす場合》の規定に該当するものである場合における特例の規定の適用については、次によります（措通36の2-6の5）。

イ　法59条《贈与等の場合の譲渡所得の特例》1項2号の譲渡に該当するものである場合

(イ)　譲渡資産の譲渡価額のうち譲渡による収入金額は次の算式になります。

　　ⓐ　贈与による譲渡があったものとする部分の金額　＝　譲渡の日における譲渡資産の価額　－　譲渡の対価の額

　　ⓑ　譲渡資産の譲渡による収入金額　＝　譲渡の対価の額

(ロ)　贈与による譲渡があったものとする部分以外の部分の取得費は次の算式になります。

　　贈与による譲渡があったものとする部分以外の部分の取得費　＝　譲渡資産の取得費　×　$\dfrac{譲渡の対価の額}{譲渡資産の譲渡の日における価額}$

ロ　買換資産の取得が相続税法7条本文《贈与又は遺贈により取得したものとみなす場合》の規定に該当するものである場合

買換資産の取得価額は次の算式になります。

ⓐ　贈与による取得があった　＝　買換資産の取得の日　－　買換資産の取
　　ものとする部分の金額　　　　における資産の価額　　　　得の対価の額

ⓑ　買換資産の取得価額　＝　買換資産の取得の対価の額

　※　贈与による取得があったものとする部分の金額は上記①の買換資産の取得価額に含まれません。

(6)　特定居住用財産の買換えの手続要件

①　申告手続

この特例を受ける場合には、確定申告書に「措法36条の2」と記載するほか、次の書類を添付する必要があります（措法36の2⑤⑦、措規18の4）。

《譲渡資産に関するもの》
(イ)譲渡所得の内訳書（確定申告書付表兼計算明細書）［土地・建物用］
(ロ)譲渡資産の登記事項証明書（家屋を取り壊して譲渡したときは閉鎖登記の謄本）等で、所有期間が10年を超えるものであることを明らかにする書類
(ハ)戸籍の附票の写し等で、その資産を10年以上居住の用に供していたことを明らかにする書類（譲渡契約締結日の前日において、この特例を受けようとする者の住民票に記載されている住所とその譲渡した資産の所在地が異なる場合、その譲渡の日前10年以内において、住民票に記載されていた住所を異動したことがある場合など）
(ニ)譲渡資産の売買契約書の写し等で譲渡資産に係る対価の額が1億円以下であることを明らかにする書類
《買換資産に関するもの》
(ホ)買換資産を取得する予定年月日及び見積額等を記載した「買換（代替）資産の明細書」（買換資産を取得する見込みの場合）
(ヘ)買換資産の登記事項証明書、売買契約書の写し等
(ト)買換資産が築25年を超える耐火建築物の場合は、地震に対する安全性に係る基準に適合することの証明書
(チ)令和6年1月1日以後に居住又は居住する見込みの場合は特定居住用家屋※1に該当するもの以外であることを明らかにする書類※2
(リ)確定申告書の提出日まで又は買換資産の取得をした日から4か月を経過する日までに、居住の用に供していない場合には、その旨及びその居住の用に供する予定年月日その他の事項を記載した書類

※1　特定居住用家屋とは、住宅の用に供する家屋でエネルギーの使用の合理化に資する家屋として国土交通大臣が財務大臣と協議して定める基準（省エネ基準）に適合するもの以外のもので、次の①又は②に掲げる要件に該当しないものをいいます（措法41㉗、措令26㉔㊲、令和4年国土交通省告示456号）。

①	当該家屋が令和5年12月31日以前に建築基準法6条1項の規定による確認を受けているものであること。
②	当該家屋が令和6年6月30日以前に建築されたものであること。

※2　次表の①から⑤までに掲げるいずれかの書類をいいます（措規18の21⑧一チ、令和4年国土交通省告示422号、455号）。

①	確認済証の写し又は検査済証の写し（令和5年12月31日以前に確認を受けたことを証するものに限ります。）
②	登記事項証明書（令和6年6月30日以前に建築されたことを証するものに限ります。）
③	住宅用家屋証明書（特定建築物用）

④	A及びB の書類	A　低炭素建築物新築等計画の認定通知書の写し
		B　住宅用家屋証明書（その写し）又は認定低炭素住宅建築証明書
⑤	住宅省エネルギー性能証明書又は建設住宅性能評価書の写し（ZEH水準省エネ住宅又は省エネ基準適合住宅に該当することを証するものに限ります。）	

前記㈦の「譲渡所得の内訳書（確定申告書付表兼計算明細書）［土地・建物用］（令和5年分以降用）」（1面～4面）、は右のQRコードから出力してください。

 前記㈭「買換（代替）資産の明細書」は左のQRコードから出力してください。

② チェックポイント

　譲渡資産を譲渡した場合において、譲渡資産が特例に規定する資産に該当するものであることについて、登記事項証明書、戸籍の附票の写し等（以下「公的書類」といいます。）では証明することができない場合（戸籍の附票の消除や家屋が未登記である等の事由で公的書類の交付を受けることができない場合を含みます。）には、公的書類に類する書類で特例に規定する資産に該当することを明らかにするものを確定申告書に添付した場合に限り、特例の規定の適用があります。

　なお、譲渡に係る契約を締結した日の前日において、資産を譲渡した者の住民基本台帳に記載されていた住所が、その資産の所在地と異なる場合については、次のような書類を確定申告書に添付する必要があります（措通36の2-22、31の3-26）。

㈠　その者の戸籍の附票の写し（譲渡した日から2か月を経過した日後に交付を受けたものに限ります。）又は消除された戸籍の附票の写し

㈡　その者の住民基本台帳に登載されていた住所がその資産の所在地と異なっていた事情の詳細を記載した書類

㈢　その者がその資産に居住していた事実を明らかにする書類

　（注）公的書類に類する書類には、例えば、次のようなものが含まれます。
　　　㋑　措置法36条の2第1項に規定する家屋であることを証する書類
　　　　　固定資産課税台帳の写し、取得に関する契約書
　　　㋺　譲渡した者の居住期間を証する書類
　　　　　学校の在籍証明書、郵便書簡、町内会等の居住者名簿

③　買換資産を取得した場合の更正の請求又は修正申告

イ　更正の請求

　譲渡資産を譲渡した年の翌年の12月31日までに買換資産の全部又は一部を取得する見込みにより見積額で特例を適用して申告した後、実際の取得価額が見積額より過大となった場合には、買換資産を取得した日から4か月以内に譲渡の日の属する年分の所得税について更正の請求をすることができます（措法36の3②）。

ロ　修正申告

次の区分に応じて、それぞれの日までに譲渡の日の属する年分の所得税について修正申告書を提出し、かつ、その期限内に修正申告書の提出により納付すべき税額を納付しなければなりません（措法36の3、措通36の3-1）。

この場合の修正申告書は期限内申告書とみなされ、加算税及び延滞税は賦課されません（措法36の3⑤、33の5③）。

(イ)　譲渡した前年又は譲渡した年中に買換資産を全て取得している場合（措法36の3①）

図表4-3-13　譲渡した前年又は譲渡した年中に買換資産を全て取得した場合の申告期限及び納付期限

態　様	申告期限及び納付期限
譲渡した年の翌年の12月31日までに、買換資産を居住用に供しない場合又は供しなくなった場合	譲渡した年の翌年の12月31日から4か月を経過する日まで

(ロ)　譲渡資産を譲渡した年の翌年の12月31日までに買換資産を取得する見込みでこの特例を適用して申告している場合（措法36の3②）

図表4-3-14　譲渡した年の翌年の12月31日までに買換資産を取得した場合の申告期限及び納付期限

態　様	申告期限及び納付期限
買換資産を取得したが、実際の取得価額が見積額に満たなかった場合	譲渡した年の翌年の12月31日から4か月を経過する日まで
譲渡した年の翌年の12月31日までに買換資産を取得していない場合	
買換資産を取得した日の翌年の12月31日までに居住用に供しない場合又は供しなくなった場合	譲渡した年の翌々年の12月31日から4か月を経過する日まで

(ハ)　譲渡資産を譲渡した者が、譲渡した日の属する年の翌年又は翌々年に、譲渡資産と一体として居住用に供されていた家屋又は土地等の譲渡をしたことにより、譲渡資産の譲渡に係る対価の額との合計額が1億円を超えることとなった場合（措法36の3③）

図表4-3-15　譲渡した日の属する年の翌年又は翌々年に居住用財産の一部を譲渡した場合の申告期限及び納付期限

態　様					申告期限及び納付期限
譲渡した日の属する年の翌年又は翌々年に譲渡した譲渡資産と一体として居住用の用に供されていた家屋又は土地等の譲渡の対価の額	＋	譲渡資産の譲渡の対価の額	＋ 前3年以内の譲渡	＞ 1億円	譲渡の対価の額の合計が1億円を超えることとなった譲渡をした日から4か月を経過する日まで

(ニ) 居住用に供しないことについて特別な事情がある場合

上記(6)①の申告手続をした者が、買換資産を取得した後、譲渡資産の譲渡の日の属する年の翌年の12月31日（買換資産を取得する見込みで見積額で特例を適用して申告手続をしている場合には、買換資産の取得の日の翌年）までに買換資産をその者の居住用に供しない場合又は供しなくなった場合においても、その供しない又は供しなくなったことについて次の事情があるときは、上記(イ)又は(ロ)の「居住用に供しない場合又は供しなくなった場合」には該当しないものとして取り扱うことができます（措通36の3-2）。

a　買換資産について、措法33条の4第1項に規定する収用交換等に該当する譲渡をすることとなったこと。

b　買換資産が災害により滅失又は損壊したこと。

c　買換資産の取得をした者について海外勤務その他これに類する事情が生じたこと。

d　買換資産の取得をした者が死亡したこと（買換資産を相続により取得した者がその取得後譲渡資産の譲渡の日の属する年の翌年の12月31日までに買換資産を居住用に供しないことにつきやむを得ない事情がある場合に限ります）。

【質疑応答】やむを得ない事情により買換資産の取得が遅れた場合の修正申告期限

□　やむを得ない事情により租税特別措置法第36条の2の買換資産の取得が遅れた場合の租税特別措置法第36条の3第2項に規定する修正申告期限
　　譲渡の年の翌年に買換資産を取得する予定であった者が、やむを得ない事情により買換資産である家屋の取得が遅れ、租税特別措置法関係通達36の2-16により、その家屋を買換資産の取得期間内に取得されていたものとして取り扱われた場合において、その家屋の取得価額が当初の見積額に不足した場合の租税特別措置法第36条の3第2項に規定する修正申告期限はいつになりますか。
　　⇒ 租税特別措置法第36条の3第2項に規定する修正申告期限は、同法第36条の2第2項に規定する買換資産の取得期限（譲渡の年の翌年12月31日）から4月を経過する日となります。

(7) 買換えに係る居住用財産の譲渡の場合の取得価額の計算等

特例の適用を受けた者の買換資産について、買換資産の取得の日以後その譲渡、相続、遺贈又は贈与があった場合において、譲渡所得の金額の計算をするときは、買換資産の取得価額（以下「引継取得価額」といいます。）は次の図表4-3-16の区分に応じ、その区分に応じた計算式で計算した金額とします（措法36の4、措令24の3）。

図表 4-3-16 買換資産の引継取得価額の計算

区　分	買換資産の引継取得価額の計算式	記号の説明
A＞D （譲渡価額が大）	E ＝ （B ＋ C） × $\dfrac{D}{A}$	A：譲渡資産の譲渡価額 B：譲渡資産の取得費 C：譲渡資産の譲渡費用 D：買換資産の実際の取得価額 E：買換資産の引継取得価額
A＝D （差額なし）	E ＝ B ＋ C	
A＜D 買換価額が大	E ＝ （B ＋ C） ＋ （D － A）	

(注)　買換資産が例えば建物と土地等のように2以上ある場合は、各買換資産の引継取得価額は、買換資産の全体の引継取得価額を計算し、その買換資産の実際の取得価額の合計額を各買換資産の実際の取得価額であん分した金額となります（措令24の3②）。

【文書回答事例】買換資産を譲渡した場合の取得価額の計算

☐　居住用財産の買換えの特例の適用を受けて取得した買換資産を譲渡した場合の取得価額の計算について

　昭和61年に居住用財産を譲渡し、同年中に買換資産を取得して、旧措置法36条の2（居住用財産の買換えの場合の長期譲渡所得の課税の特例）の適用を受けました。

　この買換えにおいて、譲渡による収入金額は買換資産の取得価額に満たず、また、譲渡資産の取得費（譲渡資産の取得価額並びに設備費及び改良費の額の合計額）は、概算取得費（措置法31条の4）に満たないものでした。

　平成13年に当該買換資産を譲渡しました。

　買換資産の譲渡に係る譲渡所得の計算に当たり、当該買換資産の取得価額（引継価額）を算出するに際して、次の算式のとおり、昭和61年に譲渡した資産（下記の算式において「旧譲渡資産」といいます。）の取得費について当時の譲渡価額に基づく概算取得費（措置法31条の4）により計算して差し支えないと考えますが、それでよろしいか。

（算式）

　買換資産の取得価額＝（旧譲渡資産の概算取得費＋旧譲渡資産の譲渡に要した費用）＋（買換資産の実際の取得価額－旧譲渡資産の譲渡収入金額）

　（買換資産が減価償却資産である場合は、上記算式に基づいて算出した金額から減価償却費相当額を控除して、当該買換資産の取得費を求めることになります。）

⇒ ご照会に係る事案関係を前提とする限り、貴見のとおりで差し支えありません。

特定の居住用財産の買換え特例の適用に係るチェックポイント

☐ 譲渡益は3,000万円以下ではないか。

☞ 特定居住用財産の買換え特例の適用要件を満たしていても、譲渡益が3,000万円以下であれば、3,000万円特別控除の適用を受けたほうが税金上有利です（ただし、国民健康保険料（税）は3,000万円特別控除を適用したほうが高くなる場合があります。）。

☐ 買換資産を10年以内に売却する予定はないか。

☞ 特定居住用財産の買換え特例は、取得時期を引き継がず取得費を引き継ぐため、10年以内に売却する予定があれば、買換え特例の適用を受けないほうが一般的に有利といえます。

☐ 譲渡収入金額よりも買換資産の取得価額のほうが小さい場合、「特定居住用財産の買換え特例」と「3,000万円特別控除＋軽減税率の特例」の有利判定をしたか。

☞ 譲渡収入金額より買換資産の取得価額のほうが小さい場合、その上回る分に対して税金がかかりますが、軽減税率の適用を受けることができないため、買換資産の取得価額によっては「3,000万円特別控除＋軽減税率の特例」の適用を受けたほうが有利なケースがあります。

【令和6年分用】

特定の居住用財産を売却した場合の買換えの特例チェックシート・措法36条の2　　一　面

氏　名＿＿＿＿＿＿＿＿＿＿＿＿＿＿＿＿＿＿

☆　特例の概要等については、「譲渡所得の申告のしかた（記載例）」をご覧ください。
☆　令和6年分の所得税及び復興特別所得税の申告でこの特例の適用を受ける場合は、令和7年及び令和8年に、借入金により住宅を取得しても、（特定増改築等）住宅借入金等特別控除（以下「ローン控除の特例」といいます。）（措法41・41条の3の2）の特例の適用を受けることができません。
☆　「はい」「いいえ」を○で囲みながら進んでください。
☆　「※」に該当する場合は、職員にお尋ねください。

譲 渡 資 産 に 関 す る 確 認 事 項

1	譲渡（売却）した住まいは、国内に所在するものですか？	いいえ→
2	譲渡（売却）した住まいは家屋・敷地ともに平成25年12月31日以前に取得（購入）しましたか？ 相続、遺贈又は贈与により取得した場合には、前所有者が取得した日で判定します。 ※　家屋を増改築した場合 ※　敷地を買い増した場合又は借地権を取得した場合	いいえ→
3	あなた（売却した方）が、譲渡（売却）物件に10年以上お住まいでしたか？ 居住していなかった期間がある場合は、居住していた期間の合計で判断します。 ※　単身赴任等の理由のため、配偶者・扶養親族のみが居住していた場合 ※　住まいが2か所以上ある場合 ※　仮住まいであるなど、一時的な目的で居住していた場合	いいえ→
4	あなたが譲渡（売却）した住まい（＝家屋）から転居したのは、令和3年1月2日以後ですか？ ※　譲渡後も住み続けている場合 ※　災害により家屋が滅失した場合	いいえ→
5	譲渡（売却）した住まいはあなたのものでしたか？（所有権がありましたか？） ※　敷地のみの譲渡（売却）で、家屋の所有者が異なる場合 ※　譲渡（売却）するために家屋を取り壊した場合 ※　住まいの敷地の一部を譲渡（売却）した場合 ※　所有権を取得した後、居住することなく譲渡（売却）した場合	いいえ→
6	譲渡（売却）先（買主）は第三者ですか？ ※　譲渡（売却）先が、配偶者・一定の親族等、一定の同族会社の場合	いいえ→
7	譲渡（売却）物件の全部を住まいとして利用していましたか？ ※　店舗兼住宅のように、あなたの住まいとして利用していない部分があった場合	いいえ→
8	あなたは、令和3年分から令和5年分の所得税及び復興特別所得税の申告で、今回譲渡（売却）した住まい以外の居住用財産についてローン控除の特例の適用を受けていませんか？ （受けていない⇒「はい」、　受けている⇒「いいえ」(注)） (注)　本特例の適用を受ける場合は、ローン控除の特例の適用を受けた年分の申告について、期限後申告又は修正申告をする必要があります。	いいえ→
9	あなたは、令和6年分の所得税及び復興特別所得税の申告で、ローン控除の特例を適用しませんか？ （適用しない⇒「はい」、　適用する⇒「いいえ」） (注)　令和6年分の申告でこの特例の適用を受ける場合は、令和7年分又は令和8年分の申告でローン控除の特例の適用を受けることはできません。	いいえ→
10	譲渡対価の合計額は1億円以下ですか？ (注1)　令和4年、令和5年、令和6年、令和7年又は令和8年に、譲渡した住まいと一体として居住の用に供されていた家屋又は敷地を譲渡した場合には、これらの譲渡対価の合計額により判定します。 (注2)　譲渡した資産を共有していた場合には、各所有者ごとの譲渡対価により判定します。 ※　家屋と敷地の所有者が異なる場合 ※　店舗兼住宅のように、あなたの住まいとして利用していない部分があった場合 ※　贈与、交換、出資、代物弁済による譲渡をした場合	いいえ→
11	あなたは、令和4年分から令和6年分の所得税及び復興特別所得税の申告で、以下の居住用財産関係の特例の適用を受けていませんか？ また、☆のついた特例を、令和7年分及び8年分の申告で適用する予定はありませんか？ （受けていない・適用する予定はない⇒「はい」、　受けている・適用する予定である⇒「いいえ」） 《居住用財産関係の特例》 ☆3,000万円の特別控除（措法35条1項（3項により適用する場合を除く））、☆譲渡損失の損益通算及び繰越控除の特例（措法41条の5、措法41条の5の2）、軽減税率の特例（措法31条の3）	いいえ→

特 例 の 適 用 を 受 け ら れ ま せ ん

⇒　二面へ

二面

買換資産に関する確認事項

12 買換(予定)資産は、国内に所在するものですか？ → いいえ → 特例の適用を受けられません

↓ はい

13 買換(予定)資産は令和5年1月1日から令和7年12月31日までの間に取得していますか？又は取得する予定ですか？
※ 災害に起因するやむを得ない事情により上記期限内の取得が困難である場合
→ いいえ

↓ はい

14 買換(予定)資産は取得した年の翌年12月31日まで(譲渡の前年に買換資産を取得している場合は、譲渡した年の翌年12月31日まで)にあなたの居住の用に供されていますか？又は供する見込みですか？
※ 家屋と敷地の所有者が異なる場合
※ 贈与・交換・代物弁済により取得をした場合
→ いいえ

↓ はい

15 買換(予定)資産の家屋は、居住用部分の床面積が50㎡以上ありますか？
※ 2以上の家屋を取得する場合
→ いいえ

↓ はい

16 買換(予定)資産の敷地は、500㎡以下ですか？
買換資産が、マンション(区分所有建物)の場合は、次の算式で計算した面積で判定します。
(算式)
$$1棟の家屋の敷地面積 \times \frac{あなたが区分所有する独立部分の床面積}{1棟の家屋の総床面積}$$
→ いいえ

↓ はい

17 買換(予定)資産の家屋が建築後使用されたことのある家屋の場合、その取得の日以前25年以内に建築されたものですか？
(買換資産の家屋が建築後使用されたことのない家屋の場合⇒「はい」)
※ 当該家屋がその取得の日以前25年以内に建築されたものに該当しない場合で、耐震基準に適合している場合
※ 建築後使用されたことのない家屋で、その家屋を令和6年1月1日以後に居住の用に供したか供する見込みであり、特定居住用家屋に該当する場合
→ いいえ

↓ はい

措法36条の2の特例の適用を受けることができます(留意事項へ)

【留意事項】
○ 他の特例との関係について
所法第58条、措法第31条の2、第33条～第33条の4、第34条、第34条の2、第35条の2、第35条の3、第37条、第37条の4、第37条の5、第37条の6第1項第2号、第37条の8の特例を適用する譲渡については、本特例の適用を受けることはできません。

措法36条の2の特例を適用する際には、以下の点に特に注意してください。

(1) 譲渡資産の取得費の全部又は一部を買換資産の取得費として引き継ぐことになりますので、買換資産を売却する際の譲渡所得の計算に注意が必要です。

(2) 買換資産の取得前又は買換資産を居住の用に供する前でも特例を適用して申告することができますが、買換資産の実際の取得価額が見込価額と異なる場合や買換資産を以下の期限までに取得しなかった場合、買換資産を以下の期限までに居住の用に供さなかった場合等は、修正申告(又は更正の請求)が必要となります。
  イ 買換資産の取得期限…令和7年12月31日(上記項番13参照)
  ロ 買換資産を居住の用に供する期限…買換資産を取得した年の翌年12月31日(上記項番14参照)

この「チェックシート」は、次の書類とともに確定申告書に添付して提出してください。

☐ 譲渡所得の内訳書(確定申告書付表兼計算明細書)【土地・建物用】
☐ 譲渡資産に係る登記事項証明書など、譲渡資産の取得時期を明らかにするもの
☐ 譲渡資産に係る売買契約書の写しなど、その譲渡価額が1億円以下であることを明らかにするもの
☐ 売買契約締結日の前日において、住民票に記載されていた住所と譲渡資産の所在地とが異なる場合や、譲渡した日前10年以内において住民票に記載されていた住所を異動したことがある場合は、戸籍の附票の写しなどの書類で譲渡者が譲渡資産を10年以上居住の用に供していたことを明らかにするもの

以下の買換資産に関する書類を確定申告書に添付して提出できない場合(取得予定で申告する場合)は、以下の書類に代えて「買換(代替)資産の明細書」を添付し、買換資産を取得した日から4か月以内に、以下の書類を提出してください。

☐ 買換資産の登記事項証明書、売買契約書の写しなど、上記項番12～17の事項を明らかにするもの
☐ 買換資産が築25年を超える中古住宅である場合は、耐震基準適合証明書など一定の基準を満たす住宅であることを証する書類

(注) 登記事項証明書については、「譲渡所得の特例の適用を受ける場合の不動産に係る不動産番号等の明細書」を提出することなどにより、その添付を省略することができます。詳しくは国税庁ホームページをご覧ください。

※ このチェックシートは東京国税局ホームページの「相続税、贈与税、財産評価及び譲渡所得関係のチェックシート等」に掲載された令和5年版(右のQRコードからダウンロードすることができます)を基に令和6年分として使用できるように改訂しています。

【令和6年分用】

特例適用審査表（措法36の2：特定の居住用財産の買換え特例）

名簿番号	

		あり	なし
1　整理・点検			
（1）　確定申告書への特例適用の記載		□	□
（2）　譲渡所得の内訳書（確定申告書付表兼計算明細書）の記載・提出		□	□
（3）　添付書類（法定添付書類）			

イ　譲渡資産に関するもの

(イ)　譲渡資産の登記事項証明書その他これに類する書類で、所有期間が10年を超えるもので　　□　□
あることを明らかにするもの

(ロ)　譲渡資産に係る売買契約書の写しその他の書類で、その譲渡資産の譲渡に係る対価の額が　　□　□
1億円以下であることを明らかにするもの

(ハ)　譲渡契約締結日の前日において譲渡者の住民票の住所と土地建物の所在地とが異なる場合
又は譲渡の日前10年内において譲渡者の住民票を異動したことがある場合
戸籍の附票の写し又は消除された戸籍の附票の写しその他の書類で譲渡資産が居住用財　　□　□
産に該当することを明らかにする書類

ロ　買換資産に関するもの

(イ)　買換資産の登記事項証明書その他買換資産を取得した旨等を証する書類　　□　□

(ロ)　中古住宅である耐火建築物及び非耐火建築物で築後年数25年超の場合には、耐震基準適合　　□　□
証明書、住宅性能評価書の写し又は既存住宅売買瑕疵保険に加入していることを証する書類

(ハ)　B⑭の(1)、(2)の期限までに買換資産を居住の用に供していない場合には、⑭の書類

ハ　買換え予定の場合
買換（代替）資産の明細書　　□　□

※　不動産番号等の提供がある場合は、上記イ(イ)及びロ(イ)の登記事項証明書は、添付不要

根拠条文等	措法36の2・措令24の2・措規18の4・措通36の2－1～23

2　審　査

A　譲渡資産に関する検討

審　査　項　目	適	否	審　査　上　の　留　意　事　項　・　審　査　事　績	
①　国内にある居住用資産か？			〔措法35①の審査表を参照〕 ◆　居住用家屋の範囲⇒生活の拠点（措通36の2－23、31の3－2） ◆　生計を一にする親族の居住の用に供している家屋 　　（措通36の2－23、31の3－6）	□戸籍の附票 □その他
②　所有期間は1月1日で10年超か？			◆　土地・建物のいずれか一方の所有期間が10年以下で あるとき　⇒　特例の適用不可！（措通36の2－1（注）2） ◆　敷地のうちに所有期間が異なる部分がある場合 （措通36の2－23、31の3－4）	□登記事項証明書 □売買契約書 □その他 （　　）
建物は平成25年12月31日以前の取得か？				
土地は平成25年12月31日以前の取得か？				
③　譲渡者が居住していた期間は10年以上か？			◆　居住用家屋の存する場所に譲渡者自身が居住していた 期間を計算する。 ◆　居住期間に中断がある場合には、その期間を除く。 ◆　〔居住期間の判定〕　⇒　措通36の2～5	□戸籍の附票
④　買主が右記の者に該当しないか？			◆　【「否」となる買主】　⇒　措令24の2①、20の3①一～五 　一号　配偶者・直系血族（父母・祖父母・子・孫など） 　二号　生計一親族及び譲渡物件で同居する親族 　五号　自己又は親族等の経営する同族法人 ・その他いわゆる特殊関係者への譲渡にも注意（三、四）	
⑤　譲渡原因は適用外のものではないか？			◆　【「否」となる譲渡原因】　⇒　贈与、交換、出資、代物弁済（金銭債務の弁済 に代えてするものに限る。） 　　（措法36の2①、措令24の2②）	
⑥　右記の特例と重複適用をしていないか？			◆　所法58、措法31の2、31の3、33～33の4、34、34の2、35の2、35の3、37、37の4、37 の5、37の6、37の8、、41、41の3の2	
⑦　右記の特例を本年、前年、前々年に適用していないか？			◆　措法31の3、35①（35③を除く。）、41の5、41の5の2	
⑧　譲渡価額が1億円を超えていないか？			◆　譲渡価額　　　　　　　　　　　円 　※　居住用部分に係る対価で判定（措通36の2－6の2(2)） 　※　譲渡資産が共有の場合は、各所有者の譲渡対価により判定する（措通36の2－6の2(1)） 　※　譲渡価額は、譲渡協力金、移転料など名義のいかんを問わないことに注意！（措通36の2－6）	
⑨　本年、前年、前々年、翌年、翌々年に、譲渡資産と一体として居住の用に供していた資産の譲渡（贈与を含み、収用等を除く）はあるか？			◆　あり　⇒　それらの譲渡価額を合計して⑧の1億円要件を判定 　※　「一体として利用」の判定時期　⇒　措通36の2－6の3 　※　令和4～令和6年分について、申告がなくても、譲渡（贈与）の事実があれば合計する必要が 　　あるため、　　　　　令和6年分の譲渡 　※　令和4～令和6年分の譲渡の価額が著しく低額（時価の1／2未満、贈与含む）と認められる 　　とき　⇒　通常の取引価額で合計（措通36の2－6の4） 　※　令和4～令和6年分の譲渡のうち、措法33の4に規定する収用交換等による譲渡及び措法34、 　　34の2の適用を受ける譲渡は譲渡価額を合計しない（措法36の2③、措令24の2②⑧）	

【令和６年分用】

B　買換資産に関する検討

審　査　項　目	適	否	審　査　上　の　留　意　事　項・審　査　事　績
⑩　適用対象外となる取得ではないか？			◆　【「否」となる取得】⇒ 贈与、交換、代物弁済（金銭債権の弁済に代えてするものに限る。（措法36の2①、措令24の2②）） ◆　〔改良、改造〕　⇒　措通36の2-12 ※　取得先には制約はないので、親族等からの取得も可能
原則 同年中の取得か？ （令和６年中の取得）			
前年中の取得か？ （令和５年中の取得）			◆　先行取得物件に係る事前の届出は不要
取得期限内の取得か？			
翌年中の取得予定か？ （令和７年中の取得）			◆　確定申告書を提出する際に「買換（代替）資産の明細書」を提出する 　⇒　下記Ｃ参照 ◆　やむを得ない事情により買換資産の取得が遅れた場合 　⇒　措通36の2-16
特定非常災害により取得期限までの取得が困難となった場合 （令和９年12月31日まで）			◆　上記の取得期限の日（令和７年12月31日）後２年以内に取得見込み、かつ、税務署長が承認した場合⇒　令和９年12月31日まで取得期限が延長（措法36の2②）
⑪　家屋と敷地の所有者が異なる場合、右に該当するか？			【「否」となる取得】　⇒　措通36の2-17・19を満たしていない場合。 　譲渡家屋の所有者と譲渡敷地の所有者が異なる場合、次のいずれにも該当するか。 ①　これらの者が取得した資産は、居住の用に供する一の家屋又は当該家屋とともに取得する当該家屋の敷地か ②　取得資産は、これらの者のそれぞれが、おおむねその者の譲渡収入（取得資産の価額＞譲渡収入金額の場合には、それぞれの者が支出した額を加算した額）の割合に応じて、その全部又は一部を取得しているか ③　取得資産は、居住の用に供すべき期間内に、譲渡家屋の所有者が譲渡敷地の所有者とともにその居住の用に供しているか ④　譲渡の時（譲渡家屋がその所有者の居住の用に供さなくなった日から３年を経過する日の属する年の12月31日までの間の譲渡の場合には、居住の用に供されなくなった時）から買換資産を居住の用に供すべき期間を経過するまでの間、親族関係and生計一であるか ＜譲渡資産に係る所有者が異なる場合＞ ＜買換資産に係る所有者が異なる場合＞

【令和6年分用】

⑫ 買換資産の範囲は適正か？	家屋		（共通事項） ◆ 国内にあるものに限る ◆ 居住の用に供する部分の床面積は50㎡以上〔床面積の判定・意義〕 　⇒ 措通36の2－13・14 ◆ 〔改良、改造〕⇒ 措通36の2－12 ◆ 中古住宅 ⇒ 築後年数25年以内 　※ 築後年数25年超のものであっても、耐震基準適合証明書、住宅性能評価書の写し又は既存住宅売買瑕疵保険に加入していることを証する書類（当該保険契約が買換資産の取得の日前2年以内に締結されたものに限る。）があれば買換資産となる （令和6年12月31日までに居住の用に供した又は供する見込みである場合） ◆ 建築後使用されたことのない家屋 ⇒ 適用可 （令和6年1月1日以降に居住の用に供した又は供する見込みである場合） ◆ 建築後使用されたことのない家屋のうち 　　特定居住用家屋に該当するもの ⇒ 適用不可！ 　※特定居住用家屋・・・住宅の用に供する家屋でエネルギーの使用の合理化に資する住宅の用に供する家屋として国土交通大臣が財務大臣と協議して定める基準（省エネ基準）に適合するもの以外のもので、下記①又は②の要件のいずれも該当しないもの 　① 当該家屋が令和5年12月31日以前に建築基準法第6条第1項の規定による確認を受けているものであること。 　② 当該家屋が令和6年6月30日以前に建築されたものであること。
	土地		◆ 国内にあるものに限る ◆ 居住用家屋の敷地の面積が500㎡以下
⑬ 居住の用に供したか？ （期限内に居住したか？）			◆ 本人が住まない場合、措通36の2－17、31の3－2で判定 ⇒ ◆ 令和5年又は令和6年中の取得 ⇒ 令和7年12月31日までに居住の用に供していることが必要 ◆ 令和7年中の取得（予定）⇒ 令和8年12月31日までに居住の用に供していることが必要 ◆ 次の(1)、(2)の取得の時期に応じ、それぞれの日までに居住していない場合には、下記事項を記載した書類を提出（措令24の2⑩） 　□ 居住していない旨　□ 居住していない理由　□ 居住予定年月日 (1) 令和5年中又は令和6年中に取得 ⇒ 確定申告書の提出日 (2) 令和7年中に取得 ⇒ 買換資産を取得した日から4月を経過する日

C 買換え予定の場合

⑭ 令和7年12月31日までに取得する予定であるか？		取得予定日 令和7年　月　日	□ 讓渡契約書 □ 見積書 □ その他（　　　）
⑮ 買換（代替）資産の明細書の提出はあるか？			

判　　定
適　要解明　否

取得価額引継整理票の作成　済　未済 ⇒ 済
（確認者：　　）

【「C買換え予定の場合」で判定が「適」の場合は、確認調査対象事案へ】

【参考】相続人が買換資産を取得した場合 ⇒ 措通36の2－21

特例適用審査表は、情報公開請求により入手した令和5年版（右のQRコードからダウンロードすることができます）を基に令和6年分として使用できるように改訂しています。　　　　　　は、情報公開法により不開示となった部分です。

4 特定の居住用財産を交換した場合の長期譲渡所得の課税の特例

(1) 特例の概要

　個人が、平成5年4月1日から令和7年12月31日までの間に、その有する家屋又は土地等で措法36条の2（特定の居住用財産の買換えの特例）1項に規定する譲渡資産に該当するもの（以下この章において「交換譲渡資産」といいます。）と個人の居住用に供する家屋又はその敷地の用に供する土地等で同項に規定する買換資産に該当するもの（以下この章において「交換取得資産」といいます。）との交換をした場合（交換に伴い交換差金を取得し、又は支払った場合を含みます。）又は交換譲渡資産と交換取得資産以外の資産と交換し、かつ、交換差金を取得した場合（以下この章において「他資産との交換の場合」といいます。）における「特定の居住用財産の買換えの特例」の規定の適用については、次のとおりです（措法36の5）。

① 交換譲渡資産（他資産との交換の場合にあっては、交換差金に対する部分※に限ります。）は、その交換の日における交換譲渡資産の価額に相当する金額をもって譲渡があったものとみなします。

　※ 交換譲渡資産の交換差金に対する部分の金額は次の算式により計算します。

$$\text{交換譲渡資産の交換差金に対する部分の金額} = \text{交換譲渡資産の価額} \times \frac{\text{交換差金の額　A}}{\text{A} + \text{交換により取得した資産の価額}}$$

② 交換取得資産は、交換の日における当該取得交換資産の価額に相当する金額をもって取得があったものとみなします。

(2) 適用除外

　この特例の交換には次の交換は除かれます（措法36の5①、措令24の4①）。

① 措法33条の2第1項2号に規定する土地改良法による土地改良事業又は農業振興地域の整備に関する法律13条の2第1項の事業が施行された場合における交換

② 措法37条の4（特定の事業用資産を交換した場合の譲渡所得の課税の特例）の適用を受ける交換

③ 措法37条の5（既成市街地等内にある土地等の中高層耐火建築物等の建設のための買換え及び交換の場合の譲渡所得の課税の特例）第5項の適用を受ける交換

④ 措法37条の8（特定普通財産とその隣接する土地等の交換の場合の譲渡所得の課税の特例）の適用を受ける交換

⑤ 法58条1項（固定資産の交換の場合の譲渡所得の特例）の適用を受ける交換

(3) その他

　この特例を受けるための申告手続、更正の請求又は修正申告の手続や交換取得資産を取得した場合の取得価額の計算等については、「3 特定の居住用財産の買換えの特例」の(6)〜(7)で説明した手続と同様です。

5　居住用財産の買換え等をした場合の譲渡損失の損益通算及び繰越控除の特例

(1)　特例の概要

　自己が居住していた土地建物を譲渡し買い換えた場合において、その個人の平成16年分以後の各年分の譲渡所得の金額の計算上生じた居住用財産の譲渡損失の金額について、一定の要件のもとで、その譲渡損失の金額をその年分の総所得金額等の計算上控除（損益通算）することができます。また、控除しきれない譲渡損失の金額（敷地面積が500㎡超の場合はその超える部分に対応する金額を除きます。）がある場合には、一定の要件のもとで、翌年以降3年間にわたり繰越控除をすることができます（措法41の5）。

　この特例を受けるには、次の全ての要件を満たすことが必要です。

【居住用財産の買換え等をした場合の譲渡損失の特例要件】

- 譲渡人
  　譲渡損失の繰越控除を適用しようとする年分の合計所得金額が3,000万円を超えないこと
- 譲渡資産
  - イ　日本国内にある自己の居住用財産であること
  - ロ　平成10年1月1日から令和7年12月31日までの期間内に、家屋又は家屋とともにその敷地を譲渡していること
  - ハ　住まなくなった日から3年目の年の12月31日までに譲渡していること
  - ニ　譲渡した年の1月1日において譲渡資産の所有期間がともに5年を超えていること
- 譲受人
  　譲受人が、配偶者や直系血族、これら以外の生計を一にする親族などの特別な関係者でないこと
- 買換取得資産
  - イ　自分が住む家屋又は家屋とともにその敷地を取得すること
  - ロ　日本国内にあること
  - ハ　原則として、譲渡の年の前年から翌年の12月31日までに取得すること
  - ニ　取得した年の翌年12月31日までに居住の用に供すること
  - ホ　家屋の床面積が50㎡以上であること
- 住宅借入金等
  - イ　12月31日現在において買換資産に係る住宅借入金等の残高があること
  - ロ　住宅借入金等は、銀行等からの当初借入時において償還期間が10年以上の割賦償還の方法によるものであること
- 他の特例との関係
  - イ　譲渡の年の前年又は前々年に措法31条の3、35条（同条3項の規定により適用する場合を除きます。）、36条の2、36条の5の適用を受けていないこと
  - ロ　譲渡の年若しくは前年以前3年内に、措法41条の5の2の適用を受けていないこと
  - ハ　譲渡年の前年以前3年内に本特例の適用を受けていないこと

（注1）　居住用家屋及びその敷地の用に供される土地等の譲渡に係る居住用財産の譲渡損失の金額の計算は、その家屋及び土地等に係る譲渡損益の合計額により行うことになります。したがって、そのいずれか一方の資産に係る譲渡損失のみをもって居住用財産の譲渡損失の金額の計算を行うことはできません（措通41の5-3（注）1）。

（注2）　居住用家屋とともにその敷地の用に供されている土地等の譲渡があった場合において、その家屋又は土地等のいずれか一方のその年1月1日における所有期間が5年以下であるときは、その家屋及び土地等は譲

渡損失の損益通算及び繰越控除の特例に規定する譲渡資産（下記(2)①の譲渡資産をいい、以下この項及び次項において「譲渡資産」といいます。）に該当しないので、その譲渡損失については、譲渡損失の損益通算及び繰越控除の特例の規定を適用することはできません（措通41の5-3（注）2）。

(2) 居住用財産の譲渡損失の金額

　個人が、平成16年1月1日から令和7年12月31日までの期間内に、その有する家屋又は土地等で、譲渡資産を譲渡し、買換資産を取得期間内に取得して、取得をした日の属する年の12月31日において買換資産に係る住宅借入金等の金額を有し、かつ、その買換資産に居住期限内に居住したときにおける、譲渡資産の特定譲渡（その年において当該特定譲渡が2以上ある場合には、その者が選定した1の特定譲渡に限ります。）による譲渡所得の金額の計算上生じた損失の金額のうち、特定譲渡をした日の属する年分の措法31条1項に規定する長期譲渡所得の金額及び措法32条1項に規定する短期譲渡所得の金額の計算上控除してもなお控除しきれない部分の金額について一定の計算をした金額をいいます（措法41の5⑦）。

① 譲渡資産

　譲渡資産とは、次の要件に該当するものをいいます。

図表4-5-1　譲渡資産の要件

	要 件		
①	その年1月1日において所有期間が5年を超える家屋及び土地等であること		
②	右の要件に該当する譲渡であること（以下この項及び次項において「特定譲渡」といいます）。	イ	譲渡所得の基因となる不動産等の貸付けを含みます。
		ロ	当該個人の配偶者その他の当該個人と特別の関係がある者※1に対してする譲渡を除きます。
		ハ	贈与又は出資による譲渡を除きます（措令26の7⑤）。
③	個人が居住用に供している家屋※2のうち国内にあるもの（以下この項及び次項において「居住用家屋」といいます。）		
④	居住用家屋で居住用に供されなくなったもの（居住用に供されなくなった日から同日以後3年を経過する日の属する年の12月31日までの間に譲渡されるものに限られます。）		
⑤	③又は④に掲げる家屋及びその家屋の敷地の用に供されている土地等		
⑥	居住用家屋が災害により滅失した場合において、その家屋を引き続き所有していたとしたならば、その年1月1日において所有期間が5年を超えるその家屋の敷地の用に供されていた土地等（災害があった日から同日以後3年を経過する日の属する年の12月31日までの間に譲渡されるものに限られます。）		

※1　個人と特別の関係がある者は、次に掲げる者です（措令26の7④）。
(1)　個人の配偶者及び直系血族
(2)　個人の親族（(1)に該当する者を除きます。以下この項において同じです。）でその個人と生計を一にしているもの及びその個人の親族で居住用家屋の譲渡がされた後その個人とその家屋に居住をするもの
(3)　個人と婚姻の届出をしていないが事実上婚姻関係と同様の事情にある者及びその者の親族でその者と生計を一にしているもの
(4)　上記(1)から(3)に掲げる者及びその個人の使用人以外の者でその個人から受ける金銭その他の財産によって生計を維持しているもの及びその者の親族でその者と生計を一にしているもの
(5)　個人、その個人の(1)及び(2)に掲げる親族、その個人の使用人若しくはその使用人の親族でその使用人と生計を一にしているもの又はその個人に係る(3)並びに(4)に掲げる者を判定の基礎となる法2条1項8号の2に規

定する株主等とした場合に法令４条２項に規定する特殊の関係その他これに準ずる関係のあることとなる会社その他の法人

※２　個人が居住用に供している次の家屋（その家屋のうちに居住用以外の用に供している部分があるときは、居住用に供している部分に限ります。以下この項において同じです。）とし、その者が居住用に供している家屋を２以上有する場合には、これらの家屋のうち、その者が主として居住用に供していると認められる一の家屋に限られます（措令26の７⑥）。

(1)　１棟の家屋の床面積のうちその個人が居住の用に供する部分の床面積が50m²以上であるもの

(2)　区分所有建物の場合には、その区分所有する建物の独立部分の床面積のうちその個人が居住の用に供する部分の床面積が50m²以上であるもの

次の場合に該当する個人の譲渡は、譲渡資産から除かれます。

図表４-５-２　譲渡資産から除かれる要件

要　件
①　譲渡の年の前年若しくは前々年における資産の譲渡につき措法31条の３第１項、35条１項（同条３項の規定により適用する場合を除きます。）、36条の２若しくは36条の５の規定の適用を受けている場合
②　譲渡の年若しくはその年の前年以前３年内における資産の譲渡につき措法41条の５の２第１項の規定の適用を受け、若しくは受けている場合

イ　敷地のうちに所有期間の異なる部分がある場合

居住用家屋とともにこれらの家屋の敷地の用に供されている土地等の譲渡があった場合において、その土地等のうちにその年１月１日における所有期間が５年を超える部分とその他の部分があるときは、その土地等のうち５年を超える部分のみが上記図表４-５-１⑤の土地等に該当します（措通41の５-４）。

（注）　これらの家屋の敷地の用に供されている一の土地が、その取得の日を借地権等に相当する部分と底地に相当する部分とに区分して判定するものであるときは、その土地のうちその年の１月１日における所有期間が５年を超えることとなる部分のみが上記図表４-５-１⑤の土地等に該当します。

ロ　居住用土地等のみの譲渡

居住家屋を取り壊し、その家屋の敷地の用に供されていた土地等を譲渡した場合（その取壊し後、土地等の上にその土地等の所有者が建物等を建設し、その建物等とともに譲渡する場合を除きます。）において、譲渡した土地等が次の要件の全てを満たすときは、その土地等は譲渡資産に該当するものとして取り扱います。

ただし、土地等のみの譲渡であっても、家屋を引き家して土地等を譲渡する場合のその土地等は譲渡資産に該当しません（措通41の５-５）。

150

図表4-5-3　居住用土地等のみの譲渡が譲渡資産の譲渡となる要件

要　件
①　家屋が取り壊された日の属する年の1月1日において所有期間が5年を超えるものであること
②　土地等の譲渡に関する契約が家屋を取り壊した日から1年以内に締結され、かつ、その家屋をその居住の用に供さなくなった日以後3年を経過する日の属する年の12月31日までに譲渡したものであること
③　家屋を取り壊した後譲渡に関する契約を締結した日まで、貸付けその他の用に供していないものであること

（注）　取壊しの日の属する年の1月1日において所有期間が5年を超えない家屋の敷地の用に供されていた土地等の譲渡に係る譲渡損失については、この特例の適用はありません。

ハ　居住用家屋の敷地の一部の譲渡

居住用に供している家屋（その家屋で居住用に供されなくなったものを含みます。）の敷地の用に供されている土地等、災害により滅失した家屋の敷地の用に供されていた土地等（以下「災害跡地」といいます。）又は上記ロの取り壊した家屋の敷地の用に供されていた土地等（以下「取壊し跡地」といいます。）の一部を区分して譲渡した場合には、次の点に注意してください（措通41の5-9）。

図表4-5-4　居住用家屋の敷地の一部を譲渡した場合の判定

区　分	態　様	判　定
①　現に存する居住用家屋の敷地の用に供されている土地等の一部の譲渡	その譲渡が居住用家屋の譲渡と同時に行われたものであるとき	譲渡資産の譲渡に該当
	その譲渡が居住用家屋の譲渡と同時に行われたものでないとき	譲渡資産の譲渡には該当しません
②　災害跡地の一部の譲渡	ⅰ　居住用家屋が災害により滅失した場合 ⅱ　その災害があった日（居住の用に供されなくなった居住用家屋が災害により滅失した場合にはその家屋が居住の用に供されなくなった日）から、同日以後3年を経過する日の属する年の12月31日までに行われた譲渡であるとき	ⅰ及びⅱに該当する場合は、全て譲渡資産の譲渡に該当
③　取壊し跡地の一部の譲渡	―	上記⑵①ロにより判定します

② 災害跡地等の譲渡

イ　災害滅失家屋の跡地等の用途

災害により滅失した居住用家屋の敷地の用に供されていた土地等の譲渡、居住家屋で居住用に供されなくなったものの譲渡又は居住用家屋とともに譲渡するその敷地の用に供されている土地等の譲渡が、これらの家屋をその居住用に供されなくなった日から同日以後3年を経過する日の属する年の12月31日までの間に行われている場合には、その譲渡した資産は、居住用に供されなくなった日以後どのような用途に供されている場合であっても、譲渡資産に該当するものとされ

ています（措通41の5-6）。

ロ　居住の用に供されなくなった家屋が災害により滅失した場合

　　居住用家屋でその居住の用に供されなくなったものが災害により滅失した場合において、その居住の用に供されなくなった日から同日以後3年を経過する日の属する年の12月31日までの間に、当該家屋の敷地の用に供されていた土地等を譲渡したときは、当該譲渡は、譲渡資産の譲渡に該当するものとして取り扱うことができるとされています。

　　この場合において、当該家屋の所有期間の判定に当たっては、当該譲渡の時まで当該家屋を引き続き所有していたものとされています（措通41の5-7）。

ハ　災害跡地等を2以上に分けて譲渡した場合

　　その年において2以上の特定譲渡がある場合には、その者が選定した一の特定譲渡に係る譲渡損失の金額をもって居住用財産の譲渡損失の金額を計算しますが、同一年中に、居住用家屋（その家屋でその居住用に供されなくなったものを含みます。）の敷地の用に供されている土地等の一部を区分して家屋の譲渡と同時に譲渡した場合又は災害跡地若しくは取壊し跡地を2以上に区分して譲渡した場合（その譲渡のいずれもが上記図表4-5-4の②若しくは③により譲渡資産の譲渡に該当する場合に限ります。）には、これらを一の譲渡資産の譲渡として取り扱うことができます（措通41の5-10）。

③　買換資産の取得期間と居住期間

イ　買換資産

　　買換資産とは次の要件に該当するものをいいます（措法41の5⑦一、措令26の7⑥⑦）。

図表4-5-5　買換資産の要件

要　件
①　居住用に供する家屋又はその敷地の用に供する土地等で、国内にあるもの
②　特定譲渡の日の属する年の前年1月1日からその特定譲渡の日の属する年の翌年12月31日に取得※をしたもの
③　一棟の家屋の床面積のうち居住用に供する部分の床面積が50㎡以上であるもの
④　一棟の家屋のうちその構造上区分された数個の部分を独立して住居その他の用途に供することができるものにつきその各部分（以下「独立部分」といいます。）を区分所有する場合には、その独立部分の床面積のうち居住用に供する部分の床面積が50㎡以上であるもの
⑤　居住用に供する家屋を2以上有する場合には、これらの家屋のうち、その者が主としてその居住用に供すると認められる一の家屋に限ります。
⑥　買換資産を取得をした日の属する年の12月31日においてその買換資産に係る住宅借入金等の金額を有していること

　※　取得とは建設を含み、贈与及び代物弁済（金銭債務の弁済に代えてするものに限られます。）によるものを除きます。

ロ　取得期間及び居住期間

　　買換資産を、特定譲渡の日の属する年の前年1月1日から特定譲渡の日の属する年の翌年12月31日までの期間に取得し、かつ、取得の日から取得の日の属する年の翌年12月31日までの間に居住用に供したとき、又は供する見込みであるときはこの特例の適用を受けることができます。

　　なお、特定非常災害の被害者の権利利益の保全等を図るための特別措置に関する法律2条1項の規定により特定非常災害として指定された非常災害に基因するやむを得ない事情により、同日までに買換資産を取得することが困難となった場合において、同日後2年以内に買換資産の取得をする見込みであり、かつ、納税地の所轄税務署長の承認を受けたときは、同日の属する年の翌々年12月31日まで取得期限が延長されます（措法41の5⑦一）。

ハ　住宅借入金等の金額

　　住宅借入金等の金額とは、住宅の用に供する家屋の新築若しくは取得又はその家屋の敷地の用に供される土地等の取得（以下「住宅の取得等」といいます。）に要する資金に充てるために国内に営業所を有する金融機関又は独立行政法人住宅金融支援機構等から借り入れた借入金又は債務で契約において償還期間が10年以上の割賦償還の方法により返済することとされている借入金又は債務（利息に対応するものを除きます。）をいいます（措法41の5⑦四、措令26の7⑬、措規18の25⑥～⑩）。

金融機関の範囲（例示）
銀行、信用金庫、労働金庫、信用協同組合、農業協同組合、農業協同組合連合会、漁業協同組合、漁業協同組合連合会、水産加工業協同組合、水産加工業協同組合連合会、株式会社商工組合中央金庫、生命保険会社、損害保険会社、信託会社、農林中央金庫、信用金庫連合会、労働金庫連合会、共済水産業協同組合連合会、信用協同組合連合会、株式会社日本政策投資銀行及び株式会社日本貿易保険

ニ　借入金又は債務の借換えをした場合

　　買換資産の取得に係る借入金又は債務（以下「当初の借入金等」といいます。）の金額を消滅させるために新たな借入金を有することとなる場合において、新たな借入金が当初の借入金を消滅させるためのものであることが明らかであり、かつ、上記ハに規定する要件を満たしているときに限り、その新たな借入金は、買換資産に係る住宅借入金等に該当するものとします（措通41の5-16）。

ホ　繰上返済等をした場合

　　買換資産に係る住宅借入金等の金額に係る契約において、その年の翌年以後に返済等をすべきこととされている買換資産に係る住宅借入金等の金額につき、その年に繰り上げて返済等をした場合であっても、その年の12月31日における現実の買換資産に係る住宅借入金等の金額の残高があるときには、譲渡損失の損益通算及び繰越控除の特例の規定の適用がありますが、その繰上返済等により償還期間又は割賦期間が10年未満となる場合のその年については、譲渡損失の損益通算及び繰越控除の特例の規定の適用はありません（措通41の5-17）。

　　（注）　借入金又は債務の借換えをした場合には、上記ニの適用がある場合があることに注意してください。

④　居住用財産の譲渡損失の金額の計算

　居住用財産の譲渡損失の金額は、譲渡資産の特定譲渡による譲渡所得の金額の計算上生じた損失の金額のうち、その特定譲渡をした日の属する年分の措法31条１項に規定する長期譲渡所得の金額の計算上生じた損失の金額（長期譲渡所得の金額の計算上生じた損失の金額のうちに措法32条１項の規定により同項に規定する短期譲渡所得の金額の計算上控除する金額がある場合には、長期譲渡所得の金額の計算上生じた損失の金額からその控除する金額に相当する金額を控除した金額）に達するまでの金額とします（措令26の７⑨）。

(3)　通算後譲渡損失の金額

　通算後譲渡損失の金額とは、その年において生じた純損失の金額（法２条１項25号に規定する純損失の金額をいいます。）のうち、居住用財産の譲渡損失の金額に係るもの（居住用財産の譲渡損失の金額に係る譲渡資産のうちに土地等で面積が500㎡を超えるものが含まれている場合には、その土地等のうち500㎡を超える部分に相当する金額を除きます。）として一定の計算をした金額をいいます（措法41の５⑦二・三）。

① 　通算後譲渡損失の金額の計算

　通算後譲渡損失の金額として一定の計算をした金額とは、居住用財産の譲渡損失の金額のうち、次に掲げる場合の区分に応じそれぞれ次に定める金額に達するまでの金額をいいます（措令26の７⑫）。

図表４-５-６　　通算後譲渡損失の金額

損失の区分	通算後譲渡損失の金額
①　青色申告書を提出する年で、不動産所得の金額、事業所得の金額、山林所得の金額又は譲渡所得の金額（措法31条１項に規定する長期譲渡所得の金額及び措法32条１項に規定する短期譲渡所得の金額を除きます。）の計算上生じた損失の金額がある場合	その年において生じた純損失の金額から損失区分①欄の損失額の合計額（その合計額がその年において生じた純損失の金額を超えるときは、純損失に相当する金額）を控除した金額
②　変動所得の金額の計算上生じた損失の金額及び被災事業用資産の損失の金額がある場合	その年において生じた純損失の金額から損失区分②欄の損失の金額の合計額（当該合計額がその年において生じた純損失の金額を超えるときは、純損失の金額に相当する金額）を控除した金額
③　①及び②以外の場合	その年において生じた純損失の金額

（注１）　居住用財産の譲渡損失の金額に係る譲渡資産のうちに土地等の面積が500㎡を超えるものが含まれている場合には、通算後譲渡損失の金額は、図表４-５-６で計算した金額から、その金額に次の(1)及び(2)の割合を乗じて計算した金額を控除した金額となります（措法41の５⑦三、措令26の７⑫）。
　　　(1)　居住用財産の譲渡損失の金額のうちに土地等の特定譲渡による譲渡所得の金額の計算上生じた損失の金額の占める割合
　　　(2)　土地等に係る面積のうちに500㎡を超える部分に係る面積の占める割合（超過面積割合）
（注２）　その年の前年以前３年内の各年（青色申告書を提出している年に限ります。）において生じた純損失の金額のうちに特定純損失の金額（譲渡資産の特定譲渡による譲渡所得の金額の計算上生じた損失の金額に係る純損失の金額として一定の方法で計算した金額をいいます。以下同じです。）がある場合には、純損失の繰越控除（法70①）は、その純損失の金額から、前年以前において繰越控除された純損失の金額、繰戻しによる還付（法142②）

の規定により還付を受けるべき金額の計算の基礎となった純損失の金額及び特定純損失の金額を除いたところで行います（措法41の5⑧、措令26の7⑭）。

また、純損失の繰戻しによる還付の請求（法140）又は相続人等の純損失の繰戻しによる還付の請求（法141）の規定の適用を受ける特定純損失の金額がある場合においても、その純損失の金額から、特定純損失の金額を除いたところで繰戻しによる還付の規定により還付を受けるべき金額の計算の基礎とすることとなっています（措法41の5⑨⑩）。

② 総合譲渡所得の金額の計算と居住用財産の譲渡損失の金額との関係

　総合短期譲渡所得（譲渡所得のうち法33条3項1号に掲げる所得で、措法32条1項の規定の適用がない所得をいいます。以下同じです。）の金額又は総合長期譲渡所得（譲渡所得のうち法33条3項2号に掲げる所得で、措法31条1項及び措法32条1項の規定の適用がない所得をいいます。以下同じです。）の金額を計算する場合において、これらの所得の基因となった資産のうちに譲渡損失の生じた資産があるときは、その年中に譲渡した資産を総合短期譲渡所得の基因となる資産及び総合長期譲渡所得の基因となる資産に区分して、これらの資産の区分ごとにそれぞれの総収入金額から当該資産の取得費及び譲渡費用の合計額を控除して譲渡損益を計算します。この場合において、その区分ごとに計算した金額の一方に損失の金額が生じた場合又は居住用財産の譲渡損失の金額がある場合のその損失の金額の譲渡益からの控除は次のとおりです（措通41の5-1）。

イ　総合長期譲渡所得の損失の金額は、総合短期譲渡所得の譲渡益から控除する。

ロ　総合短期譲渡所得の損失の金額は、総合長期譲渡所得の譲渡益から控除する。

ハ　居住用財産の譲渡損失の金額は、イ又はロによる控除後の譲渡益について、総合短期譲渡所得の譲渡益、総合長期譲渡所得の譲渡益の順に控除します。ただし、この取扱いと異なる順序で控除して申告したときはその計算も認められます。

③ 通算後譲渡損失の金額の繰越控除の順序

　前年以前3年内の年において生じた通算後譲渡損失の金額に相当する金額をその年の総所得金額、土地等に係る事業所得等の金額、分離長期譲渡所得の金額、分離短期譲渡所得の金額、山林所得金額又は退職所得金額（以下「総所得金額等」といいます。）の計算上控除する場合には、次のイからニの順序で控除します（措通41の5-1の2）。

イ　まず、その年分の各種所得の金額の計算上生じた損失の金額がある場合には、法69条1項《損益通算》の規定による控除を行います。

ロ　次に、法70条1項又は2項《純損失の繰越控除》に規定する純損失の金額がある場合には、同条1項又は2項の規定による控除を行います。

ハ　その上で、通算後譲渡損失の金額に相当する金額について、措法41条の5第4項の規定による繰越控除を行います。この場合、その年分の分離長期譲渡所得の金額、分離短期譲渡所得の金額、総所得金額、土地等に係る事業所得等の金額、山林所得金額又は退職所得金額から順次控除します。

ニ　さらに、法71条1項《雑損失の繰越控除》に規定する雑損失がある場合には、同項の規定による控除を行います。

(4) 居住用財産の買換え等をした場合の譲渡損失の特例の手続要件

居住用財産の買換え等をした場合の譲渡損失の特例の申告に当たっての手続要件は次のとおりです（措規18の25）。

【居住用財産の買換え等をした場合の譲渡損失の手続要件】

> この特例を受ける場合には、確定申告書に「措法41条の５」と記載するほか、次の書類を添付する必要があります。
> 【計算明細書等】
> ① 居住用財産の譲渡損失の金額の明細書《確定申告書付表》
> ② 居住用財産の譲渡損失の損益通算及び繰越控除の対象となる金額の計算書【租税特別措置法第41条の５用】
> 【譲渡資産関係】
> ③ 譲渡資産の登記事項証明書[※2]（家屋を取り壊して譲渡したときは閉鎖登記の謄本）
> ④ 家屋の敷地が借地権の場合、土地賃貸借契約書等の写しで面積を明らかにするもの
> ⑤ 戸籍の附票の写し等で、その資産を居住の用に供していたことを明らかにする書類（譲渡をした時において、この特例の適用を受けようとする者の住民票に記載されている住所とその譲渡した資産の所在地が異なる場合）
> 【買換資産関係】
> ⑥ 買換資産に係る住宅借入金等の残高証明書（12月31日現在の残高）[※1]
> ⑦ 買換資産の登記事項証明書[※2]

※1 令和６年度税制改正により、買替資産の住宅借入金等に係る債権者に対して住宅取得資金に係る借入金等の年末残高等調書制度の適用申請書の提出をしている場合には、住宅借入金等の残高証明書の確定申告書への添付は不要となりました（措規18の25②⑪）。
※2 登記事項証明書については、申告書に不動産番号等を記入することにより、その添付を省略することができます。詳細は76頁の「税理士のアドバイス」を参照してください。

上記①「居住用財産の譲渡損失の金額の明細書《確定申告書付表》（令和４年分以降用）」は右のQRコードから出力してください。

 上記②「居住用財産の譲渡損失の損益通算及び繰越控除の対象となる金額の計算書【租税特別措置法第41条の５用】（令和４年分以降用）」は左のQRコードから出力してください。

税理士のアドバイス　買換資産に居住しなくなった場合の繰越控除の適用について

「買換資産に係る住宅借入金等」とは、買換資産の取得のための住宅借入金等をいい、繰越控除の特例の適用を受ける年の12月31日において、その後の事情で居住の継続ができなくなったとしても、買換資産の取得に要する資金に充てるために借り入れた金額を有する場合は「買換資産に係る住宅借入金等」の金額を有することとなります。

また、繰越控除の特例の適用を受けるためには、買換資産をその取得の日の属する年の翌年12月31日までに居住の用に供さなければなりませんが、その後の居住継続は要件とされていません（措法41の５⑦一）。

したがって、買換資産を取得した年の翌年12月31日までいったん居住の用に供した後、買換

資産に居住が継続できなくなった場合においても、繰越控除の特例の適用を受ける年の12月31日において、買換資産の取得に要する資金に充てるために借り入れた金額を有する場合、繰越控除の特例を適用することができます。

(5) 修正申告及び納付

次の場合には、取得期限又は同日から4か月を経過する日までに適用を受けた年分の所得税についての修正申告書を提出し、かつ、その期限内に修正申告書の提出により納付すべき税額を納付しなければなりません（措法41の5⑬⑭）。

なお、修正申告書が上記の提出期限内に提出された場合は、その申告書は期限内申告書とみなされ、加算税の賦課及び延滞税の課税はされません（措法41の5⑯）。

図表4-5-7　通算後譲渡損失の金額

区　分	態　様	判　定
損益通算の特例の適用を受けた者	① 取得期限までに買換資産の取得をしない場合	取得期限又は同日から4か月を経過する日までに適用を受けた年分の所得税についての修正申告書を提出し、かつ、その期限内にその修正申告書の提出により納付すべき税額を納付しなければなりません。
	② 買換資産の取得をした日の属する年の12月31日において買換資産に係る住宅借入金等の金額を有しない場合	
	③ 買換資産の取得をした日の属する年の翌年12月31日までに買換資産をその者の居住の用に供しない場合	
繰越控除の特例の適用を受けた者	買換資産の取得をした日の属する年の翌年12月31日までに、買換資産をその者の居住の用に供しない場合	買換資産の取得をした年の翌々年の4月30日までに適用を受けた年分の所得税についての修正申告書を提出し、かつ、その期限内にその修正申告書の提出により納付すべき税額を納付しなければなりません。

【質疑応答】買換資産を居住の用に供した後に譲渡した場合

□　買換資産を居住の用に供した後に譲渡した場合の租税特別措置法第41条の5第4項の適用の可否

　○年に居住用財産の買換えを行い、居住用財産の買換え等の場合の譲渡損失の損益通算及び繰越控除の特例（措法41の5）の適用を予定していた者が、買換資産を居住の用に供した後当該買換資産を（○＋1）年中に譲渡し、住宅借入金の一部を繰上返済しました（償還期間は10年以上あります。）。（○＋1）年12月31日において、住宅借入金の残高があることから、住宅借入金の残高証明書の交付を受けています。

　この場合、（○＋1）年12月31日において、住宅借入金の金額を有し、住宅借入金の残高証明書の発行を受けていることから、（○＋1）年の所得税について租税特別措置法第41条の5第4項の規定を適用することができますか。

　なお、その者の（○＋1）年の合計所得金額は3,000万円以下です。

⇒ 繰越控除の特例の適用を受ける年の12月31日において、買換資産の取得に要する資金に充てるために借り入れた金額を有する場合、繰越控除の特例を適用することができます。

【令和6年分用】

居住用財産の買換え等の場合の譲渡損失の損益通算及び繰越控除の特例チェックシート・措法41条の5　一面

氏名＿＿＿＿＿＿＿＿＿＿＿＿＿＿＿＿

☆ 特例の概要等については、「譲渡所得の申告のしかた（記載例）」をご覧ください。
☆ 「はい」「いいえ」を○で囲みながら進んでください。
☆ 「※」に該当する場合は、職員にお尋ねください。

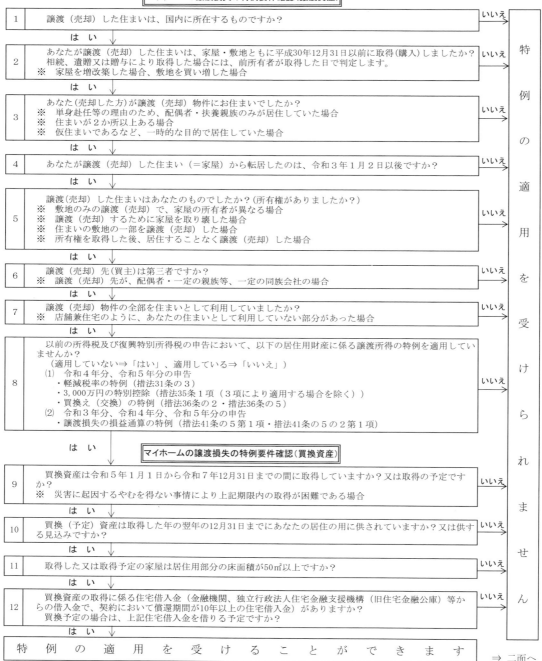

マイホームの譲渡損失の特例要件確認（譲渡資産）

1. 譲渡（売却）した住まいは、国内に所在するものですか？

2. あなたが譲渡（売却）した住まいは、家屋・敷地ともに平成30年12月31日以前に取得（購入）しましたか？
   相続、遺贈又は贈与により取得した場合には、前所有者が取得した日で判定します。
   ※ 家屋を増改築した場合、敷地を買い増した場合

3. あなた（売却した方）が譲渡（売却）物件にお住まいでしたか？
   ※ 単身赴任等の理由のため、配偶者・扶養親族のみが居住していた場合
   ※ 住まいが2か所以上ある場合
   ※ 仮住まいであるなど、一時的な目的で居住していた場合

4. あなたが譲渡（売却）した住まい（＝家屋）から転居したのは、令和3年1月2日以後ですか？

5. 譲渡（売却）した住まいはあなたのものでしたか？（所有権がありましたか？）
   ※ 敷地のみの譲渡（売却）で、家屋の所有者が異なる場合
   ※ 譲渡（売却）するために家屋を取り壊した場合
   ※ 住まいの敷地の一部を譲渡（売却）した場合
   ※ 所有権を取得した後、居住することなく譲渡（売却）した場合

6. 譲渡（売却）先（買主）は第三者ですか？
   ※ 譲渡（売却）先が、配偶者・一定の親族等、一定の同族会社の場合

7. 譲渡（売却）物件の全部を住まいとして利用していましたか？
   ※ 店舗兼住宅のように、あなたの住まいとして利用していない部分があった場合

8. 以前の所得税及び復興特別所得税の申告において、以下の居住用財産に係る譲渡所得の特例を適用していませんか？
   （適用していない⇒「はい」、適用している⇒「いいえ」）
   (1) 令和4年分、令和5年分の申告
      ・軽減税率の特例（措法31条の3）
      ・3,000万円の特別控除（措法35条1項（3項により適用する場合を除く））
      ・買換え（交換）の特例（措法36条の2・措法36条の5）
   (2) 令和3年分、令和4年分、令和5年分の申告
      ・譲渡損失の損益通算の特例（措法41条の5第1項・措法41条の5の2第1項）

マイホームの譲渡損失の特例要件確認（買換資産）

9. 買換資産は令和5年1月1日から令和7年12月31日までの間に取得していますか？又は取得の予定ですか？
   ※ 災害に起因するやむを得ない事情により上記期限内の取得が困難である場合

10. 買換（予定）資産は取得した年の翌年の12月31日までにあなたの居住の用に供されていますか？又は供する見込みですか？

11. 取得した又は取得予定の家屋は居住用部分の床面積が50㎡以上ですか？

12. 買換資産の取得に係る住宅借入金（金融機関、独立行政法人住宅金融支援機構（旧住宅金融公庫）等からの借入金で、契約において償還期間が10年以上の住宅借入金）がありますか？
    買換予定の場合は、上記住宅借入金を借りる予定ですか？

「いいえ」→ 特例の適用を受けられません

特例の適用を受けることができます　⇒ 二面へ

二面

この「チェックシート」は、次の書類とともに確定申告書に添付して提出してください。

- ☐ 居住用財産の譲渡損失の金額の明細書《確定申告書付表》
- ☐ 居住用財産の譲渡損失の損益通算及び繰越控除の対象となる金額の計算書【措法41条の5用】
- ☐ 譲渡資産に係る登記事項証明書（閉鎖登記に係るものを含みます）、売買契約書の写しなど
  - ☆ 令和6年1月1日において、所有期間が5年を超えることを明らかにするもの
  - ☆ 譲渡資産のうちに土地又は土地の上に存する権利（借地権等）が含まれている場合は、その面積を明らかにするもの（借地権等の場合は、土地賃貸借契約書の写しなど）
- ☐ 譲渡契約締結日の前日において、住民票に記載されていた住所と譲渡資産の所在地が異なる場合には、戸籍の附票の写しなどの書類で譲渡者が譲渡資産を居住の用に供していたことを明らかにするもの

譲渡した年の12月31日までに買換資産を取得している場合は次の書類も必要です

- ☐ 買換資産に係る登記事項証明書、売買契約書の写しなど
  - ☆ 買換資産を取得したこと、取得した年月日及び買換資産に係る家屋の床面積が50㎡以上であることを明らかにするもの
- ☐ 買換資産を取得した年の12月31日における買換資産に係る住宅借入金の残高証明書
- ☐ まだ、居住の用に供していない場合には、その旨及び居住の用に供する予定年月日その他の事項を記載した書類

（注）登記事項証明書については、「譲渡所得の特例の適用を受ける場合の不動産に係る不動産番号等の明細書」を提出することなどにより、その添付を省略することができます。詳しくは国税庁ホームページをご覧ください。

【 留 意 事 項 】

繰越控除を受ける場合は、譲渡した年分の確定申告書を期限内に提出し、その後の年分の確定申告書を連続して提出する必要があります。

1. 繰越控除を受けようとする年分の合計所得金額が3,000万円を超える場合には適用できません。
   繰越控除を受ける年分の添付書類は次のとおりです。
   ① その年において控除すべき譲渡損失金額及びその金額の計算の基礎、その他参考となる事項を記載した明細書
   ② 控除を受けようとする年分の12月31日における買換資産の住宅借入金等の残高証明書

2. 譲渡した年の翌年に買換資産を取得した場合には、翌年の確定申告書とともに次の書類を提出してください。
   ① 取得した買換資産の登記事項証明書、売買契約書の写しなど
   （買換資産を取得したこと、取得した年月日及び買換資産に係る家屋の床面積が50㎡以上であることを明らかにするもの）
   ② まだ、居住の用に供していない場合には、その旨及び居住の用に供する予定年月日その他の事項を記載した書類

3. 次に掲げる項目に該当する場合には、特例の適用を受けた年分の所得税についての修正申告書を提出し、かつ、その修正申告書の提出により納付すべき税額を納付する必要があります。
   ① 譲渡した年の翌年12月31日までに買換資産を取得しなかった場合
   ② 買換資産を取得した年の12月31日において住宅借入金等がない場合
   ③ 買換資産を取得した年の翌年12月31日までに居住の用に供しない場合
   ☆ 修正申告書の提出及び納付の期限は、①及び②については譲渡した年の翌年12月31日から4か月以内、③については買換資産を取得した年の翌年12月31日から4か月以内です。

※ このチェックシートは東京国税局ホームページの「相続税、贈与税、財産評価及び譲渡所得関係のチェックシート等」に掲載された令和5年版（右のQRコードからダウンロードすることができます）を基に令和6年分として使用できるように改訂しています。

【令和6年分用】

特例適用審査表 (措法41の5：居住用財産の買換え等の場合の譲渡損失の損益通算及び繰越控除の特例)

名簿番号 [　　　　　]

1 整理・点検

	あり	なし
⑴ 確定申告書への特例適用の記載	□	□
⑵ 譲渡所得の内訳書（確定申告書付表兼計算明細書）の記載・提出	□	□

⑶ 添付書類（**法定添付書類**）

イ 譲渡資産に関するもの

	あり	なし
㈠ 居住用財産の譲渡損失の金額の明細書《確定申告書付表》	□	□
㈡ 居住用財産の譲渡損失の損益通算及び繰越控除の対象となる金額の計算書【租税特別措置法第41条の5用】	□	□
㈢ 建物の登記事項証明書、売買契約書の写しその他の書類	□	□
㈣ 土地の登記事項証明書、売買契約書の写しその他の書類	□	□
※ 借地権は土地の借地契約書など		
㈤ 譲渡契約締結日の前日において、譲渡者の住民票の住所と土地建物の所在地とが異なる場合 戸籍の附票の写し又は消除された戸籍の附票の写しその他の書類で譲渡資産が居住用財産に該当することを明らかにする書類	□	□

ロ 買換資産に関するもの

	あり	なし
㈠ 買換資産の登記事項証明書その他の書類で買換資産を取得した旨を証するもの	□	□
㈡ 買換資産に係る一定の住宅借入金等の残高証明書	□	□
㈢ B⑪の(1)、(2)の日又はそれぞれの期限までに買換資産を居住の用に供していない場合には、B⑪の書類	□	□

※ 不動産番号等の提供がある場合は、上記イ（ハ）及び（ニ）並びにロ（イ）の登記事項証明書は添付不要

ハ 買換え予定の場合

	あり	なし
譲渡した年の翌年分の申告書に上記ロの書類を添付	□	□

ニ （参考）繰越控除を受ける年分

	あり	なし
㈠ 控除適用譲渡損失金額を記載した明細書（損失申告書に記載することで充足している）	□	□
㈡ 控除を受けようとする年の12月31日における買換資産の住宅借入金等の残高証明書	□	□

根拠条文等 | 措法41の5・措令26の7・措規18の25・措通41の5-1～18

2 審 査

A 譲渡資産に関する検討

審査項目	適	否	審査上の留意事項・審査事績	
① 国内にある居住用財産か？			〔措法35①の審査表を参照〕 ◆ 居住用家屋の範囲⇒生活の拠点（措通41の5-18、31の3-2） ◆ 生計を一にする親族の居住の用に供している家屋（措通41の5-18、31の3-6） ◆ 土地等で面積が500㎡を超えるものが含まれている場合には、500㎡を超える部分に相当する金額について繰越控除の対象となる金額から除くことに注意！（措法41の5⑦三）	□戸籍の附票 □その他
② 所有期間は1月1日で5年超か？			◆ 土地・建物のいずれか一方の所有期間が5年以下であるとき⇒ 特例の適用不可！（措通41の5-3(注)2） ◆ 敷地のうちに所有期間が異なる部分がある場合 ⇒ 所有期間が5年を超える部分のみ適用（措通41の5-4）	□登記事項証明書 □売買契約書 □その他 （　　　）
建物は平成30年12月31日以前の取得か？				
土地は平成30年12月31日以前の取得か？				
③ 買主が右記の者に該当しないか？			◆ 【「否」となる買主】 ⇒ 措令26の7④一～五 一号 配偶者・直系血族（父母・祖父母・子・孫など） 二号 生計一親族及び譲渡物件で同居する親族 五号 自己及び親族等の経営する同族法人 ・その他いわゆる特殊関係者への譲渡にも注意（三、四）	
④ 譲渡原因は適用外のものではないか？			◆ 【「否」となる譲渡原因】⇒ 贈与又は出資（措令26の7⑤）	
⑤ 右記の特例を前年、前々年に適用していないか？			◆ 措法31の3、35①（35③を除く）、36の2、36の5	
⑥ 右記の特例を前年以前3年内（措法41の5の2①については本年を含む）に適用していないか？			◆ 措法41の5①、41の5の2①	

【令和6年分用】

B 買換取得資産に関する検討

審 査 項 目	適	否	審 査 上 の 留 意 事 項 ・ 審 査 事 績
⑦ 適用対象外となる取得ではないか？			◆【「否」となる取得】⇒ 贈与、代物弁済（金銭債務の弁済に代えてするものに限る。） （措法41の5⑦、措令26の7⑦） ※ 取得先に制約はないので、親族等からの取得も可能
⑧ 取得の時期　イ　取得期限内の取得か？			
原則　同年中の取得か？ （令和6年中の取得）			
前年中の取得か？ （令和5年中の取得）			◆ 先行取得物件に係る事前の届出は不要
翌年中に取得予定か？ （令和7年中に取得予定）			◆ 「買換（代替）資産の明細書」の提出不要 ◆ 翌年分の確定申告書を提出する際に「1 整理・点検（3）ロ」を添付 ◆ やむを得ない事情により買換資産の取得が遅れた場合⇒ 措通41の5－13
ロ　特定非常災害により取得期限までの取得が困難となった場合 （令和9年12月31日まで）			◆ 上記イの取得期限の日（令和7年12月31日）後2年以内に取得見込み、かつ、税務署長が承認した場合 　⇒　令和9年12月31日まで取得期限が延長（措法41の5⑦一）
⑨ 家屋と敷地の所有者が異なる場合、右に該当するか？			【「否」となる取得】⇒措通41の5－18、36の2－17、41の5－11を満たしていない場合 譲渡家屋の所有者と譲渡敷地の所有者が異なる場合、次のいずれにも該当するか ① これらの者が取得した資産は、居住の用に供する一の家屋又は当該家屋とともに取得する当該家屋の敷地か ② 取得資産は、これらの者のそれぞれが、おおむねその者の譲渡収入（取得資産の価額＞譲渡収入金額の場合には、それぞれの者が支出した額を加算した額）の割合に応じて、その全部又は一部を取得しているか ③ 取得資産は、居住の用に供すべき期間内に、譲渡家屋の所有者が譲渡敷地の所有者とともにその居住の用に供しているか ④ 譲渡の時（譲渡家屋がその所有者の居住の用に供さなくなった日から3年を経過する日の属する年の12月31日までの間の譲渡の場合には、居住の用に供されなくなった時）から買換資産を居住の用に供すべき期間を経過するまでの間、親族関係and生計一であるか 譲渡資産に係る所有者が異なる場合 （譲渡資産）　（取得資産） A/B → A/B, AB/C, C/AB, B/B AB同居・親族・生計一 ①に非該当　②に非該当 買換資産に係る所有者が異なる場合 （譲渡資産）　（取得資産） A/A → A/B, B/A A居住　AB同居 措通36の2-17「非該当」

【令和6年分用】

⑩ 買換資産の範囲は適正か？		◆ 国内にあるものに限る ◆ 建物の居住部分の床面積50㎡以上 ◆ 〔床面積の判定・意義〕⇒ 措通41の5－14・15 ※ 築年数要件はないことに注意
⑪ 居住の用に供したか？ （期限内に居住したか？）		◆ 本人が住まない場合、措通41の5－18、31の3－2、36の2－17で判定 ⇒ （不開示） ◆ 令和6年12月31日までの取得 ⇒ 令和7年12月31日までに居住の用に供していることが必要 ◆ 令和7年中の取得 ⇒ 令和8年12月31日までに居住の用に供していることが必要 ◆ 次の(1)、(2)の取得の時期に応じ、それぞれ次の日又は期限までに居住していない場合 ⇒ 下記事項を記載した書類を提出（措令26の7⑰） □居住していない旨　□居住していない理由　□居住予定年月日 (1) 令和6年12月31日までに取得⇒ 確定申告書の提出日 (2) 令和7年1月1日から取得期限までに取得⇒ 取得をした日の属する年分の確定申告書の提出期限
⑫ 買換資産に係る住宅借入金等の償還期間は10年以上か？		◆ 借入金又は債務の借換えをした場合 ⇒ 措通41の5－16 ◆ 繰上返済等をした場合 ⇒ 措通41の5－17 ◆ 取得の年（×譲渡の年）の12月31日において残高があるか？

C （参考）繰越控除を受ける年分（損失が生じた年分の期限内申告が要件）

⑬ 繰越控除を受ける年の12月31日において買換資産に係る住宅借入金等の残高があるか？		◆ 償還期間は、10年以上である必要がある！（措法41の5⑦四）
⑭ 繰越控除を受けようとする年分の合計所得金額は3,000万円以下か？		◆ 繰越控除は、控除を受けようとする年分の合計所得金額（繰越控除前）が3,000万円を超える年分については適用できない（措法41の5④）

判　　定		
適	要解明	否

【参考】措法41条（住宅借入金等特別控除）との併用適用可能
【判定が「適」でB⑧取得の時期が「翌年中に取得予定」の場合は、別途管理する。】

特例適用審査表は、情報公開請求により入手した令和5年版（右のQRコードからダウンロードすることができます）を基に令和6年分として使用できるように改訂しています。（不開示）は、情報公開法により不開示となった部分です。

譲渡所得の内訳書の記載手順　居住用財産の買換え等をした場合の譲渡損失の損益通算及び繰越控除の特例

【設 例】居住用財産を売却して譲渡損失が発生した場合（新たに自宅を買い換える場合）

1　譲渡した土地の契約内容
　　令和6年4月6日に平成29年8月から令和6年5月末まで居住用に供していた建物（75.81㎡）とその敷地（49.01㎡）を2,500万円で売却する契約を締結
2　譲渡した資産の取得（建築）などに関する事項
　　平成29年8月6日にマンション4,120万円（土地2,500万円、建物1,620万円）で購入
3　譲渡するための費用に関する事項
　　仲介手数料891千円を令和6年6月7日に支払い印紙代1万円を令和6年4月6日に購入
4　新たに取得した自宅に関する事項
　　令和6年7月7日に自己資金及び借入（○○銀行から3,000万円）で建売住宅を3,900万円で購入
　・土地（120㎡）1,900万円
　・建物（130㎡）2,000万円

手順1　譲渡した資産の契約内容を「譲渡所得の内訳書」（2面）の1欄に記載し、譲渡価額を（3面）の4欄に転記します。

手順2　譲渡した資産の取得価額、取得日、建物の減価償却相当額に関する事項を「譲渡所得の内訳書」（3面）の2欄に記載し、取得費を4欄に転記します。

手順3　譲渡のために支出した費用を「譲渡所得の内訳書」（3面）の3欄に記載し、譲渡費用を4欄に転記します。

手順4　譲渡価額①から取得費②及び譲渡費用③を差し引いて差引金額Cを算出し、同額を譲渡所得金額Eに転記します。

税務署のチェックポイント1

① 譲渡価額は近隣の取引事例と比較して適正か。
② 譲渡価額の中に固定資産税の精算金が含まれているか。
③ 居住期間が著しく短いなど、不自然ではないか。
④ 居住用以外の用途に使用されている部分はないか。

税務署のチェックポイント2

① 取得価額は当時の時価（建築価格）と比較して適正か。
② 償却相当額の計算は適正か。
③ 譲渡費用の中に譲渡費用とならない費用（引越費用や弁護士費用、住所変更登記料、抵当権抹消登記料、税理士報酬）などが含まれていないか。
④ 居住期間が著しく短いなど、不自然ではないか。

2面

1 譲渡（売却）された土地・建物について記載してください。

(1) どこの土地・建物を譲渡（売却）されましたか。

所在地番（住居表示）：○市△×町 3-6-28-201

(2) どのような土地・建物をいつ譲渡（売却）されましたか。

土地：利用状況 ☑自己の居住用／居住期間 平成29年8月～令和6年5月　面積（公簿）49.01㎡
建物：☑マンション　75.81㎡
売買契約日：令和6年4月6日
引き渡した日：令和6年6月7日

あなたの持分　土地 1/1　建物 1/1

(3) どなたに譲渡（売却）されましたか。
買主　住所：○市○○町 1-2-3　氏名（名称）：㈱○○不動産

(4) いくらで譲渡（売却）されましたか。
① 譲渡価額　25,000,000 円

3面

2 譲渡（売却）された土地・建物の購入（建築）代金などについて記載してください。

(1) 譲渡（売却）された土地・建物は、どなたから、いつ、いくらで購入（建築）されましたか。

購入建築 価額の内訳	購入（建築）先 住所（所在地）	氏名（名称）	購入・建築年月日	購入・建築代金又は譲渡価額の5%
土地	X市××町○○2-5-7	○○住宅㈱	平成29.8.6	25,000,000
			・・	円
			・・	円
			小 計 (イ)	25,000,000
建物	X市××町○○2-5-7	○○住宅㈱	平成29.8.6	16,200,000
			・・	円
			・・	円
建物の構造 □木造 □木骨モルタル ☑(鉄筋)鉄筋 □金属造 □その他			小 計 (ロ)	16,200,000

(2) 建物の償却相当額を計算します。

建物の購入・建築価額(ロ) □標準　16,200,000 円 × 0.9 × 償却率 0.015 × 経過年数 7 = 償却費相当(ハ) 1,530,900 円

(3) 取得費を計算します。

② 取得費　(イ)+(ロ)-(ハ) = 39,669,100 円

3 譲渡（売却）するために支払った費用について記載してください。

費用の種類	支払先 住所（所在地）	氏名（名称）	支払年月日	支払金額
仲介手数料	○○市△△町××1-9-8	○○不動産㈱	令和6.6.7	891,000
収入印紙代			令和6.4.6	10,000
				円
				円
			③ 譲渡費用	901,000

4 譲渡所得金額の計算をします。

区分	特例適用条文	A 収入金額 ①	B 必要経費 ②+③	C 差引金額 A-B	D 特別控除額	E 譲渡所得金額 C-D
短期 所・措・農		円	円	円	円	円
長期 所・措・農	41条の5	25,000,000	40,570,100	△15,570,100		△15,570,100
短期 所・措・農	条の	円	円	円	円	円
長期						
短期 所・措・農	条の	円	円	円	円	円
長期						

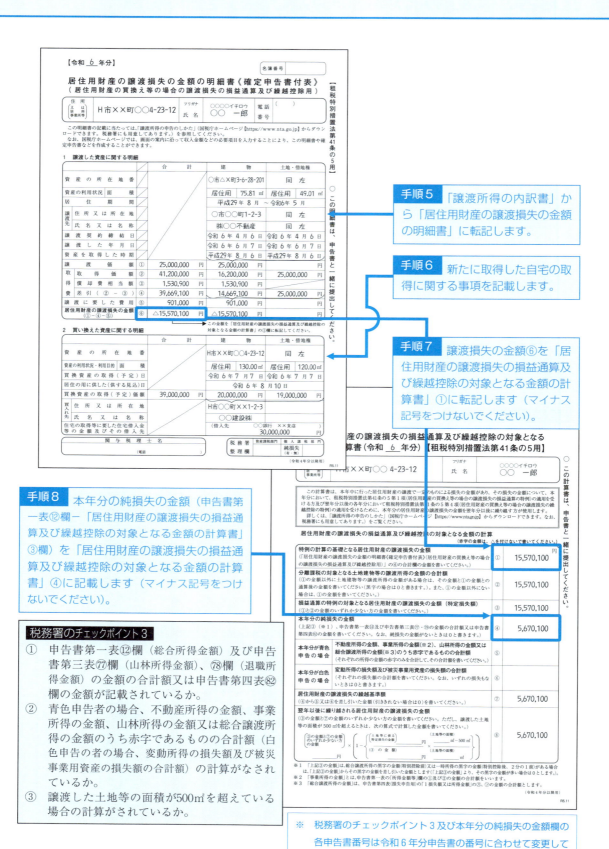

164

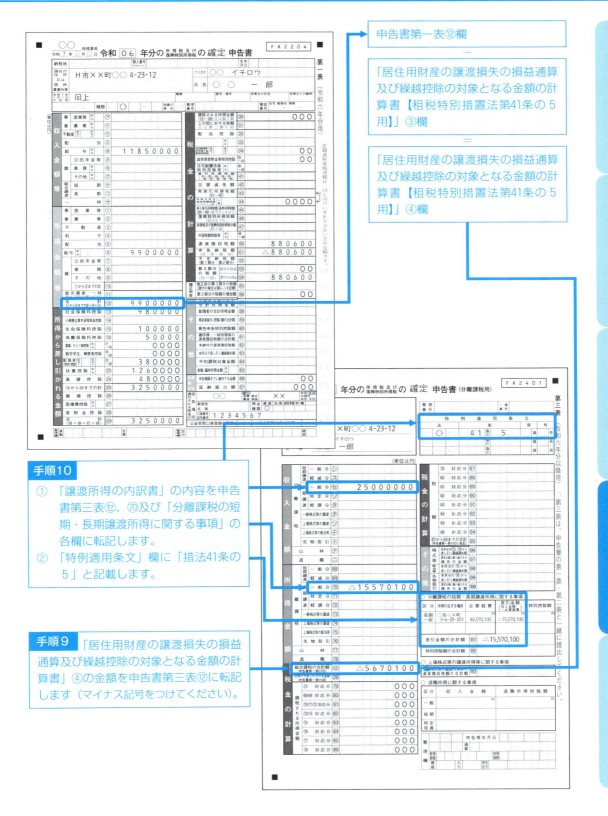

6　特定居住用財産の譲渡損失の損益通算及び繰越控除の特例

(1) 特例の概要

　自己の居住用財産を譲渡し、その個人の平成16年分以後の各年分の譲渡所得の金額の計算上生じた特定居住用財産の譲渡損失の金額（譲渡資産に係る住宅借入金等の残高から譲渡対価を差し引いた金額を限度とします。）が算出される場合には、一定の要件のもとで、その譲渡損失の金額をその年分の総所得金額等の計算上控除（損益通算）することができます。また、控除しきれない譲渡損失の金額がある場合には、一定の要件のもとで、翌年以降3年間にわたり繰越控除をすることができます（措法41の5の2）。

　譲渡損失の損益通算限度額については、次のとおりです。

　居住用財産の売買契約日の前日における住宅ローンの残高から売却価額を差し引いた残りの金額が、損益通算の限度額となります（下図参照）。

2,000万円（売却代金）－6,000万円（購入代金）＝△4,000万円（譲渡損失の金額）
3,000万円（借入金残高）－2,000万円（売却代金）＝1,000万円（損益通算限度額）
4,000万円＞1,000万円
∴1,000万円（特定居住用財産の譲渡損失の金額）　←損益通算ができる金額

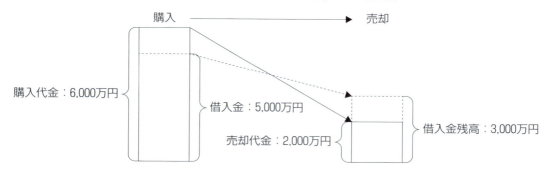

　この特例を受けるには、次の全ての要件を満たすことが必要です。

【特定居住用財産の譲渡損失の特例要件】

① 譲渡人
　譲渡損失の繰越控除を適用しようとする年分の合計所得金額が3,000万円を超えないこと
② 譲渡資産
　イ　日本国内にある自己の居住用財産であること
　ロ　平成16年1月1日から令和7年12月31日までの期間内に、家屋又は家屋とともにその敷地を譲渡していること
　ハ　住まなくなった日から3年目の年の12月31日までに譲渡していること
　ニ　譲渡した年の1月1日において譲渡資産の所有期間がともに5年を超えていること
　ホ　譲渡価額が下記④の住宅借入金等の残高を下回っていること
③ 譲受人
　譲受人が、配偶者や直系血族、これら以外の生計を一にする親族などの特別な関係者でないこと
④ 住宅借入金等
　イ　譲渡契約の日の前日に譲渡資産に係る住宅借入金等の残高があること

ロ　住宅借入金等（5⑵③ハ「住宅借入金等の金額」を参照）は、銀行等からの当初借入時において償還期間が10年以上の割賦償還の方法によるものであること
⑤　他の特例との関係
イ　譲渡の年の前年又は前々年に措法31条の3、35条（同条3項の規定により適用する場合を除きます。）、36条の2、36条の5の適用を受けていないこと
ロ　譲渡の年若しくは前年以前3年内に、措法41条の5の適用を受けていないこと
ハ　譲渡年の前年以前3年内に本特例の適用を受けていないこと

(2) 特定居住用財産の譲渡損失の手続要件等

特定居住用財産の譲渡損失の損益通算及び繰越控除の特例の申告に当たっての手続要件は次のとおりです（措規18の26）。

【特定居住用財産の譲渡損失の手続要件】

この特例を受ける場合には、確定申告書に「措法41条の5の2」と記載するほか、次の書類を添付する必要があります（措規18の26）。

【計算明細書】
①　特定居住用財産の譲渡損失の金額の明細書《確定申告書付表》
②　特定居住用財産の譲渡損失の損益通算及び繰越控除の対象となる金額の計算書【租税特別措置法第41条の5の2用】

【譲渡資産関係】
③　譲渡資産の登記事項証明書※（家屋を取り壊して譲渡したときは閉鎖登記簿謄本）
④　戸籍の附票の写し等で、その資産を居住の用に供していたことを明らかにする書類（譲渡をした時において、この特例の適用を受けようとする者の住民票に記載されている住所とその譲渡資産の所在地が異なる場合）
⑤　家屋の敷地が借地権の場合、土地賃貸借契約書等の写しで所有期間を明らかにするもの
⑥　譲渡資産に係る住宅借入金等の残高証明書（契約日の前日現在の残高）

※　登記事項証明書については、申告書に不動産番号等を記入することにより、その添付を省略することができます。詳細は76頁の「税理士のアドバイス」を参照してください。

上記①「特定居住用財産の譲渡損失の金額の明細書《確定申告書付表》（令和4年分以降用）」は右のQRコードから出力してください。

 上記②「特定居住用財産の譲渡損失の損益通算及び繰越控除の対象となる金額の計算書【租税特別措置法第41条の5の2用】（令和4年分以降用）」は左のQRコードから出力してください。

| 税理士のアドバイス | 譲渡資産に係る住宅借入金の残高に要注意 |

譲渡資産に係る住宅借入金等の残高は譲渡契約日の前日に残高があることが要件ですが、譲渡価額は契約日前日の住宅借入金等の残高を下回っていなければなりません。

(3) その他

この特例を受けるための申告要件、更正の請求又は修正申告の手続や損益通算の計算等については、この項で説明した以外は「5 居住用財産の買換え等をした場合の譲渡損失の損益通算及び繰越控除の特例」で説明した要件及び手続と同様です。

【令和6年分用】

特定居住用財産の譲渡損失の損益通算及び繰越控除の特例チェックシート・措法41条の5の2　一面

氏名 _____

☆ 特例の概要等については、「譲渡所得の申告のしかた（記載例）」をご覧ください。
☆ 「はい」「いいえ」を〇で囲みながら進んでください。
☆ 「※」に該当する場合は、職員にお尋ねください。

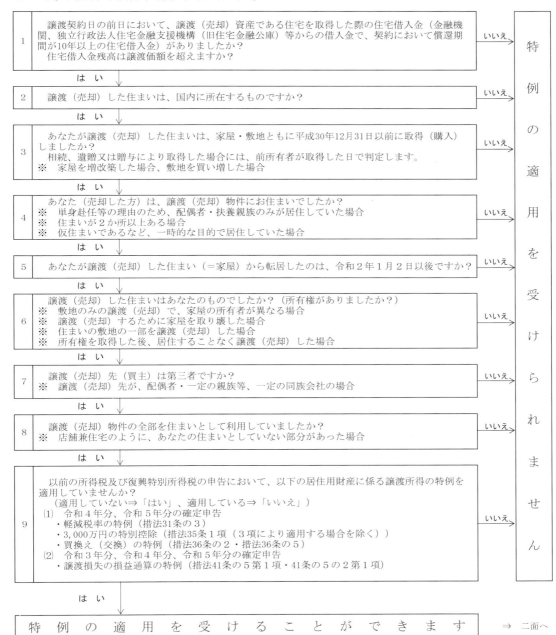

1　譲渡契約日の前日において、譲渡（売却）資産である住宅を取得した際の住宅借入金（金融機関、独立行政法人住宅金融支援機構（旧住宅金融公庫）等からの借入金で、契約において償還期間が10年以上の住宅借入金）がありましたか？
　　住宅借入金残高は譲渡価額を超えますか？

2　譲渡（売却）した住まいは、国内に所在するものですか？

3　あなたが譲渡（売却）した住まいは、家屋・敷地ともに平成30年12月31日以前に取得（購入）しましたか？
　　相続、遺贈又は贈与により取得した場合には、前所有者が取得した日で判定します。
　　※ 家屋を増改築した場合、敷地を買い増した場合

4　あなた（売却した方）は、譲渡（売却）物件にお住まいでしたか？
　　※ 単身赴任等の理由のため、配偶者・扶養親族のみが居住していた場合
　　※ 住まいが2か所以上ある場合
　　※ 仮住まいであるなど、一時的な目的で居住していた場合

5　あなたが譲渡（売却）した住まい（＝家屋）から転居したのは、令和2年1月2日以後ですか？

6　譲渡（売却）した住まいはあなたのものでしたか？（所有権がありましたか？）
　　※ 敷地のみの譲渡（売却）で、家屋の所有者が異なる場合
　　※ 譲渡（売却）するために家屋を取り壊した場合
　　※ 住まいの敷地の一部を譲渡（売却）した場合
　　※ 所有権を取得した後、居住することなく譲渡（売却）した場合

7　譲渡（売却）先（買主）は第三者ですか？
　　※ 譲渡（売却）先が、配偶者・一定の親族等、一定の同族会社の場合

8　譲渡（売却）物件の全部を住まいとして利用していましたか？
　　※ 店舗兼住宅のように、あなたの住まいとしていない部分があった場合

9　以前の所得税及び復興特別所得税の申告において、以下の居住用財産に係る譲渡所得の特例を適用していませんか？
　　（適用していない⇒「はい」、適用している⇒「いいえ」）
　(1)　令和4年分、令和5年分の確定申告
　　・軽減税率の特例（措法31条の3）
　　・3,000万円の特別控除（措法35条1項（3項により適用する場合を除く））
　　・買換え（交換）の特例（措法36条の2・措法36条の5）
　(2)　令和3年分、令和4年分、令和5年分の確定申告
　　・譲渡損失の損益通算の特例（措法41条の5第1項・41条の5の2第1項）

（右側：いいえ → 特例の適用を受けられません）

特　例　の　適　用　を　受　け　る　こ　と　が　で　き　ま　す　　⇒ 二面へ

二面

この「チェックシート」は次の書類とともに確定申告書に添付して提出してください。

- ☐ 特定居住用財産の譲渡損失の金額の明細書《確定申告書付表》
- ☐ 特定居住用財産の譲渡損失の損益通算及び繰越控除の対象となる金額の計算書【措法41の5の2用】
- ☐ 譲渡資産の売買契約書の写し、登記事項証明書等（閉鎖登記に係るものを含みます）
  ☆ 令和6年1月1日において、譲渡資産の所有期間が5年を超えることを明らかにするもの
  （注）登記事項証明書については、「譲渡所得の特例の適用を受ける場合の不動産に係る不動産番号等の明細書」を提出することなどにより、その添付を省略することができます。詳しくは国税庁ホームページをご覧ください。
- ☐ 譲渡契約締結日の前日において、住民票に記載されていた住所と譲渡資産の所在地が異なる場合には、戸籍の附票の写しなどの書類で譲渡者が譲渡資産を居住の用に供していたことを明らかにするもの
- ☐ 譲渡資産に係る住宅借入金等の残高証明書
  （譲渡に係る契約を締結した日の前日現在のもの）

【留意事項】

繰越控除を受ける場合は、譲渡した年分の確定申告書を期限内に提出し、その後の年分の確定申告書を連続して提出する必要があります。

ただし、繰越控除を受けようとする年分の合計所得金額が3,000万円を超える場合には適用できません。

繰越控除を受ける年分の添付書類は次のとおりです。

○ その年において控除すべき譲渡損失金額及びその金額の計算の基礎、その他参考となる事項を記載した明細書

※ このチェックシートは東京国税局ホームページの「相続税、贈与税、財産評価及び譲渡所得関係のチェックシート等」に掲載された令和5年版（右のQRコードからダウンロードすることができます）を基に令和6年分として使用できるように改訂しています。

【令和6年分用】

特例適用審査表（措法41の5の2：特定居住用財産の譲渡損失の損益通算及び繰越控除の特例）

名簿番号	

1　整理・点検

	あり	なし
（1）　確定申告書への特例適用の記載	☐	☐
（2）　譲渡所得の内訳書（確定申告書付表兼計算明細書）の記載・提出	☐	☐

（3）　添付書類（法定添付書類）

イ　譲渡資産に関するもの

	あり	なし
（イ）　特定居住用財産の譲渡損失の金額の明細書《確定申告書付表》	☐	☐
（ロ）　特定居住用財産の譲渡損失の損益通算及び繰越控除の対象となる金額の計算書【租税特別措置法第41条の5の2用】	☐	☐
（ハ）　建物の登記事項証明書、売買契約書の写しその他の書類	☐	☐
（ニ）　土地の登記事項証明書、売買契約書の写しその他の書類	☐	☐

　　　　※　借地権は土地の借地契約書など
　　　　※　不動産番号等の提供がある場合は、上記（ハ）及び（ニ）の登記事項証明書は添付不要

	あり	なし
（ホ）　譲渡資産に係る一定の住宅借入金等の残高証明書⇒　譲渡契約締結日の前日現在	☐	☐
（ヘ）　譲渡契約締結日の前日において、譲渡者の住民票の住所と土地建物の所在地とが異なる場合　戸籍の附票の写し又は消除された戸籍の附票の写しその他の書類で譲渡資産が居住用財産に該当することを明らかにする書類	☐	☐

ロ　（参考）繰越控除を受ける年分

	あり	なし
控除適用譲渡損失金額を記載した明細書（損失申告書に記載することで充足している）	☐	☐

根拠条文等	措法41の5の2・措令26の7の2・措規18の26・措通41の5の2－1～7

2　審査

A　譲渡資産に関する検討

審　査　項　目	適	否	審　査　上　の　留　意　事　項　・　審　査　事　績	
①　国内にある居住用資産か？			〔措法35①の審査表を参照〕 ◆　居住用家屋の範囲　⇒　生活の拠点 　　（措法41の5の2－7、31の3－2） ◆　生計を一にする親族の居住の用に供している家屋 　　（措法41の5の2－7、31の3－6）	☐戸籍の附票 ☐その他
②　所有期間は1月1日で5年超か？			◆　土地・建物のいずれか一方の所有期間が5年以下 　　であるとき　⇒　特例の適用不可！（措通41の5の2－ 　　3(注)2） ◆　敷地のうちに所有期間が異なる部分がある場合 　　⇒　所有期間が5年を超える部分のみ適用（措通 　　41の5の2－7、41の5－4）	☐登記事項証明書 ☐売買契約書 ☐その他 （　　　　）
建物は平成30年12月31日以前の取得か？				
土地は平成30年12月31日以前の取得か？				
③　買主が右記の者に該当しないか？			◆　【否】となる買主　⇒　措令26の7の2④一～五 　一号　配偶者・直系血族（父母・祖父母・子・孫など） 　二号　生計一親族及び譲渡物件で同居する親族 　五号　自己及び親族等の経営する同族法人 ・その他いわゆる特殊関係者への譲渡にも注意（三、四）	
④　譲渡原因は適用外のものではないか？			◆【否】となる譲渡原因　⇒　贈与又は出資（措令26の7の2⑤）	
⑤　譲渡契約締結日の前日現在、譲渡資産に係る住宅借入金等の償還期間は10年以上か？			◆　借入金又は債務の借換えをした場合　⇒　措通41の5の2－5 ◆　繰上返済した場合　⇒　措通41の5の2－6	
⑥　譲渡契約締結日の前日における住宅借入金残高が譲渡価額を超えているか？			【損益通算及び繰越控除可能譲渡損失限度額】 ◆　譲渡損失の金額と譲渡価額の合計額がローン残高を上回る場合 　　⇒　ローン残高　－　譲渡価額 ◆　譲渡損失の金額と譲渡価額の合計額がローン残高を下回る場合 　　⇒　譲渡損失の金額	
⑦　右記の特例を前年、前々年に適用していないか？			◆　措法31の3、35①（35③を除く）、36の2、36の5	
⑧　右記の特例を前年以前3年内（措法41の5①については本年を含む）に適用していないか？			◆　措法41の5①、41の5の2①	

【令和6年分用】

B （参考）繰越控除を受ける年分（損失が生じた年分の期限内申告が要件）

審 査 項 目	適	否	審 査 上 の 留 意 事 項 ・ 審 査 事 績
⑨ 繰越控除を受けようとする年分の合計所得金額は3,000万円以下か？			◆ 繰越控除は、控除を受けようとする年分の合計所得金額（繰越控除前）が3,000万円を超える年分については適用できない（措法41の5の2④）

判　　定		
適	要解明	否

【参考】措法41条（住宅借入金等特別控除）との併用適用可能

特例適用審査表は、情報公開請求により入手した令和5年版（右のQRコードからダウンロードすることができます）を基に令和6年分として使用できるように改訂しています。

譲渡所得の内訳書の記載手順　特定居住用財産の譲渡損失の損益通算及び繰越控除の特例

2 面

名簿番号　

1 譲渡（売却）された土地・建物について記載してください。

(1) どこの土地・建物を譲渡（売却）されましたか。

所在地	所在地番 ×市○○町△△ 3-2-1
	（住居表示）

(2) どのような土地・建物をいつ譲渡（売却）されましたか。

土地	☑宅　地　□田	（実面） ㎡	利用状況	売買契約日
	□山　林　□畑		☑自己の居住用	令和 6 年 3 月 8 日
	□雑種地　□借地権	（公簿） 145 ㎡	居住期間（平成28年5月～令和6年5月）	
	□その他（　）		□自己の事業用	引き渡した日
建物	☑居　宅　□マンション		□貸付用	令和
	□店　舗　□事務所		□未利用	6 年 5 月 10 日
	□その他（　）	198	□その他（　）	

○ 次の欄は、譲渡（売却）された土地・建物が共有の場合に記載してください。

あなたの持分 土地　建物	共有者の住所・氏名	共有者の持分 土地　建物
1　　1	（住所）　　　　　（氏名）	
	（住所）　　　　　（氏名）	

(3) どなたに譲渡（売却）されましたか。

買主	住所（所在地） ○市××町△△ 3-9-5
	氏名（名称） ㈱○○不動産　職業（業種）

(4) いくらで譲渡（売却）されましたか。

① 譲渡価額
30,000,000 円

［参考事項］

代金の受領状況	1回目 年 月 日 円	2回目 年 月 日 円	3回目 年 月 日 円	未収金 年 月 日（予定） 円
お売りになった理由	□買主から頼まれたため □他の資産を購入するため □事業資金を捻出するため	☑借入金を返済するため □その他		

「相続税の取得費加算の特例」や「保証債務の特例」の適用を受ける場合などの記載方法

税務署のチェックポイント1

① 譲渡価額は近隣の取引事例と比較して適正か。

② 譲渡価額の中に固定資産税の清算金が含まれているか。

③ 居住期間が著しく短いなど、不自然ではないか。

④ 居住用以外の用途に使用されている部分はないか。

手順3 譲渡のために支出した費用を「譲渡所得の内訳書」（3面）の3欄に記載し、譲渡費用を4欄に転記します。

手順4 譲渡価額①から取得費②及び譲渡費用③を差し引いて差引金額Cを算出し、同額を譲渡所得金額Eに転記します。

税務署のチェックポイント2

① 取得価額は当時の時価（建築価格）と比較して適正か。

② 償却相当額の計算は適正か。

③ 譲渡費用の中に譲渡費用とならない費用（引越費用や弁護士費用、住所変更登記料、抵当権抹消登記料、税理士報酬）などが含まれていないか。

④ 居住期間が著しく短いなど、不自然ではないか。

【設 例】 特定居住用財産を売却して譲渡損失が発生した場合（新たに自宅を買い換えない場合）

1　譲渡した土地の契約内容
　　令和6年3月8日に平成28年5月から令和6年5月10日まで居住用に供していた建物（198㎡）とその敷地（145㎡）を3,000万円で売却する契約を締結

2　譲渡した資産の取得（建築）などに関する事項
　　平成28年5月18日に○○銀行から5,600万円を借り入れし、建売住宅を6,000万円（土地3,000万円、建物3,000万円）で購入

3　譲渡するための費用に関する事項
　　仲介手数料1,056千円を令和6年5月10日に支払い印紙代1万円を令和6年3月8日に購入

4　住宅借入金に関する事項
　　平成28年5月18日に○○銀行から譲渡物件を取得するために借り入れた借入金5,600万円は、譲渡契約締結日の前日である令和6年3月7日現在で5,000万円の残高がある。

手順1 譲渡した資産の契約内容を「譲渡所得の内訳書」（2面）の1欄に記載し、譲渡価額を（3面）の4欄に転記します。

手順2 譲渡した資産の取得価額、取得日、建物の減価償却相当額に関する事項を「譲渡所得の内訳書」（3面）の2欄に記載し、取得費を4欄に転記します。

---

3 面

2 譲渡（売却）された土地・建物の購入（建築）代金などについて記載してください。

(1) 譲渡（売却）された土地・建物は、どなたから、いつ、いくらで購入（建築）されましたか。

購入建築価額の内訳	購入（建築）先・支払先 住所（所在地）　氏名（名称）	購入・建築年月日	購入・建築代金 又は譲渡価額の5%
土地	△市○○町△△5-4-3　○○住宅㈱	平成28・5・18	30,000,000 円
		・　・	円
		・　・	円
	小　計	（イ）	30,000,000
建物	△市○○町△△5-4-3　○○住宅㈱	平成28・5・18	30,000,000 円
建物の構造	☑木造 □木骨モルタル □（鉄骨）鉄筋 □金属造 □その他	小　計 （ロ）	30,000,000

※ 土地や建物の取得に際して支払った仲介手数料や非業務用資産に係る登記費用などが含まれます。

(2) 建物の償却費相当額を計算します。

建物の購入・建築価額（ロ） □標準	償却率	経過年数	償却費相当額
30,000,000 円×0.9×	0.031 ×	8 ＝	6,696,000 円

(3) 取得費を計算します。

（ロ）＋（ロ）－（ハ） 取得費
53,304,000

※ 「譲渡所得の申告のしかた」を参照してください。なお、建物の標準的な建築価額による建物の取得価額の計算をしたものは、□（標準）に◯を記入します。

※ 非業務用建物（居住用）の（ハ）の額は、（ロ）の価額の95%を限度とします（償却率は1面をご覧ください）。

3 譲渡（売却）するために支払った費用について記載してください。

費用の種類	支払先 住所（所在地）　氏名（名称）	支払年月日	支払金額
仲介手数料	○市××町△△3-1-2　○○不動産㈱	令和6 5・10	1,056,000 円
収入印紙代		令和6 3・8	10,000 円
			円
			円
		③ 譲渡費用	1,066,000 円

※ 修繕費、固定資産税などは譲渡費用になりません。

4 譲渡所得金額の計算をします。

区分	特例適用条文	A 収入金額（①）	B 必要経費（②＋③）	C 差引金額（A-B）	D 特別控除額	E 譲渡所得金額（C-D）
短期・長期	所・措・震 41条の5の2	30,000,000 円	54,370,000 円	△24,370,000 円	円	△24,370,000 円
短期・長期	所・措・震	円	円	円	円	円
短期・長期	所・措・震	円	円	円	円	円

※ ここで計算した内容（交換・買換え（代替）の特例の適用を受ける場合は、4面の「6」で計算した内容）を「申告書第三表（分離課税用）」に転記します。

整理欄　

173

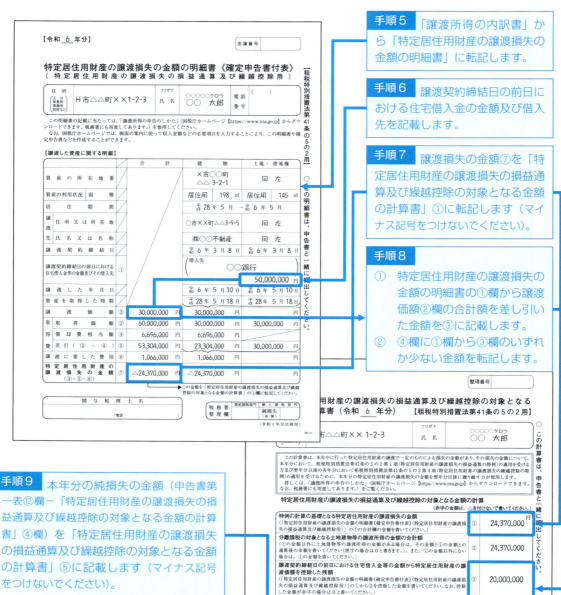

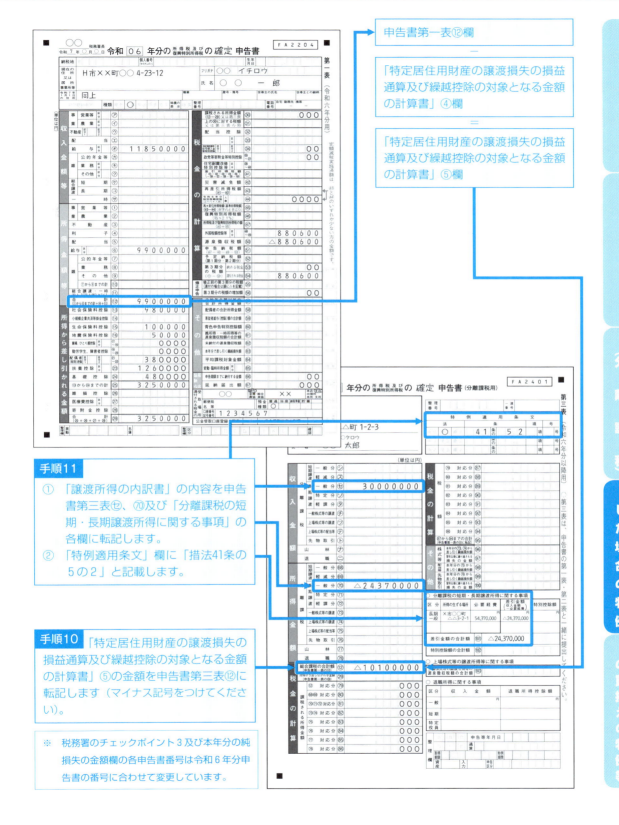

7　居住用財産を譲渡した場合の特例のチェックポイントと各特例要件の比較

(1)　居住用財産を譲渡した場合の特例のチェックポイント

　居住用財産を譲渡した場合の特例の各特例の適用に当たってチェックポイントを掲載しましたので、参考にしてください。

居住用財産を譲渡した場合の特例のチェックポイント

【居住用財産の特例（共通事項）】

□　譲渡先（買受人）が親族等の特定の者でないか。
　☞　買受人が、配偶者や直系血族、これら以外の生計を一にする親族、内縁関係にある人などの、特別な関係者である場合は、居住用財産の特例の適用がありません。

□　譲渡資産が店舗等併用住宅の場合、居住用以外の部分についても適用している。
　☞　居住用以外の部分にはこの特例の適用がありません。ただし、居住用部分の割合が概ね90％以上であれば、全体についてこの特例の適用があります。

□　居住用家屋の敷地の一部を譲渡した場合に、特例の適用を受けている。
　☞　居住用に供している家屋とともに譲渡した場合に、この特例の適用があります。

□　居住しなくなってから3年以上経過した後に譲渡しているのに、特例を受けている。
　☞　居住しなくなってから3年を経過する年の12月31日までに譲渡しなければ、この特例の適用がありません（災害跡地等は注意）。

□　譲渡の年の前年又は前々年に居住用財産の譲渡の特例を受けていないか。
　☞　譲渡の年の前年又は前々年に居住用財産の譲渡の特例を受けている場合には適用がありません。

【居住用財産の特別控除の特例（措法35）】

□　譲渡物件の所在地は国外のものは適用できないとしている。
　☞　この特例は、国外に所在する居住用財産でも適用できます。

□　居住用財産の譲渡の特例と空き家特例を適用して特別控除額の合計が3,000万円を超えている。
　☞　居住用財産の特別控除の特例と空き家特例の特別控除額の合計は3,000万円が限度です。

【居住用財産を譲渡した場合の軽減税率の特例（措法31の3）】

□　居住用財産の譲渡において、特別控除の特例（措法35）と軽減税率の特例（措法31の3）は併用できないとしていた。
　☞　それぞれの要件を満たしていれば併用できます。

□　譲渡した建物の所有期間は10年超か。
　☞　建物を建て替えているときは建て替え後の建物の所有期間が、譲渡の年の1月1日現在で10年以下の場合、土地の所有期間が10年超であっても特例の適用がありません。

□　土地を買増ししている場合、所有期間が10年未満の部分がないか。
　☞　土地の所有期間の要件を満たしていない部分の譲渡については、この特例の適用がありません。

☐ 相続又は贈与により取得した資産の場合、所有期間の判定は適正か。
☞ 相続又は贈与により取得した建物、土地の所有期間の判定は、被相続人又は贈与者の取得時期に基づいて行います。

☐ 譲渡物件は国外に所在するものではないか。
☞ 譲渡資産は国内にあるものに限ります。

【空き家特例に係る譲渡所得の特別控除（措法35③）】
☐ 被相続人居住用家屋が空き家になった後に、一時的に入居、貸付等を行っていないか。
☞ 無償であっても、被相続人以外の者の居住用に供した場合は特例の適用はありません。

☐ 被相続人居住用家屋を、被相続人の相続開始直前に区分所有登記から共有登記に変更していないか。
☞ 何ら構造上変更がないにもかかわらず、相続開始直前に特例を受ける目的で区分所有建物の区分所有登記を共有登記に変更したとしても、建物の区分所有等に関する法律１条に規定する「一棟の建物に構造上区分された数個の部分で独立して住居の用途に供することができるもの」であることが明らかであることから、特例の適用はないと考えます。

☐ 耐震基準を満たしていない家屋を取り壊さないで業者に譲渡した場合、空き家特例の適用を検討しているか。
☞ 令和６年１月１日以後に行う譲渡については、確定申告書に、譲渡の時から翌年の２月15日までにその家屋の全部の取壊し等がされたことのわかる登記事項証明書等を添付することで、特例の適用を受けることができます。

☐ 被相続人居住用家屋とその敷地を３人以上で相続した場合、確定申告において特別控除の金額に誤りはないか。
☞ 令和６年１月１日以後に行う譲渡については、相続人の数が３人以上である場合における空き家特例の規定の適用により控除される金額は各人2,000万円が限度となります。

【特定居住用財産の買換え特例（措法36の２）】
☐ 譲渡益は3,000万円以下ではないか。
☞ 特定居住用財産の買換え特例の適用要件を満たしていても、譲渡益が3,000万円以下であれば、3,000万円特別控除の適用を受けたほうが税金上有利です（ただし、国民健康保険料（税）は3,000万円特別控除を適用したほうが高くなる場合があります。）。

☐ 買換資産を10年以内に売却する予定はないか。
☞ 特定居住用財産の買換え特例は、取得時期を引き継がず取得費を引き継ぐため、10年以内に売却する予定があれば、買換え特例の適用を受けないほうが一般的に有利といえます。

☐ 譲渡収入金額よりも買換資産の取得価額のほうが小さい場合、「特定居住用財産の買換え特例」と「3,000万円特別控除＋軽減税率の特例」の有利判定をしたか。
☞ 譲渡収入金額より買換資産の取得価額のほうが小さい場合、その上回る分に対して税金がかかりますが、軽減税率の適用を受けることができないため、買換資産の取得価額によっては「3,000万円特別控除＋軽減税率の特例」の適用を受けたほうが有利なケースがあります。

【居住用財産の買換え等をした場合の譲渡損失の特例（措法41の5）】

☐ 居住用の譲渡物件が国外に所在するものではないか。

☞ 譲渡資産は国内にあるものに限ります。

☐ 譲渡資産の土地面積が500㎡を超えていないか。

☞ 土地面積が500㎡を超える部分に対応する損失額については、譲渡損失の繰越控除の適用がありません（損益通算は適用できます）。

☐ 買い換えた居住用財産は、国内に所在するものか。

☞ 買換資産は、国内の居住用財産に限ります。

☐ 代物弁済又は贈与により取得した資産を、買換え資産としていないか。

☞ 代物弁済又は贈与により取得した資産については、この特例の適用がありません。

☐ 買換えした家屋の床面積は50㎡以上か。

☞ 買換えした家屋の床面積（登記事項証明書）が50㎡未満の場合には、この特例の適用がありません。

☐ 買換取得資産の借入金の残高はあるか。

☞ その年の年末現在の借入金残高がなければ、この特例の適用がありません。

☐ 買換取得資産に係る借入金が、繰上償還により償還期間が10年以下となっていないか。

☞ 繰上償還により償還期間が10年以下となった場合には、この特例の適用がありません。

☐ 譲渡損失の繰越控除の適用年分の合計所得金額が3,000万円を超えていないか。

☞ 繰越控除の適用年分の合計所得金額が3,000万円を超える年分については適用がありません。

【特定居住用財産の譲渡損失の特例（措法41の5の2）】

☐ 譲渡物件は国外に所在するものではないか。

☞ 譲渡資産は国内にあるものに限ります。

☐ 譲渡資産に係る住宅借入金等の残高が譲渡価額を超えているか。

☞ 契約日の前日に借入金残高があり、借入金残額が譲渡価額以上でなければ、この特例の適用がありません。

☐ 譲渡損失の繰越控除の適用年分の合計所得金額が3,000万円を超えていないか。

☞ 繰越控除の適用年分の合計所得金額が3,000万円を超える年分については適用がありません。

(2) 居住用財産を譲渡した場合の各特例の特例要件の比較

　居住用財産を譲渡した場合の各特例の主な要件は次のとおりです。

図表4-7-1　居住用財産の譲渡の特例の主な要件[3]

区　分		居住用財産の特別控除の特例（措法35[3]）	居住用財産を譲渡した場合の軽減税率の特例（措法31の3）	特定居住用財産の買換え特例[2]（措法36の2）	居住用財産の買換え等をした場合の譲渡損失の特例（措法41の5）	特定居住用財産の譲渡損失の特例（措法41の5の2）
共通要件		• 家屋及びその敷地を居住用に供していたこと • 住まなくなってから3年を経過する年の12月31日までの譲渡であること • 譲渡先は配偶者、直系血族、生計を一にする親族等でないこと				
適用期間			なし	令和5年12月31日までの譲渡		
譲渡資産	所在地	なし		国内に限る		
	所有期間			その年の1月1日において10年超	その年の1月1日において5年超	
	住宅借入金の残高[1]		不　要			譲渡契約前日に残高があること[4]
	敷地面積		なし		500㎡超部分は繰越控除適用なし	なし
買換資産	取得期限			譲渡年の前年から翌年末までに取得		
	住宅借入金の残高[1]	取得不要		不要	年末残高があること	取得不要
	床面積・敷地面積			床面積50㎡以上敷地面積500㎡以下	床面積50㎡以上	
繰越控除を受けようとする年分の所得制限				合計所得金額が3,000万円超の年は適用不可		
住宅借入金等特別控除との重複適用		不　可		可		

※1　銀行等からの借入金で、償還期間が10年以上の割賦償還の方法による返済するものです。
※2　その他の要件については、第4章3(2)の「特定の居住用財産の買換えの特例要件」を参照してください。
※3　空き家に係る譲渡所得の特別控除の特例（「被相続人居住用財産の特例」（措法35③））を除きます。
※4　譲渡価額が譲渡契約前日の住宅借入金等の残高を下回っていなければなりません。

第5章　特定の事業用資産の買換えの特例等

1　特定の事業用資産の買換えの特例

(1)　特例の概要

　個人が、一定の期限までに事業用の一定の資産（譲渡資産）の譲渡をし、一定の期限までに一定の資産（買換資産）の取得をし、かつ一定の期限までにその買換資産を事業の用に供した場合には、譲渡所得の金額を次の計算式のとおり計算します（措法37、措令25④⑤）。

【譲渡所得の金額の計算式】

① 譲渡収入金額が買換資産の取得価額以下である場合

譲渡所得の金額[※1]＝譲渡収入金額×（1−0.8[※2]）−（譲渡資産の取得費＋譲渡費用）×（1−0.8[※2]）

② 譲渡収入金額が買換資産の取得価額を超える場合

譲渡所得の金額[※1]＝（A−B×0.8[※2]）−（譲渡資産の取得費＋譲渡費用）×$\dfrac{A-B\times0.8^{※2}}{A}$

A…譲渡収入金額　　B…買換資産の取得価額

※1　総合課税における所得の計算においては、最後に譲渡所得の特別控除（50万円）を控除した金額が所得金額となります（法32④）。

※2　1号買換えをする場合において、譲渡資産が措法37条1項の表の1号上欄のハに掲げる区域内にある資産に該当する場合には、0.8ではなく0.7が適用されます（措法37①）。
　　3号買換えをする場合において、譲渡資産が地域再生法に規定する集中地域以外の地域内ある資産に該当し、かつ、取得をした又は取得をする見込みである買換資産が、①東京都の特別区の区域内にある資産に該当する場合には0.8ではなく0.7、②集中地域（①の地域を除きます。）内にある資産に該当する場合には、0.8ではなく0.75が適用されます。ただし、譲渡資産及び買換資産が主たる事務所資産に該当する場合で、③東京都の特別区の区域から集中地域以外の地域内への買換えに該当するときは、0.8ではなく0.9、④集中地域以外の地域から東京都の特別区の区域内への買換えに該当するときは、0.8ではなく0.6が適用されます（措法37⑩）。

図表5-1-1　譲渡資産及び買換資産の範囲

区分	譲　渡　資　産	買　換　資　産
1号 (措法37①の表一、②、措令25⑭)	航空機騒音障害区域内にある土地等（平成26年4月1日又はその土地等のある区域が航空機騒音障害区域となった日のいずれか遅い日以後に取得をされたものを除きます。）、建物又は構築物でそれぞれ次に定める場合に譲渡をされるもの 　（注）　航空機騒音障害区域からは、令和2年4月1日前に航空機騒音障害防止特別地区又は第二種区域となった区域は除かれます。	1　農業及び林業以外の事業の用 　航空機騒音障害区域及び左記（注）により除外される区域以外の国内の地域内にある土地等、建物、構築物又は機械及び装置 2　農業又は林業の用 　航空機騒音障害区域及び左記（注）により除外される区域以外の地域内で、市街化区域以外の地域内にある土地等、建物、構築物又は機械及び装置

180

2号 (措法37①の表二、②、措令25⑥〜⑨⑭)	既成市街地等内にある土地等、建物又は構築物	既成市街地等内にある土地等、建物、構築物又は機械及び装置で、土地の計画的かつ効率的な利用に資するものとして一定規模以上の市街地再開発事業に関する都市計画の実施に伴い、当該都市計画に従って取得をされるもの（中高層耐火建築物以外の建物及び住宅の用に供される部分が含まれる建物の住宅部分（これらの敷地も含みます。）を除きます。）
3号 (措法37①の表三、②、措令25⑩⑭、措規18の5①)	国内にある土地等、建物又は構築物で、その譲渡の日の属する年の1月1日において所有期間が10年を超えるもの	国内にある土地等（特定施設の敷地の用に供されるもの又は一定の駐車場の用に供されるもので、その面積が300㎡以上のものに限ります。）、建物又は構築物
4号 (措法37①の表四、措令25⑫⑬)	漁業用以外の日本船舶のうちその進水の日からその譲渡の日までの期間が20年、23年又は30年に満たないもの (注)　建設業及びひき船業の用に供されるものについては、平成23年1月1日以後に建造されたものは除かれます。	環境への負荷の低減に資する船舶のうち一定のもの

図表5-1-2　譲渡資産から除かれるもの

譲　渡　資　産　か　ら　除　か　れ　る　も　の
棚卸資産並びに雑所得の基因となる土地及び土地の上に存する権利（措法37①、措令25①）

図表5-1-3　事業用の事業の意義

事　業　に　含　ま　れ　る　も　の
事業用の事業には、事業と称するに至らない不動産又は船舶の貸付けその他これに類する行為で相当の対価を得て継続的に行うものが含まれます（措法37①、措令25②）。

図表5-1-4　一定の期限

区　　分	期　　　　限
譲渡資産の譲渡期限 （措法37①）	令和8年12月31日（3号買換えをする場合には、同年3月31日）
買換資産の取得期限 （措法37①③④⑧、措令25⑮〜⑱㉑）	譲渡の日の属する年の12月31日（最長5年延長）又は前年中（最長前々年中）
買換資産を事業の用に供する期限 （措法37①）	買換資産の取得の日から1年以内

図表 5 - 1 - 5　譲渡の範囲

譲 渡 の 範 囲	
含まれるもの （措法37①）	譲渡及び譲渡所得の基因となる不動産等の貸付け
除かれるもの （措法37①⑤、措令25②⑲、 措規18の5③）	1　措法33条から33条の3までの規定に該当する譲渡 2　贈与、交換又は出資による譲渡 3　代物弁済（金銭債務の弁済に代えてするものに限ります。）としての譲渡 4　譲渡資産を譲渡した年の1月1日において所有期間が5年以下である土地等 （その年中に取得した一定の土地等を含みます。）の譲渡※（措法28条の4第3項各 号に掲げる土地等の譲渡に該当することにつき証明されたものは除かれます。）

※　平成10年1月1日から令和8年3月31日までの間にした譲渡については、所有期間要件が適用されないこととされています（措法37⑫）。

図表 5 - 1 - 6　取得の範囲

取 得 の 範 囲	
含まれるもの （措法37①）	取得並びに建設及び製作
除かれるもの （1号買換え及び3号買 換えの譲渡資産を取得 する場合を除く。） （措法37①、措令25②）	1　贈与、交換又は法人税法2条12号の5の2に規定する現物分配による取得 2　所有権移転外リース取引による取得 3　代物弁済（金銭債務の弁済に代えてするものに限ります。）としての取得

⑵　適用要件

本特例の適用を受けるためには、次の全ての要件を満たす必要があります。

図表 5 - 1 - 7　適用要件

	適 用 要 件
譲渡資産	譲渡資産の譲渡は、図表5－1－4の期限内に行われていること（措法37①）
	譲渡資産は棚卸資産並びに雑所得の基因となる土地及び土地の上に存する権利でないこと （措法37①、措令25①）
	譲渡資産は、措法37条1項の表の各号の上欄に該当する資産であること（措法37①、措令25⑥ ⑦⑫）
	譲渡資産は、事業又は事業と称するに至らない不動産若しくは船舶の貸付けその他これに類 する行為で相当の対価を得て継続的に行うものの用に供されていたこと（措法37①、措令25②）
	譲渡資産の譲渡は、図表5－1－5に該当するものであること（措法37①⑤⑫、措令25②⑲、措規 18の5③）
	譲渡資産を譲渡した年中に買換資産を取得する場合には、3月期間の末日*の翌日から2か 月以内に届出を提出していること（措法37①、措令25③） ＊3月期間の末日とは、譲渡資産の譲渡の日（同日前に買換資産の取得をした場合には、その 　取得の日）を含む3月期間（1月から3月まで、4月から6月まで、7月から9月まで、10月か 　ら12月までの各期間）の末日をいいます。 　（注）　令和6年4月1日以後に、譲渡資産の譲渡をし、かつ、買換資産の取得をする場合に限り 　　　ます。

買換資産	買換資産を譲渡した年の12月31日までに取得すること なお、資産を取得した年の翌年3月15日までに「先行取得の届出書」を提出すれば、譲渡の年の前年中（一定の場合には、前々年中）に取得した資産を買換資産とすることができます。また、買換資産を取得する見込みである場合には、譲渡した年の翌年中に取得することができます。さらに、やむを得ない事情により買換資産の取得が困難な場合には、譲渡した年の翌年12月31日後2年以内の税務署長が認定した日（一定の場合には、更に2年延長）までに取得することができます（措法37①③④⑧、措令25⑮⑯⑱㉑、措規18の5②⑥⑦）。
	買換資産を取得の日から1年以内に事業の用に供すること（措法37①）
	買換資産は、譲渡資産の措法37条1項の表の各号の上欄の区分に応じた同表の下欄に該当する資産であること（措法37①、措令25⑧〜⑪⑬）
	買換資産の取得は、図表5-1-6に該当するものであること（措法37①、措令25②）
	買換資産の土地等の面積が、譲渡資産の土地等の面積の5倍＊を超えないこと（措法37②、措令25⑭） ＊5倍を超える部分に対応する金額は、特例の対象となりません。

(3) 申告要件

本特例の適用を受けるためには、次に掲げる全ての要件を満たす必要があります。

図表5-1-8　申告要件

申　告　要　件
譲渡資産の譲渡をした日の属する年分の確定申告書に、措法37条1項の規定の適用を受けようとする旨の記載があること（措法37⑥）
譲渡資産の譲渡をした日の属する年分の確定申告書に、次の書類の添付があること（措法37⑥⑨、措令25⑳、措規18の5②④⑤⑧） 1　譲渡資産の譲渡価額、買換資産の取得価額又はその見積額に関する明細書 2　譲渡資産及び買換資産に関する一定の書類等 3　買換資産に関する登記事項証明書その他これらの資産の取得をした旨を証する書類 （注）　買換資産の取得が、譲渡資産の譲渡の日の翌年以降に取得する見込みである場合には、買換資産については、取得予定年月日、取得見込額等を記載した書類を提出する。

税理士のアドバイス　複数の号に該当する資産の扱い

譲渡資産又は買換資産が措法37条1項の表の2以上の号に該当する場合には、納税者の選択により、いずれかの号にのみ該当するものとして同条の規定が適用されます（措令25㉒㉓）。この場合において、譲渡資産と買換資産は、同じ号の資産となることに留意する必要があります。

税理士のアドバイス　買換資産に係る届出書の提出

買換資産を前年又は前々年中に取得した場合には、その取得をした日の属する年の翌年3月15日までに届出書を提出する必要があります（措令25⑯）。

> **税理士のアドバイス** 特定非常災害による取得期限の延長

特定非常災害により買換資産を取得指定期間内に取得することが困難となった場合には、その取得指定期間の末日の属する年の翌年3月15日（同日が措法37条の2第2項に規定する提出期限後である場合には、その提出期限）までに、取得することが困難であると認められる事情を証する書類を添付した申請書を提出する必要があります（措規18の5⑥）。

> **税理士のアドバイス** 登記事項証明書の提出を不要とする要件

提出すべき登記事項証明書に代えて、不動産番号又は地番（建物の場合には、地番及び家屋番号）を記載した書類を提出することができます。

2 買換資産を取得した場合の更正の請求又は修正申告

(1) 更正の請求

買換資産を取得する見込みであることにより見積額で申告した後、実際の取得価額が見積額より過大となった場合には、買換資産の取得をした日から4か月以内に更正の請求をすることができます（措法37の2②）。

(2) 修正申告

買換資産を取得する見込みであることにより見積額で申告した後、実際の取得価額が見積額に満たなかった場合又は買換資産の取得をした日から1年以内に事業の用に供しない等の場合には、買換資産を取得した日又は事業の用に供しないこと等となった日から4か月以内に修正申告をし、納付すべき税額を納付しなければなりません（措法37の2①②）。

なお、この場合の修正申告書は期限内申告書とみなされ、加算税及び延滞税は賦課されません（措法37の2④）。

3 買換資産の取得価額の引継ぎ

本特例の適用を受けて取得した買換資産の取得費（引継価額）は、譲渡資産の取得価額を引き継ぐことになります（課税の繰延べ）（措法37の3）。

なお、買換資産の取得費（引継取得価額）は、次の算式により計算した金額となります。

図表 5-3-1　買換資産の取得費の計算

区　分	引継取得価額の計算式	記号の説明
A ＞ D（譲渡価額が大）	$(B+C) \times \dfrac{D \times 0.8^{※}}{A} + D \times (1 - 0.8^{※})$	A：譲渡資産の譲渡価額 B：譲渡資産の取得費 C：譲渡資産の譲渡費用 D：買換資産の取得費
A ＝ D（差額なし）	$(B+C) \times 0.8^{※} + A \times (1 - 0.8^{※})$	
A ＜ D（買換価額が大）	$(B+C) \times 0.8^{※} + D - A \times 0.8^{※}$	

※　1号買換え及び3号買換えの場合においては、上記1(1)の譲渡所得の金額の計算式の※2をご参照ください。

4　特定の事業用資産の交換の特例

(1)　特例の概要

①　特例の原則

　個人が、一定の期限までに事業の用に供している一定の資産（交換譲渡資産）と一定の資産（交換取得資産）との交換をした場合（交換差金を取得し、又は支払った場合を含みます。）において、一定の期限までにその交換取得資産を事業の用に供したときは、次に定めるところにより、措法37条から37条の3までの規定が適用され、譲渡所得の金額は次の計算式のとおり計算します（措法37の4、措令25の3）。

イ　交換譲渡資産は、交換の日において、措法37条1項の譲渡をしたものとみなされます。

ロ　交換取得資産は、交換の日において、措法37条1項の取得をしたものとみなされます。

【特定の事業用資産の交換の特例を適用した場合の譲渡所得の金額の計算式】

①　交換譲渡資産の価額が交換取得資産の価額以下である場合

$$\genfrac{}{}{0pt}{}{\text{分離又は総合の長期（短期）}}{\text{譲渡所得の金額}} = \genfrac{}{}{0pt}{}{\text{交換譲渡資産}}{\text{の価額}} \times (1 - 0.8^{※}) - \left(\genfrac{}{}{0pt}{}{\text{交換譲渡資産}}{\text{の取得費}} + \text{譲渡費用} \right) \times (1 - 0.8^{※})$$

②　交換譲渡資産の価額が交換取得資産の価額を超える場合

$$\genfrac{}{}{0pt}{}{\text{分離又は総合の長期（短期）}}{\text{譲渡所得の金額}} = (A - B \times 0.8^{※}) - \left(\genfrac{}{}{0pt}{}{\text{交換譲渡資産}}{\text{の取得費}} + \text{譲渡費用} \right) \times \frac{A - B \times 0.8^{※}}{A}$$

A…交換譲渡資産の価額　B…交換取得資産の価額（交換差金で取得した買換資産の取得価額を含みます。）

※　図表5-1-1（譲渡資産及び買換資産の範囲）の1号及び3号に係る交換の場合においては、上記1(1)の譲渡所得の金額の計算式の※2をご参照ください。

②　他の資産との交換の場合

　一定の期限までに交換譲渡資産と交換取得資産以外の資産との交換をし、かつ、交換差金を取得した場合（他の資産との交換の場合）には、交換差金に相当する金額をもって措法37条1項の譲渡をしたものとみなされ、措法37条から37条の3までの規定が適用されることとなります（措法37の4一、措令25の3②）。

(2) 上記１から３までの規定（措法37から37の３まで）の適用

　上記１から３までの特例、更正の請求若しくは修正申告又は取得価額の引継ぎについては、「譲渡資産」は「交換譲渡資産」と、「買換資産」は「交換取得資産」と読み替えるなどにより、次のとおり適用します。

・図表５－１－１の交換譲渡資産及び交換取得資産の範囲

・図表５－１－２の交換譲渡資産から除かれるもの

・図表５－１－３の事業

・図表５－１－４の交換譲渡資産の譲渡期限及び交換取得資産を事業の用に供する期限

・図表５－１－５及び５－１－６の譲渡及び取得の範囲の要件（ただし、当該要件により適用除外となる交換については、措法33条の２第１項第２号に規定する交換及び法58条１項の規定の適用を受ける交換に限定されます。）

・図表５－１－７の適用要件

・図表５－１－８の申告要件

・２の更正の請求又は修正申告

・図表５－３－１の交換取得資産の取得費の計算

図表５－４－１　交換の範囲

本特例の交換からは、次の交換が除かれます。

除　か　れ　る　交　換
措法33条の２第１項２号に規定する交換（措法37の４）
法58条１項の規定の適用を受ける交換（措令25の３①）

図表５－４－２　交換差金の意義

交　　換　　差　　金
交換取得資産の価額と交換譲渡資産の価額との差額を補うための金銭をいいます（措法37の４）。

図表５－４－３　⑴②の交換差金に相当する金額の意義

交　換　差　金　に　相　当　す　る　金　額
交換譲渡資産のうち、交換差金の額が当該交換差金の額と交換取得資産の価額との合計額のうちに占める割合を、当該交換譲渡資産の価額に乗じて計算した金額をいいます（措法37の４、措令25の３②）。

▎税理士のアドバイス　　取得の時期の留意点

　特定の事業用資産の買換え及び交換により取得した資産については、上記３又は４のとおり譲渡した資産の取得価額を引き継ぎますが、収用等により補償金等を取得した場合の課税の特例とは異なり、取得の時期は引き継がないことに留意する必要があります。

　買換資産について、次に掲げる場合には、確定申告書に買換資産が措法37条の３第１項の規定に該当するものであること及び買換資産に係る償却費又は譲渡所得の金額についてはその金

額が同項の規定により計算されている旨を記載しなければなりません（措令25の２①）。
・買換資産について償却費の額を計算する場合
・買換資産を今後譲渡した場合において譲渡所得の金額を計算するとき

【質疑応答】特定の事業用資産の買換えの場合の譲渡所得の課税の特例等

☐ エレベーター付建物のうちエレベーターのみを買換資産とすることの可否

特定の事業用資産の買換えの特例の適用上、エレベーター付建物のうちエレベーター部分のみを買換資産とすることができますか。

⇒ エレベーターは、建物附属設備であり、建物とは別個の資産ですから、エレベーター部分のみを買換資産とすることができます。

☐ 事業用資産に該当するかどうかの判定

簡易な設備を設けて土地を駐車場として他人に利用させています。利用契約は、２～３か月の単位で個々の利用者と締結しています。利用者は特定していません。

また、その土地は、過去相当以前から駐車場として利用されており、相当の利益をあげています。租税特別措置法第37条の適用上その土地が継続的に貸し付けられているかどうかの判定については、租税特別措置法関係通達37-3(2)ロでは、「契約の効力の発生した時の現況においてその貸付け等が相当期間継続して行われることが予定されているかどうか」により行うこととされていますが、このような場合は、継続的に貸し付けている場合に該当しないのでしょうか。

⇒ 駐車場としての利用が、過去の利用状況、土地の立地状況、設備の程度等からみて相当期間継続していたものであると認められる場合には、当該土地は継続的に貸し付けられている資産に該当するものとして取り扱って差し支えありません。

☐ 表の１号の「農業」の範囲

航空機騒音障害区域内の土地を譲渡して、市街化区域外にある農地（畑）を取得し、その畑地の上に豚舎を建築して養豚業を行うこととしました。

この場合において、養豚業は、租税特別措置法第37条第１項の表の第１号に規定する「農業」に該当し、その農地の買換えについて特定の事業用資産の買換えの特例の適用を受けることができますか。

⇒ 養豚業は、農業に該当します。

☐ 月極めの貸駐車場の用に供される土地を買換資産（租税特別措置法第37条第１項の表の第３号の下欄）とすることの可否

私は、15年前に取得した農業の用に供していた農地を〇年４月に譲渡し、その譲渡代金で同年６月に土地を取得して、月極めの貸駐車場として事業の用に供しています。

この譲渡による所得について、当該土地を買換資産として特定の事業用資産の買換えの特例の適用を受けることができますか。

⇒ 特定の事業用資産の買換えの特例の適用を受けることはできません。

☐ 宅地造成後譲渡した場合の事業用資産の判定

耕作していた農地を宅地に造成の上譲渡し、事業用資産の買換えを行いました。この土地の譲渡による所得については、所得税基本通達33-5により造成着手時までの値上がり益は譲渡所得、造成着手後の所得は雑（事業）所得として申告します。

上記事業用資産の買換えに対し租税特別措置法第37条の事業用資産の買換えの特例を適用するこ

187

とについては、(1)宅地造成を行ったことにより、当該土地は特例の対象にならない土地に転換したものとしてその譲渡による所得に対しては、一切その適用を認められないという意見と、(2)譲渡所得として申告する部分に対しては、買換えの特例を適用することができるという意見がありますが、どうでしょうか。

⇒ 租税特別措置法第37条の規定を適用して差し支えありません。

- □ 被相続人の事業用資産を相続した者が譲渡した場合の「事業用資産」の判定

  医師が死亡し、その相続人が、相続により取得した被相続人が医療業の用に供していた土地建物を譲渡して賃貸住宅を取得する場合、事業用資産の買換えの特例の適用は認められないでしょうか。

⇒ 照会の場合には、相続人は、その譲渡する資産を事業の用に供していませんので、事業用資産の買換えの特例の適用はありません。

- □ 租税特別措置法第37条第2項に規定する買換取得資産である土地の面積制限

  甲は、事業用の土地と建物を譲渡しました。この譲渡に係る土地の譲渡代金で租税特別措置法第37条第1項の表の第3号下欄に掲げる土地を取得します。建物については、7年前に建築したものであるため、その譲渡代金で租税特別措置法第37条第1項の表の第2号下欄の土地を取得します（下図参照）。

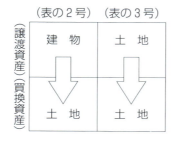

租税特別措置法第37条第2項では、土地等を買換資産として取得する場合には、当該買換資産とする土地等を同条第1項の表の下欄ごとに区分し、その区分した土地の面積が当該各号ごとの上欄に掲げる土地等の面積に政令で定める倍数を乗じた面積を超えるときには、その超える部分の土地等については、これを買換資産とすることはできない旨定めています。

照会の場合には、租税特別措置法第37条第1項の表の第2号の上欄に区分した譲渡資産は建物のみで、土地は含まれていませんが、このような場合には、租税特別措置法第37条第2項に定める面積制限は適用がないのでしょうか。それとも第2号に該当するとして取得した土地は買換資産とすることができないのでしょうか。

⇒ 譲渡した資産を租税特別措置法第37条第1項の表の各号ごとの上欄に区分した場合において、当該各号の適用対象となる譲渡資産に土地等がないときは、土地等を同号の買換資産とすることはできません。

- □ 土石の採取をする土地を譲渡した場合

  土石等の採取契約に基づく対価が、事業所得の収入金額に該当する場合において（所基通33-6の5）、その採取後の土地を譲渡したとしても、その土地は事業の用に供する土地に該当しないため、その土地の譲渡については、特定の事業用資産の買換えの特例を適用することはできないと考えますがどうでしょうか。

⇒ 照会意見のとおりで差し支えありません。

- □ 買換資産の取得期間の延長とやむを得ない事情

  買換資産の取得期間についてやむを得ない事情がある場合には、2年以内の期間で延長できることとされていますが、買換資産が建築に長期間を要する建物の区分所有権であるような場合には、これをやむを得ない事情に該当するものと解してよろしいでしょうか。

⇒ 建物の建築期間が技術的にみて1年を超えるものである場合には、やむを得ない事情に該当するものと解して差し支えありません。

☐ 買換資産の取得期間の延長

　事業用資産の買換えの特例における買換資産の取得期間は、「工場等の敷地の用に供するための宅地の造成並びに当該工場等の建設及び移転に要する期間が通常１年を超えると認められる事情その他これに準ずる事情がある場合」には、２年以内の期間で延長できることとされています。

　上記の「事情」は、確定申告書を提出する際に存在していなければなりませんか。それとも、当初の申告の際に資産を譲渡した年の翌年中に買換資産を取得することができる見込みであったところ、後発的なやむを得ない事情によりその期間内に取得できなくなった場合も取得期間を延長することができますか。

⇒ その取得をすることができなくなったのが、真にやむを得ない事情によるものであるときは、その事情に基づいて取得期間の延長が認められます。

☐ 租税特別措置法第37条の２による修正申告書の提出期限

　租税特別措置法第37条第１項の規定の適用を受けた者が、同法第37条の２第２項の規定により修正申告書を提出しなければならない場合において、その者が買換資産の取得期限後当該修正申告書の提出期限前に死亡したときは、その者の相続人は当該修正申告書をいつまでに提出しなければなりませんか。

⇒ 所得税法第124条（（確定申告書を提出すべき者等が死亡した場合の確定申告））第１項に規定するところに従い、その相続人は相続の開始があったことを知った日の翌日から４月を経過した日の前日までに、当該修正申告書を提出しなければなりません。

☐ 買換資産を取得する予定であった者が、買換資産を全く取得しないまま死亡した場合の修正申告期限

　甲は、租税特別措置法第37条第４項の規定により、買換資産についてその見積額で、同条第１項を適用して申告していましたが、買換資産を全く取得しないまま、譲渡の年の翌年中に死亡しました。この場合の修正申告書の提出期限はいつになりますか。

⇒ 甲の相続人が相続の開始があったことを知った日の翌日から４月を経過した日の前日が、修正申告書の提出期限となります。

特定の事業用資産の買換えの特例等のチェックポイント

【特定事業用資産の買換えの特例（措法37）】

☐ 譲渡資産及び買換資産は、特例要件に該当しているか。

☞ 譲渡資産は措法37条１項の表１号から４号までの上欄に該当する資産で、かつ、買換資産は同表各号の下欄に対応する資産であるものに限られます。

☐ 課税の繰延割合は適切か。

☞ 譲渡資産の態様により、課税の繰延割合は変更されます。

☐ 譲渡資産の譲渡及び買換資産の取得は、特例要件に該当しているか。

☞ 譲渡資産の譲渡及び買換資産の取得には、一定の要件が定められています。

☐ 買換資産が土地等である場合、譲渡資産の土地等の面積の５倍を超えていないか。

☞ ５倍を超えた面積に対応する部分は、買換資産になりません。

☐ 買換資産の取得が譲渡資産の譲渡と同年中となる場合、「特定の事業用資産の買換えの特例の適用に関する届出書」を提出したか。

☞ 譲渡資産の譲渡の日（同日前に買換資産の取得をした場合には、その取得の日）を含む３月期間の末日の翌日（182頁図表５−１−７（適用要件）参照）から２か月以内に当該届出書の提出が必要です。

☐ 譲渡の年の前年又は前々年中に取得した資産を買換資産とする場合、「先行取得の届出書」が所轄税務署長に提出されているか。

☞ 先行取得した資産を買換資産とするときは、届出書の提出が必要です。

☐ やむを得ない事由により買換資産の取得が遅延する場合、その取得期限について「承認申請書」を提出したか。

☞ 承認を受けることにより、税務署長が認定した日まで買換資産の取得期限が延長されます。

【特定事業用資産の買換えの場合の更正の請求、修正申告等（措法37の２）】

☐ 更正の請求書の提出又は修正申告書の提出は、期限内に行われているか。

☞ 更正の請求書の提出及び修正申告書の提出には、期限が定められています。

【買換えに係る特定の事業用資産の譲渡の場合の取得価額の計算等（措法37の３）】

☐ 買換資産を事業の用に供した場合、減価償却費の計算は適切か。

☞ 買換取得資産の取得価額は、譲渡資産の取得価額を引き継ぎます。
譲渡資産の態様により引継割合は、変更されます。

【特定事業用資産の交換の特例（措法37の４）】

☐ 交換譲渡資産及び交換買換資産は、特例要件に該当しているか。

☞ 交換譲渡資産は措法37条１項の表１号から４号までの上欄に該当する資産で、かつ、交換取得資産は同表各号の下欄に対応する資産であるものに限られます。
ただし、交換取得資産以外との交換の場合には、交換差金に相当する金額について、措法37条から37条の３までの規定の適用があります。

☐ 課税の繰延割合は適切か。

☞ 交換譲渡資産の態様により、課税の繰延割合は変更されます。

□ 交換譲渡資産と交換取得資産との交換は、特例要件に該当しているか。
☞ 交換には、一定の要件が定められています。

□ 交換取得資産が土地等である場合、交換譲渡資産の土地等の面積の5倍を超えていないか。
☞ 5倍を超える面積に対応する部分は、交換取得資産になりません。

□ 交換取得資産を事業用に使用した場合、減価償却費の計算は適切か。
☞ 交換取得資産の取得価額は、交換譲渡資産の取得価額を引き継ぎます。
交換譲渡資産の態様により引継割合は、変更されます。

□ 更正の請求書の提出又は修正申告書の提出は、期限内に行われているか。
☞ 更正の請求書の提出及び修正申告書の提出には、期限が定められています。

事業用の買換え特例適用関係フローチャート

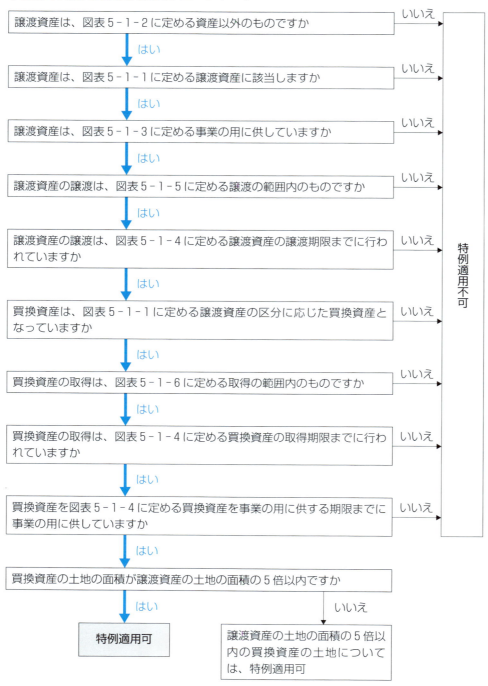

事業用の交換特例適用関係フローチャート

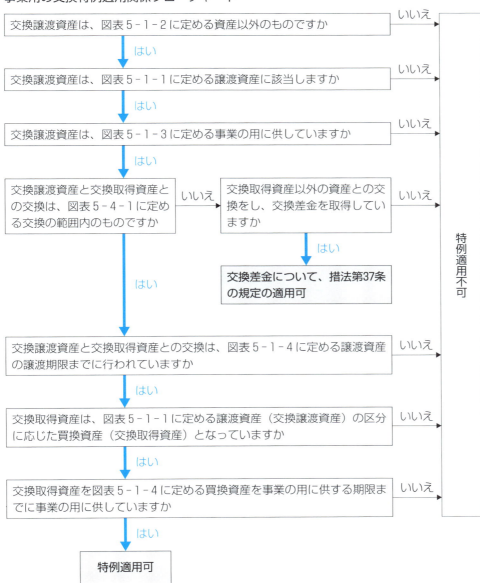

譲渡所得の内訳書の記載手順
事業用財産の譲渡：譲渡益あり、買換資産を取得

【設例】事業用財産（店舗）を譲渡し、新たな事業用財産を取得する場合

1 譲渡した土地建物等の契約内容
　令和6年5月31日に事業の用（店舗）に供していた土地（100㎡）、建物（150㎡）を6,000万円で売却
2 譲渡した資産の取得に関する事項
　平成20年6月20日に土地を諸費用を含めて3,000万円で購入し、同年10月1日に店舗を諸費用を含め、3,000万円をかけて建築。
3 譲渡するための費用に関する事項
　仲介手数料として186万円を支払い。
　3万円の収入印紙を契約書に貼付
4 買換えた土地、建物の購入等に関する事項
　令和6年6月10日に土地（300㎡）を1,500万円で取得し、仲介手数料51万円と登記費用等29万円を支払った。令和6年6月15日に4,000万円で建物建築の請負契約を締結し、同年10月1日に引渡しを受け、登記費用等120万円を負担した。

手順1 譲渡した資産の契約内容を「譲渡所得の内訳書」（2面）の1欄に記載します。

手順2 譲渡した資産の取得価額、取得日、事業所得で計上していた建物の未償却残高に関する事項を「譲渡所得の内訳書」（3面）の2欄に記載します。

手順3 譲渡のために支出した費用を「譲渡所得の内訳書」（3面）の3欄に記載します。

税務署のチェックポイント
① 譲渡価額に固定資産税の清算金が含まれているか。取得価額は当時の時価（建築価格）と比較して適正か。
② 未償却残高は、事業所得の決算書に計上している額と一致するか。
③ 譲渡費用の中に譲渡費用とならない費用（引越費用や弁護士費用、住所変更登記料、抵当権抹消登記料、税理士報酬）などが含まれていないか。

手順4 買換資産の取得価額、種類、面積、用途などについて、「譲渡所得の内訳書」（4面）の5欄に記入します。

手順5 「譲渡所得の内訳書」（4面）の6欄の「収入金額」、「必要経費」及び「譲渡所得金額」を計算式により計算して記入します。

手順6 「譲渡所得の内訳書」の内容を申告書の各欄に転記します。
なお、「特定の事業用資産の買換えの特例（措法37）」を適用する場合は、「特例適用条文」欄に「措法37条」と記載します。

194

【令和6年分用】

特例適用審査表（措法37①表3号：特定の事業用資産の買換え特例）

1 整理・点検

	あり	なし
(1) 確定申告書への特例適用の記載	☐	☐
(2) 譲渡所得の内訳書（確定申告書付表兼計算明細書）の記載・提出	☐	☐
(3) 添付書類（法定添付書類）		
イ 買換資産に関するもの 買換資産の登記事項証明書その他これらの資産を取得した旨を証する書類 ※ 不動産番号等の提供がある場合は、登記事項証明書は添付不要	☐	☐
ロ 先行取得の場合（取得した年の翌年3月15日までの提出が要件） 先行取得資産に係る買換えの特例の適用に関する届出書	☐	☐
ハ 買換え予定の場合 買換（代替）資産の明細書	☐	☐

根拠条文等	措法37・措令25・措規18の5・措通37-1～30

2 審査

A 譲渡資産に関する検討

審査項目	適	否	審査上の留意事項・審査事績
① 固定資産か？			◆ （棚卸資産又は棚卸資産に準ずる資産の場合は、特例適用不可（措法37①、措令25①））
② 国内にある資産か？			◆ 譲渡資産 ⇒ 土地等、建物又は構築物
③ 譲渡資産は事業又は事業に準ずるものの用に供されている資産か？ ※1 措法37①表3号は、全ての事業が対象となっている ※2 生計一親族が事業等を営んでいる場合も特例適用可（措通37-22、33-43）			◆ 事業に準ずるもの 　事業と称するに至らない不動産の貸付けその他これに類する行為で、相当の対価を得て継続的に行われるものをいう（措令25②、措通37-3） ◆ 相当の対価を得て行っているかどうかの判定 　減価償却費、固定資産税、その他必要経費を回収した後において、なお相当の利益が生ずるような対価を得ているかどうかにより判定する（措通37-3（2）イ(イ)） ◆ 継続的に行っているかどうかの判定 　貸付け等に係る契約の効力が発生した時の現況において、その貸付け等が相当期間継続して行われることが予定されているかどうかによって判定する（措通37-3（2）ロ）
④ 所有期間は10年を超えているか？			◆ 平成25年12月31日以前の取得か？ ◆ 平成26年1月1日以後の次の取得も含まれる（措法37-11の10） 　次の特例の適用を受けて取得した資産（譲渡者等が平成25年12月31日以前に取得したものに限る。） 　A 所法58条（固定資産の交換の特例） 　B 措法33～33の3（収用等の課税の特例） 　C 措法37の6（交換分合） 　D 所法60①に該当する贈与、相続、遺贈又は譲渡による取得資産 ◆ 建物の所有期間が10年を超えていない場合、土地のみ適用可 　⇒ 措通37-11の13
⑤ 売買等による譲渡か？			◆『否』となる譲渡 ⇒ 贈与、交換、現物出資、代物弁済（金銭債務の弁済に代えてするものに限る。）（措法37①、措令25②）
⑥ 他の特例と重複適用していないか？			◆ 重複不可の特例⇒ 収用、交換処分、換地処分に該当する場合には、「収用等の課税の特例（措法33～33の4）」の適用を受けない場合であっても、本特例を受けることはできない ⇒ 措法37①、措通37-1
⑦ 措法37条1項の届出書は提出されているか？			◆ 買換資産の取得が譲渡資産の譲渡と同年中となる場合には、届出書の提出が必要 ⇒ 措法37①、措令25③

特例適用審査表は、情報公開請求により入手した令和5年版（右のQRコードからダウンロードすることができます）を基に令和6年分として使用できるように改訂しています。　　　　　は、情報公開法により不開示となった部分です。

【令和6年分用】

B　買換資産に関する検討

審 査 項 目	適	否	審 査 上 の 留 意 事 項・審 査 事 績
⑦　買換資産は国内にある資産か？			◆　国内に限る
土地等（底地も含む）　要件① 面積300㎡以上			◆　共有地の場合には、取得した土地の面積に共有持分の割合を乗じて算出した面積で判定する　⇒　措通37-11の4
要件②　次のいずれかに該当 □　特定施設の敷地（特定施設に係る事業の遂行上必要な駐車場の用に供されるものを含む） □　駐車場の用に供される土地等で建物又は構築物の敷地の用に供されていないことについてやむを得ない事情があるもの			◆　特定施設　⇒　事務所、事業所、工場、作業場、研究所、営業所、店舗、倉庫、住宅その他これらに類する施設（福利厚生施設に該当するものを除く）（措法37①表三、措令25⑩） ◆　やむを得ない事情　⇒　開発許可、建築確認、発掘調査等の手続その他の行為が進行中であることが一定の書類により明らかにされた事情（措令25⑪、措規18の5①） ◆　一定の書類の写しは法定添付書類（措規18の5④五）
建物、構築物			◆　建物等が買換資産に該当するかどうかの判定　⇒　措通37-9
⑧　取得の時期			
a 譲渡のあった年以後　イ　同年中の取得か？			◆　令和6年中の取得（措法37①）
ロ　取得指定期間内の取得か？ 　翌年中の取得予定か？ 　（令和7年中の取得）			◆　確定申告書を提出する際に「買換（代替）資産の明細書」の提出があるか？
譲渡のあった年以後税務署長が承認した日までに取得予定か？ 　（最長令和9年12月31日まで）			◆　工場等の敷地の造成、建設移転に要する期間が1年を超える等やむを得ない事情（措令25⑮）がある場合には、税務署長の承認を受け、認定した日まで取得期限を延長可　⇒　承認に係る申請事項（措令25⑱） ◆　やむを得ない事情　⇒　措通37-27の2 ◆　取得期限の延長　⇒　措通37-27
ハ　特定非常災害により取得指定期間内の取得が困難となった場合			◆　上記ロの取得指定期間の末日後2年以内で税務署長が承認した日までに取得予定か？ ◆　特定非常災害に基因するやむを得ない事情により、取得指定期間内の取得が困難となった場合　⇒　取得指定期間の末日後2年以内に取得見込みで、税務署長が承認の際に認定をした日まで延長可（措法37⑧、措令25㉑、措規18の5⑥⑦、措通37-30）
b 譲渡のあった年以前　イ　譲渡のあった日の属する年の前年中の取得か？ 　（令和5年中の取得）			◆　「先行取得資産に係る買換えの特例の適用に関する届出書」が取得した年の翌年3月15日までに納税地の所轄税務署長に提出されているか？（措法37③、措令25⑯）※　提出がない場合の宥恕規定がないことに注意！ ◆　届出に係る申請事項（措令25⑯）
ロ　譲渡のあった日の属する年の前年以前2年以内の取得か？ 　（令和4年中の取得）			◆　「先行取得資産に係る買換えの特例の適用に関する届出書」が取得した年の翌年3月15日までに納税地の所轄税務署長に提出されているか？（措法37③、措令25⑯）※　提出がない場合の宥恕規定がないことに注意！ ◆　工場等の敷地の造成、建設移転に要する期間が1年を超える等やむを得ない事情（措令25⑮）がある場合には事前に税務署長へ上記届出書を提出することにより、ロの先行取得が認められる ◆　やむを得ない事情　⇒　措通37-26の2
⑨　取得した土地の面積は、譲渡した土地の5倍以内か？ ☆　共有地の場合には、譲渡又は取得した土地の面積に共有持分の割合を乗じて算出した面積で判定する 　⇒　措通37-11の4			◆　取得した土地の面積は、譲渡資産の土地等の面積の5倍を超えるときは、超える部分の面積に対応する部分は、買換資産に該当しない（措法37②、措令25⑭） 　⇒　譲渡資産が建物のみの場合、土地を買換資産にできない。 ◆　買換資産が2以上ある場合の面積制限の適用　⇒　措通37-10 ◆　譲渡対価を区分した場合の面積制限　⇒　措通37-11 ◆　造成費、仮換地、借地権等に係る面積制限　⇒　措通37-11の3,5,6
⑩　適用対象外となる取得ではないか？			◆　【適用対象外となる取得】 　贈与、代物弁済（金銭債務の弁済に代えてするものに限る。）、交換、所有権移転外リース取引、現物分配（措法37①、措令25②） 　既に有する資産に行った改良、改造　⇒　措通37-15
⑪　取得後1年以内に事業の用（固定資産）に供することが可能か？（取得後1年以内に事業の用に供さない場合は特例適用不可）			◆　〔原則〕本人の事業の用 ◆　〔例外〕譲渡者の生計一親族の事業の用　⇒　措通37-22、33-43 ◆　買換資産を事業の用に供した時期の判定　⇒　措通37-23 ◆　買換資産を当該個人の事業の用に供したことの意義　⇒　措通37-21 ◆　相続人が買換資産を取得して事業の用に供した場合　⇒　措通37-24

☆　譲渡資産が地域再生法第5条第4項第5号イに規定する集中地域以外の地域にある資産に該当し、かつ、買換資産が下記に掲げる地域にある資産に該当する場合には、次に応じた繰延割合となる（措法37⑩）。①　地域再生法第17条の2第1項第1号に規定する政令で定める地域：70%、②　①を除く集中地域：75%

☆　主たる事務所資産の移転を伴う買換えについて、令和5年4月1日以後に譲渡資産を譲渡し、かつ、同日以後に買換資産の取得をする場合には、次に応じた繰延割合となる。①　地域再生法第17条の2第1項第1号に規定する政令で定める地域から集中地域以外の地域内へ買い換えた場合：90%（改正前：80%）、②　集中地域以外の地域内から地域再生法第17条の2第1項第1号に規定する政令で定める地域へ買い換えた場合：60%（改正前：70%）

なお、令和5年4月1日以前に譲渡等した場合は従前どおりとされている。

【判定が「適」でB⑧aロハ（買換資産を譲渡の年の翌年以降に取得する予定）の場合は、確認調査対象事案へ】

第6章　収用等により補償金等を取得する場合等の特例

1　特例全体の概要

　個人が所有する資産について、収用交換等又は換地処分等により譲渡をした場合には、その譲渡の態様等に応じて、課税の特例の適用を受けることができます。

　課税の特例には、大別すると下記の(1)から(3)までに掲げる課税の繰延べの特例と下記の(4)に掲げる5,000万円の特別控除の特例とがあります。

　これらの特例のうち、下記(1)及び(2)の課税の繰延べの特例については、原則として、これらの特例の適用を選択するか、下記(4)の5,000万円の特別控除の特例の適用を選択するか、いずれか一方の特例の適用を選択することができることとされています。

(1)　収用等に伴い代替資産を取得した場合の課税の特例（措法33）

(2)　交換処分等に伴い資産を取得した場合の課税の特例（措法33の2）

(3)　換地処分等に伴い資産を取得した場合の課税の特例（措法33の3）

(4)　収用交換等の場合の譲渡所得の特別控除（措法33の4）

図表6-1-1　用語の意義

区　分	用語の意義
収用交換等 （措法33の4①）	収用等又は交換処分等
収用等 （措法33①）	収用、買取り、換地処分、権利変換、買収又は消滅
交換処分等 （措法33の2①）	収用、買取り又は交換
換地処分等 （措法33の3）	換地処分、権利変換、買取り、収用、譲渡、相続、遺贈若しくは贈与又は敷地権利変換

図表6-1-2　各特例の概要

特例の区分	特例の概要
収用等に伴い代替資産を取得した場合の課税の特例（措法33）	公共事業等のために、土地収用法などによる収用権を背後に土地などの資産が収用等をされた場合において、補償金等を取得し、当該補償金等により一定期間内に代替資産を取得するときに課税が繰り延べられます。
交換処分等に伴い資産を取得した場合の課税の特例（措法33の2）	上記の場合において補償金等の代わりに収用等をされた資産に代わるべき資産を取得するとき、又は土地改良事業等による交換により土地等を取得するときに課税が繰り延べられます。
換地処分等に伴い資産を取得した場合の課税の特例（措法33の3）	土地区画整理事業等の換地処分を受けた場合、市街地再開発事業等により権利変換を受けた場合又は被災市街地復興土地区画整理事業により代替住宅等を取得した場合に課税が繰り延べられます。

197

収用交換等の場合の譲渡所得の特別控除（措法33の4）	資産について収用交換等があった場合において、課税の繰延べの特例（措法33、33の2）の適用を受けないときは、当該資産の譲渡による所得について、5,000万円までの特別控除をすることができます。

2　補償金の種類、所得区分、課税上の取扱い

　国又は地方公共団体等の公共事業施行者により、個人の資産について収用等がされた場合に交付を受ける各種の補償金による収入は、図表6-2-1のとおり、その態様により各種の所得の収入として区分されます。

　また、交付を受けた各種の補償金については、課税上、図表6-2-2のとおり取り扱うこととされています。

　なお、これらの補償金のうち対価補償金は譲渡所得に区分され、譲渡所得の金額を計算する上で、収用等に伴い代替資産を取得した場合の課税の特例（措法33）又は収用交換等の場合の譲渡所得の特別控除（措法33の4）が適用されます。

図表6-2-1　各種補償金と所得区分

補償金の種類（交付目的）	補償金の例示	所得区分
対価補償金 （資産の対価として交付）	• 土地等買取り補償金 • 建物移転補償金（取り壊した場合） • 残地補償金 • 工作物移転補償金（取壊し又は除却した場合）	譲渡所得（分離課税）
	• 漁業権、鉱業権の消滅補償金 • 借家人補償金	譲渡所得（総合課税）
	• 立竹木伐採補償金 • 立竹木移転補償金（伐採した場合）	譲渡所得（総合課税） 山林所得
収益補償金 （事業などで減少する収益又は損失の補塡として交付）	• 営業補償金・家賃減収補償金 • 漁業権、鉱業権立入制限補償金 • 棚卸資産である土地等の買取り補償金	事業所得 不動産所得 雑所得
経費補償金 （休廃業等により生ずる事業上の費用の補塡又は収用等による譲渡の目的となった資産以外の一定の資産について実現した損失の補塡に充てるものとして交付）	• 仮店舗設置補償金　• 従業員解雇手当補償金 • 従業員休業手当補償金 • 公租公課（固定資産税等）補償金	事業所得 不動産所得 雑所得
	• 移転補償金（除却等の場合）	譲渡所得 山林所得
移転補償金 （資産の移転に要する費用の補塡として交付）	• 建物移転補償金　　• 工作物移転補償金 • 立竹木移転補償金　• 動産移転補償金 • 仮住居補償金　　　• 移転雑費補償金	事業所得 一時所得
その他の補償金 （対価補償金たる実質を有しないものの補償として交付）	• 土地等の返還に伴う補償金	各種所得
	• 改葬、祭祀料補償金	非課税

　（注）1　収益補償金、経費補償金及び移転補償金については、対価補償金として取り扱うことができる場合があります。
　　　　2　移転補償金のうち、交付の目的に従って支出した額については、総収入金額に算入されません（法44）。

図表 6-2-2　各種補償金の課税上の取扱い

区　分	課税上の取扱い
対価補償金	・代替資産を取得した場合の特例（課税の繰延べ）（措法33） ・特別控除の特例（最高 5 千万円の控除額）（措法33の 4 ）
収益補償金	・対価補償金への振替え 　建物の収用に伴い交付される収益補償金で、建物の取壊し契約があり、建物の再取得価額が不明な場合、次の計算式により計算される額を限度として対価補償金へ繰入れすることができます（措通33-11）。 　＊　収益補償金を借家人補償金に振り替えて計算することはできません。 【対価補償金への繰入限度額の計算式】 　建物の対価補償金 $\times \dfrac{100}{95^{※}}$ ＝建物の再取得価額 　※　建物の構造が木造及び木骨モルタル造りのときは「65」とします。 　建物の再取得価額　－　建物の対価補償金　＝　対価補償金繰入限度額 ・課税の時期の特例 　課税延期申請書を提出することにより所定の時期まで課税時期を延期することができます（措通33-32）。
経費補償金	・対価補償金として取り扱われるもの 　事業廃止に伴い移設困難な場合に交付される機械装置等の売却損失補償金（措通33-13）。 ・課税の時期の特例 　課税延期申請書を提出することにより所定の時期まで課税時期を延期することができます（措通33-33）。
移転補償金	・対価補償金として取り扱われるもの 　建物等を曳家又は移築をせずに取り壊した場合又は移設困難な機械装置を除却した場合の移転補償金（措通33-14、33-15）。 ・課税の時期の特例 　課税延期申請書を提出することにより所定の時期まで課税時期を延期することができます（措通33-33）。

3　収用等に伴い代替資産を取得した場合の課税の特例

(1)　特例の概要

　個人が、収用等により資産を譲渡した場合において、一定の期限までに譲渡した資産に対応する代替資産の取得をしたときにおいて、譲渡した資産に係る補償金等の価額が当該代替資産の取得価額以下であるときは、譲渡した資産の譲渡がなかったものとし、その他の場合には、譲渡した資産に係る所得の金額を次のとおり計算します（措法33）。

【所得の金額の計算式】

$$\text{所得の金額}^{※1}＝(A－B－C)^{※2}－D \times \dfrac{A－B－C}{A－B}$$

A…対価補償金の額　B…譲渡費用[※3]　C…代替資産の取得価額　D…譲渡資産の取得費

※ 1　総合課税の適用を受ける譲渡所得又は山林所得については、特別控除（50万円）を控除した後の金額となります。

※2 対価補償金から譲渡費用を控除した後の額が代替資産の取得価額以下である場合、譲渡はなかったものとされます。

※3 譲渡費用は経費補償金等で補填された部分を除きます。

図表6-3-1 譲渡した資産から除かれるもの

譲 渡 し た 資 産 か ら 除 か れ る も の
棚卸資産並びに事業所得の基因となる山林並びに雑所得の基因となる土地及び土地の上に存する権利（措法33①、措令22②）

図表6-3-2 一定の期限

期　　　　　　　　　　　　　限
収用等のあった日の属する年の12月31日まで（措法33①）
収用等のあった日の属する年の前年中（収用等による譲渡が明らかとなった日以後に限られます。）（措法33②、措令22⑰） ただし、やむを得ない事情がある場合には、前年以前3年間（最大）
収用等のあった日の属する年の翌年1月1日からその収用等のあった日から2年を経過した日まで＊（措法33③、措令22⑲、措規14④） ただし、やむを得ない事情がある場合には、収用等のあった日から8年6月（最大）＊

＊措法33条8項（措令22㉗、措規14⑧⑨）の規定により、さらに最大2年の延長があります。

図表6-3-3 代替資産の範囲

区　分	代　替　資　産　の　範　囲
個別法 （措法33①、措令22④、措規14②）	譲渡資産と種類又は用途が同じ資産又は権利
一組法 （措法33①、措令22⑤、措規14③、措通33-39、33-40）	譲渡資産が異なる種類の2以上のもので一の効用を有する1組の資産である場合、同一の効用を有する1組の資産 効用の区分は次のとおり。 ①居住の用、②店舗又は事務所の用、③工場、発電所又は変電所の用、④倉庫の用、⑤劇場の用、運動場の用、遊技場の用その他これらの用の区分に類する用
事業継続法 （措法33①、措令22⑥、措通33-41、33-42）	譲渡資産が事業用である場合、事業を継続するために取得した資産

図表6-3-4 取得の範囲（措法33①）

取　　得　　の　　範　　囲	
含まれるもの	取得並びに製作及び建設
除かれるもの	所有権移転外リース取引による取得

(2) 適用要件

本特例の適用を受けるためには、次の全ての要件を満たす必要があります。

図表6-3-5　適用要件

	適用要件
譲渡した資産	譲渡した資産は、棚卸資産並びに事業所得の基因となる山林並びに雑所得の基因となる土地及び土地の上に存する権利ではないこと（措法33①）。
	譲渡した資産が措法33条1項各号に規定するものであり、同項各号に規定する場合に該当していること（措法33①）。
代替資産	代替資産は、図表6-3-3に該当するものであること（措法33①、措令22④～⑥、措規14②③）。
	代替資産は、収用等のあった年の12月31日までに取得されていること。ただし、上記の取得期限には、特例（図表6-3-2参照）があります。この場合、代替資産の見積額に基づき申告します（措法33①～③⑧、措令22⑰⑲㉗、措規14④⑧⑨）。
	代替資産の取得については、図表6-3-4の要件を満たしていること（措法33①）。
他の特例との重複	措法31条の2、31条の3、33条の4、34条、34条の2、35条～35条の3及び36条の2の特例並びに重複適用が制限されている他の特例を受けていないこと（措法31の2④、31の3①、33の4①、34②、34の2②、35②⑥、35の2①、35の3①、36の2①、措令23⑭）。

(3) 申告要件

本特例の適用を受けるためには、次に掲げる全ての要件を満たす必要があります。

図表6-3-6　申告要件

申告要件
本特例の規定の適用を受けようとする年分の確定申告書に、措法33条1項から3項までの規定の適用を受けようする旨の記載があること（措法33⑥）。
本特例の規定の適用を受けようとする年分の確定申告書に、次に掲げる書類の添付があること（措法33⑥⑦、措令22㉖、措規14⑤～⑦）。 1　山林所得の金額又は譲渡所得の金額の計算に関する明細書 2　公共事業用資産の買取り証明書等 3　代替資産の登記事項証明書等 4　代替資産明細書（代替資産を取得見込みである場合）

税理士のアドバイス　代替資産明細書の提出

代替資産の取得が、翌年以降となる場合には、確定申告の期限までに取得予定の代替資産の明細等を記載した代替資産明細書を提出する必要があります（措規14⑤）。

> **税理士のアドバイス** 先行取得した代替資産が減価償却資産である場合の過大償却費の調整

先行取得した代替資産となるべき資産が減価償却資産である場合には、実際の取得価額を基として計算した償却費の額が既に前年以前の各年分の事業所得等の計算上必要経費に算入されていますが、必要経費に算入された償却費の額と代替資産の引継ぎ取得価額を基として計算される償却費の額との差額の調整は、前年以前の各年分の事業所得等の金額を遡って修正せず、収用等のあった年の事業所得等の金額の計算の段階で調整することとされています（措令22⑱）。

> **税理士のアドバイス** 特定非常災害による取得期限の延長

特定非常災害により代替資産を取得指定期間内に取得することが困難となった場合には、その取得指定期間の末日の属する年の翌年3月15日（同日が措法33条の5第1項に規定する提出期限後である場合には、その提出期限）までに、取得することが困難であると認められる事情を証する書類を添付した申請書を提出する必要があります（措規14⑧）。

> **税理士のアドバイス** 登記事項証明書の提出を不要とする要件

提出すべき登記事項証明書に代えて、不動産番号又は地番（建物の場合には、地番及び家屋番号）を記載した書類を提出することができます。

収用等に伴い代替資産を取得した場合の特例適用関係フローチャート

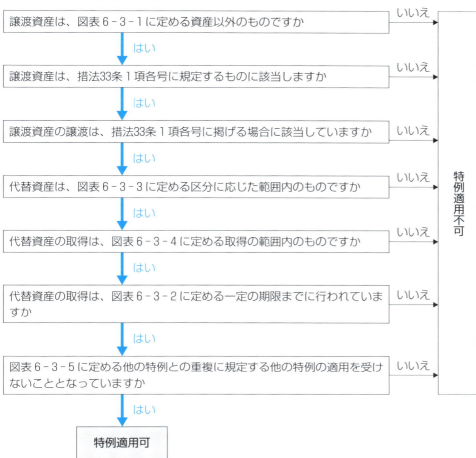

収用された資産等の計算明細書の記載手順

公共事業用資産の買取り等の証明書

手順1 補償金の種類及び所得区分一覧表（198頁）を参照して各種補償金欄へ転記します。

注）記載例では、建物及び工作物を取り壊したとして、それぞれの移転補償金を対価補償金として取り扱っています。

公共事業用資産の買取り等の証明書

譲渡者等	住所(居住)または所在地	A市			
	氏名または名称	法人・個人　　甲			
資産の所在地	資産の種類	数量	買取り等の区分	買取り等の年月日	買取り等の価額
A市	土　地	210.76	買取り	6.6.30	95,000,000円

(摘要)　支払総額　43,250,000円

残地補償　6,300,000円　建物移転補償　27,300,000円　工作物移転補償　600,000円
営業補償　2,000,000円　家賃減収補償　750,000円　仮住居補償　850,000円
動産移転補償　500,000円　移転雑費補償　4,950,000円

○事業名　A市市道拡幅事業　　　　○買取り等の申出年月日　6.3.23

公共事業施行者	事業場の所在地	A市
	事業場の名称	A市長　　　　　乙

※収用等の5,000万円控除の特例の適用を受ける場合には、この証明書を確定申告書等に添付してください。

収用された資産等の計算明細書

公共事業用資産の買取り等の証明書から転記してください。

公共事業用資産の買取り等の申出証明書 有・無				公共事業用資産の買取り等の証明書 有・無			
補償区分	補償名	補償金額	所得区分	補償区分	補償名	補償金額	所得区分
対価補償	土地等補償 土　地	95,000,000円	分離譲渡所得	収益補償	営　業	2,000,000円	事業・不動産・雑
	借地権等				家賃減収	750,000	
	残　地	6,300,000					
					建物対価補償への振替額	△2,750,000	
					100/65 又は 100/95 差引計	0	
	計　(A)	101,300,000		経費補償			
	建物等補償 建　物	27,300,000			計		
	工作物	600,000		移転補償	仮住居	850,000	時所得
	収益補償からの振替額	2,750,000			動産移転	500,000	
	計　(B)	30,650,000	総合譲渡所得		移転雑費	4,950,000	
	借家人補償 借家権				計	6,300,000	
	計			精神補償			非課税
					計		

【収益補償金のうち対価補償金に繰り入れることができる金額の計算】

建物の対価補償金(注)1　　　　　　　　　　　　　　建物の再取得価額

(27,300,000円) × 100/(65 又は 95) (注)3 = (42,000,000 円)

建物の再取得価額　　　建物の対価補償金(注)2　　対価補償金としての繰入限度額

(42,000,000 円) − (27,300,000 円) = (14,700,000 円)

収益補償金　　　　　　対価補償金としての繰入限度額　　事業所得等の収入金額

(2,750,000 円) (2,750,000 円) = (0 円)

(注)1 建物の譲渡費用控除前の額で、特別措置等の名義で交付を受けた補償金の額を含まない。
2 建物の譲渡費用控除前の額で、特別措置等の名義で交付を受けた補償金のうち対価補償金として判定される金額を含む。
3 建物の構造が木造又は木骨モルタル造りであるときは65、その他の構造であるときは95とする。

手順2 収益補償金の対価補償金への振替額の計算をします。

①建物の対価補償金の金額を計算式へ転記します。続いて、建物の再取得価額と対価補償金としての繰入限度額を計算します。

注）記載例では、建物の再取得価額の計算上、建物の構造を木造として、65の数値を適用しています。

②収益補償金の合計額を計算式へ転記します。

注）収益補償金の合計額が繰入限度額以内のため、建物等補償への振替額は収益補償金欄の金額と同額になります。

手順3 手順2で求めた振替額を収益補償金及び対価補償金の該当する欄に転記し、それぞれの合計額を計算します。

譲渡所得の内訳書の記載手順
居住用財産の収用等：譲渡益あり、代替資産を取得

【設 例】居住用財産について、収用等を受け、新たな居住用財産を取得する場合

1　譲渡した土地及び建物の契約内容
　令和6年7月31日に居住の用に供していた土地（150㎡）及び建物（120㎡）を〇〇市に8,000万円で売却した（収用等を背景にした任意の譲渡）
2　譲渡した資産の取得(建築)などに関する事項
　昭和40年6月1日に土地を2,000万円で購入し、建物を建築。平成6年8月1日に3,000万円で建替え
3　譲渡するための費用に関する事項
　3万円の収入印紙を契約書に貼付
4　代替資産の購入に関する事項
　令和6年8月15日に土地（250㎡）を45,000,000円で取得し、仲介手数料1,410,000円と登記費用等520,000円を支払った。令和6年8月15日に30,000,000円で建物建築の請負契約を締結し、同年11月15日に引渡しを受け、登記費用等40,000円を負担した。

（3 面）

２　譲渡（売却）された土地・建物の購入（建築）代金などについて記載してください。

(1) 譲渡（売却）された土地・建物は、どなたから、いつ、いくらで購入されましたか。

購入建築価額の内訳	購入（建築）先・支払先 住所（所在地）	氏名（名称）	購入・建築年月日	購入・建築代金又は譲渡価額の5%
土 地	〇〇〇	〇〇〇	昭和40・6・1	20,000,000円
			・・・	
			・・・	
		小　計	（イ）	20,000,000円
建 物	〇〇〇	〇〇〇	平成6・8・1	30,000,000円
建物の構造 □木造 □木骨モルタル □(鉄骨)鉄筋 □金属造 □その他		小　計	（ロ）	30,000,000円

※ 土地や建物の取得の際に支払った仲介手数料や非業務用資産に係る登記費用などが含まれます。

(2) 建物の償却費相当額を計算します。

建物の購入・建築価額（ロ）　□標準 □実
30,000,000円×0.9× 0.031 × 30 ＝ 25,110,000円
（償却率）（経過年数）（償却費相当額（ハ)）

※「譲渡所得の申告のしかた」を参照してください。なお、建物の標準的な建築価額による建物の取得価額の計算をしたものは「標準」に〇してください。
※ 非業務用建物（居住用）の（ハ）の額は、（ロ）の価額の95％を限度とします（償却率は1面をご覧ください。）。

(3) 取得費を計算します。

取得費 （イ）+（ロ）-（ハ） 24,890,000

３　譲渡（売却）するために支払った費用について記載してください。

費用の種類	支払先 住所（所在地）	氏名（名称）	支払年月日	支払金額
仲介手数料				円
収入印紙代	〇〇〇	〇〇〇	令和6・8・1	30,000円
			・・・	円
			・・・	円
		③ 譲渡費用		30,000円

※ 修繕費、固定資産税などは譲渡費用にはなりません。

４　譲渡所得金額の計算をします。

税務署のチェックポイント

① 譲渡価額に固定資産税の清算金が含まれているか。取得価額は当時の時価（建築価格）と比較して適正か。
② 償却相当額の計算は適正か。
③ 譲渡費用の中に譲渡費用とならない費用（引越費用や弁護士費用、住所変更登記料、抵当権抹消登記料、税理士報酬）などが含まれていないか。

手順1 譲渡した資産の契約内容を「譲渡所得の内訳書」（2面省略）の1欄に記載します。

手順2 譲渡した資産の取得価額、取得日、建物の減価償却費に関する事項を「譲渡所得の内訳書」（3面）の2欄に記載します。

手順3 譲渡のために支出した費用を「譲渡所得の内訳書」（3面）の3欄に記載します。

手順4 代替資産の取得価額、種類、面積、用途などについて、「譲渡所得の内訳書」（4面）の5欄に記入します。

手順5 「譲渡所得の内訳書」（4面）の6欄の「収入金額」、「必要経費」及び「譲渡所得金額」を計算式により計算して記入します。

手順6 「譲渡所得の内訳書」の内容を申告書の各欄に転記するのですが、軽減税率（措法31の2、31の3）の適用はないので、「一般分」の欄に記入します。
なお、「収用等に伴い代替資産を取得した場合の課税の特例（措法33）」を適用する場合は、「特例適用条文」欄に「措法33条」と記載します。

５　交換・買換（代替）資産として取得された（される）資産について記載してください。

物件の所在地	種類	面積	用途	契約（予定）年月日	取得（予定）年月日	登記（予定）年月日
△△△	土地	250㎡	居住用	令和6・7・15	令和6・8・15	令和6・8・15
△△△	建物	150㎡	居住用	令和6・8・15	令和6・11・15	令和6・12・1

※「種類」欄は、宅地・田・畑・建物などと、「用途」欄は、貸付用・居住用・事務所などと記載してください。

取得された（される）資産の購入代金など（取得価額）について記載してください。

費用の内容	支払先住所（所在地）及び氏名（名称）		支払年月日	支払金額
土地	×××	〇〇〇	令和6・8・15	45,000,000円
仲介手数料	×××	△△△	令和6・8・15	1,410,000円
登記費用等	×××	〇〇〇	令和6・8・15	520,000円
建物	×××	〇〇〇	令和6・11・15	30,000,000円
登記費用等	×××	〇〇〇	令和6・11・15	40,000円
				円
④ 買換（代替）資産・交換取得資産の取得価額の合計額				76,970,000円

※ 買換（代替）資産の取得の際に支払った仲介手数料や非業務用資産に係る登記費用などが含まれます。
※ 買換（代替）資産をこれから取得する見込みのときは、「買換（代替）資産の明細書」（国税庁ホームページ [https://www.nta.go.jp] からダウンロードできます。なお、税務署にも用意してあります。）を提出し、その見込を記載してください。

６　譲渡所得金額の計算をします。

「2面」・「3面」で計算した①譲渡価額、②取得費、③譲渡費用と上記⑤で計算した④買換（代替）資産・交換取得資産の取得価額の合計額により、譲渡所得金額の計算をします。

(1) (2)以外の交換・買換（代替）の場合〔交換（措法58）・収用代替（措法33）・居住用買換（措法36の2）・震災買換え（震法12）など〕

区 分	特例適用条文	F 収入金額	G 必要経費	H 譲渡所得金額（F-G）
収用代替 上記以外		①-③-④ / ①-④	②× F/... / (②+③)× F/...	
短期 長期	所・収・震 33の	3,000,000	933,725	2,066,275

(2) 特定の事業用資産の買換え・交換（措法37・37の4）などの場合

区 分	特例適用条文	J 収入金額	K 必要経費	L 譲渡所得金額（J-K）
①≦④		①×20%	(②+③)×20%	
①>④		(①-④)+④×20%	(②+③)×	
短期 長期	措法37の	円	円	円

※ 上記算式の20%は、一定の場合は25%又は30%となります。

右側タブ

6 収用等により補償金等を取得する場合等の特例
7 土地等を譲渡した場合の特別控除
8 土地等を譲渡した場合等のその他の特例
9 株式等に係る譲渡所得
10 災害に係る譲渡所得関係の措置

【令和6年分用】

特例適用審査表（措法33：収用等の場合の代替資産の特例）

1　整理・点検　　　　　　　　　　　　　　　　　　　　　　　　　　　あり　　なし
(1)　確定申告書への特例適用の記載　　　　　　　　　　　　　　　　　□　　　□
(2)　譲渡所得の内訳書(確定申告書付表兼計算明細書)の記載・提出　　□　　　□
(3)　添付書類（法定添付書類）
　　イ　収用証明書　　　　　　　　　　　　　　　　　　　　　　　　　□　　　□
　　ロ　代替資産の登記事項証明書等（取得済の場合）　　　　　　　　　□　　　□
　　※　不動産番号等の提供がある場合は、登記事項証明書は添付不要
(4)　添付書類（任意添付書類）
　　イ　譲渡資産に係る売買契約書、損失補償契約書　　　　　　　　　　□　　　□
　　ロ　譲渡資産の取得時の売買契約書　　　　　　　　　　　　　　　　□　　　□
　　ハ　譲渡費用の領収書等　　　　　　　　　　　　　　　　　　　　　□　　　□
　　ニ　代替資産に係る売買契約書等（取得済の場合）　　　　　　　　　□　　　□
　　ホ　代替資産の取得に係る領収書等（取得済の場合）　　　　　　　　□　　　□
　　ヘ　その他（　　　　　　　　　　　）　　　　　　　　　　　　　　□　　　□
(5)　添付書類（取得未了の場合の法定添付書類）
　　　買換（代替）資産の明細書　　　　　　　　　　　　　　　　　　　□　　　□

根拠条文等	措法33・措令22・22の5・措規14・措通33－1～53

2　審　査
A　譲渡資産に関する検討

審　査　項　目	適	否	審　査　上　の　留　意　事　項　・　審　査　事　績
①　措法33条1項各号又は同条3項各号に掲げる場合に該当するか？（事前協議を了している事業か？）			◆
②　収用証明書は添付されているか？			◆　一定の証明書の添付を要する（措法33⑥、措規14⑤） ◆　収用証明書の区分一覧参照（措通33－50、別表2）
③　代行買収の要件に該当するか？（事業施行者以外の者が買取り等をしている場合）（措通33－51）			◆　代行買収は、特定の事業ごとに、特定の代行買収者が限定されている（措規14⑤二～四の二、四の五～五）。 例）　市が施行する道路拡幅事業　⇒　市が設立した土地開発公社 ◆　資産の買取りの契約書　⇒　資産の買取りをする者が事業の施行者が施行する事業のために買取りをするものである旨明記が必要（措通33－51(3))
④　固定資産か？			◆ 　　（棚卸資産又は棚卸資産に準ずる資産の場合は、特例適用不可（措法33①、措令22②))
⑤　譲渡所得とした補償金は対価補償金に該当するか？			◆　譲渡所得となるもの　⇒　原則として対価補償金（措通33－8、9）。 ☆　対価補償金以外の例外的取扱いあり！（措通33－9②③④ただし書）
⑥　建物等の移転補償金を対価補償金とすることができる場合に該当するか？			◆　建物等を取り壊した場合 　⇒　対価補償金として取り扱うことができる（措通33－14）
⑦　収益補償金を対価補償金とすることができる場合に該当するか？（措通33－11）			◆　建物の収用等に伴う収益補償金について、建物に係る対価補償金が建物の再取得価額に満たないとき 　⇒　一定金額を対価補償金とすることができる。 ☆　地代減収補償は対価補償金とすることはできない。

【令和6年分用】
B　代替資産に関する検討

審査項目	適	否	審査上の留意事項・審査事績
⑧ 取得の時期			◆ 収用等のあった日　：　年　月　日（措通33-7） 　　代替資産の取得の日：　年　月　日（又は取得予定日：　年　月　日）
a　収用等のあった日以後の取得か?			
イ　同年中の取得か?			◆ 収用等のあった日～その年の12月31日までに取得（措法33①）
ロ　取得指定期間内の取得か			
2年以内の取得予定か?			◆ 翌年1月1日～収用等のあった日以後2年を経過した日までの取得（措法33③） ◆ 確定申告書を提出する際に「買換（代替）資産の明細書」を提出する
2年を超えて4年6月以内の取得予定か?			◆ 次の特則があり、各々要件が定められている 　　3年以内　　　（措法33③、措令22⑲二） 　　4年6月以内　（措法33③、措令22⑲一イ又はロ） 　　8年6月以内　（措法33③、措令22⑲一イかっこ書又はロかっこ書）※ 　※　この場合には、収用等があった日以後4年を経過した日から2月以内に「代替資産の取得期限延長承認申請書」により税務署長の承認が必要 ◆ 確定申告書を提出する際に「買換（代替）資産の明細書」を提出する
ハ　特定非常災害により取得指定期間内の取得が困難となった場合			◆ 上記ロの取得指定期間の末日後2年以内で税務署長が承認した日までに取得予定か? ◆ 特定非常災害に基因するやむを得ない事情により、取得指定期間内の取得が困難となった場合　⇒　取得指定期間の末日後2年以内に取得見込みで、税務署長が承認の際に認定をした日まで延長可（措法33⑧、措令22㉗、措規14⑧⑨、措通33-49の2）
b　収用等のあった日前の取得か?			
イ　前年（令和5年）の1月1日～前日までの取得か?			◆ 措法33②、33の2②、措通33-47 ☆ 事業認定又は買取り等の申出等があった日以後である必要あり
ロ　収用等のあった日の属する年の1月1日前3年以内（令和3年1月1日～）の取得か?			◆ 土地等につき、収用等のあった日から収用等のあった日の属する年の1月1日前3年以内に取得したものか（措通33-47、措令22⑰） 　　工場の移転を必要とする場合に限られる等の要件あり ☆ 事業認定又は買取り等の申出等があった日以後である必要あり
⑨ 代替資産の範囲			◆ 次のいずれか又は次のいずれかの組み合わせ（一定の場合に限る。）に該当するか？ 　　ⅰ）同種の資産（措令22④、措規14②、措通33-38の2、38の3）〔個別法〕 　　ⅱ）一組の資産（措令22⑤、措規14③、措通33-39、40）〔一組法〕 　　ⅲ）事業用の資産★（措令22⑥、措通33-41～44）〔事業継続法〕 　　　★　取得資産は減価償却資産又は土地等に限られる（措令22⑥かっこ書）

C　他の特例との関係

審査項目	適	否	審査上の留意事項・審査事績
⑩ 同年中の譲渡について、収用等の場合の5,000万円の特別控除の特例を適用していないか?			◆ 同年中に収用等により資産を2以上譲渡した場合、1の資産について収用等の場合の代替資産の特例を適用し、他の資産について5,000万円の特別控除の特例（措法33の4）を適用することはできない。

【判定が「適」でB⑧aロハ（代替資産を譲渡の年の翌年以降に取得する予定）の場合は、確認調査対象事案へ】

特例適用審査表は、情報公開請求により入手した令和5年版（右のQRコードからダウンロードすることができます）を基に令和6年分として使用できるように改訂しています。　　　　　　は、情報公開法により不開示となった部分です。

4 交換処分等に伴い資産を取得した場合の課税の特例

(1) 特例の概要

個人が、交換処分等により資産の取得をした場合又はその資産とともに取得した補償金等により代替資産の取得をした場合には、交換処分等又は補償金等により取得した代替資産の価額に対応する部分については、譲渡した資産の譲渡がなかったものとし、交換処分等により取得した補償金又は補償金で代替資産の取得に充てられなかったものがある場合には、譲渡をした資産に係る譲渡所得の金額を次のとおり計算します（措法33の2）。

【所得金額の計算式】

$$所得金額^* ＝A－C×\frac{A}{A＋B}$$

A…補償金等の額　B…交換取得資産の価額　C…譲渡資産の取得費

＊　総合課税の適用を受ける譲渡所得又は山林所得については、特別控除（50万円）を控除した後の金額となります。

また、補償金等により代替資産を取得した場合については、収用等に伴い代替資産を取得した場合の課税の特例（措法33）を準用することとされています（措法33の2②）。

なお、本特例の適用に係る課税関係については、図表6-4-1のとおりとなります。

＊　代替資産の範囲については、図表6-3-3を参照。
＊　取得の範囲については、図表6-3-4を参照。
＊　補償金等により代替資産を取得する期限は、図表6-3-2を参照。

図表6-4-1　課税関係

交換処分等により譲渡した資産	交換処分等により取得した資産		課税関係
棚卸資産並びに事業所得の基因となる山林並びに雑所得の基因となる土地及び土地の上に存する権利	譲渡をした資産等に代わるべき資産		課税の繰延べ（措法33の2①）
	補償金等		事業所得等として所得税課税
上記以外の資産	譲渡をした資産等に代わるべき資産		課税の繰延べ又は特別控除の適用（措法33の2①②又は33の4）
	補償金等	補償金等により取得する代替資産	
			特別控除の適用（措法33の4）[注]

（注）　譲渡をした資産等に代わるべき資産及び補償金等により取得する代替資産について、特別控除（措法33の4）を適用する場合に限り適用できます。

(2) 適用要件

本特例の適用を受けるためには、次の全ての要件を満たす必要があります。

図表 6 - 4 - 2　適用要件

	適用要件
譲渡した資産	譲渡した資産が措法33の 2 第 1 項各号に規定する場合に該当していること（措法33の 2 ①②、措令22の 2 ①③）。
	補償金により代替資産を取得できるのは、譲渡した資産が棚卸資産並びに事業所得の基因となる山林並びに雑所得の基因となる土地及び土地の上に存する権利以外の資産であること（措法33の 2 ②、措令22の 2 ②）。
取得する資産	取得する資産は、交換処分等により取得した資産又は代替資産（図表 6 - 3 - 3 ）に該当するものであること（措法33の 2 ①②、措令22の 2 ②）。
	補償金等により取得する代替資産は、収用等のあった年の12月31日までに取得されていること。 ただし、上記の取得期限には、特例（図表 6 - 3 - 2 参照）があります。この場合、代替資産の見積額に基づき申告します（措法33の 2 ②、措令22の 2 ③、措規14の 2 ②）。
	補償金等による代替資産の取得については、図表 6 - 3 - 4 の要件を満たしていること（措法33の 2 ②）。
他の特例との重複	措法31の 2 、31の 3 、33の 4 、34、34の 2 、35、35の 2 の特例及び重複適用が制限されている他の特例の適用を受けていないこと（措法31の 2 ④、31の 3 ①、33の 4 ①、34②、34の 2 ②、35②、35の 2 ①）。

(3)　申告要件

本特例の適用を受けるためには、次に掲げる全ての要件を満たす必要があります。

図表 6 - 4 - 3　申告要件

申告要件
本特例の規定の適用を受けようとする年分の確定申告書に、措法33の 2 第 1 項又は 2 項の規定の適用を受けようとする旨の記載があること（措法33の 2 ③）。
本特例の規定の適用を受けようとする年分の確定申告書に、次に掲げる書類の添付があること（措法33の 2 ③④、措令22の 2 ⑤、措規14の 2 ①）。 　1　山林所得の金額又は譲渡所得の金額の計算に関する明細書 　2　公共事業用資産の買取り証明書等 　3　交換処分等により取得した資産又は代替資産の登記事項証明書等 　4　代替資産の明細書（代替資産を取得見込みである場合）

209

> **税理士のアドバイス** 登記事項証明書の提出を不要とする要件
>
> 提出すべき登記事項証明書に代えて、不動産番号又は地番(建物の場合には、地番及び家屋番号)を記載した書類を提出することができます。

交換処分等に伴い資産を取得した場合の特例適用関係フローチャート

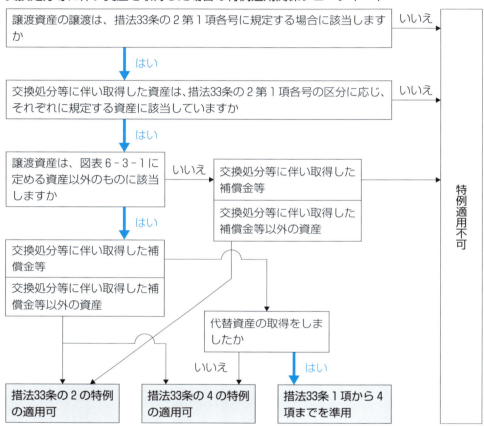

5 換地処分等に伴い資産を取得した場合の課税の特例

(1) 特例の概要

個人が、土地区画整理法等に規定する事業により行う換地処分又は権利変換により土地等、建築物の一部その他の資産を取得した場合には、換地処分又は権利変換により譲渡した土地等の譲渡はなかったものとみなすこととされています(措法33の3)。

ただし、換地処分又は権利変換により、清算金等を取得した場合には、その部分については、原則、譲渡があったものとして課税されることとなります(措法33の3)。

【所得金額の計算式】

$$所得金額^* = A - C \times \frac{A}{A+B}$$

A…清算金等の額　B…取得した資産の価額　C…譲渡資産の取得費

＊　総合課税の適用を受ける譲渡所得については、特別控除（50万円）を控除した後の金額となります。

(2)　関税関係一覧

①　1項関係

譲渡資産	事業の種類	取得する資産	課　税
土地等（土地又は土地の上に存する権利）	土地区画整理法の土地区画整理事業による換地処分	土地等又は建築物の一部及びその建築物の存する土地の共有持分、施設住宅の一部等若しくは施設住宅若しくは施設住宅敷地に関する権利	譲渡がなかったものとされます（申告不要）。
	新都市基盤整備法の土地整理による換地処分		
	土地改良法の土地改良事業による換地処分		
	大都市地域における住宅及び住宅地の供給の促進に関する特別措置法の住宅街区整備事業による換地処分	清算金又は保留地	原則として課税＊

＊　土地区画整理法91条3項、92条3項、95条6項の規定により換地が定められない場合には、措法33条1項又は33条の4の規定の適用があります。

②　2項関係

譲渡資産	事業の種類	取得する資産	課　税
資　産	都市再開発法の第一種市街地再開発事業による権利変換	施設建築物の一部を取得する権利等	譲渡がなかったものとされます（申告不要）。
	都市再開発法の第二種市街地再開発事業による買取り又は収用	補償金等	課　税

③　4項関係

譲渡資産	事業の種類	取得する資産	課　税
資　産	密集市街地における防災街区の整備の促進に関する法律の防災街区整備事業による権利変換	防災施設建築物の一部を取得する権利等	譲渡がなかったものとされます（申告不要）。
		補償金等	課　税

④ 6項関係

譲渡資産	事業の種類	取得する資産	課　税
施行マンションに関する権利及びその敷地利用権	マンションの建替え等の円滑化に関する法律のマンション建替事業による権利変換	施行再建マンションに関する権利を取得する権利等又はその施行再建マンションに係る敷地利用権	譲渡がなかったものとされます（申告不要）。
		清算金又は保留地	課　税

⑤ 8項関係

譲渡資産	事業の種類	取得する資産	課　税
資　産	マンションの建替え等の円滑化に関する法律の敷地分割事業による敷地権利変換	除却敷地持分、非除却敷地持分等又は敷地分割後の団地共用部分の共有持分	譲渡がなかったものとされます（申告不要）。
		清算金又は保留地	課　税

⑥ 9項関係

譲渡資産	事業の種類	取得する資産	課　税
被災市街地復興推進地域内にある土地等（棚卸資産並びに雑所得の基因となる土地及び土地の上に存する権利を除きます。）	被災市街地復興特別措置法の被災市街地復興土地区画整理事業による換地処分	土地等及び代替住宅等建	譲渡がなかったものとされます（申告が必要）。
		清算金又は保留地	課　税

⑦ 13項関係

譲渡資産	事業の種類	取得する資産	課　税
被災市街地復興推進地域内にある土地等	被災市街地復興特別措置法の被災市街地復興土地区画整理事業による換地処分	土地等及び被災市街地復興特別措置法15条1項の住宅又は同条2項の住宅等	1項関係の清算金と同様の課税

⑧ 3項、5項又は7項関係

　措法33条の3第2項、4項又は6項の規定の適用を受けて権利変換等により取得した資産について、その後における譲渡等又は工事完了による清算金の支払などがあった場合の課税関係は、以下のとおりとなります。

区　分	取得した資産	譲渡等の態様	課　税　関　係
3項	施設建築物の一部を取得する権利等	譲渡、相続、遺贈又は贈与があったとき	取得した資産について、譲渡があったものとして所得税が課税されます。
		一定の譲受け希望の申出の撤回があったとき	権利変換等の前の資産について、収用等があったものとして、収用等の特例が適用されます。
	工事の完了に伴い取得した清算金等	清算金等の取得	
5項	防災施設建築物の一部を取得する権利等	譲渡、相続、遺贈又は贈与があったとき	取得した資産について、譲渡があったものとして所得税が課税されます。
	工事の完了に伴い取得した清算金等	清算金等の取得	権利変換等の前の資産について、収用等があったものとして、収用等の特例が適用されます。
7項	施行再建マンションに関する権利を取得する権利等又はその施行再建マンションに係る敷地利用権	譲渡、相続、遺贈又は贈与があったとき	取得した資産について、譲渡があったものとして所得税が課税されます。
	工事の完了に伴い取得した清算金等	清算金等の取得	権利変換等の前の資産について、譲渡があったものとして所得税が課税されます。

（注）　上記の相続は限定承認に係るものに限られ、遺贈は法人に対するもの及び個人に対する包括遺贈のうち限定承認に係るものに限られ、贈与は法人に対するものに限られます。

(3)　適用要件

　本特例は、原則として申告は不要で、自動的に適用されますが、9項関係及び清算金等の取得により課税を受けるものについては、申告が必要となります。

　なお、3項又は5項関係で収用等の特例が適用されるものについては、3(2)又は6(3)を参照してください。

図表6-5-1　適用要件（3項関係）

	適　用　要　件
譲渡した土地等	譲渡した土地等は、棚卸資産及び雑所得の基因となる土地等ではないこと（措法33の3⑨）。
	譲渡した土地等が被災市街地復興推進地域内にあること（措法33の3⑨）。
取得する資産	取得する資産は、換地処分により取得する土地等及び被災市街地復興特別措置法15条1項に規定する住宅又は同条2項に規定する住宅等であること（措法33の3⑨）。
他の特例との重複	9項関係の適用を受ける土地等の譲渡については、措法33条の3第1項の規定は適用しない（措法33の3⑫）。

(4)　申告要件

　9項関係の特例だけ、本特例の適用を受けるためには、次に掲げる全ての要件を満たす必要があります。

なお、3項又は5項関係で収用等の特例が適用されるものについては、3(3)又は6(4)を参照してください。

図表6-5-2　申告要件

申　　告　　要　　件
9項関係の特例の規定の適用を受けようとする年分の確定申告書に、措法33条の3第9項の規定の適用を受けようとする旨の記載があること（措法33の3⑩）。
9項関係の特例の規定の適用を受けようとする年分の確定申告書に、次に掲げる書類の添付があること（措法33の3⑩、措規14の3）。 1　譲渡をした土地等及び取得をした代替住宅等の登記事項証明書 2　当該土地等の換地処分に係る換地計画に関する図書で一定の記載事項があるものの写し（事業施行者の当該図書の写しである旨の記載があるもの。） 3　事業施行者の支払を証する書類で、清算金又は保留地の対価の記載のあるもの（清算金又は保留地を取得する場合）

税理士のアドバイス　登記事項証明書の提出を不要とする要件

　提出すべき登記事項証明書に代えて、不動産番号又は地番（建物の場合には、地番及び家屋番号）を記載した書類を提出することができます。

6　収用交換等の場合の譲渡所得等の特別控除

(1)　特例の概要

　個人が、収用交換等により資産を一定の期限までに譲渡した場合、上記3及び4の特例（措法33又は33の2）の適用を受けないときは、譲渡所得又は山林所得の金額を計算する上で、次のとおり最高5,000万円を限度として控除することができます（措法33の4）。

【所得金額の計算式】

> 所得金額　＝　補償金等の額－（譲渡資産の取得費＋譲渡費用）－特別控除額※

※　特別控除額は最高額5,000万円。なお、総合課税の適用を受ける譲渡所得又は山林所得については、この特別控除以外にそれぞれ50万円の特別控除があります。

図表6-6-1　用語の意義

区　　分	用　語　の　意　義
収用交換等（措法33の4①）	収用等又は交換処分等
収用等（措法33①）	収用、買取り、換地処分、権利変換、買収又は消滅
交換処分等（措法33の2①）	収用、買取り又は交換

図表6-6-2　譲渡した資産から除かれるもの

譲渡した資産から除かれるもの
棚卸資産並びに事業所得の基因となる山林並びに雑所得の基因となる土地及び土地の上に存する権利（措法33①、措令22②）

図表6-6-3　一定の期限

一　定　の　期　限
公共事業施行者から収用交換等による資産につき最初に買取り等の申出のあった日から6月を経過した日まで（措法33の4③一）

⑵　5,000万円の特別控除の控除順序

　同一年中に収用交換等により譲渡した資産が、2以上ある場合における5,000万円の特別控除の控除順序は、次のとおりとなります。また、控除額の合計は、5,000万円が限度となります（措法33の4②、措令22の4①）。

図表6-6-4　特別控除の控除順序

控除の順序	所　　得　　の　　区　　分
①	分離課税となる土地建物等に係る短期譲渡所得の金額
②	分離課税となる土地建物等に係る短期譲渡所得（税率の特例の適用のあるもの）の金額
③	総合課税となる土地建物等以外の資産に係る短期譲渡所得の金額
④	総合課税となる土地建物等以外の資産に係る長期譲渡所得の金額
⑤	山林所得の金額
⑥	分離課税となる土地建物等に係る長期譲渡所得の金額
⑦	分離課税となる土地建物等に係る長期譲渡所得（居住用資産に係る軽減税率の適用を受けるもの）の金額

215

(3) 適用要件

本特例の適用を受けるためには、次の全ての要件を満たす必要があります。

図表6－6－5　適用要件

適　用　要　件
譲渡した資産は、棚卸資産並びに事業所得の基因となる山林並びに雑所得の基因となる土地及び土地の上に存する権利でないこと（措法33①）。
譲渡した資産が、措法33条1項各号又は33条の2第1項各号（措法33条4項、33条の3第3項及び5項の規定によるものを含みます。）に掲げる場合に該当すること（措法33①）。
収用交換等による資産の譲渡が、公共事業施行者から当該資産につき最初に買取り等の申出のあった日から6月を経過した日まで行われること（措法33の4③一）。
一の収用交換等の事業について2以上の譲渡で、年をまたがって行われる場合、最初の年の譲渡であること（措法33の4③二）。
収用交換等による資産の譲渡が、その資産につき最初に買取り等の申出を受けた者（相続人等を含みます。）からのものであること（措法33の4③三）。
措法33条及び33条の2並びに重複適用が制限されている他の特例を受けていないこと（措法33の4①他）。

(4) 申告要件

本特例の適用を受けるためには、次の全ての要件を満たす必要があります。

図表6－6－6　申告要件

申　告　要　件
本特例の規定の適用を受けようとする年分の確定申告書に、措法33条の4第1項の規定の適用を受けようとする旨の記載があること（措法33の4④）。 　＊　措法33条の4第1項に規定する修正申告書にも同様の記載が必要となります。 ただし、本特例の適用を受けると確定申告書を提出する義務がなくなる者については、確定申告は不要です（措法33の4④）。
本特例の規定の適用を受けようとする年分の確定申告書に、次に掲げる書類の添付があること（措法33の4④、措規15②）。 1　公共事業施行者の買取り等の最初の申出の年月日及び当該申出に係る資産の明細を記載した買取り等の申出があったことを証する書類 2　公共事業施行者の買取証明書等 ただし、本特例の適用を受けると確定申告書を提出する義務がなくなる者については、確定申告は不要です（措法33の4④）。

税理士のアドバイス　特別控除の重複適用がある場合の特別控除の限度

その年中における資産の譲渡について、特別控除の規定（措法33の4①、34①、34の2①、34の3①、35①、35の2①又は35の3①）のうち、2以上の規定の適用を受けることにより控除すべき金額の合計額が5,000万円を超えることとなるときは、5,000万円が限度となります（措法36、措令24）。

収用交換等の場合の特別控除の特例適用関係フローチャート

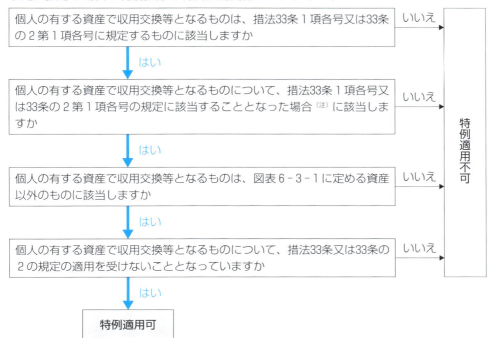

（注） 措法33条4項の規定により同項1号に規定する土地等、同項2号若しくは3号に規定する土地の上にある資産若しくはその土地の上にある建物に係る配偶者居住権又は同項4号に規定する権利につき収用等による譲渡があったものとみなされた場合、措法33条の3第3項の規定により旧資産又は旧資産のうち同項の政令で定める部分につき収用等による譲渡があったものとみなされた場合及び同条5項の規定により防災旧資産のうち同項の政令で定める部分につき収用等による譲渡があったものとみなされた場合が含まれます。

【令和6年分用】

特例適用審査表（措法33の4：収用交換等の場合の5,000万円の特別控除）

1 整理・点検

	あり	なし
(1) 確定申告書への特例適用の記載	☐	☐
(2) 譲渡所得の内訳書（確定申告書付表兼計算明細書）の記載・提出	☐	☐

(3) 添付書類（法定添付書類）

	あり	なし
イ 収用証明書	☐	☐
ロ 買取り等の申出証明書	☐	☐
ハ 買取り等の証明書	☐	☐
ニ 措令22条の4第2項各号に掲げる場合（土地収用法に規定する仲裁判断があった場合など）のいずれかに該当する場合には、その旨を証する書類	☐	☐

(4) 添付書類（任意添付書類）

	あり	なし
イ 譲渡資産に係る売買契約書、損失補償契約書	☐	☐
ロ 譲渡資産の取得時の売買契約書	☐	☐
ハ 譲渡費用の領収書等	☐	☐
ニ その他（　　　　　　　　）	☐	☐

根拠条文等	措法33の4・措令22の4・措規15・措通33の4－1～8

2 審　査

A　収用等による譲渡に該当するか否かの検討

審　査　項　目	適	否	審　査　上　の　留　意　事　項　・　審　査　事　績
① 措法33条1項各号又は33条の2第1項各号に掲げる場合（同法33条4項、33条の3第3項及び5項の規定により収用等による譲渡があったものとみなされる場合を含む。）に該当するか？（事前協議を了している事業か？）			◆
② 収用証明書は添付されているか？			◆ 一定の証明書の添付を要する（措法33の4④、措規15②、14⑤） ◆ 収用証明書の区分一覧参照（措通33－50、別表2）
③ 代行買収の要件に該当するか？（事業施行者以外の者が買取り等をしている場合）（措通33－51）			◆ 代行買収は、特定の事業ごとに、特定の代行買収者が限定されている（措規14⑤二～四の二、四の五～五）。 例）市が施行する道路拡幅事業 ⇒ 市が設立した土地開発公社 ◆ 資産の買取りの契約書 ⇒ 資産の買取りをする者が事業の施行者が施行する事業のために買取りをするものである旨明記が必要（措通33－51(3)）
④ 固定資産か？			（棚卸資産又は棚卸資産に準ずる資産の場合は、特例適用不可（措法33①、措令22②））
⑤ 譲渡所得とした補償金は対価補償金に該当するか？			◆ 譲渡所得となるもの ⇒ 原則として対価補償金（措通33－8、9）。 ☆ 対価補償金以外の例外的取扱いあり！（措通33－9②③④ただし書）
⑥ 建物等の移転補償金を対価補償金とすることができる場合に該当するか？			◆ 建物等を取り壊した場合 ⇒ 対価補償金として取り扱うことができる（措通33－14）
⑦ 収益補償金を対価補償金とすることができる場合に該当するか？（措通33－11）			◆ 建物の収用等に伴う収益補償金について、建物に係る対価補償金が建物の再取得価額に満たないとき ⇒ 一定金額を対価補償金とすることができる。 ☆ 地代減収補償は対価補償金とすることはできない。

※1　申告不要の要件等

　　本特例の適用があるものとした場合においてもその年分の確定申告書の提出が必要な者以外の者は、申告不要（措法33の4④）。
　　なお、例えば、給与所得者で年末調整において配偶者（特別）控除を受けていたが、本譲渡所得を加えた合計所得金額で判定（5,000万円の特別控除前で判定）すると控除額が年末調整時の額と異なる者や、医療費控除等による還付を受けるために申告をする者は、特例を適用する旨の記載をし、証明書等を添付の上、申告等をする必要がある。
　　特に、基礎控除については、合計所得金額が2,400万円を超えると控除額が減少し、2,500万円を超えると適用できなくなることに注意する！

※2

【令和6年分用】
B 特例適用除外要件の検討

審査項目	適	否	審査上の留意事項・審査事績
⑧ 6月以内の買取りか？			◆ 最初に買取り等の申出があった日から6月以内に買取り等がされているか？（措法33の4③一、措通33の4－1の2） 買取り等の申出のあった日　：　　年　　月　　日 買取り等のあった日　：　　年　　月　　日 (注)1　契約ベースでの判定可 　　　（買取り等の証明書に引渡ベースで記載されていても、6月以内に契約していれば適用可） 　　2　上記(注)1の場合に引渡基準での申告　⇒　特例の適用可 　　3　一定の場合に6月の期間に一定の期間を加算することができる（措法33の4③一かっこ書、措令22の4②、措規15①、措通33の4－2～3の2）
⑨ 同一事業について、前年以前に譲渡がないか？			◆ 同一事業では、最初の買取り等による譲渡があった年分のみ適用可（措法33の4③二、措通33の4－3～5） ◆ 最初の買取り等について当該特例を適用していなくても、2回目以降の譲渡については特例適用不可《要注意!!》
⑩ 譲渡した者は最初に買取り等の申出をされた者か？			◆ 最初に買取り等の申出を受けた者以外の者が譲渡した場合（申出を受けた者の死亡により相続又は遺贈（死因贈与を含む。）により当該資産を取得した者が譲渡する場合を除く。） ⇒　特例適用不可!!（措法33の4③三、措通33の4－6）

C 他の特例との関係

審査項目	適	否	審査上の留意事項・審査事績
⑪ 同年中の譲渡について、収用等の場合の代替資産の特例（措法33条）又は交換処分等の特例（措法33条の2）を適用していないか？			◆ 同年中に収用等により資産を2以上譲渡した場合、1の譲渡について収用等の場合の代替資産の特例又は交換処分等の特例を適用し、他の資産について収用等の場合の5,000万円の特別控除を適用することはできない（措法33の4①）
⑫ 土地等の譲渡について、優良住宅地の造成等のために土地等を譲渡した場合の軽減税率の特例（措法31条の2）を適用していないか？			◆ 個人が、その有する土地等につき、5,000万円の特別控除の規定の適用を受けるときは、その土地等の譲渡は、優良住宅地の造成等のための譲渡又は確定優良住宅地等予定地のための譲渡に該当しない（措法31の2④） 参照：国税庁ホームページ質疑応答事例「租税特別措置法第31条の2と租税特別措置法第33条の4との適用関係」

特例適用審査表は、情報公開請求により入手した令和5年版（右のQRコードからダウンロードすることができます）を基に令和6年分として使用できるように改訂しています。　　　　　　　　　は、情報公開法により不開示となった部分です。

7　収用交換等により代替資産を取得した場合の更正の請求又は修正申告

(1)　更正の請求
　代替資産を取得見込みにより見積額で申告した後、取得指定期間内に代替資産を取得して実際の取得価額が見積額より過大となった場合には、代替資産を取得した日から4か月以内に更正の請求をすることができます（措法33の5④）。

(2)　修正申告
　代替資産を取得をする見込みにより見積額で申告した後、取得指定期間内に代替資産の取得をして実際の取得価額が見積額に満たなかった場合等には、代替資産の取得をした日又は取得指定期間を経過した日から4か月以内に修正申告をしなければなりません（措法33の5①）。
　なお、この場合の修正申告書は期限内申告書とみなされ、加算税及び延滞税は賦課されません（措法33の5③）。

> **税理士のアドバイス**　　収用交換等の譲渡所得の特別控除
>
> 　収用等に伴い代替資産を取得した場合の課税の特例（措法33）を適用した後、代替資産を所定の期限までに取得できず修正申告をする場合で、措法33条の規定の適用を受けないこととなるときは、収用交換等の場合の譲渡所得の特別控除（措法33の4）の適用を受けることができます（措法33の4①）。

8　収用交換等により取得した代替資産等の取得価額の計算

(1)　特例の概要
　収用交換等又は換地処分等により代替資産等を取得した場合において、減価償却資産の償却費の計算又は当該代替資産等の譲渡、相続、遺贈若しくは贈与をした場合における事業所得、譲渡所得、山林所得又は雑所得の金額の計算上、代替資産の取得日及び取得価額は、次のとおり、譲渡資産の取得日及び取得価額を引き継ぐことになります（措法33の6）。

図表6-8-1　代替資産等

> 代替資産等とは、次に掲げる資産をいいます（措法33の6①）
> • 措法33条1項に規定する代替資産
> • 措法33条の2第1項に規定する交換処分等により取得した資産
> • 措法33条の3に規定する換地処分又は権利変換により取得した資産

(2)　取得時期
　収用交換等又は換地処分等により譲渡した資産の取得時期が代替資産等の取得時期となります（措法33の6①）。

(3) 取得価額

　事業所得、譲渡所得、山林所得又は雑所得の金額の計算上、代替資産等の取得価額は、次のとおりとなります（措法33の6①、措令22の6②〜④、措規16）。

　なお、次により計算される取得価額については、措法31条の4第1項の規定に準じて計算した金額によることもできます（措通33の6-1）。

① 補償金等により取得した代替資産の場合

取得の区分	引き継がれる代替資産の取得価額
D＜A－C（補償金等が大）	$B \times \dfrac{D}{A-C}$
D＝A－C（差額なし）	B
D＞A－C（補償金等が小）	B＋{D－（A－C）}

　A：補償金等の額　B：譲渡した資産の取得費
　C：譲渡費用の額（経費補償金等で補填された部分を除きます。）　D：代替資産の価額

② 交換、換地処分等により取得した資産の場合

取得の区分	引き継がれる取得した資産の取得価額
資産と補償金等を取得した場合	$(A+B) \times \dfrac{C}{C+D}$
資産だけを取得した場合	A＋B
清算金を支払って資産を取得した場合	A＋B＋E

　A：譲渡した資産の取得費　B：譲渡費用の額
　C：取得した資産の価額　D：補償金等の額　E：支払った清算金の額

【質疑応答】収用等の場合の課税の特例

□　使用貸借に係る土地の補償金の帰属

　使用貸借により使用借人（子）が使用している親所有の土地が収用事業のため買い取られ、補償金は親へ支払われましたが、当該補償金の一部は、使用借権に対する補償として親から子へ支払われました。この場合、使用借人が収受した補償金の課税関係は、どのようになりますか。公共用地の取得に伴う損失補償基準要綱（昭37.6.29閣議決定）第12条によれば、使用貸借による権利に対しても補償する旨定められています。

⇒　当該使用借人が借地権を有していると認められる場合を除き、その収受した補償金について贈与税の課税関係が生ずることになります。

□　借地の一部が法人へ転貸されている場合に一括個人名義で契約した借地補償金

　個人甲の借地上に甲名義の建物（2棟）と同族会社A名義の建物（1棟）があります。Y市が行う収用事業により上記借地権、建物につき補償金の支払がありました。そのうち借地権に対する補償金は、個人甲名義で一括契約が行われましたが、借地の一部はA社に転貸されており、転借権部分は、A社が交付を受けるべきものです。

このため、転借権価額に相当する補償金は、A社に帰属させることとしました。個人甲は、A社に帰属させた補償金額を控除した残額を、譲渡所得の収入金額として収用特例を適用することとしてよいでしょうか。また、A社に帰属させた補償金についてA社は収用特例の適用が受けられると解してよいでしょうか。

⇒ いずれも照会意見のとおりで差し支えありません。

□ 土地の使用に代わる買取りの請求に基づく土地の買取り

線路の高架化工事を行うについて仮線路を設ける必要が生じ、鉄道事業者がその仮線路の敷地となるべき土地を工事期間（4年間）中使用することとしてその土地の所有者にその土地の使用の申出を行いました。

ところが、その土地の所有者の一部から使用に代えて買い取って欲しい旨の請求があり、この請求に基づいてその土地の買取りが行われた場合には、収用等の場合の課税の特例の適用が認められますか。また、認められるものとした場合に、その土地について「最初に買取り等の申出があった日」はいつとなるのでしょうか。

なお、当該事業については、土地収用法による事業認定を受けています。

⇒ 土地所有者からの買取りの請求が、土地収用法第81条第1項に規定する事情の下に行われたものであると認められるときは、その買取りについて、収用等の場合の課税の特例を適用することができます。

□ 事実上の耕作権の放棄の対価に係る収用特例の適用

甲が乙に賃貸している農地が収用事業（ダム事業）のために買収され、甲は対価補償金を取得しました。甲、乙間の当該農地に係る賃貸借は農地法上の許可を受けたものではなく、乙の権利はいわゆる事実上の権利です。

ところで、甲は、上記買収による対価補償金の一部を、乙の貸借権放棄の対価として乙に支払いました。

この乙の受け取った貸借権放棄の対価については、土地の上に存する権利の譲渡対価として分離課税の対象となる譲渡所得としてよろしいですか。また、譲渡所得とした場合に、租税特別措置法関係通達33-31の4により、対価補償金の代理受領があったものとして収用等の場合の課税の特例を適用することができますか。

⇒ 1　いわゆる事実上の耕作権の放棄（譲渡）の対価は、農地法上の許可を受けた権利ではありませんが課税上は土地の上に存する権利の譲渡対価と同様に分離課税の譲渡所得として差し支えありません。

　　2　事実上の耕作権が収用事業のために起業者によって消滅させられることはなく、収用等の場合の課税の特例を適用する余地はありません。

□ 地域地区の用途制限により従前用途の建物を建築できない場合の残地の買収

住居地域（地域地区）内にある工場敷地の一部が道路用地として買い取られることに伴い、工場の用に供していた建物を取り壊しましたが、その地域が住居地域であるため、残地の部分に工場用建物を建築することができなくなりましたので、その残地を施行者に買い取ってもらいました。

この残地の買取りの対価についても、収用等の場合の課税の特例を適用して差し支えないでしょうか。

⇒ 意見のとおり取扱って差し支えありません。

□ 私道になっていた土地が残地として買収された場合

甲は、A及びBの土地を所有していました（Bは袋地であるAへの通路として使用していました）。

Aが収用事業のために買収されましたが、Bについても残地買収に該当するものとして買収され

ました。起業者は、Aについては当該収用事業の用に供するが、Bについては、当該収用事業の用には供されません。

下記の場合、Bの残地買収につき租税特別措置法関係通達33-17により収用特例を適用することができますか。

⇒ 収用特例を適用して差し支えありません。

□ **土地収用法第95条第３項により補償金の一部が供託された場合の収入金額と収入時期等**

収用裁決により土地を譲渡した場合で、次の二つの事例のように起業者が補償金の供託をしたときの譲渡所得の収入金額はいくらとなるのでしょうか。

(1) 土地収用委員会の裁決において、土地の補償金を1,400万円と定められましたが、起業者ではこれを不服として起業者の見積りによる1,200万円を土地所有者に支払い、差額200万円は土地収用法第95条第２項の規定に基づき供託を行いました。

(2) 土地所有者からの補償金の支払請求及び裁決の申立が行われ、起業者は自己の見積額400万円を支払いましたが、裁決によりその土地の補償金の額は、510万円とされました。そこで起業者では、これを不服として510万円と400万円との差額110万円を供託し、訴訟を提起しました。

⇒ 供託があったかどうかにかかわりなく、収用委員会の裁決により定められた補償金の全額について、その裁決において権利取得の時期として定められた日に収入すべき金額が確定したものとして譲渡所得の計算を行います。

□ **権利取得採決につき争いがある場合の課税時期**

資産について土地収用法第48条（権利取得裁決）に規定する裁決があった場合の譲渡所得の収入金額の収入すべき時期は、原則として、その裁決書に記載された権利取得の時期によることとされていますが、この裁決が違法であるとして取消しの訴が提起されている場合であっても、この取扱いによるのでしょうか。

⇒ 判決によって裁決が取り消されるまでは裁決は有効に存在しますから、これに基づいて収入すべき時期を判定することとなります。

□ **収用事業に必要な土砂の譲渡と収用証明書**

A県では、土地収用法第３条第６号の事業（土地改良法に基づく土地改良事業）として圃場整備事業を行うこととし、対象農地について客土工事を行います。

この客土工事に必要な土を個人の有する土地から採取しますが、その採取の対価については土の譲渡による譲渡所得として収用特例を適用してよいでしょうか。

（参考）　1　土の採取地の面積　85,000平方メートル
　　　　　2　地主　1人
　　　　　3　対価　約2,000万円
　　　　　4　採取土　約38万立方メートル

⇒ 照会意見のとおりで差し支えありません。

□ **複数の建物の移転補償金のうち特定の建物に係る移転補償金のみを対価補償金とすることの可否**

国道改良事業のための土地を買収された甲に対して、その土地の上にある４棟の建物について移転補償金が支払われました。甲は、その４棟全部を取り壊す予定ですが、この場合、そのうちの１棟の建物に係る移転補償金についてのみ対価補償金として収用等の特例を適用し、他の３棟の建物に係る移転補償金については一時所得として申告したいと考えていますが、このような申告は認められますか。

⇒ 取り壊した建物の移転補償金を対価補償金として取り扱うかどうかは、納税者が個々の建物ごとに選択して差し支えありません。

☐ 建物の一部を取り壊した場合における移転補償金の取扱い

　土地の収用等に伴いその上にある建物の移転補償金を取得した者が、当該建物の一部を取り壊し、残存部分の建物の切取り面を補修した場合には、当該補償金の課税上の取扱いについて次のように解してよろしいですか。

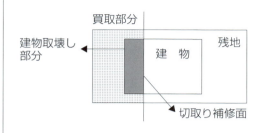

(1) 移転補償金のうち建物の残存部分に係る金額は、租税特別措置法関係通達33-14の対価補償金として取り扱うことのできる補償金には該当せず、建物の取壊し部分に係る金額についてのみ対価補償金として取り扱うことができる。

　この場合の、取壊し部分に係る金額と残存部分に係る金額との区分は、原則として当該建物の全体の床面積に占める各部分の床面積の割合により配分する。

(2) 当該移転補償金のうち建物の残存部分に係る金額は、一時所得の計算上総収入金額に算入することとなるが、残存部分の切取り面の補修に充てた金額については、所得税法第44条の規定により総収入金額に算入しない。

⇒ 照会意見のとおりで差し支えありません。

☐ 収用等の特例が適用されない建物移転補償金の支払いを受けて建物を取り壊した場合の所得区分

　河川法第76条の規定に基づき支払われる河川区域内にある建物を移転させるための補償金を受けた者が、その建物を移転しないで取り壊した場合には、その補償金は、当該建物の対価として譲渡所得に該当すると解してよろしいですか。

⇒ 照会意見のとおり解して差し支えありません。

☐ 自動車保管場所の補償として支払われる建物移転補償金と収用等の特例

　一団の土地（居住用建物又は業務用建物及び自動車の保管場所が機能的に一体利用されている画地）内に存する自動車の保管場所の一部又は全部が土地収用法の規定に基づき収用等される場合において、残地内の建物の移転等を伴わなければ従来利用していた駐車場の用に供することが著しく困難となるときには、順次次の方法により、これに要する費用が補償されます。

1　残地内の建物を移転することなく、物置その他の工作物及び立竹木を再配置することにより、保管場所を含む現状機能を確保する。
2　近隣に保管場所とする土地を確保する。
3　近隣の貸駐車場を借り上げる。
4　残地内に立体駐車場を設置する。
5　残地内の建物の全部又は一部を残地内で移転することにより、保管場所を含む現状機能を確保する。
6　残地内の建物の全部又は一部を残地外へ移転することにより、保管場所を含む現状機能を確保する。

　このうちの5又は6の方法により建物の移転料が支払われ、その支払いを受けた者が当該建物を取り壊したときには、当該建物移転料を対価補償金として収用等の特例を適用することができますか。

⇒ 収用等の場合の課税の特例を適用することはできません。

☐ 道路事業によりその隣接地の嵩上げ工事のために支払われた建物移転補償金

　県の施行する土地区画整理事業により施行区域の土地が高くなることによって、対岸の治水の問題が生じ、対岸の市道の嵩上げが必要となりました。この市道の嵩上げに伴い、その市道に隣接す

る土地についても嵩上げをする必要が生じ、当該隣接地に建物等が存することから、建物移転補償金を支払うこととしています。

市道の嵩上げ工事は、道路改良事業として県が行い、隣接地の嵩上げ及び建物移転補償金の支払いは市が行うこととしています。この場合、道路区域外の隣接地に存する建物移転補償金について、収用等の場合の課税の特例を受けることができますか。

⇒ 建物移転補償金について収用等の場合の課税の特例の適用はありません。

☐ 土地等の使用に伴う損失の補償金を対価補償金とみなす場合

1　租税特別措置法関係通達33-26（土地等の使用に伴う損失の補償金を対価補償金とみなす場合）中、「当該土地等を使用させることが租税特別措置法第33条第3項第1号に規定する要件を満たさないとき」とは、その使用目的や使用期間を問わず、また、無償使用の場合であってもよい趣旨でしょうか。

2　次の事例における立木補償金に対しては、収用等の場合の課税の特例を適用して差し支えないでしょうか（当該事業のために使用する土地は、土地収用法第3条第17号に掲げる事業のため欠くことのできない施設（同条第35号）に該当します。）。

（事例）

A社は、T市に火力発電所を有し操業していますが、この発電所で使用する石炭の残滓（灰）を捨てていた場所がもはや投棄不可能となったため、このたびXらとの契約により、Xらの所有する土地（果樹畑及び山林で面積は10ヘクタール以上）に捨てることになり、A社からXらに対して、立木補償金及び収益補償金が支払われることになりました。

なお、使用期間は5年で、使用期間経過後は畑として利用できる状態に復原して返還するという条件であり、土地の使用の対価は支払われません。

⇒ いずれも照会意見のとおりで差し支えありません。

☐ 収益補償金のうち任意の額を対価補償金へ振り替えることの可否

建物の収用等に伴い収益補償金名義で補償金の交付を受けた場合において、その建物の対価補償金として交付を受けた補償金が再取得価額に満たないときは、収益補償金のうちからその満たない金額に達するまでの金額を対価補償金に振り替えることができることとして取り扱われていますが、その満たない金額のうち一部だけを対価補償金に振り替えて他の部分は収益補償金としての課税を受けることができますか。

⇒ 再取得価額に達するまでの金額のうち5,000万円控除額に達するまでや、代替資産の取得価額に達するまでといった振替えをすることはできません。

☐ 土地に係る収益補償金を建物の対価補償金へ振替えることの可否

収用事業に伴い、土地（宅地及び農地）の対価補償金、収益補償金（農業補償）及び建物（住居）の移転補償金を取得しました。建物は取り壊しましたので、移転補償金については対価補償金として申告します。この場合、収益補償金の一部を租税特別措置法関係通達33-11の取扱いにより建物に係る対価補償金に振り替えて申告することができますか。

租税特別措置法関係通達33-11の「建物の収用等に伴い収益補償金名義で補償金の交付を受けた場合」とは、例えば、店舗等を収用等され、その店舗で営む事業に係る収益補償金の交付を受けた場合（建物と収益が直接結びついている場合）のみをいうのでしょうか、それとも本件のように、建物とともに土地等が収用等されたことに伴い、当該土地等に係る収益補償金が交付された場合（建物と収益が直接結びつかない場合）も含まれるのでしょうか。

（振替えることができるとした場合の申告）

225

$$\left.\begin{array}{ll}\text{建物の移転補償金} & \text{7,998千円} \\ \text{その再取得価額に満たない金額} & \text{4,306千円} \\ \text{農業補償金} & \text{5,133千円}-\text{4,306千円}=\text{827千円}\cdots\text{農業所得}\end{array}\right.$$

(注)「農業補償」とは、農地に係る収益補償金です。

⇒ その農業補償が農地に係る収益補償金であることを前提とする限り、本件には同通達の適用がないことになります。

☐ 都市計画法第67条又は第68条の規定に基づき土地等が買い取られる場合
1 都市計画法第66条に規定する事業地内の土地建物等について、同法第67条の規定に基づく買取りが行われた場合、その買取りについて収用等の場合の課税の特例の適用がありますか。
2 都市計画事業の事業地内の土地で、土地収用法第31条の規定により収用の手続が保留されているものについて、都市計画法第68条の規定に基づき買取りの請求があり、買い取られる場合にも、収用等の場合の課税の特例の適用がありますか。
⇒ 1、2のいずれについても収用等の場合の課税の特例の適用があります。

☐ 特掲事業の施設と特掲事業以外の施設が併設される場合
社会福祉法人が、土地収用法の事業認定を受けない場合でも収用等の課税の特例の対象となる老人デイサービスセンターと、事業認定を受けなければ特例の対象とならない他の社会福祉事業の施設を併設する場合のように、同一の事業施行者が、特掲事業（租税特別措置法施行規則第14条第5項第3号イ該当事業）の施設と特掲事業以外の施設を併設する場合において、これらの事業用地として買収された土地についての収用等の課税の特例の適用関係はどうなりますか。
また、施設が併設される場合としては、次のような事例が考えられますが、事例1と事例2とでは、これらの施設の敷地となる土地の譲渡について特例の適用関係に違いはありますか。

〔事例1〕　　　　　　　　　　〔事例2〕

⇒ 照会の事例1と事例2とで適用関係に違いはありません。
なお、併設される施設の大部分が専ら特掲事業の施設の用に供されると認められる場合（おおむね90%以上）には、事業認定を受けない場合であっても、当該併設施設の事業用地の買取りについては、収用等の課税の特例を適用して差し支えありません。

☐ 土地区画整理事業に係る仮清算金の受領後、換地処分前に仮換地の譲渡があった場合の課税関係
土地区画整理事業の施行に伴う仮換地の指定により、土地所有者Aは仮清算金を受領しました。その後Aは、換地処分前に、その指定を受けた仮換地をBに譲渡（形式上は従前地の譲渡、以下同じ。）しました。この譲渡契約においては、清算金に関する権利義務は、土地区画整理法第129条の規定に従って買主であるBに移転することとされ、また、Aが受領済みの仮清算金はBに支払わないこととしています。
この場合、Aの課税関係はどうなるのでしょうか。

また、換地処分が行われたときのBに対する課税関係はどうなるのでしょうか。
⇒ 換地処分前に仮換地の譲渡があった場合には、すでに支払われた仮清算金も譲受人Bに承継される（土地区画整理法第129条）ので、課税関係は、次のようになります。

（設例）

1　Aは時価1,000万円の土地を所有していました（取得価額50万円）。
2　Aは仮換地により時価900万円の仮換地と現金（仮清算金）100万円を受領しました。
3　Aは換地処分前に仮換地をBに譲渡し、Bから900万円を受領しました。

（Aの処理（仕訳））
①　仮清算金受領時　　現　金　　100　　　仮受金　　100（仮清算金）
②　譲渡時　　　　　｛現　金　　900　　｛土　地　　 50（取得価額）
　　　　　　　　　　 仮受金　　100　　 譲渡益　　950（譲渡課税）

（Bの処理（仕訳））
①　譲受時　土地（従前地）　1,000　　｛現　金　　900
　　　　　　　　　　　　　　　　　　 仮受金　　100（仮清算金の承継）
②　換地処分時　｛土地（換地）900　　土地（従前地）1,000
　　　　　　　　 仮受金　　　100

□　**土地区画整理事業に伴う清算金に対する課税**

　Ｉ市は、都市計画事業として土地区画整理事業を施行しています。
　この土地区画整理事業に関して、○年に仮換地の指定があり、（○＋5）年に換地処分が行われました。
　仮換地の指定後、換地処分が行われるまでの間に、仮換地の売買が行われているものがあり（従前地について所有権移転登記を行っている。）、この場合における換地処分による清算金は、Ｉ市では、売買当事者が「清算金に関する債権債務の譲渡届出書」を市に提出しているときは、これにより売主に対して交付しています。
　この売主が交付を受けた清算金については、収用等の場合の課税の特例を適用して差し支えありませんか。
　なお、収用証明書等は売主名義で発行されています。
⇒ 照会の事例の場合には、売主のその清算金に係る譲渡所得について、収用等の場合の課税の特例が適用されることとなります。

□　**土地区画整理事業の換地処分により清算金を取得した場合**

　収用交換等の場合の5,000万円特別控除の特例は、収用交換等による譲渡が最初に買取り等の申出のあった日から6月以内にされなかった場合や同一事業における収用交換等による譲渡が二以上の年にわたってされたときの2年目以後の譲渡については、適用できないこととされています（措法33の4）が、土地区画整理事業の換地処分により清算金を取得した場合のこれらの適用除外規定の適用関係はどうなりますか。
　例えば、土地区画整理事業の施行により建物移転補償金を取得して収用交換等の場合の5,000万円特別控除の特例を適用していた場合、その翌年以後に換地処分により清算金を取得した場合は、その清算金については特例の適用はできないこととなるのでしょうか。

⇒ 土地区画整理事業の施行により建物移転補償金を取得して特別控除の特例を既に適用した場合であっても、その後の換地処分により同条の清算金を取得したときは、適用除外規定を考慮する必要はなく、特別控除の特例を適用して差し支えありません。

□　**減価補償金を交付すべきこととなる土地区画整理事業における建物の補償金**

　租税特別措置法第33条第1項第3号の5に規定する減価補償金を交付すべきこととなる土地区画

整理事業が施行される場合において、公共施設用地に充てるべきものとして土地が買い取られることに伴い、その土地の上に存する建物の取壊し補償金が支払われましたが、同号の規定は土地等の買取りに限られているので、当該取壊し補償金については、租税特別措置法第33条の規定は適用されず、一般譲渡として課税対象となると考えますが、それでよろしいですか。
⇒ 照会意見のとおり、一般の譲渡となります。

☐ **第二種市街地再開発事業における残地買収**

A市で都市計画事業として施行される第二種市街地再開発事業の用に供するため土地の一部が買い取られましたが、その残地が従来利用されていた目的に供することが著しく困難となり、その残地を事業施行者に譲渡します。この残地の譲渡について収用等の特例が適用できますか。

⇒ 土地収用法第76条に規定する事情の下に残地が買い取られたときには、その対価は対価補償金として取り扱い、収用等の特例を適用することができます。

☐ **第一種市街地再開発事業における補償金に対する課税時期**

第一種市街地再開発事業の施行に伴い、権利変換期日前に租税特別措置法第33条第1項第3号の2に規定する補償金を取得した場合、補償金の取得の日をもって収用等のあった日として差し支えありませんか。

⇒ 補償金の取得の日をもって収用等のあった日とすることはできません。

☐ **第一種市街地再開発事業において「権利変換を希望しない旨の申出」をして取得した補償金に係る買取り等の申出の日及び先行取得**

1 都市再開発法による第一種市街地再開発事業（組合施行）において、やむを得ない事情のもとに権利変換を希望しない旨の申出をして補償金を取得した者の当該補償金に対する租税特別措置法第33条の4の適用上、同条第3項第1号に規定する「最初に買取り等の申出があった日」とはいつの日をいうのでしょうか。

2 また、上記の補償金で代替資産を取得する場合に、先行取得の取扱いが認められますか。

⇒ 1について措法33条の4第3項第1号に規定する要件を考慮する必要はありません。2について照会の市街地再開発事業については、市街地再開発組合の設立についての認可の公告があった日以後として取り扱って差し支えありません。

☐ **権利変換を希望しない旨の申出をしないで取得した補償金**

S市の駅前商店街は、組合施行による市街地再開発事業を行うべく、県知事の認可を受けて市街地再開発組合を設立しました。

この市街地再開発事業では、施行地区内に店舗兼住宅を有している者については、従前の建物のうち住宅部分については施設建築物の一部等を与えないこととします。

ところで、施行地区内に店舗兼住宅を有している者は、組合施行のため事業内容を了知しているので、その住宅部分について都市再開発法第71条に規定する権利変換を希望しない旨の申出をしませんでした。

この場合、施設建築物の一部等を与えられないことにより取得する補償金については、都市再開発法第71条の申出をして取得したものではありませんが、その申出をしなかったのは、事前に事業計画を知っていたためですから、組合設立についての同意又は権利変換計画の同意をもって、同条に規定する申出があったものとし、収用等の場合の課税の特例を適用することができますか。

⇒ 照会意見のとおり取扱うことはできません。

☐ **土地区画整理事業の施行区域内において第一種市街地再開発事業が施行される場合の「やむを得ない事情」の判定**

土地区画整理事業が施行されている地区内において、組合施行による第一種市街地再開発事業が施行されることとなりました。この再開発事業の施行地区内に仮換地の指定を受けていた甲は、老齢のため施設建築物において生活することが困難であるとして、都市再開発法第71条第1項の規定により金銭の給付を申し出て、補償金を取得し地区外に転出することとしています。

　ところが、甲が居住の用に供していた従前地は、土地区画整理事業の施行地区内ですが、再開発事業の施行地区外にあり、再開発事業の施行地区内の仮換地については使用収益の開始の日を別途定めることとされていたため、いまだ居住の用に供していませんでした。

　この場合、甲は、再開発事業の施行地区内において住居を有していなかったことから、租税特別措置法施行令第22条第11項第4号に該当せず、収用等の特例が適用できないこととなるのでしょうか。

(経緯)　　○年10月　　　　　仮換地指定（使用収益開始の日は別に定めるとされていた。）
　　　　　(○＋2)年8月　　　再開発事業準備組合設立
　　　　　(○＋3)年8月　　　従前地上の住居を取り壊し地区外転出
　　　　　(○＋5)年1月　　　市街地再開発組合設立
　　　　　(○＋5)年2月　　　権利変換を希望しない旨の申出

　⇒ 照会の場合、従前地の利用状況を当該仮換地の利用状況とみてやむを得ない事情に該当するかどうかを判定して差し支えありません。

☐　第一種市街地再開発事業における「やむを得ない事情により都市再開発法第71条第1項の申出をしたと認められる場合」の判定

　甲は、市街地再開発組合が施行する第一種市街地再開発事業の施行区域内に土地と建物を所有し、母乙とともに居住しています（甲と母乙は生計を一にしています。）。

　甲は、母乙が現在90歳と高齢であり身体に障害もあることから施設建築物で生活することが困難であるため、都市再開発法第71条第1項の規定に基づき権利変換を希望しない旨の申出をして同法第91条の規定による補償金を取得する予定です。

　この場合に甲が取得する当該補償金については、収用等の場合の課税の特例（措法33、33の4）の適用がありますか。

⇒ 甲が取得する補償金が「やむを得ない事情により同法第71条第1項の申出をしたと認められる場合」に該当して支払われるものである場合には、当該補償金について、収用等の場合の課税の特例の適用があります。

☐　借家権者が第一種市街地再開発事業の施行に伴い施設建築物の権利床を取得する場合の租税特別措置法第33条の3の適用

　第一種市街地再開発事業（組合施行）施行地区内の建物について借家権を有する者が、都市再開発法第21条に規定する参加組合員となり、権利変換により、当該借家権の価額及び同法第40条に規定する負担金の額に相当する施設建築物の一部等（権利床）を取得します。

　この場合、当該借家権の消滅について、租税特別措置法第33条の3第2項の規定の適用があるものと解して差し支えありませんか。

⇒ 借家権に係る権利変換により施設建築物の一部を取得する権利等を取得するものとして、租税特別措置法第33条の3第2項の規定を適用して差し支えありません。

☐　第二種市街地再開発事業のために譲渡した資産

①　第二種市街地再開発事業の施行に伴い、土地、建物等を買い取られた者が、その土地、建物等の一部については都市再開発法第118条の11第1項に規定する建築施設の部分の給付を受ける権利を取得し、その土地、建物等の他の一部については金銭による対価を取得した場合、租税特別

229

措置法第33条の３第２項及び第33条の４第１項の規定を同一年分の譲渡所得について適用できますか。
② 都市再開発法第118条の２第１項の規定による譲受け希望の申出をした者が、同法第118条の５第１項の規定により譲受け希望の申出を撤回した場合に、同法第118条の15第１項の規定により支払を受ける法定利率による利息相当額は、対価補償金として収用等の課税の特例の対象になりますか。

⇒① 適用できます。
② 法定利率による利息相当額は、対価補償金には該当しません（雑所得）から、収用等の場合の課税の特例の適用はありません。意見のとおり取扱って差し支えありません。

□ 対価補償金を借地権の更改料に充てた場合の租税特別措置法第33条の適用の可否

収用等に伴って対価補償金を取得した者が、その補償金を自己の建物（敷地は借地権）の再建築に当たっての借地権の更改料に充てました。

この場合、この更改料の支出を租税特別措置法第33条に規定する代替資産の取得に当たるものとして、同条の規定を適用することができますか。

⇒ 代替資産の取得に当たるものとして取り扱って差し支えありません。

□ 交換により取得した資産を代替資産とすることの可否

租税特別措置法第33条第１項の代替資産の「取得」から交換は除かれていないので、他に交換により取得した資産がある場合、この資産を代替資産とすることができますか。

⇒ 補償金等をもって取得したものではない「交換により取得した資産」は、代替資産とすることはできません。

□ 同一の資産を代替資産及び買換資産とすることの可否

収用等により譲渡した農地の対価補償金と不動産業者に譲渡した事業用資産の譲渡代金で倉庫用建物（収用代替資産にも事業用買換資産にも該当するもの）を取得しました。この倉庫用建物を農地の

代替資産及び事業用資産の買換資産として、租税特別措置法第33条第１項及び第37条第１項の規定を適用して差し支えありませんか。

⇒ 意見のとおり適用して差し支えありません。

□ 種類の異なる代替資産を２以上取得した場合

収用等に伴い代替資産を取得した場合の課税の特例には、１同種の代替資産の取得、２一の効用を有する一組の代替資産の取得、３事業用資産たる代替資産の取得の三つの方法がありますが、例えば、農地と土地建物等（居住用）とを収用等により譲渡した場合には、その農地の譲渡については３の事業用資産たる代替資産を取得し、土地建物等の譲渡については２の一の効用を有する一組の代替資産を取得するというように、譲渡資産それぞれについて別個の方法による代替資産の取得として特例を適用することができますか。

⇒ 適用して差し支えありません。

□ 一の効用を有する一組の資産

1 下図の土地・家屋が収用事業のために買収され、補償金の支払いがありました。母は特別控除（措法33の４）の適用を受け、子は課税の繰延べの特例（措法33）の適用を受けます。子は、課税の繰延べの特例の適用に当たり、租税特別措置法施行令第22条第５項（一組法）の規定を適用したいと考えています。この場合、当該土地は、居住の用に供される一組の資産といえますか。すなわち、

同項の規定では、「区分の異なる2以上の資産で一の効用を有する一組の資産」と規定していますが、本件のように2人で一組の資産を有していた場合において、土地のみの譲渡をした者について同項の規定を適用することができますか。

2　甲は、収用対象事業のため居住の用に供している土地を譲渡し、対価補償金4,800万円と建物の取壊しによる補償金3,500万円を取得しました。

甲は、当該補償金で、居住用の土地・建物を4,000万円で取得し、その他の土地を4,200万円で取得しましたが、この場合、租税特別措置法第33条の適用上、次のような組合わせにより、すべての取得資産を代替資産とすることができますか。

（譲渡資産）　　　　　　　　　　（代替資産）
土地（居住用）　4,800万円 ────→ 土地（その他）　4,200万円（個別法）
建物（居住用）　3,500万円 ────→ ｛土地（居住用）　4,000万円（一組法）
　　　　　　　　　　　　　　　　　建物（居住用）

⇒1について

照会に係る子の譲渡した土地につき同項の規定を適用することはできません。

2について

代替資産とすることができます。

□　一組法による代替資産（墓地と墓石）

収用事業により墓地を買収された者が、当該墓地の対価補償金と墓石の移転補償金で墓地と墓石を取得する場合、租税特別措置法施行令第22条第5項に規定する一組法を適用することができますか。

なお、旧墓石は取り壊すため、墓石の移転補償金については租税特別措置法関係通達33-14により対価補償金として取り扱うものです。

（譲渡資産）　　　　（代替資産）
墓地　600万円　　　墓地　300万円
墓石　100万円　　　墓石　400万円

⇒譲渡資産が墓地（土地）と墓石（構築物）であれば、これと全く同一の用途に供することとなる墓地と墓石は一組法により代替資産とすることができます。

□　前年中に建物を取り壊している場合の土地の買取りと一組法

県の河川改修事業のため、居住用の土地及び建物を譲渡することとなりました。この譲渡は起業者側のやむを得ない事由により2年間にわたって行われ、前年中に建物の移転補償が、本年中に土地の買収がされる予定です（建物は前年中に取り壊しました。）。

前年の建物の移転補償金については、租税特別措置法第33条の4に規定する5,000万円の特別控除を受けましたが、本年中になされる予定の土地の買収に係る所得については、以前から所有している宅地の上に建設する家屋を一組法（措令225）により代替資産として租税特別措置法第33条の適用を受けることができますか。

⇒適用して差し支えありません。

□　立木補償金でアパートを取得した場合

租税特別措置法施行令第22条第6項に規定する「事業（……）の用に供されていた」譲渡資産には輪伐業者の有する立木も含まれますか。

（具体例）

輪伐業者がその立木について取得した収用に係る立木補償金をもってアパートを取得した場合、そのアパートは、租税特別措置法施行令第22条第6項の規定により当該立木の代替資産とすることができますか。

⇒ 立木補償金については租税特別措置法施行令第22条第6項の適用はありません。収用等の場合の課税の特例を適用することはできません。

- [ ] 前年に取得した対償地を代替資産とすることの可否

    納税者Aは、一の収用事業のために二年にわたって土地を買い取られ、最初の年の譲渡については、譲渡対価として対償地を取得しました。

    この場合、最初の年に譲渡した土地の譲渡所得について5,000万円控除の特例（措法33の4）の適用を受け、翌年に譲渡した土地の譲渡所得については、前年に取得した対償地を代替資産として課税繰延べの特例（同法33）の適用を受けることができると解してよいでしょうか。

    ⇒ 翌年に譲渡した土地の譲渡所得について、前年に取得した対償地を代替資産として課税繰延べの特例の適用を受けることはできません。

- [ ] 被相続人が先行取得した農地を相続人の代替資産とすることの可否

    甲は、自己の所有する農地Aが道路用地として買収されることが明らかとなりましたので、農地Aの代替資産とする予定で農地Bを○年10月に先行取得していましたが、甲は（○＋1）年1月に死亡し、乙が当該農地A及びBを相続によって取得しました。その後、乙は道路事業の施行者からの買取りの申出に応じて（○＋1）年3月に農地Aを当該施行者に譲渡しました。

    この場合、乙に係る農地Aの譲渡所得につき被相続人甲が先行取得した農地Bを代替資産として、租税特別措置法第33条の規定を適用してよいでしょうか。

    また、甲が生前に、当該事業施行者からすでに買取りの申出を受けていた場合はどうでしょうか。

    ⇒ 農地Aの譲渡に係る乙の譲渡所得について、相続によって取得した農地Bを代替資産として収用等の場合の課税の特例を適用することはできません。

- [ ] 権利変換期日前までの申告の可否及び被相続人が先行取得した資産を代替資産とすることの可否

    組合施行による第一種市街地再開発事業において、やむを得ない事情があるため、権利変換を希望せずに都市再開発法第71条第1項による金銭の給付を希望した者（被相続人）が、その代替資産とする予定の資産を取得した後、権利変換期日前に死亡しました。この場合において、
  (1) 死亡日前のある時点を契約日と捉え、契約ベースでの（被相続人の）申告及び当該申告に係る租税特別措置法第33条の適用を認め、先行取得資産を代替資産とすることができますか。
  (2) 租税特別措置法第33条第1項第3号の2は、補償金を取得した者について適用があると解した場合に、相続人の譲渡所得の計算上、被相続人が先行取得した資産を代替資産とすることができますか。

        ⇒(1)について
            資産について都市再開発法第86条第2項＜権利変換の処分＞による権利変換処分があった場合における譲渡所得の収益計上時期は、契約ベースでの申告は認められません。

        (2)について
            先行取得資産を代替資産として租税特別措置法第33条の規定を適用することはできません。

- [ ] 代替資産を取得しなかった場合の修正申告期限

    収用等があった日以後1年以内に代替資産を取得する予定で申告をしていた者が、その期間内に代替資産を取得できませんでした。収用等のあった日以後2年以内には取得できる見込みですが、租税特別措置法第33条の5第1項の規定により、収用等のあった日以後1年を経過した日から4か月以内に修正申告をしなければならないのでしょうか。

    ⇒ 修正申告書の提出期限は、収用等のあった日以後2年を経過した日から4か月以内となります。

- [ ] 減価補償金を交付すべきこととなる土地区画整理事業において公共施設用地の買取りの対価と換

地処分に伴う建物移転補償金を取得した場合

　甲は、減価補償金を交付すべきこととなる土地区画整理事業の施行地内にＡ土地とＢ土地を所有しています。
　Ａ土地は、公共施設の用地に充てるべきものとして土地区画整理事業の施行者に買い取られ、その翌年、Ｂ土地（換地処分の対象）の上に存する建物について移転補償金を取得し、当該建物を取り壊しました。
　この場合、Ａ土地の買取りについて収用等の課税の特例が適用され（措法33①三の五）、また、Ｂ土地の換地処分に伴う建物移転補償金についても同特例が適用されます（措法33①三、③二）が、Ａ土地の買取りについて5,000万円控除の特例の適用を受けた場合には、翌年の建物移転補償金については、同一事業のために行われた譲渡であるとして、5,000万円の特別控除は適用できないこととなるのでしょうか。

⇒　照会の建物移転補償金についても、対価補償金として申告する場合には、5,000万円控除の適用があります。

☐　「買取り等の申出のあった日」の判定

　収用交換等の場合の5,000万円特別控除の特例は、収用交換等による譲渡が最初に買取り等の申出のあった日から６月以内にされなかった場合には、適用できないこととされています（措法33の４③一）が、ここでいう「買取り等の申出のあった日」とは、公共事業の一般的なケースにおいて、具体的にどのような事実があった日がこれに当たるのでしょうか。例えば、用地説明会等において、地権者に対し事業用地として買収したい旨を説明した場合、その説明した日が「買取り等の申出のあった日」となるのでしょうか。

⇒「買取り等の申出」は、純然たる事実行為であることから、その行為がいつ行われたかによって、「買取り等の申出のあった日」がいつになるかを個々に判定していく必要があります。

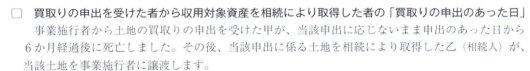

☐　買取りの申出を受けた者から収用対象資産を相続により取得した者の「買取りの申出のあった日」

　事業施行者から土地の買取りの申出を受けた甲が、当該申出に応じないまま申出のあった日から６か月経過後に死亡しました。その後、当該申出に係る土地を相続により取得した乙（相続人）が、当該土地を事業施行者に譲渡します。
　この場合、乙の当該譲渡に係る租税特別措置法第33条の４第３項第１号に規定する「当該資産につき最初に当該申出（買取り等の申出）のあった日」は、甲に対して最初に買取りの申出がなされた日をいい、したがって、乙の当該譲渡については、当該資産につき最初に買取りの申出があった日から６か月を経過した日までになされたものでないから、5,000万円の特別控除は適用できないこととなると解されますがどうでしょうか。

⇒　照会意見のとおり、甲が申出を受けた日が「買取りの申出のあった日」となります。

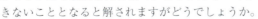

☐　補償金の支払請求をした日の判定（６か月の判定）

　収用等の課税の特例を適用することができる事業について、買取り等の申出が行われた後、地権者から６か月を経過する直前に郵送により土地収用法第46条の２の補償金の支払請求が行われました。この場合、その支払請求が６か月以内に行われたかどうかの判定にあたっては発送ベースによるのでしょうか、それとも到着ベースによるのでしょうか。

⇒ 発送ベースで判定して差し支えありません。

☐　国土利用計画法の届出を要する場合の「６か月」の判定

　収用交換等の場合の5,000万円控除の特例は、資産の買取り等の申出があった日から６か月以内に譲渡した資産のみに適用されることとされていますが、当該譲渡につき国土利用計画法第27条の４の規定による届出を要し、当該届出の日から６週間を経過しないと売買契約を締結することができない

233

こととされている資産については、この6か月の期間をどのように判定したらよいですか。
　⇒ 一定の要件を満たしている場合には、当該譲渡は、当該申出のあった日から6か月を経過した日までに行われたものとして取り扱って差し支えありません。

- [ ] 収用等の場合の特別控除と課税の繰延べの関係

　同一の収用事業のために、○年と（○＋2）年の2回にわたって土地を買収された者が、○年分については、収用等の場合の特別控除の特例（措法33の4）の適用を受け、（○＋2）年分については収用等の場合の課税繰延べの特例（措法33）の適用を受けることができますか。
⇒ 適用を受けることができます。

- [ ] 所得税法第58条と租税特別措置法第33条の4との適用関係

　甲の所有する居住用家屋及びその敷地がA電力（株）の行う送電線の設置事業に伴い買収されることになりましたが、当該家屋については移転補償金を受け取って取り壊し、敷地についてはA電力（株）が固定資産として所有する土地と交換することとなりました。
　この場合において、家屋の移転補償金に係る譲渡所得については租税特別措置法第33条の4の規定を、土地については所得税法第58条の規定を適用することができますか。
（注）　上記の土地の交換については、所得税法第58条の適用要件を満たしています。
⇒ 家屋に係る譲渡所得については租税特別措置法第33条の4の規定を、また、土地に係る譲渡所得については所得税法第58条の規定をそれぞれ適用して差し支えありません。

- [ ] 義務的修正申告における租税特別措置法第33条の4と第35条の適用関係について

　私は、所有する居住用財産とその他の財産（テニスコート）を同一の収用事業のために譲渡し、期限内申告において、居住用部分に相当する譲渡（譲渡価額4,000万円）について租税特別措置法第35条及び第31条の3の規定を、また、その他の部分に相当する譲渡（譲渡価額7,000万円）について代替資産を取得する見込みであるとして見積額により同法第33条の規定を適用しました。
　その後、私は代替資産の取得期限までに代替資産を取得しなかったため、同法第33条の5の規定により修正申告書を提出し当該譲渡について同法第33条の4の適用を受けたいと思うのですが、同法第35条において、その譲渡に同法第33条の4の規定の適用を受ける場合には、重複して同法第35条の規定を適用できない旨規定していることから、当該義務的修正申告書において、その他の部分に相当する譲渡について同法第33条の4の規定を適用するため、居住用部分に相当する譲渡については同法第35条の規定の適用を撤回したいと考えています。
　この場合、期限内申告においていったん適法に同法第35条の規定を適用していますので、撤回することはできず、上記の考え方による修正申告は行えないのでしょうか。
⇒ 結果として、あなたの考えている内容と同様の課税関係となります。

- [ ] 後発的な事情により事業計画の変更があった場合

　収用等の課税の特例の対象とされている土地収用法第3条に掲げる事業を計画していた地方公共団体が、財政事情等の後発的な事情によりその事業計画を変更した場合、変更前に買収された土地と変更後に買収された土地についての収用等の課税の特例の適用関係はどうなりますか。
⇒ 1　照会の場合については、事業計画変更前の用地買収時点において、その事業計画の実施が確実と見込まれる場合には、その地権者の譲渡について収用等の課税の特例が適用されることになります。
　2　また、事業計画の変更後に買収された土地については、その変更後の事業計画が収用等の課税の特例の対象となる事業に該当するかどうか、また、その買収時点においてその事業計画の実施が確実と認められるかどうかにより、収用等の課税の特例の適用の可否が判定されることになります。

【文書回答事例】収用等の場合の課税の特例

自動車保管場所の補償として支払われる立体駐車場補償金の課税関係について
　　右記のサイトをご参照下さい。

税理士のアドバイス　補償金の収入金額への支出日における計上

　資産の収用等に伴い取得する補償金のうち、対価補償金について本特例の適用があります。その他の補償金である経費補償金、移転補償金又は残地保全経費の補償金のうち、対価補償金として取り扱われる（措通33-13〜15等）ものを除き、収用等のあった日の属する年の翌年1月1日から収用等のあった日以後2年を経過する日までに交付の目的に従って支出することが確実と認められる部分の金額については、同日までに交付の目的に従って支出する日の属する年分の各種所得に係る収入金額として計上することができます。

　ただし、この取扱いには、「○○補償金の課税延期申請書」による申請が必要となります。

　また、収用等により居住用財産を譲渡することとなる場合など適用することのできる特例に選択肢があるときは、収用等に関する買換えの特例と特別控除の選択並びに居住用の買換えと特別控除及び軽減税率の選択の仕方により、課税所得の金額だけでは最終的な税負担が判断できないことから、慎重な検討が必要となります。

例：特別控除により課税所得金額が小さくても、税率の差により最終的な税負担が重くなることもあります。

収用等により補償金等を取得する場合等の特例のチェックポイント

【収用等の特例（共通）】

☐ 棚卸資産である土地等の買取補償金を対価補償金としていないか。
  ☞ 対価補償金とはなりません。収益補償金に区分され、事業所得又は雑所得になります。

☐ 対価補償金へ振替え可能な収益補償金を計算したか。
  ☞ 収益補償金のうち一定の金額を限度として対価補償金に繰入れすることができます（繰入限度額の計算式は173頁を参照）。

☐ 特別控除と軽減税率（措法31の2）を重複適用していないか。
  ☞ 特別控除と軽減税率を重複して適用できません。

【収用等により代替資産を取得した場合の特例（措法33）】

☐ 2以上の資産を譲渡している場合、代替資産は要件を満たしているか。
  ☞ 原則として、代替資産は譲渡資産と同種の資産ですが（個別法）、同一の効用を有する1組の資産（一組法）、事業を継続するために取得した資産（事業継続法）についても代替資産として認められます。

☐ 代替取得した資産を事業の用に供した場合、減価償却費の計算は適切か。
  ☞ 代替取得した資産の取得価額は、譲渡資産の取得価額を引き継ぎます。

☐ 代替取得した資産を前年以前に事業の用に供した場合、その事業の必要経費に算入された減価償却費の額はあるか。
  ☞ 必要経費に算入された償却費の額と代替資産の引継ぎ取得価額を基として計算される償却費の額との差額は、収用等のあった年の事業所得等の金額で調整することになります。

☐ 譲渡年分において代替資産を取得しておらず、代替資産を取得見込みである場合、「買換（代替）資産明細書」を提出したか。
  ☞ 譲渡の年中に代替資産を取得できない場合、この書類を提出しなければなりません。

☐ 代替資産を見積額で申告している場合、更正の請求又は修正申告を忘れていないか。
  ☞ 所定の期限から4か月以内に更正の請求ができます。また、修正申告をしなければなりません。

【交換処分等に伴い資産を取得した場合の課税の特例（措法33の2）】

☐ 譲渡資産は、棚卸資産等かそれ以外か。
  ☞ 譲渡資産が、棚卸資産等である場合には、取得する補償金等は事業所得等として課税されますが、棚卸資産等以外であれば、収用等の特例が適用されます。

☐ 2以上の資産を譲渡している場合、代替資産は要件を満たしているか。
  ☞ 原則として、代替資産は譲渡資産と同種の資産ですが（個別法）、同一の効用を有する1組の資産（一組法）、事業を継続するために取得した資産（事業継続法）についても代替資産として認められます。

☐ 代替取得した資産を事業用に使用した場合、減価償却費の計算は適切か。
  ☞ 代替取得した資産の取得価額は、譲渡資産の取得価額を引き継ぎます。

□　租税特別措置法33条を準用する場合には、同条のチェックポイントを参照したか。

☞　本特例には、措法33条を準用することのできる譲渡もあります。

【換地処分等に伴い資産を取得した場合の特例（措法33の3）】

□　申告が必要となるものか。

☞　本特例では、清算金を受け取った場合及び9項関係の特例が適用される場合以外は、申告が不要となっています。

□　受け取った清算金は収用等の特例の適用を受けることのできる清算金か。

☞　本特例では、1項関係（13項を含みます。）の清算金については、収用等の特例の適用を受けることができるものがあります。

【収用等による特別控除の特例（措法33の4）】

□　譲渡は、最初の買取り等の申出の日から6か月以内にされているか。

☞　譲渡が、最初の買取り等の申出があった日から6か月を経過した日までに行われたものに限り特別控除の特例の適用が受けられます。なお、所定の期間を超えた譲渡であっても措法33条の適用は受けられます。

□　同一の収用事業ですでに特別控除の特例を受けていないか。

☞　特別控除の特例は、最初の譲渡年に限り適用されます。なお、すでに特別控除の特例を受けている場合であっても、今回の譲渡について措法33条の適用は受けられます。

第7章　土地等を譲渡した場合の特別控除

1　特定土地区画整理事業等のために土地等を譲渡した場合の2,000万円の特別控除

(1)　特例の概要

　個人の有している土地等が、特定土地区画整理事業等のために買い取られた場合には、長期譲渡所得又は短期譲渡所得の金額から2,000万円の特別控除をすることができます（措法34）。

図表7-1-1　土地等の意義

次に掲げる資産をいいます（措法34①）。
① 　土 　地
② 　土地の上に存する権利

図表7-1-2　特定土地区画整理事業等のために買い取られる場合

特定土地区画整理事業等のために買い取られる場合の概要
国等に一定の事業のために買い取られる場合（措法34②一、措法22の7①）
都市再開発法による第一種市街地再開発事業の事業予定地内の土地等が買い取られる場合（措法34②二）
防災街区整備事業の事業予定地内の土地等が、当該防災街区整備事業を行う防災街区整備事業組合に買い取られる場合（措法34②二の二）
次に掲げる法律の規定により買い取られる場合（措法34②三、措法22の7②） • 古都における歴史的風土の保存に関する特別措置法11条1項 • 都市緑地法17条1項又は3項（緑地保全・緑化推進法人が買い取る場合にあっては、一定の法人が買い取るときに限られます。） • 特定空港周辺航空機騒音対策特別措置法8条1項 • 航空法49条4項（同法55条の2第3項において準用する場合を含みます。） • 防衛施設周辺の生活環境の整備等に関する法律5条2項 • 公共用飛行場周辺における航空機騒音による障害の防止等に関する法律9条2項 　（注）　令和6年5月29日法律40号施行日（公布日から6か月以内）以後に買い取られる場合については、次のとおりとなります。 　　　　・（措法34②三、措令22の7②）→（措法34②三） 　　　　・古都における歴史的風土の保存に関する特別措置法11条1項→12条1項 　　　　・都市緑地法17条1項又は3項（緑地保全・緑化推進法人が買い取る場合にあっては、一定の法人が買い取るときに限られます。）→都市緑地法17条1項又は3項
古都における歴史的風土の保存に関する特別措置法13条4項の規定により一定の都市緑化支援機構に買い取られる場合（措法34②三の二、措令22の7②） 　（注）　上記の規定は、令和6年5月29日法律40号施行日（公布日から6か月以内）から適用されます。
都市緑地法17条の2第4項の規定により一定の都市緑化支援機構に買い取られる場合（措法34②三の三、措令22の7③） 　（注）　上記の規定は、令和6年5月29日法律40号施行日（公布日から6か月以内）から適用されます。

次に掲げる土地が国又は地方公共団体等に買い取られる場合（措法34②四、措法22の7①③～⑤）
- 文化財保護法27条１項の規定により重要文化財として指定された土地
- 文化財保護法109条１項の規定により史跡、名勝若しくは天然記念物として指定された土地
- 自然公園法20条１項の規定により特別地域として指定された区域内の土地
- 自然環境保全法25条１項の規定により特別地区として指定された区域内の土地
  - （注）　令和６年５月29日法律40号施行日（公布日から６か月以内）以後は、次のとおりとなります。
    - ・（措法34②四、措法22の7①③～⑤）→（措法34②四、措令22の7①④⑤）

保安林として指定された区域内の土地又は保安施設地区内の土地が保安施設事業のために国又は地方公共団体に買い取られる場合（措法34②五）

集団移転促進事業計画において定められた移転促進区域内にある農地等が当該集団移転促進事業計画に基づき地方公共団体に買い取られる場合（措法33条１項２号の規定の適用がある場合を除きます。）（措法34②六）

農用地利用規程に係る農用地利用改善事業の実施区域内にある農用地が、一定の農地中間管理機構に買い取られる場合（措法34②七、措法22の7⑥）

(2) 適用要件

本特例の適用を受けるためには、次に掲げる全ての要件を満たす必要があります。

図表7-1-3　適用要件

適　用　要　件
土地等が特定土地区画整理事業等のために買い取られたこと（措法34①）
特定土地区画整理事業等のために買い取られた土地等（居住用財産の譲渡所得の特別控除（措法35）の規定の適用を受ける部分を除きます。）の全部又は一部につき措法31条の２、35条の２、35条の３、36条の２、36条の５、37条又は37条の４から37条の６までの規定の適用を受けるものではないこと（措法31の２④、34①、35の２②、35の３②三、37の５①、37の６①）
譲渡した者の有する土地等が、一の特定土地区画整理事業等のために２年以上にわたって買取りが行われた場合において、これらの買取りのうち、最初の年において行われた買取りであること（措法34③）

(3) 申告要件

本特例の適用を受けるためには、次に掲げる全ての要件を満たす必要があります。

図表7-1-4　申告要件

申　告　要　件
本特例の規定の適用を受けようとする年分の確定申告書に、措法34条１項の規定の適用を受ける旨の記載があること（措法34④） ただし、本特例の適用を受けると確定申告書を提出する義務がなくなる者については、確定申告は不要です（措法34④）。
本特例の規定の適用を受けようとする年分の確定申告書に、措法34条１項の土地等の買取りがあったことを証する一定の書類の添付があること（措法34④、措規17①） ただし、本特例の適用を受けると確定申告書を提出する義務がなくなる者については、確定申告は不要です（措法34④）。

239

| 税理士のアドバイス | 確定申告をすることによる保険料等への影響 |

上記(3)の申告不要の要件に該当する者が確定申告をした場合には、所得税及び住民税について問題は生じませんが、各種の保険料が高くなる可能性があることにご留意ください。

【質疑応答】特定土地区画整理事業等のために土地等を譲渡した場合の譲渡所得の特別控除

□ 土地区画整理事業として行う公共施設の整備のために土地を譲渡した場合

市が行う土地区画整理事業の施行にあたって、地主34名から4,000坪弱の土地を買収します。この土地は換地処分によって数ヵ所にまとめ、ゴミ処理場用地又は学校用地として利用します。この用地買収について2,000万円控除の特例の適用がありますか。

土地区画整理法に規定する公共施設にはゴミ処理場、学校が含まれていないため、その適用について疑義があります。
⇒ 2,000万円控除の特例を適用して差し支えありません。

□ 租税特別措置法第37条の適用を受けたが、買換資産を取得しなかった場合の租税特別措置法第34条の適用

譲渡資産は、租税特別措置法第37条の表の上欄に該当するものであるとともに、租税特別措置法第34条が適用となるものでもあります。

この場合において、納税者が、当初申告において、買換資産を取得する予定であるとして、租税特別措置法第37条の規定の適用を選択しました。

しかし、納税者は、買換取得資産の取得期限（譲渡の日の属する年の翌年の12月31日）までに買換取得資産を取得しなかったため、租税特別措置法第37条の2の規定により修正申告書を提出することとなりましたが、この場合において、租税特別措置法第34条の規定を適用することができますか。

⇒ 買換取得資産の取得期限までに買換取得資産を取得しなかったとしても、租税特別措置法第34条の規定を適用することはできません。

□ 古都保存法第11条第1項の規定により土地等が買い取られる場合の租税特別措置法第34条の2,000万円控除の特例における「一の事業」の判定

甲は、古都における歴史的風土の保存に関する特別措置法（以下「古都保存法」といいます。）第6条の規定により定められたＸ市内のＹ歴史的風土特別保存地区（以下「本件特別保存地区」といいます。）内にＡ土地及びＢ土地を有していたところ、古都保存法第11条第1項の規定に基づき、Ｘ市によりＡ土地については○年に買い取られ（以下「○年買取り」といいます。）、一方、Ｂ土地については（○＋2）年中に買い取られる（以下「本件買取り」といいます。）予定です。

ところで、古都保存法第11条第1項の規定により土地等が買い取られる場合には、租税特別措置法第34条の2,000万円控除の特例（以下「2,000万円控除の特例」といいます。）の適用対象となるところ、一の事業に係る買取りが2以上の年にわたって行われた場合には、これらの買取りのうち、最初に買取りが行われた年以外の年に行われた買取りについては、同特例は適用しないこととされています（措法34③）。

○年買取り以降本件特別保存地区の変更はないことから、本件買取りと○年買取りは一の事業に係る買取りに該当するとして、本件買取りについては2,000万円控除の特例を適用することはできないこととなるのでしょうか。

240

⇒ ○年買取り以降本件特別保存地区の変更はないことを前提とすれば、本件買取りは最初に買取りが行われた年（○年）以外の年に行われた買取りに該当することとなるため、2,000万円控除の特例の適用はありません。

□　文化財保護法により史跡として指定された土地の上に存する立木又は耕作権を譲渡した場合
　　文化財保護法第109条第1項の規定により史跡として指定された土地の上に存する立木又は耕作権の買取りについて2,000万円控除の特例の適用がありますか。
⇒いずれの譲渡についても租税特別措置法第34条の規定を適用することはできません。

2,000万円特別控除の特例適用関係フローチャート

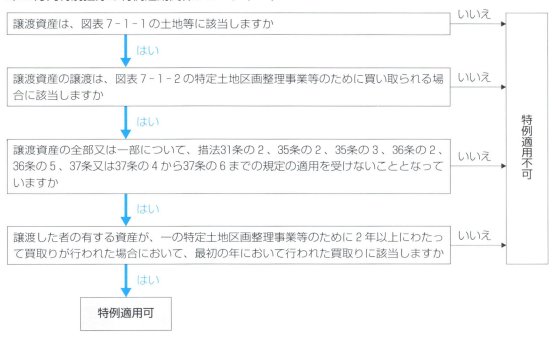

【令和6年分用】

特例適用審査表（措法34：特定土地区画整理事業等のために土地等を譲渡した場合の2,000万円の特別控除）

1 整理・点検

		あり	なし
(1)	確定申告書への特例適用の記載	□	□
(2)	譲渡所得の内訳書（確定申告書付表兼計算明細書）の記載・提出	□	□
(3)	添付書類（法定添付書類）		
	・特定土地区画整理事業等のための土地等の買取り証明書等	□	□
(4)	添付書類（任意添付書類）		
	イ 譲渡資産に係る売買契約書、損失補償契約書	□	□
	ロ 譲渡資産の取得時の売買契約書	□	□
	ハ 譲渡費用の領収書等	□	□
	ニ その他（　　　　　　　）	□	□

根拠条文等	措法34・措令22の7・措規17・措通34－1～5

2 審査

A 特定土地区画整理事業等のために土地等を譲渡した場合に該当するか否かの検討

審査項目	適	否	審査上の留意事項・審査事績
① 措法34条2項各号に掲げる場合に該当するか？（事前協議を了している事業か？）			◆ （黒塗り）
② 特定土地区画整理事業等のための土地等の買取り証明書等は添付されているか？			◆ 特定土地区画整理事業等のための土地等の買取り証明書及び一定の場合に一定の証明書の添付を要する（措法34④、措規17①） ◆ 収用証明書の区分一覧参照（措通34－5、別表3）
③ 代行買収の要件に該当するか？（事業施行者以外の者が買取り等をしている場合）			◆ 代行買収は措法34条2項1号の場合にのみ認められ、かつ、代行買収者となる者は一定の者に限定されている（措法34②一、措令22の7①、措通34－2） ◆ 土地等の買取りの契約書 ⇒ 当該土地等の買取りをする者が事業施行者が行う事業の用に供するために買取りをするものである旨が明記されていることが必要（措通34－2(2)）
④ 土地等は固定資産か？			◆ （黒塗り） （棚卸資産又は棚卸資産に準ずる資産の場合は、特例適用不可）
⑤ 特例の対象としたのは土地等の譲渡だけか？			◆ 当該特例の対象は土地等の譲渡に限られる 　⇒ 当該土地等の上にある建物等、立木又は借家権の譲渡は適用不可（措法34①） ☆ 資産の譲渡とみなされる借地権の設定も適用不可（措法34①、措通34－3）
⑥ 同一事業について、前年以前に土地等が買取りされていないか？			◆ 同一事業の用地として2以上の年にわたって土地等を譲渡したとき 　⇒ 最初の譲渡が行われた年分のみ適用可（措法34③、措通34－4）

※1 申告不要の要件等
　本特例の適用があるものとした場合においてもその年分の確定申告書の提出が必要な者以外の者は、申告不要（措法34④）。
　なお、例えば、給与所得者で年末調整において配偶者（特別）控除を受けていたが、本譲渡所得を加えた合計所得金額で判定（2,000万円の特別控除前で判定）すると控除額が年末調整時の額と異なる者や、医療費控除等による還付を受けるために申告をする者は、特例を適用する旨の記載をし、証明書等を添付の上、申告等をする必要がある。
　<u>特に、基礎控除については、合計所得金額が2,400万円を超えると控除額が減少し、2,500万円を超えると適用できなくなることに注意する！</u>

※2 （黒塗り）

特例適用審査表は、情報公開請求により入手した令和5年版（右のQRコードからダウンロードすることができます）を基に令和6年分として使用できるように改訂しています。（黒塗り）は、情報公開法により不開示となった部分です。

【令和6年分用】

B 他の特例との関係

審　査　項　目	適	否	審　査　上　の　留　意　事　項　・　審　査　事　績
⑦ 措法34条の特例に該当する土地等の全部又は一部について一定の特例を適用していないか？			◆ 本特例に該当する土地等（措法35条の特例の適用を受ける部分を除く。）の全部又は一部について次の特例を適用する場合は、本特例の適用不可（措法31の2④、34①、35の2②、35の3②三）〔措法31の2、35の3、36の2、36の5、37、37の4〕

（参考）【特定土地区画整理事業等のために土地等を譲渡した場合（措法34②）】 ⇒ 措通34-5「別表3」も検討する。

> 特定土地区画整理事業等のために土地等を譲渡した場合とは、次に掲げる場合をいう。
>
> 1 土地等が、国、地方公共団体、独立行政法人都市再生機構又は地方住宅供給公社が次に掲げる事業として行う公共施設の整備改善、宅地の造成、共同住宅の建設又は建築物及び建築敷地の整備に関する事業の用に供するため、これらの者（地方公共団体の設立に係る一定の団体も含む）に買い取られる場合
>
> （措法33①三の四から三の六までの規定の適用がある場合を除く）
>
>   ① 土地区画整理法による土地区画整理事業
>
>   ② 大都市地域住宅等供給促進法による住宅街区整備事業
>
>   ③ 都市再開発法による第一種市街地再開発事業
>
>   ④ 密集市街地における防災街区の整備の促進に関する法律による防災街区整備事業
>
> 2 都市再開発法による第一種市街地再開発事業の都市計画法56条1項に規定する事業予定地内の土地等が、設立の認可を受けた市街地再開発組合に買い取られる場合
>
> 3 密集市街地における防災街区の整備の促進に関する法律による防災街区整備事業の都市計画法56条1項に規定する事業予定地内の土地等が、設立の認可を受けた防災街区整備事業組合に買い取られる場合
>
> 4 土地等が次の規定等により買い取られる場合
>
>   ① 古都における歴史的風土の保存に関する特別措置法11条1項
>
>   ② 都市緑地法17条1項又は3項
>
>   ③ 特定空港周辺航空機騒音対策特別措置法8条1項
>
>   ④ 航空法49条4項（同法55条の2第3項において準用する場合を含む）
>
>   ⑤ 防衛施設周辺の生活環境の整備等に関する法律5条2項
>
>   ⑥ 公共用飛行場周辺における航空機騒音による障害の防止等に関する法律9条2項
>
> > （注）① 上記①の「11条1項」は、令和6年5月29日法律40号施行日（公布日から6か月以内）から「12条1項」となります。
> >
> > 　　② 下記の規定は、令和6年5月29日法律40号施行日（公布日から6か月以内）から適用されます。
> >
> > 4-2 古都における歴史的風土の保存に関する特別措置法13条4項の規定により一定の都市緑化支援機構に買い取られる場合
> >
> > 4-3 都市緑地法17条の2第4項の規定により一定の都市緑化支援機構に買い取られる場合
>
> 5 次に掲げる土地が、国、地方公共団体又は地方公共団体の設立に係る一定の団体に買い取られた場合（①又は②に掲げる土地が独立行政法人国立文化財機構、独立行政法人国立科学博物館又は一定の地方独立行政法人に買い取られる場合を含む）
>
>   ① 文化財保護法27条1項の規定により重要文化財として指定された土地
>
>   ② 文化財保護法109条1項の規定により史跡、名勝又は天然記念物として指定された土地
>
>   ③ 自然公園法20条1項の規定により特別地域として指定された区域内の土地又は自然環境保全法25条1項の規定により特別地区として指定された区域内の土地
>
> 6 森林法の規定により保安林として指定された区域内の土地又は保安施設地区内の土地が、保安施設事業のために国又は地方公共団体に買い取られる場合
>
> 7 防災のための集団移転促進事業に係る国の財政上の特別措置等に関する法律に規定する移転促進区域内の農地等が、集団移転促進事業計画に基づき地方公共団体に買い取られる場合
>
> 8 農業経営基盤強化促進法4条1項1号に規定する農用地で同法22条の4第1項に規定する区域内にあるものが、同条2項の申出に基づき、同項の農地中間管理機構のうち一定のものに買い取られる場合

2　特定住宅地造成事業等のために土地等を譲渡した場合の1,500万円の特別控除

(1)　特例の概要

　個人の有している土地等が、特定住宅地造成事業等のために買い取られた場合には、長期譲渡所得又は短期譲渡所得の金額から1,500万円の特別控除をすることができます（措法34の2）。

図表7-2-1　土地等の意義

次に掲げる資産をいいます（措法34①）。
① 土　地
② 土地の上に存する権利

図表7-2-2　特定住宅地造成事業等のために買い取られる場合

	特定住宅地造成事業等のために買い取られる場合の概要
1	地方公共団体等、独立行政法人中小企業基盤整備機構、独立行政法人都市再生機構、成田国際空港株式会社、地方住宅供給公社又は日本勤労者住宅協会が行う住宅の建設又は宅地の造成を目的とする一定の事業の用に供するためにこれらの者に買い取られる場合（措法34の2②一、措令22の8①）
2	次に掲げる場合（措法34の2②二、措令22の8②③） ・土地収用法等に基づく収用を行う者等によって収用の対償に充てるために買い取られる場合 ・改良住宅を改良地区の区域外に建設するため買い取られる場合 ・公営住宅の買取りにより地方公共団体に買い取られる場合
3	一団の宅地の造成に関する一定の事業の用に供するために、平成6年1月1日から令和8年12月31日までの間に、買い取られる場合（土地等が、土地区画整理事業に係る認可の申請があった日の属する年の1月1日以後に、一定の個人又は法人に買い取られる場合に限ります。）（措法34の2②三、措令22の8④～⑥、措規17の2②③）
4	公有地の拡大の推進に関する法律6条1項の協議に基づき地方公共団体、土地開発公社、港務局、地方住宅供給公社、地方道路公社又は独立行政法人都市再生機構に買い取られる場合（措法34の2②四、措令22の8⑦）
5	航空機騒音障害防止特別地区内にある土地が、特定空港周辺航空機騒音対策特別措置法9条2項の規定により買い取られる場合（措法34の2②五）
6	地方公共団体又は一定の沿道整備推進機構が沿道整備道路の沿道の整備のために行う公共施設若しくは公用施設の整備、宅地の造成又は建築物及び建築敷地の整備に関する事業で一定のものの用に供するために、沿道地区計画の区域内にある土地等が、これらの者に買い取られる場合（措法34の2②六、措令22の8⑧、措規17の2④）
7	地方公共団体又は一定の防災街区整備推進機構が防災街区としての整備のために行う公共施設若しくは公用施設の整備、宅地の造成又は建築物及び建築敷地の整備に関する事業で一定のものの用に供するために、特定防災街区整備地区又は防災街区整備地区計画の区域内にある土地等が、これらの者に買い取られる場合（措法34の2②七、措令22の8⑨、措規17の2⑤）
8	地方公共団体又は一定の中心市街地整備推進機構が認定中心市街地の整備のために認定基本計画の内容に即して行う公共施設若しくは公用施設の整備、宅地の造成又は建築物及び建築敷地の整備に関する事業で一定のものの用に供するために、当該認定中心市街地の区域内にある土地等が、これらの者に買い取られる場合（措法34の2②八、措令22の8⑩）

244

9	地方公共団体又は一定の景観整備機構が景観計画に定められた一定の景観重要公共施設の整備に関する事業の用に供するために、当該景観計画の区域内にある土地等が、これらの者に買い取られる場合（措法34の2②九、措令22の8⑪）
10	地方公共団体又は一定の都市再生推進法人が都市再生整備計画又は立地適正化計画に記載された一定の事業の用に供するために、当該都市再生整備計画又は立地適正化計画の区域内にある土地等が、これらの者に買い取られる場合（措法34の2②十、措令22の8⑫）
11	地方公共団体又は一定の歴史的風致維持向上支援法人が認定重点区域における認定歴史的風致維持向上計画に記載された公共施設又は公用施設の整備に関する一定の事業の用に供するために、当該認定重点区域内にある土地等が、これらの者に買い取られる場合（措法34の2②十一、措令22の8⑬）
12	国又は都道府県が作成した総合的な地域開発に関する一定の計画に基づき、主として工場、住宅又は流通業務施設の用に供する目的で行われる一団の土地の造成に関する一定の事業の用に供するために、地方公共団体又は国若しくは地方公共団体の出資に係る一定の法人に買い取られる場合（措法34の2②十二、措令22の8⑭⑮）
13	次に掲げる事業の用に供するために、地方公共団体の出資に係る法人等に買い取られる場合（措法34の2②十三、措令22の8⑯⑰㉘、措規17の2⑥〜⑮） ・認定商店街活性化事業計画に基づく商店街活性化事業又は認定商店街活性化支援事業計画に基づく一定の商店街活性化支援事業 ・認定特定民間中心市街地活性化事業計画に基づく一定の中小小売商業高度化事業
14	農業協同組合法に規定する一定の宅地等供給事業又は独立行政法人中小企業基盤整備機構法に規定する他の事業者との事業の共同化若しくは中小企業の集積の活性化に寄与する事業の用に供する土地の造成に関する事業で、都道府県知事が指定したものの用に供するために買い取られる場合（措法34の2②十四、措令22の8⑱）
15	総合特別区域法に規定する共同して又は一の団地若しくは主として一の建物に集合して行う事業の用に供する土地の造成に関する事業で、市町村長又は特別区の区長が指定したものの用に供するために買い取られる場合（措法34の2②十四の二、措令22の8⑲）
16	特定法人が行う産業廃棄物の処理に係る特定施設の整備の促進に関する法律に規定する一定の特定施設の整備の事業の用に供するために、地方公共団体又は当該特定法人に買い取られる場合（措法34の2②十五、措令22の8⑳㉑、措規17の2⑯）
17	広域臨海環境整備センター法の規定による認可を受けた基本計画に基づいて行われる廃棄物の搬入施設の整備の事業の用に供するために、広域臨海環境整備センターに買い取られる場合（措法34の2②十六）
18	生産緑地地区内にある土地が、生産緑地法11条1項、12条2項又は15条2項の規定に基づき、地方公共団体、土地開発公社、港務局、地方住宅供給公社、地方道路公社又は独立行政法人都市再生機構に買い取られる場合（措法34の2②十七、措令22の8⑦）
19	国土利用計画法12条1項の規定により規制区域として指定された区域内の土地等が同法19条2項の規定により買い取られる場合（措法34の2②十八）
20	国、地方公共団体又は一定の法人が作成した地域の開発、保全又は整備に関する事業に係る計画で、国土利用計画法に規定する土地利用の調整等に関する事項として土地利用基本計画に定められた一定のものに基づき、当該事業の用に供するために土地等が国又は地方公共団体等に買い取られる場合（措法34の2②十九、措令22の8㉒）
21	都市再開発法7条の6第3項、大都市地域住宅等供給促進法8条3項（大都市地域住宅等供給促進法27条において準用する場合を含みます。）、地方拠点都市地域の整備及び産業業務施設の再配置の促進に関する法律22条3項又は被災市街地復興特別措置法8条3項の規定により土地等が買い取られる場合（措法34の2②二十）

22	一定の土地区画整理事業が施行された場合において、土地等の上に存する建物又は構築物が一定の建物等に該当していることにより換地を定めることが困難であることにつき国土交通大臣による証明がされた当該土地等について、換地が定められなかったことに伴い清算金を取得するとき（措法34の2②二十一、措令22の8㉓㉔、措規17の2⑰⑱）
23	土地等につき被災市街地復興土地区画整理事業が施行された場合において、保留地が定められたことに伴い当該土地等に係る換地処分により当該土地等のうち当該保留地の対価の額に対応する部分の譲渡があったとき（措法34の2②二十一の二）
24	土地等につきマンション建替事業が施行された場合において、当該土地等に係る権利変換により一定の補償金を取得するとき、又は当該土地等が一定の請求により買い取られたとき（措法34の2②二十二、措令22の8㉕）
25	建築物の耐震改修の促進に関する法律に規定する通行障害既存耐震不適格建築物に該当する決議特定要除却認定マンションの敷地の用に供されている土地等につきマンションの建替え等の円滑化に関する法律に規定するマンション敷地売却事業のうち一定のものが実施された場合において、当該土地等に係る同法141条1項の認可を受けた分配金取得計画に基づき分配金を取得するとき、又は当該土地等が同法124条1項の請求により買い取られたとき（措法34の2②二十二の二）
26	絶滅のおそれのある野生動植物の種の保存に関する法律の規定により管理地区として指定された区域内の土地が国若しくは地方公共団体に買い取られる場合又は鳥獣の保護及び管理並びに狩猟の適正化に関する法律の規定により環境大臣が特別保護地区として指定した区域内の土地のうち文化財保護法の規定により天然記念物として指定された鳥獣等の生息地で国若しくは地方公共団体においてその保存をすべき一定のものが国若しくは地方公共団体に買い取られる場合（措法34の2②二十三、措令22の8㉖）
27	自然公園法に規定する都道府県立自然公園の区域内のうち特別地域として指定された地域で、当該地域内における行為につき特別地域内における行為に関する規制と同等の規制が行われている地域として環境大臣が認定した地域内の土地又は自然環境保全法に規定する都道府県自然環境保全地域のうち条例の定めるところにより特別地区として指定された地区で、当該地区内における行為につき特別地区内における行為に関する規制と同等の規制が行われている地区として環境大臣が認定した地区内の土地が地方公共団体に買い取られる場合（措法34の2②二十四）
28	農業経営基盤強化促進法に規定する農用地で農業振興地域の整備に関する法律に規定する農用地区域として定められている区域内にあるものが、農業経営基盤強化促進法の協議に基づき、一定の農地中間管理機構に買い取られる場合（措法34の2②二十五、措令22の8㉗）

図表7-2-3　換地処分等に伴い資産を取得した場合の課税の特例（措法33の3）の適用

換 地 処 分 等 に 伴 い 資 産 を 取 得 し た 場 合 の 課 税 の 特 例 が 適 用 さ れ る 場 合
個人の有する土地等で被災市街地復興推進地域内にあるものにが図表7-2-2の23に掲げる場合に該当することとなった場合には、当該23の保留地が定められた場合は措法33条の3第1項に規定する保留地が定められた場合に該当するものとみなし、かつ、当該23の保留地の対価の額は同項に規定する保留地の対価の額に該当するものとみなして、同項の規定を適用することとされています（措法34の2③）。

(2)　適用要件

　本特例の適用を受けるためには、次に掲げる要件を満たす必要があります。

図表7-2-4　適用要件

適　用　要　件
土地等が特定住宅地造成事業等のために買い取られたこと（措法34の2①）
特定住宅地造成事業等のために買い取られた土地等（居住用財産の譲渡所得の特別控除（措法35）の規定の適用を受ける部分を除きます。）の全部又は一部につき措法31条の2、35条の2、35条の3、36条の2、36条の5、37条又は37条の4から37条の6までの規定の適用を受けるものではないこと（措法31の2④、34の2①、35の2②、35の3②三、37の5①、37の6①）
譲渡した者の有する土地等が、一の事業で図表7-2-2の1～3、6～17、20、24、25の買取りに係るものの用に供するために、これらの事業に係る買取りが2以上行われた場合において、これらの買取りが2年以上の年にわたって行われたときは、これらの買取りのうち、最初の年において行われた買取りであること（措法34の2④）

(3) 申告要件

本特例の適用を受けるためには、次に掲げる要件を満たす必要があります。

図表7-2-5　申告要件

申　告　要　件
本特例の規定の適用を受けようとする年分の確定申告書に、措法34条の2第1項の規定の適用を受ける旨の記載があること（措法34の2⑤） ただし、本特例の適用を受けると確定申告書を提出する義務がなくなる者については、確定申告は不要です（措法34の2⑤）。
本特例の規定の適用を受けようとする年分の確定申告書に、措法34条の2第1項の土地等の買取りがあったことを証する一定の書類の添付があること（措法34の2⑤、措規17の2①） ただし、本特例の適用を受けると確定申告書を提出する義務がなくなる者については、確定申告は不要です（措法34の2⑤）。

税理士のアドバイス　確定申告をすることによる保険料等への影響

上記(3)の申告不要の要件に該当する者が確定申告をした場合には、所得税及び住民税について問題は生じませんが、各種の保険料が高くなる可能性があることにご留意ください。

【質疑応答】特定住宅地造成事業等のために土地等を譲渡した場合の譲渡所得の特別控除

☐　地方公共団体等が行う「宅地の造成」の範囲

租税特別措置法第34条の2第2項第1号に規定する地方公共団体等が行う「宅地の造成」には、住宅以外の工場等の建物の敷地の用に供するための土地の造成も含まれると解してよろしいですか。

⇒　建物の敷地の用に供する土地の造成であれば、住宅以外の建物の敷地の用に供するための土地の造成も含まれます。

☐　賃貸している土地の底地が住宅の建替用地として買収された場合

個人から賃借している土地の上にある公営住宅が中高層住宅に建て替えられることになりました。T県は、建て替える住宅の敷地の底地を取得する代わりに使用しないこととなる土地を個人に

返還することとし、借地権と底地の交換契約を締結しました。

個人がT県に譲渡する底地の譲渡について、租税特別措置法第34条の2第2項第1号の規定を適用して差し支えないと考えますがどうでしょうか。

⇒ 照会意見のとおりで差し支えありません。

- ☐ 収用等の場合の課税の特例と特定住宅地造成事業等の場合の特別控除の特例とが競合する場合

租税特別措置法第34条の2第2項第1号かっこ書の「(第33条第1項第2号……に掲げる場合に該当する場合を除く。)」というのは、
  (1) 実際に第33条に規定する収用特例の適用を受けた場合を除くと解すべきですか。
  (2) 第33条に規定する収用特例の適用を受けようとすれば受けられる場合を除くと解すべきですか。

⇒「該当する場合を除く」と規定されていることから、(2)によります。

- ☐ 国有地の収用に伴う対償地買収

国有地を収用事業のために国から買収します。国が替地を要求するので、事業施行者は替地に充てるべき土地を個人から買収します。この個人から買収する土地の譲渡について租税特別措置法第34条の2第2項第2号の対償地買収の場合の1,500万円控除の特例は適用できますか。国有地については収用ということがあり得ないのではないかということ及び同号に規定する「当該収用」というのは個人所有の土地の収用のみをいうのではないかということの2点から特例の適用はないという意見があります。

⇒ その買収については1,500万円控除の特例が適用されます。

- ☐ 都市計画事業に準ずる事業として行う一団地の住宅施設のための買取りと収用の対償に充てるための土地の買取りとの関係

租税特別措置法施行規則第14条第5項第4号に規定する都市計画事業に準ずる事業として行う一団地の住宅施設のための資産の買取りは、租税特別措置法第33条第1項第2号に該当するものと解し、当該買取りを行う者がその買取りの対償に充てるために買い取った土地については、租税特別措置法第34条の2第2項第2号の収用対償地買収の場合の1,500万円控除の適用があると解してよいでしょうか。

⇒ 照会意見のとおり解して差し支えありません。

- ☐ 一団地の住宅経営のための用地買収の対償に充てるための買取り

租税特別措置法第33条第1項第4号に規定する国、地方公共団体等が行う一団地の住宅経営に係る用地買収は収用等の場合の課税の特例の適用対象とされていますが、その用地買収の対償に充てるための土地の買取りについては、租税特別措置法第34条の2第2項第2号に該当するものとして、同条第1項の規定による特別控除ができますか。

⇒ 対償地買収として1,500万円の特別控除をすることはできません。

- ☐ 建物の取壊し補償の対償に充てるための土地等

収用事業のために甲に対して支払われる建物の取壊し補償2,000万円に対して、甲が替地を要求したので乙の所有地を1,500万円で買収し、甲の補償に充てることになりました。この場合、乙の所有地の買収については、租税特別措置法第34条の2第2項第2号の規定は適用できないと考えますがそれでよろしいでしょうか。同号に規定する「収用」には租税特別措置法第33条第3項第2号に規定する建物の取壊しが含まれていません。

⇒ 照会意見のとおり適用できません。

□ 収用対償地に充てる土地を不動産業者に買い取らせた場合

(1) 事業用地の対償地買収について、従来、県に代行買収させていましたが、対償地を不動産業者に買い取らせた場合、これについて1,500万円控除の特例の適用が認められますか。

(2) すでに補償金を受け取った起業地内の被買収者が代替地を希望しています。機構が代替地を取得してこれを被買収者に譲渡した場合、その代替地の提供者に1,500万円控除の特例の適用がありますか。

⇒(1) 不動産業者に買い取らせたものについては、1,500万円控除の特例の適用はありません。

(2) 代替地の提供者に1,500万円控除の特例の適用はありません。

□ 貸付地が収用対償地として買い取られた場合において小作人が受け取る離作料に対する課税の特例の適用

甲は、収用対償地として、現に貸し付けている農地の賃貸借契約を解除して譲渡しました。この賃貸借契約の解除に伴い、小作人乙は、耕作権の対価として、その農地の売買価額の40%相当額を甲から受領しました。

この場合、地主甲の譲渡所得については、租税特別措置法第34条の2の1,500万円の特別控除の適用がありますが、小作人Bの譲渡所得についても同条の規定を適用して差し支えありませんか。

⇒ 一定の要件を満たす場合には、照会意見のとおり取り扱って差し支えありません。

□ 耕作権が三者契約により収用の対償に充てるために買い取られる場合

甲が農地法の許可を受けて乙に貸し付けていた農地の約1／2が丙（県）の県道事業のために買収されることとなりましたが、甲が金銭による補償に代えて当該農地の残地に係る乙の耕作権の消滅を希望しました。そこで、甲、乙及び丙の三者で、甲と乙との賃貸借契約を農地法の規定により解約することによりその農地に係る耕作権を消滅させ、乙はその消滅の対価を丙から直接受け取ることとしました。

この場合の乙の受け取る耕作権の消滅の対価は、収用等の対償に充てるために収用等の買取りを行う者によって買い取られる場合に該当するものとして、1,500万円控除の特例を適用して差し支えないでしょうか。

⇒ 乙の耕作権の譲渡については、収用対償用地が農地等である場合の取扱い（措通34の2-4）に準じて、1,500万円控除の特例を適用して差し支えありません。

□ 不動産業者が所有する棚卸資産が収用され、その対償に充てるために買収した土地と租税特別措置法第34条の2の適用の可否

租税特別措置法第33条第1項第2号の買取りを行う者が、収用事業のために不動産業者の所有する土地（棚卸資産）の買取りをすることとなりましたが、当該不動産業者が代替地の交付を要求してきたので、当該収用事業の施行者は当該買取りの対償に充てるため第三者から土地を買収しました。

このように、棚卸資産である土地の買取りがあり、その対償に充てるために行われた土地の買取りについては、租税特別措置法第34条の2第2項第2号に規定する買取りに該当し、1,500万円控除の対象となるものと解しますがどうでしょうか。

⇒ 棚卸資産の収用等に伴う対償地買収については、その買収が租税特別措置法第34条の2第2項第2号に規定する買取りに該当するものである限り、1,500万円控除の特例の適用の対象となります。

□ 残地補償の対償に充てるための土地等の買取りに係る特例の適用の可否

収用事業のため甲所有の土地が買収され、その対価補償金と併せて残地補償金が支払われることになりました。ところが、甲が補償金の全部について替地を要求したため、起業者は乙所有の土地を買い取って、補償の対償に充てました。

この場合、乙が起業者に譲渡した土地のうち残地補償の対価に充てるための部分についても租税特別措置法第34条の２の規定を適用することができますか。
　　⇒ 残地補償金の対価に充てるための部分についても、租税特別措置法第34条の２の規定を適用して差し支えありません。

□ **非居住者が有する土地の収用等に伴う対償地の取得（源泉所得税に相当する金額の扱い）**

　　Ａ市は、アメリカ在住の甲（非居住者）が日本国内に有する土地を収用事業のために5,000万円で買い取りますが、甲は代替地の取得を希望していることから、その対価に充てるための土地として乙の所有地を取得し、これを甲に交付します。

　　しかし、Ａ市には甲への土地の対価の支払いについて源泉徴収義務が課せられているため、Ａ市が対償地の提供者である乙に支払うべき対償地の対価が源泉徴収税額に相当する額だけ不足することとなります。

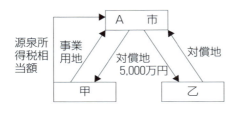

　　そこで、Ａ市は、甲から当該源泉徴収税額に相当する額を現金で徴収し、これを源泉徴収税額として納付するとともに、甲の土地の買取価額に相当する5,000万円で乙の土地を対償地として取得し、これを甲に交付する事としたいと考えています。

　　この場合、甲と乙の譲渡所得に係る特例の適用関係は次のようになると考えてよいでしょうか。

① 甲のＡ市に対する土地の譲渡の全てについて租税特別措置法第33条の２が適用される。
② 乙のＡ市に対する土地の譲渡の全てについて租税特別措置法第34条の２（1,500万円控除）が適用される。

　　⇒ 照会意見のとおりで、差し支えありません。

□ **租税特別措置法施行令第22条の８第５項に規定する「一団の土地」の判定**

　　甲不動産㈱は、Ｔ県Ｙ町において土地区画整理事業による宅地造成事業を行っています。この宅地造成事業は、施行地域（312ha）内に土地を所有する甲不動産㈱、乙建設㈱等大手数社と個人地主とで構成された土地区画整理組合（設立認可は○年９月28日）が施行者となり行われています。

　　ところで、この土地区画整理事業の施行地内の土地の３分の２については、過去10年の間に甲不動産㈱において買収済ですが、同社は、更にこの土地区画整理事業施行地内の所有地の拡大を図るために土地の買収を行っています。この買収に係る土地には、既に甲不動産㈱が所有している土地に隣接しているものとそうでないものとがあります。

　　この場合に、上記土地の買取りについては租税特別措置法施行令第22条の８第５項に規定する「一団の土地」に該当するものと取り扱って差し支えないでしょうか。

　　⇒ 買取りに係る土地が、その買取りをする個人又は法人が当該土地区画整理事業施行地内に有する土地と併せて一団の土地とならなければならず、いわゆるバラ買いに係る土地の買取りにはこの規定の適用がありません。

□ **公有地の拡大の推進に関する法律の協議に基づく買取り（譲渡制限期間経過後の譲渡）**

　　土地が公有地の拡大の推進に関する法律第６条第１項に規定する協議に基づき地方公共団体又は土地開発公社に買い取られる場合、その買取りが同法第８条に規定する譲渡制限期間を経過したときでも、1,500万円控除の特例の適用があるのでしょうか。

　　⇒ 公有地の拡大の推進に関する法律第６条に規定する協議に基づいて買い取られるものであれば、1,500万円控除の特例の適用があります。

- ☐ 公有地の拡大の推進に関する法律による買取りの対象となる資産（借地権）

    Aは、Bから土地を賃借しています。

    A及びBは、借地権及びその土地の底地部分を、それぞれ公有地の拡大の推進に関する法律第5条の規定により地方公共団体に買い取ってもらうべく県に申し出ましたが、借地権については、同条に規定する申出をすることができないといわれましたので、形式上、土地の賃貸借契約を解除し、Bが同条の規定による申出をすることとし、Bは地方公共団体への土地の譲渡代金のうちから、Aに対して借地権相当部分の対価を支払うことにします。

    このような場合、Aの借地権の譲渡所得について、租税特別措置法第34条の2第2項第4号の規定に該当するものとして、同条の規定を適用してよいでしょうか。

    ⇒ 租税特別措置法第34条の2の規定の適用はありません。

- ☐ 公有地の拡大の推進に関する法律に基づく買取りと事業認定

    市町村が公共事業のために土地を買収しました。この事業は、収用特例の適用上、事業認定を受けなければ、収用特例の適用が認められないものです。事業施行者たる市町村が事業認定を受けなかった場合において、当該市町村が公有地の拡大の推進に関する法律第6条第1項の協議に基づき当該用地の買取りを行ったときは、当該土地の買取りについては、租税特別措置法第34条の2第2項第4号の規定に該当し、1,500万円控除の特例を適用することができると考えますがどうでしょうか。同号は、「第33条第1項第2号に掲げる場合に該当する場合を除く。」と規定していますが、事業認定がなければ収用特例が適用されない事業の場合、事業認定を受けていないときは、同法第33条第1項第2号に掲げる場合に該当しないと解してよいでしょうか。

    ⇒ 照会意見のとおりで差し支えありません。

- ☐ 公有地の拡大の推進に関する法律第6条第1項の規定による土地の買取り

    公有地の拡大の推進に関する法律第6条第1項の協議による買取りには、同法第4条又は第5条の規定による届出又は申出のあった土地の一部の買取りが含まれますか。例えば、同法第4条の規定により届け出た土地1,000のうち土地開発公社が200だけを買い取った場合、この買取りは、同法第6条第1項の協議による買取りとして租税特別措置法第34条の2第2項第4号の規定を適用してよいでしょうか。

    ⇒ 公有地の拡大の推進に関する法律第6条第1項の協議に基づく買取りに該当します。

【令和６年分用】

特例適用審査表（措法34の２：特定住宅地造成事業等のために土地等を譲渡した場合の1,500万円の特別控除）

1　整理・点検

	あり	なし
(1)　確定申告書への特例適用の記載	☐	☐
(2)　譲渡所得の内訳書（確定申告書付表兼計算明細書）の記載・提出	☐	☐
(3)　添付書類（法定添付書類）		
特定住宅地造成事業等のための土地等の買取り証明書等	☐	☐
(4)　添付書類（任意添付書類）		
イ　譲渡資産に係る売買契約書、損失補償契約書	☐	☐
ロ　譲渡資産の取得時の売買契約書	☐	☐
ハ　譲渡費用の領収書等	☐	☐
ニ　その他（　　　　　　　　　　）	☐	☐

根拠条文等	措法34の２・措令22の８・措規17の２・措通34の２－１～24

2　審査

A　特定住宅地造成事業等のために土地等を譲渡した場合に該当する否かの検討

審査項目	適	否	審査上の留意事項・審査事績
①　措法34条の2第２項各号に掲げる場合に該当するか？ （事前協議を了している事業か？）			◆
②　特定住宅地造成事業等のための土地等の買取り証明書等は添付されているか？			◆　特定住宅地造成事業等のための土地等の買取り証明書及び一定の場合に一定の証明書の添付を要する（措法34の2⑤、措規17の2①） ◆　収用証明書の区分一覧参照（措通34の2－24、別表４）
③　代行買収の要件に該当するか？ （事業施行者以外の者が買取り等をしている場合）			◆　代行買収は措法34条の2第２項１号の譲渡及び２号のうち収用対償地の譲渡の場合にのみ認められ、かつ、代行買収者となる者は一定の者に限定されている 　（措法34の2②一・二、措令22の8②、措規17の2①一・二ロ、措通34の2－2、3） ◆　土地等の買取りの契約書　⇒　当該土地等の買取りをする者が事業の施行者が行う住宅の建設又は宅地の造成のために買取りをするものである旨が明記されていることが必要（措通34の2－3(2)）
④　土地等は固定資産か？			◆ （棚卸資産又は棚卸資産に準ずる資産の場合は、特例適用不可）
⑤　特例の対象としたのは土地等の譲渡だけか？			◆　当該特例の対象は土地等の譲渡に限られる 　⇒　当該土地等の上にある建物等、立木又は借家権の譲渡は適用不可（措法34の2①） ☆　資産の譲渡とみなされる借地権の設定も適用不可（措法34の2①、措通34－3）
⑥　土地等の譲渡が措法34条の2第2項の一定の号の買取りに該当するか？ ⇒　同一事業について、前年以前に土地等が買取りされていないか？			◆　措法34条の2第2項1号から3号、6号から16号、19号、22号又は22号の2の買取りに係るものの用に供するために、同一事業の買取りが2以上の年にわたってされたとき　⇒　最初の譲渡が行われた年分のみ適用可（措法34の2④、措通34の2－22、33の4－4） ☆　収用対償地の譲渡については、例外的取扱いあり！（措通34の2－23）
⑦　収用対償地の譲渡の場合、一定の契約方式により契約しているか？			◆　収用対償地の譲渡の場合は、一定の契約方式（措通34の2－4、5）による譲渡の契約を締結していない場合 　⇒

※1　申告不要の要件等

本特例の適用があるものとした場合においてもその年分の確定申告書の提出が必要な者以外の者は、申告不要（措法34の2⑤）。
なお、例えば、給与所得者で年末調整において配偶者（特別）控除を受けていたが、本譲渡所得を加えた合計所得金額で判定（1,500万円の特別控除前で判定）すると控除額が年末調整時の額と異なる者や、医療費控除等による還付を受けるために申告をする者は、特例を適用する旨の記載をし、証明書等を添付の上、申告等をする必要がある。
特に、基礎控除については、合計所得金額が2,400万円を超えると控除額が減少し、2,500万円を超えると適用できなくなることに注意する！

※2

【令和6年分用】

B　他の特例との関係

審査項目	適	否	審査上の留意事項・審査事績
⑧　措法34条の2の特例に該当する土地等の全部又は一部について一定の特例を適用していないか？			◆　本特例に該当する土地等（措法35条の特例の適用を受ける部分を除く。）の全部又は一部について次の特例を適用する場合は、本特例の適用不可（措法31の2④、34の2①、35の2②、35の3②三） 〔措法31の2、35の2、35の3、36の2、36の5、37、37の4〕
⑨　措法34条2項にも該当する買取りが行われた場合において、前年以前に同一事業において措法34条の特例を適用していないか？			◆　次の買取りについては、一の事業のために2以上の年にわたって行われた場合、最初の年の譲渡以外の譲渡については、措法34条1項のみならず同法34条の2第1項の規定の適用もない ①　措法34条の2第2項1号、6～11号に該当し、同法34条2項1号にも該当する場合 ②　措法34条の2第2項4号の規定に該当し、同法34条2項各号にも該当する場合 ③　措法34条の2第2項23号に該当し、同法34条2項4号にも該当する場合 （措法34の2②一、四、六～十一、二十三、措通34の2-19）

（参考）【特定住宅地造成事業等のために土地等を譲渡した場合（措法34の2②）】
　　　　　⇒　措通34の2-24「別表4」も検討する。

特定住宅地造成事業等のために土地等を譲渡した場合とは、次に掲げる場合をいう（一部のみ掲載）。
1　地方公共団体（地方公共団体の設立に係る一定の団体を含む）、独立行政法人中小企業基盤整備機構、独立行政法人都市再生機構、成田国際空港株式会社、地方住宅供給公社又は日本勤労者住宅協会が行う住宅の建設又は宅地の造成を目的とする事業の用に供するために買い取られる場合
2　土地等が、土地収用法等の規定に基づいて資産の収用等を行う者によってその収用の対価に充てるため買い取られる場合
3　土地区画整理事業（施行地内の全部が市街化区域に含まれるものに限る。）として行われる一団の宅地造成事業で、その造成に係る一団の土地の面積が5ヘクタール以上であること等一定の要件を満たすものの用に供するために土地等が買い取られる場合
4　土地等が公有地の拡大の推進に関する法律の規定に基づいて買い取られる場合

　特例適用審査表は、情報公開請求により入手した令和5年版（右のQRコードからダウンロードすることができます）を基に令和6年分として使用できるように改訂しています。　　　　　　　は、情報公開法により不開示となった部分です。

1,500万円特別控除の特例適用関係フローチャート

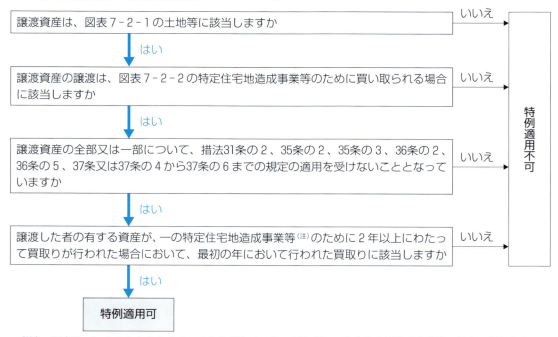

（注） 図表7-2-2の1から3まで、6から17まで、20、24及び25の特定住宅地造成事業等の場合に限ります。

3　農地保有の合理化等のために農地等を譲渡した場合の800万円の特別控除

(1)　特例の概要

個人が、その有する土地等を農地保有の合理化等のために譲渡した場合には、長期譲渡所得又は短期譲渡所得の金額から800万円の特別控除をすることができます（措法34の3）。

図表7-3-1　土地等の意義

次に掲げる資産をいいます（措法34①）。
① 土　地
② 土地の上に存する権利

図表 7 - 3 - 2　農地保有の合理化等のために譲渡した場合とは

農地保有の合理化等のために譲渡した場合の概要
1　農業振興地域の整備に関する法律第23条に規定する勧告に係る協議、調停又はあっせんにより譲渡した場合（措法34の3②一）
2　一定の農地中間管理機構に対し、当該農地中間管理機構が行う農地売買等事業のために次に掲げる土地（これらの土地の上の存する権利を含みます。）を譲渡した場合（措法34の3②一、措令22の9、措規18①） ・農用地区域として定められている区域内にある農地又は採草放牧地 ・農用地区域内にある土地で開発して農地とすることが適当なもの ・農用地区域内にある土地で農業用施設等の用に供することとされているもの
3　農用地区域内にある土地等を農地中間管理事業の推進に関する法律18条7項の規定による公告があった農用地利用集積計画の定めるところにより譲渡した場合（措法34の3②二）
4　農村地域への産業の導入の促進等に関する法律の規定により実施計画において定められた産業導入地区内の一定の土地等を当該実施計画に係る施設用地の用に供するため譲渡した場合（措法34の3②三）
5　土地等（土地改良法2条1項に規定する農用地及び当該農用地の上に存する権利に限ります。）につき土地改良事業が施行された場合において、当該土地等に係る換地処分により一定の清算金を取得するとき（措法34の3②四）
6　林業経営の規模の拡大、林地の集団化その他林地保有の合理化に資するため、森林組合法9条2項7号又は101条1項9号の事業を行う森林組合又は森林組合連合会に委託して森林法の規定による地域森林計画の対象とされた山林に係る土地を譲渡した場合（措法34の3②五）
7　土地等（農業振興地域の整備に関する法律に規定する農用地等及び農用地等とすることが適当な土地並びにこれらの土地の上に存する権利に限ります。）につき同法13条の2第1項又は2項の事業が施行された場合において、同法13条の3の規定による清算金を取得するとき（措法34の3②六）

(2)　適用要件

本特例の適用を受けるためには、次に掲げる要件を満たす必要があります。

図表 7 - 3 - 3　適用要件

適　用　要　件
土地等が農地保有の合理化等のための譲渡されたこと（措法34の3①）
農地保有の合理化等のための譲渡に該当することとなった土地等の全部又は一部について、措法31条の2、35条の2、35条の3、37条又は37条の4から37条の6までの規定の適用を受けるものではないこと（措法31の2④、34の3①、35の2②、35の3②三、37の5①、37の6①）
農地保有の合理化等のための譲渡に該当することとなった土地等のうち図表7-3-2の1から3までの欄に掲げる場合にあっては、租税特別措置法34条2項7号又は34条の2第2項25号の規定の適用を受けるものではないこと（措法34の3②一・二）

(3)　申告要件

本特例の適用を受けるためには、次に掲げる要件を満たす必要があります。

図表7-3-4　申告要件

申告要件
本特例の規定の適用を受けようとする年分の確定申告書に、措法34条の3第1項の規定の適用を受ける旨の記載があること（措法34の3③）
本特例の規定の適用を受けようとする年分の確定申告書に、措法34条の3第1項の規定に該当する旨を証する一定の書類の添付があること（措法34の3③、措規18②）

【質疑応答】農地保有合理化等のために農地等を譲渡した場合の譲渡所得の特別控除

☐　**未許可農地を転売した場合**

1　農地を譲り受け、農地法による許可を受けないまま他に転売しました。未許可農地の転売益は分離課税の対象にすると租税特別措置法関係通達31・32共-1の2では定められていますが、その譲渡については農業振興地域の整備に関する法律第3条に規定する農用地等の譲渡に該当するものとして租税特別措置法第34条の3に規定する800万円特別控除の特例を適用してよろしいですか。

2　また、農地法第5条の許可を受けて取得した農地を転売した場合も、同項の規定により800万円特別控除の特例を適用してよろしいですか。

⇒　1について

　転売者が、その農地について耕作したことがない場合には、800万円特別控除の特例を適用することはできません。

　2について

　転売者が現実に耕作の用に供した事実がなければ、800万円特別控除の特例を適用することはできません。

☐　**農村地域への産業の導入に関する実施計画が定められる前に譲渡契約を締結した場合**

　甲は、その所有する農地を含めた地域が農村地域への産業の導入の促進等に関する法律第5条に規定する産業の導入に関する実施計画において定められる産業導入地区の指定を受ける見込みであることを知り、当該地区への進出を予定している乙社と売買契約を締結し、手付金として譲渡代金の1割を受け取ります。

　その後、市は実施計画の策定を、甲は農地転用の許可申請を行い、同計画の公告及び同許可を待って、当該農地の引渡しと残金の精算を行う予定です。

　このような実施計画が定められる前に農地の売買契約が行われた場合であっても、当該農地の引渡しがあった日を譲渡の日として申告をするときには、租税特別措置法第34条の3第2項第4号の適用を認めてよいでしょうか。

⇒　照会意見のとおりで差し支えありません。

☐　**特定の事業用資産の買換えの特例と800万円特別控除の特例**

　事業用資産を譲渡し、買換資産を取得する予定であるとして租税特別措置法第37条の適用を受けましたが、買換資産を取得せず修正申告をすることになりました。この場合、譲渡資産は租税特別措置法第34条の3に規定する800万円特別控除の特例の対象にもなるものですが、この修正申告において同条の適用を受けることができますか。

⇒　修正申告において租税特別措置法第37条の規定を適用することはできません。

【令和6年分用】

特例適用審査表（措法34の3：農地保有の合理化等のために農地等を譲渡した場合の800万円の特別控除）

1 整理・点検

		あり	なし
(1)	確定申告書への特例適用の記載	☐	☐
(2)	譲渡所得の内訳書（確定申告書付表兼計算明細書）の記載・提出	☐	☐
(3)	添付書類（法定添付書類）		
	農地保有の合理化等の証明書等	☐	☐
(4)	添付書類（任意添付書類）		
	イ 譲渡資産に係る売買契約書、損失補償契約書	☐	☐
	ロ 譲渡資産の取得時の売買契約書	☐	☐
	ハ 譲渡費用の領収書等	☐	☐
	ニ その他（　　　　　　　　）	☐	☐

根拠条文等	措法34の3・措令22の9・措規18・措通34の3－1

2 審査

A 農地保有の合理化等のために農地等を譲渡した場合に該当するか否かの検討

審査項目	適	否	審査上の留意事項・審査事績
① 措法34条の3第2項各号に掲げる場合に該当するか？（事前協議を了している事業か？）			◆
② 農地保有の合理化等の証明書等は添付されているか？			◆ 農地保有の合理化等の証明書等の添付を要する（措法34の3③、措規18②一～九） ◆ 証明書の区分一覧参照（措通34の3－1、別表5）
③ 土地等は固定資産か？			◆ （棚卸資産又は棚卸資産に準ずる資産の場合は、特例適用不可）
④ 特例の対象としたのは土地等の譲渡だけか？			◆ 当該特例の対象は土地等の譲渡に限られる ⇒ 当該土地等の上にある建物等、立木又は借家権の譲渡は適用不可（措法34の3①） ☆ 資産の譲渡とみなされる借地権の設定も適用不可（措法34の3①、措通34－3）
⑤ 農業委員会のあっせんによる譲渡の場合の売買契約日は？			◆ 農業委員会のあっせんによる譲渡（措法34の3②一）であるにもかかわらず、売買契約が農業委員会のあっせんの日より前に締結されていないか？

※ 1

2 措法33の4、34、34の2と異なり、本特例を適用することで所得税の額が算出されない場合であっても申告が必要（措法34の3③）。

B 他の特例との関係

審査項目	適	否	審査上の留意事項・審査事績
⑥ 措法34条の3の特例に該当する土地等の全部又は一部について一定の特例を適用していないか？			◆ 本特例に該当する土地等の全部又は一部について次の特例を適用する場合は、本特例の適用不可（措法31の2④、34の3①、35の2②、35の3②三） 〔措法31の2、35の2、35の3、37、37の4〕

特例適用審査表は、情報公開請求により入手した令和5年版（右のQRコードからダウンロードすることができます）を基に令和6年分として使用できるように改訂しています。　　　　　　　は、情報公開法により不開示となった部分です。

800万円特別控除の特例適用関係フローチャート

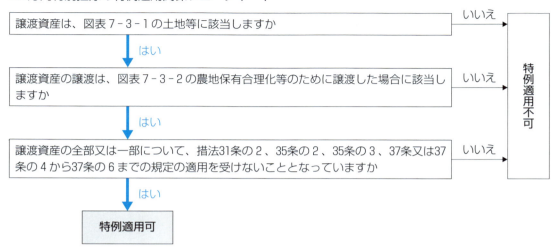

4　特定期間に取得をした土地等を譲渡した場合の1,000万円の特別控除

(1)　特例の概要

　個人が、平成21年1月1日から平成22年12月31日までの間に取得をした国内にある土地等で、その年1月1日おいて所有期間が5年を超えるものの譲渡をした場合には、長期譲渡所得の金額から1,000万円の特別控除をすることができます（措法35の2）。

図表7-4-1　取得の範囲

　上記の取得からは、次の取得が除かれます。

本特例の対象とならない取得の範囲
1　次に掲げる者からの取得（措法35の2①、措令23の2①②） 　① 当該個人の配偶者及び直系血族 　② 当該個人の親族（①に掲げる者を除きます。）で当該個人と生計を一にしているもの 　③ 当該個人と婚姻の届出をしていないが事実上婚姻関係と同様の事情にある者及びその者の親族でその者と生計を一にしているもの 　④ ①から③までに掲げる者及び当該個人の使用人以外の者で当該個人から受ける金銭その他の財産によって生計を維持しているもの及びその者の親族でその者と生計を一にしているもの 　⑤ 当該個人、当該個人の①及び②に掲げる親族、当該個人の使用人若しくはその使用人の親族でその使用人と生計を一にしているもの又は当該個人に係る③又は④に掲げる者を判定の基礎となる法2条1項8号の2に規定する株主等とした場合に法令4条2項に規定する特殊の関係その他これに準ずる関係のあることとなる会社その他の法人 2　相続、遺贈、贈与及び交換による取得 3　代物弁済としての取得及び令120条の2第2項5号に規定する所有権移転外リース取引による取得

図表 7 - 4 - 2　土地等の意義

次に掲げる資産をいいます（措法35の2①）。
① 土　地
② 土地の上に存する権利

図表 7 - 4 - 3　譲渡の範囲

上記の譲渡の範囲は、次のとおりとなります。

譲　渡　の　範　囲（措法35の2②）
譲渡所得の基因となる不動産等の貸付け（措法31①）は、上記の譲渡に含まれます。
法58条の規定又は措法33条の4若しくは34条から35条までの規定の適用を受ける譲渡は、上記の譲渡には含まれません。

(2)　適用要件

本特例の適用を受けるためには、次に掲げる要件を満たす必要があります。

図表 7 - 4 - 4　適用要件

適　用　要　件
譲渡をした土地等が平成21年1月1日から平成22年12月31日までの間に取得をしたものであること（措法35の2①）
譲渡をした土地等が国内にあること（措法35の2①）
譲渡をする年の1月1日において、譲渡をした土地等の所有期間が5年を超えていること（措法35の2①）
譲渡をした土地等について、措法33条から33条の3まで、36条の2、36条の5、37条、37条の4又は37条の8の規定の適用を受けるものではないこと（措法35の2①）
土地等の譲渡について、法58条の規定又は措法31条の2、33条の4、34条から35条まで、35条の3、37条の5若しくは37条の6の規定の適用を受けるものではないこと（措法31の2④、35の2②、35の3②三、37の5①、37の6①）

(3)　申告要件

本特例の適用を受けるためには、次に掲げる要件を満たす必要があります。

図表 7 - 4 - 5　申告要件

	申　告　要　件
1	本特例の規定の適用を受けようとする年分の確定申告書に、措法35条の2第1項の規定の適用を受ける旨の記載があること（措法35の2③）
2	本特例の規定の適用を受けようとする年分の確定申告書に、措法35条の2第1項の規定に該当する旨を証する一定の書類の添付があること（措法35の2③、措規18の3）

1,000万円特別控除の特例適用関係フローチャート

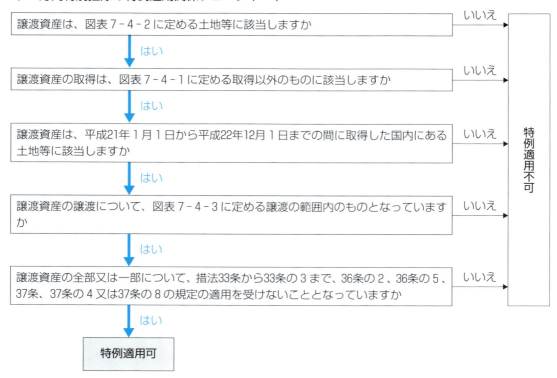

【令和6年分用】

特例適用審査表（措法35の2：特定期間に取得をした土地等の1,000万円の特別控除）

1 整理・点検

	あり	なし
(1) 確定申告書への特例適用の記載	☐	☐
(2) 譲渡所得の内訳書（確定申告書付表兼計算明細書）の記載・提出	☐	☐
(3) 添付書類（法定添付書類） 登記事項証明書、売買契約書の写しその他の書類 （譲渡資産の取得時期を明らかにするもの）	☐	☐

※ 不動産番号等の提供がある場合は、登記事項証明書は添付不要

根拠条文等	措法35の2・措令23の2・措規18の3・措通35の2-1～12

2 審査

A 譲渡資産に関する確認

審査項目	適	否	審査上の留意事項・審査事績
① 平成21年1月1日から平成22年12月31日までの間に取得した国内にある土地又は土地の上に存する権利か？			◆ 土地等の「取得をした日」の判定（措通35の2-2、所基通33-9） ◆ 建物等に係る譲渡所得は特例の適用不可！ ※ 土地等と建物等とを一括取得した場合の取得価額の区分は次の順序による ⇒ 措通35の2-9 (1) 当事者間の契約において区分されている場合はその各価額 (2) 取得先の帳簿価額等において区分されている場合はその各価額 (3) 取得の時における価額の比によりあん分したその各価額

B 譲渡資産の取得に関する確認

審査項目	適	否	審査上の留意事項・審査事績
② 取得先が右記の者に該当しないか？			◆【「否」となる取得先】⇒ 措令23の2①一～五 一号　配偶者・直系血族（父母・祖父母・子・孫など） 二号　生計一親族（措通35の2-4、所基通2-47） 五号　自己又は親族等の経営する同族法人 ・その他いわゆる特殊関係者からの取得にも注意（三、四） ※ 判定時期は土地等を取得した時 ⇒ 措通35の2-3
③ 適用対象外となる取得ではないか？			◆【「否」となる取得原因】⇒ 相続、遺贈、贈与、交換、代物弁済、所有権移転外リース（措法35の2①、措令23の2②） ※ 上記①の期間内に取得した者から相続等により取得したとしても、特例の適用不可！ ⇒ 措通35の2-1

C 譲渡資産の譲渡に関する確認

審査項目	適	否	審査上の留意事項・審査事績
④ 譲渡した年の1月1日において所有期間が5年を超えるものの譲渡か？			◆ 措法33、33の2、33の3の適用を受けて取得した場合には、当該土地等を実際に取得した日の翌日から所有期間を判定 ⇒ 措通35の2-11
⑤ 右記の特例の適用を受ける譲渡ではないか？			◆ 所法58、措法31の2、33の4、34～35、35の3、37の5、37の6 ※ 同一年中にこの特例（措法35の2）を適用する譲渡以外の譲渡については上記◆の特例の適用可（措法35の2②） ※ 土地等の譲渡について所法58の適用を受ける場合における交換差金に特例の適用不可！ ⇒ 措通35の2-12

D 他の特例との関係

審査項目	適	否	審査上の留意事項・審査事績
⑥ 同一年中に措法35の2の特例の対象となる土地等の全部又は一部に右記の特例を適用していないか？			◆ 措法33～33の3、36の2、36の5、37、37の4、37の8 ※ 同一年中に本特例の適用対象となる土地等を2以上譲渡した場合、一方の土地等に本特例の適用を受け、他方の土地等に上記◆の特例の適用を受けることはできない！（措法35の2①）

特例適用審査表は、情報公開請求により入手した令和5年版（右のQRコードからダウンロードすることができます）を基に令和6年分として使用できるように改訂しています。

5　低未利用土地等を譲渡した場合の長期譲渡所得の100万円の特別控除

(1)　特例の概要

　個人が、低未利用土地等でその年1月1日において所有期間が5年を超えるものを令和2年7月1日から令和7年12月31日までの間に譲渡をした場合には、長期譲渡所得の金額から100万円の特別控除をすることができます（措法35の3）。

図表7-5-1　低未利用土地等の意義

次に掲げるものの総称をいいます（措法35の3①）。
① 低未利用土地（図表7-5-2参照）
② 低未利用土地の上に存する権利

図表7-5-2　低未利用土地の範囲

　低未利用土地とは、次の要件を満たすものをいいます。

低未利用地の要件（措法35の3①）
土地が都市計画法4条2項に規定する都市計画区域内に存すること。
土地が土地基本法13条4項に規定する低未利用地に該当すること。 　（注）　土地基本法13条4項では、低未利用地を「居住の用、業務の用その他の用途に供されておらず、又はその利用の程度がその周辺の地域における同一の用途若しくはこれに類する用途に供されている土地の利用の程度に比し著しく劣っていると認められる土地」と定義しています。

図表7-5-3　譲渡の範囲

　上記の譲渡の範囲は、次のとおりとなります。

譲渡の範囲
譲渡所得の基因となる不動産等の貸付け（措法31①）は、上記の譲渡に含まれます（措法35の3②）。
1　次に掲げる者に対してする譲渡は、上記の譲渡に含まれません（措法31の2④、31の3①、35の3②、37の5①、37の6①、措令23の3）。 　①　当該個人の配偶者及び直系血族 　②　当該個人の親族（①に掲げる者を除きます。）で当該個人と生計を一にしているもの 　③　当該個人と婚姻の届出をしていないが事実上婚姻関係と同様の事情にある者及びその者の親族でその者と生計を一にしているもの 　④　①から③までに掲げる者及び当該個人の使用人以外の者で当該個人から受ける金銭その他の財産によって生計を維持しているもの及びその者の親族でその者と生計を一にしているもの 　⑤　当該個人、当該個人の①及び②に掲げる親族、当該個人の使用人若しくはその使用人の親族でその使用人と生計を一にしているもの又は当該個人に係る③又は④に掲げる者を判定の基礎となる法2条1項8号の2に規定する株主等とした場合に法令4条2項に規定する特殊の関係その他これに準ずる関係のあることとなる会社その他の法人 2　その譲渡の対価（低未利用地等の譲渡ともにした当該低未利用地の上にある資産の譲渡の対価を含みます。）の額が500万円^{（注）}を超えるものは、上記の譲渡には含まれません。 　（注）　低未利用土地等が次に掲げる区域内にある場合には、800万円となります。 　　①　市街化区域 　　②　区域区分に関する都市計画が定められていない都市計画区域のうち用途地域が定められている区域

③ ①及び②以外の土地で、所有者不明土地対策計画を作成した市町村の区域

3 法58条の規定又は措法31条の２、31条の３、33条の４、34条から35条の２まで、37条の５若しくは37条の６の規定の適用を受ける譲渡は、上記の譲渡には含まれません。

(2) 適用要件

本特例の適用を受けるためには、次に掲げる要件を満たす必要があります。

図表 7-5-4　適用要件

適　用　要　件
譲渡をした土地等が低未利用土地等に該当すること（措法35の３①）。
譲渡をする年の１月１日において、譲渡をした土地等の所有期間が５年を超えていること（措法35の３①）。
低未利用土地等の譲渡が令和２年７月１日から令和７年12月31日までの間にされていること。
譲渡後に低未利用土地等の利用がされること（措法35の３①）。
譲渡をした低未利用土地等の全部又は一部について、措法33条から33条の３まで、36条の２、36条の５、37条、37条の４又は37条の８の規定の適用を受けるものではないこと。
低未利用地等の譲渡が、図表７-５-３の譲渡の範囲に該当する譲渡であること（措法31の２④、31の３①、35の３②、37の５①、37の６①、措令23の３）。
本特例の適用を受けようとする低未利用土地等と一筆であった土地から前年又は前々年に分筆された土地又は当該土地の上に存する権利の譲渡（譲渡所得の基因となる不動産等の貸付け（措法31①）を含みます。）を当該前年又は前々年中にした場合において、当該個人が当該譲渡につき措法35条の３第１項の規定の適用を受けていないこと（措法35の３③）。

(3) 申告要件

本特例の適用を受けるためには、次に掲げる要件を満たす必要があります。

図表 7-5-5　申告要件

	申　告　要　件
1	本特例の規定の適用を受けようとする年分の確定申告書に、措法35条の３第１項の規定の適用を受ける旨の記載があること（措法35の３④）
2	本特例の規定の適用を受けようとする年分の確定申告書に、低未利用土地等の譲渡の後の利用に関する一定の書類及び譲渡の対価が500万円（低未利用土地等が一定の区域にある場合には、800万円）以下であることを明らかにする書類の添付があること（措法35の３④、措規18の３の２）

263

100万円特別控除の特例適用関係フローチャート

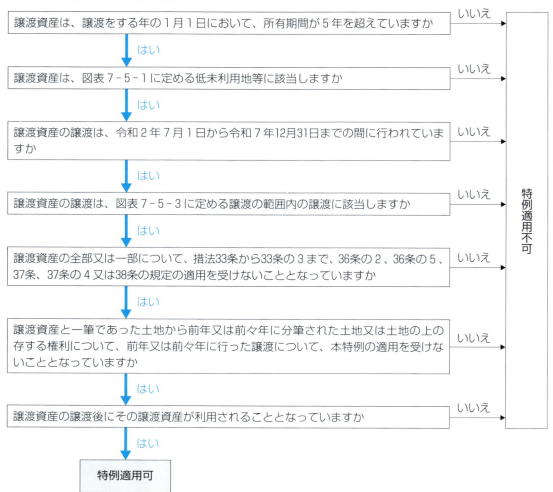

【令和6年分用】

特例適用審査表（措法35の3：低未利用土地等を譲渡した場合の100万円の特別控除）

1 整理・点検

	あり	なし
(1) 確定申告書への特例適用の記載	□	□
(2) 譲渡所得の内訳書（確定申告書付表兼計算明細書）の記載・提出	□	□
(3) 添付書類（法定添付書類）		
イ 土地等の所在市区町村に申請し、交付を受ける確認書（低未利用土地等確認書（※1参照））	□	□
ロ 売買契約書の写しその他の書類で譲渡対価が500万円以下（一定の区域内（※2参照）の場合は、譲渡対価が800万円以下）であることを明らかにする書類	□	□

※1 「低未利用土地等確認書」は、譲渡をした土地又は当該土地の上に存する権利について、所在地の市町村長又は特別区の区長の下記イからニまでに掲げる事項を確認した旨並びに下記ホ及びへに掲げる事項を記載した書類をいう（措規18の3の2①一）。
　　イ 都市計画法第4条第2項に規定する都市計画区域内にあること
　　ロ 譲渡の時において、この特例に規定する低未利用土地等（※3参照）に該当するものであること
　　ハ 譲渡の後に利用されていること又は利用される見込みであること
　　ニ 譲渡の年の1月1日において、所有期間が5年を超えるものであること
　　ホ 当該低未利用土地等と一筆であった土地からその年の前年又は前々年に分筆された土地等の有無
　　へ 上記ホに規定する分筆された土地等がある場合、当該土地等につき低未利用土地等確認書の交付の有無
※2 「一定の区域内」とは、①都市計画法の市街化区域と定められた区域、②都市計画法に規定する区域区分に関する都市計画が定められていない都市計画区域のうち、同法に規定する用途地域が定められている区域、③所有者不明土地の利用の円滑化等に関する特別措置法に規定する所有者不明土地対策計画を作成した市区町村の区域をいう。
※3 「低未利用土地等」とは、都市計画法第4条第2項に規定する都市計画区域内にある土地基本法第13条第4項に規定する低未利用土地又は当該低未利用土地の上に存する権利のことをいう（措法35の3①）。

根拠条文等	措法35の3・措令23の3・措規18の3の2・措通35の3－1～4

2 審査

A 譲渡資産等に関する検討

審査項目	適	否	審査上の留意事項・審査事績
① 土地等の譲渡所得のみを特例の対象としているか？			◆ 建物等の譲渡所得については適用なし！

B 譲渡資産の譲渡に関する検討

審査項目	適	否	審査上の留意事項・審査事績
② 譲渡した年の1月1日において所有期間が5年を超えるものの譲渡か？			◆ 低未利用土地等の所有期間が5年を超えていれば、建物の所有期間が5年以下であっても特例適用可 ◆ 相続で取得した低未利用土地等は、被相続人と通算した所有期間が5年を超えていれば特例適用可 ◆ 特例の適用を受けようとする者（現単独所有者）が、以前に共有持分として所有していた期間がある場合、共有持分として所有していた部分については、当該期間も所有期間に含まれる。
③ 令和2年7月1日以後に譲渡したか？			◆ 令和2年6月30日以前の譲渡は特例の適用不可！ ◆ 令和2年7月1日から令和7年12月31日までの間の譲渡が対象（措法35の3①）
④ 取得先が右記の者に該当しないか？			【「否」となる取得先】⇒ 措令23の3、23の2①一～五 一号 配偶者・直系血族（父母・祖父母・子・孫など） 二号 生計一親族 五号 自己又は親族等の経営する同族法人 ・その他いわゆる特殊関係者への譲渡にも注意（三、四）
⑤ 特例の適用を受けようとする低未利用土地等と一筆であった土地からその年の前年又は前々年に分筆された土地又は当該土地の上に存する権利の譲渡を当該前年又は前々年にした場合において、この特例を受けていないか？			◆ 前年又は前々年中にこの特例の適用を受けている場合でも、特例の適用を受けようとする低未利用土地等が左記の場合に該当しなければ特例適用可！ ◆ 当該低未利用土地等と一筆であった土地からその年の前年又は前々年に分筆された土地の有無を確認 ⇒ 低未利用土地等確認書で確認！
⑥ 譲渡の後に低未利用土地等は利用されるか？			◆ 低未利用土地等確認書を確認！ ◆ 令和5年1月1日以後に行う低未利用土地等の譲渡について、譲渡後にいわゆるコインパーキング（立体駐車場等を除く。）として利用がされる場合は、特例適用不可！

【令和6年分用】

審査項目	適	否	審査上の留意事項・審査事績
⑦ 譲渡の対価の額が500万円を超えていないか？ ※ 一定の区域内にある低未利用土地等を譲渡した場合の譲渡対価の合計額は800万円以下			◆ 低未利用土地等の譲渡とともにした低未利用土地等の上にある資産の譲渡対価を含むので、低未利用土地等とその上にある建物等の譲渡対価の合計額が500万円以下であること（措法35の3②二） ※ 一定の区域内にある低未利用土地等を譲渡した場合における譲渡対価の合計額は800万円以下 ◆ 譲渡の対価の額とは、例えば譲渡協力金、移転料等のような名義のいかんを問わない（措通35の3－1） ◆ 譲渡の対価の額の判定において次の点に留意（措通35の3－2(1)～(4)） (1) 低未利用土地等が共有である場合 　⇒ 所有者ごとの譲渡対価により判定 (2) 低未利用土地等と低未利用土地等の譲渡とともにした低未利用土地等の上にある資産の所有者が異なる場合 　⇒ 低未利用土地等の譲渡対価により判定 (3) 低未利用土地と低未利用土地の上に存する権利の所有者が異なる場合 　⇒ 所有者ごとの譲渡対価により判定 (4) 同一年中に特例の適用を受けようとする低未利用土地等が2以上ある場合 　⇒ 低未利用土地等ごとの譲渡対価により判定 ※1 一の契約において一団の低未利用土地等を譲渡した場合には、当該譲渡の契約が500万円（一定の区域内の場合は800万円）を超えるかどうかにより判定 ※2 一の契約において離れている2以上の低未利用土地等を譲渡した場合には、それぞれの低未利用土地等ごとの譲渡の対価の額が500万円（一定の区域内の場合は800万円）を超えるかどうかにより判定 ※3 一の契約において低未利用土地等と低未利用土地等以外の土地等を併せて譲渡した場合には、当該低未利用土地等の譲渡の対価の額が500万円（一定の区域内の場合は800万円）を超えるかどうかにより判定

C 他の特例との関係

審査項目	適	否	審査上の留意事項・審査事績
⑧ 同一年中にこの特例の対象となる土地等の全部又は一部につき、右記の特例の適用を適用していないか？			◆ 措法33～33の3、36の2、36の5、37、37の4、37の8（措法35の3①） ※ 同一年中に本特例の適用対象となる土地等を2以上譲渡した場合、一方の土地等についてこの特例を受け、他方の土地等に上記◆の特例の適用を受けることはできない！（措法35の3①）
⑨ 右記の特例の適用を受ける譲渡ではないか？			◆ 所法58条、措法31の2、31の3、33の4、34～35の2、37の5、37の6、 ※ 同一年中にこの特例（措法35の3）を適用する譲渡以外の譲渡については上記◆の特例の適用可（措法35の3②） ※ 土地等の譲渡について所法58条を適用する場合における交換差金に本特例の適用不可！（措通35の3－3）

特例適用審査表は、情報公開請求により入手した令和5年版（右のQRコードからダウンロードすることができます）を基に令和6年分として使用できるように改訂しています。

6　譲渡所得の特別控除額の特例

(1)　特例の概要

　個人がその有する資産の譲渡をした場合において、その年中の当該資産の譲渡につき、5,000万円の特別控除、3,000万円の特別控除、2,000万円の特別控除、1,500万円の特別控除、1,000万円の特別控除、800万円の特別控除又は100万円の特別控除（措法33条の4第1項、35条1項、34条1項、34条の2第1項、35条の2第1項、34条の3第1項又は35条の3第1項の規定による特別控除をいいます。）の規定のうち2以上の規定の適用を受けることにより控除すべき金額の合計額が5,000万円を超えることとなるときは、これらの規定により控除すべき金額は、5,000万円が限度となります（措法36）。

図表7-6-1　譲渡の範囲

　上記の譲渡の範囲は、次のとおりとなります。

譲渡の範囲
譲渡所得の基因となる不動産等の貸付け（措法31①）は、上記の譲渡に含まれます（措法36）。

(2)　特別控除の適用の順序

　特別控除の規定のうち2以上の規定の適用を受けることにより、特別控除額の合計が5,000万円を超えることとなる場合には、特別控除額の控除は、5,000万円に達するまで次表に掲げる順序により行うこととなります（措令24、措通36-1）。

図表7-6-2　特別控除の順序

控除の区分 ＼ 所得の区分	分離短期譲渡所得	総合短期譲渡所得	総合長期譲渡所得	山林所得	分離長期譲渡所得
収用交換等の場合の5,000万円控除	①	②	③	④	⑤
居住用財産を譲渡した場合の3,000万円控除	⑥	—	—	—	⑦
特定土地区画整理事業等の場合の2,000万円控除	⑧	—	—	—	⑨
特定住宅地造成事業等の場合の1,500万円控除	⑩	—	—	—	⑪
特定期間に取得をした土地等を譲渡した場合の長期譲渡所得の1,000万円控除	—	—	—	—	⑫
農地保有合理化等の場合の800万円控除	⑬	—	—	—	⑭
低未利用土地等を譲渡した場合の長期譲渡所得の100万円控除	—	—	—	—	⑮

土地等を譲渡した場合の特例控除のチェックポイント

【特定土地区画整理事業等のために土地等を譲渡した場合の2,000万円の特別控除（措法34）】

☐ 譲渡した土地等は、特例要件に該当しているか。

☞ 譲渡する土地等は、土地区画整理事業等のために買い取られることが、本特例の適用要件です。

☐ 譲渡した土地等は、固定資産か。

☞ 本特例は譲渡所得の特例であり、棚卸資産等を譲渡した場合の事業所得や雑所得の特例ではないことから、棚卸資産等については本特例の適用はありません。

☐ 譲渡をした土地等は、前年以前に同じ事業で買い取られていないか。

☞ 同一事業の事業用地として2年以上にわたって買い取られた場合には、最初の年しか本特例の適用を受けることはできません。

☐ 本特例の適用対象となる土地等を同一年中に2回譲渡し、それぞれの土地等の譲渡ごとに特別控除を適用し、2,000万円を超えて特別控除を適用していないか。

☞ 2,000万円の特別控除の対象となる土地等を2回以上譲渡しても、全体で2,000万円しか控除することはできません。

☐ 申告は必要か。

☞ 本特例の適用を受けると確定申告書を提出する義務がなくなる場合には、申告する必要はありません。

☐ 本特例の適用対象となる土地等の全部又は一部について、一定の特例を適用していないか。

☞ 本特例の適用対象となる土地等の全部又は一部について、措法31条の2、35条の2、35条の3、36条の2、36条の5、37条又は37条の4から37条の6までの規定の適用を受ける場合には、本特例を適用することはできません。

【特定住宅地造成事業等のために土地等を譲渡した場合の1,500万円の特別控除（措法34の2）】

☐ 譲渡した土地等は、特例要件に該当しているか。

☞ 譲渡する土地等は、特定住宅地造成事業等のために買い取られることが、本特例の適用要件です。

☐ 譲渡した土地等は、固定資産か。

☞ 本特例は譲渡所得の特例であり、棚卸資産等を譲渡した場合の事業所得や雑所得の特例ではないことから、棚卸資産等については本特例の適用はありません。

☐ 譲渡をした土地等は、前年以前に同じ事業で買い取られていないか。

☞ 同一事業の事業用地として2年以上にわたって買い取られた場合には、最初の年しか本特例の適用を受けることはできません。

☐ 本特例の適用対象となる土地等を同一年中に2回譲渡し、それぞれの土地等の譲渡ごとに特別控除を適用し、1,500万円を超えて特別控除を適用していないか。

☞ 1,500万円の特別控除の対象となる土地等を2回以上譲渡しても、全体で1,500万円しか控除することはできません。

☐ 申告は必要か。

☞ 本特例の適用を受けると確定申告書を提出する義務がなくなる場合には、申告する必要はあり

ません。

☐ 本特例の適用対象となる土地等の全部又は一部について、一定の特例を適用していないか。

☞ 本特例の適用対象となる土地等の全部又は一部について、措法31条の2、35条の2、35条の3、36条の2、36条の5、37条又は37条の4から37条の6までの規定の適用を受ける場合には、本特例を適用することはできません。

【農地保有合理化等のために農地等を譲渡した場合の800万円の特別控除 (措法34の3)】

☐ 譲渡した農地土地等は、特例要件に該当しているか。

☞ 譲渡する農地等は、農地保有合理化等のために買い取られることが、本特例の適用要件です。

☐ 譲渡した農地等は、固定資産か。

☞ 本特例は譲渡所得の特例であり、棚卸資産等を譲渡した場合の事業所得や雑所得の特例ではないことから、棚卸資産等については本特例の適用はありません。

☐ 本特例の適用対象となる土地等を同一年中に2回譲渡し、それぞれの土地等の譲渡ごとに特別控除を適用し、800万円を超えて特別控除を適用していないか。

☞ 800万円の特別控除の対象となる土地等を2回以上譲渡しても、全体で800万円しか控除することはできません。

☐ 本特例の適用対象となる土地等の全部又は一部について、一定の特例を適用していないか。

☞ 本特例の適用対象となる土地等の全部又は一部について、措法31条の2、35条の2、35条の3、37条又は37条の4から37条の6までの規定の適用を受ける場合には、本特例を適用することはできません。

【特定期間に取得をした土地等を譲渡した場合の1,000万円の特別控除 (措法35の2)】

☐ 譲渡した土地等は、特例要件に該当しているか。

☞ 譲渡する土地等は、平成21年1月1日から平成22年12月31日までの間に取得した国内にある土地等に限られます。

☐ 譲渡した土地等の取得先は、特例の対象者か。

☞ 本特例の適用を受ける土地等が、図表7-4-1の1に規定する者から取得をした場合には、本特例の適用はありません。

☐ 譲渡をした土地等は、相続等により取得していないか。

☞ 本特例の適用を受ける土地等が、図表7-4-1の2又は3に該当する取得をした場合には、本特例の適用はありません。

☐ 本特例の適用対象となる土地等を同一年中に2回譲渡し、それぞれの土地等の譲渡ごとに特別控除を適用し、1,000万円を超えて特別控除を適用していないか。

☞ 1,000万円の特別控除の対象となる土地等を2回以上譲渡しても、全体で1,000万円しか控除することはできません。

☐ 本特例の適用対象となる土地等の全部又は一部について、一定の特例を適用していないか。

☞ 本特例の適用対象となる土地等の全部又は一部について、措法33条から33条の3まで、36条の2、36条の5、37条、37条の4又は37条の8の規定の適用を受ける場合には、本特例を適用することはできません。

269

- [ ] 本特例の適用対象となる土地等の譲渡について、一定の特例を適用していないか。
  - ☞ 本特例の適用対象となる土地等の譲渡について、法58条の規定又は措法31条の２、33条の４、34条から35条まで、35条の３、37条の５若しくは37条の６の規定の適用を受ける場合には、本特例を適用することができません。

【低未利用土地等を譲渡した場合の100万円の特別控除（措法35の３）】

- [ ] 譲渡した土地等は、特例要件に該当しているか。
  - ☞ 譲渡する土地等は、低未利用土地等に該当し、譲渡後に利用されることが、本特例の適用要件です。

- [ ] 譲渡した土地等の所有期間は、５年を超えているか。
  - ☞ 本特例の適用対象となる土地等は、譲渡をした年の１月１日において、所有期間が５年を超えている必要があります。

- [ ] 譲渡した土地等の譲渡先は、特例の対象者か。
  - ☞ 本特例の適用を受ける土地等が、図表７−５−３の１に規定する者へ譲渡をした場合には、本特例の適用はありません。

- [ ] 譲渡をした土地等と一筆であった土地等について、前年又は前々年に本特例の適用を受けていないか。
  - ☞ 譲渡をした土地等と一筆であった土地等から前年又は前々年に分筆された土地等の譲渡について、前年又は前々年に本特例の適用を受けている場合には、本特例の適用を受けることはできません。

- [ ] 譲渡の対価の額が500万円又は800万円を超えていないか。
  - ☞ 低未利用土地等の譲渡とともにした当該低未利用土地等の上にある資産の譲渡の対価を含めて500万円（一定の区域内にある低未利用土地等の譲渡の対価にあっては、800万円）を超える場合には、本特例を適用することはできません。

- [ ] 本特例の適用対象となる土地等の全部又は一部について、一定の特例を適用していないか。
  - ☞ 本特例の適用対象となる土地等の全部又は一部について、措法33条から33条の３まで、36条の２、36条の５、37条、37条の４又は37条の８の規定の適用を受ける場合には、本特例を適用することはできません。

- [ ] 本特例の適用対象となる土地等の譲渡について、一定の特例を適用していないか。
  - ☞ 本特例の適用対象となる土地等の譲渡について、法58条の規定又は措法31条の２、31条の３、33条の４、34条から35条の２まで、37条の５若しくは37条の６の規定の適用を受ける場合には、本特例を適用することはできません。

【譲渡所得の特別控除額の特例（措法36）】

- [ ] 同一年中に、２以上の資産を譲渡し、各種の特別控除の対象となるものがある場合に5,000万円を超える特別控除をしていないか。
  - ☞ 特別控除の額は、その年分の譲渡所得全体を通じて5,000万円の範囲内で頭打ちとなります。

- [ ] 同一年中に、２以上の資産の譲渡又は所有期間の異なる資産の譲渡をした場合において、特別控除の適用は順序通りとなっているか。
  - ☞ 特別控除の適用には、順序があります。

第8章　土地等を譲渡した場合等のその他の特例

1　固定資産の交換をした場合の課税の特例

(1)　特例の概要

　個人が、一定の固定資産（譲渡資産）を他の者が有していた一定の固定資産（取得資産）と交換した場合において、取得資産を譲渡資産の譲渡直前の用途と同一の用途に供した場合には、譲渡所得の計算上、その譲渡資産の譲渡はなかったものとみなされます。なお、その交換により交換差金等を取得した場合には、その交換差金等の価額に相当する部分について、譲渡所得が課税されます（法58）。

【交換の特例を適用した場合の譲渡所得の金額の計算式】

$$\text{分離長期（短期）譲渡所得の金額} = \left\{ \left(\text{交換差金等の額} + \text{取得資産の価額} \right) - \left(\text{譲渡資産の取得費} + \text{譲渡費用} \right) \right\} \times \frac{\text{交換差金等の額}^{※}}{\text{交換差金等の額} + \text{取得資産の価額}}$$

※　交換差金等を取得しなかった場合、譲渡はなかったものとみなされます。

図表 8 - 1 - 1　一定の固定資産（譲渡資産及び取得資産）の範囲

区　分	要　件
譲渡資産 （法58①）	1　個人が 1 年以上有していたこと。 2　次の①から⑤までに掲げる固定資産であること。 　①　土地（借地権、耕作権を含みます。） 　②　建物（附属する設備及び構築物を含みます。） 　③　機械及び装置 　④　船舶 　⑤　鉱業権（租鉱権、採石権、その他土石の採掘等をする権利を含みます。）
取得資産 （法58①）	1　他の者が 1 年以上有していたこと。 2　次の①から⑤までに掲げる固定資産であること。 　①　土地（借地権、耕作権を含みます。） 　②　建物（附属する設備及び構築物を含みます。） 　③　機械及び装置 　④　船舶 　⑤　鉱業権（租鉱権、採石権、その他土石の採掘等をする権利を含みます。） 3　交換のために取得したものと認められるものでないこと。

(2) 適用要件

本特例の適用を受けるためには、次に掲げる要件の全てを満たす必要があります。

図表8-1-2　適用要件

	適　用　要　件
譲渡資産 （法58①）	1年以上有していた固定資産であること。
	固定資産は、図表8-1-1の譲渡資産の2の①から⑤までに掲げる資産であること。
取得資産 （法58①）	交換の相手方が1年以上有していた固定資産であること。
	固定資産は、図表8-1-1の取得資産の2の①から⑤までに掲げる資産であること。
	譲渡資産の種類（図表8-1-3参照）と取得資産の種類が同じであること。
	取得資産を譲渡資産の譲渡直前の用途と同一の用途に供すること。
	交換の相手方が交換のために取得したものでないこと。
共通 （法58②）	交換の時における取得資産の価額と譲渡資産の価額との差額がこれらの価額のうちいずれか多い価額の20％に相当する金額を超えていないこと。

図表8-1-3　取得資産を譲渡資産の譲渡直前の用途と同一の用途に供したか否かの判定

資産の種類に応じ、次に掲げる区分により判定します（基通58-6）。

種　類	区　　　　　　　分
土　地	宅地、田畑、鉱泉地、池沼、山林、牧場又は原野、その他の区分
建　物	居住の用、店舗又は事務所の用、工場の用、倉庫の用、その他の用の区分 ＊　店舗又は事務所と住宅とに併用されている家屋は、居住専用又は店舗専用若しくは事務所専用の家屋と認めて差し支えありません。
機械及び装置	その機械及び装置の属する減価償却資産の平成20年財務省令32号による改正前の耐用年数省令別表第2に掲げる設備の種類の区分
船　舶	漁船、運送船（貨物船、油そう船、薬品そう船、客船等をいいます。）、作業船（しゅんせつ船及び砂利採取船を含みます。）、その他の区分

(3) 申告要件

本特例の適用を受けるためには、次に掲げる全ての記載要件を満たす必要があります。

図表8-1-4　申告要件

申　告　要　件　（法58③、規37）
本特例の規定の適用を受けようとする年分の確定申告書に、次の事項の記載があること ① 法58条1項の規定の適用を受ける旨 ② 譲渡資産の価額 ③ 取得資産の価額 ④ 取得資産及び譲渡資産の種類、数量及び用途 ⑤ 交換の相手方の氏名又は名称及び住所若しくは居所又は本店若しくは主たる事務所の所在地 ⑥ 交換がされた年月日 ⑦ 取得資産及び譲渡資産の取得の年月日 ⑧ その他参考となるべき事項

(4) 取得資産の取得価額等

① 取得価額

次のイ又はロの計算については、図表8-1-5の区分に応じて定める金額をもって取得資産を取得したものとみなすこととされています（令168）。

イ　取得資産について行うべき法49条1項に規定する償却費の額の計算

ロ　その者が取得資産を譲渡した場合における譲渡所得の金額の計算

図表8-1-5　取得資産の取得価額

区　　　分	金　　　　　　　　額
取得資産とともに交換差金等を取得した場合（令168一）	譲渡資産の法38条1項又は2項の規定による取得費（その譲渡資産が法61条2項又は3項の規定に該当するものである場合には、これらの規定による取得費とし、その譲渡資産の譲渡に要した費用がある場合には、これらの取得費にその費用の額を加算した金額とします。以下この図表において「取得費」といいます。）に、その取得資産の価額とその交換差金等の額との合計額のうちにその取得資産の価額の占める割合を乗じて計算した金額
譲渡資産とともに交換差金等を交付して取得資産を取得した場合（令168二）	譲渡資産の取得費にその交換差金等の額を加算した金額
取得資産を取得するために要した経費の額がある場合（令168三）	譲渡資産の取得費（上記の場合に該当する場合には、これらの場合に定める金額）にその経費の額を加算した金額

＊　交換差金等とは、法58条1項に規定する交換の時における取得資産の価額と譲渡資産の価額とが等しくない場合にその差額を補うために交付される金銭その他の資産をいいます（令168一）。

② 取得時期

取得資産の譲渡による所得が法33条3項各号に掲げる所得のいずれに該当するかの判定については、その者がその取得資産を譲渡資産の取得の時から引き続き所有していたものとみなすこととされています（令168）。

税理士のアドバイス　取得資産の取得費の計算

取得資産の取得費（引継取得価額）は、次の算式により計算した金額となります。

区　　　分	計　算　式	記　号　の　説　明
A＞D（交換差金の取得）	$(B+C) \times \dfrac{D}{A}$	A：交換譲渡資産の譲渡価額 B：交換譲渡資産の取得費 C：交換譲渡資産の譲渡費用 D：交換取得資産の実際の取得価額
A＝D（交換差金なし）	$B+C$	
A＜D（交換差金の支払）	$(B+C)+(D-A)$	

【質疑応答】固定資産の交換の特例

☐ 譲渡損となる交換に係る所得税法第58条の適用の有無

　　　値下がりした土地（3年前に4億円で取得した土地が地価の下落により2億円となりました）を他の者の保有する土地と交換する場合に、所得税法第58条の適用を受けることができますか。

⇒ 所得税法第58条の規定の適用を受ける余地はありません。

☐ 交換の特例に係る「1年以上有していた固定資産」の意義

　所得税法第58条の固定資産の交換の特例の適用を受けるためには、交換譲渡資産及び交換取得資産がそれぞれ1年以上有していた固定資産であることが要件とされていますが、この「1年以上有していた固定資産」であるかどうかの判定は、次のいずれによるべきですか。

① 1年以上固定資産として有していたもの
② 1年以上有していた資産で、交換の時点で固定資産に該当するもの（固定資産としての保有期間は問わない。）

⇒ ①によります。

☐ 地方公共団体が工業団地造成事業のために取得した土地との交換

　地方公共団体が臨海工業団地造成事業（非収用事業）の用に供すべき土地として買収した土地の一部と、当該事業を施行すべき土地の区域内で個人又は民間会社が有する土地とを交換した場合には、これらの者について所得税法又は法人税法上固定資産の交換の特例を適用することができますか。

　なお、その工業団地造成事業は、当初計画を若干縮小して施行します。

⇒ 固定資産の交換の特例を適用することはできません。

☐ 機構の有する土地との交換

　A機構が有する土地と個人が保有する固定資産たる土地とを交換した場合に所得税法第58条の交換の特例の適用がありますか。

　なお、A機構では、用地買収の際に地主から抱き合わせで事業施行区域外の土地を買い取って欲しい旨の申出があった土地を取得してこれをプールしておき、他の地主の求めに応じて交換譲渡するものです。

⇒ 所得税法第58条の規定の適用はありません。

☐ 地方公共団体施行に係る土地区画整理事業の保留地との交換

　A市では、同市の施行による土地区画整理事業に係る保留地予定地（宅地）と当該事業施行区域外にある個人所有の土地（宅地）とを交換し、その交換によりA市が取得した土地において市の庁舎を建設することを予定しています。この場合、その個人の土地の交換について、所得税法第58条の適用を受けることができますか。

　なお、保留地予定地は換地処分の公告の日の翌日に市が原始取得し、交換契約に基づきその個人に移転するものですが、市がその土地を1年を超えて保有していないので同条の適用がないということであれば、換地処分の公告後1年経過後に交換すれば、同条は適用されるのでしょうか。

⇒ 所得税法第58条の規定の適用はありません。

☐ 集会所敷地に充てるための保留地指定があった土地との交換

　土地区画整理事業を施行中の土地区画整理組合が、土地区画整理法第96条第1項に定めるところ

により集会所敷地（この集会所敷地は、最終的には市に寄附されます。）に充てるべき土地を保留地として定め、換地処分を行いました。個人甲は、固定資産である土地と上記の組合の保留地とを交換することになりましたが、この交換について甲は所得税法第58条の交換の特例を適用することができますか。

⇒ 所得税法第58条の規定の適用はありません。

□ 農地を宅地に造成した後宅地と交換した場合

農地を宅地に造成した後、他人が所有する固定資産である宅地と交換した場合において、次に掲げる場合には、所得税法第58条又は租税特別措置法第37条の4の規定の適用をすることができますか。

① その造成規模が小規模である場合
② その造成規模は大きいが、その保有期間がきわめて長期間（10年超）である場合

⇒ ①の場合

所得税法第58条の規定を適用できます。租税特別措置法第37条の4の特定の事業用資産の交換の特例の適用についても同様となります。

②の場合

所得税法第58条の規定を適用します。租税特別措置法第37条の4の特定の事業用資産の交換の特例の適用についても同様となります。

□ 所得税法第58条の要件である「交換のための取得」と共有物の分割

甲が単独所有の宅地（A）と、甲・乙が共有の宅地（B）とを交換するにあたり、宅地（B）を共有物の分割によりそれぞれ甲及び乙の単独所有とした後に、乙の単独所有となった物件を甲の宅地（A）と交換するとした場合、乙が単独所有することとなる物件の取得は、所得税法第58条に規定する「交換のための取得」に該当しますか。

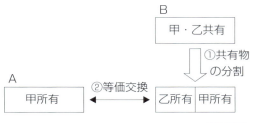

⇒ 乙が共有物の現物分割により取得した宅地は「交換のために取得」したものには含まれないものとして取り扱って差し支えありません。

□ 転売の目的で交換した場合

A県は、一団の宅地造成事業のために土地の買取りを行っていますが、事業施行区域内の土地の所有者のうち数十名は買収に応じませんでした。

そこで、A県は、これらの者に対して、事業施行区域外の土地の所有者でその所有する土地を譲渡してもよいとする者との土地の交換をあっせんし、その交換により新たに事業施行区域内の土地の所有者となった者から買収することとしました。

なお、本件交換が行われる前に、交換により事業施行区域内の土地を取得することとなる者とA県との間で売買の仮契約を締結しており、交換により事業施行区域内の土地を取得した者から、その土地をA県が買収するという約束のもとに交換が行われたことは明らかです。

この交換譲渡物件は農地（田・桑畑）であり、交換により事業施行区域内の農地を取得した者（県に譲渡する者）の中には、その交換により取得した農地が県に買収されるまでの間、その取得した農地を現実に農業の用に供していた者と現実に農業の用に供していなかった者とがあります。

交換により事業施行区域内の農地を取得した者について、所得税法第58条の規定を適用することができますか。

⇒ 所得税法第58条の規定を適用することはできません。

□　交換により取得した資産を同一年中に譲渡した場合
　　借地人Aは、地主Bから宅地500を賃借していましたが、○年5月にその借地500のうち200に相当する部分を地主Bに返還し、その代わりに残りの借地300の部分の底地をBから取得しました。つまり、Aは借地権の一部と底地の一部とを交換し、返還しなかった借地の部分の300の宅地について完全な所有権を取得したのですが、Aはその後同年12月に至って、たまたまその宅地300のうち200を他に売却しました。上記のように、交換によって取得した資産の一部を交換の日の属する年中に他に譲渡したような場合においても、交換取得資産を交換譲渡資産の交換譲渡直前の用途と同一の用途に供しておれば、その交換譲渡資産の全部について固定資産の交換の特例が適用されますか。
⇒　交換取得資産を交換譲渡資産の交換譲渡直前の用途である宅地の用に供した後に生じた事情により譲渡したものであるときには、その借地権と底地の交換については、当該特例の適用を受け、その特例の適用後の交換取得資産を譲渡したものとして申告することができます。

□　耕作権を交換譲渡し農地を交換取得した場合
　　農地の耕作者甲は、耕作権の一部を地主乙に返還し、乙から底地を取得しました。つまり、耕作権と底地との交換をしました。
　　農地について所有権を移転するには、農地法により知事の許可を要しますが、農地を農地のまま移転する場合の許可は、取得者が相当規模の農地を耕作している者に限られています（農地法3）。甲は、耕作面積が少なく、いわゆる3条許可（農地法）を受けることができないので、非農地化することを前提とした移転の許可（農地法5）を受けて移転をし、その後引き続き耕作しています。
　　この甲と乙の耕作権と底地の交換について所得税法第58条の交換の特例を適用することができますか。
⇒　現実に耕作していれば、耕作権との交換について所得税法第58条は適用されます。

□　山林と原野とを交換した場合の用途区分
　　「山林」と「原野」とを交換した場合に、それぞれ同一の用途に供したとみることはできますか。また、その用途は、具体的な利用の実態に基づいて判定してよいでしょうか。それとも、公簿上の地目によるのでしょうか。
⇒　山林と原野とでは用途の区分が異なり、同一の用途とはいえません。

□　交換のために要した費用の負担と交換差金
　　甲法人と乙個人とが土地の交換に際して支出する測量費及び不動産鑑定士の費用の一切を契約上甲法人が負担することとしました。これらの費用の額は、所得税法第58条の固定資産の交換の特例の適用に関しては、交換差金に該当しますか。
⇒　本来負担すべき者が、いずれの者であるかにより交換差金に該当するか否かを判定します。

□　土地と立木付き土地の交換をした場合
1　甲が土地、乙が立木付き土地をそれぞれ交換資産として交換契約を行った場合、乙の立木は、交換差金となるのでしょうか。
2　甲、乙が土地の交換を行いました。交換契約書上、交換物件は、双方とも土地とのみ表示されていますが、乙の土地上には立木があります。この場合、立木は交換差金として取り扱うべきですか。
⇒1　交換差金になります。
　2　立木が客観的価値を有するか否かにより判定します。

□　一団の土地を2分して交換した場合
　　一団の土地を2分し、①その一方を相手方が1年以上所有していた土地と交換し、②他方を同一の相手方が1年に満たない期間所有していた土地と交換した場合、①と②の交換について、所得税

276

法第58条の規定の適用があるかどうかは、別個に判定するのでしょうか。
⇒ ①と②を併せた全体について、所得税法第58条の適用の有無を判定します。

□ 効用の異なる２個の資産のうち１個を交換とし他の１個を売買とした場合

甲は、①〇年12月12日Ａ地（120㎡）を市道用地としてＴ市に譲渡し、さらに②同年12月27日Ｂ地（550㎡）をＴ市の所有地と交換しました。

Ａ地とＢ地は離れており、Ｂ地はＴ市の看護師養成所の敷地となるものです。

この場合、Ａ地については収用等の場合の特別控除の特例を適用し、Ｂ地については所得税法第58条の交換の特例を適用できますか。

⇒ Ａ地については収用等の場合の特別控除の特例を適用し、Ｂ地については所得税法第58条の特例を適用することができます。

□ 土地所有者と借地権者とが共に他の土地と交換した場合

下図のように甲、乙が土地Ａ・Ｂを交換しました。この場合、Ｂ土地の賃借人丙は、交換後乙所有となるＡ土地に建物を建てるため借地権を取得します。

甲、乙、丙に対する所得税法第58条の固定資産の交換の特例の適用については、次のⅠ・Ⅱ案のうち、Ⅱ案によることとしてよいでしょうか。

(1) 交換前

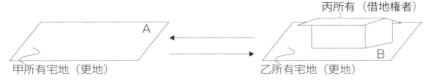

(2) 交換後

Ⅰ案……乙は、丙より借地権の返還を受け、甲と土地の交換後、改めてＡ土地に丙のため借地権を設定したと考えられます。そうであるとすれば、その返還を受けた借地権部分は、所有期間１年未満の特例不適格資産であるから交換差金等となりその金額が20％を超えるときは、甲、乙について交換の特例は適用されません。丙は乙に借地権を交換以外の方法により譲渡していますから、交換の特例は適用できません。

Ⅱ案……契約上、甲、乙、丙が契約の当事者となっていることなどから本件を実質的にみると、甲は、Ａ土地のうち底地相当部分をＢ土地の底地と交換し、Ａ土地の借地権相当部分を丙の借地権と交換したものと認められますので、交換差金等その他所得税法第58条の適用の要件が充足されている限り、交換の特例の適用があります。

⇒ 照会意見のとおりⅡ案によることとして差し支えありません。

□ 建物の交換に伴い相互に借地権を設定し合った場合

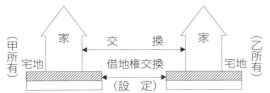

個人甲と法人乙は、下図のとおりその所有に係る固定資産である家屋及び宅地を交換（底地部分を残し、互いに借地権を設定します。）する予定です。このように互いに借地権を設定し合ったときは、その借地権の設

定については、固定資産の交換の場合の課税の特例（所法58）の適用がありますか。なお、特例適用上の他の要件は満たしています。
⇒ 本件の借地権の設定が所得税法施行令第79条第１項の規定に該当する場合には、固定資産の交換の場合の課税の特例の適用が認められます。

□　所得税法第58条の適用がある資産の所有期間の判定
　　交換により譲渡又は取得した固定資産が、所得税基本通達33-6の6の取扱いにより譲渡がなかったものとされる交換分合により取得したものである場合に、所得税法第58条に規定する「１年以上有していた固定資産」であるかどうかの判定は、引き続き有していたものとして判定することになるのでしょうか。
〔参考〕
　　所得税基本通達58-1の2（取得時期の引継規定の適用がある資産の所有期間）では、次のとおり定めています。

(1)　所得税法第60条第１項又は租税特別措置法第33条の6第１項の規定の適用がある資産……引き続き所有していたものとして判定する。
(2)　所得税法施行令第168条の規定の適用がある資産……その実際の取得の日を基礎として判定する。
⇒ 引き続き有していたものとして判定します。

固定資産を交換した場合の特例適用関係フローチャート

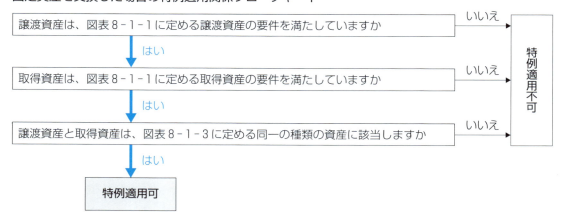

278

譲渡所得の内訳書の記載手順
固定資産の交換（法58）：等価交換

2 譲渡（売却）された土地・建物の購入（建築）代金などについて記載してください。

（1）譲渡（売却）された土地・建物は、どなたから、いつ、いくらで購入（建築）されましたか。

購入建築	価額の内訳	購入（建築）先・支払先 住所（所在地）	氏名（名称）	購入年月日建築	購入・建築代金又は譲渡価額の5%
土　地	措置法31の4			・　・	3,000,000 円
				・　・	円
				・　・	円
				小　計（イ）	3,000,000 円
建　物				・　・	円
				・　・	円
				・　・	円

建物の構造　□木造・□木骨モルタル・□(鉄骨)鉄筋・□金属造・□その他　小　計（ロ）　円

※ 土地や建物の取得の際に支払った仲介手数料や非業務用資産に係る登記費用などが含まれます。

（2）建物の償却費相当額を計算します。

建物の購入・建築価額（ロ） □標準	償却率	経過年数	償却費相当額（ハ）
円 × 0.9 ×	×	＝	円

（3）取得費を計算します。
（イ）＋（ロ）－（ハ）　取得費　3,000,000

※ 「譲渡所得の申告のしかた」を参照してください。なお、建物の標準的な建築価額による建物の取得価額の計算をしたものは「標準」に記してください。
※ 非業務用建物（居住用）の（ハ）の額は、（ロ）の価額の95%を限度とします（償却率は1面をご覧ください）。

3 譲渡（売却）するために支払った費用について記載してください。

費用の種類	支払先 住所（所在地）・	氏名（名称）	支払年月日	支払金額
仲介手数料	××	○○不動産	令和 6 5・31	1,860,000 円
収入印紙代				30,000 円
				円
				円

※ 修繕費、固定資産税などは譲渡費用にはなりません。
③ 譲渡費用　1,890,000

4 譲渡所得金額の計算をします。

区分	特例適用条文	A 収入金額（①）	B 必要経費（②＋③）	C 差引金額（A－B）	D 特別控除額	E 譲渡所得金額（C－D）
短期 長期	所・措・震条の	円	円	円	円	円
短期 長期	所・措・震条の	円	円	円	円	円
短期 長期	所・措・震条の	円	円	円	円	円

【設例】 駐車場として利用していた土地と空き地とを交換する場合

1　土地の交換の契約内容
　　令和6年5月31日に店舗の横にある空き地で、臨時の駐車場として利用していた土地（300㎡）と郊外への出店のためA氏所有の空き地（600㎡）を等価（時価：6,000万円）で交換する契約をした。
2　交換の費用に関する事項
　①　仲介料として、186万円を令和6年5月31日に支払い。
　②　契約書の印紙代3万円を負担。
　③　登記費用など取得した土地の費用97万円を支払い。
　④　交換であることから、固定資産税等については、それぞれが負担するものとし、清算をしないこととした。
3　譲渡した土地の取得に関する事項
　　譲渡した土地は父が祖父より相続した土地を父から相続したもの（措法31の4を適用）

手順1　譲渡した資産の契約内容を「譲渡所得の内訳書」（2面省略）の1欄に記載します。

手順2　譲渡した資産の取得価額、取得日に関する事項を「譲渡所得の内訳書」（3面）の2欄に記載します。なお、交換資産は土地であることから、減価償却は不要。

手順3　譲渡のために支出した費用を「譲渡所得の内訳書」（3面）の3欄に記載します。

税務署のチェックポイント

① 交換資産は、固定資産か。交換の相手方は、交換のために取得した資産ではないか。

② 譲渡費用の中に譲渡費用とならない費用（引越費用や弁護士費用、住所変更登記料、抵当権抹消登記料、税理士報酬）などが含まれていないか。

手順4　買換え資産の取得価額、種類、面積、用途などについて、「譲渡所得の内訳書」（4面）の5欄に記入します。

手順5　「譲渡所得の内訳書」（4面）の6欄の「収入金額」、「必要経費」及び「譲渡所得金額」を計算式により計算して記入します。ただし、等価での交換ですが、取得に係る費用が加算されるため、譲渡所得は算出されないこととなります。

手順6　「譲渡所得の内訳書」の内容を申告書の各欄に転記します。
なお、「固定資産の交換の特例（法58）」を適用する場合は、「特例適用条文」欄に「所法58条」と記載します。

5 交換・買換（代替）資産として取得された（される）資産について記載してください。

物件の所在地	種類	面積	用途	契約（予定）年月日	取得（予定）年月日	使用開始（予定）年月日
○○○	宅地	600 ㎡	店舗敷地	令和 6 5・31	令和 6 5・31	令和 7 1・1
		㎡				

※ 「種類」欄は、宅地・田・畑・建物などと、「用途」欄は、貸付用・居住用・事務所などと記載してください。

取得された（される）資産の購入代金など（取得価額）について記載してください。

費用の内容	支払先住所（所在地）及び氏名（名称）	支払年月日	支払金額
土　地	○○○　A氏	令和 6 5・31	60,000,000 円
登記費用等	○○○　△△司法書士	令和 6 5・31	970,000 円
			円
建　物			円
			円
			円
④ 買換（代替）資産・交換取得資産の取得価額の合計額			60,970,000 円

※ 買換（代替）資産の取得の際に支払った仲介手数料や非業務用資産に係る登記費用などが含まれます。
※ 買換（代替）資産をこれから取得される見込みのときは、「買換（代替）資産の明細書」（国税庁ホームページ〔https://www.nta.go.jp〕からダウンロードできます。なお税務署にも用意しております。）を提出し、その見込額を記載してください。

6 譲渡所得金額の計算をします。

「2面」・「3面」で計算した「①譲渡価額」、「②取得費」、「③譲渡費用」と上記「5」で計算した「④買換（代替）資産・交換取得資産の取得価額の合計額」により、譲渡所得金額の計算をします。

（1）（2）以外の交換・買換え（代替）の場合【交換（所法58）・収用買換（措法33）・居住用買換え（措法36の2）・農地（農法12）など】

区　分		特例適用条文	F 収入金額	G 必要経費	H 譲渡所得金額（F－G）
取得代替	上記以外		①－③－④	②×F／①	円
			①－④	（②＋③）×F／①	円
短期 長期		所・措・震条の 58	△970,000 円	－ 円	円

（2）特定の事業用資産の買換え・交換（措法37・37の4）などの場合

区　分		特例適用条文	J 収入金額	K 必要経費	L 譲渡所得金額（J－K）
①≦④		措法条の	①×20%（※）	（②＋③）×20%（※）	円
①＞④			（①－④）＋④×20%（※）	（②＋③）×J／①	円
短期 長期			円	円	円

※ 上記式の20%は、一定の場合は25%又は30%となります。

279

【令和6年分用】

特例適用審査表（所法58：固定資産の交換特例）

		あり	なし
1	整理・点検		
(1)	確定申告書への特例適用の記載	☐	☐
(2)	譲渡所得の内訳書(確定申告書付表兼計算明細書)の記載・提出	☐	☐
(3)	添付書類（任意添付書類）		
イ	契約書等の写し	☐	☐
ロ	交換譲渡資産の登記事項証明書等	☐	☐
ハ	交換取得資産の登記事項証明書等	☐	☐

※ 不動産番号等の提供がある場合は、上記ロハの登記事項証明書は添付不要

		あり	なし
ニ	その他	☐	☐
(イ)	説明書	☐	☐
(ロ)	図面	☐	☐
(ハ)	価額査定根拠	☐	☐
(ニ)	その他　（＿＿＿＿＿＿＿＿＿＿＿＿）		

(4)

《参考》

○共有地の分割　⇒　本審査表によらずに、「所基通33−1の7」により判定
○任意の区画形質の変更に伴う土地の交換分合　⇒　本審査表によらずに、「所基通33−6の6」により判定
○宅地造成契約に基づく土地の交換等　　　　　⇒　本審査表によらずに、「所基通33−6の7」により判定

根拠条文等	所法58・所令168・所規37・所基通58−1〜12

2 審査

A 交換譲渡資産に関する事項（納税者本人に関する事項）

審査項目	適	否	審査上の留意事項・審査事績
① 固定資産か？			〔否〕不動産業者（個人）の棚卸資産（商品）である土地など
② 交換譲渡資産の所有期間が1年以上か？			取得時期　　　　　　　　・⇒ 所基通58−1・58−1の2 確認資料：☐添付資料　☐相手方添付資料　☐その他（　　　　） 　　　　　☐未確認

B 交換取得資産に関する事項（交換の相手方に関する事項）

	適	否	
③ 固定資産か？			〔否〕不動産業者（個人・法人）の棚卸資産（商品）である土地など
④ 交換取得資産（相手方の譲渡資産）の所有期間が1年以上か？			取得時期　　　　　　　　・⇒ 所基通58−1・58−1の2 確認資料：☐添付資料　☐相手方添付資料　☐その他（　　　　） 　　　　　☐未確認
⑤ ④の取得が交換を目的としたものではないことに疑義はないか？			◆ 所有期間が短い場合には注意！

【令和6年分用】

C その他検討事項

審査項目	適	否	審査上の留意事項・審査事績
⑥ 同一の種類の資産か？ （同一種類の交換でなければ特例適用不可！） ⇒ 所基通58－6			☆ 交換譲渡資産 □土地（借地権） □建物等 □機械・装置 □その他_____ ★ 交換取得資産 □土地（借地権） □建物等 □機械・装置 □その他_____
⑦ 納税者が交換取得資産を交換譲渡資産の譲渡直前の用途に供したか？			⇒ 所基通58－6・58－7・58－8 ※ 交換相手方が同一用途に供したか否かは、納税者の特例適用の可否とは無関係！

種 類	☆ 交換譲渡資産の用途	★ 交換取得資産の取得後の用途
土 地	□宅地 □田畑 □山林 □原野 □その他____	□宅地 □田畑 □山林 □原野 □その他____
建 物	□居住用 □店舗・事務所用 □工場用 □倉庫用 □その他用_____ □併用_____（※）	□居住用 □店舗・事務所用 □工場用 □倉庫用 □その他用_____ □併用_____（※）
その他	_____（所基通58－6(3)・(4)）	_____（所基通58－6(3)・(4)）

（※）所基通58－6(2)の（注）店舗又は事務所と住宅とに併用されている家屋は、居住専用又は店舗・事務所専用の家屋と認めて差し支えない。

⑧ 価額審査 交換譲渡資産と交換取得資産との時価の差額が、いずれか高い方の価額の20%以内か？			◆ 資産の種類ごとに審査する（「土地と土地」、「建物と建物」などその資産の種類ごとに比較することに注意！⇒ 所基通58－4、58－5）

納税者側の根拠	□根拠なし・不明 □路線価評価額 □鑑定評価額 □不動産業者査定額 □その他（　　　　　　　） ☆交換譲渡資産　　　　　千円　　★交換取得資産　　　　　千円　　⇔等価 □ いずれか高い方の価額_____千円×80％（=_____千円）≦ 他方の価額_____千円
審 査	当事者間で合意された価額が交換に至った事情等に照らして合理的に算定されているか ○ 相手方との関係 □親　族　□同族（関係）会社　□第三者（□地　主・□借地人） 　　　　　　　　□その他（　　　　　　　　　）　□不　明

⑨ 3者以上の交換ではないか？			
⑩ 一つの資産の一部を交換、一部を売買としていないか？ ⇒ 所基通58－9			売買の部分を含めて交換があったものとし、売買代金は交換差金とする。

★

特例適用審査表は、情報公開請求により入手した令和5年版（右のQRコードからダウンロードすることができます）を基に令和6年分として使用できるように改訂しています。_____は、情報公開法により不開示となった部分です。

2 収入金額等の回収ができなくなった場合及び保証債務の履行をするために資産を譲渡した場合の課税の特例

(1) 収入金額等の回収ができなくなった場合の課税の特例

① 概　要

　その年分の譲渡所得の金額を含め各種所得の金額の計算の基礎となる収入金額又は総収入金額の全部又は一部を回収することができないこととなった場合には、図表8-2-1の1から3までに掲げる金額のうち最も低い金額は、その各種所得の金額の計算上、なかったものとみなされます（法64①、基通64-2の2）。

　　（注）　上記の特例の対象からは、事業所得に係る損失及び不動産所得又は山林所得を生ずべき事業から生じた損失は除かれます。

図表8-2-1　各種所得の金額の計算上、なかったものとみなされる金額

下記の1から3までに掲げる金額のうち、最も低い金額となります。

	区　　　分				
1	法64条1項に規定する収入金額又は総収入金額のうち回収することができなくなったもの（同条2項の規定により回収することができなくなったものを含みます。以下「回収不能額等」といいます。）（令180②） （注）　上記の「回収不能額等」には、国家公務員退職手当法の規定により退職手当の返納の処分を受けたことその他これに類する事由により返還すべきこととなった金額が含まれます（令180①）。				
2	回収不能額等が生じた時の直前において確定している法64条1項に規定するその年分の所得の金額で、次に掲げる金額の合計額（令180②一）				
	①	総所得金額（令180②一）			
	②	土地等に係る事業所得等の金額（措令19㉔）			
	③	短期譲渡所得の金額（措令21⑦）			
	④	長期譲渡所得の金額（措令20⑤）			
	⑤	上場株式等に係る配当所得等の金額（措令4の2⑨、25の11の2⑳）			
	⑥	一般株式等に係る譲渡所得等の金額（措令25の8⑯、25の12の3㉔）			
	⑦	上場株式等に係る譲渡所得等の金額（措令25の9⑬、25の11の2⑳、25の12の3㉔）			
	⑧	先物取引に係る雑所得等の金額（措令26の23⑥、26の26⑪）			
	⑨	退職所得金額（令180②一）			
	⑩	山林所得金額（令180②一）			
3	回収不能額等に係る上記2に掲げる金額の計算の基礎とされる各種所得の金額（令180②二）				

② 適用要件

　この特例は、譲渡所得を含めた各種所得について適用されますが、代表例としては譲渡所得があげられ、譲渡所得についてこの特例の適用を受けるためには、譲渡代金を回収することができなくなったという要件を満たす必要があります（法64①）が、譲渡代金を回収することができなくなっ

たかどうかの判定は、図表 8-2-2 に掲げる事実が発生した場合に該当するか否かにより、譲渡代金のうち回収することができなくなった金額は、それぞれに定める金額とすることとされています（基通64-1、51-11～16）。

図表 8-2-2　譲渡代金の回収が可能か否かの判定

	区　　　分	回収不能金額
1	次に掲げる決定があった場合 ①　会社更生法の規定による更生計画認可の決定 ②　民事再生法の規定による再生計画認可の決定	左記の決定により切り捨てられることとなった譲渡代金の債権の部分の金額
2	会社法の規定による特別清算に係る協定の認可の決定があった場合	左記の決定により切り捨てられることとなった譲渡代金の債権の部分の金額
3	法令に規定による整理手続によらない関係者の協議決定で、次に掲げるものにより譲渡代金の債権が切り捨てられた場合 ①　債権者集会の協議決定で合理的な基準により債務者の負債整理を定めているもの ②　行政機関又は金融機関その他の第三者のあっせんによる当事者間の協議により締結された契約でその内容が①に準ずるもの	左記により切り捨てられることとなった譲渡代金の債権の部分の金額
4	譲受者の債務超過の状態が相当期間継続し、その貸金等の弁済を受けることができないと認められる場合において、その譲受者に対し債務免除額を書面により通知したとき	左記の通知した債務免除額

③　更正の請求の特例

　確定申告書を提出し、又は決定を受けた場合において、その確定申告書又は決定に係る年分の譲渡所得の金額につき譲渡代金の全部又は一部を回収することができなくなったことにより、国税通則法23条1項各号の事由が生じたときは、その事実が生じた日の翌日から2か月以内に限り、更正の請求書を提出することができることとされています（法152）。

収入金額等が回収できなくなった場合の特例（譲渡所得関係）の適用関係フローチャート

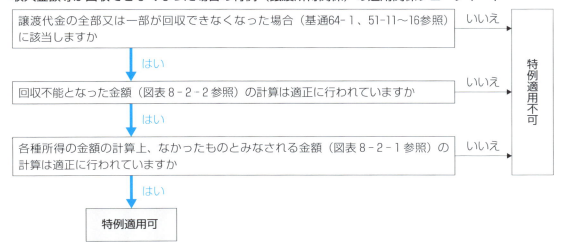

(2) 保証債務を履行するために資産を譲渡した場合の課税の特例
① 概　要

個人が、保証債務を履行するために資産の譲渡をした場合において、その履行に伴う求償権の全部又は一部を行使することができなくなったときは、その行使することができなくなった金額に対応する部分の金額は、譲渡所得の金額の計算上なかったもの（図表8-2-1参照）とみなされます（法64①②）。

> （注）　資産の譲渡からは、棚卸資産その他これに準ずる資産の譲渡その他営利を目的として継続的に行われる資産の譲渡が除かれます（法33②一、令81）。

図表8-2-3　保証債務を履行するための譲渡の概要図

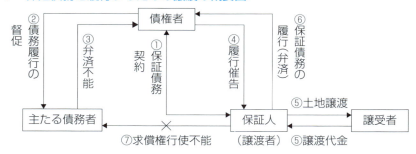

② 保証債務の履行の範囲

本特例の対象となる保証債務の履行があった場合とは、次のとおりとなります。

図表8-2-4　保証債務の履行の範囲

- 民法446条（保証人の責任等）に規定する保証人の債務の履行があった場合
- 民法454条（連帯保証の場合の特則）に規定する連帯保証人の債務の履行があった場合
- 不可分債務の債務者の債務の履行があった場合
- 連帯債務者の債務の履行があった場合
- 合名会社又は合資会社の無限責任社員による会社の債務の履行があった場合
- 身元保証人の債務の履行があった場合
- 他人の債務を担保するため質権若しくは抵当権を設定した者がその債務を弁済し、又は質権若しくは抵当権を実行された場合
- 法律の規定により連帯して損害賠償の責任がある場合において、その損害賠償金の支払いがあったとき

③　適用要件

保証債務の特例は、次の全ての要件に該当する場合に限り適用されます。

図表 8 - 2 - 5　適用要件

適　用　要　件
保証債務契約等（契約時に債務者に弁済能力がある場合に限られます。）が存在すること（民法446）
保証債務の履行（基通64- 4 参照）があったこと（法64②）
保証債務を履行するために資産の譲渡があったこと（法64②）
保証債務の履行に伴う求償権の全部又は一部の行使が不能（基通64- 1 、51-11〜16参照）であること（法64②）

④　申告要件

保証債務の特例の適用を受けるためには、次に掲げる全ての要件を満たす必要があります。

図表 8 - 2 - 6　保証債務を履行するために資産の譲渡をした場合の手続

申　告　要　件
保証債務の特例を受けようとする確定申告書、修正申告書又は更正の請求書に、法64条 2 項の規定の適用を受ける旨の記載があること（法64③）
譲渡した資産の種類などの一定事項を記載した書類（保証債務履行のための資産の譲渡に関する計算明細書など）の添付があること（法64③、規38）

⑤　後発的事由による更正の請求の特則

確定申告期限後において、主たる債務者の資産状態等の変化により求償権の行使が不能となった場合には、この求償権の行使が不能となった日の翌日から 2 か月以内又は確定申告書の法定申告期限から 5 年以内に限り、更正の請求ができます（法152、国税通則法23①）。

税理士のアドバイス　申告期限前に本特例の適用要件を充足していたのに本特例の適用をしないで申告した場合

> 譲渡代金が貸倒れとなった場合の課税の特例及び保証債務を履行するために資産を譲渡した場合の課税の特例については、確定申告期限前において、既に譲渡代金の全部又は一部を回収できない場合又は求償権の行使が不能であった場合に該当するときは、これらの特例を適用しないで確定申告を行ったときであっても、更正の請求により、保証債務の特例の適用を受けることができます（国税通則法23①）。

【質疑応答】保証債務を履行するために資産を譲渡した場合

□ 預金で保証債務を履行した後に資産を譲渡した場合

債権者である銀行から保証債務の履行を求められ、その履行に充てるため土地を譲渡しようとしましたが、直ちには譲渡できないため、手持の預金で保証債務の一部を履行しました。その後、その土地を譲渡し、預金を補充しましたが、この土地の譲渡について所得税法第64条第2項の保証債務の特例を適用することができますか。

借入金で保証債務を履行し、その借入金を返済するため資産を譲渡した場合は、認められると聞きましたが同じように取り扱われますか。

⇒ 預金で保証債務を履行したことにより保証債務はなくなり、その土地の譲渡は保証債務の履行のためとはいえなくなります。したがって、保証債務の特例は適用されません。

□ 保証債務を履行するために2つの資産を譲渡した場合

1　債務者甲に係る保証債務3,670万円を履行するためA資産を、債務者乙に係る保証債務2,670万円を履行するためB資産をそれぞれ譲渡し、それぞれその履行に充てました。

① 資産の種類　　A資産（短期保有土地）　　B資産（長期保有土地）
② 譲渡価額　　　4,000　万円　　　　　　　10,000　万円
③ 取得費　　　　2,240　〃　　　　　　　　3,610　〃
④ 譲渡益　　　　1,760　〃　　　　　　　　6,390　〃
⑤ 求償不能額　　3,670　〃　　　　　　　　2,670　〃
　差引差額
　（④－⑤）　　△1,910　〃　　　　　　　3,720　〃

2　上記A、Bの譲渡に対して所得税法第64条第2項に規定する保証債務の特例を適用する場合、次の2案がありますが、いずれによるべきですか。

〈第Ⅰ案〉

A資産の赤字1,910万円とB資産の黒字3,720万円との通算は認められない。したがって、3,720万円が課税の対象になる。

〈第Ⅱ案〉

A資産の赤字1,910万円とB資産の黒字3,720万円との通算は認められる。したがって、1,810万円が課税の対象になる。

　⇒ 第Ⅱ案のとおり通算することになります。

□ 店舗併用住宅を譲渡して保証債務を履行した場合の譲渡所得の金額の計算

店舗併用住宅を譲渡し、保証債務を履行しましたが、求償権の行使は不可能です。

住宅用部分については租税特別措置法第35条の規定を適用することとなりますが、この場合の譲渡所得の金額の計算は所得税基本通達64-3の4（2以上の譲渡資産に係る回収不能額等の各資産への配分）に準じて取り扱われますか。

⇒ 所得税基本通達64-3の4に準じて取り扱うことなく、所得計算の原則である按分により計算することになります。

□ 手持ち資金と譲渡代金とで保証債務を履行し、求償権の一部が回収不能となった場合

債務保証をしていた者が、手持ち資金1,000万円と譲渡代金1,000万円との合計2,000万円で保証債務を履行しましたが、これにより生じた求償権のうち、1,000万円の部分について求償権の行使が不能と認められました。

この場合、保証債務の履行のための譲渡所得の特例の適用の基礎となる回収不能額等の金額は、譲渡代金部分から優先的に成るものとしてみることができますか。

⇒ 原則として、手持ち資金の金額と譲渡収入金額の比で按分するのが相当ですが、納税者が、回収不能額等の金額を譲渡代金部分から成るものとして選択して保証債務の特例を適用して申告している場合には、これを認めて差し支えありません。

□ 保証債務の履行に伴う求償権の行使不能額
　同一の債務者に対して、その回収不能額につき保証債務の履行に伴う求償債権とその他の債権を有する場合において、債権者がこれらの債権のうち回収することができないと認められる部分の債権を放棄したときは、所得税法第64条第2項の適用上、いずれの債権について放棄があったと考えるべきでしょうか。
⇒ 納税者（債権者）がいずれの債権を放棄（免除）したかにより、判断します。

□ 保証債務を履行するために資産を譲渡した直後に相続が開始した場合
　○年6月保証債務を履行するために資産を譲渡しましたが、債務金額の確定について債権者と意見がまとまらず、支払を留保していたところ、同年11月3日に譲渡者が死亡しました。相続人が、保証債務を継承し、その支払を行えば、譲渡者に係る準確定申告上、所得税法第64条第2項に規定する保証債務の特例は適用できますか。
　主たる債務者は、求償権の行使に応じられない状態にあります。

⇒ 譲渡者が当該資産を保証債務を履行する目的で譲渡していることが明らかであり、相続人が相続開始後速やかにその保証債務の弁済をしているときには、当該資産は、保証債務の履行のために譲渡されたものであるとして差し支えありません。

□ 連帯保証債務に係る債務控除と保証債務の特例
　被相続人の連帯保証債務を相続人が相続した後、相続人が自己の不動産を譲渡してその履行をしました。当該保証債務は、相続開始時点で主たる債務者が弁済不能の状態にあるもので、相続税法基本通達14-3(1)により被相続人の債務として相続税の計算上債務控除できるものです。
　この保証債務を債務控除の対象にした場合において、相続人が相続後に当該保証債務を履行するためにした不動産の譲渡につき所得税法第64条第2項の保証債務の特例を適用できますか。債務控除の対象とすることによって、保証債務が被相続人固有の債務に変わるから所得税法第64条第2項は適用できないとの意見があります。

⇒ 相続人は、保証債務という債務を相続してその履行をするものですから、相続人について所得税法第64条第2項の規定を適用することができます。

□ 手形裏書人が割り引いた手形債務を支払うために譲渡した場合
　甲は、乙の振出した手形を裏書譲渡し、その譲渡代金を乙に貸付けていましたが、その手形が不渡りになりました。甲は、土地を譲渡し、その譲渡代金をもってその手形を買い戻しましたが、その手形代金は乙から回収できなくなりました。
　この場合、甲の手形の裏書を乙の資金調達のための保証であると認め、所得税法第64条第2項の規定を適用できないでしょうか。

⇒ 甲が裏書譲渡した手形の買戻しのために土地を譲渡しても、その譲渡所得について所得税法第64条第2項の規定は適用されません。

□ 交換によって資産を譲渡した年と同一年中に、その交換によって取得した資産を保証債務の履行のために譲渡した場合の譲渡所得の計算
　甲は、自己の所有するA土地（長期保有資産　時価31,000万円）を乙の所有するB土地（時価31,000万円）と交換しました。その後、甲は、その交換をした年と同一年中に保証債務の履行のためB土地を

30,000万円で譲渡し、保証債務26,000万円をその譲渡代金から支払いましたが、これについての求償権の行使は不能です。

なお、甲及び乙の交換については、B土地の乙の所有期間が1年未満であったことから、所得税法第58条の特例の適用はありません。

この場合、保証債務の履行のために譲渡したB土地の損失の金額27,000万円（30,000万円（譲渡価額）－26,000万円（求償権行使不能額）－31,000万円（取得費））は、A土地の譲渡所得の金額と通算することができますか。

⇒ 保証債務の履行のためにした資産の譲渡により生じた損失金額は、他の資産の譲渡益の範囲で通算できます。

【文書回答事例】保証債務を履行するための譲渡の特例

- ☐ 中小企業活性化協議会の「中小企業活性化協議会実施基本要領」に基づき策定された再生計画により債権放棄等が行われた場合の税務上の取扱いについて

- ☐ 「中小企業の事業再生等に関するガイドライン（廃業型私的整理手続）」に基づき策定された弁済計画により債権放棄が行われた場合の税務上の取扱いについて

- ☐ 「中小企業の事業再生等に関するガイドライン（再生型私的整理手続）」に基づき策定された事業再生計画により債権放棄等が行われた場合の税務上の取扱いについて

- ☐ 特定調停スキーム（廃業支援型）に基づき債権放棄が行われた場合の税務上の取扱いについて

- ☐ 株式会社東日本大震災事業者再生支援機構が買取決定等を行った債権の債務者に係る事業再生計画に基づき債権放棄等が行われた場合の税務上の取扱いについて

- ☐ 株式会社地域経済活性化支援機構が買取決定等を行った債権の債務者に係る事業再生計画に基づき債権放棄等が行われた場合の税務上の取扱いについて

- ☐ 株式会社企業再生支援機構が買取決定等を行った債権の債務者に係る事業再生計画に基づき債権放棄等が行われた場合の税務上の取扱いについて

保証債務を履行するために資産を譲渡した場合の特例の適用関係フローチャート

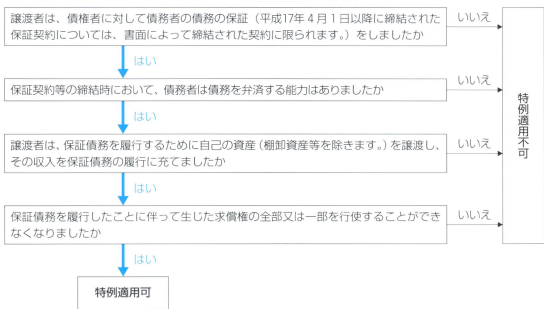

保証債務の履行のための資産の譲渡に関する計算明細書の記載手順（保証債務の履行のための譲渡（法64②））

【設　例】保証債務を履行するために土地を譲渡した場合

1　譲渡者Ａは、主催するＢ法人の債務の保証人となるとともに、Ｃ銀行から運転資金として随時借入を行うための担保として、平成15年５月１日に譲渡者ＡがＢ法人に貸し付けていた土地について根抵当権を設定した。
2　令和６年１月31日にＢ法人は２回目の不渡りを出し倒産した。
3　Ｃ銀行に対する保証債務5,000万円を弁済するために根抵当権を設定していた土地を令和６年７月１日に8,000万円で譲渡し、Ｃ銀行に返済した。
4　Ｂ法人の清算
　　Ｂ法人の清算については、令和６年12月１日に結了した。
　　Ｂ法人の取引先に対する債権の回収、債務の弁済、資産の売却等を行い、Ｂ法人の主催である譲渡者Ａに対しては、根抵当権の設定により保証した求償権の一部である2,000万円を返還し、清算を結了した。
5　譲渡をした土地の明細
　①　土地は、昭和25年６月１日に曾祖父が取得したものを代々相続により譲渡人Ａが取得（取得費は措法31の４を適用）。
　②　譲渡費用は、仲介手数料などを含め、300万円を負担。

手順1　保証債務の内容を「保証債務の履行のための資産の譲渡に関する計算明細書」の「保証債務の明細」欄に記載します。

手順2　保証債務を履行するために譲渡した土地の譲渡内容等の明細を「保証債務の履行のための資産の譲渡に関する計算明細書」の「保証債務を履行するため譲渡した資産の明細」欄に記載します。

手順3　求償権の不能額、所法64②適用前の各種所得の金額等を「保証債務の履行のための資産の譲渡に関する計算明細書」の「譲渡所得（山林所得）のうちないものとみなされる金額」欄に記載します。

手順4　求償権が不能となった事情について、「保証債務の履行のための資産の譲渡に関する計算明細書」の「求償権が行使不能となった事情の説明」欄に記入します。

税務署のチェックポイント

①　保証債務の履行があった場合（債務の返済が見込めない状況で保証をしている場合などは対象となりません。）に該当するか。
②　求償権の行使が不可能となっているか。

令和　年分
保証債務の履行のための資産の譲渡に関する計算明細書（確定申告書付表）

| 譲渡者 | 住所 | | 氏名 | | 電話番号（　） | |
| 関与税理士 | 住所 | | 氏名 | | 電話番号（　） | |

保証債務の明細

	住所又は所在地	氏名又は名称
主たる債務者	○○○	Ｂ法人
債権者	住所又は所在地：○○○	氏名又は名称：Ｃ銀行

保証債務の内容	債務を保証した年月日	保証債務の種類	保証した債務の金額
	平成15年５月１日	根抵当権	極度額 70,000,000 円

保証債務の履行に関する事項	保証債務を履行した年月日	保証債務を履行した金額	求償権の額
	令和６年７月１日	50,000,000 円	Ⓐ 50,000,000 円

求償権の行使に関する事項	求償権の行使不能となった年月日	求償権の行使不能額	Ⓐのうち既に支払を受けた金額
	令和６年12月１日	Ⓑ 30,000,000 円	20,000,000 円

保証債務を履行するため譲渡した資産の明細

短期・長期の区分	短期・**長期**	短期・長期	短期・長期
資産の所在地番	○○○		
資産の種類	土地		
資産の利用状況　資産の数量	店舗敷地　㎡（口・㎡） 200	㎡（株・口・㎡）	㎡（株・口・㎡）
譲渡先　住所又は所在地	○○○		
氏名又は名称（職業）	○○○	（職業）	（職業）
譲渡した年月日	令和６年７月１日	年　月　日	年　月　日
譲渡資産を取得した時期	昭和25年６月１日	年　月　日	年　月　日
譲渡価額の総額	80,000,000 円	円	円

譲渡所得（山林所得）のうちないものとみなされる金額

求償権の行使不能額（上の⑧の金額）	Ⓒ	30,000,000 円	総合課税の短期・長期譲渡所得の金額（申告書第一表の㉘＋㉙に相当する金額、赤字のときは0）	Ⓜ 円
所得金額　総所得金額（申告書第一表の㉗に相当する金額）	Ⓓ	20,000,000 円	分離課税の短期・長期譲渡所得の金額（㊿の金額）	Ⓝ 73,000,000 円
山林所得金額（申告書第三表の㉖に相当する金額）	Ⓔ	円	分離課税の一般株式・上場株式に係る譲渡所得の金額（繰越控除後）（㉒の金額のうち、譲渡所得の金額、それぞれの合計の金額）	Ⓞ 円
退職所得金額（申告書第三表の㉙に相当する金額）	Ⓕ	円	分離課税の先物取引に係る雑所得等の金額（繰越控除後）（㊻の金額のうち、譲渡所得の金額、赤字のときは0）	Ⓟ 円
⑭＋⑮、赤字のときは0	Ⓖ	20,000,000 円	合　計（Ⓜ＋Ⓝ＋Ⓞ＋Ⓟ）	Ⓠ 73,000,000 円
分離課税の短期・長期譲渡所得の金額（繰越控除後）	Ⓗ	73,000,000 円	山林所得金額（Ⓔの金額、赤字のときは0）	Ⓡ 円
分離課税の一般株式・上場株式に係る譲渡所得等の金額（繰越控除後）（申告書第三表の㊾に相当する金額）	Ⓘ	円	譲渡所得又は山林所得のうちないものとみなされる金額（Ⓒ・Ⓛ・Ⓢのうち低い金額）	Ⓢ 30,000,000 円
分離課税の上場株式等に係る配当所得等の金額（繰越控除後）（申告書第三表の㉖に相当する金額）	Ⓙ	円		
分離課税の先物取引に係る雑所得等の金額（繰越控除後）（申告書第三表の㊼に相当する金額）	Ⓚ	円		
合　計（Ⓖ＋Ⓗ＋Ⓘ＋Ⓙ＋Ⓚ）	Ⓛ	93,000,000 円		

求償権が行使不能となった事情の説明

令和６年12月１日にＢ法人の清算が結了したため、求償権の一部が行使不能となった。

（注）
1　総合課税の長期譲渡所得又は一時所得のある人の「Ⓜ」の金額は、申告書第一表の（㉘＋（㉙＋㉚）×½）の金額となります。
2　「所得税法第64条第2項適用前の各種所得の合計額」欄に損益通算等を要する場合、「所得税法第64条第2項適用前の譲渡所得又は山林所得の金額」欄は損益通算前の金額と、それぞれに記載してください。
3　「Ⓢ」の金額は、譲渡所得、株式等に係る譲渡所得又は山林所得に関する各計算明細書の「必要経費」欄の上段に「Ⓢ×××円」と二段書きしてください（裏6-12-A4編→）。詳しくは、税務署にお尋ねください。
（令和4年分以降用）
R6.11

290

【令和6年分用】

特例適用審査表（所法64②：保証債務の特例）

1 整理・点検

		あり	なし
(1)	確定申告書への特例適用の記載	□	□
(2)	譲渡所得の内訳書（確定申告書付表兼計算明細書）の記載・提出	□	□
(3)	保証債務の履行のための資産の譲渡に関する計算明細書（確定申告付表）	□	□

(4) 添付書類（**任意添付書類**）

		あり	なし
イ	主たる債務者の借入事実を証する書類（金銭消費貸借契約書）等	□	□
ロ	保証契約書等	□	□
ハ	担保物件の登記事項証明書等	□	□
ニ	債権者からの催告書等	□	□
ホ	譲渡事実を証する書類（売買契約書等）	□	□
ヘ	債務弁済（保証債務履行）の領収書等	□	□
ト	債務保証時における主たる債務者の資産状況を証する書類	□	□
チ	求償権行使不能に関する資料・法人申告書・破産手続関係資料など	□	□
リ	債務者への債権放棄通知書	□	□
ヌ	その他参考となるべき書類	□	□

根拠条文等	所法64②・所令180②・所規38・所基通64－1～6（同51－11～16）〔関連：所法152〕

2 審査

A 保証関係（契約）に関する事項

審査項目	適	否	審査上の留意事項・審査事績
《形式審査》 ① 「保証関係」は何か？			□保証債務　□連帯保証債務　□不可分債務※　　□連帯債務※ □合名・合資会社の無限責任社員の債務※　□身元保証人の債務※ □質権・抵当権設定者に対する質権等（物上保証）※ □法律による連帯損害賠償責任※ ※は、その債務の履行に伴い求償権を生ずることとなるときは、保証債務の履行に該当する ⇒ 所基通64－4 ☆ 農協等に係る「員外貸付」の取扱いが別途あり！（昭和54年10月27日付直審5-22「他人のために農業協同組合等から借入れた債務を弁済するために資産を譲渡した場合における所得税法第64条第2項の規定の適用について」（庁HP）参照）
《形式審査⇒実質審査》 ② 「負担割合」は？			☆ 保証人が2人以上いる場合[共同保証] ⇒ 保証債務履行の際の各人別の「負担割合」についての約定がなかったか？
《実質審査》 ③ 保証関係に疑義はないか？			※
● 主たる債務者 　(a) 納税者との関係：□親族　□同族会社（主宰法人）　□その他（　　）□不明（不詳） 　(b) 存在確認：□税務申告（　　　　　　　　　　　　□　　　　） 　　　　　□住民票（商業登記）□住宅地図　□その他（　　　）□不明（不詳） 　(c) 借入金の使途：（　　　　　　　　　　　　　　） 　　　　　□税務申告等への反映（　　　　　　　　　　） 　　　　　□確認不能			
● 債権者 　(a) 属性：□金融機関（銀行等）　□貸金業者（　　）　□取引先　□その他（　　）□不明（不詳） 　(b) 存在確認：□公知の存在　□税務申告（　　　□　　） 　　　　　□住民票（商業登記）□住宅地図　□その他（　　　）□不明（不詳）			
《実質審査》 ④ 「私財提供」と認められないか？ ⇒ 大阪地裁S56.6.26（大阪高裁S59.3.29：最高裁S59.12.4）			※ 保証契約時点→主たる債務者が既に著しい債務超過→最初から求償権行使不能と知りながら（知り得るのに）、あえて保証 ⇒ 特例適用不可 ○

【令和6年分用】

B 保証債務の履行に関する事項

審査項目	適	否	審査上の留意事項・審査実績
⑤ 譲渡代金が債権者への弁済に充てられているか？			☆「保証債務を履行するための譲渡」と判定し得るか？ ⇒ 譲渡代金が保証債務の弁済に充当されていなければ、<u>特例適用不可</u> 〔例外：次の「◆」参照〕
● 譲渡代金の受領状況（「内訳書」等から転記）			● 債権者への弁済状況（債権者からの領収書などから転記）
年　月　日　　　万円・　年　月　日　　　万円 　年　月　日　　　万円・　年　月　日　　　万円 ※			年　月　日　　　万円・　年　月　日　　　万円 　年　月　日　　　万円・　年　月　日　　　万円
◆ 保証債務を借入金で履行→その返済のために譲渡→所基通64-5：「おおむね1年」基準　⇒ 特例適用可〔借入金利子→×〕 ☆ 譲渡代金を預金→借入→借入金により保証債務を履行→当該預金で借入金返済　⇒ 特例適用不可 ☆ 保証債務を自分の預金等により履行→譲渡　⇒ 特例適用不可			

C 「求償権行使不能」の判定に関する事項

⑥ 求償権の行使は不能か？			【判定基準】所基通64-1⇒所基通51-11～16
□法的手続（会社更生法による更生計画・民事再生法による再生計画・会社法による特別清算など）による求償権（債権）の切捨て（所基通51-11(1)・(2)） □債権者集会の協議決定〔合理的基準〕による求償権（債権）の切捨て（所基通51-11(3)イ） □行政機関・金融機関・第三者によるあっせん〔合理的基準〕による求償権（債権）の切捨て（所基通51-11(3)ロ） ※ □主たる債務者の債務超過〔相当期間継続・求償権行使（債権回収）の見込みなし〕（所基通51-11(4)） 　(a) 主たる債務者の現況　□破産手続開始の決定・倒産等　□その他（　　　　　　　　　　　　　　　　　　　） 　(b) 主たる債務者の資産・経営状況《個別具体的に判定》 　※平成14年12月25日付課資3-14他「保証債務の特例における求償権の行使不能に係る税務上の取扱いについて（通知）」（庁HP）参照！ 　(c) 主たる債務者との貸借関係　□他に貸付金等あり　□他に借入金等あり 　(d) 主たる債務者への債権放棄通知　□あり（　　年　　月　　日：全額・一部）□な　し			

D 譲渡所得の計算等に関する事項

⑦ 概算取得費の計上			所基通64-3の5：「特例適用前の収入金額×5％」による。
⑧ 2以上の譲渡資産がある場合の求償権行使不能額の配分			所基通64-3の4：どの資産の譲渡代金が弁済に充当されたかが不明。 ⇒ ①収入金額按分、②納税者の選択（他の特例適用が可能な場合など）
⑨ 買換え等特例の適用を受ける場合			所基通64-3の2： 買換え等特例の適用後の収入金額に保証債務の特例を適用する。

《その他留意事項》
1　この特例適用により「ないものとみなされる金額」は、譲渡所得の内訳書の3面「4」の「B 必要経費欄に「㋬××円」と記載する。
2　具体的な計算に当たっては、本特例の計算明細書を使用するが、当該明細書の脚注にも注意する。
3

　　特例適用審査表は、情報公開請求により入手した令和5年版（右のQRコードからダウンロードすることができます）を基に令和6年分として使用できるように改訂しています。　　　　　　　は、情報公開法により不開示となった部分です。

3　既成市街地等内にある土地等の中高層耐火建築物等の建設のための買換え等の場合の課税の特例

(1)　買換えの特例の概要

　個人が、譲渡資産の譲渡をした場合において、一定の期限までに買換資産の取得をし、かつ、一定の期限までに買換資産を一定の用に供したとき、又は一定の用に供する見込みであるときは、当該譲渡による収入金額が当該買換資産の取得価額以下である場合にあっては当該譲渡資産の譲渡がなかったものとし、その他の場合にあっては譲渡資産の譲渡所得の金額を次の計算式のとおりに計算します（措法37の5）。

【譲渡所得の金額の計算式】

$$譲渡所得の金額　=　（A-B）　-　（譲渡資産の取得費+譲渡費用）　\times　\frac{A-B}{A}$$

A…譲渡収入金額　　B…買換資産の取得価額

図表8-3-1　譲渡資産、買換資産等

区分	譲　渡　資　産	譲渡の目的	買　換　資　産
1号 （措法37の5①表の一、措令25の4③④）	次に掲げる区域又は地区内にある土地等（土地又は土地の上に存する権利をいいます。）、建物（その附属設備を含みます。）又は構築物（特定民間再開発事業の区域内にあるものに限り、事業の用に供されているものを除きます。） ①　既成市街地等（一定の人口集中区域を除きます。） ②　都市計画に都市再開発法2条の3第1項2号に掲げる地区として定められた地区 ③　②に類する地区として措令25条の4第3項各号に掲げる地区又は区域	譲渡資産又は譲渡資産の敷地の用に供されている土地等の上に地上階数4以上の中高層の耐火建築物の建築をする特定民間再開発事業の用に供するための譲渡	・特定民間再開発事業の施行により譲渡資産に係る土地等の上に建築された中高層耐火建築物 ・特定民間再開発事業の施行される地区（譲渡資産の②及び③に掲げる地区に限ります。）内で行われる他の措令25条の4第4項に定める事業の施行により当該地区内に建築された同項に定める中高層の耐火建築物（これらの建築物の敷地の用に供されている土地等を含みます。）又はこれらの建築物に係る構築物
2号 （措法37の5①表の二、措令25の4⑤⑥）	次に掲げる区域内にある土地等、建物又は構築物（事業の施行区域内にあるものに限るものとし、1号に掲げる資産に該当するものを除きます。） ①　既成市街地等 ②　首都圏整備法に規定する近郊整備地帯、近畿圏整備法に規定する近郊整備区域又は中部圏開発整備法に規定する一定の都市整備区域のうち、措令25条の4第6項に定める区域	譲渡資産又は譲渡資産の敷地の用に供されている土地等の上に地上階数3以上の中高層の一定の耐火共同住宅の建築をする事業の用に供するための譲渡	左記の事業の施行により譲渡資産に係る土地等の上に建築された耐火共同住宅（敷地を含みます。）又は当該耐火共同住宅に係る構築物

293

	③ 中心市街地の活性化に関する法律に規定する認定基本計画に基づいて行われる一定の中心市街地共同住宅供給事業の区域		

* 1号の買換資産には、中高層耐火建築物又は当該中高層耐火建築物に係る構築物の取得が困難な場合の特例があります（措法37の5⑥、措令25の4⑰～⑳）。

図表8-3-2　譲渡の範囲

譲　　渡　　の　　範　　囲　（措法37の5①）	
含まれるもの	譲渡所得の基因となる不動産等の貸付け（措法31①）
除かれるもの	① 措法33条から33条の4まで、34から35条の3まで、36条の2又は37条の規定の適用を受ける譲渡 ② 贈与、交換又は出資による譲渡

図表8-3-3　一定の期限

区　分	期　　限
買換資産の取得期限	譲渡の日の属する年の12月31日（最長5年延長）（措法37の5①～③、措令25の4⑦⑧⑩）
買換資産を一定の用に供する期限	買換資産の取得の日から1年以内（措法37の5①②）

図表8-3-4　取得の範囲

取　　得　　の　　範　　囲　（措法37の5①）	
含まれるもの	建設による取得
除かれるもの	贈与、交換又は所有権移転外リース取引による取得

図表8-3-5　一定の用

区分	一　　定　　の　　用　（措法37の5①）
1号	譲渡者（譲渡者の親族を含みます。）の居住の用
2号	譲渡者の事業の用又は居住の用（譲渡者の親族の居住の用を含みます。）

* 一定の用からは、買換資産の取得の日から1年以内に一定の用に供しなくなったときが除かれます（措法37の5①）。

図表8-3-6　特定民間再開発事業の概要

特　定　民　間　再　開　発　事　業　の　概　要
特定民間再開発事業とは、次の要件を満たすものであることについて、都道府県知事又は国土交通大臣が認定をしたものをいいます（措法37の5①表の一上欄、措令25の4②、措規18の6①）。 1　地上階数4以上の中高層の耐火建築物の建築をすることを目的とする事業で、当該事業が措法37条の5第1項の表の1号のイ又はロに掲げる区域又は地区内において施行されるもの（都市の低炭素化の促進に関する法律に規定する認定集約都市開発事業計画のうち一定の要件を充足する計画の区域内において施行される事業にあっては、その認定集約都市開発事業計画に係る集約都市開発事業であって社会資本整備総合交付金の交付を受けて行われるものに限ります。）であること 2　次に掲げる要件の全てを満たすものであること。 　・その事業の施行地区（施行される土地の区域をいいます。）の面積が1,000㎡以上であること。 　・その事業の施行地区内において都市施設等の用に供される土地又は建築基準法施行令に規定する空地が確保されていること。 　・その事業の施行地区内の土地の利用の共同化に寄与する一定の要件

(2)　適用要件

　本特例の適用を受けるためには、次の全ての要件を満たす必要があります。

図表8-3-7　適用要件

区分		適　用　要　件
1号	譲渡資産	譲渡資産は、図表8-3-1の1号の譲渡資産の要件に該当するものであること（措法37の5①表の一上欄、措令25の4③）。
		譲渡資産の譲渡が図表8-3-1の1号の譲渡の目的に該当するものであること（措法37の5①表の一上欄、措令25の4②）。
		譲渡資産の譲渡が図表8-3-2の譲渡の範囲に該当するものであること（措法37の5①）。
		譲渡資産につき措法31条の2、31条の3^(注)の規定の適用を受けるものではないこと（措法31の2④、31の3①）。
	買換資産	買換資産は、図表8-3-1の1号の買換資産の要件に該当するものであること（措法37の5①表の一下欄、措令25の4④）。
		買換資産を図表8-3-3の取得期限までに取得をしていること（措法37の5①〜③）。
		買換資産を図表8-3-3の使用期限までに図表8-3-5の一定の用に供していること（措法37の5①②）。
		買換資産の取得は、図表8-3-4の取得の要件に該当するものであること（措法37の5①）。
2号	譲渡資産	譲渡資産は、図表8-3-1の2号の譲渡資産の要件に該当するものであること（措法37の5①表の二上欄、措令25の4⑥）。
		譲渡資産の譲渡が図表8-3-1の2号の譲渡の目的に該当するものであること（措法37の5①表の二上欄、措令25の4⑤）。
		譲渡資産の譲渡が図表8-3-2の譲渡の範囲に該当するものであること。（措法37の5①）
		譲渡資産につき措法31条の2、31条の3^(注)の規定の適用を受けるものではないこと（措法31の2④、31の3①）。
	買換資産	買換資産は、図表8-3-1の2号の買換資産の要件に該当するものであること（措法37の5①表の二下欄）。
		買換資産を図表8-3-3の取得期限までに取得をしていること（措法37の5①〜③）。

295

| | 買換資産を図表8−3−3の使用期限までに図表8−3−5の一定の用に供していること（措法37の5①②）。 |
| | 買換資産の取得は、図表8−3−4の取得の要件に該当するものであること（措法37の5①）。 |

（注）　下記(4)の特例を適用する場合に限り、本条及び措法31条の3の規定を適用することができます（措法31の3①）。

(3)　申告要件

本特例の適用を受けるためには、次に掲げる全ての要件を満たす必要があります。

図表8−3−8　申告要件

申　告　要　件
譲渡資産の譲渡をした日の属する年分の確定申告書に、措法37条の5第1項の規定の適用を受けようとする旨の記載があること（措法37の5③）。
譲渡資産の譲渡をした日の属する年分の確定申告書に、次の書類の添付があること（措法37の5③、措令25の4⑨、措規18の6②）。 • 譲渡資産の譲渡価額、買換資産の取得価額又はその見積額に関する明細書 • 都道府県知事又は国土交通大臣の特定民間再開発事業に関する証明書等 • 買換資産の登記事項証明書等（買換資産を取得している場合）

(4)　やむを得ない事情により特定民間再開発事業の施行地外の転出する場合の居住用財産の軽減税率の特例の適用

①　特例の概要

図表8−3−1の1号の譲渡資産を譲渡した場合において、同号の買換資産のうち中高層耐火建築物又はその中高層耐火建築物に係る構築物の取得をすることが困難である特別な事情として、同号の譲渡資産の譲渡をした個人又は中高層耐火建築物の建築主の申請に基づき、都道府県知事が、その個人につきその個人又はその個人の同居者の老齢、身体上の障害その他の事情により、その個人が同号の買換資産のうちその中高層耐火建築物又はその構築物を取得してこれを引き続き居住の用に供することが困難であると認められる事情があるものとして認定をした場合に該当するときは、その譲渡資産の所有期間が10年以下のもので、措法31条の3第2項に規定する居住用財産に該当するものである場合には、その譲渡による譲渡所得については、同条の規定が適用されます（措法37の5⑥、措令25の4⑰）。

②　適用要件等

本特例の適用要件等は、以下のとおりです。

図表8-3-9　適用要件等

適用要件	譲渡資産の譲渡が、図表8-3-1の1号の中高層耐火建築物の建築に係る建築基準法の規定による確認済証の交付のあった日の翌日から同日以後6か月を経過する日までの間に行われた場合でその譲渡資産の譲渡の一部につき措法37条の5第1項等の規定の適用を受けないこと（措令25の4⑳）。
申告要件	譲渡資産の譲渡をした日の属する年分の確定申告書に、措法37条の5第6項の規定により措法31条の3の規定の適用を受ける旨の記載があること（措令25の4⑱）。
	譲渡資産の譲渡をした日の属する年分の確定申告書に、次の書類の添付があること（措令25の4⑱、措規18の6⑥）。 イ　都道府県知事が措令25条の4第17項に規定する認定をした旨を証する書類 ロ　都道府県知事の図表8-3-1の1号の譲渡資産に係る特定民間再開発事業について、措令25条の4第2項に規定する認定をした旨を証する書類（建築基準法の規定による確認済証の交付のあった年月日の記載のあるものに限ります。）

(5)　買換資産を取得した場合の更正の請求又は修正申告

①　更正の請求

　買換資産を取得する見込みであることにより見積額で申告した後、実際の取得価額が見積額より過大となった場合には、買換資産を取得した日から4か月以内に更正の請求をすることができます（措法37の5③）。

②　修正申告

　買換資産を取得する見込みであることにより見積額で申告した後、実際の取得価額が見積額に満たなかった場合又は買換資産の取得をした日から1年以内に事業の用又は居住の用に使用しない場合等には、買換資産の取得をした日又は事業の用若しくは居住の用に使用しないこと等となった日から4か月以内に修正申告をし、納付すべき税額を納付しなければなりません（措法37の5③）。

　なお、この場合の修正申告書は期限内申告書とみなされ、加算税及び延滞税は付加されません（措法37の5③）。

(6)　買換資産の取得価額の引継ぎ

①　特例の概要

　本特例の適用を受けて買換資産を取得した場合において、減価償却資産の償却費の計算又は当該買換資産の譲渡、相続、遺贈若しくは贈与をした場合における譲渡所得の金額の計算上、買換資産の取得価額（引継価額）は、次のとおり譲渡資産の取得価額を引き継ぐことになります（措法37の5④、措令25の4⑪）。

②　取得価額

　本特例の適用を受けて取得した買換資産の取得価額（引継価額）は、次の算式により計算した金額となります（措法37の5④、措令25の4⑫～⑭）。

297

図表8－3－10　買換資産の取得価額の計算

区　分	引　継　取　得　価　額　の　計　算　式
A＞D（譲渡価額が大）	$(B+C) \times \dfrac{D}{A}$
A＝D（差額なし）	$B+C$
A＜D（買換価額が大）	$(B+C)+(D-A)$

A：譲渡資産の譲渡価額
B：譲渡資産の取得費
C：譲渡資産の譲渡費用
D：買換資産の取得価額

既成市街地等内にある土地等の中高層耐火建築物等の建設のための買換えの場合の特例の適用関係フローチャート

【令和6年分用】

特例適用審査表(措法37の5①表2号：中高層耐火共同住宅の建設のための買換えの特例)

1 整理・点検

	あり	なし
(1) 確定申告書への特例適用の記載	□	□
(2) 譲渡所得の内訳書(確定申告書付表兼計算明細書)の記載・提出	□	□

(3) 添付書類(**法定添付書類**)

イ　譲渡資産に関するもの

(イ)　資産の所在地が既成市街地等又は既成市街地等に準ずる区域内の場合

　　当該資産の所在地を管轄する市町村長の当該資産の所在地が既成市街地等又は既成市街地等に準ずる区域内である旨を証する書類　　□　□

　　※　資産の所在地が東京都の特別区、武蔵野市、大阪市の区域内にあるものは、不要であることに注意！

(ロ)　資産の所在地が中心市街地共同住宅供給事業の区域内の場合

　　当該資産の所在地を管轄する市町村長の当該資産の所在地が中心市街地共同住宅供給事業の区域内である旨、中心市街地共同住宅供給事業の実施に関する計画の認定をした旨及び当該認定をした計画に係る中心市街地共同住宅供給事業が都市福利施設の整備を行う事業と一体的に行われるものである旨を証する書類　□　□

ロ　買換資産に関するもの

(イ)　買換資産の登記事項証明書その他これらの資産を取得した旨を証する書類　□　□

　　※　不動産番号等の提供がある場合は、登記事項証明書は添付不要

(ロ)　検査済証の写し(建築基準法7条5項)　□　□

(ハ)　中高層耐火建築物の事業概要書又は各階の平面図　□　□

ハ　買換え予定の場合

　　買換(代替)資産の明細書　□　□

根拠条文等	措法37の5・措令25の4・措規18の6・措通37の5－1～10

2 審査

A 譲渡資産に関する検討

審　査　項　目	適	否	審　査　上　の　留　意　事　項　・　審　査　事　績
① 固定資産か？			◆（棚卸資産又は棚卸資産に準ずる資産の場合は、特例適用不可（措法37①、措令25①）） ◆ 譲渡資産の所有期間、用途（居住用、事業用、その他（未利用等））を問わない。
② 既成市街地等若しくはこれらに準ずる区域として指定された区域又は中心市街地の活性化に関する法律に規定する認定基本計画に基づいて行われる中心市街地共同住宅供給事業の区域内にあるか？			◆ 譲渡物件が東京都の特別区、武蔵野市、大阪市の区域に所在していた場合は、全域が既成市街地等の区域に該当するので、これに関する証明書は不要 a）〔既成市街地等〕東京都の特別区、武蔵野市及び大阪市の全域並びに三鷹市、横浜市、川崎市、川口市、京都市、守口市、東大阪市、堺市、神戸市、尼崎市、西宮市、芦屋市及び名古屋市の一部の区域 b）〔既成市街地等に準ずる区域として指定された区域〕 　次に掲げる市の区域（近郊整備地帯、近郊整備区域、都市整備区域内の区域に限る。）のうち、都市計画法第7条第1項の市街化区域として定められている区域に限る《東京局管内分のみを列記》 〔東京都〕八王子市、立川市、三鷹市、府中市、昭島市、調布市、町田市、小金井市、小平市、日野市、東村山市、国分寺市、国立市、西東京市、福生市、狛江市、東大和市、清瀬市、東久留米市、武蔵村山市、多摩市、稲城市、青梅市、羽村市 〔神奈川県〕横浜市、川崎市、横須賀市、平塚市、鎌倉市、藤沢市、茅ケ崎市、逗子市、相模原市、厚木市、大和市、海老名市、座間市、綾瀬市 〔千葉県〕千葉市、市川市、船橋市、松戸市、習志野市、柏市、流山市、八千代市、我孫子市、鎌ケ谷市、浦安市、野田市、佐倉市、四街道市（昭58.3.31 国土庁・建設省告示第1号）
③ 売買等による譲渡か？			◆ 『否』となる譲渡　⇒　贈与、交換、出資
④ 他の特例と重複適用していないか？			◆ 重複不可の特例　⇒　措法31の2、33～33の4、34～35の3、36の2、37
⑤ 譲渡価額が定められていない場合の譲渡収入金額			◆ 原則、買換資産の取得時の価額に相当する金額であるが、譲渡資産の契約時における価額に相当する金額を収入金額とできる。 ⇒　措通37の5－7

【令和6年分用】

B　買換（交換）取得資産に関する検討

審査項目	適	否	審査上の留意事項・審査事績
⑥ 次のイからホに該当する資産を取得しているか？			【概要】　買換資産は、その譲渡した土地等の上に建築された地上階数3以上の中高層の耐火共同住宅（その敷地を含む）かを確認
イ　譲渡者又は譲受人が中高層耐火共同住宅を建設したか？（措令25の4⑤）			□検査済証　□建築確認申請書　□建築請負契約書 □その他（　　　　　　）
ロ　中高層耐火共同住宅は譲渡資産の上に建築されているか？			◆　土地の所在地と建物の所在地が一致しているか？ □一致 □不一致 □建物の登記事項証明書　□検査済証　□売買契約書等　□その他（　　）
ハ　地上階数3以上か？			◆　部分的に2階となる場合でも、他の部分が3階以上であれば、地上階数3以上の建物として取り扱うことが可能　⇒　措通37の5-2 □検査済証　□事業概要書　□各階平面図　□その他（　　　　）
ニ　中高層耐火共同住宅はその床面積の1/2以上が専ら居住の用（譲渡者以外の居住用部分も含む）に供されるか？（措令25の4⑤二）			◆　建物の構造が居住の用（台所・風呂・トイレ等の設備がある）であれば、借主等の都合により事務所として使用していたとしても可 □事業概要書　□各階平面図　□その他（　　　　）
ホ　耐火建築物又は準耐火建築物か？（措令25の4⑤一）			□建物の登記事項証明書　□その他（　　　　　　）
⑦ 適用除外となる取得ではないか？			『否』となる取得　⇒　贈与、交換、所有権移転外リース取引
⑧ 取得の時期			※　譲渡のあった年の1月1日前の先行取得の制度はない！
イ　同年中の取得か？（令和6年中の取得）			◆　同年中の先行取得は可　⇒　措通37の5-4
ロ　取得指定期間内の取得か？			
翌年中の取得予定か？（令和7年中の取得）			◆　確定申告書を提出する際に「買換（代替）資産の明細書」の提出があるかを確認 □売買契約書等　□請負契約書　□建築工事進行（予定）表　□その他
譲渡のあった年以後税務署長が承認した日までに取得予定か？（最長令和9年12月31日まで）			◆　建築に1年を超える等やむを得ない事情（措令25の4⑦）がある場合　⇒　税務署長の承認を受け、取得期限を延長可！ ◆　やむを得ない事情（措通37の5-10、37-27の2） ◆　承認に係る申請事項（措令25の4⑧）
ハ　特定非常災害により取得指定期間内の取得が困難となった場合			◆　上記ロの取得指定期間の末日後2年以内で税務署長が承認した日までに取得予定か？ ◆　特定非常災害に基因するやむを得ない事情により、取得指定期間内の取得が困難となった場合⇒取得指定期間の末日後2年以内に取得見込みで、税務署長が承認の際に認定をした日まで延長可（措法37の5②、37⑧、措令25㉑、措規18の5⑥⑦、措通37の5-10、37-30）
⑨ 相続人が買換資産を取得した場合			◆　買換資産が具体的に確定している等一定の場合には認められる。 ⇒　措通37の5-6
⑩ 取得後1年以内に事業の用又は居住の用に供しているか又は供することが可能か？ ※　取得後1年以内にこれらの用に供さなくなった場合は特例適用不可			［原則］ □本人の事業（準事業も含む）の用 □本人の居住の用 ［例外］ □本人の生計一親族の事業（準事業も含む）の用　⇒　措通37の5-5 □本人の親族の居住の用 □住民票　□源泉徴収票　□不動産収支内訳書 □戸籍の附票　□借地契約書　□その他 ◆　自己の建設に係る耐火建築物又は耐火共同住宅を分譲した場合 ⇒　措通37の5-4の2

【参考：措法37の5①表1号】
　措法37の5①表1号は、「特定民間再開発事業」の施行地内における土地建物等から中高層耐火建築物への買換特例である。建物は地上階数4以上で、都道府県知事の認定を受けた特定民間再開発事業であることが必要である。

【判定が「適」でB⑧ロ（買換（交換）資産を譲渡の年の翌年以降に取得する予定）の場合は、確認調査対象事案へ】

特例適用審査表は、情報公開請求により入手した令和5年版（右のQRコードからダウンロードすることができます）を基に令和6年分として使用できるように改訂しています。　　　　　　　は、情報公開法により不開示となった部分です。

⑺　交換の特例

①　特例の概要

　個人が、譲渡資産に該当する資産（交換譲渡資産）と買換資産に該当する資産（交換取得資産）との交換をした場合（交換差金を取得し、又は支払った場合を含みます。）においては、次に定めるところにより、措法37条の5第1項から3項までの規定が適用され、譲渡所得の金額は、次の計算式のとおり計算することとなります（措法37の5⑤）。

イ　交換譲渡資産は、交換の日において、措法37条の5第1項の譲渡をしたものとみなされます。

ロ　交換取得資産は、交換の日において、措法37条の5第1項の取得をしたものとみなされます。

　（注）　上記の交換からは、法58条1項又は措法37条の4の規定の適用を受ける交換が除かれます。

【譲渡所得の金額の計算式】

　イ　交換譲渡資産の価額が交換取得資産の価額以下である場合
　　　譲渡はなかったものとみなされます。

　ロ　交換譲渡資産の価額が交換取得資産の価額を超える場合

　　　譲渡所得の金額　＝　（A−B）　−　（交換譲渡資産の取得費＋譲渡費用）　×　$\dfrac{A-B}{A}$

　　　A…交換譲渡資産の価額　　B…交換取得資産の価額

---

②　他の資産との交換の場合の特例

　交換譲渡資産と交換取得資産以外の資産との交換をし、交換差金を取得した場合（他の資産との交換の場合）には、交換差金に相当する金額をもって措法37条の5第1項の譲渡をしたものとみなされ、同条1項から4項までの規定が適用されることとなります（措法37の5⑤一）。

③　上記⑴から⑶まで並び⑸及び⑹の規定の適用

　上記⑴から⑶までの特例、更正の請求及び修正申告並びに取得価額の引継ぎについては、「譲渡資産」は「交換譲渡資産」と、「買換資産」は「交換取得資産（②の交換差金により取得した資産を含みます。）」と読み替えるなどにより、次のとおり適用します（措法37条の5第1項及び3項の規定並びに同条2項において準用する同法37条4項、6項、7項及び9項、37条の2並びに37条の3第3項の規定の適用）。

イ　図表8−3−1の交換譲渡資産及び交換取得資産の範囲並びに譲渡の目的

ロ　図表8−3−3の一定の期限

ハ　図表8−3−5の一定の用

ニ　図表8−3−7の適用要件

ホ　図表8−3−8の申告要件

ヘ　⑸の更正の請求又は修正申告

ト　図表8−3−10の交換取得資産の取得価額の計算

| 税理士のアドバイス | 確定申告書への本特例の規定により計算されている旨の記載 |

> 買換資産について、次に掲げる場合には、確定申告書に買換資産に係る償却費の額又は譲渡所得の金額が措法37条の5第4項の規定により計算されている旨を記載しなければなりません（措令25の4⑪）。
> ・買換資産について償却費の額を計算する場合
> ・買換資産を今後譲渡した場合において譲渡所得の金額を計算するとき

【質疑応答】既成市街地等内にある土地等の中高層耐火建築物の建設のための買換え等の場合の課税の特例

> □ 租税特別措置法第37条の5第1項の表の第2号に規定する買換資産（床面積の判定）
> 　租税特別措置法第37条の5第1項の表の第2号に規定する既成市街地等内にある土地を、中高層耐火共同住宅の建設のために買い換える予定ですが、この場合に、買換資産となる建物はその床面積の2分の1以上が専ら居住の用に供されるものでなければならないとされています。
> 　当該床面積の2分の1以上が居住の用に供されているか否かの判定に当たっては、居住用部分に係るバルコニーの面積を判定の基礎となる建物全体の床面積に算入するとともに、当該バルコニーの部分は居住用部分に係る床面積としてよろしいですか。
> ⇒ バルコニー部分の面積は、床面積に算入されません。

【文書回答事例】

> 　□ 容積率の異なる地域にまたがる一団の土地の上に2棟の中高層耐火共同住宅が建築される場合における租税特別措置法第37条の5の規定による買換えの特例に適用について
>
> □ 特定民間再開発事業の共同化要件について

既成市街地等内にある土地等の中高層耐火建築物等の建設のための交換の場合の特例の適用関係フローチャート

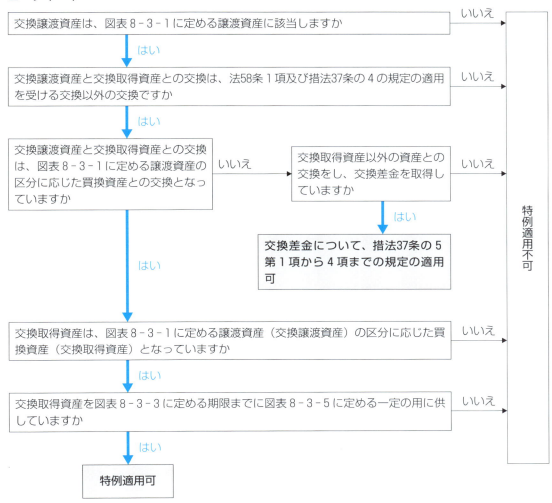

既成市街地等内にある土地等の中高層耐火建築物等の建設のための買換え等の特例（措法37の5）の内訳書の記載手順（譲渡資産の価額が大きい）

【設 例】既成市街地等内にある居住用財産を特定民間再開発事業のために譲渡し、当該事業地の上に建築される中高層耐火建築物を取得する場合

1　譲渡した土地建物等の契約内容（契約：令和6年1月15日）
　　令和6年1月15日に居住の用に供していた土地（200㎡）、建物（150㎡）を特定民間再開発事業のために6,000万円で売却
2　譲渡した資産の取得（建築）などに関する事項
　　平成5年6月20日に父親から相続により、土地及び建物を取得。父親は代々相続してきた土地に昭和52年3月1日に2,000万円で木造の自宅を建築。
3　譲渡するための費用に関する事項
　　特定民間再開発事業の施行者が直接買い取ることから仲介手数料は不要であった。
　　3万円の収入印紙を契約書に貼付
4　買い換えた土地、建物の購入等に関する事項
　　令和6年12月10日に特定民間再開発事業の施行地に建築された中高層耐火建築物の一室（床面積80㎡及び敷地権）を5,500万円で取得した。
　　印紙代、登記費用等を30万円負担した。

2　譲渡（売却）された土地・建物の購入（建築）代金などについて記載してください。

(1) 譲渡（売却）された土地・建物は、どなたから、いつ、いくらで購入（建築）されましたか。

購入建築 価額の内訳	購入（建築）先・支払先 住所（所在地）	氏名（名称）	購入建築年月日	購入・建築代金又は譲渡価額の5%
土　地			・　・	円
			・　・	円
			・　・	3,000,000 円
5%			小　計　(イ)	円
建　物			・　・	円
			・　・	円
			・　・	円
建物の構造 □木造 □木骨モルタル □(鉄骨)鉄筋 □金属造 □その他			小　計　(ロ)	円

※ 土地や建物の取得の際に支払った仲介手数料や非業務用資産に係る登記費用などが含まれます。

(2) 建物の償却費相当額を計算します。

建物の購入・建築価額(ロ) □標準	償却率	経過年数	償却費相当額(ハ)		② 取得費	(イ)+(ロ)-(ハ) 円
20,000,000 円×0.9×	0.031 ×	47	= 19,000,000 円			3,000,000

※ 「譲渡所得の申告のしかた」を参照してください。なお、建物の標準的な建築価額による建物の取得価額の計算をしたものは、「□標準」に☑してください。
※ 非業務用建物（居住用）の(ハ)の額は、(ロ)の価額の95%を限度とします（償却率は1面をご覧ください）。

3　譲渡（売却）するために支払った費用について記載してください。

費用の種類	支払先 住所（所在地）	氏名（名称）	支払年月日	支払金額
仲介手数料			・　・	円
収入印紙代			令和6 1・15	30,000 円
			・　・	円
			・　・	円
			③ 譲渡費用	30,000

※ 修繕費、固定資産税などは譲渡費用にはなりません。

4　譲渡所得金額の計算をします。

区分	特例適用条文	A 収入金額 ①	B 必要経費 ②+③	C 差引金額 A-B	D 特別控除額	E 譲渡所得金額 C-D
短期・長期	所・措・震 条の	円	円	円	円	円
短期・長期	所・措・震 条の	円	円	円	円	円
短期・長期	所・措・震 条の	円	円	円	円	円

※ ここで計算した内容（交換・買換え（代替）の特例の適用を受ける場合は、4面の「6」で計算した内容）を「申告書第三表（分離課税用）」に転記します。

整理欄

手順1　譲渡した資産の契約内容を「譲渡所得の内訳書」（2面省略）の1欄に記載します。

手順2　譲渡した資産の取得価額、取得日を「譲渡所得の内訳書」（3面）の2欄に記載するのですが、土地は相続によるもので、取得日は戦前に遡ります。また、建物は47年近く経過しているので、土地及び建物の取得費は、措法31条の4を適用し、300万円となります。

手順3　譲渡のために支出した費用を「譲渡所得の内訳書」（3面）の3欄に記載します。

4 面

「交換・買換え（代替）の特例の適用を受ける場合の譲渡所得の計算」

この面（4面）は、交換・買換え（代替）の特例の適用を受ける場合（※）にのみ記載します。

※ 交換・買換え（代替）の特例の適用を受けた場合、交換・買換え（代替）資産として取得された（される）資産を将来譲渡したときの取得費やその資産が業務用資産であるときの減価償却費の額の計算は、その資産の実際の取得価額ではなく、譲渡（売却）された資産から引き継がれた取得価額を基に一定の計算をすることになりますので、ご注意ください。

5　交換・買換え（代替）資産として取得された（される）資産について記載してください。

物 件 の 所 在 地	種　類	面　積	用　途	契約(予定)年月日	取得(予定)年月日	使用開始(予定)年月日
×××	土地・建物専有	80 ㎡	居住用	令和6 1·15	令和6 12·10	令和6 12·10
		㎡		· ·	· ·	· ·

※ 「種類」欄は、宅地・田・畑・建物などと、「用途」欄は、貸付用・居住用・事務所などと記載してください。

取得された（される）資産の購入代金など（取得価額）について記載してください。

費用の内容	支払先住所（所在地）及び氏名（名称）	支払年月日	支払金額
土　　地	×××　　　　○○建設株式会社	令和6 12·10	55,000,000 円
登記費用等		令和6 12·10	300,000 円
		· ·	円
建　　物		· ·	円
		· ·	円
		· ·	円
④ 買換(代替)資産・交換取得資産の取得価額の合計額			55,300,000 円

※ 買換(代替)資産の取得の際に支払った仲介手数料や非業務用資産に係る登記費用などが含まれます。
※ 買換(代替)資産をこれから取得する見込みのときは、「買換(代替)資産の明細書」（国税庁ホームページ【https://www.nta.go.jp】からダウンロードできます。なお、税務署にも用意してあります。）を提出し、その見込額を記載してください。

6　譲渡所得金額の計算をします。

「2面」・「3面」で計算した「①譲渡価額」、「②取得費」、「③譲渡費用」と上記「5」で計算した「④買換(代替)資産・交換取得資産の取得価額の合計額」により、譲渡所得金額の計算をします。

(1) (2)以外の交換・買換え(代替)の場合[交換(所法58)・収用代替(措法33)・居住用買換え(措法36の2)・震災買換え(震法12)など]

区　分	特例適用条文	F 収入金額	G 必要経費	H 譲渡所得金額 (F−G)
収用代替		①−③−④	②×$\frac{F}{①-③}$	
上記以外		①−④	(②+③)×$\frac{F}{①}$	
短期 長期	所·措·震 37条の5	4,700,000 円	237,350 円	4,462,650 円

(2) 特定の事業用資産の買換え・交換（措法37·37の4）などの場合

区　分	特例適用条文	J 収入金額	K 必要経費	L 譲渡所得金額 (J−K)
①≦④		①×20%⁽※⁾	(②+③)×20%⁽※⁾	
①>④		(①−④)+④×20%⁽※⁾	(②+③)×$\frac{J}{①}$	
短期 長期	措法 条の	円	円	円

※ 上記計算式の20%は、一定の場合は25%又は30%となります。

手順4　買換資産の取得価額、種類、面積、用途などについて、「譲渡所得の内訳書」（4面）の5欄に記入します。

手順5　「譲渡所得の内訳書」（4面）の6欄の「収入金額」、「必要経費」及び「譲渡所得金額」を計算式により計算して記入します。

手順6　「譲渡所得の内訳書」の内容を申告書の各欄に転記します。
なお、「既成市街地等内にある土地等の中高層耐火建築物等の建設のための買換え等の場合の課税の特例（措法37の5）」を適用する場合は、「特例適用条文」欄に「措法37条の5」と記載します。

税務署のチェックポイント
① 譲渡価額に固定資産税の清算金が含まれているか。
② 譲渡資産及び買換資産は、本特例の要件を満たしているか。
③ 譲渡費用の中に譲渡費用とならない費用（引越費用や弁護士費用、住所変更登記料、抵当権抹消登記料、税理士報酬）などが含まれていないか。

305

4 特定の交換分合により土地等を取得した場合の課税の特例

(1) 特例の概要

　次に掲げる交換分合により個人の所有する土地等の譲渡をし、かつ、当該交換分合により土地等を取得した場合には、当該交換分合により譲渡をした土地等の譲渡がなかったものとされます。

　ただし、次に掲げる交換分合により取得する土地等とともに清算金の取得をした場合には、当該譲渡をした土地等のうち当該清算金の額に対応する部分については、本特例の適用対象外となります（措法37の6①）。

図表8-4-1　交換分合の概要

区分	交 換 分 合	譲渡した土地等 （交換譲渡資産）	取得した土地等 （交換取得資産）
1号 （措法37の6①一）	農業振興地域の整備に関する法律13条の2第2項の規定による交換分合	土地等	土地等（清算金※1を含みます。）
2号 （措法37の6①二）	農住組合法7条2項3号の規定による交換分合（一定の区域内※2で行われたものに限ります。）	農住組合の組合員である個人その他一定の者※3の有する土地等	土地等（清算金※4を含みます。）

※1　農業振興地域の整備に関する法律13条の5において準用する土地改良法102条4項の規定による清算金をいいます（措法37の6①一）。
※2　一定の区域とは、平成3年1月1日において次に掲げる区域に該当する区域をいいます（措令25の5③）。
　①　都の区域（特別区の存する区域に限ります。）
　②　首都圏整備法に規定する首都圏、近畿圏整備法に規定する近畿圏又は中部圏開発整備法に規定する中部圏内にある地方自治法252条の19第1項の市の区域
　③　②に規定する市以外の市でその区域の全部又は一部が首都圏整備法に規定する既成市街地若しくは近郊整備地帯、近畿圏整備法に規定する既成都市区域若しくは近郊整備区域又は中部圏開発整備法に規定する都市整備区域内にあるものの区域
※3　一定の者とは、農住組合の組合員以外の個人で、農住組合法に規定する交換分合計画において定める土地の所有権（当該土地の上に存する権利を含みます。）を有する者をいいます（措令25の5④）。
※4　農住組合法11条において準用する土地改良法102条4項の規定による清算金をいいます（措法37の6①二）。

図表8-4-2　土地等の範囲

土 地 等 の 範 囲
土地又は土地の上に存する権利のうち、棚卸資産並びに雑所得の基因となる土地及び土地の上に存する権利を除きます（措法37の6①、措令25の5①）。

図表8-4-3　譲渡の範囲

譲 渡 の 範 囲		
含まれるもの	譲渡所得の基因となる不動産等の貸付け（措法37の6①）	
除かれるもの	1号の交換分合	措法34条から34条の3まで、35条の2、35条の3、37条又は37条の4の規定の適用を受ける譲渡（措法37の6①一）
	2号の交換分合	措法33条、33条の4、34条から35条の3まで、36条の2、36条の5、37条、37条の4又は37条の5の規定の適用を受ける譲渡（措法37の6①二）

306

図表 8 - 4 - 4　清算金の額に対応する部分の計算式（措法37の6①、措令25の5②）

$$A \times \frac{C}{B+C} - (D+E) \times \frac{C}{B+C}$$

A：譲渡をした土地等の価額　　B：取得をした土地等の価額　　C：清算金の額
D：譲渡をした土地等の取得費　　E：譲渡に要した費用

※　通常であれば、交換分合により譲渡した土地等の価額は、交換分合により取得した土地等の価額と清算金の額の合計額に等しくなることから、上記の算式は、次のようにまとめることができます。

$$C - (D+E) \times \frac{C}{B+C}$$

(2)　適用要件

本特例の適用を受けるためには、次の全ての要件を満たす必要があります。

図表 8 - 4 - 5　適用要件

適　用　要　件	
交換譲渡資産	交換分合により譲渡した土地等が図表8-4-2に該当するものであること（措法37の6①、措令25の5①）。
	土地等が図表8-4-1に定める交換分合により譲渡をされたこと（措法37の6①）。
	交換分合による譲渡が、図表8-4-3に該当するものであること（措法37の6①）。
交換取得資産	交換分合により取得した土地等が図表8-4-2に該当するものであること（措法37の6①、措令25の5①）。
	土地等が図表8-4-1に定める交換分合により取得をされたこと（措法37の6①）。

(3)　申告要件

本特例の適用を受けるためには、次に掲げる全ての要件を満たす必要があります。

図表 8 - 4 - 6　申告要件

申　告　要　件	
措法37条の6第1項の規定の適用を受けようとする年分の確定申告書に、同項の規定の適用を受けようとする旨の記載があること（措法37の6②）。	
措法37条の6第1項の規定の適用を受けようとする年分の確定申告書に、次の交換分合の区分に応じて、それぞれに定める書類の添付があること（措法37の6②）。	
図表8-4-1の1号の交換分合（措規18の7一）	・交換譲渡資産の登記事項証明書 ・交換取得資産の登記事項証明書 ・交換分合に係る交換分合計画の写し（農業振興地域の整備に関する法律の規定による認可をした者の当該交換分合計画の写しである旨の記載のあるものに限ります。）
図表8-4-1の2号の交換分合（措規18の7二）	・交換譲渡資産の登記事項証明書 ・交換取得資産の登記事項証明書 ・交換分合に係る交換分合計画の写し（農住組合法において準用する土地改良法の規定による公告をした者の当該交換分合計画の写しである旨の記載のあるものに限ります。） ・土地等が措令25の5第3項各号に掲げる区域内にあることを明らかにする書類

307

⑷　交換分合により取得した土地等の取得価額等

①　取得価額

　交換取得資産について、その取得した日以後譲渡、相続、遺贈又は贈与があった場合において、当該交換取得資産に係る事業所得の金額、譲渡所得の金額又は雑所得の金額を計算するときは、次に掲げる場合の区分に応じて、それぞれに定める算式により計算された金額がその取得価額となります（措法37の6④、措令25の5⑤）。

図表8-4-9　交換分合により取得した土地等の取得価額の計算

区　分	引継取得価額の計算式
A＞D（交換譲渡資産の価額が大）	$(B+C) \times \dfrac{D}{D+F} + E$
A＝D（差額なし）	$B+C+E$
A＜D（交換取得資産の価額が大）	$B+C+E+F$

A：交換譲渡資産の価額
B：交換譲渡資産の取得費
C：譲渡費用
D：交換取得資産の価額
E：取得費用
F：清算金の額

②　取得時期

　交換分合により取得した土地等の取得の時期は、当該交換分合により取得をした土地等の取得の時期となります（措法37の6④）。

税理士のアドバイス　確定申告書への本特例の規定により計算されている旨の記載

　交換取得資産を今後、譲渡した場合に係る事業所得の金額、譲渡所得の金額又は雑所得の金額を計算する場合には、確定申告書に譲渡した交換取得資産の取得価額が措法37条の6第4項の規定により計算されている旨及びその計算の明細を記載しなければなりません（措法37の6⑤）。

特定の交換分合により土地等を取得した場合の課税の特例の適用関係フローチャート

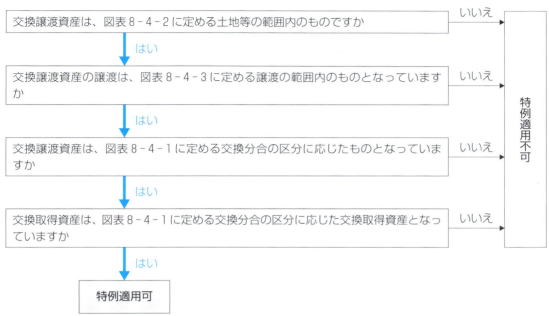

譲渡所得の内訳書の記載手順　特定の交換分合により土地等を取得した場合の課税の特例（措法37の6）：等価交換

【設例】交換分合により農業振興地域内の土地を譲渡し、代わりの土地を取得

1　交換分合の概要
　A市が定めた交換分合計画をB県知事が認可し、令和6年6月1日に公告したことから、同日において、農業振興地域内の土地（200㎡、価格：200万円）を譲渡し、代わりに土地（150㎡、価格：200万円）を取得した。
2　譲渡した資産の取得（建築）などに関する事項
　代々、農用地として相続してきたもの（措法31の4）。
3　譲渡するための費用に関する事項
　A市の交換分合によるものであることから、特段の費用はない。
4　買い換えた土地、建物の購入等に関する事項
　A市の交換分合によるものであることから、特段の費用はない。

手順1　譲渡した資産の交換分合の内容を「譲渡所得の内訳書」（2面省略）の1欄に記載します。

手順2　譲渡した資産の取得価額、取得日、事業所得で計上していた建物の減価償却費残高に関する事項を「譲渡所得の内訳書」（3面）の2欄に記載します。

手順3　譲渡のために支出した費用を「譲渡所得の内訳書」（3面）の3欄に記載しますが、交換分合のため費用はかかりません。

【税務署のチェックポイント】
① 譲渡した土地及び取得した土地は、交換分合計画に記載されているか。
② 申告は、交換分合計画と齟齬はないか。

手順4　買換資産の取得価額、種類、面積、用途などについて、「譲渡所得の内訳書」（4面）の5欄に記入します。

手順5　「譲渡所得の内訳書」（4面）の6欄の「収入金額」、「必要経費」及び「譲渡所得金額」を計算式により計算して記入します。

手順6　「譲渡所得の内訳書」の内容を申告書の各欄に転記します。
なお、「特定の交換分合により土地等を取得した場合の課税の特例（措法37の6）」を適用する場合は、「特例適用条文」欄に「措法37条の6」と記載します。

5　特定普通財産とその隣接する土地等の交換の場合の課税の特例

(1)　特例の概要

　個人が、所有隣接土地等につき、国有財産特別措置法9条2項の規定により当該特定普通財産との交換をしたときは、当該所有隣接土地等の交換がなかったものとされます。

　ただし、当該特定普通財産とともに交換差金の取得をした場合には、当該所有隣接土地等のうち当該交換差金の額に対応する部分については、本特例の適用対象外となります（措法37の8①）。

図表8-5-1　特定普通財産とは

特　定　普　通　財　産　の　範　囲（措法37の8①、措規18の8①）
特定普通財産とは、国有財産特別措置法9条2項の普通財産で同項に規定する土地等（土地及び土地の定着物をいいます。）のうち、財務局長等（財務局長、福岡財務支局長又は沖縄総合事務局長をいいます。）により当該土地等が円滑に売り払うため必要があると認められるものとして次の①から③までに掲げるいずれかの土地等に該当するものであることにつき証明がされたものをいいます。 ①　建築物の敷地の用に供する場合には建築基準法の規定に適合しないこととなる土地等 ②　財務局長等が著しく不整形と認める土地等 ③　建物又は構築物の所有を目的とする地上権又は賃借権の目的となっている土地等

図表8-5-2　所有隣接土地等の範囲

所有隣接土地等の範囲（措法37の8①、措令25の6①）	
特定普通財産に隣接する個人が所有する土地	
含まれるもの	特定普通財産の上に存する権利
除かれるもの	棚卸資産並びに雑所得の基因となる土地及び土地の上に存する権利

図表8-5-3　交換の意義

交換の範囲	
含まれるもの	交換差金を取得し、又は支払った場合の交換（措法37の8①）
除かれるもの	措法37条の4の規定の適用を受ける交換（措令25の6②）

図表8-5-4　交換差金の額に対応する部分の計算式（措法37の6①、措令25の6③）

$$A \times \frac{C}{B+C} - (D+E) \times \frac{C}{B+C}$$

　A：所有隣接土地等の価額　　B：特定普通財産の価額　　C：交換差金の額
　D：所有隣接土地等の取得費　E：交換に要した費用

※　通常であれば、所有隣接土地等の価額は、特定普通財産の価額と交換差金の額の合計額に等しくなることから、上記の算式は、次のようにまとめることができます。

$$C - (D+E) \times \frac{C}{B+C}$$

(2) 適用要件

本特例の適用を受けるためには、次に掲げる全ての要件を満たす必要があります。

図表 8 - 5 - 5　適用要件

適　用　要　件	
交換により譲渡した土地等	譲渡した土地等が図表 8 - 5 - 2 に該当するものであること（措法37の 8 ①、措令25の 6 ①）。
	土地等を図表 8 - 5 - 3 に該当する交換により譲渡をしたこと（措法37の 8 ①、措令25の 6 ②）。
交換により取得した土地等	取得した土地等が図表 8 - 5 - 1 の特定普通財産に該当するものであること（措法37の 8 ①、措規18の 8 ①）。
	土地等を図表 8 - 5 - 3 に該当する交換により取得をしたこと（措法37の 8 ①、措令25の 6 ②）。

(3) 申告要件

本特例の適用を受けるためには、次に掲げる全ての要件を満たす必要があります。

申　告　要　件
措法37条の 8 第 1 項の規定の適用を受けようとする者の交換をした日の属する年分の確定申告書に、同項の規定の適用を受けようとする旨の記載があること（措法37の 8 ②）。
措法37条の 8 第 1 項の規定の適用を受けようとする者の交換をした日の属する年分の確定申告書に、次に定める書類の添付があること（措法37の 8 ②③、措規18の 8 ②③）。 • 交換の日における当該交換により譲渡した所有隣接土地等及び当該交換により取得した特定普通財産の価額（交換差金がある場合には、当該所有隣接土地等及び特定普通財産の価額並びに当該交換差金の額）に関する明細書 • 交換の契約書の写し • 次に掲げる場合の区分に応じて、それぞれに定める書類 　(1)　特定普通財産が国の一般会計に属する場合　財務局長等から交付を受けた国有財産特別措置法の規定に基づき交換をした旨及び当該特定普通財産が図表 8 - 5 - 1 の①から③までのいずれかの土地等に該当する旨を証する書類 　(2)　特定普通財産が特別会計に属する場合　当該特定普通財産を所管する国有財産法に規定する各省各庁の長から交付を受けた次に掲げる書類 　　①　財務局長等の当該各省各庁の長から協議された当該特定普通財産の国有財産特別措置法に規定する交換について同意する旨及び当該特定普通財産が図表 8 - 5 - 1 の①から③までのいずれかの土地等に該当する旨を証する書類の写し 　　②　当該各省各庁の長の国有財産特別措置法の規定に基づき交換をした旨を証する書類 • 特定普通財産に関する登記事項証明書その他特定普通財産の取得をした旨を証する書類

(4) 交換により取得した土地等の取得価額

交換により取得した土地等について、その取得した日以後譲渡（譲渡所得に基因となる不動産等の貸付けを含みます。）、相続、遺贈又は贈与があった場合において、当該土地等に係る事業所得の金額、譲渡所得の金額又は雑所得の金額を計算するときは、次に掲げる場合の区分に応じて、それぞれに定める算式により計算された金額がその取得価額となります（措法37の 8 ④、措令25の 6 ⑥⑦）。

図表8-5-6　交換により取得した土地等の取得価額の計算

区　分	引継取得価額の計算式
A＞D（譲渡土地等の価額が大）	$B + C \times \dfrac{D}{D+E}$
A＝D（差額なし）	$B + C$
A＜D（取得土地等の価額が大）	$B + C + E$

A：交換により譲渡した土地等の価額
B：交換により譲渡した土地等の取得費
C：交換費用
D：交換により取得した土地等の価額
E：交換差金の額

> **税理士のアドバイス**　確定申告書への本特例の規定により計算されている旨の記載
>
> 　交換取得資産を今後、譲渡した場合に係る事業所得の金額、譲渡所得の金額又は雑所得の金額を計算する場合には、確定申告書に譲渡した交換取得資産の取得価額が措法37条の8第4項の規定により計算されている旨及びその計算の明細を記載しなければなりません（措法37の8⑤）。

特定普通財産とその隣接する土地等の交換の場合の特例適用関係フローチャート

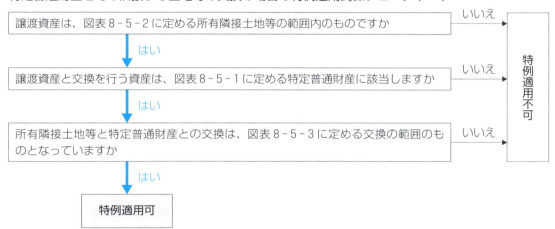

譲渡所得の内訳書の記載手順　特定普通財産との交換（措法37の8）：取得資産の価額が大きい

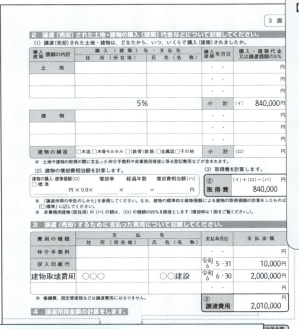

【設例】店舗兼自宅の用に供していた土地（借地権）の一部を譲渡し、清算金を支払って底地を交換により取得する場合

1　交換した土地の契約内容
　令和6年5月31日に店舗兼自宅の用に供していた土地（借地権：400㎡）について、地主である国と借地権と底地を交換する契約を締結。その土地の借地割合は6割であったことから、清算金400万円を支払い、260㎡分の底地を取得し、140㎡分の借地権を譲渡することとなった。また、同年6月30日までに建物を取り壊して、同年7月1日に交換することとした。
2　譲渡した資産の取得（建築）などに関する事項
　借地権は、親から相続により取得したものである。店舗兼自宅は取り壊すこととした。
3　譲渡するための費用に関する事項
　店舗兼自宅の取壊費用200万円を、令和6年6月30日に支払った。
　1万円の収入印紙を契約書に貼付
4　取得した土地（底地）に関する事項
　令和6年7月10日に土地（底地：260㎡）を取得し、登記費用30万円を支払った。

手順1　譲渡した資産の契約内容を「譲渡所得の内訳書」（2面省略）の1欄に記載します。

手順2　譲渡した資産の取得価額、取得日に関する事項を「譲渡所得の内訳書」（3面）の2欄に記載します。土地（借地権）は相続で取得したことから措法31条の4を適用しました。

税務署のチェックポイント
① 譲渡した資産と取得した資産は、特例の要件に合致しているか。
② 建物の取壊しは、譲渡のために行われたのか。
③ 譲渡費用の中に譲渡費用とならない費用（引越費用や弁護士費用、住所変更登記料、抵当権抹消登記料、税理士報酬）などが含まれていないか。

手順3　譲渡のために支出した費用を「譲渡所得の内訳書」（3面）の4欄に記載します。建物の取壊費用は、譲渡の費用に該当することとなります。

手順4　買換資産の取得価額、種類、面積、用途などについて、「譲渡所得の内訳書」（4面）の5欄に記入します。

手順5　「譲渡所得の内訳書」（4面）の6欄の「収入金額」、「必要経費」及び「譲渡所得金額」を計算式により計算して記入します。ただし、清算金を支払っているので、譲渡所得は算出されないこととなります。

手順6　「譲渡所得の内訳書」の内容を申告書の各欄に転記します。
なお、「特定普通財産とその隣接する土地等の交換の場合の課税の特例（措法37の8）」を適用する場合は、「特例適用条文」欄に「措法37条の8」と記載します。

314

6 相続財産に係る譲渡所得の課税の特例

(1) 特例の概要

　相続又は遺贈により相続財産を取得した者で、その相続又は遺贈につき相続税額があるものが、その相続の開始のあった日の翌日から相続税の申告書の提出期限の翌日以後3年以内に、その相続税額に係る課税価格の計算の基礎に算入された資産の譲渡（譲渡所得の基因となる不動産等の貸付けを含みます。）をした場合には、その譲渡をした資産の取得費については、次の算式により算定した金額を加算して譲渡所得を計算することとなります（措法39①）。

図表8-6-1　取得費へ加算する金額（措令25の16①）

加算額の計算
相続又は遺贈により相続財産を取得した者に係る相続税額 × $\dfrac{\text{譲渡をした相続財産に係る相続税の課税価格}}{\text{その相続又は遺贈により相続財産を取得した者に係る相続税の課税価格}}$

（注）1　上記の相続税の課税価格は、債務控除（相法13）の規定の適用がある場合には、その規定の適用がないものとした場合の相続税の課税価格をいいます（措令25の16①二）。
　　　2　取得費へ加算する金額は、譲渡をした相続財産の収入金額から上記の規定により加算をしない場合におけるその相続財産の取得費及び譲渡費用の合計額を控除した金額の残高が限度となります。なお、取得費及び譲渡費用の合計額が譲渡をした相続財産の収入金額を上回る場合には、取得費へ加算する金額はないものとなります（措令25の16①）。

図表8-6-2　取得費へ加算される相続税額とは

加算される相続税額
取得費へ加算される相続税額とは、次のものをいいます（措法39⑥、措令25の16①一②③）。 ① 農地等についての相続税の納税猶予の特例の適用後の納税猶予の金額を含めた相続税額（措法70条の6第2項に規定する納付すべき相続税額） ② 相続税法20条、21条の15第3項又は21条の16第4項の規定により控除される金額がある場合には、その金額を加算した金額 ③ 相続税法19条の規定の適用がある場合には、同条の規定により控除される贈与税額がないものとして計算したときの相続税額（①及び②の適用後の金額） ④ 相続税額は、譲渡した資産に係る所得税の納税義務の成立する時（その時が相続税の申告書の提出の時前である場合には、その提出の時）において確定しているもの（修正申告書の提出又は更正があった場合においては、その修正又は更正後の相続税額）

（注）　上記③の相続税額については、相続税の各種控除を再計算しなければならない場合があることに留意が必要です（措通39-4）。

(2) 本特例の適用対象となる資産の範囲

　相続又は遺贈に係る資産のうち、本特例の適用対象となる相続税の課税価格の計算の基礎に算入される資産に該当するか否かは、次の区分によります。

315

図表 8 - 6 - 3　相続又は遺贈に係る資産の区分

相続又は遺贈に係る資産の区分	
相続税の課税価格の計算の基礎に算入される資産	次に掲げる課税価格について、その計算の基礎に算入された資産をいいます（措法39①、措令25の16①二）。 ①　相続税法11条の2に規定する相続税の課税価格 ②　次に掲げる規定の適用後の相続税の課税価格 　・相続開始前7年以内に贈与があった場合の相続税額の規定（相法19） 　・相続時精算課税の適用がある場合における相続税に関する規定（相法21の14〜21の18） 　・個人の事業用資産の贈与者が死亡した場合の相続税の課税の特例の規定（措法70の6の9） 　・農地等の贈与者が死亡した場合の相続税の課税の特例の規定（措法70の5） 　・非上場株式等の贈与者が死亡した場合の相続税の課税の特例の規定（措法70の7の3） 　・非上場株式等の特例贈与者が死亡した場合の相続税の課税の特例の規定（措法70の7の7） ③　相続税の課税価格の計算の基礎に算入された資産につき換地処分等に伴い資産を取得した場合の課税の特例（措法33の3）の適用を受けた場合におけるその資産に係る換地処分又は権利変換により取得した資産（措法39⑦）
相続税の課税価格の計算の基礎に算入されない資産	相続又は遺贈による資産の移転につき法59条1項又は60条の3第1項の規定の適用を受けた資産（同条4項ただし書の規定の適用を受けるもの又は同項本文の規定が適用されないこととなったものは除かれます。）（措法39⑦）

（注）　相続財産に非課税財産（相法12、措法70）がある場合には、非課税財産の価額は、相続税の課税価格に含まれないことに留意する必要があります（措通39-3）。

(3)　相続税の申告書の提出期限

相続税の申告書の提出期限は、次に定める場合の区分に応じ、それぞれに定める日となります。

図表 8 - 6 - 4　相続税の申告書の提出期限

相続税の申告書の提出期限	
次に定める場合以外の場合	相続の開始のあったことを知った日の翌日から起算して10か月後の応当日の前日（相法27①）
特別縁故者に対する財産分与（相法4①）により相続財産の全部又は一部が与えられた場合	財産分与により相続財産の全部又は一部が与えられるという事実を知った日の翌日から起算して10か月後の応当日の前日（相法29①、31②）
特別寄与料の額の確定（相法4②）があったことにより新たに相続税法27条1項に規定する申告書を提出すべき要件に該当することとなった場合	特別寄与料の額の確定の事実が生じたことを知った日の翌日から起算して10か月後の応当日の前日（相法29①）

（注）　上記の10か月後の応当日の前日は、国税通則法117条2項の規定による納税管理人の届出をしないで、これらの期間内に国内に住所及び居所を有しなくなることとなるときは、その住所及び居所を有しないこととなる日となります（相法27①、29①、31②）。

(4) 適用要件

本特例の適用する場合において、取得費に加算する金額は、譲渡した資産ごとに計算する必要があります（措法39⑧）。

(5) 申告要件

本特例の適用を受けるためには、次に掲げる全ての要件を満たす必要があります。

図表 8 - 6 - 5　申告要件

申　告　要　件
本特例の規定の適用を受けようとする年分の確定申告書又は修正申告書（法151条の 4 第 1 項の規定により提出するものに限ります。）に、措法39条 1 項の規定の適用を受ける旨の記載があること（措法39②）。
本特例の適用を受けようとする年分の確定申告書又は修正申告書（法151条の 4 第 1 項の規定により提出するものに限ります。）に、次の書類の添付があること（措法39②、措規18の18①）。 • 措法39条 1 項の規定による譲渡所得の金額の計算に関する明細書 • 次の事項を記載した書類 　①　相続の開始の日 　②　相続税の申告書を提出した日 　③　資産の取得費に相当する金額に加算する金額の計算の明細 　④　その他参考となるべき事項

(6) 特別な場合の更正の請求

次に掲げる者が、相続税の課税価格の計算の基礎に算入された資産の譲渡について、本特例を適用することにより、その者のその譲渡の日の属する年分の所得税額が過大となる場合又は純損失の金額、雑損失の金額、外国税額控除額若しくは還付を受けるべき金額が過少となる場合には、次に定める日まで更正の請求をすることができます（措法39④）。

図表 8 - 6 - 6　更正の請求の態様

更正の請求をすることのできる者	更正の請求の期限
相続財産に係る資産の譲渡をした日の属する年分の確定申告期限の翌日から相続税の申告期限までの間に相続税の期限内申告書の提出をした者	相続税の期限内申告書を提出した日の翌日から 2 か月を経過する日
相続財産に係る資産の譲渡をした日以後に、その相続財産に係る被相続人のその相続の開始の日に属する年分の所得税について法60条の 3 第 6 項前段の規定の適用があったことにより修正申告書の提出又は更正の請求による更正があった場合におけるその資産の譲渡をした者	その修正申告書の提出又は更正があった日の翌日から 4 か月を経過する日
相続財産に係る資産の譲渡をした日以後に、その相続財産に係る被相続人のその相続の開始の日に属する年分の所得税について法151条の 6 第 1 項に規定する事由が生じたことにより修正申告書の提出又は更正の請求による更正があった場合におけるその資産の譲渡をした者	

図表 8 - 6 - 7　更正の請求の適用要件

更正の請求の適用要件
本特例の規定の適用を受けようとする更正の請求書に、措法39条1項の規定の適用を受ける旨の記載があること（措法39⑤）。
本特例の適用を受けようとする更正の請求書に、次の書類の添付があること（措法39⑤、措規18の18②）。 • 措法39条1項の規定による譲渡所得の金額の計算に関する明細書 • 次の事項を記載した書類 　① 相続の開始の日 　② 相続税の期限内申告書を提出した日 　③ 資産の取得費に相当する金額に加算する金額の計算の明細 　④ その他参考となるべき事項

税理士のアドバイス　譲渡した資産ごとに計算

　(4)の適用要件にある譲渡した資産ごとに計算するとは、例えば、建物とその敷地である土地を譲渡した場合には、建物と土地を別の資産としてそれぞれに計算するということとなります。

税理士のアドバイス　本特例の対象となる資産

　本特例は、土地に係る譲渡所得に限らず、株式などを含め、譲渡益が生ずる資産の譲渡に係る譲渡所得について適用があります。

税理士のアドバイス　更正の請求ができない場合

　図表8-6-6の1段めの更正の請求については、本特例の適用を受けようとしても相続税額が確定していないために本特例の適用を受けられない者が更正の請求により本特例を適用できるようにするものですので、所得税の確定申告期限までに既に相続税申告書の提出をした者及びその相続税の期限内申告書の提出後に所得税の確定申告書の提出をした者については、この更正の請求をすることができないことに留意する必要があります。

【質疑応答】相続財産を譲渡した場合の取得費加算の特例

□　相続税の修正申告があった場合における譲渡所得の取得費加算
①　X年2月28日　相続開始 　②　X年12月23日　相続税申告 　③　Y年2月25日　相続財産の一部を譲渡 　④　Z年1月24日　相続税の修正申告 　上記のような事実関係において、③の譲渡に係る譲渡所得についてY年分確定申告時に措法39条

に規定する取得費加算の特例の適用を受けました。この場合、計算の基礎となる確定している相続税額は、④の修正申告後の税額によることとしてよいでしょうか。
⇒ 照会意見のとおりで差し支えありません。

□ 第1次相続の申告期限前に第2次相続が開始した場合の特例を適用できる譲渡の期限
相続税の申告期限前に第2次相続が開始したため、その第1次相続に係る申告期限が第2次相続に係る相続人が相続の開始があったことを知った日の翌日から10か月以内となった場合に、第2次相続に係る相続人が第1次相続に係る相続税について、措法39条に規定する取得費加算の特例の適用を受けることができる譲渡の期限はいつですか。
⇒ 第1次相続に係る相続税の申告書の提出期限前に第1次相続人がこの申告書を提出しないで死亡した場合には、その申告義務は第2次相続人に承継され、その申告期限は相続税法27条2項の規定により第2次相続の開始があったことを知った日の翌日から10か月以内となるため、この申告期限の日の翌日から3年以内に譲渡した場合には、特例の適用が認められます。

□ 用途上不可分の関係にある2以上の建築物を譲渡した場合
甲は、昨年に死亡した乙から乙の自宅であったA家屋、倉庫及びその敷地を相続しました。
今回、甲は、A家屋の耐震リフォームをした後、それらの全てを譲渡する予定ですが、被相続人の居住用財産に係る譲渡所得の特別控除の特例の適用を受けるほか、当該特例の適用を受けることができない部分について、相続財産を譲渡した場合の取得費加算の特例の適用を受けることができますか。
⇒ 甲は、被相続人の居住用財産に係る譲渡所得の特別控除の特例の適用を受けることができない部分について、相続財産を譲渡した場合の取得費加算の特例の適用を受けることができます。

□ 相続開始時点で売買契約中であった不動産の譲渡についての相続税額の取得費加算の特例の適用
土地等又は建物等の売買契約の締結後、当該土地等又は建物等の引渡し及び代金決済が未了の段階（以下「売買契約中」といいます。）でその売主又は買主が死亡した場合、その売買契約中の土地等又は建物等に係る譲渡所得の課税について、措法39条に規定する取得費加算の特例（以下「相続税額の取得費加算の特例」といいます。）の適用を受けることはできるのでしょうか。
また、この相続税額の取得費加算の特例の適用を受けられるとした場合、売買契約中であった土地等又は建物等に係る取得費に加算される相続税額の計算はどのようになりますか。
⇒ 売買契約中であった土地等又は建物等について、次に掲げる場合について、その譲渡所得の申告において相続税額の取得費加算の特例を適用して差し支えありません。
この場合の譲渡所得の計算における取得費に加算する相続税額の具体的な計算方法は、それぞれ次のとおりとなります。
① 売買契約中の売主に相続が開始し、その相続人が当該契約に係る譲渡所得の申告をする場合
相続人が譲渡した売買契約中の土地等又は建物等については、相続税の課税上、その売買契約に基づく相続開始時における残代金請求権に加え、相続開始時までに受領した手付金に相当する額がその課税価格の計算の基礎に算入されていると考えられることから、売買契約中の土地等又は建物等を相続人が譲渡したものとして申告する場合は、相続税の課税価格の計算の基礎とされたその譲渡資産の価額は当該土地等又は建物等の譲渡収入金額（残代金請求権＋手付金に相当する額）となります。
なお、その相続人の売買契約中の土地等又は建物等に係る譲渡収入金額から残代金請求権の価額を控除した金額（前受金債務に相当する額）は、その相続人の債務控除額に加算します。
② 売買契約中の買主に相続が開始し、その相続人が当該契約に係る土地等又は建物等を転売した場合
相続人が転売した売買契約中の土地等又は建物等に係る相続税の課税は、その土地等又は建物等の引渡請求権に対して行われ、その価額は原則として当該契約に係る取得価額とされますが、当該契約に係る土地等又は建物等を相続財産とする申告を行うことも認められ、その価額は当該土地等又は建物

等を財産評価基本通達により評価した価額とされます。

　したがって、売買契約中の買主に相続が開始した場合で、その相続人が当該土地等又は建物等を転売したときは、相続税の課税価格の計算の基礎とされたその譲渡資産の価額は相続税の申告内容に応じて、引渡請求権の価額（取得価額）又は土地等若しくは建物等の価額（財産評価基本通達により評価した価額）となります。

☐ 被相続人の死亡により信託の受益者となった相続人が、信託の終了に伴い信託財産であった非上場株式を取得してその発行会社に譲渡した場合における措法9条の7及び39条の適用の可否

　被相続人甲は、生前、信託銀行との間で、自己を委託者兼受益者、その信託銀行を受託者、信託財産を非上場会社の株式（以下「本件株式」といいます。）、甲の死亡後は子である乙を受益者とする内容の信託契約（以下、この契約に基づき設定される信託を「本件信託」といいます。）を締結していました。

　今回、甲が死亡したことにより、乙は本件信託の受益者となった後、本件信託の終了に伴って信託財産である本件株式を取得しました。

　このとき、乙が、甲の相続に係る相続税の申告書の提出期限の翌日以後3年を経過する日までに、本件株式をその発行会社に譲渡する場合、乙は、措法9条の7第1項に規定する特例（以下「みなし配当特例」といいます。）及び同法39条1項に規定する特例（以下「相続税額の取得費加算の特例」といいます。）の適用を受けることはできますか。

⇒乙は、みなし配当特例及び相続税額の取得費加算の特例の適用を受けることができます。

☐ 取得費加算の特例の適用に係る譲渡資産について、相続により取得した株式のほかに贈与により取得した株式もある場合

　私は、甲（被相続人）の死亡に伴いA社株式を相続により取得しましたが、当該相続の開始前に甲から贈与によりA社株式を取得し、当該A社株式について相続時精算課税の適用を受けていたため、甲に係る相続税の課税価格には、相続により取得したA社株式の価額と相続時精算課税の適用を受けたA社株式の価額が含まれています。

　甲の相続開始から1年後、上記のとおり取得したA社株式のうち一部を譲渡することになりました。

　この場合、措法39条1項に規定する取得費加算の特例の適用に当たっては、甲に係る相続税の課税価格の計算の基礎に算入された"相続により取得したA社株式"と"贈与により取得したA社株式"のどちらも対象となりますが、当該算入された株式の価額（1株当たりの価額）が高い方から譲渡したものとして取り扱ってよろしいでしょうか。

　また、上記の贈与が、相続の開始前3年以内に受けたものであり、暦年課税により贈与税の申告を行っていた場合でも、上記と同様に取り扱ってよろしいでしょうか。

⇒照会のとおり、租税特別措置法39条第1項に規定する取得費加算の特例の適用に当たっては、甲に係る相続税の課税価格の計算の基礎に算入された株式の価額（1株当たりの価額）が高い方から譲渡したものとして取り扱うことができます。

　また、相続の開始前3年以内に甲から贈与により株式を取得し暦年課税により贈与税の申告を行っていた場合でも同様に取り扱うことができます。

【文書回答事例】相続財産を譲渡した場合の取得費加算の特例

- 相続財産に係る株式をその発行した非上場会社に譲渡した場合のみなし配当課税の特例の適用関係について（相続開始前に同一銘柄の株式を有している場合）

- 相続により取得した株式が完全子会社化を目的とする少数株主排除の手続により買い取られる場合における措置法第39条の適用について

相続財産に係る譲渡所得の課税の特例の適用関係フローチャート

相続財産の取得費に加算される相続税額の計算明細書の記載手順（措法39）

【設例】 相続財産である土地及び建物を譲渡した場合

1 令和5年5月1日に父が死亡し、アパート（建物）及びその敷地（土地）並びにその他の財産を相続した。
2 令和6年3月1日に父の相続に係る以下の内容の相続税の申告書を提出した。

		合　計	譲渡者
①	取得財産の価額	545,000,000	300,000,000
	うち　土地（アパートの敷地）	120,000,000	
	うち　建物（アパートの建物）	20,000,000	
③	債務及び葬式費用の金額	3,000,000	
④	純資産価額	542,000,000	300,000,000
⑥	課税価格	542,000,000	300,000,000
⑦	相続税の総額	166,000,000	
㉒	相続税額（小計）	165,999,900	91,881,900

3 令和6年5月1日にアパート（建物）及びその敷地（土地）を3億円で譲渡した。
4 譲渡したアパート（建物）及びその敷地（土地）の詳細は以下のとおり。

		譲渡価額	譲渡費用	取得	譲渡益
1	建物	30,000,000	1,200,000	23,800,000	5,000,000
2	土地	270,000,000	8,300,000	21,700,000	240,000,000

手順1　相続財産に係る明細（譲渡者の住所、氏名、相続の開始があった日、譲渡した相続財産の所在地、相続税評価額等）を計算明細書の該当欄に記載します。

手順2　「1　譲渡した相続財産の取得費に加算される相続税額の計算」欄の相続税の課税価格（B）を記載します。この場合には、譲渡者に係る相続税の課税価格を記載します。

手順3　「1　譲渡した相続財産の取得費に加算される相続税額の計算」欄の相続税額（C）を記載します。この場合にも、譲渡者に係る相続税額を記載するのですが、譲渡者が贈与税額控除又は相次相続控除を受けている場合には、「相続税の申告書の第1表の⑲の小計がある場合とない場合」に分けて「2」又は「3」により相続税額を計算します。

手順4　「1　譲渡した相続財産の取得費に加算される相続税額の計算」欄の相続税評価額（A）、相続税の課税価格（B）及び相続税額（C）から取得費に加算される相続税額（D）を計算し、記載します。この場合において、Dの金額は譲渡益の金額が限度となります。

相続財産の取得費に加算される相続税の計算明細書

| 譲渡者 | 住所 | ○○○ | 氏名 | ○○ ○○ |
| 被相続人 | 住所 | ○○○ | 氏名 | ○○ ○○ |

| 相続の開始があった日 | 令和5年5月1日 | 相続税の申告書を提出した日 | 令和6年3月1日 | 相続税の申告書の提出先 | ○○ 税務署 |

○令和五年一月一日以後相続開始用

1　譲渡した相続財産の取得費に加算される相続税額の計算

所在地		○○○	○○○	
種類		土地	建物	
利用状況 数量		貸家建付地　400m²	貸家　400m²	
譲渡した年月日		令和6年5月1日	令和6年5月1日	年　月　日
相続税評価額	Ⓐ	120,000,000 円	20,000,000 円	円
相続税の課税価格	Ⓑ		300,000,000 円	
相続税額	Ⓒ		91,881,900 円	
取得費に加算される相続税額（Ⓒ×Ⓐ/Ⓑ）	Ⓓ	36,752,760 円	(6,125,460) / 5,000,000 円	円

【贈与税額控除又は相次相続控除を受けている場合のⒸの相続税額】

2　相続税の申告書第1表の⑲の小計の額がある場合

贈与税額分の贈与税額控除額	Ⓔ	円
相次相続控除額	Ⓕ	円
相続時精算課税分の贈与税額控除額	Ⓖ	円
小計の額	Ⓗ	円
相続税額（Ⓔ+Ⓕ+Ⓖ+Ⓗ）		円

3　相続税の申告書第1表の⑲の小計の額がない場合

算出税額	Ⓘ	円
相続税の2割加算が行われる場合の加算金額	Ⓙ	円
合計（Ⓘ+Ⓙ）		円
配偶者の税額軽減額	Ⓚ	円
未成年者控除額	Ⓛ	円
障害者控除額	Ⓜ	円
外国税額控除額	Ⓝ	円
医療法人持分税額控除額	㉚	円
計（Ⓚ+Ⓛ+Ⓜ+Ⓝ+㉚）		円
相続税額（Ⓘ-㉚）		円

| 関与税理士 | | 電話番号 | |

（資6-11-A4統一）

税務署のチェックポイント

① 譲渡した年月日が相続の開始のあった日から3年10か月以内となっているか。
② 相続税の申告書と同内容の記載となっているか。
③ 取得費に加算される相続税額は譲渡益を超えていないか。
④ 譲渡した資産が複数ある場合には、資産ごとに計算がなされているか。

【令和6年分用】

特例適用審査表（措法39：相続財産に係る譲渡所得の課税の特例）

1 整理・点検

	あり	なし
(1) 確定申告書への特例適用の記載	☐	☐
(2) 譲渡所得の内訳書（確定申告書付表兼計算明細書）の記載・提出	☐	☐
(3) 相続財産の取得費に加算される相続税の計算明細書の記載・提出	☐	☐

(4) 添付書類（任意添付書類）
　　相続税額及び相続税額に係る課税価格の資産ごとの明細等を記載した書類（次の書類など）

相続税の申告書第1表、11表、11の2表、14表、15表		☐

(5) 相続税の申告書等の内容

		済
イ　この審査表の作成日現在で最終処理の相続税の申告書等（写し）の確認をしたか		☐

　　※ 　　　　　　　　　　　　　　　　　　　　　　　　　　　　　　　　

　　（注）

	あり	なし
ロ　譲渡者は、贈与税額控除・相次相続控除の適用をしているか(措法39⑥、措通39-4)	☐	☐
⇒　計算明細書の「贈与税額控除又は相次相続控除を受けている場合の相続税額」の計算に注意！		
ハ　代償金を他の相続人に支払っていないか(措通39-7)	☐	☐
⇒　支払っている　⇒　「計算明細書」の裏面の計算に注意！		

根拠条文等	措法39・措令25の16・措規18の18・措通39-1～15

2 審査

A 譲渡資産に関する検討

審査項目	適	否	審査上の留意事項・審査事績
① 相続開始の日の翌日～相続税申告期限の翌日以後3年を経過する日までの譲渡か？			◆ 相続開始年月日　　　　　　　　　　年　　月　　日 　　譲渡の日　　　　　　　　　　　　年　　月　　日 　　相続税の申告期限　　　　　　　　年　　月　　日 　　申告期限の翌日から3年を経過する日　年　　月　　日 　※ 所得税の納税義務の成立後（死亡等を除き、譲渡の年の12月31日）に相続税の期限後申告又は決定があった場合は、特例の適用がない（措通39-1、2）
② 譲渡物件は相続財産か？			◆ 相続以前から所有していた部分を併せて譲渡した場合、相続により取得した部分のみが対象《要注意》
③ 譲渡資産の面積(数量)と相続税申告の面積(数量)は同一か？			◆ 譲渡に際して実測している場合に注意 　⇒ 相続税の修正申告の勧奨or減額更正が必要！ ◆ 増築、増改等に注意！
④ 他の特例との併用？			◆ 交換、買換え等の特例を受けている場合は「計算明細書」の裏面参照　⇒ 措通39-6 ◆ その譲渡資産の譲渡につき措法35③の特例を受ける場合⇒適用不可！
⑤ 加算額は、譲渡資産に対応する部分の相続税額か？			◆ 相続税の取得費加算額は、譲渡資産が、その資産に対応する部分 　⇒ 対応する部分の相続税額

【令和6年分用】
B 取得費加算額の計算項目

審査項目	適	否	審査上の留意事項・審査事績
⑥ 代償金を支払って取得した相続財産の譲渡ではないか？ ⇒ 該当する場合、加算額の調整計算は適切に行われているか？			◆ 取得費加算額の計算（措通39－7） 確定相続税額×｛B－C×B÷（A＋C）｝÷A A：その者の相続税の課税価格（債務控除前） B：譲渡をした資産の相続税評価額 C：支払代償金 ◆ 支払代償金の価額Cの計算（相通11の2－10） Ⓐ×（Ⓒ/Ⓑ） Ⓐ：代償債務の額 Ⓑ：代償分割の対象となった財産の代償分割の時における価額 Ⓒ：代償分割の対象となった財産の相続開始の時における価額 ◆ 譲渡資産が、代償分割の対象となった資産か否かにかかわらず、加算額の調整計算を行う必要があることに留意！ ◆
⑦ 取得費加算により譲渡所得がマイナスとなっていないか？			◆ 譲渡益が限度（措令25の16①） 譲渡益＝収入金額－（取得費＋譲渡費用） ※ 建物は譲渡損失となることが多いため要注意！
⑧ 譲渡物件が2以上あり、その内に譲渡所得がマイナスとなるものがないか？			◆ 取得費加算は、所得内通算前で行う。 『例』 a） A土地の譲渡益　　2,000万円 　　　b） B土地の譲渡損　　△1,000万円 　　　c） A土地に取得費加算できる相続税額 1,500万円 　　（A土地の譲渡益）（取得費加算）（A土地の所得） 計算：　2,000万円　－　1,500万円　＝　500万円 　　　　　　　　　　　　　　　　　　（譲渡所得） 　　　500万円と△1,000万円の所得内通算 ⇒ △500万円
⑨ 相続人がこの特例を適用可能な期間内に死亡していないか（相次相続に係る財産の譲渡）？			◆ 特別の計算あり！（措通39－11）

特例適用審査表は、情報公開請求により入手した令和5年版（右のQRコードからダウンロードすることができます）を基に令和6年分として使用できるように改訂しています。　　　　　　は、情報公開法により不開示となった部分です。

7 国外中古建物の譲渡をした場合の取得費の計算の特例

(1) 特例の概要

　個人が、国外中古建物の不動産所得に係る損益通算の特例の適用を受けた国外中古建物の譲渡をした場合には、その譲渡による譲渡所得の金額の計算上、その取得費から控除することとされる償却費の額の累計額から、当該国外中古建物の不動産所得に係る損益通算の特例の適用により生じなかったものとみなされた損失の金額に相当する金額の合計額を控除することとされています（措法41の4の3③）。

図表8-7-1　国外中古建物の範囲

国外中古建物の範囲（措法41の4の3②一、措規18の24の2①）
国外中古建物とは、個人において使用され、又は法人（人格のない社団等を含みます。）において事業の用に供された国外にある建物であって、個人が取得をしてこれを当該個人の不動産所得を生ずべき業務の用に供したもの（当該不動産所得の金額の計算上当該建物の償却費として必要経費に算入する金額を計算する際に耐用年数を一定の方法により算定しているものに限ります。）をいいます。 　（注）　上記の「耐用年数を一定の方法により算定しているもの」とは、その建物の償却費として必要経費に算入する金額を計算する際に、見積法又は簡便法により耐用年数を計算しているものをいいます。

図表8-7-2　見積法及び簡便法の概要

区分	分
見積法（減価償却資産の耐用年数等に関する省令3①一、規18の24の2①一）	資産をその用に供した時以後の使用可能期間の年数を耐用年数とする方法をいいます。ただし、次に掲げるいずれかの書類によって当該使用可能期間が適当であることの確認ができる建物は除かれます。 イ　使用可能期間を当該建物が所在している国の法令に基づく耐用年数に相当する年数としている旨を明らかにする書類 ロ　不動産鑑定士又は当該建物の所在している国における不動産鑑定士に相当する資格を有する者の当該建物の使用期間を見積もった旨を証する書類 ハ　当該建物をその者が取得した際の取引の相手方又は仲介をした者の当該建物の使用可能期間を見積もった旨を証する書類（イ及びロに掲げる書類によることが困難である場合に限られます。）
簡便法（減価償却資産の耐用年数等に関する省令3①二、措規18の24の2①二）	次に掲げる資産の区分に応じそれぞれ定める年数（その年数が2年に満たないときは、2年とされます。）を耐用年数とする方法をいいます。なお、簡便法を適用できるのは、上記の「見積法」によることが困難な資産に限られます。 イ　法定耐用年数の全部を経過した資産…当該資産の法定耐用年数の20％に相当する年数 ロ　法定耐用年数の一部を経過した資産…当該資産の法定耐用年数から経過年数を控除した年数に、経過年数の20％に相当する年数を加算した年数

(2) 国外中古建物を譲渡した場合の譲渡所得の金額の計算

① 所得税法における譲渡所得の金額の計算上控除する資産の取得費

　譲渡所得の金額の計算上控除する資産の取得費は、別段の定めがあるものを除き、その資産の取得に要した金額並びに設備費及び改良費の額の合計額とされています（法38①）。また、譲渡所得の

基因となる資産が「家屋その他使用又は期間の経過により減価する資産である場合には、上記の資産の取得費は、上記の合計額に相当する金額から、その取得の日から譲渡の日までの期間のうち次に掲げる期間の区分に応じ次に定める金額の合計額を控除した金額とされています（法38②）。

図表 8 - 7 - 3　取得費から控除する償却費の金額

区　分	控除する金額
その資産が不動産所得等を生ずべき業務の用に供されていた期間	減価償却資産の償却費の計算及びその償却の方法の規定（法49）により当該期間内の日の属する各年分の不動産所得等の金額の計算上必要経費に算入されるその資産の償却費の額の累積額
上記の期間以外の期間	減価償却資産の償却費の計算及びその償却方法の規定（法49）に準じて一定の計算をしたその資産の当該期間に係る減価の額

② 国外中古建物の不動産所得に係る損益通算の特例の適用を受けた場合の譲渡所得の金額の計算上控除する資産の取得費

　国外中古建物の不動産所得に係る損益通算の特例の適用を受けた国外中古建物の譲渡をした場合において、当該譲渡による譲渡所得の金額の計算上控除する資産の取得費を計算するときにおける国外中古建物の取得費は、上記図表 8 - 7 - 3 上欄の「控除する金額」から国外中古建物の不動産所得に係る損益通算の特例の規定により生じなかったものとみなされた損失の金額に相当する金額の合計額（下記(3)を参照）を控除した金額とすることとされています（措法41の 4 の 3 ③）。

(3)　国外中古建物の不動産所得に係る損益通算の特例

　個人が、令和 3 年以後の各年において国外中古建物から生ずる不動産所得を有する場合において、その年分の不動産所得の金額の計算上、国外不動産所得の損失の金額があるときは、当該国外不動産所得の損失の金額に相当する金額は、所得税に関する法令の規定の適用については、生じなかったものとみなされます（措法41の 4 の 3 ①）。

　（注）　上記の「国外不動産所得の損失の金額」とは、個人の不動産所得の金額の計算上、国外中古建物の償却費の額に相当する部分の金額として一定の計算をした金額をいい、その年分の不動産所得の金額の計算上必要経費に算入した国外中古建物ごとの償却費の額のうち次の図表 8 - 7 - 4 の区分に応じて次に定める金額の合計額とされています（措法41の 4 の 3 ②二、措令26の 6 の 3 ①）。

図表 8 - 7 - 4　国外不動産所得の損失の金額

区　分	損失の金額
国外中古建物の償却費の額＞国外中古建物の貸付けによる損失の金額	当該損失の金額
国外中古建物の償却費の額≦国外中古建物の貸付けによる損失の金額	当該償却費の額に相当する金額

(4)　適用・申告要件

　本特例の適用は、強制適用であり、適用要件及び申告要件はありません。

| 税理士からのアドバイス | 国外中古建物の不動産所得の損失の金額と譲渡所得における取得費 |

　本特例の適用については、申告要件などはないことから、仮に国外中古建物に係る不動産所得の計算上、生じなかったものとみなされる損失の金額を所得税の計算において控除していたとしても、その国外中古建物を譲渡した場合の譲渡所得の計算において、その生じなかったものとみなされた損失の金額は、その国外中古建物の取得費に加算することになります。
　ただし、不動産所得については、修正申告をする必要が生じます。

国外中古建物の譲渡をした場合の取得費の計算の特例の適用関係フローチャート

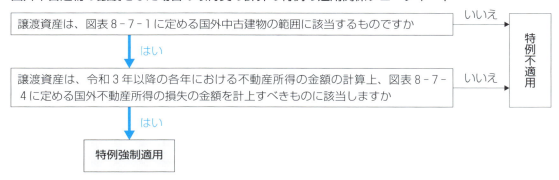

土地等を譲渡した場合等のその他の特例のチェックポイント

【固定資産を交換した場合の課税の特例（法58）】

☐ 交換資産が棚卸資産ではないか。
　☞ 不動産販売業者が販売目的で保有する土地建物（棚卸資産）は固定資産に該当しないので、交換の特例の適用はありません。

☐ 土地建物の交換の場合、交換差金の割合（20％以内）の判定は適切か。
　☞ 土地と建物の合計額が等価であっても、土地と建物はそれぞれ別個に交換差金の割合の判定を行います（基通58-4）。

☐ 交換取得資産を事業用に使用した場合、減価償却費の計算は適切か。
　☞ 交換取得資産の取得価額は、交換譲渡資産の取得価額を引き継ぎます（令168）。

【譲渡代金が貸倒れとなった場合の課税の特例（法64①）】

☐ 譲渡代金の全部又は一部を回収することができないこととなった場合に該当するか。
　☞ 譲渡代金を回収することができなくなったかどうかの判定は、基通64-1において準用する基通51-11に掲げる事実が生じているか否かにより判定します。

☐ 回収不能額を確認したか。
　☞ 譲渡代金の回収不能額は、基通64-1において準用する基通51-11に掲げる事実に応じてそれぞれに定める金額となります。

☐ 譲渡所得の金額の計算上なかったものとみなされる額の計算は正しく行われているか。

☞ 譲渡所得の金額の計算上なかったものとみなされる金額の計算については、基通64-2の2により計算することになります。

【保証債務を履行するために資産を譲渡した場合の特例（法64②）】

☐ 保証債務の履行に該当するか。

☞ 保証債務の履行があった場合とは、保証人の債務又は連帯保証人の債務の履行があった場合のほか、連帯債務者の債務の履行、持分会社の無限責任社員による会社の債務の履行、法律の規定により連帯して損害賠償の責任がある場合において、その損害賠償金の支払があったとき等が該当します（基通64-4）。

☐ 求償権が行使不能である状況を確認したか。

☞ 債務者の資産状況（債務超過の状態が相当期間継続している場合等）、支払能力等を総合判断したところにより、求償権の行使不能の有無を判断します（基通64-1、51-11～51-16）。

☐ 後発的事由により求償権が行使不能になった場合、更正の請求を忘れていないか。

☞ 求償権の行使が不能となった日の翌日から2か月以内又は法定申告期限から5年以内に更正の請求をすることができます。

【既成市街地等内にある土地等の中高層耐火建築物等の建設のための買換え等の場合の課税の特例（措法37の5）】

☐ 譲渡資産及び買換資産は、特例要件に該当しているか。

☞ 譲渡資産は措法37条の5第1項の表の各号の上欄に該当する資産で、かつ、買換資産は同表各号の下欄に対応する資産であるものに限られます。

☐ 譲渡資産の譲渡及び買換資産の取得は、特例要件に該当しているか。

☞ 譲渡資産の譲渡及び買換資産の取得には、一定の要件が定められています。

☐ 買換資産は、一定の期限までに事業の用又は居住の用に供しているか。

☞ 買換資産は、取得の日から1年以内に譲渡の態様により定められた用に供する必要があります。

☐ やむを得ない事由により買換資産の取得が遅延する場合、その取得期限について「承認申請書」を提出したか。

☞ 承認を受けることにより、税務署長が認定した日まで買換資産の取得期限が延長されます。

☐ 買換資産を事業の用に供する場合には、取得価額の計算は正しいか。

☞ 減価償却費の計上の基礎となる買換資産の取得価額は、譲渡資産の取得価額を引き継ぐこととされています。

【特定の交換分合により土地等を取得した場合の課税の特例（措法37の6）】

☐ 交換譲渡資産及び交換取得資産は、特例要件に該当しているか。

☞ 交換譲渡資産は措法37条の6第1項各号に該当する譲渡をした資産で、かつ、交換取得資産は同項各号に対応する資産であるものに限られます。

☐ 交換譲渡資産と交換取得資産の譲渡及び取得は、一定の交換分合により行われているか。

☞ 交換分合は、本特例に規定されている交換分合の要件に該当するものでなければ、本特例は適用できません。

□ 買換資産を事業の用に供する場合には、取得価額の計算は正しいか。

☞ 減価償却費の計上の基礎となる買換資産の取得価額は、譲渡資産の取得価額を引き継ぐこととされています。

【特定普通財産とその隣接する土地等の交換の場合の課税の特例】（措法37の8）

□ 交換により譲渡する土地等及び取得する土地等は、特例要件に該当しているか。

☞ 交換により譲渡する土地等は措法37条の8第1項に規定する所有隣接土地等であり、取得する土地等は同項に規定する特定普通財産に限られます。

□ 交換により取得した資産を事業の用に供する場合には、取得価額の計算は正しいか。

☞ 減価償却費の計上の基礎となる交換により取得した資産の取得価額は、交換により譲渡した資産の取得価額を引き継ぐこととされています。

【相続財産に係る譲渡所得の課税の特例】

□ 譲渡資産は、相続税の課税価格の計算の基礎に算入された財産であるか。

☞ 本特例の適用対象となる財産は、相続又は遺贈により取得した財産以外にも相続税法19条又は21条の14から21条の18までの規定により相続税の課税価格の計算の基礎に算入される贈与財産も対象となります。

□ 譲渡財産の譲渡は、相続税の申告書の提出期限の翌日以後3年を経過する日までに行われているか。

☞ 相続税の申告書の提出期限は、図表8-6-4のとおり、相続税法27条1項の相続の開始があったことを知った日の翌日から起算して10か月後の応当日の前日だけではなく、同法29条1項又は31条2項の規定による場合があります。

□ 本特例の計算は、譲渡財産ごとに行われているか。

☞ 本特例の計算は、各譲渡財産ごとに計算し、それぞれの譲渡財産の譲渡益が限度となります。

【国外中古建物の譲渡をした場合の取得費の計算の特例】（措法41の4の3）

□ 譲渡した建物は、国外中古建物に該当するか。

☞ 本特例の適用対象となる国外中古建物の要件は、図表8-7-1を参照してください。

□ 本特例は、令和3年分以降の所得税について適用されます。

☞ 本特例は、令和3年分以降の不動産所得における損益通算の特例の対象となる国外中古建物に係る譲渡所得の計算に用いられることに留意する必要があります。

□ 過去の不動産所得は正しく申告されているか。

☞ 本特例は、過去の不動産所得の申告とは関わりなく適用されるものですが、過去の不動産所得について修正申告が必要であるか検討する必要があります。

第9章　株式等に係る譲渡所得

1　申告分離課税

(1)　概　要

株式等に係る譲渡所得とは、株式、出資金等の有価証券の譲渡により生じる所得をいいます。

「株式等」には、株式のほか、出資、投資信託、公社債、特定受益証券発行信託の受益権のほか、外国法人が発行するこれらのものも含まれます。

このうち、上場されているもの、又は公募によるものなどを「上場株式等」と呼びます。上場株式等には上場株式、公募投資信託、特定公社債（上場又は公募の公社債など）、ETF、ETN、上場REITなどのほか、外国法人が発行するこれらのものが含まれます。金融機関等を通じて購入できる有価証券のうち多くは、「上場株式等」に分類されます。

「株式等」のうち、「上場株式等」に当てはまらないものを、一般株式等と呼び、非上場株式、私募投資信託、一般公社債（特定公社債以外の公社債）などが該当します。

株式等の譲渡により生じる所得を、株式等に係る譲渡所得等といい、他の所得と区分して税金を計算する申告分離課税となります。

また、上場株式等の売買については、特定口座制度があり、この特定口座での取引については、源泉徴収口座か簡易申告口座（源泉徴収なし口座）を選択することができます。

なお、「源泉徴収口座」内における譲渡損益については、原則として、確定申告をする必要はありませんが、確定申告をすることにより、他の口座の譲渡損益との相殺や譲渡損失の繰越控除の特例の適用などメリットを受けることができます。

※　源泉徴収口座（源泉口座）とは、特定口座のうち源泉徴収を選択した口座です。
　　簡易申告口座（簡易口座）とは、特定口座のうち源泉徴収なしの口座です。

図表9-1-1　上場株式等と一般株式

	一般株式等	・上場株式等以外の株式
株式等	上場株式等	・金融商品取引所に上場されている株式等（上場株式、上場投資信託の受益権（ETF）、上場不動産投資法人の投資口（J-REIT）、ベンチャーファンド、カントリーファンド） ・投資信託でその設定に係る受益権の募集が公募によるもの（公募株式等証券投資信託の受益権、公募公社債投資信託の受益権） ・特定公社債（国債、地方債、外国国債、公募公社債）など ・外国金融商品市場において売買されている株式等 ・外国又はその地方公共団体が発行し、又は保証する債権 ・国外において発行された公社債で、「売出し公社債」など一定のもの ・外国法人が発行し、又は保証する債権で一定のもの ・日本銀行出資証券

330

図表 9-1-2　口座の種類

一般口座	次の各口座以外の口座
特定口座	証券会社等に開設され、委託契約により上場株式等の保管の委託又は上場株式等の信用取引等に係る口座
特別口座	株券電子化までに証券保管振替機構（ほふり）に預託していない上場会社の株券や登録株式について株主の権利を保全するために、発行会社の申出により信託銀行等の株主名簿管理人に開設される口座 当該口座の株式を売買・譲渡・贈与するには、あらかじめ証券会社等に本人の取引口座を開設し、株式を振り替える必要があります。
特別管理口座	特定口座で保有している国内株式が上場廃止となった際、引き続き保管するための口座 当該口座で価値喪失となった株式は、確定申告によりみなし譲渡損失の特例が適用できます。
非課税口座	NISA

図表 9-1-3　主な商品の所得区分

商品区分	譲渡損益	配当・利子・分配金
上場株式	上場株式等の譲渡所得等 ⇒源泉徴収は選択、源泉徴収なしの場合は確定申告が必要 （源泉徴収ありの特定口座の場合、申告不要とすることも可能）	上場株式等の配当所得 ⇒源泉徴収あり、確定申告不要 （確定申告することも可能）
公募投資信託		
ETF		
上場REIT		
特定公社債		上場株式等の利子所得 ⇒源泉徴収あり、確定申告不要 （確定申告することも可能）
公募公社債投信		

図表 9-1-4　株式等の譲渡所得の概要

株式等取引区分			申告の要否		上場株式等の配当所得等との損益通算、前年からの繰越し控除、翌年への損失繰越し
上場株式等	金融商品取引業者での譲渡	非課税口座	申告不可		×
		特定口座　源泉徴収あり（源泉徴収口座）	選択	申告不要	×
				申告要	○
		特定口座　源泉徴収なし（簡易申告口座）	申告要		○
		一般口座			
	相対取引による譲渡				×
一般株式					

331

図表 9 - 1 - 5　株式等の課税方式による税率

課税方式	譲渡所得区分	税　率　等
申告分離	上場株式等 一般株式等	・一般口座、特定口座（簡易口座）による取引 ・税率は20.315％（所得税15.315％※、住民税5％）
源泉分離等	上場株式等	・特定口座（源泉口座）による取引 ・所得の20.315％（所得税15.315％※、住民税5％）が源泉徴収され、原則として確定申告は不要 ・他の証券口座との通算をする場合は確定申告も可能

※　平成25年分以後、所得税率×2.1％相当の復興特別所得税が上乗せされています。

(2) 譲渡所得等の金額の計算
① 概　要

株式等に係る譲渡所得等は「上場株式等」と「一般株式等」に課税の取扱い上区分し、課税所得の計算上、さらに「譲渡所得」「事業所得」、「雑所得」に区分します。

なお、譲渡所得、事業所得、雑所得に分類したとしても、上場株式等と一般株式等との通算はできませんし、株式等に係る譲渡所得等以外の譲渡所得、事業所得、雑所得間の通算もできませんが、上場株式等と一般株式等内での通算は所得区分にかかわらずできます。

【株式等の譲渡による所得の区分（措通37の10・37の10共-2）】

所得区分		所得区分の概要
事業所得 雑所得	上場株式等	株式等の譲渡が営利を目的として継続的に行われている場合や信用取引等の方法によるもの
	一般株式等	株式等の譲渡が営利を目的として継続的に行われている場合
譲渡所得	上場株式等	所有期間が1年を超えるもの
	一般株式等	原則として譲渡所得

株式等に係る譲渡所得等の所得区分の実益は、同一銘柄を複数回にわたり取得した場合の取得価額の計算や譲渡所得の特例の適用（譲渡所得の場合には、相続税の取得費加算の特例（措法39）、保証債務の特例（法64②）が認められます。）、譲渡費用の範囲（事業所得、雑所得の場合には、口座管理料、投資顧問料などが認められます。）にあります。

【譲渡所得の場合】

【事業所得又は雑所得の場合】

図表 9-1-6　課税計算上の区分による取扱いの相違

区　分	上場株式等			一般株式等		
	譲渡所得	雑所得	事業所得	譲渡所得	雑所得	事業所得
保証債務、相続税額の取得費加算	○		×	○		×
口座管理料、投資顧問料等の必要経費	×		○	×		○
取得価額の計算方法	総平均法に準ずる方法		総平均法	総平均法に準ずる方法		総平均法
所得区分間の通算	○			○		
	上場株式等と一般株式等は×					

（注1）　申告分離課税となる「上場株式等の譲渡所得」又は「一般株式等の譲渡所得」の計算では、所得税法に規定されている譲渡所得に係る50万円の特別控除や長期譲渡所得に係る2分の1課税の特例の適用はありません。

（注2）　所得税法上の控除対象配偶者、扶養親族、寡婦、ひとり親、勤労学生等の所得要件に該当するかどうかの判定に当たっては、「上場株式等の譲渡所得」又は「一般株式等の譲渡所得」の金額を含めて行うこととされています。ただし、特定口座のうち源泉徴収口座内の上場株式等譲渡所得等の金額について、(3)⑦「申告不要の特例」（303頁参照）を選択した場合には、その金額を含めずに上記の所得要件の判定を行うこととなります。

②　株式等の譲渡に係る収入金額とみなされる所得

　「上場株式等又は一般株式等に係る譲渡所得に係る収入金額」は、その株式等の譲渡の対価としてその年において収入すべき金額をいいますが、次に掲げる場合は、上場株式等又は一般株式等に係る譲渡所得に係る収入金額とみなされます。

(イ)　法人の分割、合併等により金銭等の交付を受ける場合（配当とみなされる部分を除きます。）

(ロ)　公社債の元本の償還等により金銭等の交付を受ける場合

(ハ)　投資信託若しくは特定受益証券発行信託の受益権又は社債的受益権について交付を受ける金銭等で収入金額とみなされる場合

③　株式等の譲渡所得等の取得費等

　株式等に係る譲渡所得の取得費は、株式等の購入金額のほかに購入時の委託手数料等の費用が含まれます。また、同一銘柄を2回以上にわたって取得した場合の取得費は、譲渡所得又は雑所得の場合は購入ごとに取得単価を平均する方法（総平均法に準ずる方法※1）、事業所得の場合は総平均法※2により計算します。なお、信用取引による場合は個別対応により計算します。

※1　2回以上にわたって取得した同一銘柄の株式等を最初に取得した時（又は既にその株式を譲渡している場合には、その直前の譲渡の時）において有していたその株式等及びその期間内に取得した株式等について総平均により1単位当たりの金額により計算した金額を取得価額とする方法

※2　株式をその種類及び銘柄の異なるごとに区別し、その種類及び銘柄の同じものについて、①その年の1月1日において有していた取得価額の総額と、②その年中に取得した取得価額の総額との合計額をこれらの株式等の総数で除して計算した価額をその1単位当たりの取得価額とする方法

　その他の取得費に関する事項は次のとおりです。

333

イ 株式等の取得費は、原則として次の区分に応じてそれぞれ次の金額となります。

図表9-1-7 取得の態様に応じた取得費

区　　分	取得費の額
金銭の払込みにより取得した株式	その払込みをした金銭の額
特定譲渡制限付株式	譲渡についての制限が解除された日における価額
発行法人から与えられた新株引受権等	その権利行使の日における価額
発行法人に対し新たな払込み又は給付を要しないで取得した株式、新株予約権のうち当該発行法人の株主として与えられる場合の株式又は新株予約権	零
購入した有価証券	その購入の代価
上記以外の方法により取得	その取得の時における取得のために通常要する費用

図表9-1-8 取得価額の計算例

売買年月日	売買の別	数量	単価	金　額
①令和6年1月29日	取得	3,000株	1,580円	4,740,000円
②令和6年3月29日	株式分割	300株（1：1.1）	－	－
③令和6年6月25日	譲渡	2,000株	1,650円	3,300,000円
④令和6年7月30日	取得	5,000株	1,600円	8,000,000円
⑤令和6年10月7日	取得	3,000株	1,660円	4,980,000円
⑥令和6年12月9日	譲渡	5,000株	1,690円	8,450,000円

総平均法

・③で譲渡した2,000株、⑥で譲渡した5,000株の取得価額

$$\frac{4,740,000円＋8,000,000円＋4,980,000円}{3,000株＋300株＋5,000株＋3,000株}＝1,568.1\cdots円\rightarrow1,569円（端数切上げ）$$

・③及び⑥で譲渡したことによる譲渡益

$$（3,300,000円＋8,450,000円）－（1,569円×7,000株）＝767,000円$$

総平均法に準ずる方法

・③で譲渡した2,000株の取得価額及び譲渡益

$$\frac{4,740,000円}{3,000株＋300株}＝1,436.3\cdots円\rightarrow1,437円（端数切上げ）$$

譲渡益＝3,300,000円－（1,437円×2,000株）＝426,000円

③の譲渡後の1,300株の取得価額　1,437円×1,300株＝1,868,100円

・⑥で譲渡した5,000株の取得価額及び譲渡益

$$\frac{1,868,100円＋8,000,0000円＋4,980,000円}{1,300株＋5,000株＋3,000株}＝1,596.5\cdots\rightarrow1,597円（端数切上げ）$$

> 譲渡益＝8,450,000円－1,597円×5,000株＝465,000円
>
> ※購入時の委託手数料等は取得価額に含まれますが、便宜上考慮していません。

ロ　実際の取得費（取得価額）が、その株式等の譲渡収入金額の5％に満たない場合には、その5％相当額を取得費として申告することができます（基通38-16、措通37の10・37の11共-13）。

ハ　相続又は遺贈により取得した株式等を相続税の申告期限から3年以内に譲渡した場合には、相続税納付額のうち次の計算により算出された金額を取得費に加算できます（措法39）。

【取得費に加算される相続税の計算式】

取得費に加算される相続税額[1] ＝ 相続税額 × $\dfrac{\text{譲渡した株式等の相続税評価額}}{\text{相続税の課税価格}[2]}$

※1　取得費に加算される額は譲渡益を限度とします。
※2　相続税の課税価格は、債務、葬式費用控除前の金額です。

④　借入金の利子

その年において譲渡した上場株式等又は一般株式等を取得するために要した借入金の利子でその年中に支払うべきものは、上場株式等又は一般株式等に係る譲渡所得等の収入金額から控除できます。なお、その年中に譲渡しなかった株式等を取得するために要した負債の利子は、配当等の収入金額から控除します。

⑤　上場株式等の取得価額の確認方法

上場株式等の取得価額の確認方法は、次の(イ)から(ホ)の順番に従って行います。

(イ)　株式等を取得した証券会社などから送られてくる取引報告書、月次報告書、受渡計算書などの書類があれば、そこに記載のある取得金額（書類を作成した当時の時価が記載されている場合もあるので注意）

(ロ)　株式等を取得した証券会社がわかれば、そこに問い合わせて判明した顧客勘定元帳などの取得価額（顧客勘定元帳の法令上の保存期間は10年ですが、証券会社によっては20年以上も保存しているところもあります。）

(ハ)　株式等を取得した日の日記帳や預金通帳などの手控えで取得価額がわかればその金額
　　その銘柄以外の代金も含めて出金している場合は、その出金した日の株価を基に取得価額を算定してもかまいません。

(ニ)　上場株式等の取扱証券代行会社（又は発行会社）の株主名簿、株式異動証明書などから株式等の取得日※を把握し、その時期の株価を基に取得価額を算定してもかまいません。

(ホ)　譲渡した株式等の売却代金の5％（概算取得費）を取得価額とします。

※　相続（限定承認したものを除きます。）、遺贈（包括遺贈のうち限定承認したものを除きます。）又は贈与により取得した株式等の取得費は、被相続人又は贈与者の取得した日になります。

| 税理士のアドバイス | ポイントを使用して株式等を購入した場合の取得費 |

　ポイントを使用して株式等を購入した場合、一般的には、その株式等の取得費等はポイント使用前の支払金額（ポイント使用相当額を含めた支払金額）を基に計算します。また、ポイント使用相当額は一時所得の収入金額に算入します。

⑥　取得価額の特例

イ　昭和27年12月31日以前に取得した株式等の取得費

　上場株式の場合は次の計算式で計算します。

$$
\text{昭和27年12月31日以前に取得した株式等の取得費} = \frac{\text{昭和27年12月中における公表最終価額の合計額}}{\text{昭和27年12月中の日数（公表最終価格のない日を除きます。）}}
$$

ロ　相続、贈与又は遺贈により取得した株式の取得価額

　相続、贈与又は遺贈により取得した株式を譲渡した場合は、被相続人、贈与者又は遺贈者が取得に要した金額（取得金額）及び取得した時期のいずれもが、相続人、受贈者又は受遺者に引き継がれます。

　ただし、相続が限定承認、遺贈が包括遺贈で限定承認の場合は、相続又は遺贈が行われた時の株式等の価額が取得価額となります。

ハ　株式等の分割又は併合の場合の取得価額

$$
\text{分割又は併合後の1株当たりの取得価額} = \frac{\text{旧株1株の従前の取得価額} \times \text{旧株の数}}{\text{分割又は併合後の所有株式の数}}
$$

ニ　株主割当てにより取得した株式の取得価額

【有償割当て】

$$
\text{旧株及び新株の1株当たりの取得価額} = \frac{\text{旧株1株の従前の取得価額} + \text{新株1株につき払い込んだ金銭の額} \times \text{旧株1株について取得した新株の数}}{\text{旧株1株について取得した新株の数} + 1}
$$

【無償割当て】

$$
\text{株式無償割当て後の所有株式の1株当たりの取得価額} = \frac{\text{旧株1株の従前の取得価額} \times \text{旧株の数}}{\text{株式無償割当て後の所有株式の数}}
$$

ホ　新株予約権の行使により取得した株式の取得価額

$$
\begin{array}{c}
\text{新株予約権行使により取得した} \\
\text{株式の1株当たりの取得価額}
\end{array}
=
\begin{array}{c}
\text{新株1株当た} \\
\text{りの払込価額}
\end{array}
+
\frac{\text{新株予約権の行使直前の取得価額}}{\text{その行使により取得した新株の数}}
$$

⑦　株式等の譲渡により生じた損失の金額

　一般株式等の譲渡による損失は、他の一般株式等の譲渡による所得との間でのみ通算することができ、それ以外の所得から控除することはできません。

　上場株式等の譲渡による損失は、他の上場株式等の譲渡による所得との間でのみ通算することができ、それ以外の所得から控除することはできません。

(3)　上場株式等を譲渡した場合の各種制度

① 　上場株式等に係る譲渡損失と上場株式等に係る配当所得等との損益通算

　上場株式等を金融商品取引業者等を通じて譲渡したことにより生じた譲渡損失の金額は、確定申告により、その年分の「上場株式等に係る配当所得等」と損益通算することができます（措法37の12の2①）。

　「上場株式等に係る配当所得等」とは、上場株式等の配当等に係る利子所得及び配当所得の金額の合計額をいいます。

　なお、「上場株式等に係る配当所得等」は申告分離課税を選択した場合のみ控除することができ、総合課税を選択して申告した場合にはこの損益通算をすることはできません。

> （注）　上場株式等の配当等で大口株主（発行済株式等の総数の3％以上を保有）が支払を受けるものは除かれます。また、令和5年10月1日以後は、当該配当等の支払を受ける者で当該配当等の支払に係る基準日においてその者を判定の基礎となる株主として選定した場合に同族会社に該当することとなる法人と合算して当該内国法人の発行済株式又は出資の総額又は総数の3％以上である株式又は出資を有することとなる者を含みます。

【要件】

　「上場株式等に係る譲渡損失の金額」とは、「上場株式等の一定の譲渡をしたことにより生じた損失の金額」のうち、その者のその譲渡をした日の属する年分の「上場株式等に係る譲渡所得等の金額の計算上控除してもなお控除しきれない部分の金額」をいいます。

　上場株式等の「一定の譲渡」の主な範囲は次のとおりです。いわゆる相対取引による損失は損益通算できません。

① 　金融商品取引業者又は登録金融機関への売委託により行う譲渡
② 　金融商品取引業者に対する譲渡
③ 　登録金融機関又は投資信託委託会社に対する譲渡で一定のもの
④ 　法人の合併などによるみなし譲渡課税の対象となるもの
⑤ 　上場株式等を発行した法人の行う株式交換又は株式移転による株式交換完全親法人又は株式移転完全親法人に対する譲渡
⑥ 　上場株式等を発行した法人に対して会社法の規定に基づいて行う単位未満株式の譲渡

⑦　新株予約権付社債についての社債、取得条項付新株予約権又は新株予約権付社債の発行法人に対する譲渡で一定のもの及び取得条項付新投資口予約権の発行法人に対する譲渡

⑧　上場株式等を発行した法人に対して改正前の商法の規定に基づいて行う端株の譲渡

⑨　上場株式等を発行した法人が行う会社法234条１項等の規定による１株又は１口に満たない端数に係る上場株式等の競売その他一定の譲渡

⑩　信託会社の国内にある営業所に信託されている上場株式等の譲渡で、その営業所を通じて、外国証券業者への売委託により行うもの又は外国証券業者に対して行うもの

⑪　国外転出時課税制度により譲渡があったものとされるもの

【手続】

① 確定申告書第三表の「特例適用条文」の欄に「措法37条の12の２」と記載します。

② 「上場株式等に係る譲渡損失の金額の計算に関する明細書」を添付します。
又は「上場株式等に係る譲渡所得等の金額の計算に関する明細書」を添付します。

②　上場株式等に係る譲渡損失の繰越控除

　上記①の損益通算をしてもなお控除しきれない譲渡損失の金額については、その年分の翌年以後３年間にわたり、確定申告により上場株式等に係る譲渡所得等の金額及び上場株式等に係る配当所得等の金額から繰越控除することができます（措法37の12の２⑤）。

【繰越控除の方法】

① 上場株式等に係る譲渡損失の金額が前年以前３年内の２以上の年に生じたものである場合には、これらの年のうち最も古い年に生じた上場株式等に係る譲渡損失の金額から順次控除します。

② 前年以前３年内の１の年において生じた上場株式等に係る譲渡損失の金額を控除する場合において、その年分の「上場株式等に係る譲渡所得等の金額」及び「上場株式等に係る配当所得等の金額」があるときは、まずその「上場株式等に係る譲渡所得等の金額」から控除し、なお控除しきれない譲渡損失の金額をその「上場株式等に係る配当所得等の金額」から控除します。

（注） 所得税の扶養控除の対象となる扶養親族に該当するかどうかなどを判定する際の「合計所得金額」は配当所得等との損益通算の適用後の金額であり、繰越控除の適用前の金額となります。

【手続】

① 「上場株式等に係る譲渡損失の金額の計算に関する明細書」の添付がある確定申告書を提出します。

② その年分の後の年において連続して確定申告書を提出します（上場株式等に係る譲渡損失の金額が生じた年分の後の年に株式等の譲渡がない場合でも、その年の翌年以後にこの上場株式等の譲渡損失の繰越控除の適用を受けようとする場合は、確定申告書に「確定申告書付表（上場株式等に係る譲渡損失の損益通算及び繰越控除用）」を添付する必要があります。）。

③ この繰越控除の適用を受けようとする年分の確定申告書に、「株式等に係る譲渡所得等の計算明細書」及び「確定申告書付表（上場株式等に係る譲渡損失の損益通算及び繰越控除用）」を添付します。

図表 9-1-9　損益通算及び繰越控除の具体例

年　分	設　例	特例適用	適用後の繰越残
譲渡損失が生じた年	譲渡損失200万円 利子・配当10万円	損益通算により利子・配当10万円→0円	190万円
翌年	譲渡益40万円 利子・配当20万円	繰越控除により譲渡益40万円→0円 繰越控除により利子・配当20万円→0円	130万円
翌々年	譲渡益50万円 利子・配当30万円	繰越控除により譲渡益50万円→0円 繰越控除により利子・配当30万円→0円	50万円
翌々々年	譲渡益40万円 利子・配当30万円	繰越控除により譲渡益40万円→0円 繰越控除により利子・配当30万円→20万円（10万円のみ控除）	0円

③　特定口座制度の概要

　上場株式等の譲渡益には、申告分離課税が適用され、原則として確定申告が必要です。そこで確定申告という負担を軽減するため、特定口座という制度が設けられています。

　証券会社などに特定口座を開設して特定口座内で上場株式等の取引を行った場合、毎年、1年間の損益が集計された特定口座年間取引報告書を受けることができ、自分で譲渡損益の計算を行う必要がなくなります。

　さらに、特定口座内での源泉徴収を行うことを申し込んだ場合（源泉徴収ありの特定口座（源泉徴収口座））は、上場株式等の譲渡益が発生する都度、源泉徴収も行われ、確定申告が不要となります。

　源泉徴収は行わず、証券会社などが譲渡損益の計算のみを行う特定口座を源泉徴収なしの特定口座（簡易申告口座）と呼びます。

　上場株式等の配当所得・利子所得は、支払時に源泉徴収が行われ確定申告は不要ですが、上場株式等の譲渡損と損益通算を行うためには原則として確定申告が必要です。ただし、源泉徴収ありの特定口座において上場株式等の配当所得・利子所得を受け入れた場合は、特定口座内で自動的に上場株式等の譲渡損との損益通算が行われ、確定申告を行わずに税の還付を受けることができます。

　特定口座ではない証券口座のことを一般口座と呼びます。

図表 9-1-10　証券口座の特徴

証券口座				確定申告	口座の特徴	証券会社
特定口座	源泉徴収口座	配当受入	有	選択	譲渡損と配当等の損益通算後の所得に対する税金が源泉徴収される※。	特定口座年間取引報告書を作成
			無		譲渡所得に対する税金が源泉徴収される。	
	簡易申告口座			必要	譲渡所得の計算がされるが、税金が源泉徴収されない。	
一般口座					取引の内容のみ記載され、所得計算や税金が源泉徴収されない。	支払調書を作成

※　「株式数比例配分方式」を選択する必要があります。

| 税理士のアドバイス | 上場株式の配当の受取方法 |

国内の上場株式等の配当等の受取方法は次の4方式があります。

株式数比例分配方式	所有する全ての銘柄について、各証券会社等の保有株式数に応じ、各証券会社等の口座で受け取る方法※
登録配当金受領口座方式	所有する全ての銘柄について、あらかじめ指定した銀行口座で受け取る方法
個別銘柄指定方式	保有銘柄ごとに、配当等を受け取る銀行口座を指定する方法
配当金領収証方式	株式の発行会社等から郵送される配当金領収証を指定金融機関の窓口で換金する方法

※ 複数の証券会社で同一銘柄を保有している場合、それぞれの口座での株式数に比例して配当・分配金が配分されます。

図表9-1-11　特定口座（源泉徴収あり）のメリット・デメリット

メリット	・証券会社が、源泉徴収口座内の上場株式等の譲渡所得や配当所得の年間の損益につき、「特定口座年間取引報告書」を作成 ・源泉徴収口座内の上場株式等の譲渡所得や配当所得の税金の計算をして源泉徴収（納付）をするため確定申告が不要 ・申告不要を選択した場合、その口座内で生じた上場株式等の譲渡所得や配当所得等の金額については合計所得金額に算入されないため、所得控除の適用要件や国民健康保険の保険料、医療費の窓口負担割合などに影響しない。 ・特定口座内の国内の上場株式等だけが、特定管理株式等の価値喪失による「みなし譲渡損失の特例」を適用することができる（源泉徴収なしの特定口座も適用可能）。
デメリット	・源泉徴収口座以外の口座や他の証券会社の損益と損益通算するには申告が必要 ・源泉徴収口座の譲渡損失の繰越控除を利用するためには申告が必要 　また、源泉徴収口座の譲渡損失を申告する場合、その源泉徴収口座内の株式等の配当金をすべて申告しなければならない。 ・上場株式の配当金の受取り方法を「株式数比例配分方式」に設定していないと、特定口座内で上場株式の配当金を受け取ることができない。 ・上場株式等の配当金等は、原則として、1回に支払を受けるごと（銘柄別の支払時期ごと）に確定申告・申告不要の選択をすることができるが、特定口座に受け入れた上場株式等の配当金等については、特定口座ごとに確定申告するかしないかの選択をしなければならない（譲渡損失を申告する場合はすべて申告）。 ・特定口座の株式等の譲渡日は「受渡日」が基準となるので「約定日」を選択することができない（年末における「益出し」「損出し」の調整期間が短くなります。）。 ・特定口座の取得価額については、同一銘柄を同一日に売買した場合、「売」と「買」の実際の順序に関係なく、先にすべての「買」が行われ、その後にすべての「売」がされたものとして処理される（「クロス取引」で「益出し」「損出し」ができません。）。 ・特定口座の「源泉徴収あり・なし」の変更は、毎年最初に上場株式等の譲渡をする時までにできるが、前年に「源泉徴収あり」を選択していた場合で、本年最初に上場株式等の譲渡をする時より前にその特定口座に上場株式等の配当金等を受け入れていたときは、変更することはできない。

④　特定口座内保管上場株式の譲渡等に係る所得計算の特例

　金融商品取引業者等（金融商品取引業者、登録金融機関又は投資信託委託会社）に特定口座を開設し

て取引した場合においてその特定口座に係る振替口座簿に記載若しくは記録がされ、又はその特定口座に保管の委託がされている上場株式等を譲渡した場合には、それぞれの特定口座ごとに、その特定口座に係る特定口座内保管上場株式等の譲渡による譲渡所得の金額と、それ以外の株式等の譲渡所得等の金額とを区分して計算します。

また、その特定口座内の譲渡所得等の金額の計算は金融商品取引業者等が行い、年間の取引の合計を記載した「特定口座年間取引報告書」が、取引をした年の翌年1月31日までに金融商品取引業者等から交付されます。

⑤　特定口座内保管上場株式の譲渡による所得等に対する源泉徴収の特例

「特定口座源泉徴収選択届出書」の提出がされた特定口座（源泉徴収口座）においては、上場株式等の譲渡の都度、年初からの純利益を計算し、その年における前回の譲渡までの純利益の額を超える部分の金額（源泉徴収選択口座内調整所得金額）が生じた場合には、その対価の支払をする際に、その調整所得金額に所得税及び復興特別所得税15.315％（他に住民税5％）を乗じた金額が金融商品取引企業者等により源泉徴収されます。

なお、源泉徴収の選択は口座ごとの年単位となっていますので、年の途中で源泉徴収を行わないように変更することはできません。

⑥　源泉徴収選択口座内配当等に係る源泉徴収に関する特例

「源泉徴収選択口座内配当等受入開始届出書」の提出により、上場株式等に係る利子等及び配当等について、源泉徴収選択口座内配当等として源泉徴収選択口座に受け入れることができます。この源泉徴収選択口座内配当等はそれ以外の配当等に係る利子所得及び配当所得の金額を区分して源泉徴収されます。

また、上場株式等の配当等を受け入れた源泉徴収口座内に上場株式等を譲渡したことにより生じた譲渡損失の金額があるときは、上場株式等の配当等の金額から譲渡損失の金額を控除（損益通算）した金額を基に源泉徴収されます。

⑦　申告不要の特例

源泉徴収選択口座内においては、上記⑤及び⑥の源泉徴収により納税が完結しますので確定申告の必要はありません。この申告不要を選択した場合、「配偶者控除」「扶養控除」などを判定する際の「合計所得金額」は源泉徴収口座の金額を含めずに判定します。

ただし、次の場合などは確定申告をすることができます。

イ　源泉徴収口座の譲渡所得等の金額が赤字となった場合（上場株式等の配当等を受け入れている場合においてその上場株式等の配当等との損益通算後）で、その赤字をその源泉徴収口座以外の上場株式等に係る譲渡所得等の黒字の金額と相殺するとき

ロ　「上場株式等に係る譲渡損失の損益通算及び繰越控除」の適用を受けるとき

　　（注）　年初からの譲渡の純利益を計算した結果、その金額が、その年における前回の譲渡までの純利益の金額に満たないこととなった場合には、その都度、その満たない金額に15.315％（他に住民

税5％）を乗じて計算した金額が金融商品取引業等から還付されます。ただし、上場株式等に係る譲渡損失の金額と上場株式等の配当等の額の総額との損益通算は、年末時点で譲渡損失が確定した後に行われます。

⑧　特定管理株式等が価値を失った場合の株式等に係る譲渡所得等の課税の特例

　発行会社の倒産などにより株式等が価値を失った場合でも、原則としてその損失は株式等の譲渡損失とはみなされず、株式等の譲渡益と通算することはできません。

　しかし、次の条件をすべて満たし、特定管理株式等が価値を失ったものとして扱われた場合は、上場株式等譲渡損とみなされます。

図表9-1-12　特定管理株式が価値を失ったと扱われる条件

特定口座内保管上場株式等であったもの（内国法人の株式又は公社債に限ります。）
上場株式等に該当しないこととなった日以後、引き続き特定管理株式等として特定管理口座に係る振替口座簿に記載若しくは記録がされ、又は特定管理口座に保管の委託がされている。
株式又は公社債を発行した内国法人に清算結了等の事実が発生した。

　また、「特定口座内公社債」で一定の要件を満たすものについても、本特例の適用を受けることができます。

　なお、その譲渡損失の金額については、確定申告により、「上場株式等に係る譲渡損失の損益通算及び繰越控除」の特例を受けることができます。

図表9-1-13　みなし譲渡損の特例

区　分	特定口座内の株式等	一般口座内の株式等
上場中	特定口座内で保管	一般口座で保管
上場廃止	特定管理口座に移管 （特定管理株式）	一般口座から抹消
無価値化※	価値の喪失額（取得価額）は、上場株式等の譲渡損とみなされます。	価値の喪失額は、上場株式等の譲渡損とみなされません。

※　その後倒産等に伴う清算結了等により、その株式の無価値化が確定すると、証券会社から所有者に「価値喪失株式に係る証明書」が発行されます。

⑷　公社債や公社債投資信託の課税方式

　公社債や公社債投資信託については、「特定公社債等」と「一般公社債等」とに区分して、課税方式が定められています。

図表 9-1-14　特定公社債等と一般公社債等の課税

区　分	特　定　公　社　債　等	一　般　公　社　債　等
範　囲	• 国債、地方債、外国国債、外国地方債 • 公募公社債、上場公社債 • 国外において発行された公社債で一定のもの	• 特定公社債以外の公社債 • 私募公社債投資信託の受益権 • 証券投資信託以外の私募投資信託の受益権及び特定目的信託の社債的受益権で私募のもの
利子等の課税	20.315%※の税率による申告分離課税（申告不要を選択することも可） ＊　国外公社債等の利子でその支払の際に外国所得税の額がある場合は、利子等の額からその外国所得税の額を控除した金額に対して20.315%の源泉徴収	20.315%※の源泉分離課税（申告不可）ただし、同族会社が発行した社債の利子でその同族会社の株主等が支払を受けるものは、総合課税
譲渡損益等の課税	• 20.315%※の税率による申告分離課税。なお、外貨建ての特定公社債等を売却した際の為替差損益については、譲渡損益に含めて計算 • 特定公社債等の償還差損益や一部解約等による差損益については、20.315%※の税率による申告分離課税 • 発行会社が倒産等をしたことによって公社債としての価値を失った場合、一定の要件を満たしていれば、みなし譲渡損失の計上可 • 特定口座での取扱いが可能となりますので、「源泉徴収ありの特定口座」で譲渡等を行った場合は、申告不要を選択可	• 20.315%※の申告分離課税 • 償還差益も申告分離課税 ただし、同族会社が発行した社債の償還金でその同族会社株主等が支払を受けるものは、総合課税 • 私募公社債投資信託などの償還差損失や一部解約等による損失（信託元本額までに限ります。）についても、申告分離課税 • 償還差益や一部解約等による差益は、従前の課税方式である源泉分離課税の対象
上場株式等の譲渡損失及び配当所得等の損益通算並びに繰越控除の特例	損益通算及び繰越控除の対象となる上場株式等の範囲に、特定公社債等が含まれていることから、特定公社債等を含む上場株式等に係る譲渡損失と利子所得及び配当所得との間の損益通算が可能。譲渡損失については3年間の繰越控除が可能	上場株式等の譲渡損失との損益通算不可 前年分以前に生じた上場株式等に係る譲渡損失の金額で繰り越されたものも控除不可
特定口座での取扱い	• 特定公社債等についても、特定口座で取り扱うことができることから、特定口座で保有する特定公社債等と特定口座以外で保有する特定公社債等の譲渡所得等の金額は、区分して計算 • 「源泉徴収ありの特定口座」の場合、証券会社等を通じて支払われた特定公社債等の利子等をその特定口座に受け入れることができ、その特定口座で特定公社債等の譲渡等を行った場合は、申告不要を選択可 • 「源泉徴収ありの特定口座」に受け入れた特定公社債等の利子等又は上場株式等の配当等をその特定口座内で生じた特定公社債等又は上場株式等の譲渡損失と損益通算可	取扱いなし

※　所得税等15.315%（復興特別所得税を含みます。）、地方税5%

(5) 上場株式等に係る配当所得等に対する課税の特例

　上場株式の配当、公募株式投資信託の普通分配金、ETF・上場REITの収益分配金などは、上場株式等の配当所得として課税されます。

　また、特定公社債の利子、公募公社債投資信託の分配金などは、上場株式等の利子所得として課税されます。

　この上場株式等の配当所得及び利子所得をまとめて「上場株式等の配当所得等」と呼びます。

　上場株式等の配当所得等は、支払時に税率20.315％（所得税15.315％、住民税5％）の源泉徴収が行われ、原則として確定申告は不要となります。

　ただし、上場株式等の配当所得等につき確定申告をすることもできます。確定申告を行うか否かは、原則として、1回に受ける配当ごとに選択することができますが、源泉徴収ありの特定口座に受け入れたものは特定口座単位で（上場株式等の利子所得も含めて）申告の有無を選択します。

　確定申告する上場株式等の配当所得等は、その全部について「総合課税」か「申告分離課税」のいずれかを選択します（利子所得は総合課税を選択できません。）。

　申告分離課税を選択した場合、上場株式等の譲渡損失との損益通算及び過去3年以内に繰り越された損失による繰越控除を受けることができます。

　総合課税を選択した場合、配当控除を受けることができる場合があり、有利となる課税方式を選択することになります。

図表9-1-15　上場株式等の配当等の課税

申告の要否の選択	課税方式の選択	配当控除	上場株式等の譲渡損失との損益通算
確定申告	総合課税※	○	×
	申告分離課税	×	○
確定申告しない	申告不要	×	×

※　利子所得は不可

　上場株式等の配当等には次のようなものがあります。

- 上場株式等の利子等又は配当等で大口株主等※が支払を受けるもの以外のもの
- 投資信託でその設定に係る受益権の募集が公募によるもの（特定株式投資信託を除きます。）の収益の分配
- 特定投資法人の投資口の配当等
- 特定受益証券発行信託（委託者が取得する受益権の募集が公募により行われたものに限ります。）の収益の分配
- 特定目的信託（原委託者が有する社債的受益権の募集が公募により行われたものに限ります。）の社債的受益権の剰余金の配当
- 特定公社債の利子

※　・その上場株式等の保有割合が発行済株式数又は出資の総数又は総額の3％以上である株主
　　・当該配当等の支払を受ける者で当該配当等の支払に係る基準日においてその者を判定の基礎となる株主として選定した場合に同族会社に該当することとなる法人と合算して当該内国法人の発行済株式又は出資の総額又は総数の3％以上である株式又は出資を有することとなる者

税理士のアドバイス　大口株主等の範囲の拡大

　従前の大口株主は、配当の基準日において法人の発行済株式等の3％以上を有する株主でしたが、令和5年10月1日以降は、次の株主が加わりました。

　すなわち、支払いを受ける株主とその者を判定の基礎となる株主として選定した場合に同族会社（法法2⑩）に該当する法人が保有する株式等を合算してその発行済株式等の総数等に占める割合（株式保有割合）が3％以上となる株主です。

　つまり、本人と本人を判定の基礎とした場合の同族法人である法人とが保有する株式を合計した結果、株式保有割合が3％となる配当については、総合課税の対象となります。

　下の設例では、個人株主Aの株式保有割合1.9％＋同族法人の株式保有割合1.3％＝3.2％となり、個人株主Aが受ける配当は総合課税となります。

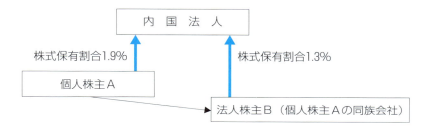

　ただし、この改正により総合課税の対象となった上場株式の配当に係る源泉徴収率は、所得税15.315％、住民税5％のままですので注意が必要です。

【参考】配当を支払う株式会社は次の税率で源泉徴収する必要があります。

〔上場株式の配当〕
・大口株主等　…20.42％（所得税20％、復興特別所得税0.42％、住民税0％）
・その他の株主…20.315％（所得税15％、復興特別所得税0.315％、住民税5％）

〔非上場株式の配当〕
・一定の完全子会社　…源泉徴収なし
・上記以外　…20.42％（所得税20％、復興特別所得税0.42％、住民税0％）

(6) 確定申告に伴う税・社会保険料の留意点

① 概　要

　上場株式等の譲渡所得等や配当所得・利子所得を確定申告すると、損益通算や繰越控除、配当控除等を受けることができ、所得税の還付や住民税の減額を受けられる場合があります。

　一方で、上場株式等の譲渡所得等や配当所得・利子所得を確定申告すると、それらの所得は合計所得金額や総所得金額に加算されます。これらの所得を判断基準として、住宅ローン控除や配偶者控除・扶養控除の適用の可否や、国民健康保険・後期高齢者医療制度の保険料などが決められます。したがって、確定申告することによりこれらの税・社会保険料の新たな負担が発生する可能性があることに留意が必要です。主な留意点は次のとおりです。

イ　**国民健康保険及び後期高齢者医療制度の保険料**は、住民税における総所得金額等に保険料率をかけて「所得割」の金額が決まります。本人が国民健康保険や後期高齢者医療制度の被保険者である場合は留意が必要です。

ロ　**配偶者控除・扶養控除**は、所得税・住民税それぞれ配偶者・被扶養者の合計所得金額が48万円以下の場合に適用されます。また、配偶者控除は本人の合計所得金額が900万円超の場合は減額され、1,000万円超で控除額は０円となります。基礎控除は、本人の合計所得金額が2,400万円超で減額され2,500万円超で０円となります。

ハ　**住宅ローン控除**等は、本人の合計所得金額1,000万円～3,000万円の所得制限以下の年のみ適用できます。

　　また、直系尊属からの住宅取得等資金の非課税制度の適用にも、贈与を受ける者のその年の合計所得金額が2,000万円以下という制限があります。

　　特に、退職金を受け取った年は合計所得金額が大きくなりますので注意が必要です。

ニ　専業主婦や配偶者の扶養の範囲内で働いている者は、年金では**国民年金３号被保険者**、健康保険では**夫の保険の被扶養者**となり、妻の分の保険料の支払はありません。しかし、一定以上の収入があると新たな保険料を支払うことになります。

ホ　国民健康保険、後期高齢者医療制度、介護保険などでは、所得により**自己負担割合や月間の自己負担の上限**などが異なります。例えば、75歳以上の医療費の自己負担割合は、所得が比較的少ない「一般」では１割ですが、所得が「一定以上」又は「現役並み」とされると２～３割となります。

図表９−１−16　申告の影響として留意すべき点

確定申告による影響 申告者の状況・世帯構成		イ 国民健康保険・後期高齢者医療保険の保険料の上昇 住民税	ロ 配偶者控除・扶養控除・基礎控除等の適用除外 所得税住民税	ハ 住宅ローン控除等・住宅資金贈与の適用除外 所得税	ニ 新たに国民健康保険の加入・国民年金保険料の支払	ホ 医療・介護の自己負担割合・自己負担額の上限の上昇 住民税
高齢者 （給与所得者※1を除きます。）	世帯主	○	△※2	△※3	×	○
	配偶者や子の扶養	△	○	×	△※4	△
自営業者	世帯主	○	△※2	△※3	×	△
給与所得者※1		×	△※2	△※3	×	×
専業主婦（夫） パート主婦（夫）	配偶者が給与所得者	×	○	×	○	×
	配偶者が自営業者	○	○	×	×	△

影響を受ける可能性　○…高い、△…低い、×…ない

※1 ここでの給与所得者は、年金は厚生年金、健康保険は組合健康保険又は協会けんぽに加入
※2 配偶者控除・配偶者特別控除は、納税者本人の合計所得金額が900万円以上である場合は、その金額に応じて控除額が減額されます。
※3 項目により、合計所得金額1,000万円～3,000万円の所得制限を超えると適用除外になります。
※4 本人が60～74歳で、かつ扶養者が給与所得者である場合に限り、国保のみ影響を受ける可能性があります。

② 総合課税と申告不要の選択

上場株式等の配当所得については、総合課税・申告分離課税・申告不要の選択制になっています。

申告分離課税を選択した場合、その年の上場株式等の譲渡損と損益通算ができ、また、過年分の上場株式等の譲渡損は繰越控除ができますが、いずれの適用も受けない場合は、上場株式等の配当所得については、総合課税と申告不要のいずれかを選択することが有利になります。

令和5年分から所得税と住民税で異なる課税方法を選択できなくなりましたので、課税総所得金額695万円以下の場合のみ総合課税の選択が考えられます。

次の表は、商品類型ごとにどの方式が最も税率が低くなるかの検討表です。なお、単純な税率の比較なので、申告不要を選択した配当所得が合計所得金額に含まれないのに対し、総合課税を選択した配当所得はこれに含まれる点に注意が必要です。

図表9-1-17　配当所得の課税方法の選択（まとめ）

課税総所得金額	国内株式、国内ETF	株式投資信託のうち株式以外・外貨建資産の割合が50％以下	左記以外の商品
195万円以下	総合課税が有利となる可能性	総合課税が有利となる可能性	総合課税が有利となる可能性
195万円超330万円以下			
330万円超695万円以下		総合課税と申告不要が同値	申告不要が有利
695万円超	申告不要が有利	申告不要が有利	

図表9-1-18　特定口座内での源泉徴収と還付の計算例

取引日	譲渡代金	譲渡原価	譲渡損益（差損益）	譲渡損益（累計）	源泉徴収（還付）額	源泉徴収額（累計）
①3月1日（A株式）	400万円	300万円	100万円	100万円	203,150円	203,150円
②6月7日（信用取引）			▲70万円	30万円	▲142,205円	60,945円
③8月7日（B株式）	200万円	150万円	50万円	80万円	101,575円	162,520円
④10月9日（C株式）	100万円	220万円	▲120万円	▲40万円	▲162,520円	0円
⑤12月1日（信用取引）			20万円	▲20万円	0円	0円
年間合計			▲20万円	▲20万円	0円	0円

①・③…譲渡により、譲渡損益の金額に対して税率20.315％の源泉徴収が行われます。
②…譲渡により、その減少した譲渡損益の金額に対して税率20.315％の還付が行われます。

④…取引後の累計の譲渡損益がマイナスとなっていますが、還付税額の計算上は累計の譲渡損益はゼロとし、減少した累計の譲渡損益の金額（80万円－0円）に対して税率20.315％の還付が行われます。つまり、年の途中では源泉徴収ありの特定口座で譲渡損が発生してもその年に生じた譲渡益の範囲でしか損益通算が行われません。

⑤…取引前も取引後も累計の譲渡損益がマイナスであるため、取引前も取引後も累計の譲渡損益は0円とみなされ、源泉徴収も還付も行われません。つまり、累計の譲渡損益がマイナスである限り、源泉徴収ありの特定口座で譲渡益が生じても源泉徴収は行われません。

※…この年に特定口座に配当所得を計40万円受け入れている場合、年末に累計の譲渡損20万円と配当所得の40万円が損益通算され、翌年の年初に40,630円（20万円×20.315％）が還付されます。

③ 源泉徴収選択口座に「上場株式等の配当所得等」が受け入れられている場合

　源泉徴収選択口座に配当所得・利子所得が受け入れられている場合、特定口座年間取引報告書には譲渡損益と配当所得・利子所得の両方が記載されています。確定申告の際には、原則として「譲渡益」と「配当所得及び利子所得」のそれぞれについて確定申告するか申告不要とするかを選ぶことができます。

　ただし、源泉徴収選択口座内の譲渡損益がマイナスの場合、すなわち譲渡損が発生している場合は、その譲渡損を確定申告するならば、必ず配当所得及び利子所得についても申告しなければなりません。これは、源泉徴収選択口座内で既に譲渡損と配当所得・利子所得の損益通算が行われ、配当所得・利子所得の源泉徴収が行われていない場合があるためです。

④ 複数の証券会社で源泉徴収選択口座を開設している場合の損益通算の方法

　源泉徴収選択口座における「上場株式等の譲渡損失」と「上場株式等の配当所得等」の損益通算は当該口座でのみ行われます。

　したがって、A証券会社の源泉徴収選択口座にある上場株式等の譲渡損とB証券会社の源泉徴収選択口座にある上場株式等の配当所得等の損益通算を行う場合には、確定申告を行う必要があります。

　なお、上場株式等の配当所得等は、原則として各銘柄の1回の支払ごとに、申告するかしないかを選択することができます。

　ただし、源泉徴収選択口座で受け取る上場株式等の配当所得等については、当該口座で受け入れた配当所得等の全額について、申告するかしないかのいずれかを選択しなければなりません。

図表9-1-19　上場株式等の譲渡損失と配当所得等の損益通算の例

イ　源泉徴収選択口座の譲渡損を申告不要とする場合

証券口座			確定申告書
源泉口座	配当等　　　　300 **株式譲渡損▲100** 配当等　　　　200（損益通算後）	申告不要を選択	株式等の譲渡所得　　100
一般口座	株式譲渡益　　100		

特定口座の源泉徴収計算上控除

ロ　源泉徴収選択口座の譲渡損を申告する場合（配当等との損益通算なし）

証券口座	
源泉口座	配当等　　　　300 株式譲渡損　▲100 配当等　　　　200（損益通算後）
一般口座	株式譲渡益　400

}申告を選択

確定申告書
配当等所得　　　　　　300※ 株式等の譲渡所得　　300（400－100） （一般口座と源泉口座間で通算）

　※　源泉徴収計算上は損益通算されていますので、申告時は通算前に戻して計算します。

ハ　源泉徴収選択口座の譲渡損を申告する場合（配当等との損益通算あり）

証券口座	
源泉口座	配当等　　　　200 株式譲渡損　▲250 配当等　　　▲50（損益通算後）
一般口座	株式譲渡益　　80

}申告を選択

確定申告書
配当等所得　　　　　　200※ 株式等の譲渡所得　▲170（80－250） 配当等所得　　　　　　 30 （配当等と譲渡損失を損益通算）

　※　源泉徴収計算上は損益通算されていますので、申告時は通算前に戻して計算します。

⑤　確定申告の添付書類

　確定申告書を提出する際には、譲渡損益の計算の明細を記載した「株式等に係る譲渡所得等の金額の明細書」などを提出する必要があります。

　しかし、特定口座以外で株式や公社債などの譲渡がない場合は、明細書に代えて金融機関から送られる「年間取引報告書」を添付することができ、譲渡損益の計算を省略することができます。

　特定口座以外にも株式や公社債などの譲渡益がある場合には、明細書に特定口座と一般口座の上場株式等及び一般株式等の譲渡に係る金額を合わせて記載します。この場合、特定口座内の上場株式等の譲渡に関する事項は、「年間取引報告書」を添付することにより、明細の記入が省略できます。

　なお、特定口座が複数ある場合は、各特定口座の年間取引報告書に加え、その合計表を添付する必要があります。

　確定申告書を国税電子申告・納税システム（e-Tax）で提出する場合は、年間取引報告書の提出に代えて記載内容を入力送信することができます。この場合、確定申告期限から5年間、年間取引報告書を保存しておく必要があります。

（参考）配当控除

　株式等の配当所得につき総合課税が適用される場合、税額控除として配当控除を受けられる場合があります。上場株式等について申告不要や申告分離課税を適用する場合は配当控除の対象になりません。一般株式等の少額配当について所得税の申告不要を適用する場合も配当控除の対象にはなりません。住民税においては少額配当も総合課税され、配当控除の対象になります。

　この制度は、株式等の配当は会社が法人税を納税した後の収益から分配するものであり、その配当に所得税をそのまま課税すると、投資家は法人税と所得税を二重に負担することになるため、その二重課税の負担に配慮したものです。

　したがって、どの程度配当控除が受けられるかは、その商品の配当所得の源泉となる収益につきどの程度日本の法人税が課税されているかに左右されます。

外国株式や上場REITについては、原則として日本の法人税は課税されていませんので、配当控除の対象になりません。株式投資信託については国内株式だけではなく外貨資産や債券に投資することもできますので、これらに投資する割合によって配当控除の対象になるか否か、及び配当控除の割合が異なります。どの資産にどの程度投資するかは、商品の目論見書に記載されています。

　また、配当控除は総合課税で確定申告する者の「課税総所得金額」が1,000万円を超えている場合は、配当控除の割合は2分の1となります。

　商品別、課税総所得金額別の配当控除率は次のとおりです。

商品の種類	配当控除率			
	課税総所得金額 1,000万円以下		課税総所得金額 1,000万円超	
	所得税	住民税	所得税	住民税
① 国内株式、国内株式のみに投資する国内ETF	10%	2.8%	5 %	1.4%
② 株式投資信託のうち株式以外の割合、外貨建資産の割合がいずれも50%以下のもの	5 %	1.4%	2.5%	0.7%
③ 株式投資信託のうち株式以外の割合、外貨建資産の割合がいずれも50%超75%以下のもの	2.5%	0.7%	1.25%	0.35%
④ 株式投資信託のうち株式以外の割合、外貨建資産の割合がいずれか又は両方が75%超のもの	配当控除の適用なし（0 %）			
⑤ 外国株式、REIT、ETN、国内ETFで上記①〜④に該当しないもの、外国ETFなど				

配当控除の計算例

設　例	配当控除率	配当控除額
● 課税総所得金額850万円 （配当所得150万円＋その他の所得700万円）	所得税　　10% 住民税　　2.8%	所得税　　15万円 住民税　　4.2万円
● 課税総所得金額1,100万円 （配当所得150万円＋その他の所得950万円）	所得税 1,000万円まで10% 1,000万円超　5 % 住民税 1,000万円まで2.8% 1,000万円超　1.4%	所得税　　10万円 50万円×10% ＋100万円× 5 % 住民税　　2.8万円 50万円×2.8% ＋100万円×1.4%
● 課税総所得金額1,250万円 （配当所得150万円＋その他の所得1,050万円）	所得税　　5 % 住民税　　1.4%	所得税　　7.5万円 住民税　　2.1万円

⑥　上場株式等の申告漏れがあった場合の処理について

イ　上場株式等の譲渡損失の申告漏れがあった場合の対応は、次のとおりとなります。

図表9-1-20　上場株式等の譲渡損失の申告漏れがあった場合の対応

| 確定申告の申告内容 | | 上場株式等の申告漏れがあった証券口座 | 更正の請求等による処理の可否（○、×） | | |
上場株式等の譲渡所得	分離課税の配当所得等		申告済みの上場株式等の通算	分離課税の配当所得等との損益通算	上場株式等に係る譲渡損失の額の繰越
無		一般口座 簡易口座		○	○
		源泉口座		×	×
有（譲渡益）	有	一般口座 簡易口座	○	○	○
		源泉口座	×	×	×
有（譲渡損）		一般口座 簡易口座		○	○
		源泉口座			×
	無	一般口座 簡易口座			○
		源泉口座			×
申告書提出の提出なし		一般口座 簡易口座	○※	○※	○※
		源泉口座	○※	○※	○※

※　確定申告書を提出していないので、期限後申告書を提出することにより可能

ロ　上場株式等の譲渡損失の申告漏れがあった場合（前年に上場株式等の譲渡損失の繰越しをしている場合）の当年分の対応は、申告の有無等に応じて、次のとおりとなります。

図表9-1-21　前年に譲渡損失の繰越しがある場合

確定申告の申告内容				更正の請求等による処理の可否（○、×）			
上場株式等の譲渡所得	前年申告の上場株式等に係る譲渡損失額	分離課税の配当所得等	上場株式等の申告漏れがあった証券口座	申告済みの上場株式等の通算	分離課税の配当所得等との損益通算	前年申告分の上場株式等の譲渡損失額の繰越控除	上場株式等に係る譲渡損失の額の繰越
無	無	無	一般口座 簡易口座			×	×
			源泉口座			×	×
		有	一般口座 簡易口座		○	×	前年分× 本年分○
		有	源泉口座	×	×	×	×
		無	取引なし				×
有	有	無	無			○	○※2
		有	一般口座 簡易口座	○		○	前年分○ 本年分一部
		有	一般口座 簡易口座	○	○	○	前年分○ 本年分○
	無	無	取引なし			×	×
		無				×	×
		有	一般口座 簡易口座	○		×	前年分 本年分一部
		有	一般口座 簡易口座	○	○	×	前年分 本年分○
	無	無	一般口座 簡易口座	○		○	○※2
	有	無		○		○	○※2
	無	有			○		前年分○ 本年分○
	有	有			○		本年分○
	有	有	取引なし				前年分○
	無	無					前年分○
		有	一般口座 簡易口座		○	×	前年分× 本年分○
申告書提出の提出なし			一般口座 簡易口座	○※1	○※1	○※1	○※1
			源泉口座	○※1	○※1	○※1	○※1
			取引なし				○※1

※1　確定申告書を提出していないので、期限後申告書を提出することにより可能
※2　繰越額が減額になる

上記図表9－1-20と図表9－1-21は、東京国税局への情報公開請求により入手した「資産課税課情報（上場株式等の譲渡損失の損益通算及び繰越控除の特例特集号）」から作成しています。具体的事例の計算例及び可否の理由については、右のQRコードからダウンロードできます。

税理士のアドバイス　　相続した非上場株式を発行会社に譲渡した場合の特例

　合併等（適格合併を除きます。）において、実質的に法人の利益が分配される場合、「みなし配当」の課税が行われます。しかし、相続又は遺贈により取得した非上場株式を、相続開始のあった日の翌日からその相続税申告の申告期限の翌日以降3年以内に、発行会社に譲渡した場合は、みなし配当を行わず、一般株式等に係る譲渡所得等に係る収入金額とみなして、一般株式等に係る譲渡所得等の特例が適用されます（措法9の7）。

株式等に係る譲渡所得等のチェックポイント

【収入金額】
- □ 公募株式投資信託の「償還」又は「解約」による差益を、上場株式等の譲渡所得等として申告していない。
  - ☞ 公募株式投資信託の「償還」又は「解約」による差益は、平成28年分以降は上場株式等の譲渡所得等となります。

- □ 追加型株式投資信託の決算時に支払を受ける特別分配金を株式等の譲渡所得としている。
  - ☞ 追加型投資信託の特別分配金は、元本の払戻しに相当しますので非課税となります。

【計上時期】
- □ 特定口座における譲渡日を引渡しベースによっている場合に、確定申告で契約日ベースにより申告している。
  - ☞ 特定口座制度においては、年間取引報告書の訂正は予定されておりませんので、特定口座の取引の一部を取り出し約定日ベースでの申告はできません。

【取得費】
- □ 実際の取得費が譲渡価額の5％を下回っているのに、実額で計算している。
  - ☞ 取得費が譲渡価額の5％を下回る場合は、概算取得費を適用したほうが有利です。

- □ 取引報告書を紛失してしまい、取得価額がわからないので0円とした。
  - ☞ 取引報告書を保存していない場合でも証券会社に問い合わせるなどにより算定することができます。最終的には譲渡価額の5％を取得価額とします。

- □ 総平均法に準ずる方法による場合の1単位当たりの取得価額の端数処理を切捨てにしている。
  - ☞ 令118条1項の規定による総平均法に準じる方法により計算された1単位当たりの金額に1円未満の端数があるときは、その端数は切り上げて計算します（措通37の10・37の11共-14）。

【譲渡費用】

☐ 株式等の譲渡に係る所得区分が譲渡所得の場合に、一般管理費（口座管理料、投資顧問料等）を控除している。

☞ 所得区分が事業所得・雑所得の場合には、販売費、一般管理費を控除できますが、譲渡所得の場合は原則的には控除できません。なお、譲渡所得の場合は、相続税の取得費加算の特例（措法39）や保証債務を履行するために株式等を譲渡した場合で、その保証債務の主たる債務者などに対する求償権の行使ができなくなった場合の特例（法64②）を受けることができます。

【特定口座関係】

☐ 同一銘柄の株式を一般口座と特別口座で取引した場合、両口座を合わせて総平均法又は総平均法に準ずる方法により取得費の計算をした。

☞ 特定口座内保管上場株式等は、特定口座ごとに他の口座の所得と区分して、その特定口座に係る譲渡所得等の金額を計算する。つまり。それぞれの口座ごとに取得価額を計算します。

☐ 専業主婦の妻が特定口座（源泉徴収あり）で50万円の利益を出したため、夫の所得税の計算において配偶者控除の適用は受けられないとした。

☞ 申告不要を選択した特定口座（源泉徴収あり）における所得又は損失の金額は、扶養控除等の判定の際に用いられる「合計所得金額」に含まれません。妻が特定口座（源泉徴収あり）における所得を申告しないのであれば、夫の所得税の計算において配偶者控除の適用を受けることができます。

☐ 令和5年分の確定申告は医療費控除で申告済であるが、特定口座（源泉徴収有）の株取引の損失200万円があったことに気付き、この損失の繰越控除の更正の請求ができるとしていた。

☞ 当初の確定申告で、特定口座（源泉徴収有）の損益を申告していない場合は、更正の請求はできません。

☐ 特定口座（源泉徴収あり）が2口座ある場合において、確定申告をする場合は2口座とも申告する必要があるとした。

☞ 特定口座（源泉徴収あり）内の所得を申告するかしないかは、口座ごとに選択することができます。

☐ 特定口座（源泉徴収あり）内の所得を申告して、還付を受けたが、社会保険料の負担額が増えたので特定口座（源泉徴収あり）の所得を除外して修正申告書を提出した。

☞ 特定口座（源泉徴収あり）において生じた所得又は損失の金額を申告した後、その後の更正の請求や修正申告書を提出する場合において、株式等における譲渡所得等の金額の計算上、その口座における所得又は損失の金額を除外することはできません。

【損益通算及び繰越控除関係】

☐ 証券会社を通じて売却した上場株式の譲渡損と同年中の非上場株式の譲渡益を通算した。

☞ 上場株式の譲渡損失の金額と非上場株式の譲渡益の金額とは通算できません。

☐ ゼロ・クーポン債を一般口座で売却したが、その所得は総合譲渡課税となるため、売却の損失について給与所得との損益通算をした。

☞ その種類により、申告分離課税の一般株式等に係る譲渡所得又は上場株式等に係る譲渡所得となり、当該売却の損失について、総合課税の給与所得との損益通算はできません。

☐ NISA（少額投資非課税制度）の非課税口座で譲渡損失が発生したので、特定口座や一般口座での

譲渡益と損益通算した。

☞ 非課税口座で取得した上場株式を売却したことにより生じた損失はないものとみなすことから、他の上場株式等の配当や譲渡益との損益通算や繰越控除をすることはできません。

☐ 発行時に償還差益について源泉分離課税されていた割引債を売却した。公社債の譲渡については、申告分離課税となるので上場株式等に係る譲渡所得等として申告した。

☞ 公社債のうち、その発行時に償還差益について源泉徴収された割引債については株式等の範囲から除かれており、その割引債の譲渡による所得は非課税となります。

☐ 上場株式の相対取引（金融商品取引業者を介さない取引）で生じた損失について、上場株式の取引であることから、上場株式等に係る譲渡損失の損益通算及び繰越控除の特例の適用ができるとした。

☞ 上場株式等に係る譲渡損失の損益通算及び繰越控除の特例の適用はできません。
　この特例を適用できるのは、上場株式等を金融商品取引業者等への売委託により行う譲渡など、一定の譲渡により生じた損失に限られ、いわゆる相対取引、外国における外国の証券会社を介して行う譲渡又は税制適格ストックオプションの権利行使に基づいて取得した株式を保管証券会社から引き出したことによるみなし譲渡などは、この一定の譲渡には該当しません（措法37の12の2②）。
　なお、上場株式の相対取引による譲渡であっても、上場株式等の譲渡になることから、上場株式等の譲渡所得の計算内では差引きして計算することになります。

☐ TOB（株式公開買付け）に応じて上場株式等を譲渡したが、その取引が金融商品取引所外で行われたものであることから、上場株式等に係る譲渡損失の損益通算及び繰越控除の特例が適用できないとした。

☞ TOBに応じて上場株式等を譲渡した場合も、金融商品取引業者への売委託による譲渡に該当することから、上場株式等に係る譲渡損失の損益通算及び繰越控除の特例の適用があります。

☐ 「整理銘柄」、「監理銘柄」に指定された上場株式等を譲渡したが、上場株式等に係る譲渡損失の損益通算及び繰越控除の特例の適用はできないとした。

☞ 「整理銘柄」、「監理銘柄」に指定された上場株式は、まだ上場廃止となっていないので、上場株式等に係る譲渡損失の損益通算及び繰越控除の特例の適用対象となります。

☐ 所得税の扶養控除の対象となる扶養親族に該当するかどうかなどを判定する際の「合計所得金額」を、前年からの上場株式等に係る譲渡損失の繰越控除の適用後の金額をもって判断した。

☞ 所得税の扶養控除の対象となる扶養親族に該当するかどうかなどを判定する際の「合計所得金額」は、前年からの上場株式等に係る譲渡損失の繰越控除の適用前の金額をもって判定します（措法37の10⑥一、37の11⑥）。

☐ 令和5年に上場株式を譲渡したことにより譲渡損失が発生したが、これを当初の確定申告書に記載せずに申告した。令和6年は上場株式等の譲渡所得が黒字となったが、令和5年分の申告書に譲渡損失を繰り越すとする記載がないので、その損失の金額を令和6年分の株式等に係る譲渡所得等の金額から控除できないとした。

☞ 源泉徴収口座内の所得については、当初申告において申告していない場合は、申告不要を選択したことになるため更正の請求は認められません。
　しかし、源泉徴収口座以外の場合は、令和6年分の申告をする前（同日を含む）までに、令和5年分の「更正の請求」をし、当該譲渡損失の金額が明らかにされた場合には、確定申告書に当該上場株式等に係る譲渡損失の金額に関する明細書の添付があった場合と同様に取り扱うこととされています（措通37の12の2-5）。

355

☐ 令和5年に上場株式を譲渡したことにより譲渡損失が発生したが、確定申告をしていなかったので、令和6年分で上場株式等に係る譲渡損失の繰越控除は適用できないとした。

  ☞ 令和5年分について、上場株式等に係る譲渡損失の繰越控除の特例を適用した期限後申告書を提出すれば、令和6年分の当初申告において繰越控除の適用を受けることができます。
繰越控除の特例の対象となる確定申告書には期限後申告書が含まれるためです（法2①三十七、措法2①十）。

☐ 令和4年分の上場株式の譲渡損失について翌年以降に繰り越すための申告を適正に行ったが、令和5年分は株式取引がなかったため医療費控除の申告のみを行った。
令和6年分については株式譲渡の年間取引が黒字となった。そこで、令和5年分について申告し忘れた繰越控除を計上する旨の「更正の請求」をした上で、令和6年分の申告において、この譲渡損失を控除することとした。

  ☞ 令和5年分の「更正の請求」は理由がないものとされ、結果として令和6年分において令和4年分の譲渡損失を控除することはできません。
令和5年分について、確定申告書付表（上場株式等に係る譲渡損失の損益通算及び繰越控除用）の添付なしで申告しているため、令和5年分申告において令和4年から繰り越した損失を計上していないことは、更正の請求の要件「課税標準等若しくは税額等の計算が国税に関する法律の規定に従っていなかったこと又は当該計算に誤りがあったこと」（国税通則法23①）に該当しないためです。

☐ 当初の確定申告において上場株式等に係る譲渡損失の金額を申告し、申告期限後になって当該損失の金額が過少であることに気が付いたが、「更正の請求」はできないとした。

  ☞ 更正の請求の要件「課税標準等若しくは税額等の計算が国税に関する法律の規定に従っていなかったこと又は当該計算に誤りがあったこと」（国税通則法23①）に該当するため「更正の請求」をすることができます。
ただし、源泉徴収口座内の所得については、当初申告において申告していない場合は、申告不要を選択したこととなるため、更正の請求は認められません。

☐ 令和6年中に公募公社債投資信託を証券会社への売委託により売却し、損失が発生したが、上場株式等に係る譲渡損失の損益通算及び繰越控除の特例の適用は受けられないとした。

  ☞ 公募公社債投資信託の譲渡は、上場株式等に係る譲渡損失等に含まれるため、上場株式等に係る譲渡損失の損益通算及び繰越控除の特例の適用は受けられます。

☐ 令和6年分の上場株式の取引で損失が発生した。これ以外に給与所得と上場株式等の配当所得があるので、上場株式の配当所得について総合課税を選択の上、上場株式等に係る譲渡損失の金額と損益通算して申告した。

  ☞ 上場株式等に係る配当所得は、申告分離課税を選択した場合に限り、上場株式等に係る譲渡損失の金額と損益通算できます。
なお、平成28年1月1日以後の譲渡から、この損益通算の対象に、特定公社債の利子所得（特定公社債の利子、公募公社債投資信託の収益の分配等）が追加されています。

【上場株式等に係る配当所得等の課税の特例関係】

☐ 源泉徴収口座の譲渡損失については申告したが、同口座の配当所得等は申告しなかった。

  ☞ 源泉徴収口座における上場株式等の譲渡による所得とその特定口座（源泉徴収あり）に受け入れた上場株式等の配当等に係る配当所得等のいずれかのみを申告することは可能ですが、特定口

座（源泉徴収あり）の譲渡損失について申告する場合には、その口座に受け入れた上場株式等の配当等に係る利子所得及び配当所得も併せて申告しなければなりません。

□ 源泉徴収口座への受入れを行っている配当について申告する場合は、申告分離課税しか選択できないとした。
☞ 源泉徴収口座への受入れを行っている配当であっても、申告においては、総合課税と申告分離課税のいずれかを選択できます（措法8の4①②）。
ただし、上場株式等の配当等に係る利子所得は総合課税を選択できません。したがって上場株式等の配当等に係る配当所得は総合課税とし、上場株式等の配当等に係る利子所得は申告分離課税とすることはできます。

□ 上場株式等の配当等に係る配当所得について、申告分離課税を選択するとともに配当控除を適用して申告した。
☞ 申告分離課税を選択した上場株式等の配当等に係る配当所得については、配当控除をすることはできません（措法8の4①）。

□ 令和6年に上場会社であるA社とB社から配当を受領した。確定申告に当たり、A社からの配当は総合課税を選択し、B社からの配当は申告分離課税を選択することとした。
☞ 上場株式等の配当等に係る配当所得を確定申告する場合には、その申告をする上場株式等の配当等に係る配当所得の全てについて、総合課税又は申告分離課税のいずれか一方を選択することになります（措法8の4②）。

□ 上場株式の配当が1回に10万円を超えた場合は、必ず確定申告をしなければならないと考えている。
☞ 上場株式の配当については、大口株主等を除き、金額の多寡にかかわらず申告不要を選択できます。なお、それ以外の株式の配当については、1回に支払を受けるべき配当の金額が、次により計算した金額以下である場合には、申告不要を選択できます（措法8の5①一）。
　　　10万円×配当計算期間の月数÷12
また、公社債等のうち上場株式等に区分される特定公社債等の利子についても申告不要を選択できます（措法8の5①七）が、申告する場合には、総合課税は選択できず申告分離課税となります（措法8の4①六）。

□ 源泉徴収口座へ受け入れている配当5銘柄について、3銘柄は申告し、2銘柄は申告不要を選択した。
☞ その口座内の一部の配当等のみを申告することはできません。
源泉徴収口座に受け入れた上場株式等に係る配当所得等を申告するかどうかの選択の単位は、源泉徴収口座内配当に係る利子所得の金額及び配当所得の金額の合計額ごととなります。

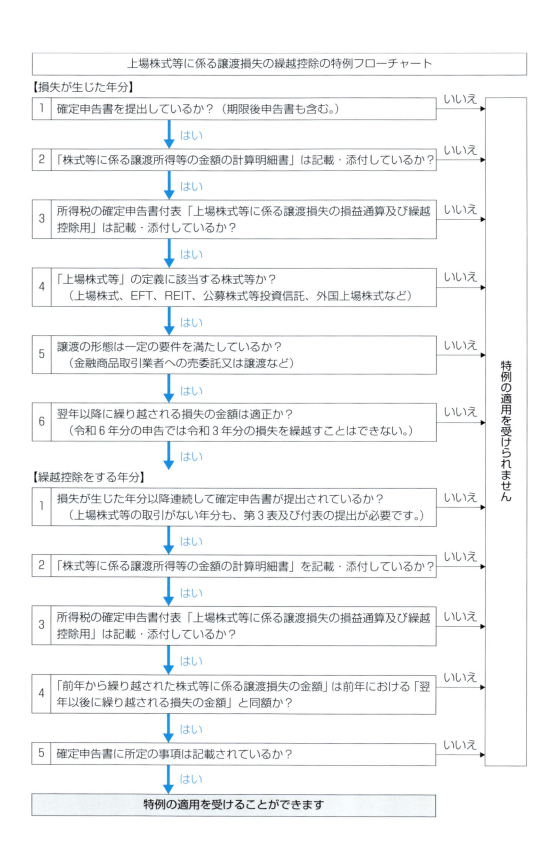

申告書等の記載手順
一般株式と上場株式の譲渡所得が黒字のケース

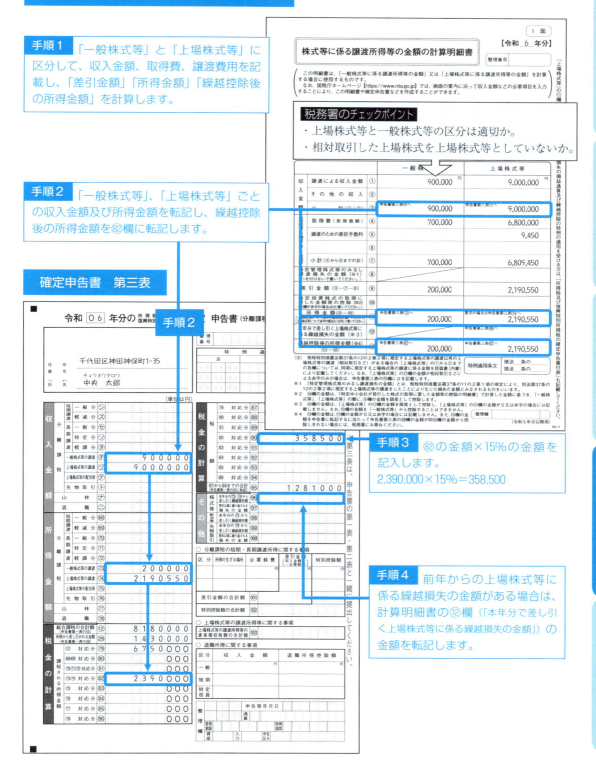

申告書等の記載手順　特定口座の上場株式と一般口座の上場株式の譲渡所得が黒字のケース（源泉徴収なし）

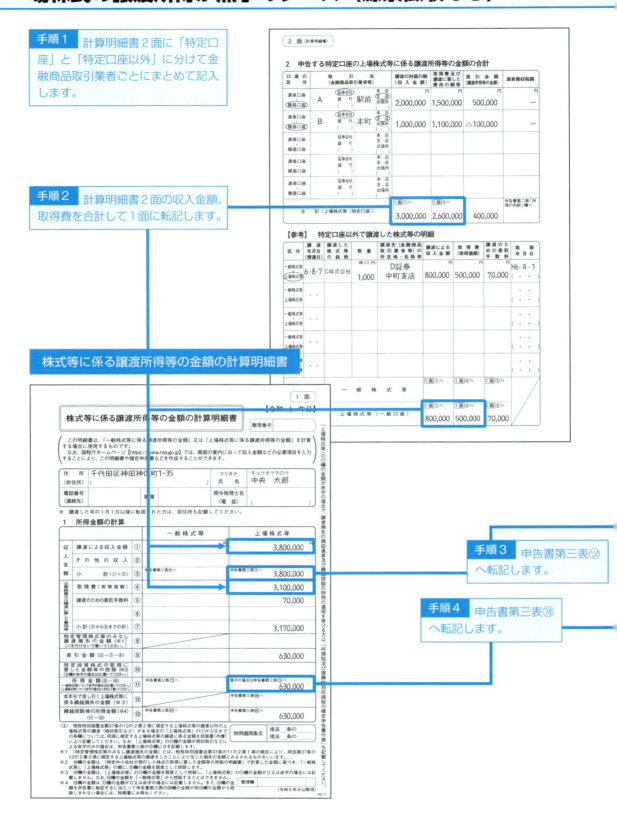

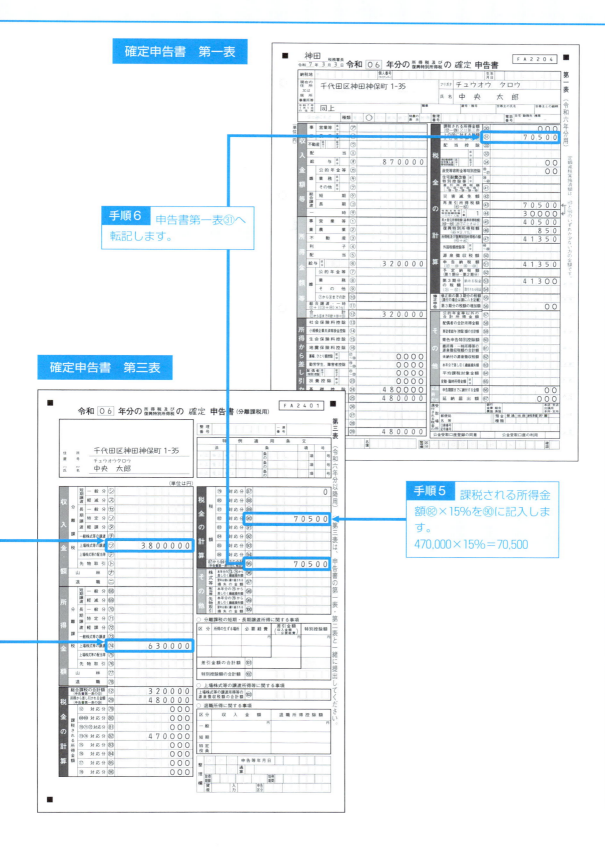

申告書等の記載手順
上場株式に係る譲渡損失を繰り越すケース

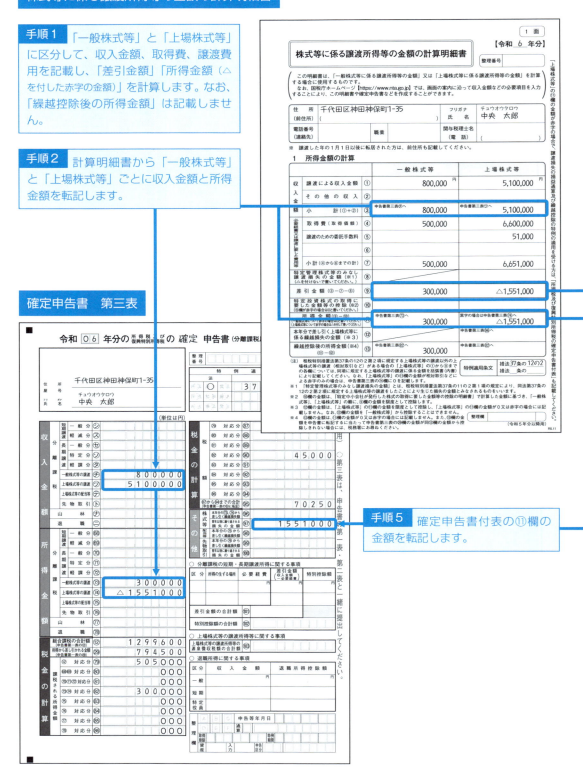

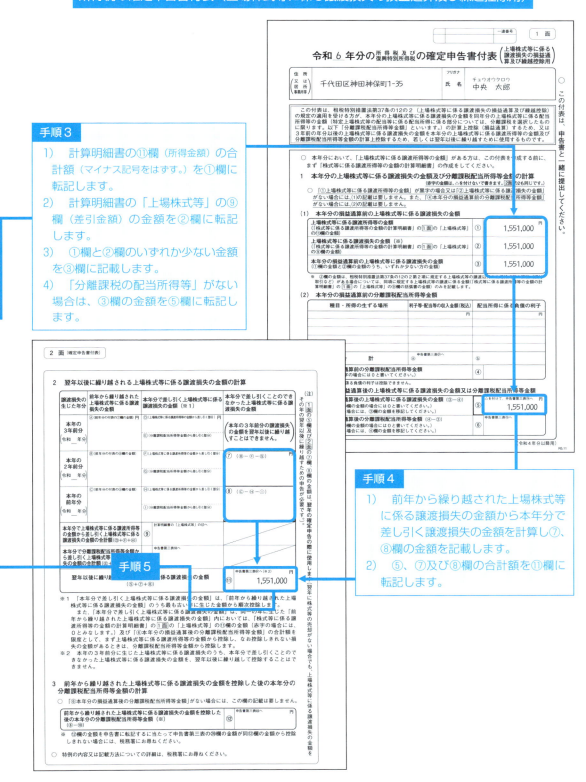

申告書等の記載手順 特定口座の譲渡損失を配当所得等から控除し翌年以降に繰り越すケース

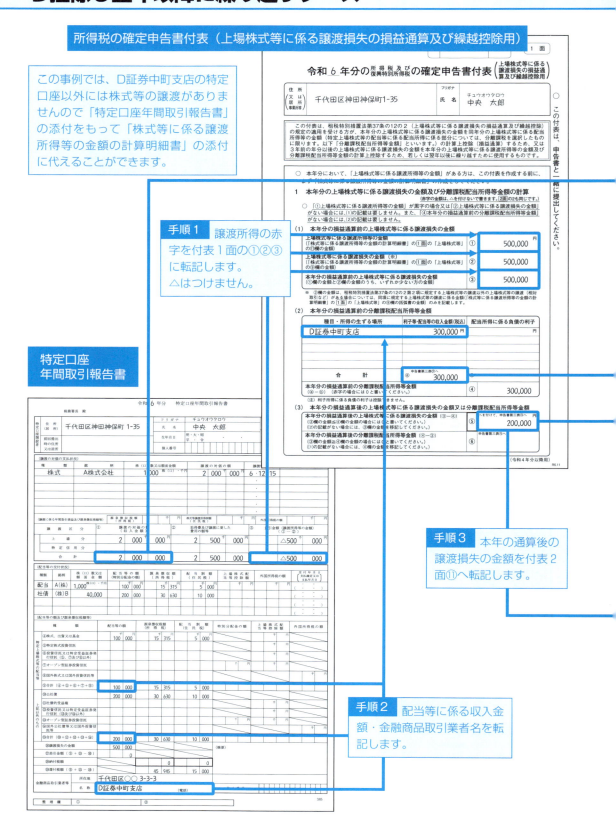

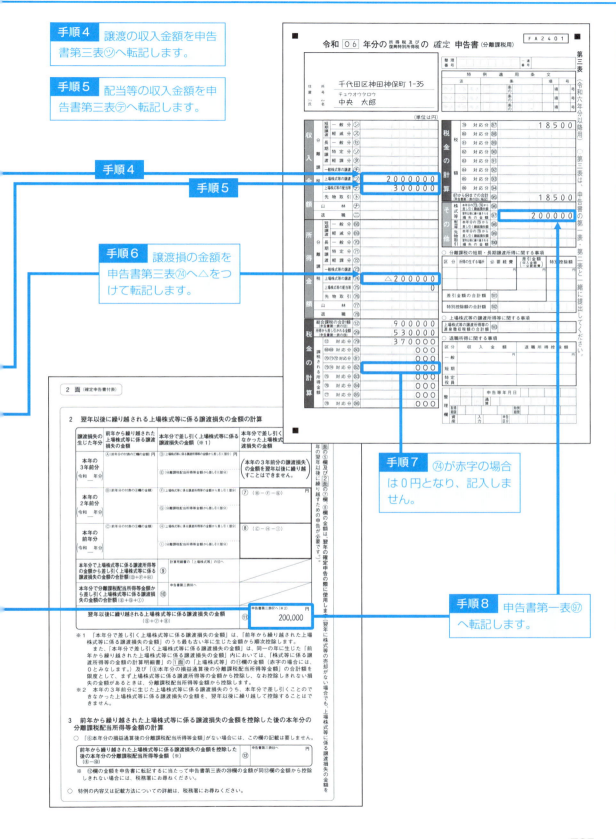

申告書等の記載手順　前年分からの繰越譲渡損失を本年分の譲渡所得・配当所得から控除するケース

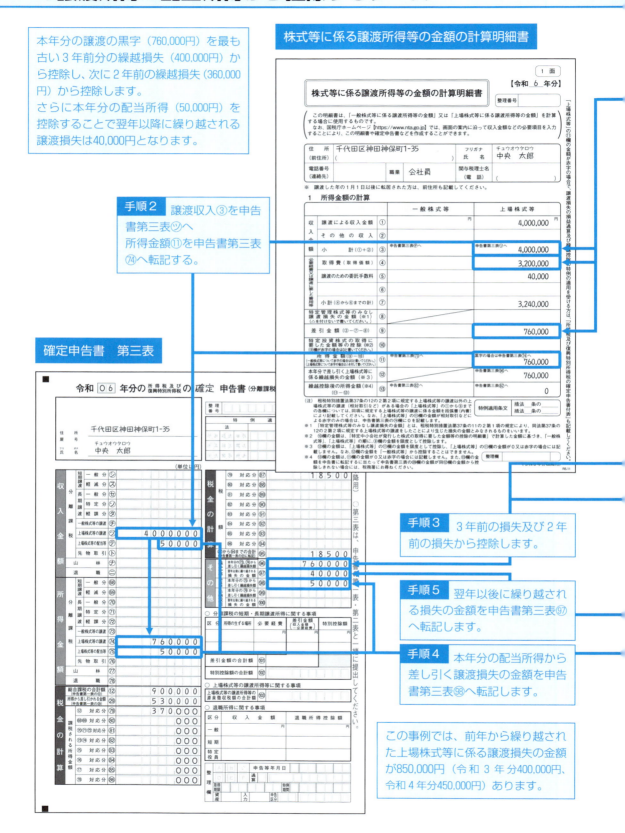

所得税の確定申告書付表（上場株式等に係る譲渡損失の損益通算及び繰越控除用）

手順1 本年分の収入金額・取得費・差引金額を1面へ転記します。

2面（計算明細書）

2 申告する特定口座の上場株式等に係る譲渡所得等の金額の合計

口座の区分	取引先（金融商品取引業者等）	譲渡の対価の額（収入金額）	取得費及びに要した費用の額（譲渡に要した費用の額）	差引金額（譲渡所得等の金額）	源泉徴収税額
源泉口座・簡易口座	E 証券銀行 本町 本店出張所	4,000,000	3,240,000	760,000	116,394
源泉口座・簡易口座	証券会社 銀行（ ）支店出張所				
源泉口座・簡易口座	証券会社 銀行（ ）支店出張所				
源泉口座・簡易口座	証券会社 銀行（ ）支店出張所				
源泉口座・簡易口座	証券会社 銀行（ ）支店出張所				
合計（上場株式等（特定口座））		1面①へ 4,000,000	1面④へ 3,240,000	760,000	申告書第二表「所得の内訳」欄へ 116,394

令和 6 年分の所得税及び復興特別所得税の確定申告書付表（上場株式等に係る譲渡損失の損益通算及び繰越控除用）

一連番号　　　1 面

住所又は事業所・事務所・居所など：千代田区神田神保町1-35
フリガナ：チュウオウタロウ
氏名：中央 太郎

この付表は、申告書と一緒に提出してください。

この付表は、租税特別措置法第37条の12の2（上場株式等に係る譲渡損失の損益通算及び繰越控除）の規定の適用を受ける方が、本年分の上場株式等に係る譲渡損失の金額を同年分の上場株式等に係る配当所得等の金額（特定上場株式等の配当等に係る配当所得に係る部分については、分離課税を選択したものに限ります。以下「分離課税配当所得等金額」といいます。）の計算上控除（損益通算）するため、又は上記3年前の分の上場株式等に係る譲渡損失の金額を本年分の上場株式等に係る譲渡所得等の金額及び分離課税配当所得等金額の計算上控除するため、若しくは翌年以後に繰り越すために使用するものです。

○ 本年分において、「上場株式等に係る譲渡所得等の金額」がある方は、この付表を作成する前に、まず「株式等に係る譲渡所得等の金額の計算明細書」の作成をしてください。

1 本年分の上場株式等に係る譲渡損失の金額及び分離課税配当所得等金額の計算

○ 「（1）上場株式等に係る譲渡所得等の金額」が黒字の場合又は「（2）上場株式等に係る譲渡損失の金額」がない場合には、（1）の記載は要しません。また、「（4）本年分の損益通算前の分離課税配当所得等金額」がない場合には、（2）の記載は要しません。

（1）本年分の損益通算前の上場株式等に係る譲渡損失の金額

上場株式等に係る譲渡所得等の金額（「株式等に係る譲渡所得等の金額の計算明細書」の①欄の金額又は1面の「上場株式等」の①欄の金額）	①	円
上場株式等に係る譲渡損失の金額（※）（「株式等に係る譲渡所得等の金額の計算明細書」の②欄の金額又は1面の「上場株式等」の②欄の金額）	②	
本年分の損益通算前の上場株式等に係る譲渡損失の金額（①の金額と②の金額のうち、いずれか少ない方の金額）	③	

※ ②欄の金額は、租税特別措置法第37条の12の2第2項に規定する上場株式等の譲渡以外の上場株式等の譲渡（相対取引など）がある場合には、同欄に規定する金額（「株式等に係る譲渡所得等の金額の計算明細書」の②欄又は1面の「上場株式等」の②欄の括弧書の金額）のみを記載します。

（2）本年分の損益通算前の分離課税配当所得等金額

種目・所得の生ずる場所	利子等・配当等の収入金額（税込）	配当所得に係る負債の利子
E証券本町支店	50,000 円	円
計	申告書第三表へ ⓐ 50,000	ⓑ
損益通算前の分離課税配当所得等金額（マイナスの場合には0と書いてください。）	④ 50,000	

係る負債の利子は計算できません。

2面（確定申告書付表）

2 翌年以後に繰り越される上場株式等に係る譲渡損失の金額の計算

譲渡損失の生じた年分	前年から繰り越された上場株式等に係る譲渡損失の金額	本年分で差し引く上場株式等に係る譲渡損失の金額（※1）	本年分で差し引くことのできなかった上場株式等に係る譲渡損失の金額
本年の3年前分（令和 年分）	Ⓐ（前年分の付表の⑪欄の金額） 400,000	⑤（上場株式等に係る譲渡所得等の金額から差し引く（円）） 400,000	（注）その年の翌年以後に繰り越すため、申告が必要です。
		⑥（分離課税配当所得等金額から差し引く（円））	本年の3年前分の譲渡損失の金額を翌年以後に繰り越すことはできません。
本年の2年前分（令和 年分）	Ⓑ（前年分の付表の⑪欄の金額） 450,000	⑦（⑪－Ⓕ－Ⓖ）（上場株式等に係る譲渡所得等の金額から差し引く（円）） 360,000	⑦（⑪－Ⓕ－Ⓖ） 40,000
		Ⓖ（分離課税配当所得等金額から差し引く（円）） 50,000	
本年の前年分（令和 年分）	Ⓒ（前年分の付表の⑪欄の金額）	Ⓗ（上場株式等に係る譲渡所得等の金額から差し引く（円））	⑧（Ⓒ－Ⓗ－Ⓘ）
		Ⓘ（分離課税配当所得等金額から差し引く（円））	
本年分で上場株式等に係る譲渡所得等の金額から差し引く上場株式等に係る譲渡損失の金額の合計（⑤＋Ⓕ＋Ⓗ）		⑨ 計算明細書の「上場株式等」の⑤へ	
本年分で分離課税配当所得等金額から差し引く上場株式等に係る譲渡損失の金額の合計（⑥＋Ⓖ＋Ⓘ）		⑩ 申告書第三表へ	
翌年以後に繰り越される上場株式等に係る譲渡損失の金額（⑤＋⑦＋⑧）		⑪ 申告書第三表⑳へ（※2） 40,000	

※1 「本年分で差し引く上場株式等に係る譲渡損失の金額」は、「前年から繰り越された上場株式等に係る譲渡損失の金額」のうち最も古い年に生じた金額から順次控除します。

なお、「本年分で差し引く上場株式等に係る譲渡損失の金額」内においては、「株式等に係る譲渡所得等の金額の計算明細書」の1面の「上場株式等」の⑤欄の金額（赤字の場合には、0とみなします。）及び「（4）本年分の損益通算後の分離課税配当所得等金額の合計額」を限度として、上場株式等に係る譲渡所得等の金額から控除し、なお控除しきれない損失の金額があるときは、分離課税配当所得等金額から控除します。

※2 本年の3年前分に生じた上場株式等に係る譲渡損失のうち、本年分で差し引くことのできなかった上場株式等に係る譲渡損失の金額を、翌年以後に繰り越して控除することはできません。

3 前年から繰り越された上場株式等に係る譲渡損失の金額を控除した後の本年分の分離課税配当所得等金額の計算

○ 「（4）本年分の損益通算後の分離課税配当所得等金額」がない場合には、この欄の記載は要しません。

前年から繰り越された上場株式等に係る譲渡損失の金額を控除した後の本年分の分離課税配当所得等金額（※）（④－⑩）	⑫ 申告書第三表㉙へ 0

※ ⑫欄の金額を申告書第三表に転記するに当たっては申告書第三表の㉙欄の金額が同⑫欄の金額から控除しきれない場合は、税務署にお尋ねください。

○ 特例の内容又は記載方法についての詳細は、税務署にお尋ねください。

（3）本年分の損益通算後の上場株式等に係る譲渡損失の金額又は分離課税配当所得等金額

損益通算後の上場株式等に係る譲渡損失の金額（③－④）（プラスの場合には0と書いてください。）（プラスの場合には、③欄の金額を移記してください。）	⑤	円
損益通算後の分離課税配当所得等金額（④－③）（マイナスの場合には0と書いてください。）（マイナスの場合には、④欄の金額を移記してください。）	⑥ 申告書第三表㉟へ 50,000	

（令和4年分以降用） R6.11

> この事例の場合、E証券の特定口座以外に株式等の譲渡がないので、「特定口座年間取引報告書」の添付をもって「株式等に係る譲渡所得税等の金額の計算明細書」の添付に代えることもできます。

367

2　NISA（少額投資非課税制度）

(1)　新NISAの概要

　平成26年から少額投資非課税制度（NISA）が始まりました。NISAとは非課税口座内の少額上場株式等に係る配当所得及び譲渡所得等の非課税制度のことです。

　制度開始当初、NISAは1つの制度でしたが、平成28年4月に未成年者向けのジュニアNISA、平成30年1月には積立投資専用のつみたてNISAが開始され、当初からのNISAは他と区別するため、一般NISAと呼ばれていました。

　令和6年（2024年）1月から、大幅な見直しが行われ、「新NISA」に移行する一方、ジュニアNISAにおける買付けは令和5年（2023年）12月末で終了となりました。

　新NISAでは、その年の1月1日現在で18歳以上の居住者又は国内に恒久的施設を有する非居住者が、令和6年1月1日以後に開設した非課税口座に、特定累積投資勘定（つみたて投資枠）及び特定非課税管理勘定（成長投資枠）で取得した上場株式等に係る配当等やその売却による譲渡益について、非課税とされます（措法9の8、37の14）。

図表9-2-1　新NISAの概要

	つみたて投資枠	成長投資枠
税法上の口座名称	非課税口座 （特定累積投資勘定）	非課税口座 （特定非課税管理勘定）
年間投資枠	120万円	240万円
非課税保有期間	制限なし（無期限）	
非課税保有限度額 （総枠）	1,800万円 〔簿価残高方式で管理（再利用は可能）〕	
		1,200万円（内数）
開設できる者	その年の1月1日時点で18歳以上の国内居住者	
開設できる数	1年ごとに1人1口座	
金融機関の変更	1年ごとに変更可能	
口座開設期間	制限なし（恒久化）	
対象となる金融資産	積立。分散投資に適した一定の公募等投資信託 （金融庁の基準を満たした投資信託に限定）	上場株式・投信信託等 （整理銘柄などは除く。）
投資方法	契約に基づき、定期かつ継続的な方法で投資	制限なし

(2)　新NISAの利用方法

　つみたて投資枠と成長投資枠は併用可能です。ただ、つみたて投資枠と成長投資枠を別々の金融機関で利用することはできません。金融機関の変更は年単位で行うことが可能です。利用者それぞれの非課税保有限度額は、国税庁で一括管理されます。

　非課税保有限度額は、買付け残高（簿価残高：手数料等は含みません。）で管理されます。売却によっ

て空いた分の総枠は翌年以降、年間投資枠の範囲内で再利用できます。ただし、年間投資枠はある年に一度利用した場合、その上場株式等をその年の内に売却したとしても、同じ年に再利用することはできません。

つみたて投資枠だけで非課税保有限度額（1,800万円）を使い切ることは可能です。また、成長投資枠だけを利用することも可能ですが、成長投資枠の非課税限度額は1,200万円です。

新NISA口座で保有している上場株式等はいつでも譲渡することができ、特定口座や一般口座に払い出すこともできます。

新NISAを開設した金融機関から、税務署に対して「非課税口座年間取引報告書」が翌年1月末までに提出されますが、口座保有者には通知されません。

(3) 新NISA口座で投資できる金融商品

新NISA口座で管理できる上場株式等の条件は、つみたて投資枠と成長投資枠で次のとおりとなります。

図表9-2-2　つみたて投資枠対象となる条件

取得の方法	証券会社等との累積投資契約に基づき、あらかじめ銘柄を定めて一定額の公募株式投資信託やETFを定期的に継続して購入する方法に限る。 （相場動向を見ながら商品を買い付けるような方法はできません。）
対象となる商品	次の要件を満たした公募投資信託・ETF（上場投資信託）で金融庁に届出がされているもの ・信託契約期間が無期限又は20年以上 ・毎月分配ではない。 ・デリバティブ取引による運用を行わない。 ・受益者ごとの信託報酬額の概算値が通知される。 ・販売手数料が公募投資信託で0％、ETFで1.25％以下 ・信託報酬が最大1.5％以下（国内インデックス投信の場合0.5％以下）

図表9-2-3　成長投資枠対象となる条件

取得の方法	証券会社等を通じた新たな買付け
対象となる商品	・上場株式等 ・上場投資信託の受益権（ETF） ・公募株式投資信託の受益権 ・上場不動産投資信託の投資口（REITなど） ・成長投資枠に係る上場株式等について行われた株式の分割又は併合により取得する上場株式等 ・成長投資枠に係る上場株式等について行われた株式無償割当てより取得する上場株式等 ・成長投資枠に係る上場株式等を発行した法人の合併・分割・株式分割・株式交換により取得する株式 ・成長投資枠に係る上場株式等である新株予約権付社債に付された新株予約権の行使により取得する上場株式等

(4) 従来のNISAとの関係

　従来のNISA口座で管理していた商品を売却する必要はありません。購入時から一般NISAは5年間、つみたてNISAは20年間そのまま保有可能で、売却もできます。新NISAの非課税保有限度額（1,800万円）に従来のNISAで投資した金額は含まれません。ただし、非課税期間終了後、新NISAに移管（ロールオーバー）することはできません。

　従来のジュニアNISAで投資した商品については、非課税期間（5年）終了後、自動的に継続管理勘定に移管され、18歳になるまで非課税で保有することが可能です。

(5) 新NISA口座の配当

　新NISA口座で保有している上場株式等の配当等は、新NISA口座を開設している金融機関経由で支払われたものでなければ非課税とはなりません。そのため、国内上場株式については、口座を開設した金融機関に配当の受領方法を「株式数比例配分方式」とする手続きが必要です。「株式数比例配分方式」を選択しなかったために課税されてしまった新NISA口座内上場株式等の配当金は、確定申告によって非課税とすることはできません。

　なお、投資信託の分配金を新NISA口座内で再投資している場合は、再投資分もその年のつみたて投資枠や成長投資枠の年間投資枠の利用金額に加算されます。

　また、新NISA口座内で保有している外国上場株式等の配当については、国内の所得税及び住民税は非課税となりますが、外国所得税は非課税とはならず、外国税額控除の適用もありません。

(6) 新NISA口座の譲渡

　新NISA口座で保有している上場株式等を譲渡した場合、その譲渡益は非課税とされ、譲渡損失は税務上なかったものとされます。そのため、譲渡損失について特定口座や一般口座の譲渡益や配当と損益通算することはできません。

　確定申告なしで非課税となりますので、上場株式等から生じた配当等や譲渡損益は、合計所得金額に含まれないため、扶養控除や基礎控除などの所得控除の適用に影響しません。

　また、新NISA口座内の上場株式等と特定口座や一般口座で同一銘柄を保有していた場合の取得価額は、それぞれ別の銘柄として区分計算されます。

図表9-2-4　非課税となる譲渡

・金融商品取引業者等への売委託
・金融商品取引業者等への譲渡
・発行法人に対して行う単元未満株のNISA口座を開設する金融機関経由の買取請求
・発行法人の合併・分割・株式分配により金銭の交付を受けるもの
・公募投資信託の終了又は一部解約により金銭の交付を受けるもの

(7) 新NISA口座保有者の出国

　新NISA口座を開設して投資を行っている者が海外赴任や留学（リスキリング）などで一時的に海外に滞在する場合、一定の期間はNISA口座を継続して利用できます。

出国の前日までに「（非課税口座）継続適用届出書」をNISA口座のある金融機関に提出すれば最長5年間はNISA口座で資産を保有することができます。ただし、新規の買付けはできません。

その後、5年以内に帰国した場合、「帰国届出書」を提出すればNISA口座での保有が続けられ、新規の買付けも可能となります。

もしも5年以内に帰国届出書を提出できない場合はNISA口座が廃止され、保有している資産は一般口座に払い出され、その時から配当金や譲渡益などに課税されます。

図表9-2-5　NISA口座保有者の出国に伴う対応

出　国（最長5年）	帰　国
NISA口座で保有可能 （新規の買付けは不可） 〔継続適用届出書を提出した日から5年を経過する日の属する年の12月31日まで非課税の適用あり〕	（5年以内に帰国届出書を提出した場合） 帰国後もNISA口座で保有可能 （5年以内に帰国届出書を提出しない場合） NISA口座は廃止となり一般口座に払出し

(8)　新NISA口座の贈与・相続

新NISA口座で保有している上場株式等を贈与する場合、贈与を受ける者の特定口座又は一般口座に移し替えることになります。移し替えた上場株式等の取得日は贈与日となり、取得価額は贈与日の時価となります。贈与日までの値上がり益は非課税、損失はなかったものとされます。

NISA口座で運用していた者が死亡した場合、相続人は死亡を知った日以後、遅滞なく金融機関に「非課税口座開設者死亡届出書」を提出します。

相続が生じた時点（死亡時）でNISA口座内の資産は払い出されたとみなされ、資産は手続き後に相続人の口座に移されますが、相続人がNISA口座を開設していてもそのNISA口座に入れることはできず、相続人の特定口座又は一般口座に移されます。相続発生時までの含み益には課税されませんが、その時点の評価額が相続財産に加算されます。ただし、相続人の口座に移る際は相続発生日の時価が資産の取得価額となります。

図表9-2-6　NISAの利用上の注意事項

- ・配当金（株式投資信託の分配金を除く。）の受取方法を「株式数比例配分方式」にしていない場合、配当金が非課税となりません。
- ・NISA口座の損失は、NISA口座以外で保有する有価証券の売買益や配当金等との損益通算はできず、その損失の繰越控除もできません。
- ・NISA口座内で、ある株式を100万円で取得し130万円で売却した場合では、100万円分の枠が売却した翌年以降に再利用できます。
- ・NISA投資可能枠の計算に取引時に発生する手数料等の費用は含まれません。
- ・新NISA口座で保有している上場株式等については、特定口座や一般口座に払い出すことができます。その払出し時に、時価で譲渡があったものとみなされ、譲渡益は非課税、譲渡損失はなかったものとみなされます。払出しを受けた特定口座又は一般口座における取得価額は、払出し日の時価となります。
- ・外国株式等の配当金に外国所得税が課税されていても外国税額の控除はできません。

NISA（少額投資非課税制度）のチェックポイント

【新NISA関係】

☐ つみたて投資枠と成長投資枠は同時に利用できないと思っていた。
　☞ 新NISAにおいてはつみたて投資枠と成長投資枠は併用可能です。

☐ 非課税口座で保有する上場株式等の配当等について、非課税措置の適用を受けるためには何か手続きが必要か。
　☞ 非課税口座で保有する上場株式等の配当、上場投資信託の受益権（ETF）、上場不動産法人の投資口（REIT）の収益の分配などについて非課税措置の適用を受けるためには、配当等の受取方法として、株式数比例配分方式を選択している必要があります。
　　また、新NISAによる非課税措置の対象となる配当等は、非課税口座を開設する金融機関（支払いの取扱者）を経由して交付される配当等に限られていますので、上場株式等の発行者から直接交付される配当等は課税となります。

☐ 現在、特定口座や一般口座で保有している上場株式等を新NISAの非課税口座に移管して非課税措置の適用を受けることができるか。
　☞ 特定口座や一般口座で保有している上場株式等を非課税口座に移管することはできません。

☐ 新NISAの開設者が出国することになった。非課税措置はそのまま継続することができるか。
　☞ 非課税口座を開設している居住者が出国する場合には、その出国の日までに、次の場合に応じた届出書を提出しなければなりません。
　　1　転任の命令等のやむを得ない事由による出国で、帰国後、再び非課税口座に上場株式等の受入れを行う場合
　　　非課税口座が開設されている金融機関に「継続適用届出書」を提出しなければなりません。この場合、一定の要件の下、非課税措置が継続されます。
　　2　上記1以外の場合
　　　非課税口座が開設されている金融機関に「出国届出書」を提出しなければなりません。この場合、「非課税口座廃止届出書」を提出したものとみなされ、非課税口座は廃止されます。

☐ 非課税口座内の取引について確定申告をする必要はあるか。
　☞ 非課税口座内において受け入れた上場株式等に係る配当等及び譲渡益については非課税となるため確定申告の必要はありません。
　　なお、非課税口座内に受け入れられている上場株式等の譲渡により生じた譲渡損失はないものとみなされますので、他の特定口座等で生じた譲渡益と損益通算することや、繰越控除をすることはできません。

☐ NISAに係る年間取引報告書が金融機関から送られてこない。
　☞ 非課税口座年間取引報告書は、特定口座年間取引報告書と違い、投資家には交付されません。ただし、金融機関から税務署には提出されます。

☐ 新株予約権の無償割当てがあり、非課税枠をオーバーしてしまう。
　☞ 成長投資枠で保有する上場株式に無償で割り当てられた新株予約権を行使して取得する上場株式については、その払込金額は成長投資枠での取得代金に含まれません。つまり、非課税枠を消費しないので、非課税枠を使い切っていたとしても、成長投資枠に受け入れることができます。

372

☐ 非課税口座から特定口座へ移管できないと考えている。

☞ 非課税口座で保有している上場株式等を特定口座に移管することは、金融機関に「移管依頼書」を提出すれば可能です。

　非課税口座から特定口座に上場株式等を移管した場合、「みなし譲渡」となり、それまでの間に発生した譲渡益は非課税となり、譲渡損はなかったものとされます。その上で、特定口座において移管日の終値に相当する金額で再取得したものとして取り扱われます。

☐ 新NISA口座で保有する株式が値上がりすると非課税限度額が減ると考えている。

☞ 非課税限度額の1,800万円は取得時の時価で管理されます。例えば100万円で株式を取得し、150万円に値上がりした場合、非課税枠の残りは1,650万円ではなく1,700万円です。

☐ つみたて投資枠の積立額の変更やボーナス時の増額はできないと考えている。

☞ つみたて投資枠は毎月同額の積立が基本となりますが、契約を変更すればつみたて金額の変更が可能です。また、ボーナス月の増額も可能です。なお、金融機関によって手続きが異なります。

3　特定権利行使株式に係る各種特例（いわゆるストックオプション税制）

(1)　概　要

　ストックオプションとは、会社が取締役や従業員に対して、あらかじめ定められた価格（権利行使価額）で、権利行使期間内に、株式の発行法人から一定株数を取得することができる権利をいいます。

　ストックオプションには、「税制適格ストックオプション」と「税制非適格ストックオプション」があります。税制適格ストックオプションは、内国法人である株式会社が実施するものであること、権利の付与を受ける取締役、執行役又は使用人は、大口株主（上場会社等は発行済株式総数の10分の1超、それ以外の会社は3分の1超を有する株主）及びその特別関係者ではないこと、その他権利行使期間、権利行使価額、権利行使により取得した株式の保管委託、譲渡制限などについて、税法により一定の要件が定められています（措法29の2）。

図表 9-3-1　ストックオプション課税の概要

区　分		税制適格ストックオプション	税制非適格ストックオプション
ストックオプションを付与された時		課税なし	課税なし
権利行使前に付与（発行）法人に譲渡した場合		譲渡不可※1	給与所得として課税※2 （譲渡価額）
ストックオプションの権利を行使し株式を取得した時		課税なし	給与所得として課税※2 （権利行使時の時価－権利行使価額）
ストックオプションの権利行使により取得した株式	①保管委託先証券会社等で譲渡した場合	株式等譲渡所得として課税 （譲渡価額－権利行使価額）	株式等譲渡所得として課税 （譲渡価額－権利行使時の時価）
	②保管委託先証券会社等から株式の返還・移転をした場合	返還・移転時の時価により譲渡があったものとみなし株式等譲渡所得として課税 （譲渡の時価－権利行使価額）	課税なし
	③保管委託先証券会社以外で譲渡した場合	株式等譲渡所得として課税 （譲渡価額－上記②の譲渡価額）	株式等譲渡所得として課税 （譲渡価額－権利行使時の時価）

※1　譲渡制限が解除された場合は、税制非適格ストックオプションとして課税されます。
※2　発行法人と権利を付与される者との関係により、所得区分が異なります（基通23〜35共6）。

(2)　税制適格ストックオプション

　会社法に基づき無償で付与されるストックオプション（旧商法の規定に基づき付与されたストックオプションを含みます。）のうち、下記の要件を満たすものを税制適格ストックオプションといいます。

図表 9-3-2　税制適格ストックオプションの要件

付与対象者	次のいずれかに該当する者（大口株主及びその特別関係者を除きます。） ・自社の取締役、執行役員又は使用人（およびその相続人） ・発行済株式総数の50％超を直接又は間接に保有する法人の取締役又は使用人 ・中小企業等経営強化法の認定業者が行う新事業分野開拓計画に従事する「社外高度人材」※1
権利行使期間	・付与決議日後2年を経過した日から10年を経過する日までに権利行使をすること ・付与する株式会社が、付与決議の日において会社設立以後の期間が5年未満で非上場会社である場合は、付与決議後15年を経過する日までに行使すること
権利行使価額	1株当たりの権利行使価額は付与契約締結時の時価以上であること
権利行使制限	権利行使価額の年間合計額が次の金額を超えないこと ・設立の日以後の期間が5年未満の付与会社……2,400万円 ・一定の付与会社※2……3,600万円
譲渡制限	あり
保管要件	新株予約権の行使による取得する株式の保管は次のいずれかの選択適用となります。 ・付与会社と証券会社等との間であらかじめ締結される株式の保管委託等に関する取決めに従い、一定の方法で証券会社等に保管委託等がされること ・一定の管理に関する取決め※3に従い、その取得後直ちにその新株予約権の行使に係る付与会社等により管理されること

| 権利者の制約 | 権利者が付与決議の日に当該会社の大口株主、またはその特別関係人でないこと |

※1　令和6年から、新たに非上場会社の役員経験者等が追加され、国家資格保有者等に求められていた3年以上の事務経験の要件を撤廃するなど、対象が拡大されました。

※2　「一定の会社」とは、設立の日以後の期間が5年以上20年未満で、非上場会社又は上場後5年未満であるものです。

※3　一定の取決めとは、①その管理に係る契約は各人別に締結されるものであること、②対象株式につき帳簿を備え、権利者別に対象株式の取得その他の異動状況を記録し、他の株式と区分して管理すること、③権利者との間で、氏名・住所・個人番号の変更、死亡、国外転出、譲渡等があった場合は遅滞なく届け出ることを約することです。

　税制適格ストックオプションは、付与された役職員等が権利を行使した時には課税されません。一般的には、権利行使時の株式の時価は権利行使価額を上回り、役職員には含み益が生じていますが、取得した株式を譲渡する時まで課税は繰り延べられます。

　税制適格ストックオプションの権利行使により取得した株式は、特定口座に入れることはできず、譲渡した際には、「売却価額－権利行使価額」が上場株式等または一般株式等の譲渡所得等として、税率20.315%の申告分離課税の対象となります。

図表9-3-3　税制適格ストックオプションの課税の例

【上場企業の取締役甲にストックオプションが付与された場合】

年月日	当日の株価	項　目	課　税
令和2年 5月28日	300円	権利行使価額300円のストックオプションを1万株甲に付与	な　し
令和5年 7月1日	800円	甲が1万株を権利行使（1万株を1株300円で取得）し、300万円を払込み	な　し （含み益500万円は課税されません。）
令和6年 5月28日	1,000円	甲が権利行使により取得した株式1万株を1,000万円で売却	売却価額から権利行使価額を差し引いた700万円が上場株式の譲渡所得

税理士のアドバイス　発行法人自身による株式管理スキームの創設

　令和6年の改正により、譲渡制限株式について、発行会社自身による管理等がされる場合には、証券会社等による保管管理に代えて発行会社自身の管理も可能となりました。

(3)　税制非適格ストックオプション

　無償で付与されるストックオプションのうち、税制適格ストックオプション以外のものを税制非適格ストックオプションといいます。

　税制非適格ストックオプションも通常、権利付与時は非課税です（ただし、譲渡制限がない場合は課税されます。）。税制非適格ストックオプションは税制適格ストックオプションと異なり、権利行使価額を付与日の時価以上にする要件はないため、例えば1円などの低価格にすることも可能です。

　税制非適格ストックオプションの権利行使時には、「権利行使により取得した株式の権利行使時の時価－権利行使価額」が総合課税の対象となります。自社の取締役や使用人に付与した場合は給

与所得となります。この場合の課税関係は次のとおりとなります。

図表 9-3-4　権利行使時の所得区分

種　類	権利付与先	所得区分
発行法人と付与された者に雇用関係	自社の取締役、社員、子会社の役員	給与所得
付与された者の営む業務に基因	融資先や仕入先、経営コンサルタント、顧問弁護士、取引先の取締役	事業所得又は雑所得
上記以外	付与対象者の相続人が権利行使	原則として雑所得

　税制非適格ストックオプションの権利行使により取得した上場株式は、特定口座に入れることができます。譲渡した際には、「売却価額－権利行使時の時価」が上場株式等または一般株式等の譲渡所得等として、税率20.315％の申告分離課税の対象となります。

　税制非適格ストックオプションには様々なスキームがありますが、無償・有利発行型、有償型、信託型の税務上の一般的な取扱いは次のとおりです。

図表 9-3-5　税制非適格ストックオプション（無償・有利発行型）の課税の例
【上場企業の取締役乙にストックオプションが付与された場合】

年月日	当日の株価	項　目	課　税
令和2年5月28日	300円	権利行使価額1円のストックオプションを1万株乙に付与（譲渡制限あり）	な　し
令和5年7月3日	800円	乙が1万株を権利行使（1万株を1株1円で取得）し、1万円を払込み	時価800円－権利行使価額1円の差額799円に付与株数1万株を乗じた799万円が給与所得として課税※
令和6年5月28日	1,000円	乙が1万株を売却 1,000円×1万株＝1,000万円	売却価額から権利行使時の時価を差し引いた200万円が上場株式の譲渡所得

　※　発行会社はこの経済的利益について源泉徴収して納付する必要があります。

図表 9-3-6　税制非適格ストックオプション（有償型）の課税の例
【上場企業の取締役丙にストックオプションが付与された場合】

年月日	当日の株価	項　目	課　税
令和2年5月28日	300円	丙はストックオプション（将来購入する権利）を適正な時価（100円）で1万株購入し、100万円を払込み	な　し
令和5年7月1日	800円	丙が1万株を権利行使（1万株を1株300円で取得）し、300万円を払込み	な　し（ストックオプションの値上がり益は所得として認識しません。）

年月日	当日の株価	項　目	課　税
令和 6 年 5 月28日	1,000円	丙が 1 万株を売却 1,000円× 1 万株＝1,000万円	売却価額1,000円からオプション購入価額100円及び権利行使価額300円の合計400円を差し引いた600円が譲渡益となり、 1 万株×600円＝600万円が上場株式の譲渡所得

図表 9 - 3 - 7 　税制非適格ストックオプション（信託型）の課税の例

【上場企業の取締役丁が信託銀行を通じてストックオプションを取得した場合】

年月日	当日の株価	項　目	課　税
令和 2 年 4 月 1 日		発行会社が信託会社に金銭を信託して、信託（法人課税信託）を組成（まだ、受益者及びみなし受益者は存在しない。）	な　し
令和 2 年 4 月20日	300円	信託会社は、発行会社の譲渡制限付きストックオプションを適正な時価（ 1 株100円）で購入	な　し
令和 4 年 7 月 1 日	600円	発行会社は、信託期間において会社に貢献した取締役丁を信託の受益者に指定し、信託財産として管理されているストックオプション 1 万株を丁に付与する。	な　し （丁は信託会社が購入の際に負担した100万円を取得価額として引き継ぎます。）
令和 5 年 7 月 1 日	800円	丁が 1 万株を権利行使 （ 1 万株を 1 株300円で取得）し、300万円を払込み	時価800円－引き継いだ取得価額100円－権利行使価額300円＝400円に 1 万株を乗じた400万円が給与所得として課税※
令和 6 年 5 月28日	1,000円	丙が 1 万株を売却 1,000円× 1 万株＝1,000万円	売却価額1,000円から権利行使時の株価800円を差し引いた200円が譲渡益となり、 1 万株×200円＝200万円が上場株式の譲渡所得

※　発行会社はこの経済的利益について源泉徴収して納付する必要があります。

【質疑応答】ストックオプション税制

□　税制不適格のストックオプションの行使により取得した株式を譲渡した場合の取得価額
　　いわゆるストックオプションの特例（措法29の 2 ）の適用対象とならない新株予約権の行使により株式を取得し（例えば、予約権が付与されてから 2 年以内の権利行使による取得である場合など）、これを譲渡した場合に、その株式と同一銘柄の他の株式を保有していたときには、取得費はどのように計算するのでしょうか。
　⇒ 税制不適格ですので、総平均法に準じた方法により取得費を算定します。

> **ストックオプション税制のチェックポイント**
>
> □ 譲渡制限付株式（リストリクテッド・ストック）を付与されました。
>   ☞ 譲渡制限付株式とは、一定期間譲渡制限が付された株式で、役職員の勤務状況や会社の業績が一定の基準を達成しない場合は、没収されるという条件が付されているものです。譲渡制限付株式のうち、税法上の要件を満たすものを特定譲渡制限付株式といい、税制非適格ストックオプションと同様の課税対象となります。

> 特定権利行使株式（ストックオプション）に係る計算書及び確定申告書付表は次のQRコードからダウンロードできます
>
> 株式等に係る譲渡所得等の金額の計算明細書
> （特定権利行使株式分及び特定投資株式分がある場合）
>
> 所得税の確定申告書付表（特定権利行使株式に係る譲渡損失の損益の計算及び繰越控除用）

4　特定投資株式に係る各種特例（いわゆるエンジェル税制）

(1) 概　要

　次世代のイノベーションの担い手たるベンチャー企業に対する個人投資家の投資を促進する観点から、各種特例が設けられています。これらの特例は、「エンジェル税制」と呼ばれるものであり、「ベンチャー投資促進税制」です。

　具体的な優遇内容としては、投資段階の優遇と譲渡段階の優遇があります。

　投資段階では、①投資額－2,000円が総所得金額から控除と②投資額全額が株式譲渡益から控除（次の(2)及び(3)）があります。

　その後、その投資株式の譲渡段階で譲渡損が生じた場合、その譲渡損についてその期及び翌期以降3年間にわたって株式譲渡益と損益通算（次の(4)、(5)及び(6)）ができます。

図表 9 - 4 - 1　税制措置の概要

投資時点	優遇措置A	（投資額－2,000円）をその年の総所得金額から控除し課税繰延べ。控除上限は800万円又は総所得金額×40％のいずれか低い方（措法41の19）
	優遇措置B	投資額をその年の株式譲渡益から控除し課税繰延べ（措法37の13）
	プレシード・シード特例※	投資額をその年の株式譲渡益から控除し非課税　控除上限はなし。年間20億円まで非課税（措法37の13の２）
	起業特例	投資額をその年の株式譲渡益から控除し非課税　控除上限はなし。年間20億円まで非課税（措法37の13の２）
株式譲渡時点	譲渡損失	その年の他の株式譲渡益と通算可能（翌年以降３年にわたり繰越可能）
	破産・解散等	上場しないまま破産・解散等をしても、その年の他の株式譲渡益と通算可能（翌年以降３年にわたり繰越可能）

※　プレシード・シード期のスタートアップとは、エンジェル税制の対象企業である未上場ベンチャー企業のうち、①設立５年未満、②前事業年度まで売り上げが生じていない又は売上げが生じているが前事業年度の試験研究費が出資金の30％超、③営業損益がマイナスという状況であること（シードとは企業の成長ステージの第１ステージで「種子」を意味しています。）。

(2)　投資段階の優遇…特定投資株式の取得に要した金額の控除の特例

　特定中小会社企業の株式（以下「特定株式」といいます。）を払込みにより取得した場合（特定権利行使株式の取得を除きます）には、その年分の一般株式等に係る譲渡所得等の金額及び上場株式等の譲渡所得等の金額の計算については、その計算上その年中に払込みにより取得した特定株式（その年の12月31日に有するものに限ります。以下「控除対象特定株式」といいます。）の取得に要した金額の合計額が控除されます（措法37の13）。

　ただし、この特例の適用前の一般株式等に係る譲渡所得等の金額及び適用前の上場株式等の譲渡所得等の金額の合計額を限度とします。

　具体的には次のように進みます。

①　保有株式を売却

②　その売却益をスタートアップへ再投資→再投資額を譲渡益から控除、再投資分の取得価額は控除額分を減額（課税の繰延べとなります。）

③　再投資した株式を売却（上記②で繰り延べられた金額を含め譲渡益が課税対象）

図表9-4-2　特定株式（特定中小会社の株式）

・中小企業等経営強化法に規定する特定新規中小企業者に該当する株式会社により発行される株式
・内国法人のうち、その設立の日以後10年を経過していない中小企業者に該当する一定の会社により発行される株式で、一定の投資事業有限責任組合契約に従って取得されるもの
・内国法人のうち、その設立の日以後10年を経過していない中小企業者に該当する一定の会社により発行される株式で、金融商品取引法に規定する第一種少額電子募集取扱業務を行う一定の者が行う電子募集取扱業務により取得されるもの
・内国法人のうち、沖縄振興特別措置法に規定する指定会社（平成26年4月1日から令和7年3月31日までに同法の適用をうけたものに限ります。）により発行された株式

　なお、特定適用年の翌年以後の控除対象特定株式と同一銘柄株式1株当たりの取得費は、その同一銘柄の特例適用年の12月31日における1株当たりの取得費から特例の適用を受けた金額を12月31日において有するその同一銘柄株式の数で除した金額を控除した金額に調整します。

図表9-4-3　エンジェル税制の適用を受けた株式の取得価額の特例計算例
【エンジェル税制に適用する株式を取得した場合】

①	特例の適用を受けた金額	3,000,000円
②	12月31日において有する同一銘柄株式の株数	3株
③	この特例を適用しないものとした場合における12月31日の取得費の金額（単価）	2,500,000円
④	取得費の調整の際に控除する金額（①/②）	1,000,000円
⑤	調整後の取得費の金額（単価）（③-④）	1,500,000円

(3) 投資段階の優遇…特定新規中小企業がその設立の際に発行した投資株式の取得に要した金額の控除の特例

　特定新規中小企業者に該当する株式会社で設立以後1年未満などの要件を満たす株式会社の設立時株式（以下「設立特定株式」といいます。）を払込みにより取得した場合、その年分の一般株式等に係る譲渡所得等の金額又は上場株式等に係る譲渡所得等の金額の計算上、その年中に払込みにより取得した設立特定株式の取得に要した金額の合計額を控除することができます。なお、その適用の上限は20億円です（措法37の13の2）。

　具体的には次のように進みます。

① 保有株式を売却（この売却株式は全ての株式）

② その売却益を用いた創業又はプレシード・シード期のスタートアップへの再投資

　→再投資額を譲渡益から控除（再投資分の取得価額は控除額分を減額しません。課税の繰延べとなりません。）

③ 再投資した株式を売却（再投資分の取得価額との差額が課税対象）

図表9－4－4　設立特定株式（特定新規中小企業者の設立時株式）

中小企業等経営強化法に規定する特定新規中小企業者に該当する株式会社で次の要件を満たすもの
・その設立の日以後の期間が1年未満の中小企業であること
・販売費及び一般管理費の出資額に対する割合が30％を超えることその他の要件を満たすこと
・特定の株主グループが有する株式の総数が発行済株式総数の100分の99を超える会社でないこと
・非上場会社であること
・発行済株式総数の2分の1を超える数が大規模法人及びその関係法人の所有でないこと

(4)　譲渡段階の優遇…特定投資株式が株式としての価値を失った場合の特例

　払込みにより取得した特定投資株式が、上場の日の前日までの期間内に清算結了等の事実により株式としての価値を失ったときは、その損失はその株式を譲渡したことによる損失とみなして、一般株式等に係る譲渡所得等の金額を計算します（措法37の13の3①）。

(5)　譲渡段階の優遇…特定投資株式に係る譲渡損失の損益の計算の特例

　払込みにより取得した特定投資株式を上場等の日の前日までの期間に譲渡したことにより生じた譲渡損失の金額（上記(2)の損失も含みます。）のうち、譲渡した年の一般株式等に係る譲渡所得等の金額の計算上控除しきれない金額は、その年の上場株式等に係る譲渡所得等の金額の計算上控除できます（措法37の13の3④）。

(6)　譲渡段階の優遇…特定投資株式に係る譲渡損失の繰越控除の特例

　上記(5)の特例を適用しても、なお控除しきれない譲渡損失の金額は、その年の翌年以降3年間にわたり、一般株式等の譲渡所得の金額及び上場株式等に係る譲渡所得等の金額から繰越控除できます。なお、同一年中に生じた「特定投資株式に係る譲渡損失の金額」の繰越額及び「上場株式等に係る譲渡損失の金額」の繰越額がある場合において、上場株式等の譲渡益から控除する順序は、①「特定投資株式に係る譲渡損失の金額」、②「上場株式等に係る譲渡損失の金額」の順となります（措法37の13の3⑦）。

　上記(4)から(6)の特例の適用を受ける場合には、その年分の確定申告書に、特例の適用を受けようとする旨の記載をし、かつ、「株式等に係る譲渡所得等の金額の計算明細書（特定権利行使株式分及び特定投資株式分がある場合）」などの書類を添付します。

【質疑応答】エンジェル税制

□　エンジェル税制の適用対象となる株式会社と特例有限会社

　いわゆる「エンジェル税制」は、居住者又は恒久的施設を有する非居住者が一定の要件を満たす株式会社の株式を払込みにより取得した場合において適用されることとなります。
　ところで、会社法施行日前から存続している有限会社は、同法施行日後は同法の規定による「株式会社」として存続するものとされています（会社法の施行に伴う関係法律の整備等に関する法律（以下「整備法」といいます。）第2条）（以下これにより存続する株式会社を「特例有限会社」といいます。）が、この「特例有限会社」がエンジェル税制の適用対象となる「株式会社」に含まれるのでしょうか。
⇒　特例有限会社は「株式会社」に含まれることとなりエンジェル税制の対象です。

5　外国株式等の譲渡等

(1)　外国株式の譲渡益に対する課税

　日本の居住者が、外国市場で外国株式を売却すると、現地では非居住者となるため一般的には譲渡益は非課税となります。日本は世界の多くの国と租税条約を締結しており、租税条約により譲渡益は課税されないことになっています。

　国内市場に上場している外国株式及び外国市場に上場している外国株式について、金融機関等を通じて売却した場合の譲渡益は、国内株式と同様、上場株式等の譲渡による所得として申告分離課税が適用されます。また、特定口座についても利用が可能です（330頁参照）。

　外国株式を外貨決済で売却した場合、株式等の譲渡所得等の算出においては、公表された為替レートで邦貨（円）に換算する必要があります。つまり、為替差損益も株式の譲渡による所得に含まれるということです。

　通常、取得時はTTS（電信売相場）、売却時はTTB（電信買相場）を利用します。TTS・TTBとも証券会社の約款に基づいた約定日（通常は証券会社が執行地の取引注文の成立を確認した日）のものを使います。

図表 9-5-1　譲渡所得の計算例

項　目	譲渡益の計算例
取得費	米国のA法人株100株を1株300ドルで購入（約定日のTTS：1ドル＝150円） 　300ドル×100株×150円＝4,500,000円 　米国A法人株は上場株式等に該当する。
譲渡価額	米国のA法人株100株を1株350ドルで売却（約定日のTTB：1ドル＝155円） 　350ドル×100株×155円＝5,425,000円 　米国での譲渡益課税は受けていない。
譲渡益	5,425,000円－4,500,000円＝925,000円
源泉徴収税額	925,000円×15.315％＝141,663円（所得税＋復興特別所得税） 925,000円×5％＝46,250円（住民税） 分配額　925,000－（141,663円＋46,250円）＝737,087円

(2)　外国株式の配当に対する課税

　上場している外国株式の配当については、各国との租税条約に基づき、まず、外国所得税が差し引かれ、差し引かれた後の金額に対して、さらに国内の配当所得として源泉徴収されます。また、日本国内の上場株式の配当と同様、総合課税としての申告、申告分離課税としての申告、特定口座（源泉あり）に受入れた場合の申告不要のいずれかを選択できます。

　源泉徴収税額は、外国で徴収された外国所得税控除後の金額に対して、20.315％（所得税15.315％、住民税5％）となります。

　外国株式の配当金を確定申告する場合、配当控除は受けられず、総合課税又は申告分離課税のいずれでも「外国税額控除」は受けられます。

なお、非上場株式（国内市場及び外国市場のどの市場にも上場していない外国株式）の配当については、源泉徴収税額は、所得税のみ20.42％となります。申告不要の規定も国内株式と同様になり、1回に支払いを受ける金額（外国所得税控除後の金額）が、10万円に配当計算期間の月数を乗じて12で除した金額を超えると総合課税として申告しなければなりません。

　外国株式の配当金の国内源泉徴収税額については、邦貨換算による計算が行われます。その邦貨換算レートはTTB（電信買相場）となります。

図表9-5-2　配当所得の計算例

項　目	配当所得の計算例
配当	米国のA法人株100株を保有（上場株式等に該当） 1株当たり3ドルの配当（支払開始日のTTB：1ドル＝150円） 　100株×3ドル×150円＝45,000円
米国での税額	100株×3ドル×10％＝30ドル （円換算額）30ドル×150円＝4,500円
国内源泉徴収対象額	45,000円－4,500円＝40,500円
源泉徴収税額	40,500円×15.315％＝6,202円（所得税＋復興特別所得税） 40,500円×5％＝2,025円（住民税） 分配額　40,500－（6,202円＋2,025円）＝32,273円

⑶　外貨建債券等の利子に対する課税

　外貨建債券が特定公社債に該当する場合、利子及び譲渡益・償還益に関して20.315％の申告分離課税の対象となります。

　まず、外貨建債券等の利子については、外国にて所得税相当額が源泉徴収されている場合には、その控除後の金額に対して、20.315％（所得税15.315％、住民税5％）が源泉徴収され、申告分離課税の対象になります。

　確定申告をすることで外国税額控除の適用を受けることができます。

図表9-5-3　日本が締結した租税条約の概要（抜粋）

国　名	限度税率	
	利子（％）	配当（％）
アメリカ	原則免税	10
イギリス	原則免税	10
インド	10	10
オランダ	10	10
韓　国	10	15
スイス	免税	10
中　国	10	10

デンマーク	原則免税	15
ドイツ	原則免税	15
フィリピン	10	15
ブラジル	12.5	12.5
フランス	10	10
ベトナム	10	10
ベルギー	10	10

また以下のような債券についても、特定公社債に該当する場合、同様の取扱いになります。

・サムライ債…外国法人が日本国内で発行する円建て債券

・ショウグン債…外国政府や外国法人などが日本国内において外貨建てで発行する債券

・ユーロ円債…海外で発行された円建て債券（欧州通貨のユーロとは関係しません。）

・ヤンキー債…米国内外の法人などが米国市場で発行する米ドル建て債券

(4) 確定申告による外国税額控除の適用

外国株式の配当金や外国株式投資信託の分配金について外国所得税が源泉徴収されている場合、日本国内でも源泉徴収されるため二重に所得税が課税されることになります。

この国際的な二重課税を調整するため、確定申告によって控除限度額の範囲内で外国税額控除を適用することができます。申告の際には「外国税額控除に関する明細書（居住者用）」を添付します（所法94）。

なお、外国税額控除は総合課税でも申告分離課税でも適用できます。

外国税額控除限度額の計算は次の「申告書の記載手順」のとおりです。

$$\text{外国税額控除の限度額} \ = \ \text{その年の所得税の額} \ \times \ \frac{\text{その年分の調整国外所得}}{\text{その年分の所得総額}}$$

税理士のアドバイス　　税理士のアドバイス　外国所得税額控除前の金額を記入

外国株式の配当金を確定申告する場合、申告書の配当収入・配当所得の欄には「外国所得税の額」を控除する前の金額（総額）を記入する必要があります。

特定口座（源泉あり）の場合、「特定口座年間取引報告書」の「配当等の額」欄には「外国所得税の額」を控除する前の金額が記載され、特定口座（源泉あり）以外の場合、「配当等の支払通知書」の「配当等の額」欄には「外国所得税の額」を控除する前の金額が記載されています。

外国株式に係る譲渡所得等のチェックポイント

☐ 外国の上場株式を外国の証券会社（日本で内閣総理大臣の登録を受けていない。）を通じて譲渡した際に生じた損失について、上場株式等を証券業者への売委託により譲渡しているため、上場株式等に係る譲渡損失の損益通算及び繰越控除の特例の適用が受けられるとした。

☞ 金融商品取引法29条の内閣総理大臣の登録を受けていない証券会社は、措置法37条の12の２②に規定する金融商品取引業者に当たらず、上場株式等に係る譲渡損失の損益通算及び繰越控除の特例の適用はできません。

ただし、信託会社の国内にある営業所に信託されている上場株式等の譲渡で、その営業所を通じて金融商品取引法58条に規定する外国証券業者への売委託により行うもの及び外国証券業者に対して行うものについては、上場株式等に係る譲渡損失の損益通算及び繰越控除の特例の適用の対象となります（措法37の12の２②九、十）。

385

申告書等の記載手順
（「外国税額控除に関する明細書」記載例）

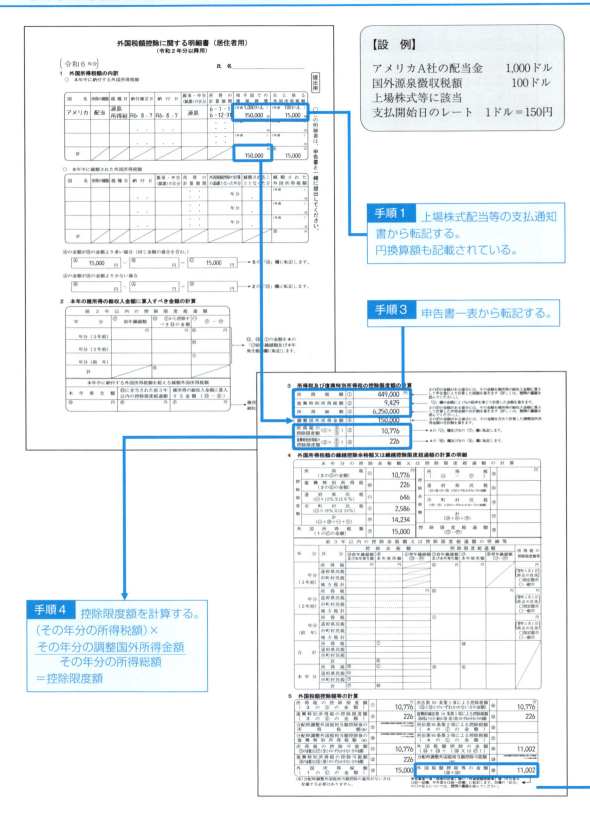

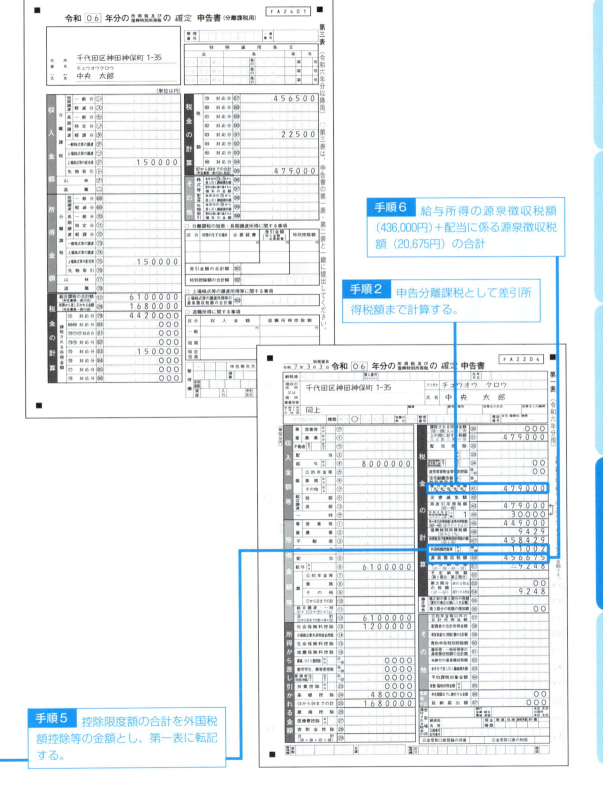

6 ファンドラップ口座（ラップ口座）

(1) ファンドラップ口座における株取引の所得区分

　ファンドラップとは、投資家ごとに異なる投資目的や投資方針に基づき、投資家に代わって運用会社が資産配分や投資先ファンドの選定及び組み換え（リバランス）等の資産運用を行う投資一任口座です。この投資一任口座は、投資家がある証券会社との間で締結する投資一任契約に従って資産運用するための専用口座で、投資一任契約により、その証券会社は投資資金の運用に関する投資判断とその執行に必要な権限の委任を受けて投資家に代わって資産運用を行う一方、投資家は証券会社に対し、投資顧問報酬として固定報酬及び成功報酬を支払うことになります。この投資一任口座の契約期間は1年です。

　この投資一任契約に係る成果は投資家に帰属することになりますので、株式等の譲渡による事業所得、雑所得又は譲渡所得のいずれかの所得として分離課税となりますが、これらの所得のいずれに該当するかは、株式等の譲渡が営利を目的として継続的に行われているかどうかにより判定することになります。

　なお、ファンドラップの契約時等に係る顧問報酬等は、投資信託の購入時手数料とは異なるため、有価証券の「取得費及び譲渡に要した費用の額等」には該当しません。

図表9-6-1　顧問報酬の取扱い

事業所得又は雑所得	顧問報酬等は必要経費に算入される。
譲渡所得	顧問報酬等は控除されない（取得費及び譲渡費用に含まれません。）。

(2) ファンドラップの特定口座の利用

　顧問報酬等が控除されないため、令和3年末までは、あえて雑所得として確定申告をし、顧問報酬等を必要経費として追加計上する場合がありました。

　令和4年1月1日以降、特定口座において、投資一任契約に係る費用を必要経費に算入できることになりました。したがって、特定口座（源泉徴収あり）において取引をする場合は原則として確定申告は不要となります。

　投資一任契約に基づき、特定口座を開設している金融取引業者等に支払う顧問報酬等で、雑所得又は事業所得の金額の計算上必要経費に算入されるべき金額（以下、「特定口座内の投資一任契約に関する費用」といいます。）がある場合には、①特定口座年間取引報告書の「取得費及び譲渡に要した費用の額等」欄にその特定口座内の投資一任契約に関する費用の額を加算した金額が記載されるとともに、②特定口座年間取引報告書の「摘要」欄に加算した特定口座内の投資一任契約に関する費用の額が記載されます。

　そのため、特定口座内保管上場株式等の譲渡について事業所得の金額又は雑所得の金額を申告する場合において、その特定口座に係る特定口座年間取引報告書の「摘要」欄に記載されている特定口座内の投資一任契約に関する費用を重複して費用計上しないように注意しなければなりません。

7 分配時調整外国税相当額控除

(1) 令和元年末以前に支払を受ける集団投資信託の収益の分配

　投資家が、直接外国株式の配当を受ける場合や外国の投資信託に投資した場合は、源泉徴収の段階では二重課税となりますが、確定申告をして外国税額控除を受けることにより二重課税の排除が可能です。ところが、令和元年12月31日以前に個人投資家に支払われる公募投資信託の収益の分配については、個々の分配金について外国税額がいくら課税されているか不明であったため、確定申告をしても外国税額控除を受けることができませんでした。

(2) 令和2年1月1日以後に支払を受ける集団投資信託の収益の分配

　令和2年1月1日以後に公募投資信託等が支払う収益の分配については、ファンド全体の計算は公募投資信託側が行いますが、投資家単位の計算は支払の取扱いを行う証券会社等が行うこととされ、分配金に係る所得税額（復興特別所得税を含みます）からその投資信託が納めた外国所得税額を差し引くこととなりました。つまり、源泉徴収の段階で外国税額控除の分配金に対して計算した日本の所得税額から外国所得税額が控除されることになり、自動的に二重課税の調整が行われ、原則として確定申告は不要となりました（所法93）。

図表9−7−1　株式等の課税方式による税率

改正前		改正後	
外国	配当1,000 外国税△100	外国	配当1,000 外国税△100
日本	収益900→分配金718 所得税900×15.315％＝137 地方税900× 5 ％＝45	日本	収益900→分配金797 所得税　（900＋100[※1]）×15.315％−100[※2]＝53 地方税　（900＋100）× 5 ％＝50[※3]

※1　外国での納税分を加算します。「加算対象額」といいます。
※2　外国での納税分を控除します。「控除額」といいます。「投資信託分配金のお知らせ」の⑩控除額、「特定口座年間取引報告書」の②上場株式配当等控除額、「上場株式配当等の支払通知書」の②通知外国税相当額等に表示されます。
※3　地方税は二重課税調整制度の適用はありません。外国での納税分が加算されるため地方税は増加します。

(3) 分配時調整外国税相当額控除（集団投資信託の収益の分配について確定申告する場合）

　個人が集団投資信託の収益の分配金について確定申告をする場合は、源泉税額の調整により源泉徴収税額が減少しているため、そのままでは確定申告による税負担が増加してしまいます。そのため、源泉徴収税額から控除された控除外国所得税額と原則として同額を、一般の外国税額控除とは別に、その年分の所得税額から税額控除できます。

　この税額控除を「分配時調整外国税相当額控除」と呼びます。この控除を受けるためには「分配時調整外国税相当額控除に関する明細書」及び分配時調整外国税相当額を証する書類の添付が必要です。なお、この制度により控除される金額は、その明細書に分配時調整外国税相当額として記載された金額が限度となります。

申告書等の記載手順
(「分配時調整外国税額控除に関する明細書」記載例)

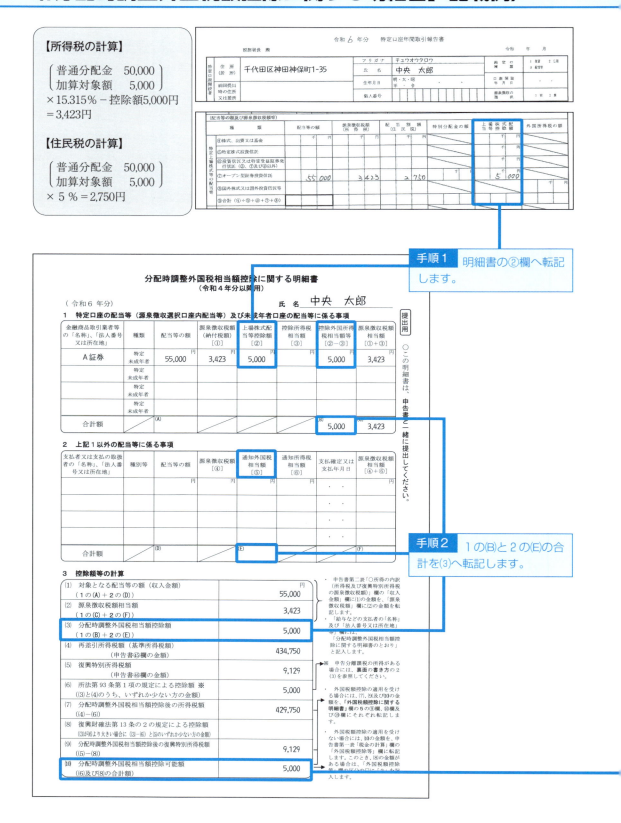

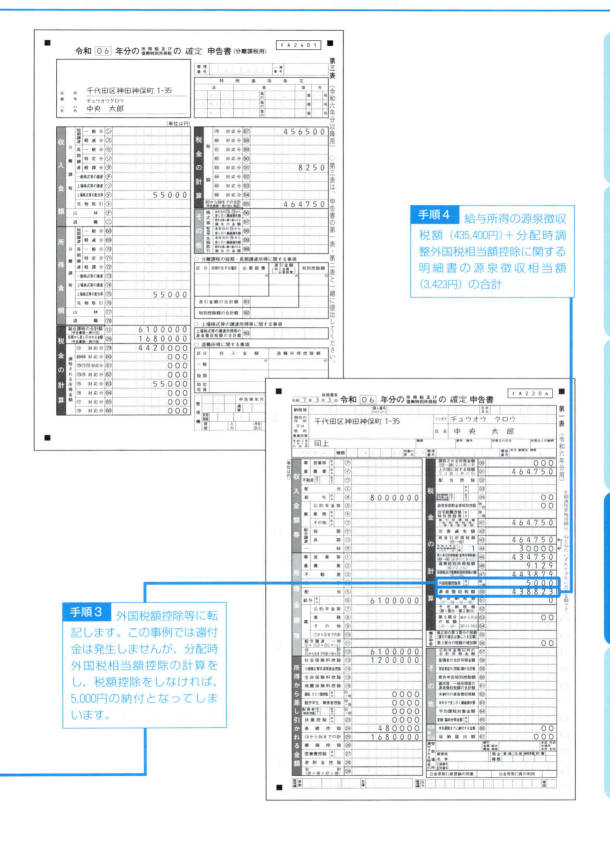

8 暗号資産・NFTを用いた取引の課税

(1) 暗号資産の譲渡等の課税

　暗号資産とは、資金決済に関する法律2条14項に規定するもので、かつては仮想通貨と呼称されていたものです。個人が暗号資産の「売却」、「他の暗号資産との交換」及び「商品の購入」によって利益を得た場合は、原則、総合課税の雑所得（その他の雑所得）となり、確定申告が必要となります。なお、損失が生じても雑所得以外の所得とは通算できず、損失の繰越しもできません。

　ただし、その年の暗号資産取引に係る収入金額が300万円を超える場合には、次の所得に区分されます。

- ・暗号資産取引に係る帳簿書類の保存がある場合……原則として事業所得
- ・暗号資産取引に係る帳簿書類の保存がない場合……原則として雑所得（業務に係る雑所得）

図表9-8-1　課税対象となる所得の計算方法

所得区分	課税対象のケース	所得の計算方法
雑所得 （その他の雑所得）	暗号資産を売却して円に替えた場合	暗号資産の売却額 ― 暗号資産の取得額 ― 必要経費
	暗号資産Aを暗号資産Bに替えた場合	暗号資産Bの取得額 ― 暗号資産Aの取得額 ― 必要経費
	暗号資産で商品やサービスを購入した場合	商品・サービスの購入額 ― 暗号資産の取得額 ― 必要経費

図表9-8-2　具体的な計算例

ケース	所得の計算方法
暗号資産を売却	3BTCを3,000,000円で購入→0.5BTCを700,000円で売却 売買手数料50,000円
	$700,000円 － (3,000,000 \times 0.5/3) － 50,000 ＝ 150,000円$ ※所得金額は譲渡価額と譲渡原価等との差額となります。
暗号資産同士の交換	3BTCを3,000,000円で購入→30XRPを購入する際に1BTCを支払、取引時の交換レートは1XRP＝40,000円 売買手数料50,000円
	$40,000円 \times 30XRP － (3,000,000円 \times 1/3) － 50,000円 ＝ 150,000円$ ※保有していたBTCの譲渡に係る所得金額となります。
商品の購入	3BTCを3,000,000円で購入→880,000円（消費税込）の商品を購入する際に0.5BTCを支払、取引時の交換レートは1BTC＝1,200,000円 売買手数料50,000円
	$880,000 － (3,000,000 \times 0.5/3) － 50,000 ＝ 330,000円$ ※所得金額は譲渡価額と譲渡原価の差額となります。

　※BTC…ビットコイン、XRP…リップル

(2) 暗号資産の取得価額・譲渡原価

暗号資産の取得価額は、その取得の方法により次のとおりとなります。

図表9-8-3　取得価額の計算方法

区　分	計算方法
対価を支払って取得（購入）	購入時に支払った対価の額
贈与又は遺贈により取得	贈与又は遺贈の時の価額（時価）
相続又は死因贈与	被相続人の死亡時に、その被相続人が暗号資産について選択していた方法により評価した金額 （被相続人が死亡時に保有する暗号資産の評価額）
上記以外	その取得時点の価額（時価）

譲渡原価は、暗号資産の種類ごとに、「年初時点で保有する暗号資産の評価額」と「年中に取得した暗号資産の取得価額の合計額」との合計額から「年末時点で保有する暗号資産の評価額」を差し引いて計算します。

この年末時点の1単位当たりの取得価額の計算には「総平均法」と「移動平均法」があり、暗号資産の種類ごとに選定し「評価方法の届出書」を提出することになります。「評価方法の届出書」の提出がない場合は「総平均法」になります。

図表9-8-4　評価方法

区分	評価方法
総平均法	同じ種類の暗号資産について、年初時点で保有する暗号資産の評価額とその年中に取得した暗号資産の取得価額との総額との合計額を、これらの暗号資産の総量で除して計算した価額を「年末時点での1単位当たりの取得価額」とする。
移動平均法	同じ種類の暗号資産について、暗号資産を取得する都度、その取得時点で保有している暗号資産の簿価の総額をその時点で保有している暗号資産の総量で除して「取得時点の平均単価」とし、年末に最も近い日において算出された「取得時点の平均単価」を「年末時点での1単位当たりの取得価額」とする。

税理士のアドバイス　年間取引報告書を活用した暗号資産の所得金額の計算

暗号資産の譲渡原価を含め、その売却等に係る所得金額の計算については、暗号資産交換業者から送付される「年間取引報告書」を基に、「暗号資産の計算書（総平均法用・移動平均法用）」を作成することで、簡便に行うことができます。

「暗号資産の計算書（総平均法用・移動平均法用）」は国税庁ホームページに公開されています。

暗号資産の計算書（移動平均法用）

暗号資産の計算書（総平均法用）

(3) NFT・FTの譲渡等の課税

　いわゆるNFT（非代替性トークン：Non-Fungible Token）やFT（代替性トークン：Fungible Token）が、暗号資産などの財産的価値を有する資産と交換できるものである場合、そのNFTやFTを用いた取引については所得税の課税対象となります。逆に財産的価値を有する資産と交換できないNFTやFTを用いた取引については所得税の課税対象とはなりません。

　所得税の課税対象となる場合の所得区分は次のとおりです。

　※　NFTとは、ブロックチェーン上で発行される唯一無二（非代替：ノンファンジブル）のデジタルトークン（証票）のことです。たとえ同一のクリエーターが作成した同一コレクション内のNFTであっても、そのNFTと他のNFTが区別されるためノンファンジブルとなります。

図表9-8-5　NFT・FTの課税区分

態　様	課税区分
NFTやFTを譲渡した場合 （譲渡したNFTやFTが、譲渡所得の基因となる資産に該当する場合（その所得が譲渡したNFTやFTの値上がり益（キャピタル・ゲイン）と認められる場合））	譲渡所得（総合譲渡）
NFTやFTの譲渡が営利を目的として継続的に行われる場合	雑所得又は事業所得
役務提供などによりNFTやFTを取得した場合	事業所得、給与所得又は雑所得
臨時・偶発的にNFTやFTを取得した場合	一時所得

図表9-8-6　課税対象となる具体例

取引の内容	課税関係
デジタルアートを作成し、そのデジタルアートを紐づけたNFTをマーケットプレイスを通じて第三者に有償で譲渡（一次流通） （第三者はそのデジタルアートを閲覧することができるようになります。）	雑所得（又は事業所得） 雑所得の金額＝NFTの譲渡収入－NFTに係る必要経費
デジタルアートを作成し、そのデジタルアートを紐づけたNFTを知人に無償で贈与 （知人はそのデジタルアートを閲覧することができるようになります。）	課税関係なし
非居住者がデジタルアートを作成し、そのデジタルアートを紐づけたNFTを日本のマーケットプレイスを通じて第三者に有償で譲渡 （第三者はそのデジタルアートを閲覧することができるようになります。）	国内源泉所得に該当せず、原則として課税関係なし
デジタルアートの制作者からデジタルアートを紐づけたNFTを購入し、マーケットプレイスを通じてそのNFTを第三者に有償で転売（二次流通） （これにより有していた「デジタルアートの閲覧に関する権利」は第三者に移転します。）	譲渡所得 譲渡所得の金額＝NFTの転売収入－NFTの取得費－NFTの譲渡費用－特別控除※

　※総合譲渡の特別控除は50万円です。なお、譲渡益が50万円以下のときはその金額までしか控除できません。

9 株式等に係る譲渡所得等のその他の特例

(1) ゴルフ場等の施設利用権の譲渡に類似する有価証券の譲渡

　ゴルフ場等の施設利用権の譲渡に類似する有価証券の譲渡による所得は、譲渡所得として総合課税されます（措法37の10②、法33）。

　この場合のゴルフ場等の施設利用権の譲渡に類似する有価証券とは、ゴルフ場の所有又は経営に関する法人の株式又は出資を所有することが、そのゴルフ場を一般の利用者に比べて有利な条件で継続的に利用する権利を有する者となるための要件とされている場合をいいます。

　また、預託金形式のゴルフ場等の施設利用権など株式や出資と結びつかない権利の譲渡による所得も、譲渡所得として総合課税の対象となります（所基通33-6の2）。

(2) 有価証券先物取引

　有価証券を対象とする先物取引には、有価証券先物取引（株式先物取引など）と有価証券指数先物取引（株価指数先物取引など）があり、「先物取引に係る雑所得」として、税率20.315%（所得税15.315%、住民税5%）の申告分離課税となります。

　差金等決済から生じた売買差損益から取引に要した委託手数料や消費税などを控除した損益を年間で合算した額に対して課税されます。また、「先物取引に係る雑所得等の金額」の計算上生じた損失の金額は、他の所得と損益通算することはできませんが、一定の条件の下で、翌年以降3年間の「先物取引に係る雑所得等の金額」から差し引くことができます。

(3) 発行法人から与えられた新株予約権等をその発行法人に譲渡した場合

　居住者が、株式を無償又は有利な価額により取得することができる権利として所得税法施行令84条2項各号に掲げる権利（新株予約権、新株引受権等）で、その権利を行使したならば同条の適用があるものを発行法人から与えられた場合において、その居住者その他一定の者がその権利をその発行法人に譲渡した場合は、その譲渡の対価の額からその権利の取得価額を控除した金額を、事業所得、給与所得、退職所得、一時所得又は雑所得に係る収入金額とみなして、総合課税されます（所法41の2）。

(4) 株式等を対価とする株式の譲渡に係る譲渡所得等の課税の特例（株式交付）

　個人が、その所有する株式を発行する法人を株式発行子会社とする株式交付によりその所有株式の譲渡をし、その株式交付に係る株式発行親会社の株式の交付を受けた場合には、その譲渡をした所有株式の譲渡はなかったものとみなされます。

　ただし、その株式交付により交付を受けたその株式交付親会社の株式の価値がその株式交付により交付を受けた金銭の額及び金銭以外の資産の価値の合計額のうちに占める割合が80%に満たない場合を除きます。また、株式交付の直後の株式交付親会社が一定の同族会社となるものに該当する場合も除きます。

　この場合、その所有株式の取得価額は、交付を受けた株式交付親会社の株式に引き継がれ、その

譲渡に係る譲渡所得等の課税が繰り延べられることになります（措法37の13の４）。

⑸　オプション取引

　オプション取引には、現物を対象とする有価証券オプション取引（個別証券オプション取引）や株価指数を対象とする有価証券指数等オプション取引があります。有価証券オプション取引は、「先物取引に係る雑所得」として、税率20.315％（所得税15.315％、住民税５％）の申告分離課税となります。オプション取引による損失は先物取引の損益と通算できますが、現物株式等の取引の損益との通算はできません。ただし、利益から控除しきれない損失については、一定の条件の下で翌年以降３年間にわたって繰越控除をすることができます。

図表９−９−１　有価証券オプション取引に係る課税関係

区　分		反対売買 （差金等決済）	権利放棄 権利消滅	権利行使 権利割当
コール オプション	買建	先物取引の雑所得 として申告分離課税 （所得税15.315％ 住民税５％）	支払オプション料は、先物取引の雑所得から控除	非課税※
	売建		受取オプション料は、先物取引の雑所得に加算	株式等の譲渡として課税
プット オプション	買建		支払オプション料は、先物取引の雑所得から控除	株式等の譲渡として課税
	売建		受取オプション料は、先物取引の雑所得に加算	非課税

　※　権利行使により取得した株式等を譲渡した場合は株式等の譲渡益として課税されます。

⑹　譲渡性預金を利払いの途中で譲渡したことによる所得

　譲渡性預金※を利払いの途中で譲渡したことによる所得は、原則として雑所得として課税されます。

　※　「譲渡性預金」とは、払戻しについての期限を定める預金のうち、譲渡禁止のない預金で一定のものをいいます。

⑺　土地等の譲渡に類する株式等の譲渡

　その所有する資産が主として土地等である法人の発行する株式等で一定の場合は、土地等の短期譲渡所得（分離短期譲渡所得）として課税されます（措法32②）。

⑻　非課税とされる有価証券譲渡益

　次に掲げるものを譲渡した場合の当該譲渡による所得は非課税とされています（措法37の15①）。

①　割引の方法により発行される公社債で次のイからハまで以外のもの
　　イ　外貨公債の発行に関する法律１条１項に規定する外貨債
　　ロ　特別の法令により設立された法人が発行する債券のうち一定のもの

ハ　平成28年1月1日以後に発行された公社債（次の②及び④を除く。）

②　預金保険法2条2項5号に規定する長期信用銀行債等

③　貸付信託の受益権

④　農林水産協同組合貯金保険法2条2項4号に規定する農林債

※　上記の譲渡が非課税となるため、上記の譲渡による収入金額がその譲渡に係る取得費及びその譲渡に要した費用の額の合計額又はその譲渡に係る必要経費に満たない場合には、所得税法の規定の適用についてはないものとみなされます（措法37の15②）。

(9)　非居住者に対する課税の特例

　恒久的施設を有しない非居住者が、国内源泉所得となる一般株式等及び上場株式等を譲渡した場合には、他の所得と区分して、その年中の一般株式等及び上場株式等に係る国内源泉所得の金額に対して原則として15%の所得税を課税することとされています。

(10)　保証債務を履行するために株式等を譲渡した場合で、その保証債務の主たる債務者などに求償権の行使ができなくなった場合の特例

　保証債務を履行するために株式等を譲渡した場合で、主たる債務者に対し求償権の行使ができなくなった場合には、求償権の行使ができなくなった金額に対応する部分の金額は、一般株式等に係る譲渡所得の金額又は上場株式等に係る譲渡所得の金額の計算上なかったものとみなされます（所法64②）。

(11)　相続財産に係る非上場株式をその発行会社に譲渡した場合のみなし配当課税の特例

　相続又は遺贈により非上場株式を取得した個人で、納付すべき相続税額のある者が、相続税の申告書の提出期限の翌日以降3年を経過する日までに、その非上場株式をその発行会社に譲渡した場合には、つぎの特例があります（措法9の7）。

①　非上場株式の譲渡の対価として発行会社から交付を受けた金銭の額が発行会社の資本金等の額のうちその交付の基因となった株式に対応する部分の金額を超えるときは、その超える部分の金額についてはみなし配当課税を行いません。

②　上記①の適用を受ける金額について、一般株式等に係る譲渡所得等に係る収入金額とみなして、一般株式等に係る譲渡所得等の課税の特例を適用します。

図表9-9-2　相続財産に係る非上場株式を譲渡した場合のみなし配当課税の特例

原　則	・みなし配当として総合課税（最高45%の所得税率） ・配当控除の適用あり
特　例	・一般株式等に係る譲渡所得として申告分離課税（15.315%の所得税率） ・相続税額の取得費加算特例（措法39）の適用あり ・保証債務の特例（所法64②）の適用あり

図表9-9-3　みなし配当課税の特例

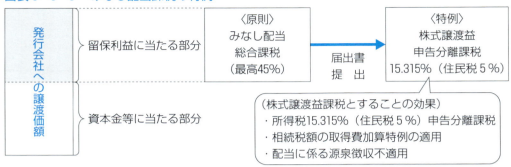

税理士のアドバイス　会社経由の届出

　この特例の適用を受けるためには、その非上場株式を当該非上場会社に譲渡する時までに、その適用を受ける旨、適用を受ける者の氏名及び納付すべき相続税額などを記載した書面を当該非上場会社に提出し、当該非上場会社は譲り受けた日の属する年の翌年1月31日までに、所轄税務署に提出しなければなりません（措令5の2）。

税理士のアドバイス　配偶者が相続した株式の譲渡

　被相続人甲の相続財産であるA社株式を、配偶者乙と長男丙が相続した場合で、乙は配偶者に対する相続税額の軽減により納付すべき税額がない時の課税は次のようになります。
　乙と丙は、相続したA社株式をA社に相続開始後3年以内に譲渡しました。
　丙は「みなし配当課税の特例」の適用を受ける場合の手続きを適法に行うことで、申告分離課税による一般株式の譲渡所得となります。
　しかし、乙は納付すべき相続税額がないため、「みなし配当課税の特例」の適用を受けることができず総合課税となり配当所得が高額となる可能性があります。

⑿　相続財産を譲渡した場合の相続税額の取得費加算の特例（措法39）

　相続（限定承認に係るものを除きます。）又は遺贈（死因贈与を含み、包括遺贈のうち限定承認に係るものを除きます。）により取得した財産を相続税の申告期限から3年以内に譲渡した場合に、相続税額のうちその譲渡をした財産に対応するものとして計算した部分の金額を譲渡資産の取得費に加算することができます（措法39）。

税理士のアドバイス　譲渡損となった株式は対象外

相続により取得した株式を2以上譲渡し、この特例を受ける場合は、それぞれの株式ごとに取得費に加算する相続税額を計算しなければなりません（措法39⑧）。

なお、ある株式について、取得費に加算される相続税額が、譲渡収入－（取得費＋譲渡費用）を超える場合にはその超える部分の金額を控除することはできません。上限は「譲渡益金額」ということです。また、譲渡損失が生じている株式はこの特例を受けられません。

【具体例】

相続した上場A株式、上場B株式、上場C株式を売却しました。
- A株式は譲渡益200万円（計算上の取得費加算は60万円）
- B株式は譲渡益10万円（計算上の取得費加算は20万円）
- C株式は譲渡損50万円（計算上の取得費加算は20万円）

この株式譲渡の所得金額は、次のとおりとなります。

A株式（200万円－60万円）＋B株式（10万円－10万円）＋C株式（損失△50万円）＝90万円

※B株式は譲渡益が上限であるため取得費加算は10万円です。
※C株式は譲渡損であるため取得費加算は差し引けません。

【質疑応答】その他の株式等の譲渡益課税

□ 特約の付された株券貸借取引に係る特約権料等の課税上の取扱い

特約の付された株券貸借取引は、株券貸借取引に、特約権（株券を買い取る権利）を金融商品取引業者に付与する特約権取引（店頭デリバティブ取引（金融商品取引法2条22項））を付加した取引です。

本取引は、金融商品取引業者が一定期間、株券を投資家から借り受け、特約権行使日における当該株券の時価が特約価格（当該株券の金融商品取引業者の買取り価格）を超える場合には、金融商品取引業者は特約権を行使して当該株券を特約価格にて投資家から買い取り、一方、特約権行使日における当該株券の時価が特約価格を下回る場合には、金融商品取引業者は特約権を放棄して当該株券と同種、同等、同数の株券を投資家へ返還する取引です。金融商品取引業者は、賃借料及び特約権料を取引終了日（特約権行使日の3営業日後）に投資家に支払うとともに、株券発行会社から金融商品取引業者へ配当金の支払があったときには、当該配当金相当額を配当代わり金名目で投資家に支払います。

この場合、金融商品取引業者による特約権の行使により、投資家が、株券の返還に代えて金銭の支払を受けたときには、その時に当該株券の譲渡があったものとして、譲渡所得の計算をし、金融商品取引業者による特約権の放棄により、投資家が、当該株券と同種、同等、同数の株券の返還を受けたときには、当該株券の譲渡はなかったものとして取り扱ってよいでしょうか。

また、投資家が支払を受ける賃借料、特約権料及び配当代わり金は、何所得となりますか。

⇒特約権の放棄時は株券の譲渡はなかったものとされます。賃借料及び配当代わり金は雑所得となり、特約権料については行使時は譲渡収入の一部、放棄時は雑所得となります。

□ 店頭デリバティブ取引の義務の履行により特定口座内保管上場株式等を証券会社に譲渡する場合等の課税上の取扱い

金融商品取引業者は、個人顧客向けに顧客が保有している上場株式を目的として、当該顧客にオプション料を支払うことを条件に、当該顧客から上場株式を一定額で取得できるコールオプション

（以下「本件オプション」といいます。）を取得する店頭デリバティブ取引を行います。

　この取引において金融商品取引業者は、あらかじめ指定された権利行使日に本件オプションの目的である上場株式の時価が権利行使価額を上回るときには、本件オプションを権利行使し、権利行使日の3営業日目に顧客に対して権利行使価額及びオプション料を支払って当該上場株式を取得します。

　一方、権利行使日に本件オプションの目的である上場株式の時価が権利行使価額を下回るときには、本件オプションを放棄し、権利行使日の翌営業日に顧客に対してオプション料のみを支払うこととなります。

　この取引の目的である上場株式が当該金融商品取引業者の特定口座内保管上場株式等である場合、以下のとおり取り扱われるものと解してよろしいでしょうか。

⇒ オプション履行時は譲渡収入となり、放棄時は雑所得となります。

☐　商品先物取引に係る充用有価証券を商品取引員が換価処分した場合の課税関係

　商品取引員が顧客から商品先物取引を受託する場合は、担保として委託証拠金の預託を受け、顧客の商品先物取引に係る損失について顧客が債務（損失）を弁済しないときには、この委託証拠金をもってその債務の弁済に充当することになります。

　この場合の委託証拠金は、有価証券によって充用できることとされており（以下「充用有価証券」といいます。）、債務の弁済に充当するため、商品取引員は充用有価証券を換価処分することができます。

　この充用有価証券の換価処分の精算後の損益は顧客に帰属するものですが、顧客はこの充用有価証券の譲渡に係る申告において、金融商品取引業者等への売委託による譲渡として、上場株式等に係る譲渡損失の損益通算及び繰越控除の特例（措法37の12の2）の規定の適用を受けることができますか。

⇒ 上場株式等に係る譲渡損失の損益通算及び繰越控除の特例は適用できません。

☐　国外発行のディスカウント債を譲渡した場合

　個人Aは、国外で発行されたディスカウント債（通常よりも低い利率で、発行価額が額面金額よりも低く設定されており、償還時には額面で償還される債券）を所有していましたが、償還前に譲渡したところ、譲渡損失が発生しました。

　譲渡した国外発行のディスカウント債の内容は次のとおりです。

・発行価額：額面金額の70%
・利払日：年2回
・利率：年0.5%
・償還期間：10年
・償還価額：額面金額の100%

　Aが譲渡した上記のディスカウント債に係る譲渡所得については、旧租税特別措置法第37条の16第1項第2号に規定されている公社債には該当しないのですが、発行価額が額面金額より低い価額で発行されていることから、同項1号に規定されている「割引の方法により発行される公社債」に該当するものとして、他の所得との損益通算をすることができますか。

⇒ その公社債が上場株式等であるときは、上場株式等に係る譲渡損失の損益通算及び繰越控除
　の特例は適用できます。

☐　再生計画に基づき社債の一部が消滅した場合等の課税関係

　私が所有しているA社社債について、A社が民事再生手続開始の申立を行ったことにより期限の利益を喪失するとともに、債務不履行となりました。

　その後、再生計画認可の決定が確定し、A社社債の元本については、再生計画に基づき指名債権

に権利変更され、90％は無償で消滅されましたが、残り10％については弁済が行われました。

A社社債は、税法上、「上場株式等」に該当するものですが、この再生計画に基づき行われた弁済は、上場株式等に係る譲渡所得等の収入金額とみなされる「公社債の元本の償還」に該当し、無償で消滅されたことにより生じる損失の金額は、上場株式等に係る配当所得等との損益通算及び繰越控除ができる「上場株式等に係る譲渡損失の金額」に該当しますか。

⇒「公社債の元本の償還」には該当せず、「上場株式等に係る譲渡損失の金額」には該当しません。

10　国外転出時課税（国外転出をする場合の譲渡所得等の特例）

(1)　国外転出時課税の概要

平成27年7月1日以後に国外転出（国内に住所及び居所を有しないこととなることをいいます。）をする一定の居住者が1億円以上の有価証券等の対象資産を所有等している場合には、国外転出の時に、その対象資産について譲渡又は決済があるものとみなして、対象資産の含み益に所得税が課税されます（法60の2）。

なお、国外転出の時までに「納税管理人の届出書」を提出した場合は、一定の要件の下、納付することとなる所得税について、国外転出の日から5年を経過する日まで納税が猶予されます。

図表9-6-1　国外転出時課税制度の対象者及び対象資産

区　分	内　　容　　等
対象者	所有等している対象資産の価額の合計額が1億円以上で、国外転出をする日前10年以内において国内に5年を超えて住所又は居所を有している居住者が国外転出（国内に住所又は居所を有しなくなること）した場合
対象資産	・有価証券等（株式、投資信託等、匿名組合契約の出資持分） ・未決済信用取引等（未決済の信用取引、未決済の発行日取引） ・未決済デリバティブ取引等 （注）　1億円の判定には、含み益の有無にかかわらず、また非課税扱いとなるNISA口座内の有価証券等についても全て対象となります。

図表9-6-2　国外転出時課税制度の申告納税手続等

区　分		申　告　期　限	担保提供	納　税	減額措置
納税管理人の届出書	有	国外転出時の価額で対象資産の譲渡等があったものとみなして、翌年の申告期限までに申告	有	納税猶予の適用あり	図表9-6-5 Ⓐ～Ⓓ
			無	確定申告期限までに納税	図表9-6-5 Ⓒ
	無	国外転出予定日から起算して3か月前の価額で対象資産の譲渡等があったものとみなして、国外転出時までに申告	―	国外転出時までに納付	図表9-6-5 Ⓒ

(2)　国外転出時課税制度の納税猶予

　国外転出の時までに「納税管理人の届出」を提出した場合は、一定の要件の下、国外転出時課税の適用により納付することとなった所得税について、国外転出の日から5年間を経過する日まで納税が猶予されます。

　この納税猶予の特例を受けるための担保として提供できる財産は次に掲げる財産です。

①　所得税法施行令に定める手続きにより担保提供する財産

・株券を発行していない会社の非上場株式（会社法に規定する株券発行会社以外の株式会社で質権の設定がされていないなど一定の要件を満たすこと。）

・持分会社の社員の持分（合名会社、合資会社又は合同会社の社員の持分で譲渡制限が付されている場合は譲渡可能とされていること。）

②　国税通則法施行令に定める手続きにより担保提供する財産

・不動産

・国債・地方債

・税務署長が確実と認める有価証券

・税務署長が確実と認める保証人の保証（法人による保証も、保証義務を果たすための資力が十分であると認められ、保証することが定款の定める目的の範囲内に属する場合は認められます。）

図表9-6-3　納税猶予手続の概要

区　分	手　続
確定申告時	確定申告期限までに、一定の書類を添付した確定申告書を提出し、かつ納税猶予分の所得税額及び利子税額に相当する担保を提供する必要があります。
納税猶予期間中	納税猶予期間中は、各年12月31日現在において所有している適用資産について、適用資産の種類、名称、銘柄別の数量等を記載した「継続適用届出書」を翌年の3月15日までに提出する必要があります。 なお、提出期限までに提出しなかった場合は、その期限から4か月を経過する日に納税猶予期限が確定し所得税及び利子税を納付する必要があります。
期限延長	納税猶予期限を5年延長することができます。 延長するためには、国外転出日から5年を経過する日までに「延長届出書」を提出する必要があります（延長後の納税猶予期間は国外転出の日から10年を経過する日となります。）。

図表9-6-4　国外転出に当たっての納税猶予手続の流れ

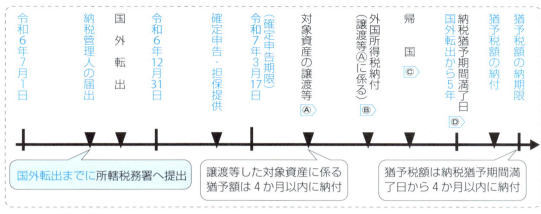

※図中のⒶ～Ⓓは、図表9-6-5の各種減額措置の時期を示します。

(3) 国外転出時課税制度の各種減額措置

納税猶予の特例の適用を受けている場合は、次に掲げる場合に該当するときは、次の減額措置等を受けることができます。

図表9-6-5　各種減額措置の概要

	国外転出後の状況	減 額 措 置 等	手 続 き
Ⓐ	譲渡等時の対象資産の価額が国外転出時より下落している場合	譲渡等した対象資産について、国外転出時課税により課税された税額の減額	譲渡等の日から4か月以内に更正の請求
Ⓑ	国外転出先の国の外国所得税と二重課税が発生している場合	納税猶予期間中に対象資産を譲渡等した際、国外転出先の国で納付した外国所得税について外国税額控除の適用	外国所得税を納付することとなる日から4か月以内に更正の請求
Ⓒ	納税猶予期間内（5年又は10年）に帰国した場合	国外転出時から帰国時まで引き続き有している対象資産について、国外転出時課税により課税された税額の取消し	帰国した日から4か月以内に更正の請求
Ⓓ	納税猶予期間が満了した場合	国外転出時から引き続き有している対象資産について、納税猶予期間が満了した時点で対象資産の価額が国外転出時よりも下落しているときは、国外転出時課税により課税された税額の減額	納税猶予期間の満了日から4か月以内に更正の請求

(4) 国外転出時課税の主な申告手続等の流れ

① 納税管理人の届出をする場合

納税管理人の届出をする場合の申告手続等は、次のようになります。

403

図表 9 - 6 - 6　申告手続等の流れ（納税管理人のいる場合）

項　目	期　限	内　容
納税管理人の届出	国外転出時	所轄税務署長に「納税管理人の届出」を提出し、納税管理人を定めておく。
期限内申告・担保の提供	翌年３月15日	国外転出の時の価額で対象資産の譲渡等があったものとみなして、その年の各種所得に国外転出時課税の適用による所得を含めて所得税の確定申告書の提出・納税をします。また、納税猶予の特例の適用を受ける場合は、確定申告期限までに、納税猶予分の所得税額及び利子額に相当する担保を提供します。
「継続適用届出書」の提出	各年の翌日３月15日	納税猶予期間中は、各年末に所有している適用資産について、種類・名称・銘柄別の数量などを記載した「継続適用届出書」を所轄税務署長に提出します。
納税猶予期間中の適用資産の譲渡、決済等	譲渡、決済等の日から４か月を経過する日	納税猶予期限が確定し、納税が猶予されていた所得税及び利子税を納付する必要があります。
納税猶予期間満了前の帰国	帰国の日から４か月以内	更正の請求をすることにより帰国の時まで引き続き所有している適用資産について、国外転出時課税の適用がなかったものとして、国外転出をした年分の所得税を再計算することができます。
納税猶予期間の満了	５年又は10年	（期限延長している場合は10年）

② 　納税管理人の届出をしない場合

納税管理人の届出をしない場合の申告手続等は、次のようになります。

図表 9 - 6 - 7　申告手続等の流れ（納税管理人のいない場合）

項　目	期　限	内　容
準確定申告書の提出	国外転出時	国外転出予定日から起算して３か月前の日の価額で対象資産の譲渡等があったものとみなして、その年の１月１日から国外転出の時までにおける各種所得に国外転出時課税の適用による所得を含めて所得税の準確定申告書の提出・納税をします。
帰国（国外転出の日から５年以内に限ります。）	帰国の日から４か月以内	更正の請求をすることにより帰国の時まで引き続き所有している適用資産について、国外転出時課税の適用がなかったものとして、国外転出をした年分の所得税を再計算することができます。

国外転出時課税のチェックポイント

□ 　対象資産の価額の合計額が１億円以上となるかどうかの判定に際して、含み損がある有価証券等や国外で所有等している有価証券については、対象資産に含める必要はないとした。

☞ 　対象資産の価額の合計額が１億円以上となるかどうかについては、国外転出の時に含み益があるかどうかにかかわらず、全ての対象資産の価額の合計額で判定します。

また、国外で所有等している有価証券等、譲渡による所得が非課税となる有価証券（償還差益について発行時に源泉徴収された割引債など）についても、国外転出時課税の対象資産として金額基準の判定に含める必要があります。

□ 国外転出時課税の適用により、国外転出の時に所有している上場株式について譲渡損失が生じることとなる場合、上場株式等に係る譲渡損失の損益通算及び繰越控除の特例の適用を受けることができないとした。

☞ 国外転出時課税の適用により上場株式等の譲渡があったものとみなされることにより生じた譲渡損失については、上場株式等に係る譲渡損失の損益通算及び繰越控除の特例の適用を受けることができます。

□ 納税猶予の特例を受けるための担保として非上場株式の株式は提供できないとした。

☞ 株券を発行していない会社の非上場株式については、その会社が会社法117条7項に規定する株券発行会社以外の株式会社であり、質権の設定がされていないなど一定の要件を満たす場合には、その株式に質権を設定することで担保として提供することができます。手続きとしては「株式に質権を設定することについての承諾書」等を提出します。
なお、株券発行会社が発行していない場合には、その会社に対して株券の発行を請求し、株券の交付を受け、その株券を法務局に供託する必要があります。

11 国外転出時（相続・贈与）課税（贈与等により非居住者に資産が移転した場合の譲渡所得の特例）

(1) 国外転出（贈与・相続）時課税の概要

① 国外転出（贈与）時課税

贈与の時において1億円以上の対象資産を所有等している一定の居住者から、国外に居住する親族等（非居住者）へ対象資産の全部又は一部を贈与した場合には、その贈与の時に、贈与者が贈与対象資産を贈与したものとみなして、贈与対象資産の含み益に所得税が課税されます（法60の3）。

② 国外転出（相続）時課税

相続開始の時において1億円以上の対象資産を所有等している一定の居住者から、国外に居住する相続人等（非居住者）が、相続又は遺贈により、対象資産の全部又は一部を取得した場合には、その相続開始の時に、適用被相続人等が相続対象資産を譲渡等したとみなして、相続資産の含み益に所得税が課税されます（法60の3）。

③ 国外転出（贈与・相続）時課税制度の対象者及び対象資産

対象者及び対象資産は次のとおりです。

図表9-7-1　国外転出（贈与・相続）時課税制度の対象者及び対象資産

区　分	内　容　等
対象者	・所有等している対象資産の価額の合計額が１億円※以上で、国外転出をする日前10年以内において国内に５年を超えて住所又は居所を有している居住者が次の事由に該当する場合 ・国外に居住する親族等（非居住者）へ贈与、相続又は遺贈により、その対象資産の一部又は全部を移転した場合
対象資産	・有価証券等（株式、投資信託等、匿名組合契約の出資持分） ・未決済信用取引等（未決済の信用取引、未決済の発行日取引） ・未決済デリバティブ取引等

　※　１億円の判定には、含み益の有無にかかわらず、また非課税扱いとなるNISA口座内の有価証券等についても全て対象となります。

(2)　国外転出（贈与）時課税の主な申告手続等の流れ

　国外転出（贈与）時課税の申告手続は次のようになります。

図表9-7-2　国外転出（贈与）時課税制度の主な申告手続の流れ

項　目	期　限	内　容
期限内申告・担保の提供	翌年３月15日	贈与者は、贈与をした年分の確定申告期限までに、贈与の時の価額で贈与対象資産の譲渡等があったものとみなして、その年の各種所得に国外転出（贈与）時課税の適用による所得を含めて所得税の確定申告書の提出・納税をします。 また、納税猶予の特例の適用を受ける場合は、確定申告期限までに、納税猶予分の所得税額及び利子額に相当する担保を提供します。
「継続適用届出書」の提出	各年の翌日３月15日	納税猶予期間中は、贈与者は、受贈者（非居住者）が各年末に所有している適用贈与資産について、種類・名称・銘柄別の数量などを記載した「継続適用届出書」を所轄税務署に提出します。
納税猶予期間中の適用資産の譲渡、決済等	譲渡、決済等の日から４か月を経過する日	納税猶予期限が確定し、納税が猶予されていた所得税及び利子税を納付する必要があります。
受贈者の帰国（納税猶予期間満了前）	帰国の日から４か月以内	更正の請求をすることにより帰国の時まで引き続き所有している適用贈与資産について、国外転出（贈与）時課税の適用がなかったものとして、国外転出をした年分の所得税を再計算することができます。
納税猶予期間の満了	５年又は10年	（期限延長している場合は10年）

(3)　国外転出（相続）時課税の主な申告手続等の流れ

　国外転出（相続）時課税の申告手続は次のようになります。

図表 9-7-3　国外転出（相続）時課税制度の主な申告手続の流れ

項　目	期　限	内　容
期限内申告・担保の提供	相続開始から4か月以内	相続人は、相続開始の日の価額で相続対象資産の譲渡等があったものとみなして、その年の各種所得に国外転出（相続）時課税の適用による所得を含めて所得税の確定申告書の提出・納税をします。 また、納税猶予の特例の適用を受ける場合は、確定申告期限までに、納税猶予分の所得税額及び利子額に相当する担保を提供します。
「継続適用届出書」の提出	各年の翌日3月15日	納税猶予期間中は、相続人は、非居住者である相続人等が各年末に所有している適用相続資産について、種類・名称・銘柄別の数量などを記載した「継続適用届出書」を所轄税務署長に提出します。
納税猶予期間中の適用資産の譲渡、決済又は限定相続等	譲渡、決済等の日から4か月を経過する日	納税猶予期限が確定し、納税が猶予されていた所得税及び利子税を納付する必要があります。
相続人等の全員の帰国（納税猶予期間満了前）	帰国の日から4か月以内	更正の請求をすることにより帰国の時まで引き続き所有している適用相続資産について、国外転出（相続）時課税の適用がなかったものとして、国外転出をした年分の所得税を再計算することができます。
納税猶予期間の満了	5年又は10年	（期限延長している場合は10年）

国外転出時（相続・贈与）課税のチェックポイント

☐　対象資産の価額の合計額が1億円以上となるかどうかの判定は、非居住者である相続人等が取得した相続対象資産の価額の合計額で判定すればよいとした。

☞　対象資産の価額の合計額が1億円以上となるかどうかについては、非居住者である相続人が取得した相続対象資産の価額の合計額で判定するのではなく、その相続対象資産を含めて、相続開始の時に被相続人が所有等していた対象資産の価額の合計額が1億円以上となるかどうかを判定します。

☐　相続対象資産を取得していない相続人については、国外転出（相続）時課税の申告をする必要はないとした。

☞　国外転出（相続）時課税は、適用被相続人等が亡くなった場合に、適用被相続人等が相続対象資産を譲渡等したものとみなしますから、適用被相続人等の準確定申告は、その相続人がすることになります。
　　したがって、相続対象資産を取得したか、また居住者又は非居住者であるかを問わず、適用被相続人等の相続人が、適用被相続人等の各種所得に国外転出（相続）時課税の適用による所得を含めて適用被相続人等の準確定申告及び納税をする必要があります。

国外転出時課税の記載例は右のQRコードからダウンロードできます。

12　特定の基準所得金額の課税の特例（令和7年分以後）

(1)　新制度の概要

　高所得者層において、所得に占める株式等の譲渡所得や土地建物等の長期譲渡所得の割合が高いことにより所得税負担率の低下がみられることから、税負担の公平性の観点から極めて高い水準の所得に対する負担の適正化のため、特定の基準所得金額の課税の特例措置が講じられます（令和7年分以後）。

(2)　基準所得金額

　基準所得金額とは、その年分の所得税について申告不要制度^{※1}を適用しないで計算した各種特別控除後の合計所得金額^{※2}をいいます。

　※1　申告不要制度とは、次の特例をいいます。
　　　・確定申告を要しない配当所得等の特例（措法8の5）
　　　・確定申告を要しない上場株式等の譲渡による所得の特例（措法37の11の5）
　※2　合計所得金額には次のものを除きます。
　　　・源泉分離課税の対象となる所得
　　　・NISA関連の非課税所得
　　　・特定中小会社が設立の際に発行した株式の取得に要した金額の控除額（スタートアップ再投資等）の特例で非課税とされる所得

(3)　基準所得金額に対する税額

　次の①、②の金額により、②の金額が①の金額を上回る場合に限り、その上回る差額分に相当する所得税が追加で課されます（措法41の19）。

　　①　通常の所得税額
　　②　（基準所得金額 − 特別控除額（3.3億円））× 22.5%

第10章　災害に係る譲渡所得関係の措置

1　収用等に伴い代替資産を取得した場合の課税の特例に関する措置

　土地等が次の事業の用に供するために地方公共団体又は独立行政法人都市再生機構（土地開発公社を含みます。）に買い取られ、対価を取得する場合には、「収用等に伴う代替資産を取得した場合の課税の特例」（措法33）又は「収用交換等の場合の5,000万円特別控除」（措法33の4）の適用を受けることができます。

① 　地方公共団体又は独立行政法人都市再生機構が被災市街地復興推進地域において施行する減価補償金を交付すべきこととなる被災市街地復興土地計画整理事業の施行区域内にある土地等が公共施設の整備改善に関する事業の用に供するために買い取られる場合

② 　地方公共団体又は独立行政法人都市再生機構が住宅被災市町村の区域において施行する都市再開発法による第二種市街地再開発事業の施行区域内にある土地がその第二種市街地再開発事業の用に供するために買い取られる場合

【手　続】

　確定申告書に適用を受ける旨を記載し、国土交通大臣又は都道府県知事の一定の証明書を添付します。ただし、「収用交換等の場合の5,000万円特別控除」の適用を受けits年分の確定申告書を提出する必要がないときは、この手続は必要ありません。

> 【被災市街地復興推進地域】
> 　1995年に制定された被災市街地復興特別措置法に基づき、大規模な火災や震災等の災害を受けた市街地について、緊急かつ健全な復興を推進するために定める地域のことです。
> 　これまでに適用された事例は次のとおりです。
> ・1995年の阪神・淡路大震災の被災地
> ・2011年の東北大震災の被災地
> ・2016年の熊本地震の被災地
> ・2020年7月豪雨の被災地
> ・2024年1月の能登半島地震の被災地

2　換地処分等に伴い資産を取得した場合の課税の特例に関する措置

　所有する土地等で被災市街地復興推進地域内にあるものにつき被災市街地復興土地区画整理事業が施行された場合において、その土地等に係る換地処分により、代替住宅地を取得したときは、取得価額の引継ぎ等により課税を繰り延べる等の措置を受けることができます（措法33の3⑧）。

【手　続】

　確定申告書に適用を受ける旨を記載し、被災市街地復興土地区画整理事業の施行者から交付を受けた土地等に係る換地処分により代替住宅等を取得したことを証する一定の証明書を添付します。

409

3 買換資産等の取得期限等の延長に関する特例措置

次の特例について、特定非常災害として指定された非常災害に基因するやむを得ない事情により取得等が困難となった場合で、所轄税務署長の承認を受けた場合はそれぞれ次のとおり延長されます。

図表10- 3 - 1 買換資産等の取得期限等の延長に関する特例

特　例	延　長　日
優良住宅地の造成等のために土地等を譲渡した場合の長期譲渡所得の課税の特例（措法31の2⑦）	予定期間の末日から 2 年以内の日で所轄税務署長が認定した日の属する年の12月31日まで延長
収用等に伴い代替資産を取得した場合の課税の特例（措法33）	取得指定期間の末日から 2 年以内の日で所轄税務署長が認定した日まで延長
交換処分等に伴い資産を取得した場合の課税の特例（措法33の 2 ）	取得指定期間の末日から 2 年以内の日で所轄税務署長が認定した日まで延長
特定の居住用財産の買換えの場合の長期譲渡所得の課税の特例（措法36の 2 ）	取得期限を、その取得期限の属する年の翌々年12月31日とする。
特定の事業用財産の買換えの場合の譲渡所得の課税の特例（措法37）	取得指定期間の末日から 2 年以内の日で所轄税務署長が認定した日まで延長
既成市街地等内にある土地等の中高層耐火建築物等の建設のための買換え及び交換の場合の譲渡所得の課税の特例（措法37の 5 ）	取得指定期間の末日から 2 年以内の日で所轄税務署長が認定した日まで延長
居住用財産の買換え等の場合の譲渡損失の損益通算及び繰越控除（措法41の 5 ）	取得期限を、その取得期限の属する年の翌々年12月31日とする。

【特定非常災害】
　特定非常災害特別措置法に基づき、被害者の権利利益の保全等を図るため、権利利益に係る満了日の延長等を受けることができる災害として指定されたもの
　これまでに指定された事例は次のとおりです。
- 1995年の阪神・淡路大震災
- 2004年の新潟県中越地震
- 2011年の東北大震災
- 2016年の熊本地震
- 2018年の 7 月豪雨
- 2019年の東日本台風
- 2020年の 7 月豪雨
- 2024年 1 月の能登半島地震

4 特定住宅地造成事業等のために土地等を譲渡した場合の1,500万円特別控除に関する措置

被災市街地復興推進地域内にある土地等が次に掲げる場合に該当することとなった場合には、「特定住宅地造成事業等のために土地等を譲渡した場合の1,500万円特別控除」（措法34の2）の適用を受けることができます。

① 被災市街地復興特別措置法8条3項に規定する買取りの申出に基づき都道府県知事に買い取られる場合

② 被災市街地復興土地区画整理事業に係る換地処分によりその事業の換地計画に定められた公共施設の用地に供するための保留地の対価の額に対応する部分の土地等の譲渡があった場合

【手　続】

確定申告書に適用を受ける旨を記載し、その買取りをする者から交付を受けた土地等の買取りをしたことを証する一定の証明書を添付します。

5 優良住宅地の造成等のために土地等を譲渡した場合の長期譲渡所得の課税の特例に関する措置

所有期間が5年を超える土地等を譲渡した場合において、その譲渡が土地開発公社に対する次に掲げる土地等の譲渡で、その譲渡に係る土地等が独立行政法人都市再生機構の施行するそれぞれ次に定める事業の用に供されるものであるときは、「優良住宅地の造成等のために土地等を譲渡した場合の長期譲渡所得の課税の特例」（措法31の2）の適用を受けることができます。

図表10-5-1　優良住宅地の造成の譲渡の特例対象事業（土地の所在地別）

土地等の所在地	事業内容
被災市街地復興推進地域内	被災市街地復興土地区画整理事業
住宅被災市町村の区域内	都市開発法による第二種市街地再開発事業

【手　続】

確定申告書に、土地開発公社の被災市街地復興土地区画整理事業又は第二種市街地再開発事業の用に供するために買い取ったものである旨を証する一定の証明書を添付します。

索　引

あ行

空き家特例 ………………………………… 101
暗号資産 …………………………………… 392
ETF ………………………………………… 331
遺贈 …………………………………… 10, 15
一般株式等 ………………………………… 330
一般口座 …………………………………… 331
一般公社債等 ……………………………… 343
遺留分侵害額の請求 ………………… 4, 17
NFT ………………………………………… 394
FT …………………………………………… 394
エンジェル税制 …………………………… 378
大口株主等 …………………………… 344, 345
オプション取引 …………………………… 396

か行

買換資産 …………………………………… 180
外国株式等 ………………………………… 382
概算取得費 …………………………………… 39
株式交付 …………………………………… 395
株式数比例分配方式 ……………………… 340
株式等に係る譲渡所得等 ………………… 330
株式等に係る譲渡所得等の金額の明細書 … 349
株式等の譲渡所得等の取得費等 ………… 333
簡易申告口座 ……………………………… 339
換地処分等 ………………………………… 197
監理銘柄 …………………………………… 355
機械・車両等 ……………………………… 37
帰国届出書 ………………………………… 371
既成市街地等 ……………………………… 293
共有地の分割 ………………………………… 4
居住の用に供している家屋 ……………… 86
居住用家屋 …………………………… 89, 149
居住用家屋取得相続人 …………………… 107
居住用財産 …………………………… 74, 85

居住用財産の軽減税率の特例 ………… 74, 296
継続適用届出書 …………………………… 371
源泉徴収口座 ……………………………… 339
源泉徴収選択口座内配当等受入開始届出書
　　　………………………………………… 341
限定承認 …………………………… 9, 12, 30
現物出資 …………………………………… 5, 10
交換処分等 …………………………… 197, 208
交換の特例 ………………………………… 301
交換分合 …………………………………… 306
更正の請求 ………………………………… 297
公募公社債投信 …………………………… 331
公募投資信託 ……………………………… 331
コールオプション ………………………… 396
国外中古建物 ………………………… 19, 325
国外転出時（相続・贈与）課税 ………… 405
国外転出時課税 …………………………… 401
固定資産の交換 ……………………… 271, 279
個別銘柄指定方式 ………………………… 340
ゴルフ会員権 ……… 5, 17, 34, 37, 38, 40, 42
ゴルフ場等の施設利用権 ………………… 395

さ行

災害により減失した家屋 ………………… 92
財産分与 ………………… 1, 4, 10, 12, 15, 30
サムライ債 ………………………………… 384
事業の意義 ………………………………… 181
事業の用に供する期限 ……………… 181, 186
事業用資産の交換 ………………………… 185
借地権等の設定 ……………………………… 6
借地権等の返還 ……………………………… 5
借地権の取得費 …………………………… 15
借地権の設定 ………………………………… 6
借地権の設定等 …………………………… 10
借家権 ………………………………… 33, 37
借家権の所得費 …………………………… 16

修正申告 ················· 297	成長投資枠 ··············· 368
住宅ローン控除 ············ 346	整理銘柄 ················· 355
収入金額 ············· 8, 37, 50	設立特定株式 ·············· 381
収入金額等の回収 ·········· 282	前3年以内の譲渡 ··········· 126
収入時期 ··················· 8	総合課税と申告不要の選択 ···· 347
収用交換等 ··············· 197	総合譲渡所得 ··············· 36
収用等 ·············· 197, 199	相続 ····················· 15
取得価額 ················· 221	相続財産に係る譲渡所得 ······ 315
取得価額の特例 ············ 336	総平均法 ················· 334
取得価額の引継ぎ ······· 184, 297	総平均法に準ずる方法 ········ 334
取得時期 ················· 220	贈与 ····················· 15
取得の日 ·············· 11, 58	
取得費 ·············· 13, 37, 51	**た行**
取得費加算の特例 ········ 52, 398	対象従前居住の用 ··········· 102
取得費が不明の場合 ········ 16, 22	対象譲渡 ················· 104
ショウグン債 ·············· 384	対象譲渡資産一体家屋等 ······ 107
上場株式等 ··············· 330	代償分割 ········· 4, 10, 12, 15, 21
上場株式等に係る譲渡損失の繰越控除 ···· 338	代替資産 ················· 200
上場株式等の取得価額の確認方法 ········· 335	代替資産等 ··············· 220
上場株式等の申告漏れ ········ 351	代物弁済 ·················· 17
上場株式等の配当所得等 ······ 344	立退料 ···················· 5
上場REIT ················ 331	中高層耐火建築物等 ·········· 293
譲渡所得の金額の計算 ········· 27	超過物納 ··················· 6
譲渡所得の区分 ·············· 4	通算後譲渡損失の金額 ········ 154
譲渡所得の計算における消費税の取扱い ···· 29	つみたて投資枠 ············· 368
譲渡制限付株式 ············ 378	低額譲渡 ················ 9, 10
譲渡性預金 ··············· 396	抵当権抹消登記費用 ··········· 33
譲渡損失の損益通算及び繰越控除の特例に	低未利用土地等 ············ 262
規定する譲渡資産 ········· 149	適用後譲渡 ··············· 107
譲渡担保 ················ 5, 21	適用前譲渡 ··············· 107
譲渡費用 ············· 24, 37, 55	登記事項証明書 ············ 214
所得税が課税されない譲渡所得 ······· 1	登録配当金受領口座方式 ······ 340
所有隣接土地等 ············ 311	特定株式 ················· 380
申告分離課税 ·············· 330	特定管理株式 ·············· 342
ストックオプション税制 ······ 373	特定居住用財産の譲渡損失 ····· 166
生計を一にしているもの ······· 83	特定口座 ················· 331
税制適格ストックオプション ··· 374	特定口座源泉徴収選択届出書 ··· 341
税制非適格ストックオプション ·· 375	特定公社債 ··············· 331

413

特定公社債等 …………………………… 343	配偶者居住権及び敷地利用権の譲渡 ……… 44
特定事由 ………………………………… 101	配偶者居住権等 ………………………… 19
特定譲渡 ………………………………… 149	配偶者敷地利用権 …………………… 12, 18
特定投資株式 …………………………… 378	配当金領収証方式 ……………………… 340
特定土地区画整理事業等 ……………… 238	配当控除 ………………………………… 349
特定の居住用財産 ……………………… 125	非課税口座 ……………………………… 331
特定非課税管理勘定 …………………… 368	非課税口座開設者死亡届出書 ………… 371
特定非常災害 …………………………… 409	被災市街地復興推進地域 ……………… 408
特定普通財産 …………………………… 311	被相続人居住用家屋 …………………… 101
特定民間再開発事業 …………………… 295	被相続人居住用家屋の敷地 …………… 102
特定累積投資勘定 ……………………… 368	ファンドラップ口座（ラップ口座）……… 388
特別管理口座 …………………………… 331	負担付贈与 …………………………… 5, 31
特別口座 ………………………………… 331	プットオプション ……………………… 396
特別控除 ………………………………… 37	分配時調整外国税相当額控除 ………… 389
5,000万円の特別控除 ……………… 197	補償金 …………………………………… 198
3,000万円（居住用）………………… 83	保証債務 ………………… 282, 284, 397
2,000万円の特別控除 ……………… 238	
1,500万円の特別控除 ……………… 244	**ま行**
1,000万円の特別控除 ……………… 258	
800万円の特別控除 ………………… 254	みなし譲渡 …………………………… 3, 342
100万円の特別控除 ………………… 262	みなし配当課税 ………………………… 397
特別控除額の特例 ……………………… 267	無償割当て ……………………………… 336
な行	**や行**
NISA（少額投資非課税制度）…………… 368	ヤンキー債 ……………………………… 384
年間取引報告書 ………………………… 349	有価証券先物取引 ……………………… 395
納税管理人の届出書 …………………… 401	有償割当て ……………………………… 336
	ユーロ円債 ……………………………… 384
は行	
	ら行
配偶者居住権 ……………………… 5, 12, 18	
	老人ホーム等 …………………………… 102

監修者紹介

天 池 健 治（あまいけ けんじ）

昭和57年、東京国税局配属。資産税、所得税、法人税調査、土地評価、審理事務に従事。平成19年川崎北税務署を最後に退職。同年に税理士登録（東京税理士会所属）。天池健治税理士事務所開設、証券アナリスト協会検定会員、宅地建物取引士、税務会計研究学会会員、社団法人日本租税研究会会員、政治資金監査人。
【主な著作】 税経通信2007年11月号「信託活用事例と税務」（税務経理協会）、税務弘報2008年2月号「「著しく低い価額」の判定」（中央経済社）、税務弘報2008年6月号「営業権評価の改正と問題点」（中央経済社）、『確定申告書の記載チェックポイント（令和5年3月15日締切分）』『相続税申告書の記載チェックポイント』（共著・中央経済社）、『所得税重要ポイントハンドブック』（技術評論社）
【事務所】 〒102-0083 東京都千代田区麹町5-2 K-wingビル6F　　　TEL：03-5215-7580
　　　　　　URL:http://www.amaiketax.com

著者紹介

木 村 賢 司（きむら けんじ） 3章、4章担当

昭和49年に熊本国税局採用、昭和50年東京国税局に配属、市川税務署を最初として20の税務署に勤務、資産税及び所得税の調査事務、機動担当、評価事務、審理事務に従事、連絡調整官、審理専門官、統括国税調査官、特別国税調査官等を歴任、令和2年7月雪谷税務署審理担当上席国税調査官で退職、同年税理士登録（東京地方税理士会所属）、木村賢司税理士事務所を開設。

田 作 有司郎（たさく ゆうじろう） 1章、2章担当

昭和32年東京都生まれ。明治大学商学部卒業。昭和55年東京国税局採用後、東京国税局考査課、資産課税課、機動課、京橋税務署副署長、鎌倉税務署特別国税調査官（資産課税）、国税庁広島派遣主任監査官、税務大学校教授（資産課税）及び主任教授（資産課税、総括）、雪谷税務署長などを歴任後、藤沢税務署長を最後に退官。平成30年8月税理士登録。令和元年6月東京税理士会会員相談室相談委員。
【主な著作】 『名義財産をめぐる税務』（共著・大蔵財務協会）

藤 沢 佳 文（ふじさわ よしふみ） 9章、10章担当

昭和57年、東京国税局配属。主に所得税事務に従事。税務大学校専門教育部教授（会計学）、総合教育部主任教授（所得税）、東京国税局調査第一部特別国税調査官、調査第三部統括国税調査官、新発田税務署長、保土ヶ谷税務署長、令和元年藤沢税務署長を最後に退職。同年に税理士登録（東京税理士会所属）。藤沢佳文税理士事務所開設、認定経営革新等支援機関、AFP（日本FP協会認定）。
【主な著作】 『所得税重要ポイント実践ガイド』（共著・税務研究会）『土地・建物税務の実務』（共著・新日本法規）

松 田 　 淳（まつだ じゅん） 5章、6章、7章、8章担当

昭和57年、東京国税局配属後、昭和61年に大蔵省（現 財務省）主税局へ出向。平成18年まで主税局において税制1課及び3課において相続税、所得税等の税制の企画立案事務に従事（担当の課長補佐として、相続時精算課税制度の創設、延納・物納制度の見直し、信託法改正に伴う相続税の改正などを担当）。その後、佐原税務署長、鎌倉税務署長、東京国税局調査部特官及び統括官並びに主任国税訟務官、国税不服審判所（本部）総括審判官、税務大学校研究部総括主任教授及び総合教育部長並びに東京国税局調査2部長を歴任。令和2年7月に退官し、同年8月に税理士登録し、松田淳税理士事務所を開設。

図解・表解

譲渡所得の申告書記載チェックポイント（第2版）

2023年 2月25日　第1版第1刷発行					
2024年12月20日　第2版第1刷発行					

監　修	天	池	健	治
著　者	木	村	賢	司
	田	作	有	郎
	藤	沢	佳	司
	松	田		文
発行者	山	本		継

監　修　天池　健治
著　者　木村　賢司
　　　　田作　有司郎
　　　　藤沢　佳文
　　　　松田　淳
発行者　山本　　継
発行所　㈱中央経済社
発売元　㈱中央経済グループ
　　　　パブリッシング

〒101-0051　東京都千代田区神田神保町1-35
電話　03 (3293) 3371 (編集代表)
　　　03 (3293) 3381 (営業代表)
https://www.chuokeizai.co.jp
印刷／昭和情報プロセス㈱
製本／誠　製　本　㈱

©2024
Printed in Japan

頁の「欠落」や「順序違い」などがありましたらお取り替えいたしますので発売元までご送付ください。(送料小社負担)

ISBN 978-4-502-51991-8　C3034

JCOPY〈出版者著作権管理機構委託出版物〉本書を無断で複写複製（コピー）することは、著作権法上の例外を除き、禁じられています。本書をコピーされる場合は事前に出版者著作権管理機構（JCOPY）の許諾を受けてください。
JCOPY〈https://www.jcopy.or.jp　eメール：info@jcopy.or.jp〉

プロの視点で最終チェック！

図解・表解

相続税申告書の記載チェックポイント
（第4版）

渡邉 定義［監修］
天池 健治・衞藤 正道・中山 眞美・
藤井 孝昌・村上 晴彦［著］　　定価3,520円（税込）・B5判・364頁

相続税申告実務の手引きの定番書！

相続手続に関係する税務申告を書式の記載例とともに詳しく解説する相続税務の手引書の最新版。5年ぶりの改訂で、2019年以降の相続手続に関係する制度改正をフォロー。

【本書の特徴】
◎誤りやすい事項を、チェックポイントで解説！
◎相続にともなう**遺産分割協議書**や**遺言書**についても解説！
◎所得税や消費税の**準確定申告**、相続税の**修正申告・更正**の記載方法も網羅！

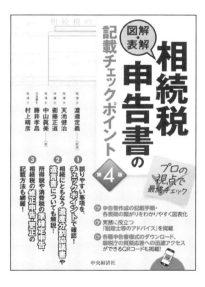

■本書の内容

第1章	相続の概要
第2章	相続税の納税義務者
第3章	相続税の概要
第4章	相続税がかからない財産
第5章	相続税が課税される財産
第6章	相続税の課税財産の特例
第7章	相続財産に加算される贈与財産
第8章	相続財産から差し引かれる債務・葬式費用
第9章	各相続人の相続税額の計算
第10章	税額控除
第11章	相続税の申告と納税
第12章	修正申告
第13章	更正の請求
第14章	相続に関連する税務手続き

中央経済社

●実務・受験に愛用されている読みやすく正確な内容のロングセラー！

定評ある税の法規・通達集シリーズ

所得税法規集
日本税理士会連合会
中央経済社 編

❶所得税法 ❷同施行令・同施行規則・同関係告示 ❸租税特別措置法（抄） ❹同施行令・同施行規則・同関係告示（抄） ❺災害特例法・同施行令・同施行規則（抄） ❻復興特別所得税に関する政令・同省令 ❼能登税特法・同施行令 ❽新型コロナ税特法・同施行令・同施行規則 ❾国外送金等調書提出法・同施行令・同施行規則・同関係告示

所得税取扱通達集
日本税理士会連合会
中央経済社 編

❶所得税取扱通達（基本通達／個別通達） ❷租税特別措置法関係通達 ❸国外送金等調書提出法関係通達 ❹災害減免法関係通達 ❺震災特例法関係通達 ❻新型コロナウイルス感染症関係通達 ❼索引

法人税法規集
日本税理士会連合会
中央経済社 編

❶法人税法 ❷同施行令・同施行規則・法人税申告書一覧表 ❸減価償却耐用年数省令 ❹法人税法関係告示 ❺地方法人税法・同施行令・同施行規則 ❻租税特別措置法（抄） ❼同施行令・同施行規則・同関係告示 ❽震災特例法・同施行令・同施行規則（抄） ❾復興財源確保法（抄） ❿復興特別法人税に関する政令・同省令 ⓫新型コロナ税特法・同施行令 ⓬租特透明化法・同施行令・同施行規則

法人税取扱通達集
日本税理士会連合会
中央経済社 編

❶法人税取扱通達（基本通達／個別通達） ❷租税特別措置法関係通達（法人税編） ❸減価償却耐用年数省令 ❹機械装置の細目と個別年数 ❺耐用年数の適用等に関する取扱通達 ❻震災特例法関係通達 ❼復興特別法人税関係通達 ❽索引

相続税法規通達集
日本税理士会連合会
中央経済社 編

❶相続税法 ❷同施行令・同施行規則・同関係告示 ❸土地評価審議会令・同省令 ❹相続税法基本通達 ❺財産評価基本通達 ❻相続税法関係個別通達 ❼租税特別措置法（抄） ❽同施行令・同施行規則（抄）・同関係告示 ❾租税特別措置法（相続税法の特例）関係通達 ❿震災特例法・同施行令・同施行規則（抄）・同関係告示 ⓫震災特例法関係通達 ⓬災害減免法・同施行令（抄） ⓭国外送金等調書提出法・同施行令・同施行規則・同関係通達 ⓮民法（抄）

国税通則・徴収法規集
日本税理士会連合会
中央経済社 編

❶国税通則法 ❷同施行令・同施行規則・同関係告示 ❸同関係通達 ❹国外送金等調書提出法・同施行令・同施行規則 ❺租税特別措置法・同施行令・同施行規則（抄） ❻新型コロナ税特法・令 ❼国税徴収法 ❽同施行令・同施行規則・同告示 ❾滞調法・同施行令・同施行規則 ❿電子帳簿保存法・同施行令・同施行規則・同関係告示 ⓫電子帳簿保存法・同施行令・同施行規則・同関係告示・同関係通達 ⓬デジタル手続法・同国税関係法令に関する省令・同関係告示 ⓭行政手続法 ⓮行政不服審査法 ⓯行政事件訴訟法（抄） ⓰組織的犯罪処罰法（抄） ⓱没収保全と滞納処分との調整令 ⓲犯罪収益規則（抄） ⓳麻薬特例法（抄）

消費税法規通達集
日本税理士会連合会
中央経済社 編

❶消費税法 ❷同別表第三等に関する法令 ❸同施行令・同施行規則・同関係告示 ❹消費税法基本通達 ❺消費税申告書様式等 ❻消費税法等関係取扱通達等 ❼租税特別措置法（抄） ❽同施行令・同施行規則（抄）・同関係告示 ❾消費税転嫁対策法・同ガイドライン ❿震災特例法・同施行令（抄）・同関係告示 ⓫震災特例法関係通達 ⓬新型コロナ税特法・同施行令・同施行規則・同関係告示・同関係通達 ⓭税制改革法等 ⓮地方税法（抄） ⓯同施行令・同施行規則（抄） ⓰所得税・法人税政省令（抄） ⓱輸徴法令 ⓲関税法令（抄）・同関係告示 ⓳関税定率法令（抄） ⓴国税通則法令・同関係告示 ㉑電子帳簿保存法令

登録免許税・印紙税法規集
日本税理士会連合会
中央経済社 編

❶登録免許税法 ❷同施行令・同施行規則 ❸租税特別措置法・同施行令・同施行規則 ❹震災特例法・同施行令・同施行規則 ❺印紙税法 ❻同施行令・同施行規則 ❼印紙税法基本通達 ❽租税特別措置法・同施行令・同施行規則（抄） ❾印紙税額一覧表 ❿震災特例法・同施行令・同施行規則（抄） ⓫震災特例法関係通達等

中央経済社

各種特例の重複適用可否一覧表

凡例
○ → 重複適用可
× → 重複適用不可

法律区分	条文番号	58	64②	31の2	31の3	33	33の4	34	34の2	34の3	35①	35③	35の2	35の3	36の2	36の5	37	37の5①	37の5④	37の6	39
所得税法	58		○	×	×	×	×	×	×	×	×	×	×	×	×	×	×	×	×	×	○
所得税法	64②	○		○	○	○	○	○	○	○	○	○	○	○	○	○	○	○	○	○	○
租税特別措置法	31の2	×	○		×	×	×	×	×	×	×	×	×	×	×	×	×	×	×	×	○
租税特別措置法	31の3	×	○	×		○	○	○	○	○	○	○	○	○	×	×	×	×	×	×	○
租税特別措置法	33	×	○	×	○		×	×	×	×	×	×	×	×	×	×	×	×	×	×	○
租税特別措置法	33の4	×	○	×	○	×		×	×	×	×	×	×	×	×	×	×	×	×	×	○
租税特別措置法	34	×	○	×	○	×	×		×	×	×	×	×	×	×	×	×	×	×	×	○
租税特別措置法	34の2	×	○	×	○	×	×	×		×	×	×	×	×	×	×	×	×	×	×	○
租税特別措置法	34の3	×	○	×	○	×	×	×	×		×	×	×	×	×	×	×	×	×	×	○
租税特別措置法	35①	×	○	×	○	×	×	×	×	×		×	×	×	×	×	×	×	×	×	○
租税特別措置法	35③	×	○	×	○	×	×	×	×	×	×		×	×	×	×	×	×	×	×	○
租税特別措置法	35の2	×	○	×	○	×	×	×	×	×	×	×		×	×	×	×	×	×	×	○
租税特別措置法	35の3	×	○	×	○	×	×	×	×	×	×	×	×		×	×	×	×	×	×	○
租税特別措置法	36の2	×	○	×	×	×	×	×	×	×	×	×	×	×		×	×	×	×	×	○
租税特別措置法	36の5	×	○	×	×	×	×	×	×	×	×	×	×	×	×		×	×	×	×	○
租税特別措置法	37	×	○	×	×	×	×	×	×	×	×	×	×	×	×	×		×	×	×	○
租税特別措置法	37の5①	×	○	×	×	×	×	×	×	×	×	×	×	×	×	×	×		×	×	○
租税特別措置法	37の5④	×	○	×	×	×	×	×	×	×	×	×	×	×	×	×	×	×		×	○
租税特別措置法	37の6	×	○	×	×	×	×	×	×	×	×	×	×	×	×	×	×	×	×		○
租税特別措置法	39	○	○	○	○	○	○	○	○	○	○	○	○	○	○	○	○	○	○	○	

譲渡所得の添付書類一覧表

No.	特別区分		添付書類
1		措法33の4	①収用証明書 ②代替事業用資産の買取り等の申出証明書 ③代替事業用資産の買取り等の証明書 ④措法22条の4第2項各号に掲げる場合のいずれかに該当する場合は、その旨を証する書類
2		措法34	○事業の施行に伴い、特定土地区画整理事業等のために土地等の買取りがあったことを証する書類
3		措法34の2	○事業の施行に伴い、特定住宅地造成事業等のために土地等の買取りがあったことを証する書類
4		措法34の3	○農地保有の合理化等のために農地等の買取りがあったことを証する書類
5	居住用財産	措法35②⑦	○譲渡契約締結日の前日において、住民票に記載されていた所と譲渡資産の所在地が異なる場合、その相違の経緯等を明らかにするもののいずれかに該当するもの
6		措法35③	①「譲渡所得の内訳書（確定申告書付表兼計算明細書）【土地・建物用】5面」 ②被相続人の居住用家屋及びその敷地等の登記事項証明書 ③被相続人の居住用家屋等確認書（被相続人居住用家屋の所在地の市区町村に申請し、交付を受け ④増改築等工事証明書又は被相続人居住用家屋の耐震基準適合証明書のいずれか ⑤譲渡資産に係る売買契約書の写しその他の書類で、その譲渡資産の譲渡に係る対価の額が1億円以下であることを明らかにするもの
7		措法35の2	○譲渡した土地等の売買契約書の写し又は譲渡資産の譲渡に係る対価の額が1億円以下であることを明らかにするもの
8		措法35の3	①（低未利用土地等の所在地の市区町村に申請し、交付を受ける） ②譲渡した土地等の所在地の市区町村長の、その他の書類で譲渡した対価の額が500万円（都市計画区域のうち市街化区域等として定められた区域内にある場合は、800万円）以下であることを明らかにするもの
9		措法33	①収用証明書 ②代替資産の登記事項証明書及び登記完了証の写し ③代替資産の取得価額の内訳を明らかにする書類 ④「買換（代替）資産の明細書」（譲渡の翌年以降に代替資産を取得する場合）
10		措法33の2	該当するものは、上記9と同じ
11		措法33の3	該当するものは、上記9と同じ
12	収用・交換等	措法36の2	①譲渡した資産に係る譲渡所得の金額の計算に関する明細書（隣接地を含む その他の金額が1億円以下であることを明らかにするもの） ②譲渡した資産に係る売買契約書の写しその他の書類で、その譲渡資産の譲渡に係る対価の額が1億円以下であることを明らかにするもの ③譲渡契約締結日の前日10年前の日から譲渡の日の前日に住民票に記載されていた所と譲渡資産の所在地が異なる場合で、居住期間が10年以上であることを明らかにするもの ④買換資産の登記事項証明書、買換資産が中古住宅である場合は耐震基準適合証明書等 ⑤代替資産の取得価額の内訳を明らかにする書類 ⑥譲渡資産の取得価額を明らかにする書類及び償却費の計算 ⑦代替資産がまだ取得されていない場合は、④～⑥に代えて「買換（代替）資産の明細書」（この場合、買換資産を取得した日から4か月以内に④～⑥の提出が必要です）
13		措法36の5	上記12と同じく添付するもの
14		措法37	①収用証明書等 ②買換資産の登記事項証明書及び登記完了証の写し ③買換資産の取得価額の内訳を明らかにする書類（償却資産）等、強収用等の証明し ④買換資産の登記事項証明書を取得する見込み（譲渡の翌年以降に代替資産を取得する場合） ⑤譲渡資産及び買換資産の所在地を証明した市区町村が発行する書類など
15		措法37の4	上記14と同じく添付するもの

譲渡所得の主な特例一覧表（土地・建物関係）

特例区分		特例の概要	掲載頁
特別控除	措法33の4	収用交換等の場合の譲渡所得等の5,000万円の特別控除	214
	措法34	特定土地区画整理事業等の場合の2,000万円の特別控除	238
	措法34の2	特定住宅地造成事業等の場合の1,500万円の特別控除	244
	措法34の3	農地保有の合理化等の場合の800万円の特別控除	254
	措法35①②	居住用財産を譲渡した場合の3,000万円の特別控除	83
	措法35③	被相続人の居住用財産（空き家）を売った場合の3,000万円の特別控除	101
	措法35の2	平成21～22年に取得した土地等を譲渡した場合の1,000万円の特別控除	258
	措法35の3	低未利用土地等を売った場合の100万円の特別控除	262
買換え・交換等	措法33	収用等に伴い代替資産を取得した場合の課税の特例	199
	措法33の2	交換処分等に伴い資産を取得した場合の課税の特例	208
	措法33の3	換地処分等に伴い資産を取得した場合の課税の特例	210
	措法36の2	特定の居住用財産の買換えの場合の長期譲渡所得の課税の特例	125
	措法36の5	特定の居住用財産を交換した場合の長期譲渡所得の課税の特例	147
	措法37	特定の事業用資産の買換えの場合の課税の特例	180
	措法37の4	特定の事業用資産を交換した場合の課税の特例	185
	措法37の5	中高層耐火建築物等の建設のための買換え及び交換の場合の課税の特例	293
	措法37の6	特定の交換分合により土地等を取得した場合の課税の特例	306
	措法37の8	特定普通財産とその隣接する土地等の交換の場合の課税の特例	311
	所法58	固定資産を交換した場合の譲渡所得の特例	271
税率	措法31の2	優良住宅地の造成等のために土地等を譲渡した場合の軽減税率の特例	62
	措法31の3	居住用財産を譲渡した場合の軽減税率の特例	74
	措法32③	土地等を国、地方公共団体に譲渡した場合の短期譲渡所得の税率の特例	79
その他	措法31の4	長期譲渡所得の概算取得費控除	22
	措法39	相続財産に係る譲渡所得の課税の特例	315
	措法40	国等に対して財産を寄附した場合の譲渡所得等の非課税	1
	措法40の2	国等に対して重要文化財を譲渡した場合の譲渡所得の非課税	1
	措法40の3	物納による譲渡所得等の非課税	1
	措法41の5	居住用財産の買換え等の場合の譲渡損失の損益通算及び繰越控除の特例	148
	措法41の5の2	特定居住用財産の譲渡損失の損益通算及び繰越控除の特例	166
	所法9①十	債務の弁済が著しく困難な場合の強制換価手続による譲渡所得の非課税	1
	所法64①	資産の譲渡代金が回収不能となった場合等の所得計算の特例	282
	所法64②	保証債務を履行するため資産の譲渡があった場合の所得計算の特例	284

	No →			
低未利用土地等の譲渡か	Yes →	低未利用土地等を譲渡した場合の長期譲渡所得の100万円控除の特例（措法35の3）	262頁
↓ No				
被相続人の特定の居住用財産を相続人が譲渡したものか	Yes →	被相続人の居住用財産を譲渡した場合の3,000万円控除の特例（措法35③）	101頁

譲渡所得の取得費に関する特例

譲渡した資産の取得費が不明か又は収入金額の5％に相当する金額未満か	Yes →	長期譲渡所得の概算取得費控除（措法31の4）	22頁
相続により取得した資産を申告期限から3年以内に譲渡しているか	Yes →	相続財産に係る譲渡所得の課税の特例（措法39）	315頁
国外中古建物の不動産所得について損益通算の特例の適用を受けたものを譲渡しているか	Yes →	国外中古建物の不動産所得に係る損益通算等の特例（措法41の4の3③）	325頁

土地、建物等の譲渡所得の税率特例

土地、建物等の所有期間がその年の1月1日において5年を超えるものの譲渡か	Yes →	優良住宅地等のための譲渡に該当するか	Yes →	優良住宅地の造成等のために土地等を譲渡した場合の長期譲渡所得の課税の特例（措法31の2）	62頁
		↓ No			
		所有期間がその年の1月1日において10年を超える居住用財産の譲渡か	Yes →	居住用財産を譲渡した場合の長期譲渡所得の課税の特例（措法31の3）	74頁
↓ No		No →		長期譲渡所得の課税の特例（措法31）	58頁
国、地方公共団体等への譲渡か	Yes →			短期譲渡所得の税率の軽減（措法32③）	79頁
↓ No				短期譲渡所得の課税の特例（措法32）	59頁

有価証券の譲渡による所得の課税の特例等

上場株式等の譲渡か	Yes →	上場株式等に係る譲渡損失の金額（相対取引を除く）があるか	No →	上場株式等に係る譲渡所得等の課税の特例（措法37の11）	330頁
↓ No			Yes →	上場株式等に係る譲渡損失の損益通算及び繰越控除（措法37の12の2）	337頁
一般株式等（上場株式以外）の譲渡か			→	一般株式等に係る譲渡所得等の課税の特例（措法37の10）	330頁

特定管理口座		特定管理株式等が解散清算等により株式等としての価値を失ったことにより損失が生じた場合か	Yes →	特定管理株式等が価値を失った場合の株式等に係る譲渡所得等の課税の特例（措法37の11の2）	342頁
エンジェル税制	寄附金控除	① 特定新規株式の払込み取得に要した金額があるか	Yes →	特定新規中小会社が発行した株式を取得した場合の課税の特例（措法41の19）	379頁
	株式譲渡所得から控除	② 特定中小会社の株式（特定株式）の払込み取得に要した金額があるか	Yes →	特定中小会社が発行した株式の取得に要した金額の控除等（措法37の13）	379頁
		③ 特定新規中小企業者が発行した株式（設立特定株式）の払込み取得に要した金額があるか	Yes →	特定新規中小企業者がその設立の際に発行した株式の取得に要した金額の控除等（措法37の13の2）	380頁
		④ 特定株式の譲渡又は特定株式が清算等により価値を失ったことにより損失が生じた場合か	Yes →	特定中小会社が発行した株式に係る譲渡損失の繰越控除等（措法37の13の3）	381頁
ストックオプション	給与非課税	特定の取締役等が受ける新株予約権の行使による株式（特定権利行使株式）の取得に係る経済的利益か	Yes →	特定の取締役等が受ける新株予約権の行使による株式の取得に係る経済的利益の非課税等（措法29の2①）	374頁
	みなし譲渡	特例適用者が特定権利行使株式の保管の委託等の解約等があった場合か	Yes →	特定権利行使株式をその時における価額により譲渡したものとみなす（措法29の2④）	374頁
		特例適用者が国外転出をする場合か	Yes →	特定権利行使株式をその時における価額により譲渡したものとみなす（措法29の2⑤）	374頁

①と②は選択適用